Buch-Updates

Registrieren Sie dieses Buch auf unserer Verlagswebsite. Sie erhalten damit Buch-Updates und weitere, exklusive Informationen zum Thema.

Galileo BUCH UPDATE

Und so geht's
> Einfach **www.sap-press.de** aufrufen
<<< Auf das Logo **Buch-Updates** klicken
> Unten genannten **Zugangscode** eingeben

Ihr persönlicher Zugang zu den Buch-Updates: 150778311279

Liebe Leserin, lieber Leser,

vielen Dank, dass Sie sich für ein Buch von SAP PRESS entschieden haben.

SAP PRESS ist eine gemeinschaftliche Initiative von SAP und Galileo Press, deren Ziel es ist, Anwendern qualifiziertes SAP-Wissen zur Verfügung zu stellen. SAP PRESS vereint das fachliche Know-how der SAP und die verlegerische Kompetenz von Galileo Press. Die Bücher bieten Expertenwissen zu technischen wie auch zu betriebswirtschaftlichen SAP-Themen.

Die technischen Bücher von SAP PRESS sind von Mitarbeitern der SAP oder qualifizierter Beratungsunternehmen konzipiert, verfasst und geprüft. Niemand wäre berufener als diese Experten, Sie bei Ihren anspruchsvollen Administrations-, Entwicklungs- und Beratungsaufgaben zu unterstützen.

Jedes unserer Bücher will Sie überzeugen. Damit uns das immer wieder neu gelingt, sind wir auf Ihre Rückmeldung angewiesen. Bitte teilen Sie uns Ihre Meinung zu diesem Buch mit. Ihre kritischen und freundlichen Anregungen, Ihre Wünsche und Ideen werden uns weiterhelfen.

Wir freuen uns auf den Dialog mit Ihnen.

Ihr Stefan Proksch
Lektorat SAP PRESS

Galileo Press
Rheinwerkallee 4
53227 Bonn

stefan.proksch@galileo-press.de
www.sap-press.de

 PRESS

SAP PRESS wird herausgegeben von
Bernhard Hochlehnert, SAP AG

Chris Whealy
Inside Web Dynpro for Java
356 Seiten, 2005, geb.
ISBN 1-59229-038-8

Karl Kessler, Peter Tillert, Panayot Dobrikov
Java-Programmierung mit dem SAP Web Application Server
568 Seiten, 2005, geb., mit DVD
ISBN 3-89842-317-4

Jörg Beringer, Karen Holtzblatt
Designing Composite Applications
192 Seiten, 2006, brosch.
ISBN 1-59229-065-5

Andreas Schneider-Neureither
Java für ABAP-Entwickler
576 Seiten, 2004, geb., mit CD
ISBN 3-89842-408-1

Arnd Goebel, Dirk Ritthaler
SAP Enterprise Portal – Technologie und Programmierung
350 Seiten, 2004, geb., mit CD
ISBN 3-89842-309-3

Aktuelle Angaben zum gesamten SAP PRESS-Programm finden Sie unter
www.sap-press.de

Bertram Ganz, Jochen Gürtler, Timo Lakner

Praxisbuch
Web Dynpro for Java

Galileo Press

Bibliografische Information der Deutschen Bibliothek
Die Deutsche Bibliothek verzeichnet diese Publikation in der Deutschen Nationalbibliografie; detaillierte bibliografische Daten sind im Internet über http://dnb.ddb.de abrufbar.

ISBN 3-89842-689-0
ISBN 13 978-3-89842-689-3

© Galileo Press, Bonn 2006
1. Auflage 2006

Der Name Galileo Press geht auf den italienischen Mathematiker und Philosophen Galileo Galilei (1564–1642) zurück. Er gilt als Gründungsfigur der neuzeitlichen Wissenschaft und wurde berühmt als Verfechter des modernen, heliozentrischen Weltbilds. Legendär ist sein Ausspruch **Eppur se muove** (Und sie bewegt sich doch). Das Emblem von Galileo Press ist der Jupiter, umkreist von den vier Galileischen Monden. Galilei entdeckte die nach ihm benannten Monde 1610.

Lektorat Stefan Proksch **Korrektorat** Osseline Kind, Troisdorf **Einbandgestaltung** Silke Braun **Herstellung** Vera Brauner **Satz** Typografie & Computer, Krefeld **Druck und Bindung** Bercker Graphischer Betrieb, Kevelaer

Das vorliegende Werk ist in all seinen Teilen urheberrechtlich geschützt. Alle Rechte vorbehalten, insbesondere das Recht der Übersetzung, des Vortrags, der Reproduktion, der Vervielfältigung auf fotomechanischen oder anderen Wegen und der Speicherung in elektronischen Medien.

Ungeachtet der Sorgfalt, die auf die Erstellung von Text, Abbildungen und Programmen verwendet wurde, können weder Verlag noch Autor, Herausgeber oder Übersetzer für mögliche Fehler und deren Folgen eine juristische Verantwortung oder irgendeine Haftung übernehmen.

Die in diesem Werk wiedergegebenen Gebrauchsnamen, Handelsnamen, Warenbezeichnungen usw. können auch ohne besondere Kennzeichnung Marken sein und als solche den gesetzlichen Bestimmungen unterliegen.

Sämtliche in diesem Werk abgedruckten Bildschirmabzüge unterliegen dem Urheberrecht © der SAP AG, Dietmar-Hopp-Allee 16, D-69190 Walldorf.

SAP, das SAP-Logo, mySAP, mySAP.com, mySAP Business Suite, SAP NetWeaver, SAP R/3, SAP R/2, SAP B2B, SAPtronic, SAPscript, SAP BW, SAP CRM, SAP EarlyWatch, SAP ArchiveLink, SAP GUI, SAP Business Workflow, SAP Business Engineer, SAP Business Navigator, SAP Business Framework, SAP Business Information Warehouse, SAP inter-enterprise solutions, SAP APO, AcceleratedSAP, InterSAP, SAPoffice, SAPfind, SAPfile, SAPtime, SAPmail, SAPaccess, SAP-EDI, R/3 Retail, Accelerated HR, Accelerated HiTech, Accelerated Consumer Products, ABAP, ABAP/4, ALE/WEB, BAPI, Business Framework, BW Explorer, Enjoy-SAP, mySAP.com e-business platform, mySAP Enterprise Portals, RIVA, SAPPHIRE, TeamSAP, Webflow und SAP PRESS sind Marken oder eingetragene Marken der SAP AG, Walldorf.

Inhalt

1 Einleitung — 13

2 Web-Dynpro-Architekturkonzepte — 17

2.1 Architekturkonzepte 18
2.2 SAP NetWeaver-Systemlandschaft 21
2.3 Zusammenfassung und Ausblick 23

3 Web-Dynpro-GameStation — 25

3.1 Komponentisierung am Beispiel der Web-Dynpro-GameStation 25
3.2 Mit Komponenten zur Anwendungsarchitektur 28
    3.2.1 Grobstruktur der Benutzeroberfläche 28
    3.2.2 Nachteile großer Web-Dynpro-Komponenten ... 29
    3.2.3 Entwurf einer einfachen Komponenten-Architektur ... 30
3.3 Erweiterbarkeit durch Komponenten-Interfaces 34
    3.3.1 Komponenten-Interface einer Spiel-Komponente ... 36
    3.3.2 Deklaration eines Komponenten-Interfaces in den Web-Dynpro-Werkzeugen ... 37
    3.3.3 Component-Usages ... 40
    3.3.4 Component-Usages und Komponenten-Interfaces ... 43
    3.3.5 Einbettung der Interface-Definition einer Spiel-Komponente in die Wurzel-Komponente ... 46
3.4 Einbettung der GameStation in Web-Dynpro-DCs 47
    3.4.1 Web-Dynpro-Development-Components 47
    3.4.2 DC-Separation der GameStation im NWDI-Komponentenmodell ... 50
    3.4.3 Verwendungsbeziehung zwischen DCs definieren ... 51
3.5 Implementierung eines Komponenten-Interfaces 55
    3.5.1 Neue Web-Dynpro-Komponente erzeugen 55
    3.5.2 Implementierungsbeziehung definieren 56
    3.5.3 Komponente vollständig implementieren 58
3.6 Erzeugung von Spiel-Komponenten zur Laufzeit 61
    3.6.1 IWDComponentUsage-API 62
    3.6.2 DeploymentManager-Komponente 65
    3.6.3 Endgültige Architektur der GameStation-Anwendung ... 66
    3.6.4 Implementierung zur Erzeugung von Spiel-Komponenteninstanzen ... 68

3.7	Komponentenübergreifendes Context-Mapping	72
	3.7.1 Internes Interface-Context-Mapping	73
	3.7.2 Externes Interface-Context-Mapping	75
	3.7.3 Deklaration des externen Interface-Context-Mappings	77
3.8	Komponentenübergreifendes Eventing nutzen	82
	3.8.1 Serverseitiges Eventing zwischen Kind- und Vater-Komponente	83
	3.8.2 Dynamische Event-Subscription	87
	3.8.3 Methodenaufrufe als Ersatz für serverseitiges Eventing	89
3.9	Verwendung von Component-Interface-Views	92
	3.9.1 Component-Interface-Views	93
	3.9.2 Einbettung von Component-Interface-Views in ViewContainer-UI-Elemente	93
	3.9.3 Mit Start-View und URL-Parameter zur initialen View-Assembly navigieren	99
	3.9.4 Alternative Lösungen für das Default-View-Problem	104
	3.9.5 Inter-Komponenten-Navigation zwischen Component-Interface-Views	107
3.10	Zusammenfassung	113

4 Web-Dynpro-Google-Suche — 115

4.1	Google-Webservice	115
4.2	Erzeugen des Google-Webservice-Models	117
	4.2.1 Einschränkungen des Webservice-Models	120
	4.2.2 Neugenerierung des Webservice-Models	120
4.3	Verwendung des Google-Models	121
	4.3.1 Verwendung einer Model-Komponente	121
	4.3.2 Verknüpfung des Models mit einer Web-Dynpro-Komponente	122
4.4	Realisierung der Suchoberfläche und Definition des Anwendungsrahmens	126
	4.4.1 Deklaratives Erzeugen der Benutzeroberfläche	126
	4.4.2 Dynamisches Erzeugen der Benutzeroberfläche	127
	4.4.3 Realisierung der Suchmaske	128
	4.4.4 Anstoßen der Google-Suche	130
	4.4.5 Erstellung der Navigationsleiste	131
4.5	Definition der initialen Darstellung einer Web-Dynpro-Applikation	134
	4.5.1 Mehrere Darstellungsvarianten für eine Web-Dynpro-Applikation	135
	4.5.2 Mehrere Web-Dynpro-Applikationen für mehrere Darstellungsvarianten	139
4.6	Visualisierung der Ergebnisliste	140
	4.6.1 View TableResultListView	140
	4.6.2 View DeclaredResultListView	143
	4.6.3 View DynamicResultListView	146
	4.6.4 Anzeige von HTML-basierten Suchergebnissen	147
4.7	Zusammenfassung	151

5 Web Dynpro und SAP NetWeaver Portal 153

- 5.1 SAP NetWeaver Portal 153
  - 5.1.1 Content-Modell 154
  - 5.1.2 Benutzeroberfläche 156
- 5.2 Erzeugen von Portal-Inhalten 160
  - 5.2.1 Anlegen eines Systems in der Portal Landscape 160
  - 5.2.2 Erzeugen eines Web-Dynpro-iViews 167
  - 5.2.3 Editieren der Eigenschaften eines Web-Dynpro-iViews ... 173
  - 5.2.4 Definition einer Rolle 182
  - 5.2.5 Zuweisung einer Rolle zu einem Benutzer 187
- 5.3 Verfügbare Web-Dynpro-Anwendungen 189
  - 5.3.1 Administrationswerkzeuge 189
  - 5.3.2 Testanwendungen 190
- 5.4 SAP Application Integrator 191
  - 5.4.1 Starten einer Web-Dynpro-Anwendung im SAP NetWeaver Portal 192
  - 5.4.2 Erweiterung des URL-Templates 194
  - 5.4.3 Definition von URL-Template-Variablen 196
  - 5.4.4 Debugging des SAP Application Integrators 198
- 5.5 Zusammenfassung 201

6 Web-Dynpro-NavigationTester 203

- 6.1 Web-Dynpro-NavigationTester 203
  - 6.1.1 Bestimmung der Laufzeitumgebung 205
  - 6.1.2 Auswahl des Navigationszieles 206
  - 6.1.3 Bestimmung des Navigationsverhaltens 207
- 6.2 Navigation außerhalb des SAP NetWeaver Portal 208
  - 6.2.1 Zusammenfassung von Web-Dynpro-Applikationen 208
  - 6.2.2 Berechnung einer Web-Dynpro-Applikations-URL 209
  - 6.2.3 Übergabe von Parametern 213
  - 6.2.4 Auslesen von Parametern 214
  - 6.2.5 Verwendung des Exit-Plugs 218
  - 6.2.6 Starten der Web-Dynpro-Zielapplikation in einem zusätzlichen Fenster 223
- 6.3 Encodierung von Übergabeparametern 225
  - 6.3.1 Einbindung der Web-Dynpro-Entwicklungskomponente tc~utils 225
  - 6.3.2 Beschreibung der Datei portalapp.xml 230
  - 6.3.3 Encodierung der Parameterwerte 231
- 6.4 Navigation innerhalb des SAP NetWeaver Portal 233
  - 6.4.1 Anstoßen einer Portal-Navigation 234
  - 6.4.2 Absolute Portal-Navigation 235
  - 6.4.3 Relative Portal-Navigation 236

	6.4.4	Definition des Navigationsverhaltens	237
	6.4.5	Direkte Navigation zu einer Web-Dynpro-Applikation	243
	6.4.6	Gemeinsame Nutzung großer Datenmengen	246
6.5	Visualisierung der Navigationsziele		247
	6.5.1	Abbildung von hierarchischen Strukturen im Web-Dynpro-Context	249
	6.5.2	Anzeige eines hierarchischen Web-Dynpro-Contexts	256
	6.5.3	Einlesen der vorhandenen Web-Dynpro-Applikationen	260
	6.5.4	Optimierte Darstellung der Hierarchieebenen	266
	6.5.5	Auswahl eines Navigationszieles	269
	6.5.6	Ausführung eines JNDI-Lookups aus einer Web-Dynpro-Applikation	270
6.6	Zusammenfassung		271

7   Web-Dynpro-OBNTester   273

7.1	Object-based Navigation		274
7.2	Verwendung von Portal-Services		275
	7.2.1	Abhängigkeiten bei der Verwendung von Portal-Services	276
	7.2.2	Benutzung eines Portal-Service	277
	7.2.3	Zugriff auf einen Portal-Service	280
	7.2.4	Einlesen der definierten Systeme	282
7.3	Anstoßen einer Object-based Navigation		282
	7.3.1	Definition von Übergabeparametern	283
	7.3.2	Weiterleitung von OBN-Metadaten	284
7.4	Definition von Business-Objekten		285
	7.4.1	Anlegen von Business-Objekten	285
	7.4.2	Definition von Operationen	287
	7.4.3	Definition der Implementierung einer Operation	289
	7.4.4	Mapping von Übergabeparametern	291
7.5	Einlesen der benötigten Daten		292
7.6	Zusammenfassung		298

8   Web-Dynpro-MusicBox   299

8.1	Aufbau der MusicBox		299
8.2	Verwendete Komponenten-Interfaces		300
	8.2.1	Komponenten-Interface MusicStoreCompI	301
	8.2.2	Komponenten-Interface DetailsViewerCompI	303
	8.2.3	Komponenten-Interface PerspectiveConfigurationCompI	304
8.3	Web-Dynpro-Komponente MusicBoxComp		308
	8.3.1	Grundsätzliche Strukturierung	309
	8.3.2	Bereitstellung des Daten-Models	311
	8.3.3	Definition des Layouts	313

8.4	Implementierung eines Detail-Viewers	316
	8.4.1 Web-Dynpro-Komponente CoverComp	317
	8.4.2 Definition der Cover-Größe	320
8.5	Anpassung von Web-Dynpro-iViews	322
	8.5.1 Rollenspezifische Anpassungen vs. Benutzer-Personalisierung	322
	8.5.2 Einbinden des Public Parts P13NUtils	323
	8.5.3 Definition von anwendungsspezifischen iView-Eigenschaften	325
	8.5.4 Java-Klasse P13nHelper	331
	8.5.5 Erzeugen von personalisierbaren Web-Dynpro-iViews	334
	8.5.6 Anwendungsspezifische Personalisierungsdialoge	336
8.6	Realisierung einer kontextsensitiven Navigationsleiste	339
	8.6.1 Erweiterung des Navigation Panels	339
	8.6.2 Contextual-Navigation-Panel	342
8.7	Weitere Ergänzungen	349
	8.7.1 Schließen eines Fensters	349
	8.7.2 Drucken des Fensterinhaltes	352
8.8	Web-Dynpro-Anwendungen im SAP NetWeaver Portal	353
	8.8.1 Aktuelle Einschränkungen	353
	8.8.2 Nächste Schritte	354
8.9	Zusammenfassung	355

9 Generische Entwicklungskomponenten 357

9.1	Entwicklungskomponente tc~utils	357
	9.1.1 Definition der Entwicklungskomponente tc~utils	358
	9.1.2 Definition des Public Parts Utils	362
9.2	Web-Dynpro-DeploymentManager	368
	9.2.1 Definition der bereitgestellten Informationen	368
	9.2.2 Beschreibung der bereitgestellten Informationen	370
9.3	Entwicklungskomponente tc~pplibs	372
	9.3.1 Bereitstellung der benötigten JAR-Archive	372
	9.3.2 Lokalisierung der benötigten JAR-Archive	375
9.4	Grundsätzliche Unterteilung der Entwicklungskomponenten	376
9.5	Zusammenfassung	377

10 Tipps zur Installation, Konfiguration und Administration 379

10.1	Überblick	379
10.2	Installation und Wartung der Web-Dynpro-Laufzeit	379
	10.2.1 Grundlegende Architektur des SAP Web Application Servers	380
	10.2.2 Laufzeitkomponenten von Web Dynpro	391

	10.2.3	Installation der Web-Dynpro-Laufzeit und Einspielen von Service Packs	395
	10.2.4	Remote Debugging	409
10.3		Technische Konfiguration der Web-Dynpro-Laufzeit	413
	10.3.1	Grundlegende Konfiguration der Web-Dynpro-Laufzeit	414
	10.3.2	Anwendungsspezifische Definition von Konfigurationsparametern	435
	10.3.3	Konfiguration des SAP Web Application Server mit Auswirkungen auf Web Dynpro	437
10.4		Werkzeuge zur Administration und zum Monitoring	455
	10.4.1	Web Dynpro Content Administrator	456
	10.4.2	Web Dynpro Console	470
	10.4.3	Werkzeuge für Logging und Tracing	482
10.5		Zusammenfassung	488

A Web-Dynpro-Komponentisierung   489

A.1		Web-Dynpro-Komponentendiagramme	489
A.2		Web-Dynpro-Komponentenmodell	492
	A.2.1	Komponentenarchitektur	492
	A.2.2	Schnittstellen einer Web-Dynpro-Komponente	492
	A.2.3	Definition von Komponenten-Interfaces	493
	A.2.4	Wiederverwendbarkeit	494
	A.2.5	Modularisierung	494
A.3		Klassifikation von Web-Dynpro-Komponenten	494
	A.3.1	User-Interface-Komponenten	495
	A.3.2	Nicht visuelle Komponenten	496
A.4		SAP NetWeaver Development Infrastructure	496
	A.4.1	Komponentenmodell der NWDI	498
	A.4.2	Benennung von Web-Dynpro-DCs	501

B Web Dynpro im SDN   503

B.1		Informationsportal	503
B.2		Web-Dynpro-Feature2Sample-Matrix	505
B.3		Web-Dynpro-Lernprozess	507
	B.3.1	Erlernen der Grundlagen	508
	B.3.2	User-Interface und UI-Elemente	508
	B.3.3	Backend-Zugang	509
	B.3.4	Komponentisierung	510
	B.3.5	Generische Services	510
	B.3.6	Adobe Integration	510
	B.3.7	Portal- und Integrationsszenarien	510

C   Die Autoren 511

Index 513

1   Einleitung

Wir waren uns von Anfang an einig, dass wir kein weiteres Referenzhandbuch zu *Web Dynpro for Java* schreiben wollten. Stattdessen werden wir in diesem Buch anhand eingängiger Beispiele die vielfältigen Möglichkeiten aufzeigen, die Ihnen bei und mit der Verwendung von Web Dynpro for Java zur Verfügung stehen. Vielleicht überrascht Sie das eine oder andere Beispiel auf den ersten Blick – denn normalerweise werden Sie mithilfe von Web Dynpro keine Spiele oder CD-Verwaltungen entwickeln. Nichtsdestotrotz veranschaulichen die Beispiele aber sehr viele *Best Practices*, die Ihnen in Ihrer täglichen Arbeit mit Web Dynpro hilfreich sein werden.

Praxisnähe

Und obwohl wir statt der ursprünglich geplanten 350 Seiten mit nun rund 500 Seiten einen »echten Wälzer« geschaffen haben, haben wir während der Arbeit an diesem Buch sehr schnell erkannt, dass wir keinesfalls alle Möglichkeiten beschreiben können. Zum einen ist dies für uns ein Zeichen für den enormen Leistungsumfang von Web Dynpro, zum anderen ist dies vielleicht auch Motivation für einen zweiten Band.

Bevor wir in den folgenden Kapiteln anhand vieler Beispiele die unterschiedlichen Möglichkeiten von Web Dynpro diskutieren, geben wir Ihnen in **Kapitel 2** einen grundsätzlichen Einstieg in das Web-Dynpro-Programmiermodel. Wir befassen uns dabei insbesondere mit der internen Strukturierung der Web-Dynpro-Laufzeitumgebung sowie deren Einbettung in SAP NetWeaver.

Einführung

Ein wesentliches Anliegen war uns die konsequente Komponentisierung der Web-Dynpro-Beispielanwendungen. Gerade im Zusammenspiel mit der *SAP NetWeaver Development Infrastructure* (NWDI) erhalten Sie eine sehr mächtige Funktionalität, Ihre Web-Dynpro-Anwendung aus wiederverwendbaren Einheiten zusammenzubauen. Wir beschreiben die Verwendung von Web-Dynpro-Komponenten vor allem anhand der *Web-Dynpro-GameStation* (siehe **Kapitel 3**) und der *Web-Dynpro-MusicBox* (siehe **Kapitel 8**). In **Kapitel 9** gehen wir zudem auf diejenigen generischen Web-Dynpro-Entwicklungskomponenten ein, die wir in den Beispielen im Buch an mehreren Stellen wiederverwenden.

Komponentisierung

Da spätestens mit Einführung der *Enterprise Services Architecture* (ESA) serviceorientierte Anwendungen en vogue sind, gehen wir anhand der *Web-Dynpro-Google-Suche* (siehe **Kapitel 4**) ausführlich auf die Verwendung von Webservices innerhalb Ihrer Web-Dynpro-Applikation ein. Darüber hinaus diskutieren wir anhand der Visualisierung der Suchergebnisse

Einleitung   **13**

die Unterschiede von deklarativer und dynamischer Erstellung von Web-Dynpro-UIs.

Ein weiterer Schwerpunkt liegt in der Beschreibung des Zusammenspiels zwischen Ihren Web-Dynpro-Anwendungen und dem SAP NetWeaver Portal. Obwohl Web-Dynpro-Applikationen grundsätzlich auch außerhalb des SAP NetWeaver Portal lauffähig sind, ergibt sich eine Vielzahl neuer Möglichkeiten, sobald Sie Ihre Web-Dynpro-Anwendungen innerhalb des SAP NetWeaver Portal starten. Erweiterte Navigationsmöglichkeiten (siehe **Kapitel 6** und **Kapitel 7**) oder die Möglichkeiten der Personalisierung (siehe **Kapitel 8**) sind nur zwei Beispiele, die wir vor allem bei der Web-Dynpro-MusicBox in – wie wir finden – sehr anschaulicher Art und Weise einsetzen. Neben der Beschreibung dieser Funktionalitäten beschreiben wir in **Kapitel 5** ganz allgemein die nötigen Schritte, wie Sie Ihre Web-Dynpro-Anwendung innerhalb des SAP NetWeaver Portal starten können.

Beispiele Alle Beispiele haben wir auf Basis von SAP NetWeaver 2004 (SP14) erstellt und nach bestem Wissen und Gewissen getestet. Wir haben uns dabei sehr um Konsistenz bezüglich der Strukturierung und Namenskonventionen bemüht – urteilen Sie selbst, wie weit uns dies gelungen ist. In **Anhang A** geben wir zudem einige Empfehlungen, wie Sie speziell beim Einsatz von Web-Dynpro-Komponenten und Web-Dynpro-DCs eine einheitliche und verständliche Beschreibung Ihrer Web-Dynpro-Anwendungen erhalten.

Alle Beispiele in diesem Buch können von Ihnen erweitert und modifiziert werden. Auch die generischen Funktionalitäten können Sie in Ihren eigenen Web-Dynpro-Anwendungen wiederverwenden – allerdings können wir in diesem Fall keinen Support bei Problemen leisten. Wir verweisen Sie aber auf das Web-Dynpro-Forum im SAP Developer Network (siehe **Anhang B**). In diesem Teil des Anhangs finden Sie zudem nähere Informationen zur Feature2Sample-Matrix, die Ihnen bei der Auswahl von Beispiel- und Tutorial-Anwendungen im SAP Developer Network hilft. Hier finden Sie eine große Fülle von Materialien zur Web-Dynpro-Technologie, die eine ideale Ergänzung zu den in diesem Buch enthaltenen Inhalten darstellt.

Da wir aus unserer täglichen Arbeit an und mit Web Dynpro nur zu gut wissen, dass neben der eigentlichen Anwendungsentwicklung in der Praxis auch die Administration und Konfiguration der Web-Dynpro-Laufzeitumgebung immer wieder Anlass für Fragen, Probleme und Diskussionen gibt, widmen wir auch diesem Thema in **Kapitel 10** den dafür nötigen Platz.

Wir wollen uns an dieser Stelle besonders bei Manohar Sreekanth bedanken, der uns beim Aufsetzen der NWDI-Landschaft geholfen hat. Darüber hinaus hat uns Udo Offermann mit seinem detaillierten Wissen über das SAP NetWeaver Portal unterstützt. Des Weiteren hat uns Reiner Hammerich die zukünftige UI-Strategie von SAP näher gebracht, in der Web Dynpro (for Java) natürlich auch eine sehr zentrale Rolle spielen wird. Last but not least wollen wir uns bei Karin Schattka, Thomas Chadzelek, Jens Ittel, Markus Cherdron und Alfred Barzewski bedanken. Ein spezieller Dank gilt auch dem Verlag Galileo Press, der uns die Möglichkeit gegeben hat, dieses Buch zu schreiben. Insbesondere Stefan Proksch aus dem Lektorat SAP PRESS stand uns mit seiner Erfahrung jederzeit hilfreich zur Seite.

Danksagung

Nun bleibt uns nur noch, Ihnen viel Spaß beim Schmökern und Testen der Beispiele zu wünschen. Wir freuen uns über Ihr Feedback.

Walldorf, im März 2006
Bertram Ganz (*bertram.ganz@sap.com*)
Jochen Gürtler (*jochen.guertler@sap.com*)
Timo Lakner (*timo.lakner@sap.com*)

2 Web-Dynpro-Architekturkonzepte

Web Dynpro for Java, das mit dem Release SAP NetWeaver 2004 offiziell das Licht der Welt erblickt hat, stellt das neue Framework zur Programmierung von SAP-User-Interfaces dar, mit dem die zukünftige Generation von SAP-Geschäftsanwendungen entwickelt wird. In diesem Kapitel wollen wir Ihnen zunächst die Philosophie und die grundlegenden Konzepte von Web Dynpro vorstellen sowie einen kurzen Überblick zur SAP NetWeaver-Systemlandschaft geben.

Web Dynpro basiert auf einem modellgetriebenen Ansatz der Anwendungsentwicklung, der es erlaubt, große Teile einer Anwendung deklarativ aus einer Entwicklungsumgebung heraus zu erstellen und so einen sehr effizienten Entwurf von Benutzeroberflächen zu ermöglichen. Durch eine strikte Trennung der Darstellung von Daten von der konkreten Datenhaltung entsprechend des *Model-View-Controller-Design-Patterns* sind Web-Dynpro-Anwendungen klar strukturiert und auf einfache Weise zu erweitern. Über eine klar definierte Schnittstelle zur Anbindung von Modellen lassen sich unterschiedliche Arten von Backends zur Datenbeschaffung verwenden. Aufgrund des komponentenbasierten Entwicklungskonzepts eignet sich Web Dynpro ferner für umfangreiche Software-Projekte, in denen unterschiedliche Gruppen verschiedene Teile einer Anwendung parallel entwerfen.

Strikte Trennung, klare Struktur

Für das Release SAP NetWeaver 2004 ist Web Dynpro für webbasierte Anwendungen optimiert, die auf dem *SAP Web Application Server*[1] (Web AS) ausgeführt und auf einfache Weise aus dem *SAP NetWeaver Portal* gestartet werden können. Aufgrund der flexiblen Architektur von Web Dynpro wird es in zukünftigen Releases auch möglich sein, lokale Installationen so genannter *Smart Clients*, wie beispielsweise Web-Dynpro-Client for Java, Windows oder Flex, als Rendering-Technologie zu verwenden. Die Rendering-Technologie an sich spielt für den Anwendungsentwickler bei der Erstellung des User-Interfaces jedoch keine Rolle: Web-Dynpro-Applikationen sind clientunabhängig und somit im Webbrowser, in lokal installierten Clients (Web-Dynpro-Clients) und auf mobilen Geräten lauffähig.

Flexible Einsatzmöglichkeiten

Die enge Integration von Web Dynpro in die von SAP bereitgestellte *SAP NetWeaver Development Infrastructure* (NWDI) erlaubt das kontrollierte

---

1 Ab Release SAP NetWeaver 2004s: SAP NetWeaver Application Server.

Verwalten, Anpassen und Ausliefern von Software über ihren kompletten Lebenszyklus. Durch die damit realisierte enge Verzahnung zwischen Entwicklungs- und Laufzeitumgebung wird die Modifikation und Wartung ausgelieferter Java-Anwendungen ermöglicht, ähnlich wie man dies schon lange im R/3-Umfeld gewohnt war.

2.1 Architekturkonzepte

Deklaratives Programmiermodell

Web Dynpro wurde mit dem Ziel entwickelt, eine hoch deklarative, modellgetriebene Anwendungsentwicklung zu unterstützen. Durch diesen Ansatz wird es möglich, mit Entwicklungswerkzeugen wie dem *SAP NetWeaver Developer Studio* oder dem *SAP NetWeaver Visual Composer* große Teile einer Anwendung zur Designzeit deklarativ, das heißt ohne Programmierung, zu erzeugen, und damit im Vergleich zur herkömmlichen Anwendungsentwicklung die Produktivität bei der Entwicklung und die Zuverlässigkeit der entwickelten Applikationen deutlich zu verbessern.

Bei einem modellgetriebenen Ansatz wie Web Dynpro werden Metadaten erzeugt, die eine Anwendung unabhängig von der Technologie beschreiben. Spezielle Code-Generatoren sind dann in der Lage, aus den Metadaten einer Anwendung Source-Code zu erzeugen, in den ein Entwickler eigenen Code in so genannten *Custom Coding Areas* oder *Hook-Methoden* einfügen kann. Dadurch lässt sich anwendungsspezifischer Code beispielsweise für die Event-Behandlung oder die Initialisierung einer Anwendung hinzufügen.

Diese für einen Anwendungsentwickler nutzbaren Programmier-Hooks der generierten Klassen werden vom Web-Dynpro-Framework zu unterschiedlichen Zeitpunkten der Request-Bearbeitung aufgerufen. Diese Zeitpunkte und die Reihenfolge ihrer Abarbeitung werden durch das so genannte *Web-Dynpro-Phasenmodell* definiert, das in Abbildung 2.1 dargestellt ist.

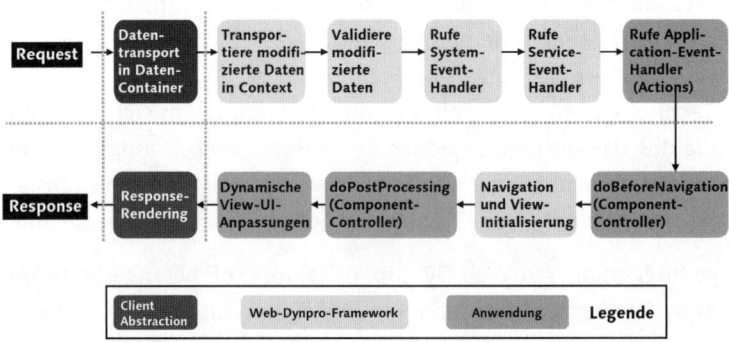

Abbildung 2.1 Web-Dynpro-Phasenmodell der Request-Bearbeitung

Ein weiteres Ziel bei der Entwicklung von Web Dynpro war es, die mithilfe von Web Dynpro erzeugten Anwendungen durch eine strikte Befolgung des MVC-Konzepts klar zu strukturieren. Durch dieses Design-Pattern wird die Darstellung der Daten auf einer Benutzeroberfläche von ihrer Repräsentation im Backend getrennt, das heißt, es wird zwischen Präsentationsschicht (*View*) und Datenschicht (*Model*) klar unterschieden. Beide Schichten kommunizieren miteinander über den *Controller*, der einen eindeutigen Kontrakt definiert und als Mediator zwischen View und Model dient. Änderungen in der Implementierung der Model- bzw. View-Schicht sollten wegen der klar definierten Schnittstelle des Controllers keine oder nur sehr geringe Auswirkungen auf die jeweils andere Schicht haben. Dieses Prinzip des *Design by Contracts* erleichtert die Zerlegung einer Anwendung in unterschiedliche Teile, die dann von verschiedenen Gruppen parallel entwickelt werden können. So kann sich nach Festlegung der Controller-Schnittstellen beispielsweise eine Entwicklergruppe um die Backend-Anbindung und eine andere um die Erstellung der Benutzeroberflächen kümmern.

Model – View – Controller

Abbildung 2.2 gibt einen Überblick über die wichtigsten logischen Bestandteile der Web-Dynpro-Laufzeit. Sie ist im Wesentlichen in die so genannte *Web Dynpro Foundation Runtime* und die Abstraktionsschichten zur Anbindung an unterschiedliche Server-Plattformen gegliedert, zur Verwendung unterschiedlicher Clients und unterschiedlicher Modelle.

Web Dynpro Foundation Runtime

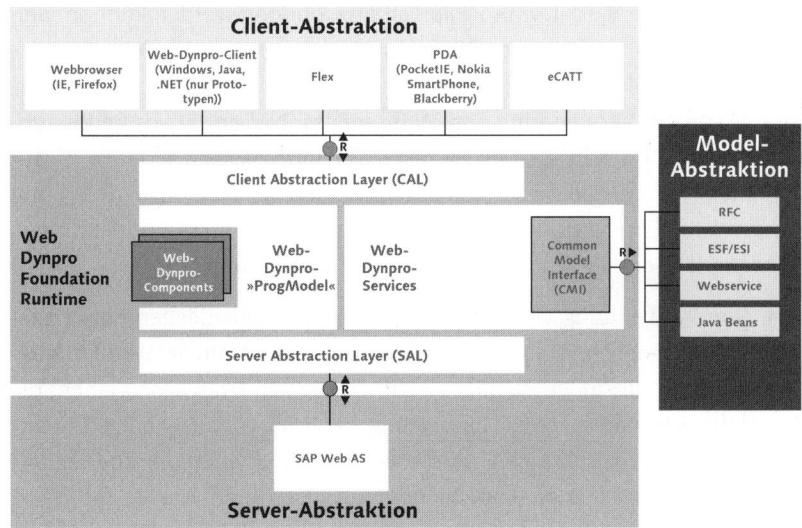

Abbildung 2.2 Hauptbausteine der Web-Dynpro-Laufzeit

Web-Dynpro-Programmiermodell

Die Web Dynpro Foundation Runtime stellt das Herzstück der Web-Dynpro-Laufzeit dar. Sie enthält als zentrale Einheit das *Web-Dynpro-Programmiermodell* (ProgModel), zu dem beispielsweise auch das bereits erwähnte Phasenmodell der Request-Abarbeitung gehört. Weitere wesentliche Bestandteile des Programmiermodells sind das äußerst mächtige und leistungsfähige Konzept wiederverwendbarer Komponenten sowie der Datenkontext zum Austausch und Fluss von Daten zwischen den verwendeten Modellen, Controllern und Views. Diese Konzepte werden wir in den weiteren Kapiteln dieses Buches noch ausführlich anhand zahlreicher Beispiele beschreiben.

Das Web-Dynpro-Programmiermodell bietet ferner eine große Fülle von UI-Elementen und Layout-Verfahren, mit deren Hilfe sich moderne Benutzeroberflächen auf einfache Weise erstellen lassen. Um nur einige Beispiele zu nennen, seien hier das `Table`-UI-Element und das `Tree`-UI-Element aufgeführt. In der Entwicklungsumgebung lassen sich die unterstützten UI-Elemente per Drag & Drop auf einer Arbeitsfläche platzieren, sodass ein sehr schnelles Prototyping einer Benutzeroberfläche möglich ist.

Generische Services und Modellabstraktion

Daneben bietet die Web Dynpro Foundation Runtime verschiedene *generische UI-Services* an, wie beispielsweise die einfache oder erweiterte Wertehilfe. Durch das so genannte *Common Model Interface* (*CMI*) wird eine Schnittstelle definiert, mit deren Hilfe unterschiedliche Modelle und Backends an die Web-Dynpro-Laufzeit angebunden werden können. Beispiele für in SAP NetWeaver 2004 bereits unterstützte Modelle sind das *Adaptive RFC-Model* zur Anbindung an ABAP-Backends oder das *Webservice Model* zur Verwendung von Webservices. Neben diesen bereits unterstützten Modellen werden in naher Zukunft weitere Modelle hinzukommen, wie beispielsweise das *Enterprise Services Framework* (ESF), mit dessen Hilfe Enterprise Services entsprechend der von SAP unterstützten serviceorientierten Architektur genutzt werden können.

Server- und Client-Abstraktion

Um eine Verwendung von Web Dynpro in unterschiedlichen Einsatzszenarien zu ermöglichen, sind die Verbindungen der Web Dynpro Foundation Runtime zur Außenwelt über Abstraktionsschichten beschrieben, die klar definierte Kontrakte zur Einbettung der Web-Dynpro-Laufzeit in unterschiedliche Umgebungen darstellen. So geschieht, wie soeben erwähnt, der Zugriff auf Modelle über das Common Model Interface. Ebenso ist die Anbindung an die zugrunde liegende Server-Plattform sowie an den verwendeten Client über den so genannten *Server Abstract Layer* (SAL) und den *Client Abstraction Layer* (CAL) definiert.

Die Server-Abstraktion macht es theoretisch möglich, Web Dynpro auf unterschiedlichen Laufzeitumgebungen zu betreiben – wenngleich auch der SAP Web Application Server derzeit die einzige unterstützte Plattform darstellt. Durch die Client-Abstraktion wird es möglich, unterschiedliche Clients und Rendering-Technologien für Web Dynpro zu verwenden und damit die bereits erwähnte Client-Unabhängigkeit von Web-Dynpro-Anwendungen zu erzielen. Die Standard-Clients in SAP NetWeaver 2004 sind der HTML-Client – es wird der Webbrowser als Client verwendet – sowie die Clients für Mobile Devices.

2.2 SAP NetWeaver-Systemlandschaft

Der SAP Web Application Server ist die zentrale Technologie-Komponente von SAP NetWeaver, auf dem als Anwendungsplattform die Enterprise-Software läuft. Der Web AS integriert dabei in einer homogenen Umgebung viele verschiedene Infrastruktur-Services, mit deren Hilfe Geschäftsanwendungen erfolgreich gebaut und ausgeführt werden können. Beispiele für solche Infrastrukturkomponenten sind das SAP NetWeaver Portal, ein J2EE-zertifizierter Anwendungsserver[2] oder aber das Web-Dynpro-Framework zur Erstellung von Benutzeroberflächen, um nur einige zu nennen.

Die Hauptkomponenten einer prototypischen Systemlandschaft mit SAP NetWeaver sind in Abbildung 2.3 veranschaulicht.

Ein Web AS-System bietet durch seine Fähigkeit, viele Applikationsserver in einer Dialoginstanz und diese wiederum in großen Verbünden zu einem Cluster zusammenschließen zu können, einen hohen Grad an Skalierbarkeit und Ausfallsicherheit, wie es für den Einsatz geschäftskritischer Anwendungen erforderlich ist. Damit eignet sich der Web AS als Anwendungsplattform sowohl für kleinere Benutzergruppen als auch für Unternehmen, die Anwendungen mit großen und sehr großen Benutzerstämmen betreiben. **Web AS Cluster-Umgebung**

Der *Web Dispatcher* stellt den zentralen Einstiegspunkt in den Web AS dar und verteilt mithilfe eines Lastverteilungsalgorithmus eingehende Anfragen auf die zur Verfügung stehenden Dialoginstanzen. Jede Dialoginstanz verfügt wiederum über einen eigenen Load-Balancer, den so genannten *J2EE Dispatcher*, dessen Aufgabe die gleichmäßige Verteilung der eingehenden Anfragen auf die angeschlossenen Applikationsserver ist.

---

2 Die J2EE Engine implementiert in SAP NetWeaver 2004 den J2EE-1.3-Standard.

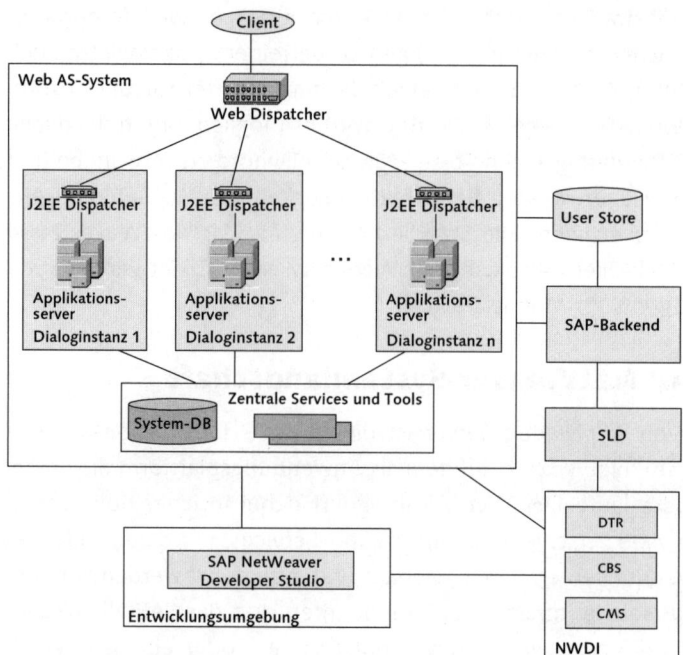

Abbildung 2.3 SAP NetWeaver-Systemlandschaft

Um einen solchen Cluster zentral verwalten zu können, stellt der Web AS verschiedene zentrale Services zum clusterweiten Versenden von Nachrichten oder clusterweiten Sperren von Ressourcen zur Verfügung, sowie zentrale Werkzeuge zur Administration, Konfiguration und Installation.

Derzeit unterstützt der Web AS noch nicht die Möglichkeit, bestimmten Applikationsservern eines Clusters eine spezielle Aufgabe zuzuweisen. So könnte es zum Beispiel für die Isolierung verschiedener Anwendungen sinnvoll sein, eine eigene Dialoginstanz für jede Gruppe von gleichartigen Anwendungen vorzusehen, um dadurch eine größere Robustheit und Performance erzielen zu können. Möchte man aus diesen Gründen beispielsweise das SAP NetWeaver Portal und Web-Dynpro-Anwendungen auf unterschiedlichen Applikationsservern betreiben, sind hierfür derzeit getrennte Web AS-Systeme zu installieren.

SAP NetWeaver Developer Studio Als Entwicklungswerkzeug steht das auf dem Open-Source-Produkt Eclipse aufsetzende *SAP NetWeaver Developer Studio* zur Verfügung, mit dessen Hilfe auch die in diesem Buch behandelten Beispiele erstellt wurden. In zukünftigen Releases von SAP NetWeaver wird zusätzlich der *SAP NetWeaver Visual Composer* für das deklarative Erstellen von Benutzeroberflächen auf Basis von Web Dynpro zur Verfügung stehen.

Die Entwicklungsumgebung ist mit der SAP NetWeaver Development Infrastructure integriert, die sich um die Kontrolle des Lebenszyklus von Software kümmert. So wird der Source-Code von Anwendungen und anderen Design-Time-Objekten im so genannten *Design Time Repository* (DTR) zur Versionierung abgelegt. Mithilfe des *Component Build Service* (CBS) lassen sich die im DTR abgelegten Entwicklungskomponenten zentral bauen. Schließlich können mithilfe des integrierten *Change-Management-Systems* (CMS) Codelines erstellt, konsolidiert, validiert und in die angeschlossenen Systeme deployt werden, sowie Software-Änderungen in die unterschiedlichen Versionen und Codelines transportiert werden.

SAP NetWeaver Development Infrastructure

Die Beschreibungen zur System- und Transportlandschaft sind dabei zentral im *System Landscape Directory* (SLD) abgelegt. Zusätzlich integriert das SLD einen Naming-Service, und dient damit als zentrale Prüfinstanz für die Eindeutigkeit der Namen verwendeter Entwicklungskomponenten.

System Landscape Directory

Durch diese umfassende Integration von Entwicklungs- und Laufzeitumgebung sowie durch die bereitgestellte Software-Infrastruktur eignet sich der Web AS für Software-Projekte beliebiger Größe, da er insbesondere das Arbeiten in Teams, auch oder besonders auf globaler Ebene, optimal unterstützt.

2.3 Zusammenfassung und Ausblick

Abschließend zu dieser Übersicht der grundlegenden Konzepte von Web Dynpro und der Web AS-Systemlandschaft wollen wir die wichtigsten Vorzüge von Web Dynpro nochmals zusammenfassen:

- Die deklarative, modellgetriebene Anwendungsentwicklung ermöglicht es, weite Teile einer Anwendung ohne eigenen Code zu erstellen. Code-Generatoren erzeugen aus den Metadaten entsprechende Java-Klassen, die nach dem MVC-Konzept strukturiert sind. Dadurch und durch das Komponentenkonzept von Web Dynpro kann eine Anwendung in verschiedene Teile zerlegt und in größeren Teams parallel entwickelt werden.
- In den generierten Klassen kann eigener Code in Custom Coding Areas hinzugefügt werden, die dann vom Web-Dynpro-Framework bei der Request-Abarbeitung in bestimmten Phasen aufgerufen werden.
- Web Dynpro unterstützt eine große Fülle von einfachen, komplexen und grafischen UI-Elementen und ermöglicht so die unkomplizierte Erstellung von modernen und benutzerfreundlichen Oberflächen.

▶ Web Dynpro definiert klare Schnittstellen zur Anbindung unterschiedlichster Modelle und Clients und ermöglicht damit einen sehr flexiblen Einsatz für verschiedene Laufzeitumgebungen und Einsatzszenarien.

Enterprise Services Architecture

Was für eine Rolle wird Web Dynpro in den zukünftigen Releases nach SAP NetWeaver 2004 spielen? Skizzieren wir dazu in einem kurzen Ausblick die Strategie der SAP für die kommenden Jahre. Der Schwerpunkt von SAP NetWeaver wird in den nächsten Jahren auf der Unterstützung der *Enterprise Services Architecture* (ESA) liegen, also der serviceorientierten Entwicklung von Anwendungen. Hierbei werden Anwendungen aus Enterprise Services zusammengesetzt, die alle semantischen Aspekte eines Service oder Geschäftsprozesses kapseln und über eine geeignete Schnittstelle exponieren. Ein Beispiel für einen solchen Service könnte »Bestellung aufnehmen« sein: Damit eine Anwendung für die Bereitstellung derartiger Funktionalitäten das Rad nicht jedes Mal neu erfinden muss, greift sie auf ausgereifte Enterprise Services zurück und setzt sich damit aus hochwertigeren Blöcken zusammen.

Mit dieser Normierung der verwendeten Enterprise Services geht die Möglichkeit einher, die für diese Services benötigten Benutzeroberflächen ebenfalls zu normieren und als einfach zu verwendende *UI-Patterns* (*UI-Building-Blocks*) einer Anwendung nutzbar zu machen. Durch diese Vereinfachung und Vereinheitlichung der Benutzerschnittstelle wird es zukünftig Geschäftsprozessexperten auch ohne Programmierkenntnisse möglich sein, schematische User-Interfaces aus standardisierten UI-Building-Blocks zu konfigurieren.

SAP wird deshalb in den nächsten Jahren den Ausbau eines *Enterprise Services Repository* stetig vorantreiben. Als Modellierungs- und Konfigurationswerkzeug von Geschäftsanwendungen auf Basis von Enterprise Services und UI-Building-Blocks wird der SAP NetWeaver Visual Composer dienen. Aus den damit modellierten Benutzeroberflächen werden Web-Dynpro-Anwendungen generiert, die von der Web-Dynpro-Laufzeit ausgeführt werden. Web Dynpro stellt damit die strategisch wichtige Technologie-Komponente zur Erstellung von Benutzeroberflächen und Ausführung von Anwendungen dar. Durch die Unterstützung weiterer Rendering-Technologien werden in Zukunft neben dem Webbrowser auch Smart Clients zur Verfügung stehen. Diese lokal installierten Clients basieren auf unterschiedlichen Technologien und Plattformen, z. B. Windows, Java oder Flex. Damit werden die Einsatzmöglichkeiten von Web Dynpro stetig ausgebaut.

3 Web-Dynpro-GameStation

Am Beispiel der GameStation-Anwendung werden Sie schrittweise in die Denkweise eines komponentenorientierten Web-Dynpro-Entwicklers eingeführt. Sie lernen die wesentlichen Vorteile von Web-Dynpro-Komponenten zur Modularisierung umfassender Anwendungen im NWDI-Komponentenmodell kennen und verwenden Komponenten-Interfaces dazu, neue Komponenten ohne Code-Änderung in die GameStation-Anwendung einzubinden.

3.1 Komponentisierung am Beispiel der Web-Dynpro-GameStation

In diesem Kapitel wird die technische Realisierung einer komponentenbasierten Web-Dynpro-Anwendungsarchitektur am Beispiel einer Applikation namens »Web-Dynpro-GameStation« demonstriert (siehe Abbildung 3.1). Ziel ist es, die Vorteile des Komponentenkonzepts in einem überschaubaren praktischen Beispiel sichtbar zu machen, wobei die folgenden Themengebiete behandelt werden:

Die Architektur der GameStation-Anwendung soll auf der Grundlage des Web-Dynpro-Komponentenmodells entworfen werden. Dazu wird eine Klassifikation spezieller Komponententypen vorgestellt, die die Entwicklung und Strukturierung komplexer Web-Dynpro-Anwendungen erleichtert.

Komponentenbasierte Anwendungsarchitektur

In der GameStation-Anwendung wird ein Konzept zur nachträglichen Einbettung zusätzlich entwickelter Spiel-Anwendungen angewendet (*Deploy & Play*). Dieses Konzept basiert auf der Verwendung eines *Web-Dynpro-Komponenten-Interfaces* zur abstrakten Definition einer Spiel-Komponente unabhängig von deren Implementierung. Aufgrund dieser losen Kopplung zwischen Verwender und Implementierung zur Designzeit können Spiele nachträglich deployt und daraufhin in der GameStation gestartet werden, ohne dazu irgendwelche Code-Änderungen vornehmen zu müssen.

Deploy & Play durch Komponenten-Interfaces

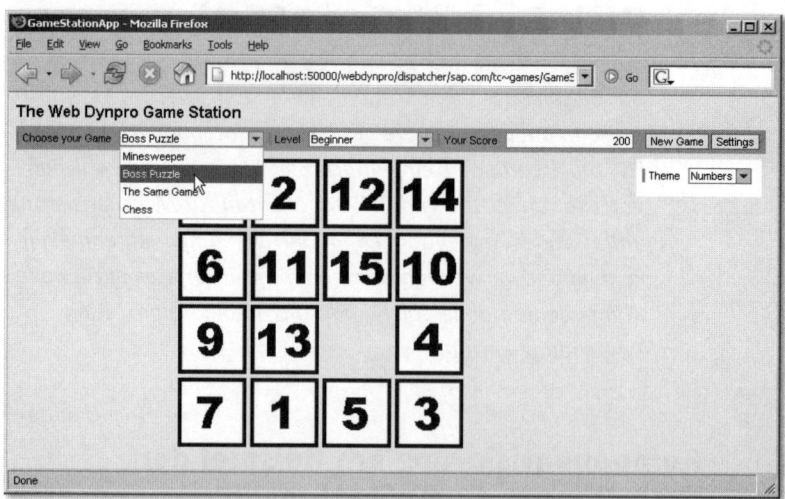

Abbildung 3.1 GameStation-Anwendung im Webbrowser

Beachten Sie, dass es sich bei der hier vorgestellten GameStation-Anwendung nicht um eine Geschäftsanwendung mit Backend-Anbindung im eigentlichen Sinn handelt – und daher zahlreiche Fragen wie beispielsweise die Verwendung von Web-Dynpro-Models oder die Internationalisierung von Anwendungen nicht behandelt werden. Trotz dieser Einschränkung demonstriert die GameStation-Anwendung zahlreiche Techniken, Konzepte und Ideen zur Komponentisierung von Web-Dynpro-Anwendungen, die Sie zum eigenen Nutzen auf Ihre Anwendungsarchitektur übertragen können.

Web-Dynpro-DCs Im nächsten Schritt werden die zur GameStation gehörigen Entwicklungsobjekte auf das Komponentenmodell der SAP NetWeaver Development Infrastructure übertragen. Durch die Aufteilung der zur GameStation-Anwendung gehörigen Entwicklungsobjekte in separate *Web-Dynpro-Development-Components* (Web-Dynpro-DCs) lässt sich ein effizienter Entwicklungsprozess realisieren, der Anforderungen wie verteilte Entwicklung im Team, Wartbarkeit, Wiederverwendbarkeit und Erweiterbarkeit optimal gerecht wird. Am Beispiel der GameStation werden Verwendungsbeziehungen zwischen Web-Dynpro-Entwicklungskomponenten basierend auf *Public-Part-Definitionen* erläutert.

Implementierung von Komponenten-Interfaces Ein weiterer Abschnitt widmet sich den einzelnen Schritten, die zur Implementierung des zuvor definierten Spiel-Komponenten-Interfaces mit den Web-Dynpro-Werkzeugen erforderlich sind.

Von besonderer Bedeutung ist die Erzeugung von Spiel-Komponenten zur Laufzeit. Während die GameStation-Komponente zur Entwurfszeit lediglich ein Spiel-Komponenten-Interface verwendet, muss sie dafür zur Laufzeit eine konkrete Spiel-Komponenteninstanz erzeugen. Die Bestimmung der dann auf dem SAP Web AS deployten Spiel-Komponenten wird von einer wiederverwendbaren *DeploymentManager-Komponente* übernommen. Im Implementierungsteil wird die Verwendung des `IWDComponentUsage`-API zur programmatischen Erzeugung von Spiel-Komponenteninstanzen erläutert.

Erzeugung einer Spiel-Komponenteninstanz

Zum Datenaustausch über Komponentengrenzen hinweg kommen unterschiedliche Formen des Context-Mappings zur Anwendung. Während sich beim *internen Interface-Context-Mapping* die Datenquelle innerhalb der eingebetteten Komponente befindet, befindet sie sich beim *externen Interface-Context-Mapping* außerhalb. In der GameStation-Anwendung werden beide Formen des Interface-Context-Mappings an praktischen Beispielen vorgestellt.

Komponentenübergreifende Context-Mapping-Ketten

Das *serverseitige Eventing* stellt eine wichtige Technik zur Kommunikation zwischen Web-Dynpro-Komponenten dar. In der GameStation-Anwendung wird die Behandlung von Aktionen durch den Benutzer über einen Eventing-Ansatz an die Wurzelkomponente delegiert. Dabei lernen Sie die Definition von Events und Event-Handlern über Komponentengrenzen hinweg kennen und setzen sich zudem mit der Möglichkeit der *dynamischen Event-Subscription* mithilfe des `IWDComponentUsage`-API auseinander.

Serverseitiges Eventing zwischen Komponenten

Die Benutzeroberfläche der GameStation sowie die darin möglichen Navigationsübergänge werden im Navigation Modeler der Web-Dynpro-Werkzeuge modelliert. Dies geschieht durch Einbettung verschiedener Component-Interface-Views innerhalb der zentralen Wurzel-Komponente unter Verwendung des speziellen `ViewContainer`-UI-Elements. Den Abschluss des Kapitels bildet eine eingehende Behandlung der Themen Komponenten-Navigation sowie Ansteuerung der initialen View-Assembly beim Starten von Web-Dynpro-Anwendungen.

Einbettung von Component-Interface-Views und Navigation zwischen Komponenten

Die Web-Dynpro-GameStation können Sie – wie natürlich auch alle anderen Anwendungen in diesem Buch – auf der Webseite zum Buch unter *http://www.sap-press.de* downloaden.

3.2 Mit Komponenten zur Anwendungsarchitektur

Beginnen wir nun damit, die Anwendungsarchitektur der GameStation zu entwerfen. In einer ersten Phase bewegen wir uns dabei ausschließlich auf der Ebene verschiedener Web-Dynpro-Entitäten wie Web-Dynpro-Applikationen, Komponenten, lokalen Dictionaries oder Komponenten-Interfaces. Erst in einer zweiten nachfolgenden Phase werden wir die entwickelte Architektur auf das NWDI-Komponentenmodell übertragen. Dabei werden die zur GameStation gehörigen Web-Dynpro-Entitäten in mehreren separaten Web-Dynpro-Entwicklungsobjekten bzw. Web-Dynpro-DCs abgelegt.

3.2.1 Grobstruktur der Benutzeroberfläche

Im ersten Schritt entwerfen wir zunächst die Grobstruktur der Benutzeroberfläche der GameStation. Das heißt, wir zerlegen das User-Interface in einzelne Teilbereiche und überlegen uns danach, wie wir diese auf eine komponentenbasierte Anwendungsarchitektur übertragen können.

Die hier vorgestellte GameStation-Anwendung ist durch eine einfach aufgebaute Benutzeroberfläche gekennzeichnet, in der das eigentliche Spielfeld von vier weiteren Bereichen umgeben ist (siehe Abbildung 3.2):

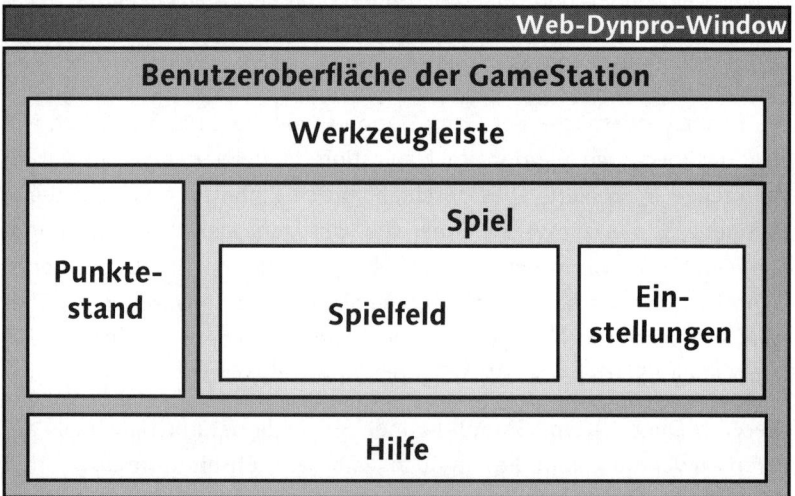

Abbildung 3.2 Grobstruktur der GameStation-Benutzeroberfläche

An oberster Position wird eine **Werkzeugleiste** zum Steuern der GameStation angezeigt. Neben dem **Spielfeld** befinden sich zwei Bereiche zum

Anzeigen der höchsten erreichten Punktzahl (**Punktestand**) sowie zum Editieren von **Einstellungen** für das aktuell angezeigte Spiel. Unterhalb des Spielfelds kann der Benutzer optional einen Hilfetext (**Hilfe**) zum ausgewählten Spiel zur Anzeige bringen.

Um ein Spiel in der GameStation-Anwendung anzeigen zu können, muss dieses selbst über zwei UI-Schnittstellen verfügen. Dies bedeutet, dass ein Spiel der GameStation seinem Verwender zwei unterschiedliche Benutzeroberflächen zur Verfügung stellen muss: zum einen das eigentliche User-Interface des Spielfelds, zum anderen das UI zur Eingabe von Spieleinstellungen.

Diese überschaubare Grobstruktur der GameStation-Benutzeroberfläche bildet die Ausgangsbasis für alle weiteren Abschnitte dieses Kapitels. Sie ist bestens dafür geeignet, die Entwicklung einer komponentenbasierten Web-Dynpro-Anwendung beispielhaft zu demonstrieren und die damit verbundenen technischen Hintergründe zu beleuchten.

3.2.2 Nachteile großer Web-Dynpro-Komponenten

Bei der Entwicklung von Web-Dynpro-Anwendungen stellt sich stets die Frage, auf welche Weise die Komponentisierung der Anwendung umgesetzt werden soll. Der nahe liegendste, in den meisten Fällen jedoch falsche Ansatz ist der, die komplette Anwendung innerhalb einer einzigen monolithischen Web-Dynpro-Komponente zu entwickeln – man spricht dabei von *enger Kopplung*. Die GameStation-Anwendung könnte zwar von ein bis zwei Entwicklern mit einigem Aufwand nach diesem Muster entwickelt werden, allerdings müssten diese am Ende doch feststellen, dass beispielsweise die Erweiterbarkeit der GameStation-Anwendung um neue Spiel-Implementierungen nicht ohne komplettes Re-Design und Re-Deployment dieser einen Komponente möglich wäre.

Enge Kopplung

Die Entwicklungsgeschwindigkeit würde sich zudem mit dem Wachsen der Komponente zunehmend verringern, da jedes erneute Testen der Anwendung mit einem langsameren, da nicht inkrementellen, Build-Prozess einherginge. Auch ein zusätzlicher Entwickler könnte diesem Problem wenig Abhilfe schaffen, da die parallele Entwicklung einer einzelnen Web-Dynpro-Komponente im Team zwangsläufig mit einem hohen Synchronisationsaufwand verbunden ist.

Verlangsamte Entwicklungsgeschwindigkeit

Ein weiterer Nachteil monolithischer Web-Dynpro-Komponenten ist ihre erschwerte Wartbarkeit durch andere Entwickler. In derartigen Komponenten sind zwar sämtliche Views und Controller an einem Ort vereint zu-

Erschwerte Wartbarkeit

gänglich, allerdings ist die Analyse von Anwendungslogik und View-Komposition dadurch erschwert, dass außer der Trennung in Component, Custom und View-Controller keine weitere Strukturierung möglich ist (abgesehen von der Anwendung bestimmter Namensregeln zur funktionalen Kennzeichnung). Demgegenüber bietet ein modularer, komponentenbasierter Ansatz den Vorteil, eine hierarchisch strukturierte und funktional separierte Anwendungsarchitektur mit klaren Verwendungsbeziehungen und Schnittstellen zu entwerfen.

3.2.3 Entwurf einer einfachen Komponenten-Architektur

Im nächsten Schritt bilden wir die Grobstruktur der GameStation-Benutzeroberfläche auf eine Architektur ab, die aus mehreren Web-Dynpro-Komponenten besteht. Den falschen Ansatz der einzelnen monolithischen Web-Dynpro-Komponente haben wir im vorherigen Abschnitt bereits verworfen, sodass wir nun der Frage nachgehen, wie ein passendes Komponentenmodell für die GameStation aussehen könnte (siehe Abbildung 3.3).

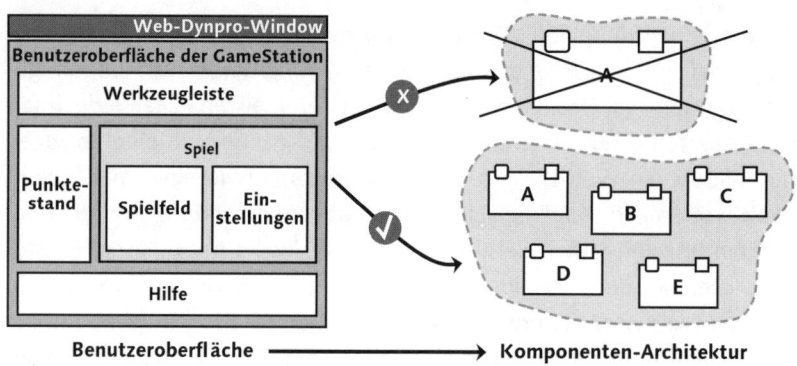

Abbildung 3.3 Von der Benutzeroberfläche zur Komponenten-Architektur

Trennung von Spiel und Spiel-Konsole

Einbettung von UI-Komponenten mittels ViewContainer-UI-Element

Das grundlegende Prinzip für die Architektur der GameStation-Anwendung besteht darin, unter Verwendung separater Web-Dynpro-Komponenten eine Trennung der Spiel-Konsole von den darin eingebetteten Spielen vorzunehmen. In Abbildung 3.4 wird diese einfache Komponenten-Architektur grafisch dargestellt. Die Komponente GameStationComp stellt die Wurzel-Komponente der Anwendung dar (❶ auf der linken Seite) und bettet in sich eine Spiel-Komponente (z. B. für das Spiel SameGame) als visuelle UI-Komponente ein (❷ auf der linken Seite). Die Einbettung erfolgt dadurch, dass der Component-Interface-View der Spiel-

Komponente im UI-Teil der GameStation (❶ auf der rechten Seite) in ein
ViewContainer-UI-Element eingefügt (❷ auf der rechten Seite) wird.
Das ViewContainer-UI-Element stellt in der einbettenden Komponente
GameStationComp einen Platzhalter für den von der Spiel-Komponente
implementierten Spielfeldteil dar.

Zur Darstellung dieser Verwendungsbeziehung im Komponentendiagramm wird die Wurzel-Komponente mit dem UI-Port (Component-Interface-View) der verwendeten Spiel-Komponente durch einen Connector verbunden. Nähere Einzelheiten zu den im Buch dargestellten Web-Dynpro-Komponentendiagrammen finden Sie in Anhang A.

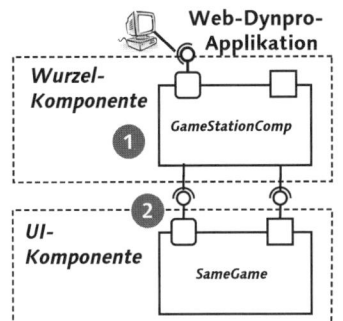 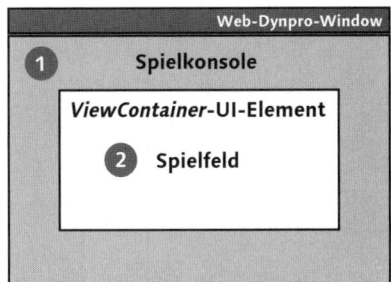

Abbildung 3.4 Trennung von Spiel-Konsole und Spiel in separate Web-Dynpro-Komponenten

Einbettung eines zweiten Component-Interface-Views der Spiel-Komponente

UI-Komponenten stellen ihren Verwendern wenigstens eine visuelle Schnittstelle bzw. einen Component-Interface-View bereit. Darüber hinaus kann eine Web-Dynpro-Komponente auch zusätzliche Interface-Views exponieren. In unserem Fall soll die Spiel-Komponente neben dem Spielfeld selbst auch ein User-Interface zum Editieren der Spiel-Einstellungen implementieren und über einen zweiten Component-Interface-View nach außen hin verfügbar machen.

In Abbildung 3.5 ist dargestellt, wie eine derartige Spiel-Komponente in ihrem Inneren aufgebaut ist. Die beiden Views GameView (❶) und SettingsView (❷) enthalten auf erster Ebene zwei unterschiedliche View-Layouts, eines für das eigentliche Spielfeld und eines zum Editieren der Einstellungen. Damit eine einbettende Komponente beide Views in sich selbst frei positionieren kann, müssen diese in zwei Component-Interface-Views separat verfügbar sein (❸ und ❹). Zur Erzeugung eines zwei-

Web-Dynpro-Komponente mit zwei visuellen Schnittstellen

ten Component-Interface-Views ist innerhalb der Spiel-Komponente ein zusätzliches Window anzulegen, in das der View `SettingsView` eingefügt wird (❻), während der View `GamesView` im anderen Window enthalten ist (❺). Dabei ist zu beachten, dass im Web-Dynpro-Komponentenmodell jedem Window im Inneren einer Komponente genau ein Component-Interface-View als äußere visuelle Schnittstelle zugeordnet ist (1:1-Relation).

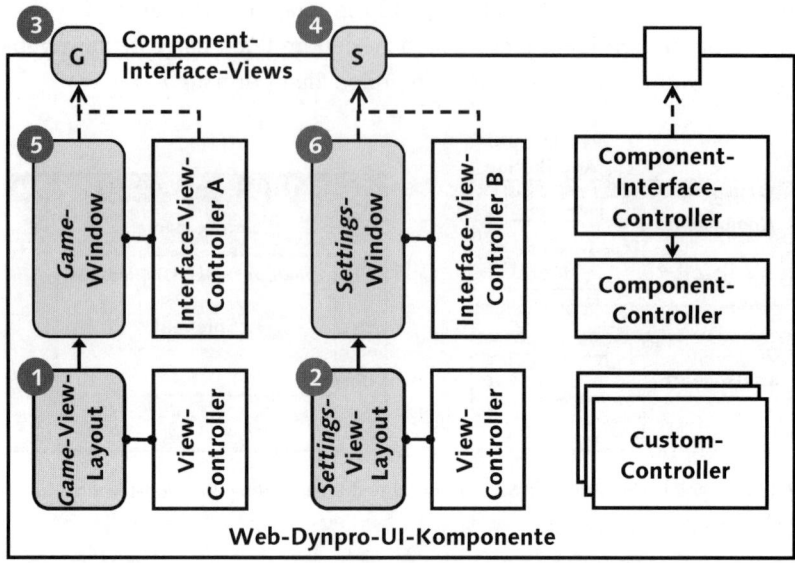

Abbildung 3.5 UI-Komponente mit zwei Component-Interface-Views

Zur Laufzeit können beide Interface-Views nur dann gleichzeitig angezeigt werden, wenn darin kein View mehrfach enthalten ist, was in unserem Fall zutrifft. Die Web-Dynpro-Laufzeitumgebung würde das doppelte Vorkommen einer View-Instanz innerhalb der angezeigten View-Assembly mit der folgenden Fehlermeldung kommentieren:

WDRuntimeException: Duplicate instance exception: There is already an instance of view <View-Name> in component <Component-Name>.

In Abbildung 3.6 wird die Einbettung eines zweiten Component-Interface-Views derselben Komponente durch einen zusätzlichen UI-Port (❸ auf der linken Seite) dargestellt.

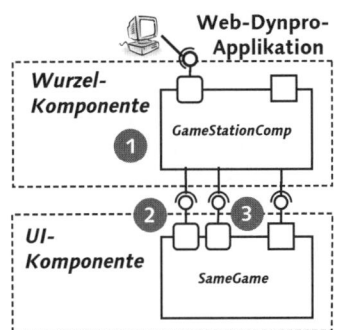 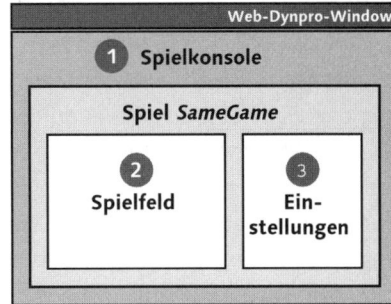

Abbildung 3.6 Anzeige der Spiel-Einstellungen durch einen zweiten Component-Interface-View

Trennung von Wurzel-Komponente und UI-Komponenten

Im einfachsten Fall könnte die Wurzel-Komponente selbst den kompletten UI-Teil der GameStation implementieren und nur das eigentliche Spielfeld und die Spiel-Einstellungen in eine separate Spiel-Komponente auslagern. Um den Funktionsumfang der Wurzel-Komponente jedoch weitestgehend auf den eines »Komponenteneinbetters« zu reduzieren, lagern wir im nächsten Schritt die drei eigenen UI-Bereiche der GameStation-Komponente in separate UI-Komponenten aus. Die Werkzeugleiste zum Auswählen und Starten eines Spiels sowie zur Einstellung des Schwierigkeitsgrades ist in der separaten Toolbar-UI-Komponente enthalten (siehe Abbildung 3.7, ❸). Die Teile der Benutzeroberflächen zur Anzeige von Punktestand (❹) und Hilfetext (❺) werden von den beiden UI-Komponenten Highscore und Help implementiert. Auch diese visuellen Komponenten werden in der Wurzel-Komponente mittels View-Container-UI-Elementen eingefügt.

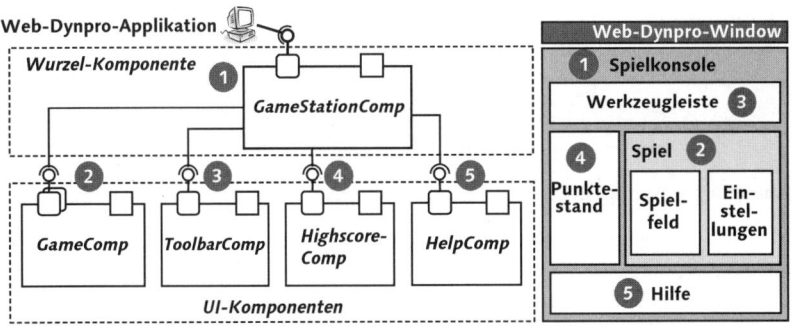

Abbildung 3.7 Auslagerung von UI-Komponenten aus der Wurzel-Komponente

3.3 Erweiterbarkeit durch Komponenten-Interfaces

Im nächsten Schritt erweitern wir die bisherige Komponenten-Architektur der GameStation-Anwendung um das entscheidende Merkmal der *Austauschbarkeit* von Spiel-Komponenten. Durch diese Form der Modularisierung ist es möglich, in der Wurzel- oder GameStation-Komponente zur Entwurfszeit eine abstrakte Definition der Spiel-Komponente ohne zugrunde liegende Implementierung einzubetten. Erst zur Laufzeit muss der Wurzel-Komponente dann eine Implementierung dieser definierten Spiel-Komponente bekannt sein, um diese im Spielfeld anzuzeigen.

Web-Dynpro-Komponenten-Interfaces

Dieses grundlegende und in Java hinlänglich bekannte Prinzip der Trennung von Design und Implementierung ist in Web Dynpro durch so genannte *Komponenten-Interfaces* (auch *Component Interface Definitions*) realisierbar. Ein Komponenten-Interface ist die abstrakte Beschreibung der verschiedenen Schnittstellen und Model-Verwendungen einer Web-Dynpro-Komponente ohne zugehörige Implementierung. Zu den Schnittstellen einer Web-Dynpro-Komponente zählen der *Component-Interface-Controller* auf Controller-Ebene sowie die optionalen *Component-Interface-Views* auf UI-Ebene. Während im Component-Interface-Controller Methoden, Events und Context definiert werden (siehe Abbildung 3.8, ❷), sind die Component-Interface-Views (❶) durch ihre *Inbound-* und *Outbound-Plugs* zur Definition von Navigationslinks gekennzeichnet[1]. Um im Component-Interface-Controller den Context an ein bestimmtes *Model* binden zu können, ist im Komponenten-Interface zudem dessen Verwendung zu definieren (❸).

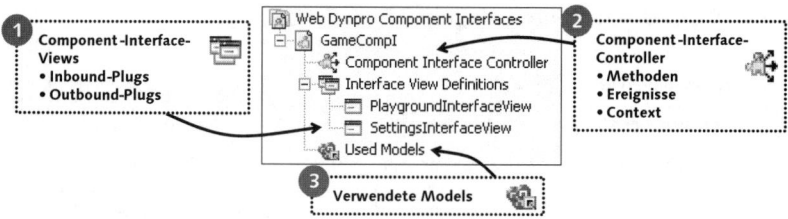

Abbildung 3.8 Im Web Dynpro Explorer dargestelltes Komponenten-Interface

---

[1] Startup- und Exit-Plugs können in Komponenten-Interfaces nicht definiert werden, da sie nur in Wurzel-Komponenten erforderlich sind. Die einzige Web-Dynpro-Entität, die die Verwendung einer Wurzel-Komponente definieren kann, ist die der Web-Dynpro-Applikation. Da für eine Web-Dynpro-Applikation jedoch keine Verwendung eines Komponenten-Interfaces deklarierbar ist (es fehlt die Möglichkeit, eine zugehörige Implementierung zu definieren bzw. zu konfigurieren), ist die abstrakte Beschreibung von Wurzel-Komponenten mittels Komponenten-Interfaces nicht praktikabel.

Vergleich zwischen Komponenten-Interface und Komponente

Abbildung 3.9 stellt einen Vergleich zwischen einem Komponenten-Interface und einer Komponenten-Implementierung dar. Ein Komponenten-Interface umfasst lediglich die Definition von Component-Interface-Views (0..n) als den visuellen Schnittstellen (❶) des Component-Interface-Controllers (1..1) (❷) als der Controller-Schnittstelle sowie den Model-Verwendungen (0..n) (❸).

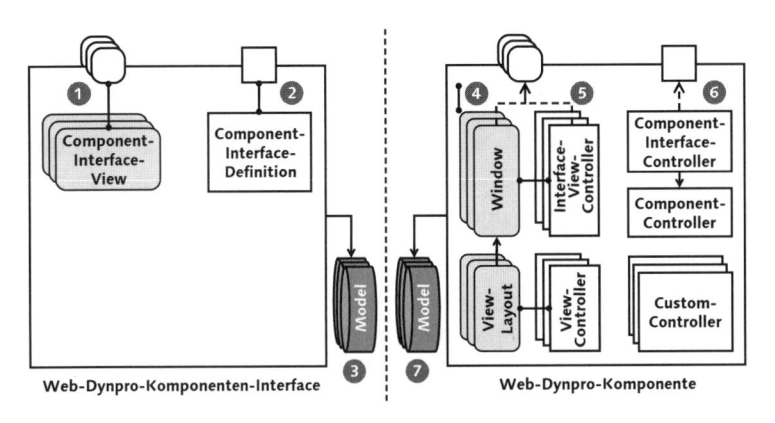

Abbildung 3.9 Vergleich zwischen Komponenten-Interface und Komponenten-Implementierung

In einer Komponente erfolgt die Implementierung der Component-Interface-Views zweigeteilt: Die nach außen hin exponierten Schnittstellen für die Benutzeroberfläche einer Komponente werden im Inneren der Komponente von ihren Windows implementiert (❹). Ein Window enthält die Definition einer *View-Composition*, die durch die Verbindung von Views oder Component-Interface-Views mit Navigationslinks definiert wird. Nach außen hin, also bei der visuellen Einbettung einer Web-Dynpro-Komponente in die View-Composition einer anderen Komponente, werden Windows durch entsprechende Component-Interface-Views repräsentiert, die selbst über In- und Outbound-Plugs verfügen. Der zweite Implementierungsteil erfolgt in den Component-Interface-View-Controllern (❺), die das Event-Handling von Inbound-Plugs sowie das Auslösen von Outbound-Plugs übernehmen.

Implementierung von Component-Interface-Views

Die Controller-Schnittstelle eines Komponenten-Interfaces wird vom Component-Interface-Controller implementiert (❻). Da dieser in folgenden Releases von SAP NetWeaver abstrakt[2] ist, ist es bereits jetzt ratsam,

Implementierung des Component-Interface-Controllers

---

2 Der Component-Interface-Controller wird dann vom Component-Controller implementiert.

sämtliche Implementierungsteile im Component-Interface-Controller an entsprechende Methoden im Component-Controller zu delegieren. Die vom Komponenten-Interface vorgegebenen Model-Verwendungen werden entsprechend in der implementierenden Komponente definiert (❼).

3.3.1 Komponenten-Interface einer Spiel-Komponente

Komponenten-Interface = Kontrakt zwischen Verwender und Implementierung

Das Komponenten-Interface einer Spiel-Komponente legt den Kontrakt zwischen deren Verwender und deren Implementierung fest. Anders ausgedrückt, beschreibt sie die Anforderungen der GameStation-Komponente an eine von ihr verwendete Spiel-Komponente – und umgekehrt.

So verlangt die GameStation-Komponente von einem Spiel zwei unterschiedliche User-Interfaces bzw. Component-Interface-Views: eines zur Darstellung des Spielfeldes und ein zweites zum Editieren bestimmter Einstellungen für ein Spiel.

Datenaustausch durch Interface-Context-Mapping

Der Datenaustausch über Komponentengrenzen hinweg wird mit der Context-Struktur im Component-Interface-Controller festgelegt. Dabei ist zu beachten, dass der Datenaustausch bzw. das Context-Mapping zwischen GameStation (Verwender) und Spiel (Implementierung) in beiden Richtungen erfolgt. Wird der Schwierigkeitsgrad eines Spiels außerhalb der GameStation definiert und gespeichert, kann darauf in der Spiel-Komponente selbst nur über *externes Interface-Context-Mapping* zugegriffen werden. Der isInputElement-Eigenschaft eines Context-Attributs für den Schwierigkeitsgrad ist daher der Wert **true** zuzuweisen. Die Spiel-Komponente stellt damit eine Anforderung an ihren Verwender, nämlich die Bereitstellung des außerhalb gespeicherten Schwierigkeitsgrades. Die für ein Spiel spezifischen Einstellungen sollen demgegenüber im Spiel selbst gespeichert werden. Werden die zugehörigen Context-Elemente im Component-Interface-Controller der Spiel-Komponente nach außen hin exponiert, kann auch die einbettende GameStation-Komponente darauf mittels Context-Mapping zugreifen. In Abschnitt 3.7 werden wir uns der Thematik des komponentenübergreifenden Context-Mappings eingehender zuwenden.

Component Interface-Methode startGame()

Neben der Context-Struktur schreibt das Komponenten-Interface im Component-Interface-Controller einer Spiel-Komponente die öffentliche Methode void startGame() vor. Durch Aufruf dieser Methode kann eine Spiel-Komponente von außen durch ihren Verwender (GameStation-Komponente) gestartet werden. Tabelle 3.1 stellt die gesamte Definition eines Spiel-Komponenten-Interfaces dar.

Web-Dynpro-Komponenten-Interface			
GameCompI			
Allgemeine Definition einer Spiel-Komponente zur Einbettung in die GameStation-Komponente			
Component-Interface-Controller			
GameCompI			
Context-Definition und öffentliche Methoden im Interface-Controller einer Spiel-Komponente			
Context	Kard.	Typ	isInput
Game	1..1		
˪ Caption		string	
˪ ContinueGame		boolean	
˪ Description		string	
˪ Name		string	
˪ Score		integer	
GameSettings	1..1		x
˪ Level		com.sap.wdbp.game.Level (Dictionary Simple Type)	x
Methoden			
void startGame()			
Component-Interface-Views			
PlaygroundInterfaceView		SettingsInterfaceView	
User-Interface für ein Spielfeld		User-Interface zum Editieren der zu einem Spiel gehörigen Einstellungen	
Inbound-Plugs		Inbound-Plugs	
Default()		Default()	

Tabelle 3.1 Definition eines Spiel-Komponenten-Interfaces

3.3.2 Deklaration eines Komponenten-Interfaces in den Web-Dynpro-Werkzeugen

Der *Web Dynpro Explorer* zeigt die in einer Web-Dynpro-DC enthaltenen Komponenten-Interfaces im Knoten **Web Dynpro Component Interfaces Definitions** an. Die Deklaration eines neuen Komponenten-Interfaces erfolgt entsprechend der nachfolgend beschriebenen Vorgehensweise:

1. Öffnen Sie im Web Dynpro Explorer den Knoten **Web Dynpro · Web Dynpro Component Interfaces**.

2. Wählen Sie im zugehörigen Kontextmenü den Eintrag **Create Component Interface Definition** aus. Daraufhin öffnet sich ein Fenster zur Eingabe des Komponenten-Interface-Namens sowie des Paketnamens (siehe Abbildung 3.10).

3. Geben Sie den Namen des neuen Komponenten-Interfaces ein. Es bietet sich an, diesen analog zu Java-Interfaces mit dem Präfix I zu beginnen (hier: IGame). Es ist empfehlenswert, die Komponenten-Interfaces einer Web-Dynpro-DC in einem eigenen Paket abzulegen (z. B. im Paket *.cid).

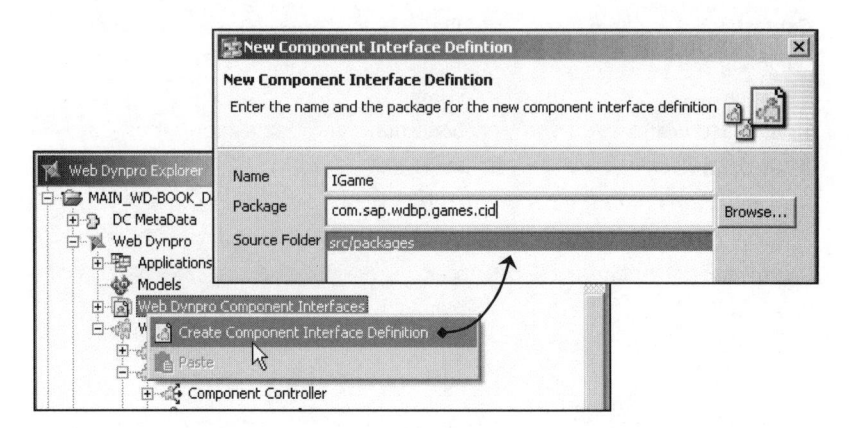

Abbildung 3.10 Deklaration eines neuen Komponenten-Interfaces

4. Wählen Sie zur Deklaration des Component-Interface-Controllers im Web Dynpro Explorer den gleichnamigen Knoten **Web Dynpro · Web Dynpro Component Interfaces · IGame · Component Interface Controller** aus. Durch einen Doppelklick oder den Kontextmenüeintrag **Edit** öffnet sich der zur Controller-Deklaration gehörige Perspektiven-View (siehe Abbildung 3.11).

5. Nehmen Sie in den drei Registerkarten **Context**, **Methods** und **Events** die Deklaration des Component-Interface-Controllers gemäß Tabelle 3.1 vor. Innerhalb einer Component-Interface-Definition wird selbstverständlich keine Registerkarte **Implementation** angezeigt. Die Registerkarte **Properties** wird zwar angezeigt, sie enthält jedoch keine editierbaren Felder zur Definition von Controller-Verwendungsbeziehungen, da diese implementierungsabhängig sind.

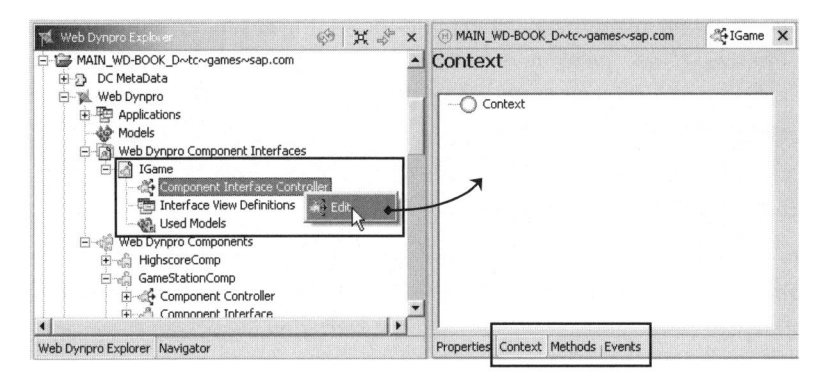

Abbildung 3.11 Deklaration des Component-Interface-Controllers

6. Wählen Sie im Web Dynpro Explorer zum Hinzufügen eines Component-Interface-Views den Knoten **Web Dynpro · Web Dynpro Component Interfaces · IGame · Interface View Definitions** aus. Durch Auswahl des Kontextmenüeintrags **Create Interface View** öffnet sich ein Fenster zur Eingabe des Interface-View-Namens (siehe Abbildung 3.12, ❶ und ❷). Es empfiehlt sich, den vorgegebenen Paketnamen unverändert zu übernehmen.

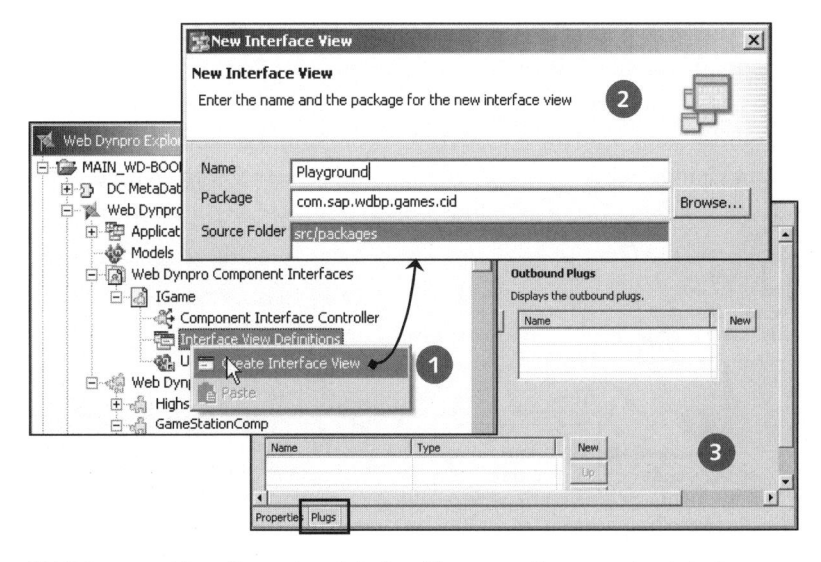

Abbildung 3.12 Hinzufügen eines Interface-Views zum Komponenten-Interface

7. Da eine Spiel-Komponente zudem über einen zweiten Component-Interface-View zur Anzeige von Spiel-Einstellungen verfügen soll, ist der vorherige Schritt für den Interface-View namens `SettingsInterfaceView` zu wiederholen.

Erweiterbarkeit durch Komponenten-Interfaces **39**

8. Im daneben liegenden Perspektiven-View könnten zudem die zu einem Interface-View gehörigen Inbound- und Outbound-Plugs (jedoch keine Startup- und Exit-Plugs) samt ihrer Parameter definiert werden (siehe Abbildung 3.12, ❸).

3.3.3 Component-Usages

Component-Usage als Variable für eine Komponente

Um das Komponenten-Interface einer Spiel-Komponente in die bisherige Komponenten-Architektur der GameStation-Anwendung integrieren zu können, setzen wir uns zunächst mit dem zentralen Begriff der so genannten *Component-Usage* auseinander. Im Web-Dynpro-Programmiermodell stellt die Component-Usage eine Variable dar, mit der die einbettende Komponente die Verwendung einer anderen Komponente definiert. Zur Entwurfszeit ist sie ein Platzhalter für eine verwendete Komponente, zur Laufzeit ist eine Component-Usage mit einer zugehörigen Komponenteninstanz assoziiert. Soll eine Komponente mehrfach verwendet werden, so sind dazu zwei separate Component-Usages zu definieren. Zur Laufzeit würde die einbettende Komponente damit über zwei Komponenteninstanzen desselben Typs verfügen.

Component-Usages müssen zur Entwurfszeit in der Verwender-Komponente explizit deklariert werden. Es besteht nicht die Möglichkeit, eine Component-Usage dynamisch zur Laufzeit mittels Controller-Code zu erzeugen. Jede in der Verwender-Komponente deklarierte Component-Usage-Beziehung wird im Web Dynpro Explorer unter dem Knoten **<Web Dynpro Components> · <Component Name> · Used Web Dynpro Components** angezeigt (siehe Abbildung 3.13).

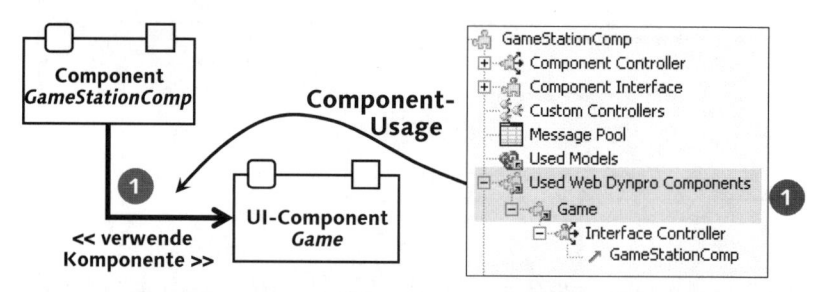

Abbildung 3.13 Darstellung der Component-Usage Game im Web Dynpro Explorer

Nach der Definition einer Component-Usage innerhalb der einbettenden Komponente können zur Entwurfszeit auf Controller- bzw. UI-Ebene bis zu drei Arten von Verwendungsbeziehungen definiert werden (siehe auch Abbildung 3.14):

1. **Component-Usage**
   Ein Controller der einbettenden Komponente verwendet die Component-Usage selbst, um damit den Lebenszyklus der mit ihr assoziierten Komponenteninstanz zu steuern. Es besteht auch die Möglichkeit, einer Component-Usage die Referenz auf eine andere Component-Usage gleichen Typs zu übergeben. Auf die verwendete Component-Usage kann ein Controller über das IWDComponentUsage-API zugreifen.

2. **Component-Interface-Controller**
   Ein Controller der einbettenden Komponente verwendet den Component-Interface-Controller der mit der Component-Usage assoziierten Komponente. Damit sind für den Controller der im Component-Interface exponierte Context (zwecks Definition von Context-Mapping-Ketten) sowie dessen Methoden und Events sichtbar. Der Component-Interface-Controller stellt einem Verwender sein IExternal-API als Schnittstelle bereit.

3. **Component-Interface-View (optional)**
   Ein Window bzw. ViewContainer-UI-Element kann den Component-Interface-View der mit der Component-Usage assoziierten Komponenteninstanz verwenden bzw. in sich einbetten. Durch Verwendung der vom Component-Interface-View definierten In- und Outbound-Plugs können Navigationslinks über Komponentengrenzen hinweg definiert werden. Da nicht visuelle Komponenten über keine Component-Interface-Views verfügen, ist diese Verwendungsbeziehung nur für UI-Komponenten möglich.

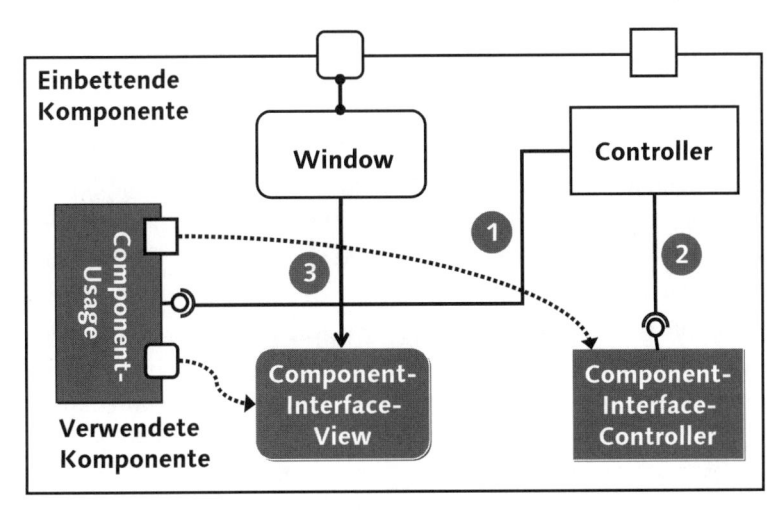

Abbildung 3.14 Verwendungsbeziehungen nach Definition einer Component-Usage

Lifecycle-Eigenschaft einer Component-Usage

Unterschied zwischen Component-Usage und assoziierter Komponenteninstanz

Das richtige Verständnis von Component-Usages erfordert eine klare Unterscheidung zwischen der Entität der Component-Usage selbst und der Komponenteninstanz, auf die sie zeigt. Die Component-Usage stellt zur Entwurfszeit die Verwendungsbeziehung der Vater-Komponente zur eingebetteten Kind-Komponente dar. In Analogie dazu repräsentiert eine Variable in Java die Verwendung einer anderen Objektinstanz. Die Entität der Component-Usage ist jedoch nicht mit der eigentlichen Komponenteninstanz identisch. Dieser Unterschied zeigt sich daran, dass, wie in Abbildung 3.14 dargestellt, neben der Component-Usage auch die beiden Schnittstellen einer Web-Dynpro-Komponente, ein Component-Interface-View und ein Component-Interface-Controller, direkt verwendet werden können.

Component-Usage und Lebenszyklus einer Komponenteninstanz

Zur Laufzeit zeigt eine Instanz der Component-Usage vom Typ IWDComponentUsage auf die Instanz der verwendeten Komponente. Zur Entwurfszeit kann für eine Component-Usage die **Lifecycle**-Eigenschaft definiert werden, um damit festzulegen, wie zur Laufzeit die Erzeugung und Zerstörung der zugehörigen Komponenteninstanz gesteuert werden soll (siehe Abbildung 3.15):

▶ createOnDemand
Die Web-Dynpro-Laufzeitumgebung übernimmt selbst das Lifecycle-Management der zur Component-Usage gehörigen Komponenteninstanz. Bei Bedarf wird die Komponenteninstanz automatisch erzeugt und gegebenenfalls wieder zerstört. Beispielsweise wird eine UI-Komponente automatisch erzeugt, sobald ihr Component-Interface-View zum ersten Mal in einer *View-Assembly* enthalten ist bzw. an der Benutzeroberfläche angezeigt wird.

▶ manual
Das Lifecycle-Management der zur Component-Usage gehörigen Komponenteninstanz erfolgt explizit durch Implementierung im Anwendungscode. Die Component-Usage gibt einem Controller mit ihrer IWDComponentUsage-Schnittstelle die Möglichkeit, den Lebenszyklus der assoziierten Komponenteninstanz zu steuern, das heißt, diese bei Bedarf mittels IWDComponentUsage.createComponent() zu erzeugen oder mittels IWDComponentUsage.deleteComponent() zu zerstören.

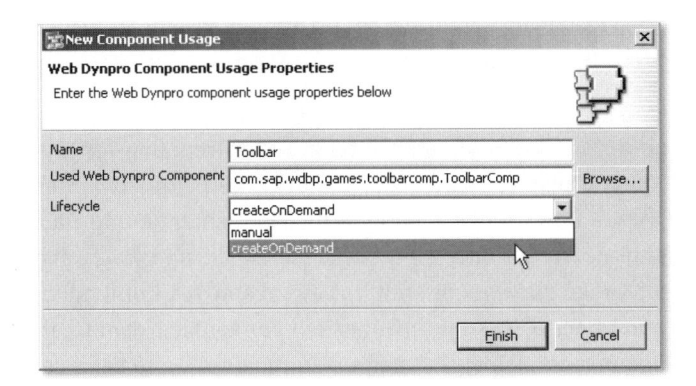

Abbildung 3.15 Definition der Lifecycle-Eigenschaft einer Component-Usage

Component-Usages im Referencing Mode

Darüber hinaus kann eine Component-Usage A mit der Methode IWD-ComponentUsage.enterReferencingMode(IWDComponentUsage componentUsage) eine andere Component-Usage B gleichen Typs referenzieren (d.h. eine Component-Usage, die die Verwendung einer Komponente gleichen Typs darstellt). Damit zeigt Component-Usage A auf dieselbe Komponenteninstanz wie Component-Usage B (falls diese existiert). Dieser so genannte *Referencing Mode* von Component-Usages findet insbesondere bei der Verwendung einer zentralen Model-Komponente durch mehrere UI-Komponenten seine Anwendung. In SAP NetWeaver 2004 wird der Referencing Mode jedoch nur für nicht visuelle Komponenten ohne Component-Interface-View unterstützt. Genauere Einzelheiten zu dieser Technik finden Sie in Abschnitt 3.8.3.

3.3.4 Component-Usages und Komponenten-Interfaces

Eine wesentliche Verbesserung beim Entwurf von komponentenbasierten Web-Dynpro-Anwendungen ergibt sich aus der Kombination von Component-Usages und Komponenten-Interfaces.

Im einfachen Fall zeigt eine Component-Usage zur Entwurfszeit auf die konkrete Implementierung einer Web-Dynpro-Komponente. Aufgrund dieser *engen Kopplung* zur Entwurfszeit ist es für den Komponenten-Verwender zur Laufzeit nicht möglich, für eine derartige Component-Usage eine andere Komponenten-Implementierung mit derselben Funktionalität zu verwenden als diejenige, die zur Entwurfszeit festgelegt wurde. Um zur Laufzeit eine andere Komponenten-Implementierung verwenden zu können, müsste bei enger Kopplung zur Entwurfszeit zwangsläufig eine separate, zweite Component-Usage-Beziehung definiert werden. In grö-

Enge Kopplung von Komponenten-Verwender und Implementierung

ßeren Anwendungsszenarien ist ein derartiges Vorgehen jedoch wegen der erforderlichen Behandlung zahlreicher Component-Usages nicht praktikabel.

Lose Kopplung mit Komponenten-Interfaces
Mit der Verwendung von Komponenten-Interfaces zur Trennung von Design und Implementierung ist es möglich, das enge Verhältnis zwischen Komponenten-Verwender und Komponenten-Implementierung auf Component-Usage-Ebene zu entkoppeln. Bei der *losen Kopplung* zeigt eine Component-Usage zur Entwurfszeit auf ein abstraktes Komponenten-Interface, ohne bereits in Kenntnis über die zur Laufzeit damit verknüpfte Komponenten-Implementierung sein zu müssen. Diese kann gemäß einem Plug-in-Konzept nachträglich zur Laufzeit ausgewählt werden, ohne dass sie bereits zur Entwurfszeit bekannt sein müsste.

Abbildung 3.16 zeigt eine grafische Gegenüberstellung von enger und loser Kopplung zwischen Komponenten-Verwender (Component-Usage) und der entsprechenden Komponenten-Laufzeitinstanz (Component-Instance). Hilfreich für das Verständnis ist dabei die Analogie zwischen Component-Usage und *Variable*, Komponente bzw. Komponenten-Interface und *Typ* zur Entwurfszeit, sowie Komponenteninstanz und *Objekt* zur Laufzeit.

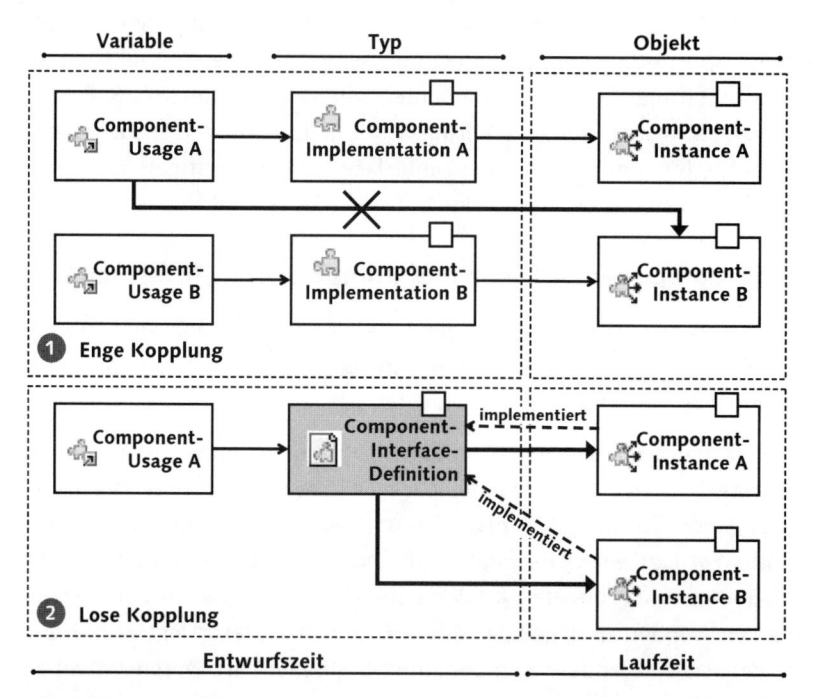

Abbildung 3.16 Enge und lose Kopplung zwischen Component-Usage und Komponenten-Implementierung

Bei der engen Kopplung (❶) ist es nicht möglich, dass eine Component-Usage zur Laufzeit auf die Instanz einer anderen Komponente zeigt als diejenige, die bereits zur Entwurfszeit definiert wurde. Um dieser Anforderung zu genügen, müsste bei enger Kopplung zwangsläufig eine zweite Component-Usage B definiert werden, die auf Komponente B zeigt. Dieser Sachverhalt entspricht demjenigen, bei dem eine Variable mit einer Klasse typisiert wird.

Bei der losen Kopplung mittels Komponenten-Interface (❷) kann eine Component-Usage zur Laufzeit auch auf unterschiedliche Komponenteninstanzen zeigen, solange diese das zur Entwurfszeit verwendete Komponenten-Interface implementieren. In Analogie zu Java entspricht dies der Typisierung einer Variablen mittels eines Interfaces.

Aufgrund der oben dargestellten Überlegungen ist es nun leicht zu verstehen, weshalb bei Verwendung von Komponenten-Interfaces die Lifecycle-Eigenschaft der Component-Usage stets den Wert **manual** hat (siehe Abbildung 3.17).

Lifecycle und Komponenten-Interfaces

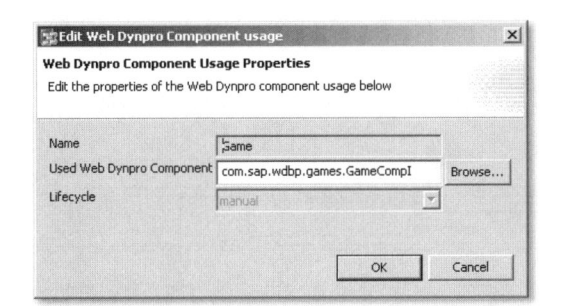

Abbildung 3.17 Lifecycle-Eigenschaft bei Verwendung eines Komponenten-Interfaces

Die Web-Dynpro-Laufzeitumgebung kann ein Komponenten-Interface ohne Kenntnis einer implementierenden Komponente nicht selbst erzeugen (**Lifecycle** mit dem Wert **createOnDemand**). Vielmehr ist es die Aufgabe des Anwendungsentwicklers, eine entsprechende Komponenteninstanz über Aufruf einer der Methoden `createComponent(String componentName)` oder `createComponent(String componentName, String deployableObjectName)` im `IWDComponentUsage`-API programmatisch zu erzeugen. Dazu muss ihm entweder der voll qualifizierte Name der implementierenden Komponente bekannt sein oder er nutzt zum Beispiel die in Abschnitt 3.6.2 verwendete DeploymentManager-Komponente, die für ein bestimmtes Komponenten-Interface die auf dem SAP Web Application Server deployten Komponenten-Implementierungen zurückliefert.

3.3.5 Einbettung der Interface-Definition einer Spiel-Komponente in die Wurzel-Komponente

Durch die Verwendung eines Web-Dynpro-Komponenten-Interfaces können wir nun die Einbettung bzw. das *Plug-in* irgendeiner Spiel-Komponente in die GameStation-Komponente realisieren. Auf diese Weise kann zur Entwurfszeit die Einbettung einer Spiel-Komponente ohne Kenntnis der zur Laufzeit verfügbaren Implementierung(en) definiert werden.

Lose Kopplung mittels Komponenten-Interface
In Abbildung 3.18 wird die auf loser Kopplung beruhende Architektur der GameStation grafisch dargestellt. Die Wurzel-Komponente `GameStationComp` (❶) zeigt mit einer Component-Usage nun nicht mehr direkt auf eine Komponenten-Implementierung, sondern lediglich auf das davon unabhängige Komponenten-Interface (❷). Die beiden dieses Komponenten-Interface implementierenden Spiel-Komponenten `SameGameComp` und `MineSweeperComp` sind für die GameStation-Komponente selbst zur Entwurfszeit nicht sichtbar. Erst zur Laufzeit muss die einbettende Wurzel-Komponente eine Instanz der entsprechenden Spiel-Komponente erzeugen (❸ und ❹).

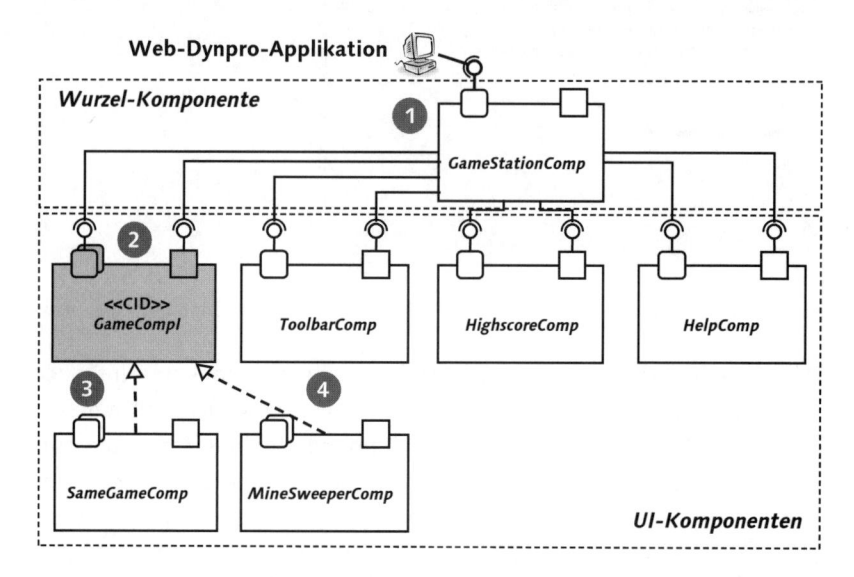

Abbildung 3.18 Einbettung eines Komponenten-Interfaces für die Spiel-Komponente in der Wurzel-Komponente

Deklaration und Implementierung bei Verwendung von Komponenten-Interfaces
Durch Verwendung eines Komponenten-Interfaces auf Component-Usage-Ebene können wir sämtliche Verwendungsbeziehungen zwischen Komponenten, Controllern, Windows oder Views rein schnittstellenbasiert definieren. Auch die Definition von Context-Mapping-Ketten oder

der Subscription von Events ist auf diese Weise möglich. Schließlich kann in der Controller-Implementierung gegen die nach außen hin sichtbare externe Schnittstelle des mit dem Komponenten-Interface assoziierten Component-Interface-Controllers programmiert werden. Zur Laufzeit muss die entsprechende Component-Usage dann natürlich auf eine Laufzeitinstanz zeigen, die das verwendete Komponenten-Interface implementiert.

3.4 Einbettung der GameStation in Web-Dynpro-DCs

Nachdem wir in den vorangegangenen Schritten die grundlegende Komponenten-Architektur der GameStation-Anwendung entworfen haben, übertragen wir nun diese im nächsten Schritt auf das *NWDI-Komponentenmodell*. Erst wenn die Architektur einer Web-Dynpro-Anwendung auf dieses Komponentenmodell abgebildet wurde, können wir mit der praktischen Anwendungsentwicklung im SAP NetWeaver Developer Studio beginnen. Auch wenn die Web-Dynpro-Werkzeuge zahlreiche Refactoring-Funktionen zum nachträglichen Verschieben und Umbenennen von Web-Dynpro-Entitäten anbieten, sollten die grundlegenden Verwendungsbeziehungen zwischen ihnen bereits vorher definiert worden sein.

Übertragung auf das NWDI-Komponentenmodell

Eine grundlegende Einführung in die SAP NetWeaver Development Infrastructure und deren Komponentenmodell finden Sie in Anhang A.

3.4.1 Web-Dynpro-Development-Components

Das NWDI-eigene Komponentenmodell stellt zur Ablage von Web-Dynpro-Entitäten in einem NWDI-Entwicklungssystem den speziellen *Development-Component-Typ* (DC-Typ) der *Web-Dynpro-Development-Components* bereit. Anders als bei gewöhnlichen Web-Dynpro-Projekten können zwischen Web-Dynpro-DCs auch Verwendungsbeziehungen definiert werden, wobei die Sichtbarkeit von DCs untereinander auf die in den *Public Parts* exponierten Bestandteile beschränkt ist. Ein Public Part kann daher als die Schnittstelle einer Development Component für ihre äußeren Verwender angesehen werden, wobei für eine DC auch mehrere Public Parts definiert werden können.

In Abbildung 3.19 wird dargestellt, wie eine Web-Dynpro-Komponente von einer anderen über DC-Grenzen hinweg verwendet werden kann:

1. Die zu verwendende Web-Dynpro-Komponente 2 wird zu einem Public Part von Web-Dynpro-DC 2 hinzugefügt. Zur Erzeugung des zugehörigen *Public-Part-Archivs* ist danach ein DC-Build anzustoßen (❶).
2. Web-Dynpro-DC 1 definiert die Verwendung (*DC-Usage*) von Web-Dynpro-DC 2. Die Inhalte sämtlicher Public Parts von DC 2 stehen daraufhin zur Verwendung in DC 1 bereit (❷).
3. Web-Dynpro-Komponente 1 kann nun die Verwendung von Komponente 2 definieren, so als wäre diese selbst in Web-Dynpro-DC 1 enthalten (❸).

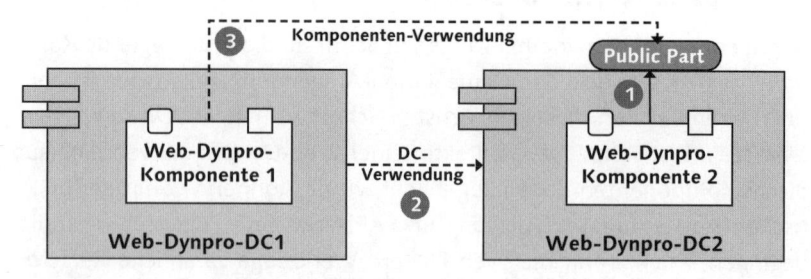

Abbildung 3.19 Verwendungsbeziehung zwischen zwei Web-Dynpro-DCs und Public Part

Verwendungszweck von Public Parts

Da *Development-Components* Container von Entwicklungsobjekten darstellen, kann für Public Parts auch die Art ihrer Verwendbarkeit definiert werden (*Public Part Purpose*). Generell ist im NWDI-Komponentenmodell zwischen den beiden Verwendungstypen **compilation** und **assembly** zu unterscheiden.

Compilation — Die Definition eines Public Parts des Typs **compilation** bedeutet, dass die im Public Part enthaltenen Entwicklungsobjekte in der Verwender-DC zum Kompilieren bzw. in der diesen Public Part verwendenden Web-Dynpro-DC für den Build-Prozess benötigt werden. Die Verwender-DC fügt dazu das Public-Part-Archiv in den eigenen Java-Build-Pfad ein. Das Public-Part-Archiv enthält all jene Web-Dynpro-Metadaten-Dateien und -Klassen-Dateien, die zur Generierung des eigenen DC-Archivs erforderlich sind. Das DC-Archiv der verwendeten Web-Dynpro-DC muss jedoch weiterhin separat erzeugt und deployt werden, da mit der Verwendung eines Public Parts vom Typ **compilation** nicht die Erweiterung des eigenen DC-Archivs verbunden ist.

Assembly — Public Parts des Typs **assembly** sind dann zu definieren, wenn die darin enthaltenen Entwicklungsobjekte auf höherer Ebene, das bedeutet von einer Verwender-DC, zu einer größeren Einheit zusammengefasst oder *as-*

sembliert werden sollen. Ein solcher Public Part dient hingegen nicht dem Zweck, dass die Vater-DC erst durch dessen Verwendung kompiliert werden kann. Soll auch dieser Zweck erfüllt werden, ist zusätzlich ein zweiter Public Part des Typs **compilation** zu definieren.

Für das Verständnis der Public-Part-Definition ist es hilfreich zu wissen, dass für Web-Dynpro-DCs nur der Verwendungstyp **compilation** relevant ist. Public Parts des Typs **assembly** sind demgegenüber zur Einbettung von nicht deploybaren DC-Typen wie Java-DCs oder Library-DCs in deploybare DCs erforderlich. Da Web-Dynpro-DCs selbst deployt werden können, spielen Public Parts des Typs **assembly** in ihnen keine Rolle.

Public Part Purpose = compilation in Web-Dynpro-DCs

Beschleunigte Entwicklung von Web-Dynpro-DCs

Wird für eine Web-Dynpro-DC ein neuer Public Part definiert, hat dies zur Folge, dass mit jedem angestoßenen DC-Build-Prozess die Erzeugung des zugehörigen *Public-Part-Archivs* verbunden ist. Die Definition von mehreren Public Parts mit zahlreichen Entwicklungsobjekten kann daher zu einer spürbaren Verlangsamung des Entwicklungsprozesses führen. Zu dessen Beschleunigung sollten Sie daher unbedingt den folgenden Tipp befolgen.

Schneller DC-Build

Tipp

Public-Part-Archive werden nur dann neu erzeugt, wenn ein *Development-Component-Build-Prozess* (DC-Build) angestoßen wird. Ändern sich die im Public Part enthaltenen Entwicklungsobjekte nicht, genügt der gewöhnliche und zudem schnellere Build-Prozess (siehe Abbildung 3.20). Insbesondere für größere Web-Dynpro-DCs kann diese Vorgehensweise beim wiederholten Testen den Entwicklungsprozess merklich beschleunigen.

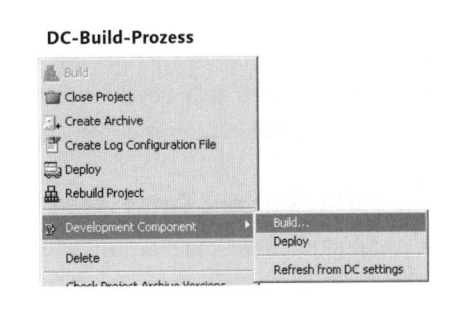

Abbildung 3.20 Gewöhnlicher Build- gegenüber einem DC-Build-Prozess

3.4.2 DC-Separation der GameStation im NWDI-Komponentenmodell

Nach der konzeptionellen Vorbereitung separieren wir nun die in Abbildung 3.18 dargestellte Architektur der GameStation-Anwendung in drei verschiedene Web-Dynpro-DCs. Natürlich stellt sich hierbei die Frage, weshalb die Aufteilung einer überschaubaren Web-Dynpro-Anwendung in mehrere DCs, im Folgenden als *DC-Separation* bezeichnet, überhaupt erforderlich ist: Würde nicht eine einzige Web-Dynpro-DC genügen, in der sämtliche Entitäten direkt verwendet werden können, ohne zusätzliche DC-Verwendungsbeziehungen und Public-Part-Definitionen vornehmen zu müssen?

Vorteile der DC-Separation von Web-Dynpro-Anwendungen

Bei näherer Betrachtung lässt sich jedoch feststellen, dass die DC-Separation von Web-Dynpro-Anwendungen wesentliche Vorteile bietet, die den Mehraufwand an zusätzlichen Definitionen auf DC-Ebene bei weitem aufwiegen.

Beschleunigter Entwicklungsprozess

Da DCs die Build-Einheiten des Component Build Service darstellen, spielen deren Anzahl und Größe bei der Optimierung des Entwicklungsprozesses eine entscheidende Rolle. Des Weiteren unterstützt das SAP NetWeaver Developer Studio derzeit noch keinen inkrementellen Build-Prozess zur Erzeugung von DC-Archiven. Aus diesem Grund wirkt sich die Gesamtgröße einer Web-Dynpro-DC unmittelbar auf die Gesamtdauer aus, die zum erneuten Deployment und Testen eines DC-Archivs erforderlich ist (Schrittfolge **Rebuild Project**, **Create Archive**, **Deploy Archive** und **Run Application**).

Unter diesen Voraussetzungen besteht der wirksamste Ansatz zur Optimierung des Entwicklungsprozesses darin, eine Trennung der zu einer Web-Dynpro-Anwendung gehörigen Entwicklungsobjekte in separate DCs vorzunehmen. Durch die Ablage stabiler Entitäten wie Komponenten-Interfaces, Modelle, Dictionaries oder wiederverwendbare Komponenten in separaten DCs beschleunigt sich der Build-Prozess derjenigen DCs, die häufiger zu ändernde Web-Dynpro-Komponenten beinhalten.

Erweiterbarkeit der GameStation-Anwendung

Die Architektur der GameStation-Anwendung ist so konzipiert, dass zusätzliche Spiel-Komponenten nachträglich integriert werden können, ohne dabei weder eine Anpassung der einbettenden GameStation-Komponente zur Entwurfszeit noch deren Re-Deployment zur Laufzeit vornehmen zu müssen. Im DC-Komponentenmodell lassen sich diese Anforderungen einfach dadurch erfüllen, dass jede Spiel-Komponente in einer eigenen Web-Dynpro-DC abgelegt wird.

In Abbildung 3.21 wird dargestellt, wie die DC-Separation der GameStation-Anwendung konkret umgesetzt ist. Wir wenden das Prinzip der Trennung zwischen GameStation- und Spiel-Komponenten auch auf DC-Ebene an und legen jede Spiel-Implementierung in einer eigenen Web-Dynpro-DC ab (❷ und ❸). Die einbettende GameStation-Komponente, das eine Spiel-Komponente definierende Komponenten-Interface sowie die Toolbar-Komponente werden in einer weiteren Web-Dynpro-DC abgelegt (❶).

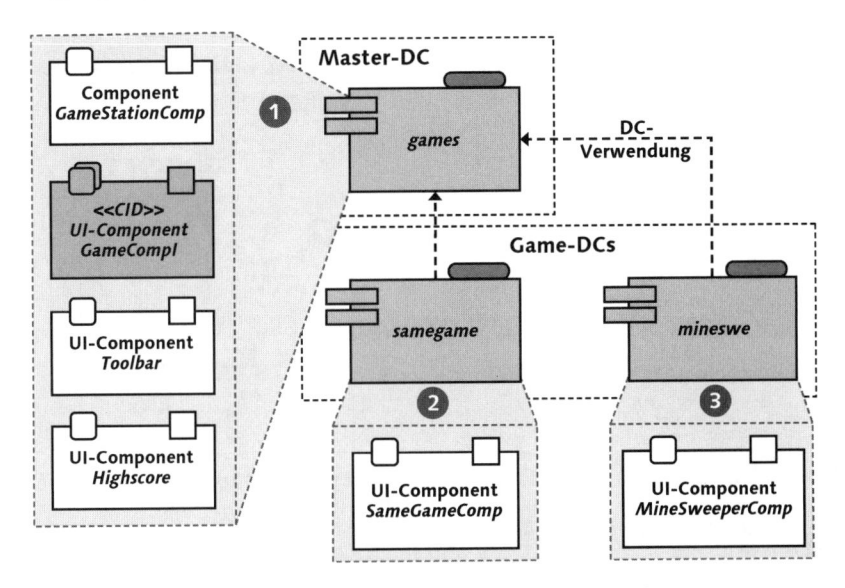

Abbildung 3.21 Einfache DC-Architektur der GameStation-Anwendung

3.4.3 Verwendungsbeziehung zwischen DCs definieren

Nach der DC-Separation von GameStation- und Spiel-Komponenten stellt sich natürlich die Frage, wie das in der ersten Web-Dynpro-DC definierte Spiel-Komponenten-Interface über DC-Grenzen hinweg implementiert werden kann. Abbildung 3.22 stellt dazu unterhalb des DC-Diagramms auch die zugehörige Sicht dieser Architektur im Web Dynpro Explorer der Web-Dynpro-Werkzeuge dar. Um in der sameGame-DC das in der game-DC definierte Komponenten-Interface GameCompI implementieren zu können, nehmen wir die in Abschnitt 3.4.1 allgemein formulierten Definitionen am praktischen Beispiel vor:

1. Hinzufügen des Spiel-Komponenten-Interfaces in den Public Part der game-DC
2. Definition einer Verwendungsbeziehung zwischen sameGame-DC und dem Spiel-Komponenten-Interface im Public Part der game-DC

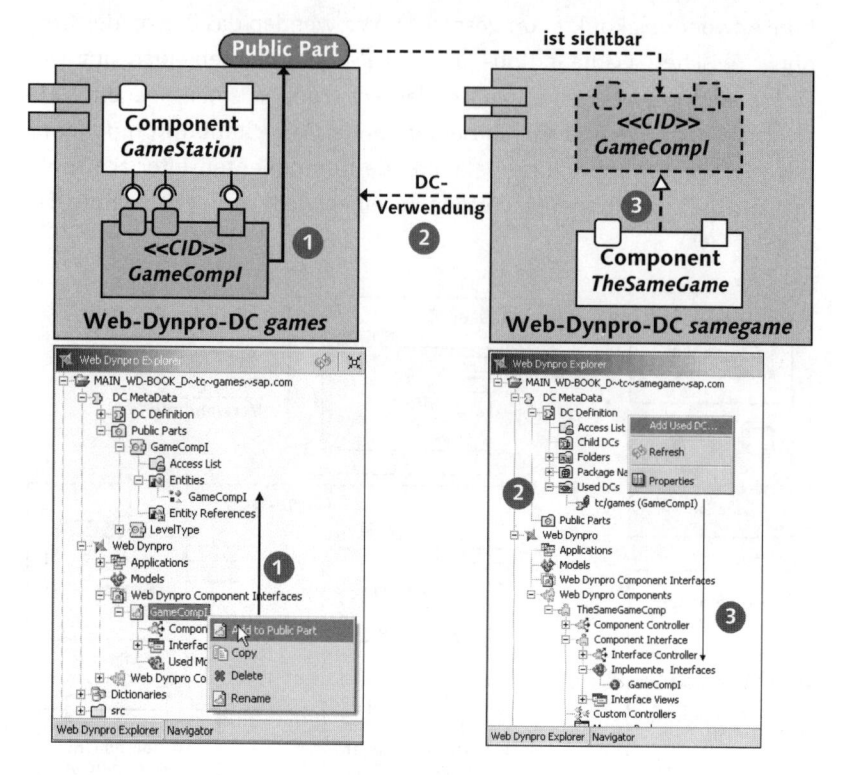

Abbildung 3.22 Implementierung des Komponenten-Interfaces einer fremden Web-Dynpro-DC

Komponenten-Interface im Public Part der game-DC exponieren

In der game-DC wird zunächst ein neuer Public Part namens GameCompI hinzugefügt (siehe Abbildung 3.22, ❶ oben). Darin wird das gleichnamige Komponenten-Interface GameCompI als Public Part Entity eingetragen. Das Hinzufügen einer Web-Dynpro-Entität zum Public Part einer DC erfolgt am einfachsten über den Kontextmenüeintrag **Add to Public Part** (siehe Abbildung 3.22, ❶ unten).

Public Part Purpose = compilation

Um das Komponenten-Interface in der game-DC zur Entwicklungszeit überhaupt verwenden oder sehen zu können, muss dem Verwendungszweck des Public Parts der Wert **compilation** zugewiesen werden. Wählen Sie dazu im Eingabedialog die Checkbox **Provides an API for developing/compiling other DCs** aus (siehe Abbildung 3.23).

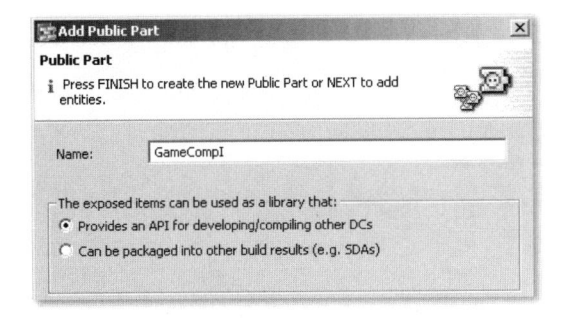

Abbildung 3.23 Hinzufügen eines neuen Public Parts zu einer Web-Dynpro-DC

> **Tipp**
>
> Für Web-Dynpro-DCs können Sie bei der Public-Part-Definition stets den Verwendungstyp **compilation** auswählen. Der zweite Verwendungstyp **assembly** ist demgegenüber zur Einbettung von *nicht* deploybaren DC-Typen wie Java-DCs oder Library-DCs in deploybare DCs erforderlich. Web-Dynpro-DCs können hingegen direkt deployt werden, weshalb sie keine Public Parts des Typs **assembly** benötigen.

Public-Part-Verwendung in der sameGame-DC definieren

In der sameGame-DC kann nachfolgend die Verwendung der Public-Part-Entität GameCompI der game-DC definiert werden:

▶ Im Web Dynpro Explorer ist zunächst das Knotenelement **<DC-Name>** · **DC MetaData** · **DC Definition** · **Used DCs** zu öffnen, um dann dessen Kontextmenüeintrag **Add Used DC ...** auszuwählen.

▶ Im Auswahlfenster **Add Dependency** wird danach direkt die Public-Part-Entität des Komponenten-Interfaces GameCompI ausgewählt. Öffnen Sie dazu mittels die Knoten **<DC-Name>** · **DC MetaData** · **Public Parts** · **GameCompI** · **Entities** · **GameCompI** (siehe Abbildung 3.24).

▶ Als **Dependency Type** wird die Checkbox **Build Time (needed for compilation)** markiert, um danach die Definition der Public-Part-Verwendung mit **Finish** abzuschließen.

Da Development-Components sich gegenseitig verwenden können, sind sie zudem voneinander abhängig. Bei der Definition einer Public-Part-Verwendung muss daher festgelegt werden, welcher Abhängigkeitstyp

Dependency Type = Build Time

(**Dependency Type**) zwischen der verwendenden DC und der den Public Part bereitstellenden DC gelten soll. Da die Public-Part-Entität `Game-CompI` in der `sameGame`-DC sowohl zur Deklaration als auch zur Kompilation bzw. zum Bauen des DC-Archivs erforderlich ist, wählen wir den Dependency-Typ **Build Time** aus.

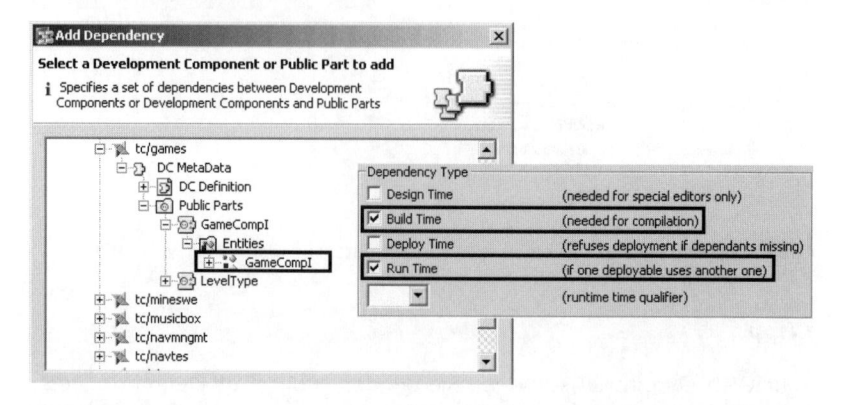

Abbildung 3.24 Definition einer Used-DC-Beziehung in den Web-Dynpro-Werkzeugen

Bei Verwendung von Web-Dynpro-DCs ist als Public Part Dependency grundsätzlich der Typ **Build Time** zu markieren. Die beiden anderen Dependency-Typen **Deploy Time** und **Run Time** sind bei der Public-Part-Verwendung von Web-Dynpro-DCs zwar auswählbar, aber meist nicht zwingend erforderlich.

Die Auswahl des Dependency-Typs **Deploy Time** hat zur Folge, dass das Deployment einer Web-Dynpro-DC beim Fehlen einer von ihr verwendeten DC im Laufzeitsystem automatisch abgebrochen wird.

Der Dependency-Typ **Run Time** ist zumindest dann zusätzlich zu markieren, wenn im Public Part ein Java-Archiv (JAR-Datei) enthalten ist, das in der Verwender-DC zur Laufzeit zwecks Classloading bzw. Instanziierung sichtbar sein muss. Enthält der verwendete Public Part hingegen Web-Dynpro-Entitäten, werden die erforderlichen Runtime-Abhängigkeiten von den Web-Dynpro-Werkzeugen automatisch – folglich auch ohne Setzen des Dependency-Typs **Run Time** – im DC-Archiv eingetragen. Unabhängig davon ist es ratsam, bei der Verwendung von Public Parts anderer Web-Dynpro-DCs stets den Dependency-Typ **Run Time** zu markieren.

3.5 Implementierung eines Komponenten-Interfaces

In Abschnitt 3.4 wurde beschrieben, wie ein Web-Dynpro-Komponenten-Interface in den Public Part der game-DC einzufügen ist, um damit von anderen Web-Dynpro-DCs verwendet werden zu können. Neben der Verwendung eines Komponenten-Interfaces auf Component-Usage-Ebene ist selbstverständlich dessen Implementierung von besonderer Bedeutung. In diesem Abschnitt wollen wir daher die Implementierung des Spiel-Komponenten-Interfaces in eine separate Web-Dynpro-DC am Beispiel des Spiels SameGame demonstrieren.

Wir gehen zunächst davon aus, dass in der sameGame-DC bereits die Verwendungsbeziehung zum Spiel-Komponenten-Interface definiert wurde. Genauer ausgedrückt, verwendet die sameGame-DC bereits die Public-Part-Entität GameComplI der game-DC. Diese Verwendungsbeziehung wird im Web Dynpro Explorer durch den Knoten **Main_WD_BOOK_D~tc~samegame~sap.com** · **DC MetaData** · **DC Definition** · **Used DCs** · **tc/games (GameComplI)** dargestellt. Die Implementierung des Spiel-Komponenten-Interfaces erfolgt daraufhin in drei aufeinander folgenden Schritten.

1. **Neue Komponente erzeugen**
   Anlegen einer neuen Web-Dynpro-Komponente.

2. **Implementierungsbeziehung definieren**
   Automatische Deklaration von Component-Interface-Views und Component-Interface-Controller durch Auswahl eines Komponenten-Interfaces. Die neue Komponente steht damit in einer *Implementierungsbeziehung* zum Komponenten-Interface.

3. **Komponente implementieren**
   Implementierung des Komponenten-Interfaces im Component-Interface-Controller und in den Component-Interface-Views durch Einbettung von Views.

3.5.1 Neue Web-Dynpro-Komponente erzeugen

Im ersten Schritt ist zunächst eine neue leere Web-Dynpro-Komponente anzulegen:

1. Wählen Sie im Web Dynpro Explorer den Knoten **Web Dynpro** · **Web Dynpro Components** aus.
2. Öffnen Sie das Kontextmenü und wählen Sie den Eintrag **Create Web Dynpro Component**.

3. Daraufhin öffnet sich ein neues Fenster zur Eingabe von Komponenten-, Window-, View- und Paketnamen (siehe Abbildung 3.25). Achten Sie bei der Eingabe darauf, den Komponentennamen mit dem Suffix »Comp« und den View-Namen mit »View« zu beenden. Die drei Paketnamen sollten dieselben sein, wobei jede Web-Dynpro-Komponente in einem eigenen Paketnamensraum abzulegen ist. Es bietet sich daher an, den Paketnamen mit »*.comp.<Name der Komponente>« zu beenden.

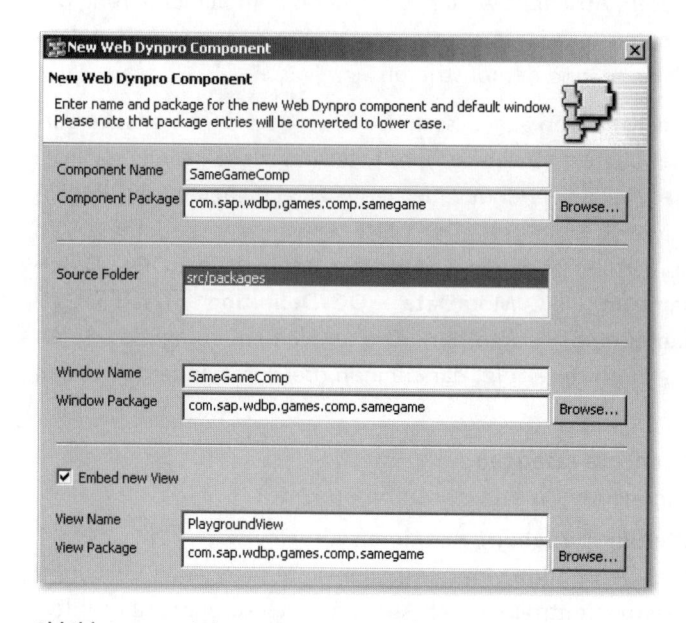

Abbildung 3.25 Anlegen einer neuen Web-Dynpro-Komponente

3.5.2 Implementierungsbeziehung definieren

Nach dem Anlegen einer neuen Web-Dynpro-Komponente befindet sich diese in einem *initialen* Anfangszustand. Das bedeutet, sie enthält zu diesem Zeitpunkt lediglich ihre standardmäßig vorhandenen Controller sowie einen View, der in das beim Anlegen definierte Window eingebettet ist. Mit dem Window ist ein entsprechender Component-Interface-View verknüpft und der Component-Interface-Controller befindet sich in einem leeren Zustand ohne Methoden, Events und Context-Elemente.

Mit der Definition einer *Implementierungsbeziehung* zum Spiel-Komponenten-Interface wird die neu angelegte Komponente zu einer Spiel-Komponente. Sie stimmt dann hinsichtlich der Deklaration ihrer Component-Interface-Views und ihres Component-Interface-Controllers syntaktisch mit den Vorgaben des Spiel-Komponenten-Interfaces überein.

Die Deklaration der Implementierungsbeziehung zwischen Web-Dynpro-Komponente und Komponenten-Interface verläuft nach folgender Vorgehensweise:

Implementierung des Spiel-Komponenten-Interfaces deklarieren

1. Wählen Sie im Web Dynpro Explorer den Knoten **Web Dynpro · Web Dynpro Components · <Name der Komponente> · Component Interface · Implemented Interfaces** aus.
2. Wählen Sie im Kontextmenü den Eintrag **Add** aus (siehe Abbildung 3.26).

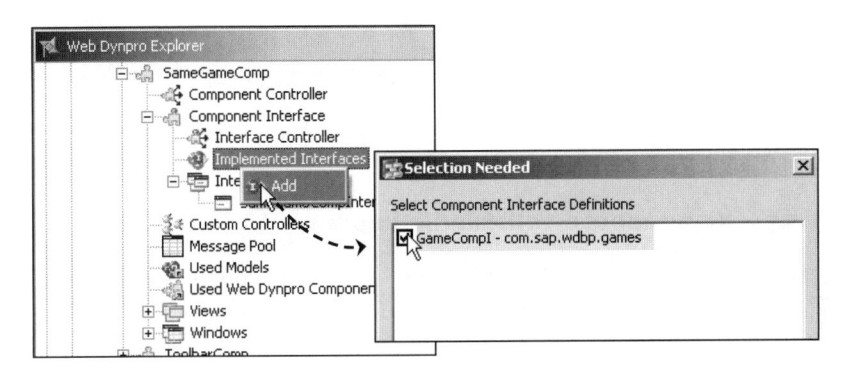

Abbildung 3.26 Hinzufügen einer Implementierungsbeziehung

3. Wählen Sie im daraufhin angezeigten Dialogfenster die zu implementierenden Komponenten-Interfaces aus und drücken Sie danach die Taste **OK**.
4. Bestätigen Sie in den nachfolgenden zwei Dialogfenstern die Definition neuer Windows (Playground und Settings), die mit den vom Komponenten-Interface vorgegebenen Component-Interface-Views assoziiert sind.

Im Web Dynpro Explorer werden daraufhin die neuen Component-Interface-Views PlaygroundInterfaceView und SettingsInterfaceView sowie die zugehörigen Windows angezeigt (siehe Abbildung 3.27). Der Interface-Controller der SameGame-Komponente enthält die Methode startGame() und sein Context die Knoten Game und GameSettings samt deren Context-Attributen.

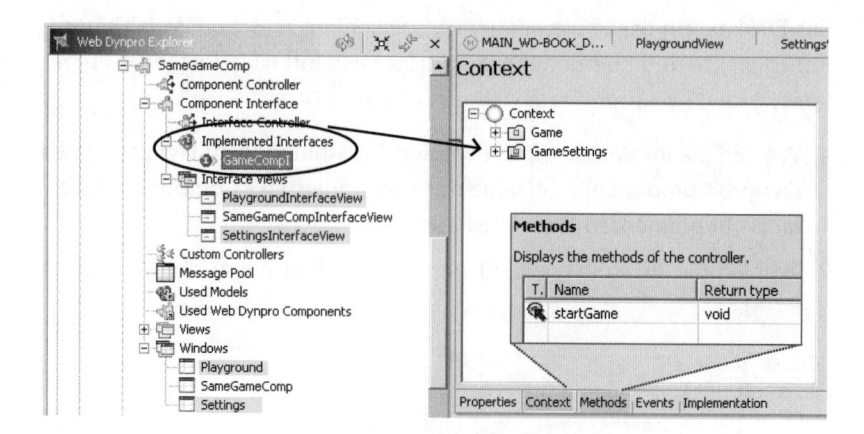

Abbildung 3.27 SameGame-Komponente nach dem Hinzufügen einer Implementierungsbeziehung

3.5.3 Komponente vollständig implementieren

Nach der Deklaration einer Implementierungsbeziehung ist die Same-Game-Komponente zwar syntaktisch, jedoch noch nicht semantisch korrekt. Was fehlt, ist die vollständige Implementierung der Controller, Windows und Views.

Im Folgenden werden die wichtigsten Aspekte des Implementierungsteils skizziert, ohne dabei umfassend auf alle Einzelheiten einer Spiel-Implementierung einzugehen. Beispiel-Komponenten, die das Spiel-Komponenten-Interface implementieren, werden Ihnen ebenfalls auf der Website zum Buch zum Download bereitgestellt[3].

Controller-Implementierung

Implementierung der Methode sameGame()

Eine Spiel-Komponente wird von ihrem Verwender durch Aufruf der Methode startGame() im Component-Interface-Controller gestartet. Diese Methode ist im Spiel-Komponenten-Interface definiert und wird durch Delegation an den Component-Controller implementiert. Dazu muss dieser in seinem IPublic-API die gleiche Methode enthalten. Nach der Definition einer Controller-Usage-Beziehung zum Component-Controller kann die Methode startGame() im Component-Interface-Controller wie in Listing 3.1 implementiert werden.

---

[3] Die Spiele SameGame und BossPuzzle werden in den beiden Web-Dynpro-DCs MAIN_WD-BOOK_D~tc~bosspuzzle~sap.com sowie MAIN_WD-BOOK_D~tc~samegame~sap.com implementiert.

```
public void startGame() {
 //@@begin startGame()
 wdThis.wdGetSameGameCompController().startGame();
 //@@end
}
```

Listing 3.1 SameGameCompInterface.java – Implementierung der Methode startGame()

Im Component Controller löst die Methode `startGame()` schließlich ein Event[4] zum Starten eines neuen Spiels aus, das im View-Controller Playground.java behandelt wird (siehe Listing 3.2).

```
public void startGame() {
 //@@begin startGame()
 wdThis.wdFireEventStartGame();
 //@@end
}
```

Listing 3.2 SameGameComp.java – Auslösen des Events StartGame

Prinzipiell sollte der Component-Interface-Controller die Rolle eines Delegators hin zum Component-Controller übernehmen. Folglich sind im Context eines Component-Interface-Controllers keine eigenen Datenelemente, sondern ausschließlich gemappte Context-Elemente zu definieren (siehe Abschnitt 3.7.1). Abbildung 3.28 zeigt die zum Schließen der Mapping-Ketten erforderlichen Context-Mapping-Definitionen.

Context-Mappings zwischen Component-Interface und Component-Controller

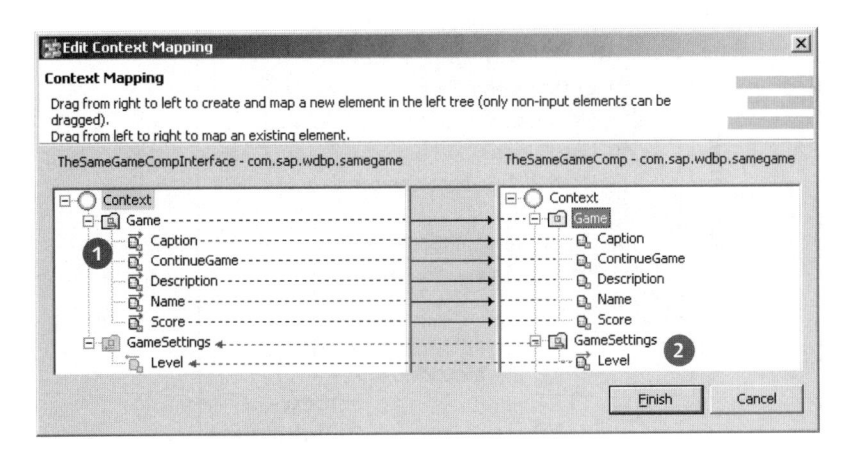

Abbildung 3.28 Context-Mappings zwischen Component und Component-Interface-Controller in einer Spiel-Komponente

---

4 Genauere Einzelheiten zum Thema serverseitiges Eventing finden Sie in Abschnitt 3.8.

Im Component-Interface-Controller ist der Knoten Game samt seinen Attributen an die entsprechenden Context-Elemente im Component Controller zu mappen (siehe Abbildung 3.28, ❶). Das Context-Attribut Game-Settings.Level im Interface-Controller hält selbst keine Daten, sondern erhält bzw. referenziert diese von der einbettenden Komponente GameStationComp durch *externes Interface-Context-Mapping* (siehe Abbildung 3.28, ❷ und Abschnitt 3.7.2). Im Component-Controller sind die Context-Elemente GameSettings und Level auf diese beiden Input-Elemente im Interface Controller Context gemappt.

Einbindung von Views in Windows Das Spiel-Komponenten-Interface definiert die beiden Component-Interface-Views Playground und Settings. Deren Implementierung stellen im Inneren der Spiel-Komponente die beiden Windows Playground und Settings dar (siehe Abbildung 3.29). Die eigentliche Benutzeroberfläche wird schließlich auf unterster Ebene im Layout der beiden Views PlaygroundView und SettingsViews implementiert. Im Navigation Modeler kann ein View neu angelegt und gleichzeitig im dargestellten Window eingebettet werden (siehe Abbildung 3.30).

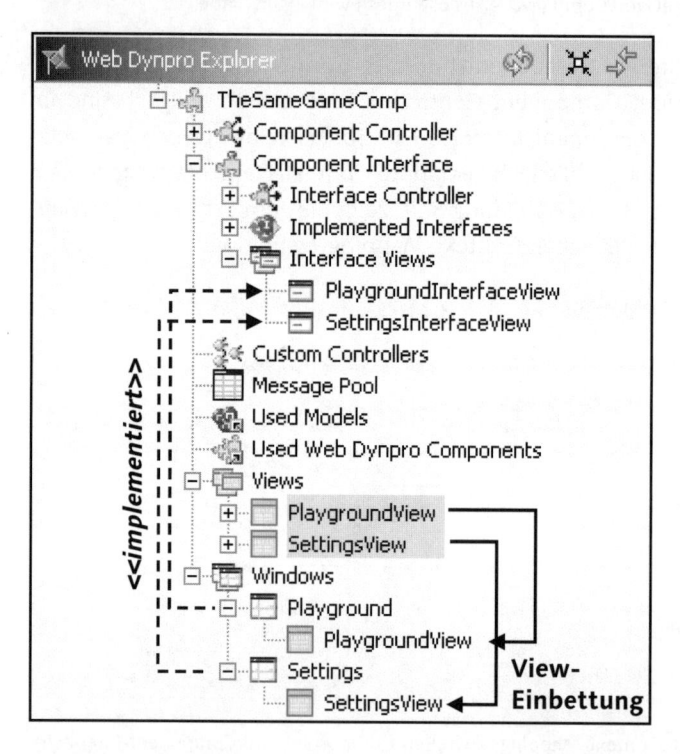

Abbildung 3.29 Implementierung von Component-Interface-Views

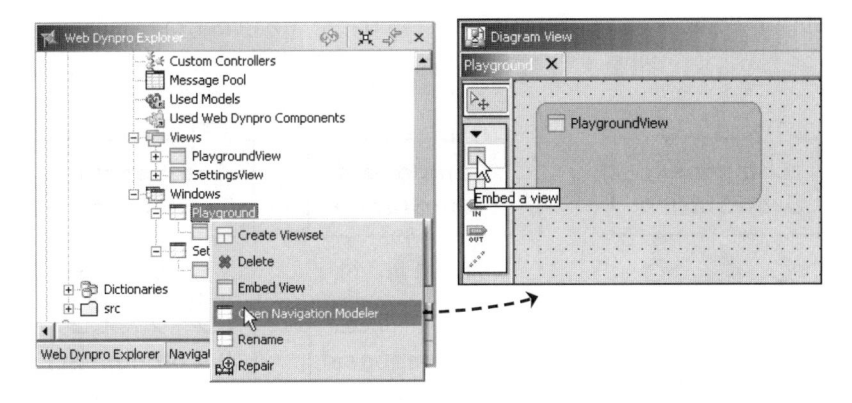

Abbildung 3.30 Navigation Modeler zur Einbettung von Views in Windows

Um eine Spiel-Komponente vollständig zu implementieren, verbleiben noch die folgenden Schritte:

Weitere Implementierungsschritte

- Definition und Mapping von View-Contexten
- Event-Handling des Events `StartGame` im `PlaygroundView`
- Dynamische View-Modifikation zur Darstellung des Spielfelds
- Event-Handling von Actions, die durch den Benutzer auf dem Spielfeld ausgelöst werden
- Implementierung des `SettingsView` zur Eingabe von Spiel-Einstellungen

Da sich dieses Kapitel auf die Komponentisierung von Web-Dynpro-Anwendungen konzentriert, werden diese weiteren Implementierungsschritte an dieser Stelle nicht weiter behandelt.

3.6 Erzeugung von Spiel-Komponenten zur Laufzeit

Ein wesentlicher Vorteil der GameStation-Anwendungsarchitektur besteht in der losen Kopplung zwischen der Wurzel-Komponente und der mittels Komponenten-Interface eingebetteten Spiel-Komponente. Zur Entwurfszeit t_E (siehe Abbildung 3.31) definiert die GameStation-Komponente dazu lediglich eine Verwendungs- oder genauer *Component-Usage-Beziehung* zum Spiel-Komponenten-Interface `GameCompI`. Wie wir bereits in Abschnitt 3.3 gesehen haben, können mit diesem Komponenten-Interface bereits sämtliche Beziehungstypen wie (externes) Interface-Context-Mapping, Event-Subscription, Methodenaufrufe auf Interface-Controller-

Ebene, Einbettung von Component-Interface-Views oder die Definition von Navigationslinks definiert werden.

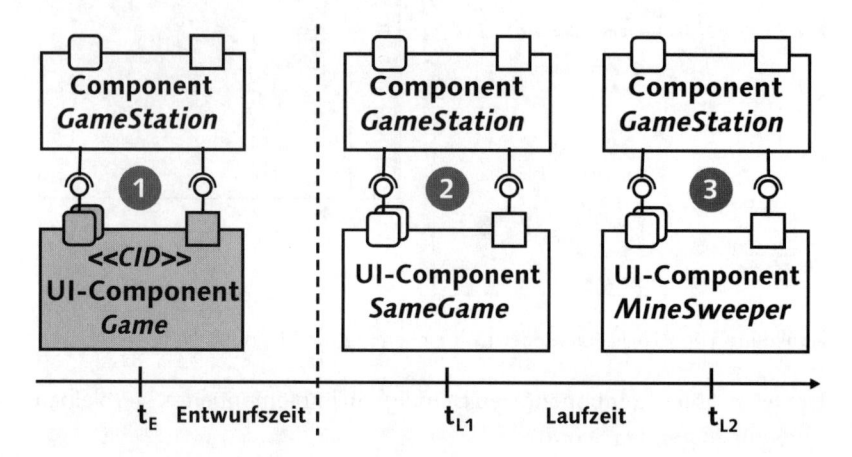

Abbildung 3.31 Verwendung eines Komponenten-Interfaces zur Entwurfszeit und die späte Bindung von Komponenteninstanzen

Zur Laufzeit hat die GameStation-Komponente jedoch die Aufgabe, dieser Component-Usage solche Komponenteninstanzen zuzuweisen, die das Spiel-Komponenten-Interface implementieren. Sind zur Laufzeit mehrere derartige Komponenten-Implementierungen auf dem SAP Web AS vorhanden, können in der GameStation auch mehrere Spiele (❷ und ❸) nacheinander gespielt werden. In Abbildung 3.31 werden diese Zeitpunkte mit t_{L1} und t_{L2} bezeichnet. Eine Component-Usage stellt zur Laufzeit ja lediglich eine Variable dar, die auf eine konkrete Komponenteninstanz zeigt.

In diesem Abschnitt werden wir die Frage behandeln, wie zur Laufzeit der Lebenszyklus von Spiel-Komponenten innerhalb der GameStation-Komponente gesteuert werden kann, wie die zur Verfügung stehenden Spiel-Implementierungen ermittelt werden, und wie ihre Auswahl durch den Benutzer erfolgt.

3.6.1 IWDComponentUsage-API

Die programmatische Erzeugung und Zerstörung der mit einer Component-Usage assoziierten Komponenteninstanz erfolgt über das IWDComponentUsage-API. Diese Schnittstelle stellt zur Erzeugung einer solchen Instanz die dreifach überladene Methode createComponent() und zu deren Zerstörung die Methode deleteComponent() bereit. Um die Verwendung dieser Methoden zu verstehen, sollen zunächst einige Begriffe geklärt werden, die in diesem Zusammenhang von Bedeutung sind:

▶ **Deployable Object = Web-Dynpro-DC**
Im Web-Dynpro-API ist Deployable Object ein anderer Ausdruck für Web-Dynpro-Development-Component. Die Web-Dynpro-DC stellt im NWDI-Komponentenmodell zur Entwurfszeit die Einheit zum Deployment von Web-Dynpro-Entwicklungsobjekten (Komponenten, Komponenten-Interfaces, Model, Dictionaries) dar. Das Deployable Object ist die Bezeichnung dieser Einheit innerhalb der Web-Dynpro-Laufzeitumgebung.

▶ **Deployable Object Name**
Der voll qualifizierte Name eines Deployable Objects setzt sich bei einer Web-Dynpro-DC aus deren Vendor-Namen und deren Namenssegmenten zusammen. Zwischen Vendor-Name und dem ersten Namenssegment steht ein Querstrich (/); die Namenssegmente selbst werden durch Tilden (~) miteinander verbundenen. So hat eine Web-Dynpro-DC namens `company.com/ui/forms/address` den Deployable Object Name `company.com/ui~forms~address`.

▶ **Active Component**
Eine Active Component ist eine existierende Komponenteninstanz.

▶ **Referencing Mode**
Eine Component-Usage A kann unter bestimmten Voraussetzungen auch auf eine andere Component-Usage B zeigen, um an diese die Lebenszyklussteuerung der zu verwendenden Komponenteninstanz zu delegieren. Component-Usage A befindet sich dann bezüglich Component-Usage B im so genannten *Referencing Mode*[5]. Genauere Einzelheiten zu dieser Technik finden Sie in Abschnitt 3.8.3.

▶ **Fully Qualified Name**
Der voll qualifizierte Name einer Web-Dynpro-Komponente setzt sich aus deren Paketnamen und Komponentennamen zusammen, verbunden mit einem Punkt-Zeichen. So hat die Komponente `AddressComp` im Paket `com.company.app.booking.ui.address.comp` den voll qualifizierten Namen `com.company.app.booking.ui.address.comp.AddressComp`.

Zunächst ist festzustellen, dass die Methode `IWDComponentUsage.createComponent()` ohne Parameter nur dann aufgerufen werden kann,

Verwendung der Methode create-Component()

---

[5] Der Referencing Mode kann in SAP NetWeaver 2004 nur für nicht visuelle Komponenten ohne Component-Interface-Views verwendet werden.

wenn die zugehörige Component-Usage nicht auf ein Komponenten-Interface, sondern auf eine Komponenten-Implementierung zeigt. In welcher Web-Dynpro-DC diese enthalten ist und welchen Namen sie trägt, ermittelt die Web-Dynpro-Laufzeitumgebung aus den zur Entwurfszeit definierten Metadaten der Component-Usage. Wurde der Lifecycle-Eigenschaft einer derartigen Component-Usage zudem der Wert **createOnDemand** zugewiesen, braucht die `createComponent()`-Methode überhaupt nicht gerufen zu werden.

Zeigt die Component-Usage (siehe Abbildung 3.32, ❶) hingegen wie in unserem Fall auf ein Komponenten-Interface (❷), so muss der Web-Dynpro-Laufzeitumgebung mitgeteilt werden, welche Komponenten-Implementierung (❸ oder ❹) zur Erzeugung einer neuen Komponenteninstanz verwendet werden soll. In diesem Fall hat die Lifecycle-Eigenschaft der Component-Usage zwangsläufig den Wert **manual**, das heißt, die Erzeugung der Komponenteninstanz *muss* über Methodenaufruf erfolgen.

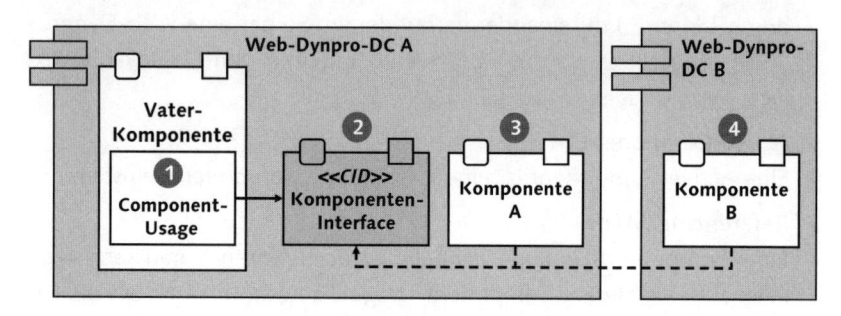

Abbildung 3.32 DC-Zugehörigkeit von Komponenten-Interface und implementierender Komponente

Je nachdem, in welcher Web-Dynpro-DC sich die implementierende Komponente befindet, muss beim Aufruf der Methode `createComponent()` neben dem voll qualifizierten Komponentennamen auch der Name des Deployable Objects, also der zugehörigen Web-Dynpro-DC an das `IWDComponentUsage`-API übergeben werden.

In unserer Anwendungsarchitektur befinden sich die Wurzel- und die Spiel-Komponenten in verschiedenen Web-Dynpro-DCs (*Deployable Objects*), sodass zur Erzeugung von Spiel-Komponenteninstanzen innerhalb der GameStation-Komponente die Methode `IWDComponentUsage.createComponent(String componentName, String deployableObjectName)` aufzurufen ist (siehe Abbildung 3.33).

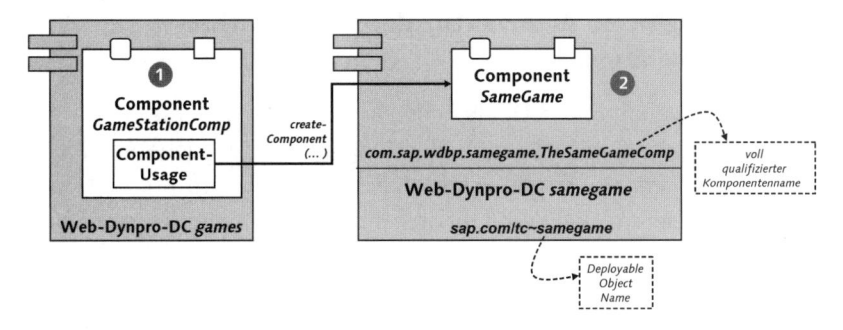

Abbildung 3.33 Erzeugung einer außerhalb liegenden Spiel-Komponente

3.6.2 DeploymentManager-Komponente

Zur Entwurfszeit sind GameStation- und Spiel-Komponenten mittels Spiel-Komponenten-Interface lose aneinander gekoppelt. Das heißt, in der GameStation-Komponente erfolgen die Deklarationen und das Anwendungscoding ohne Kenntnis der ein Spiel implementierenden Komponenten. Trifft diese Aussage auch auf das *manuelle*[6] Lifecycle-Management zu, also können wir bei der programmatischen Erzeugung einer Komponenteninstanz mittels IWDComponentUsage-API tatsächlich auf die Kenntnis von voll qualifizierten Komponenten- und DC-Namen zur Entwurfszeit verzichten? In diesem Fall dürften in keiner einzigen Code-Zeile **String**-Werte wie beispielsweise com.sap.wdbp.samegame.TheSameGameComp oder sap.com/tc~samegame enthalten sein. Vielmehr müssten sich die Informationen darüber, welche Spiel-Komponenten zur Laufzeit auf dem SAP Web AS deployt sind, über ein bestimmtes Service-API bestimmen lassen. Genau diese Aufgabe erfüllt in der GameStation-Architektur die spezielle Web-Dynpro-Komponente namens DeploymentManagerComp (DeploymentManager), wobei der Datenaustausch zwischen den Komponenten GameStationComp und DeploymentManagerComp alleine durch die Definition von Context-Mapping-Beziehungen[7] hergestellt wird. Die Komponente GameStationComp legt im eigenen Component-Controller-Context zunächst den voll qualifizierten Namen des Spiel-Komponenten-Interfaces ab, erzeugt danach die DeploymentManager-Komponente und kann daraufhin auf Informationen zu den vom DeploymentManager gefundenen deployten Spiel-Komponenten zugreifen.

Bestimmung der deployten Spiel-Komponenten zur Laufzeit

---

6 Eine Component-Usage, die auf ein Komponenten-Interface zeigt, hat stets die Lifecycle-Eigenschaft **manual**, das heißt, die Erzeugung und Zerstörung von Komponenteninstanzen erfolgt programmatisch im Anwendungscode.
7 Der Datenaustausch über Komponentengrenzen hinweg mittels gewöhnlichem oder externem Interface-Context-Mapping wird in Abschnitt 3.7 genauer behandelt.

3.6.3 Endgültige Architektur der GameStation-Anwendung

Mit der Verwendung der DeploymentManager-Komponente haben wir den Entwurf der GameStation-Anwendungsarchitektur (siehe Abbildung 3.34) abgeschlossen und dabei wesentliche Web-Dynpro-Konzepte wie Komponentisierung und Komponenten-Interfaces praktisch angewendet.

Bei der DeploymentManager-Komponente handelt es sich um die erste nicht visuelle Web-Dynpro-Komponente, die in der GameStation-Anwendung von der der Wurzel-Komponente GameStationComp (❶) verwendet wird. Das Komponentendiagramm in Abbildung 3.34 zeigt die DeploymentManager-Komponente (❷) daher ohne das zur Darstellung von Component-Interface-Views verwendete Port-Symbol.

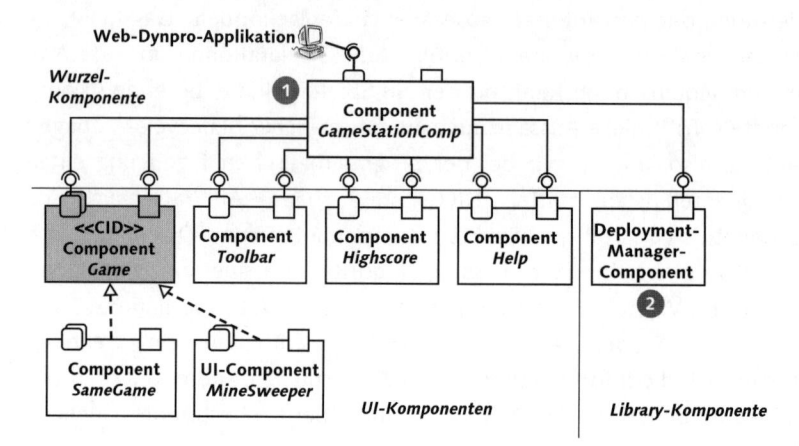

Abbildung 3.34 Endgültige Komponenten-Architektur der GameStation-Anwendung mit der DeploymentManager-Komponente

Abbildung 3.35 zeigt die Darstellung der Komponente GameStationComp im Data Modeler der Web-Dynpro-Werkzeuge. Auf der linken Seite werden alle fünf von der Komponente GameStationComp verwendeten Komponenten durch Component-Usage-Symbole dargestellt. Context-Mapping-Beziehungen zwischen verschiedenen Controller-Contexten werden durch Pfeile symbolisiert. Doppelpfeile werden dann angezeigt, wenn Context-Mapping-Beziehungen in beide Richtungen definiert wurden.

Tabelle 3.2 stellt die Spezifikation der DeploymentManager-Komponente auf der Ebene ihres Component-Interface-Controllers dar. Außer den im Interface-Context enthaltenen Elementen werden von der DeploymentManager-Komponente weder Methoden noch Events nach außen hin exponiert.

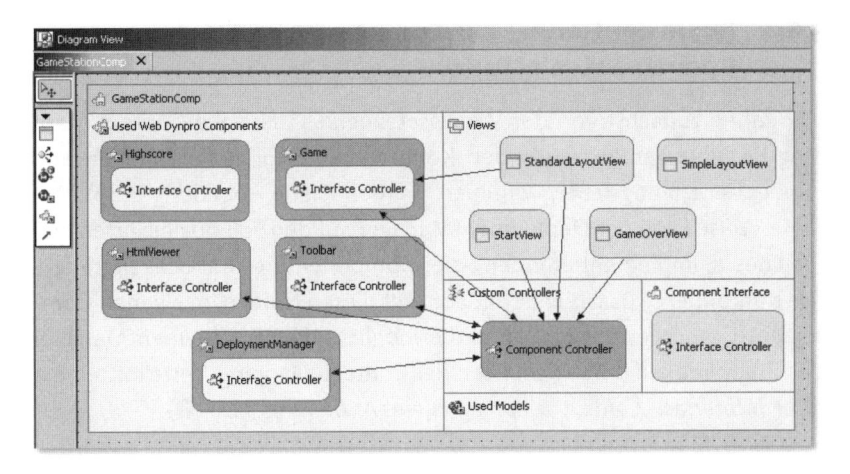

Abbildung 3.35 Darstellung der Komponente GameStationComp im Data Modeler

Web-Dynpro-Komponente (nicht visuell)				
DeploymentManagerComp				
Web-Dynpro-Library-Komponente zur Bestimmung aller auf dem SAP Web Application Server deployten Web-Dynpro-Komponenten, die ein gegebenes Komponenten-Interface implementieren.				
Component-Interface-Controller				
DeploymentManagerComp				
Context-Definition und öffentliche Methoden im Interface-Controller				
Context	Kard.	Typ	Mapping zu Component-Context	isInput
ImplementingComponents	0..n		x	
- DOName		string	x	
- DOPart		WDDeployableObjectPart	x	
- DOShortName		string	x	
- FullName		string	x	
- ShortName		string	x	
RequestedInterface	1..1			x
- FullName		string		x
Methoden	**Ereignisse**			
keine	keine			

Tabelle 3.2 Spezifikation der DeploymentManager-Komponente

3.6.4 Implementierung zur Erzeugung von Spiel-Komponenteninstanzen

Wir gehen zunächst von der Voraussetzung aus, dass alle Context-Mapping-Beziehungen zwischen den Komponenten `GameStationComp` und `DeploymentManagerComp` definiert wurden (siehe Abbildung 3.36). Auf diese Weise kann der DeploymentManager auf den voll qualifizierten Namen des zu implementierenden Spiel-Komponenten-Interfaces zugreifen. Die Komponente `GameStationComp` legt diesen Namen im eigenen Component-Controller-Context ab und ermöglicht dem DeploymentManager den Zugriff darauf durch Schließen der Context-Mapping-Kette mittels *externem Interface-Context-Mapping* (siehe Abbildung 3.36, ❶).

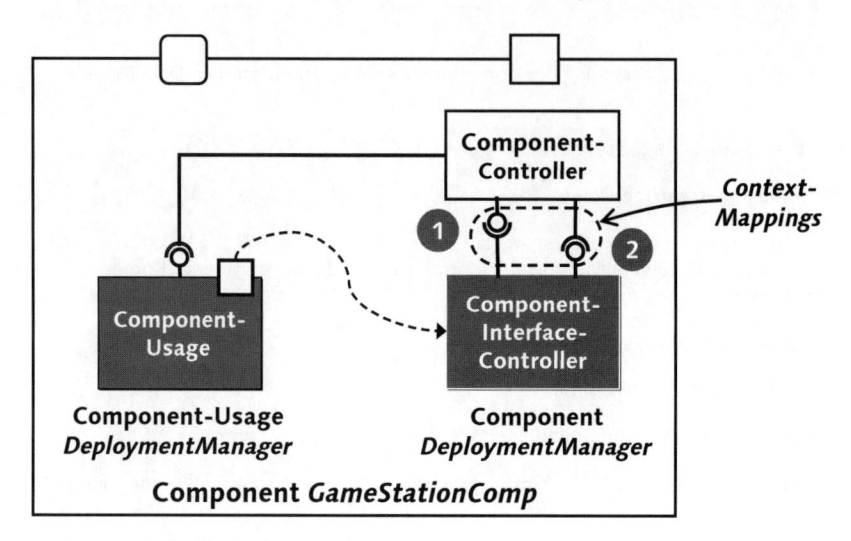

Abbildung 3.36 Verwendung des DeploymentManagers und dessen Interface-Controllers in der Komponente GameStationComp

Funktion der DeploymentManager-Komponente

Der DeploymentManager bestimmt daraufhin sämtliche auf dem SAP Web AS deployten Spiel-Komponenten, die das vorgegebene Spiel-Komponenten-Interface implementieren. Die zugehörigen Informationen zu den gefundenen Komponenten-Implementierungen, wie der voll qualifizierte Komponentenname oder der Name des zugehörigen Deployable Objects (Web-Dynpro-DC), legt die DeploymentManager-Komponente im Context des eigenen Component-Interface-Controllers ab. Über Context-Mapping (siehe Abbildung 3.36, ❷) kann die Komponente `GameStationComp` daraufhin auf diese Informationen zugreifen, um sie zur Erzeugung von Spiel-Komponenteninstanzen zu verwenden.

Betrachten wir nun den Implementierungsteil, der zur Erzeugung einer Spiel-Komponenteninstanz mithilfe der DeploymentManager-Komponente erforderlich ist.

Implementierung in der Controller-Klasse GameStationComp.java

In der Hook-Methode `wdDoInit()` legen wir bei der Initialisierung des GameStation-Component-Controllers zunächst den voll qualifizierten Namen des Spiel-Komponenten-Interfaces `com.sap.wdbp.games.GameCompI` im Context ab. Danach erzeugen wir eine Instanz der verwendeten DeploymentManager-Komponente und befüllen anschließend die Liste der auf dem SAP Web AS deployten Spiel-Komponenten (siehe Listing 3.3).

```
public void wdDoInit() {
  //@@begin wdDoInit()
  wdContext.currentGameInterfaceElement().setFullName(
    "com.sap.wdbp.games.GameCompI");
  wdThis
    .wdGetDeployment ManagerComponentUsage()
    .createComponent();
  updateGameList();
  //@@end
}
```

Listing 3.3 GameStationComp.java – Initialisierung des GameStation-Component-Controllers

Die private Methode `updateGameList()` im GameStation-Component-Controller implementiert die Ermittlung von Spiel-Namen, die auf der Benutzeroberfläche in einer Auswahlliste angezeigt werden sollen. Dazu wird in einer for-Schleife auf sämtliche Elemente im Context-Knoten `DeployedGames` zugegriffen, der zuvor vom DeploymentManager befüllt wurde. Da der DeploymentManager nur technische Namen zu den deployten Spiel-Komponenten ermitteln kann, benötigen wir einen Zugriff auf die einzelnen Spiel-Komponenten selbst, die jeweils über den am UI anzuzeigenden Spiel-Namen verfügen. Aus diesem Grund wird in der Methode `updateGameList()` jede deployte Spiel-Komponente kurzfristig erzeugt und nach dem Kopieren des Spiel-Namens im Context sofort wieder zerstört. Daraufhin wird dieser Name im Context-Attribut `DeployedGames.Caption` abgelegt. Beachten Sie, dass dieses Context-Attribut namens `Caption` zunächst nicht im gemappten Knoten `DeployedGames`

Ermittlung der anzuzeigenden Spiel-Namen

enthalten ist, sondern darin nachträglich als nicht gemapptes Attribut hinzugefügt wurde (siehe Abbildung 3.37).

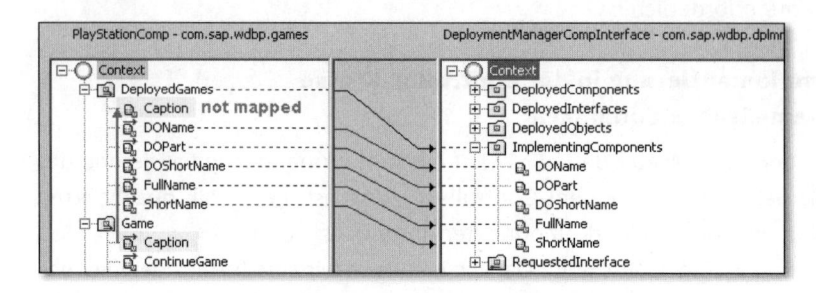

Abbildung 3.37 Hinzufügen des nicht gemappten Attributes Caption im gemappten Context-Knoten DeployedGames

Gemappte und nicht gemappte Attribute können in Web Dynpro also im selben Knoten *gemischt* werden[8]. Auf diese Weise ersparen wir uns die Definition eines zusätzlichen Context-Knotens `DeployedGamesCaptions` und können zudem den erforderlichen Anwendungscode vereinfachen.

Die Implementierung der Methode `updateGameList()` erfolgt im abschließenden Anwendungscode-Bereich (*User Coding Area*) des GameStation-Component-Controllers, der zwischen den Zeilen `//@@begin others` und `//@@end` enthalten ist (siehe Listing 3.4).

```
//@@begin others
private void updateGameList() {
  IPublicGameStationComp
    .IDeployedGamesElement deployedGameElement;
  IWDComponentUsage iGameUsg=
    wdThis.wdGetGameComponentUsage();
  for (int i= 0;
    i < wdContext.nodeDeployedGames().size(); i++) {
    deployedGameElement= wdContext.nodeDeployedGames()
      .getDeployedGamesElementAt(i);
    iGameUsg.createComponent(
    deployedGameElement.getFullName(),
    deployedGameElement.getDOName());
    deployedGameElement.setCaption(
```

---

[8] Dies gilt nur unter der Vorraussetzung, dass der zugehörige Context-Knoten nicht an eine *Struktur* gebunden ist. In diesem Fall könnte das zusätzliche Attribut jedoch in einem Kind-Knoten des Typs **non-singleton** und der Kardinalität **1..1** hinzugefügt werden.

```
        wdContext.currentGameElement().getCaption());
      iGameUsg.deleteComponent();
    } // close for-loop
  }
//@@end
```

Listing 3.4 GameStationComp.java – Methode zum Erzeugen einer Liste von Spiel-Namen

Nach dem Kopieren der Spiel-Namen in den Context-Knoten `Deployed Games` können diese in einem `IWDDropDownByIndex`-UI-Element der `Toolbar`-UI-Komponente angezeigt und vom Benutzer ausgewählt werden. Im Event-Handler `onStartNewGame()` des GameStation-Component-Controllers erfolgt schließlich die Erzeugung der ausgewählten Spiel-Komponenteninstanz. Dieser Event-Handler ist mit einem serverseitigen Event in der `Toolbar`-UI-Komponente verknüpft, das im Action-Event-Handler für die Auswahl eines Spiels an der Benutzeroberfläche (siehe Abbildung 3.38) ausgelöst wird (siehe Abschnitt 3.8.1).

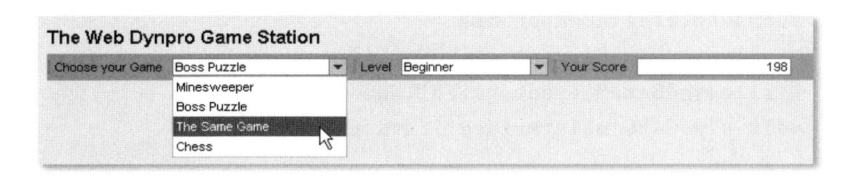

Abbildung 3.38 Anzeige der Spiel-Namen in einer Auswahlliste

Erzeugung von Spiel-Komponenteninstanzen im Anwendungscode

Kommen wir nun zu dem Teil im Anwendungscode, in dem die Erzeugung einer zum ausgewählten Spiel gehörigen Komponenteninstanz implementiert ist (siehe Listing 3.5). Nach der Auswahl eines Spiels an der Benutzeroberfläche wird serverseitig die Lead-Selection des Knotens `DeployedGames` auf das zugehörige Knotenelement gesetzt. Mit `wdContext.currentDeployedGamesElement()` kann dieses Element direkt referenziert werden. Um auch bei laufendem Spiel ein neues Spiel auswählen zu können, muss zunächst geprüft werden, ob die Component-Usage bereits auf eine aktive Spiel-Komponenteninstanz zeigt. Wenn dies der Fall ist, muss diese Instanz zunächst durch Aufruf der Methode `IWDComponentUsage.deleteComponent()` zerstört werden, bevor eine neue Instanz erzeugt werden kann. Die Komponentenerzeugung erfolgt durch Übergabe des voll qualifizierten Namens der Spiel-Komponente sowie des zugehörigen Deployable-Object-Namens mit der Me-

Erzeugung einer Spiel-Komponenteninstanz

thode `IWDComponentUsage.createComponent()`. Beide **String**-Werte wurden zuvor im ausgewählten Knotenelement des Knotens `DeployedGames` vom DeploymentManager abgespeichert.

```
public void onStartNewGame(
  com.sap.tc.webdynpro.progmodel.api.IWDCustomEvent
    wdEvent) {
  //@@begin onStartNewGame(ServerEvent)
  IPublicGameStationComp
    .IDeployedGamesElement selectedGameElement=
  wdContext.currentDeployedGamesElement();

  IWDComponentUsage iGameUsg=
  wdThis.wdGetGameComponentUsage();

  if (iGameUsg.hasActiveComponent()) {
    iGameUsg.deleteComponent();
  }
  iGameUsg.createComponent(
    selectedGameElement.getDOName(),
    selectedGameElement.getFullName());
  wdThis.wdGetGameInterface().startGame();
  //@@end
}
```

Listing 3.5 GameStationComp.java – Event-Handler zum Starten der vom Benutzer ausgewählten Spiel-Komponente

3.7 Komponentenübergreifendes Context-Mapping

Das Konzept des *Context-Mappings* ermöglicht im Web-Dynpro-Programmiermodell das Referenzieren von globalen Context-Daten über Controller-Grenzen hinweg. Die in einem so genannten *Daten-Context* abgespeicherten Originaldaten können auf diese Weise von mehreren darauf gemappten Contexten anderer Controller referenziert werden, wodurch ein aufwändiges Kopieren dieser Daten vermieden werden kann.

Interface-Context-Mapping

Durch die Definition von Context-Mapping-Beziehungen kann in Web Dynpro neben dem controllerübergreifenden auch ein komponentenübergreifender Datenaustausch realisiert werden. Der Context des Component-Interface-Controllers spielt hierbei eine wichtige Rolle, da er in jeder möglichen Context-Mapping-Kette über Komponentengrenzen hinweg enthalten ist.[9] Zum genaueren Verständnis bezeichnen wir das komponentenübergreifende Context-Mapping daher im Folgenden als *Interface-Context-Mapping* (Interface steht dabei für Component-Interface-Controller) und differenzieren somit begrifflich vom gewöhnlichen Context-Mapping in Component-, Custom- oder View-Controllern.

Beim komponentenübergreifenden Context-Mapping wird zwischen dem *externen* und dem *internen* Interface-Context-Mapping unterschieden. Die in Abbildung 3.39 enthaltenen Diagramme stellen bereits die beiden wichtigsten Unterschiede der zwei Typen des Interface-Context-Mappings dar: den Ort des Daten-Contexts und den Ort, an dem das Interface-Context-Mapping definiert wird.

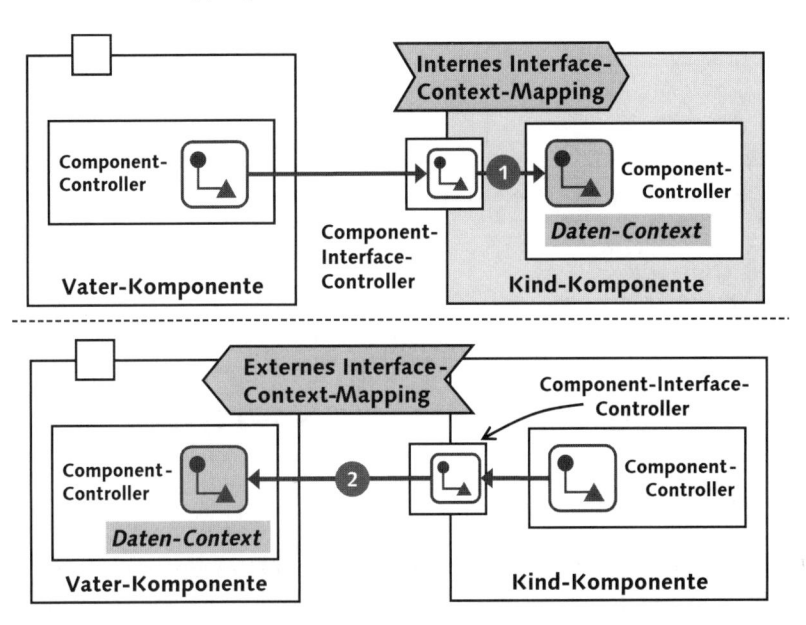

Abbildung 3.39 Unterschied zwischen internem und externem Interface-Context-Mapping

3.7.1 Internes Interface-Context-Mapping

Im Standardfall ist der Daten-Context in der Komponente selbst enthalten. Um diese Daten einer äußeren Komponente zur Verfügung zu stellen, ist lediglich ein Context-Mapping vom Component-Interface-Controller zum eigenen Component-Controller – oder Custom-Controller – zu definieren (siehe Abbildung 3.40, ❶). Da diese Mapping-Beziehung im Com-

Daten-Context liegt innerhalb der Komponente

---

9 Da Component-Interface-Views über keinen eigenen Context verfügen, stellt der Component-Interface-Controller die einzige Context-Schnittstelle einer Web-Dynpro-Komponente bereit.

ponent-Interface-Controller selbst und innerhalb der Komponente definiert werden kann, wird sie als *internes* Interface-Context-Mapping bezeichnet. Immer dann, wenn eine Web-Dynpro-Komponente einen eigenen Daten-Context nach außen hin (also für andere Komponenten) sichtbar machen will, muss sie dazu ein internes Interface-Context-Mapping definieren.

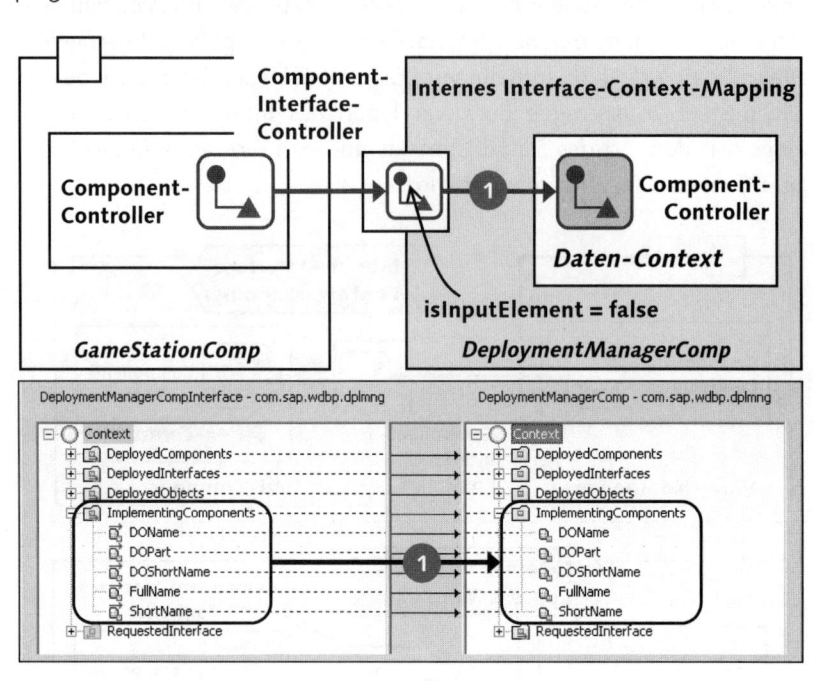

Abbildung 3.40 Internes Interface-Context-Mapping

Abbildung 3.40 stellt das interne Interface-Context-Mapping am Beispiel der DeploymentManager-Komponente dar. Im Component-Controller speichert der Context-Knoten ImplementingComponents die zu einem Komponenten-Interface gefundenen Implementierungen. Um diese Context-Daten nach außen hin zu exponieren, wird im Interface-Controller-Context ein internes Mapping hin zu diesem Context-Knoten definiert. Die Eigenschaft **isInputElement** wird dabei für alle beteiligten Context-Elemente auf den Wert **false** gesetzt.

Tipp

Definieren Sie im Component-Interface-Controller keinen Daten-Context, sondern lediglich gemappte oder extern mappbare Context-Elemente (mit der Eigenschaft **isInputElement = true**). Dadurch wird vermieden, dass Supply Functions für Context-Knoten im Interface-Controller zu implementieren sind. Diese Empfehlung liegt darin begründet, dass die Implementierung des Component-Interface-Controllers in nachfolgenden Releases von SAP NetWeaver in den Component-Controller verlagert wird. Die Migration bestehender Web-Dynpro-Anwendungen auf die nachfolgenden Releases gelingt umso leichter, je konsequenter der Component-Interface-Controller bereits in SAP NetWeaver 2004 als reiner Delegator-Controller hin zum Component-Controller definiert und implementiert wird. Dies ist dann der Fall, wenn keine Daten-Context-Elemente definiert werden und sämtliche Methoden im Interface-Controller ihre Implementierung an den Component-Controller delegieren.

3.7.2 Externes Interface-Context-Mapping

Anders verhält es sich bei der zweiten Art des Interface-Context-Mappings, die im unteren Diagramm von Abbildung 3.39 sowie in Abbildung 3.41 dargestellt ist. In manchen Anwendungsfällen soll in einer Web-Dynpro-Komponente auf *außerhalb* liegende Daten-Contexte zugegriffen werden können. Eine derartige Komponente wird bewusst so entwickelt, dass sie nicht in sinnvoller Weise unabhängig lauffähig sein kann, sondern auf ihren späteren Verwender (eine einbettende Komponente) angewiesen ist, um ihre Funktion erfüllen zu können.

Daten-Context liegt außerhalb der Komponente

In der GameStation-Anwendung stellt die DeploymentManager-Komponente eine derartige Komponente dar, da sie zur Ermittlung der auf dem SAP Web AS deployten Spiel-Komponenten von ihrem Verwender (der Komponente `GameStationComp`) den voll qualifizierten Namen des Spiel-Komponenten-Interfaces benötigt. Da die DeploymentManager-Komponente ihren Verwender nicht kennt, kann sie selbst ihren Interface-Context (Context des Component-Interface-Controllers) nicht an den Daten-Context der sie verwendenden Komponente mappen. Anstelle dessen kennzeichnet sie die jeweiligen Context-Elemente zunächst als spezielle Input-Elemente, die ihren Input bzw. ihre Daten von außen, also vom Verwender beziehen sollen. Diese Kennzeichnung erfolgt dadurch, dass der **isInputElement**-Eigenschaft eines Context-Elements (Context-Knoten oder Context-Attribut) der Wert **true** zugewiesen wird.

Externe Definition des Interface-Context-Mappings

Das eigentliche Interface-Context-Mapping erfolgt in einem zweiten Schritt außerhalb der Komponente von Seiten des Verwenders. Die Bezeichnung *externes* Interface-Context-Mapping ist darauf zurückzuführen, dass die Verwender-Komponente das Context-Mapping vom Component-Interface-Controller auf den eigenen Component-Controller definiert. Der wesentliche Unterschied zum *internen* Interface-Context-Mapping besteht darin, dass der Daten-Context außerhalb der Komponente liegt und das Interface-Context-Mapping daher extern im äußeren Verwender der Komponente definiert werden muss (siehe Abbildung 3.41, ❷).

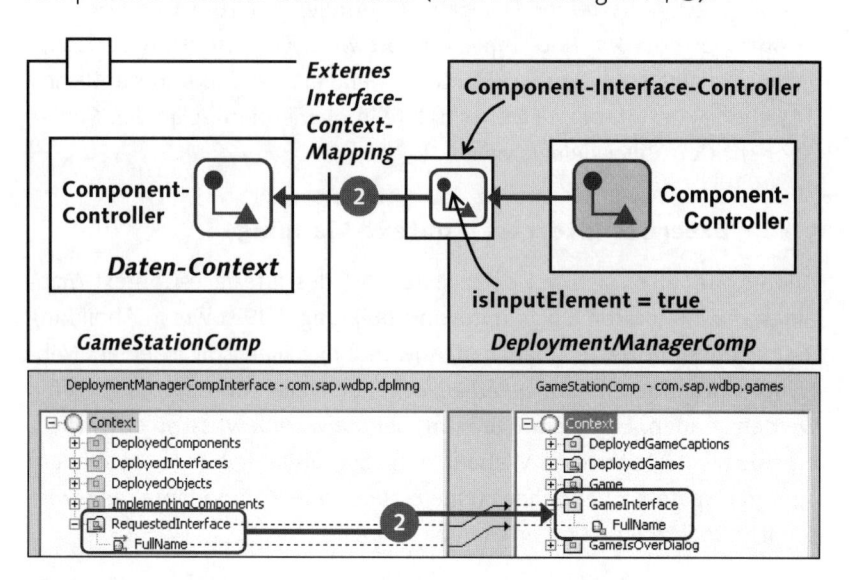

Abbildung 3.41 Externes Interface-Context-Mapping zwischen DeploymentManager und GameStation-Context

> **Tipp**
>
> Zur Anzeige von Context-Mapping-Beziehungen zwischen zwei Web-Dynpro-Controllern können Sie im Web Dynpro Explorer den mit einem Pfeilsymbol gekennzeichneten Knoten unterhalb eines Controllers verwenden. Durch einen Doppelklick auf diesen Knoten öffnet sich ein Fenster zur Anzeige des zwischen beiden Controllern definierten Context-Mappings (siehe Abbildung 3.42).

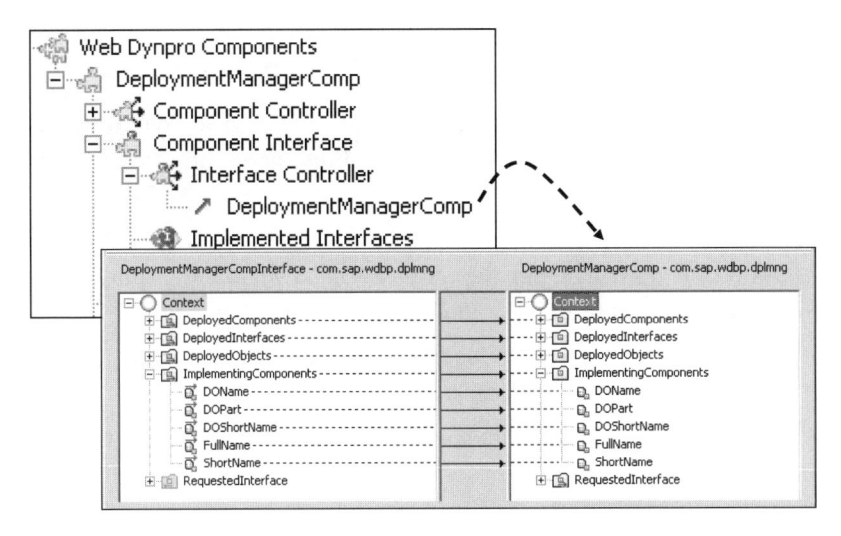

Abbildung 3.42 Anzeige von Context-Mapping-Beziehungen über Controller-Verwendungen im Web Dynpro Explorer

3.7.3 Deklaration des externen Interface-Context-Mappings

Damit eine Kind-Komponente von ihrer Vater-Komponente über externes Interface-Context-Mapping mit Daten versorgt werden kann, sind zwei separate Deklarationsschritte erforderlich. Im ersten Schritt ist der Interface-Context der Kind-Komponente so vorzubereiten, dass er im zweiten Schritt auf Component-Usage-Ebene an den Daten-Context der einbettenden Vater-Komponente gemappt werden kann. Beide Schritte sollen nachfolgend am Beispiel des externen Interface-Context-Mappings zwischen DeploymentManager- und Playground-Komponente genauer beschrieben werden.

IsInputElement-Eigenschaften in der Kind-Komponente auf true setzen

Wir gehen davon aus, dass im Interface-Controller-Context der DeploymentManager-Komponente der **1..1**-Knoten **RequestedInterface** sowie das darin enthaltene String-Attribut `FullName` definiert wurden. Zur Laufzeit soll das Element im Knoten **RequestedInterface** auf das entsprechende Daten-Element im Component-Controller-Context der einbettenden GameStation-Komponente zeigen, oder anders ausgedrückt, von der äußeren Komponente die Context-Daten eingegeben bekommen. Diejenigen Elemente eines Interface-Contexts, die mittels externem Interface-Context-Mapping von außen mit Daten versorgt werden sollen,

isInputElement = true

werden daher auch als so genannte *Input-Elemente* bezeichnet und bekommen für die Eigenschaft **isInputElement** den Wert **true** zugewiesen.

1. Öffnen Sie im Web Dynpro Explorer den Knoten **Web Dynpro Components · DeploymentManagerComp · Component Interface · Interface Controller** und wählen Sie dann im Kontextmenü den Eintrag **Edit** (siehe Abbildung 3.43, ❶).
2. Öffnen Sie in der daneben liegenden Perspektiven-View **DeploymentManagerCompInterface** die Registerkarte **Context** aus.
3. Wählen Sie den Knoten **RequestedInterface** aus und öffnen Sie dann die darunter liegende Registerkarte **Properties**.
4. Weisen Sie der Eigenschaft **isInputElement** nun den Wert **true** zu (siehe Abbildung 3.43, ❷).
5. Wiederholen Sie die vorherigen beiden Schritte für das Context-Attribut `FullName`.

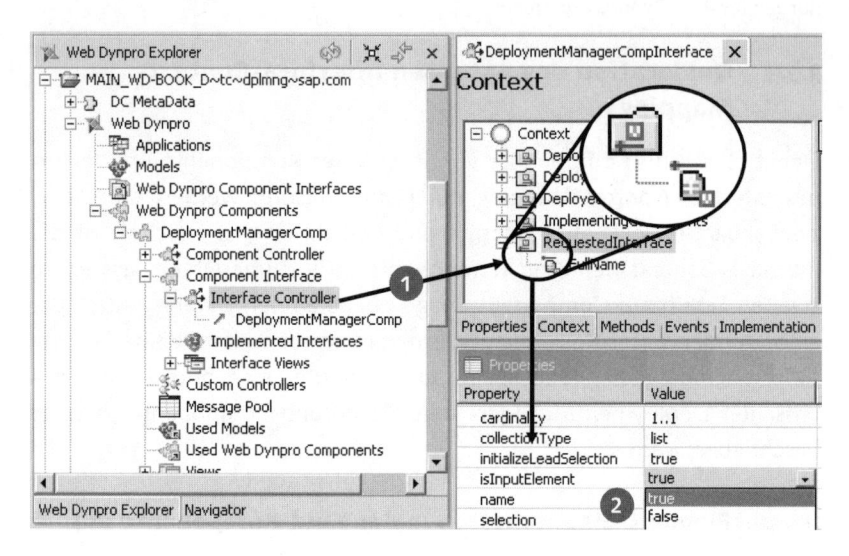

Abbildung 3.43 Setzen der Eigenschaft isInputElement

Damit ist der erste Teil zur Deklaration des externen Interface-Context-Mappings abgeschlossen. Die beiden Context-Elemente `RequestedInterface` und `FullName` wurden als Input-Elemente markiert (**isInputElement = true**) und sind nun in der Context-Perspektiven-View mit einer leicht veränderten Ikone gekennzeichnet. Da an dieser Stelle noch kein eigentliches Context-Mapping definiert ist, fehlt die Pfeilspitze, jedoch ist vorne eine besondere Markierung zur Darstellung von Input-Elementen sichtbar (siehe Abbildung 3.43 rechts oben).

Um diesen ersten Teil des externen Interface-Context-Mappings besser zu verstehen, soll kurz auf eine weitere Interpretationsweise hingewiesen werden: Damit eine äußere Komponente den Interface-Context einer eingebetteten Komponente überhaupt auf einen eigenen Context mappen kann, müssen zuvor im Interface-Context Input-Elemente definiert worden sein. Mit dem Setzen der Eigenschaft **isInputElement** auf **true** wird ein Context-Element daher, anders ausgedrückt, als später extern mappbar oder später im äußeren Verwender mappbar gekennzeichnet.

> **Hinweis**
>
> Beachten Sie, dass Context-Attribute direkt unterhalb des Wurzelknotens (so genannte *Toplevel-Context-Attribute*) nicht als Input-Elemente deklariert werden können, und damit nicht extern mappbar sind. Anstelle dessen sind derartige Attribute mit der Eigenschaft **isInputElement = true** in einem unabhängigen Context-Knoten der Kardinalität **1..1** zu definieren.

Externes Interface-Context-Mapping in der Vater-Komponente deklarieren

Im zweiten Schritt kann nun das externe Interface-Context-Mapping zwischen DeploymentManager- und GameStation-Komponente definiert werden. Auf diese Weise soll das Attribut FullName (voll qualifizierter Name eines Komponenten-Interfaces) im Interface-Context des DeploymentManagers das gleiche Attribut im Daten-Context des GameStation-Component-Controllers referenzieren. Abbildung 3.44 zeigt die Darstellung dieser externen Interface-Context-Mappings in den Web-Dynpro-Werkzeugen.

Die Deklaration des externen Interface-Context-Mappings erfolgt nach der folgenden Vorgehensweise:

1. Öffnen Sie im Web Dynpro Explorer den Knoten **Web Dynpro Components · GameStationComp** und wählen Sie dann im Kontextmenü den Eintrag **Open Data Modeler**.
2. Wählen Sie in der Werkzeugleiste des Data Modelers das Icon **Create a data link** aus (siehe Abbildung 3.45, ❶).
3. Bewegen Sie den Mauszeiger über das Rechteck **DeploymentManager · Interface Controller** im Bereich **Used Web Dynpro Components** (❷).

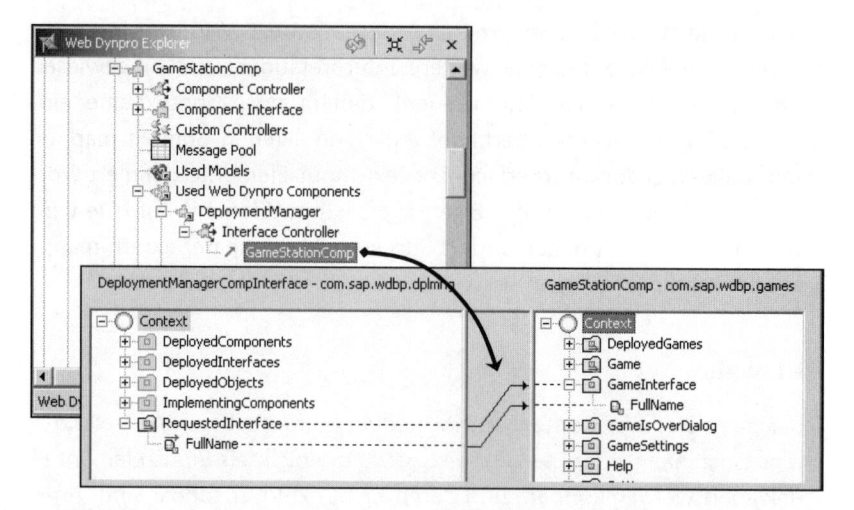

Abbildung 3.44 Externes Interface-Context-Mapping von der DeploymentManager- zur GameStation-Komponente

4. Halten Sie die Maustaste gedrückt und bewegen Sie den Mauszeiger von dort über das Rechteck **Component Controller** (❸ und ❹).

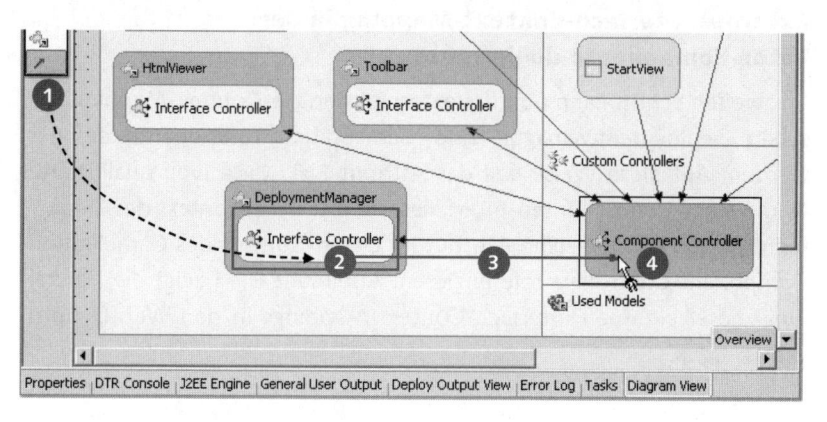

Abbildung 3.45 Data-Link im Data Modeler definieren

5. Daraufhin öffnet sich der Eingabedialog zur Definition einer (externen) Context-Mapping-Beziehung. Bewegen Sie den Mauszeiger auf der linken Seite im Bereich **DeploymentManagerCompInterface** über den Context-Knoten **RequestedInterface** (Abbildung 3.46, ❶).
6. Halten Sie die Maustaste gedrückt und bewegen Sie den Zeiger von dort auf die rechte Seite über den Knoten **GameInterface** im Context des GameStation-Component-Controllers (Abbildung 3.46, ❷).

7. Markieren Sie im zweiten Dialogschritt die Checkboxen **RequestedInterface** und **FullName** (siehe Abbildung 3.47). Klicken Sie danach auf **OK**.

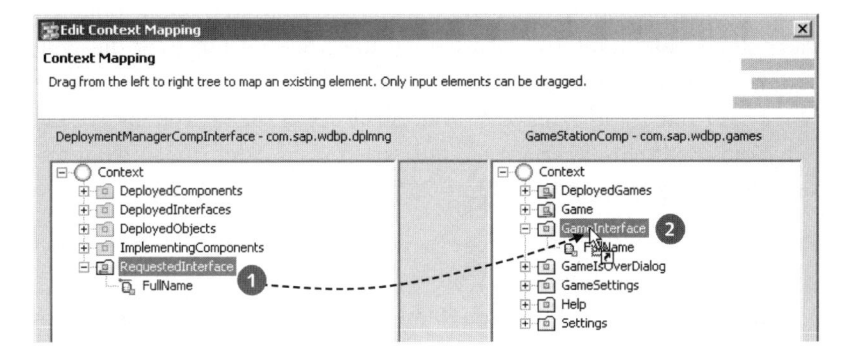

Abbildung 3.46 Externes Interface-Context-Mapping durch Drag & Drop im Context-Mapping-Wizard

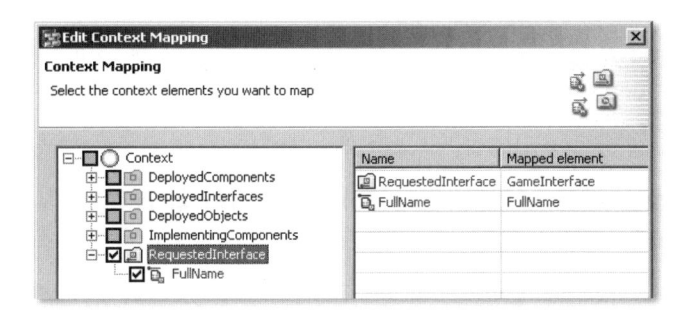

Abbildung 3.47 Auswahl der zu mappenden Context-Elemente

8. Im letzten Dialogschritt wird die definierte Context-Mapping-Beziehung durch Pfeillinien grafisch dargestellt (siehe Abbildung 3.48).

9. Beenden Sie die Definition des externen Interface-Context-Mappings durch einen Klick auf die **Finish**-Taste.

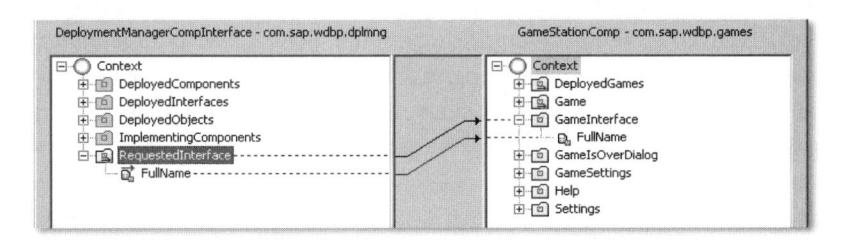

Abbildung 3.48 Darstellung des externen Interface-Context-Mappings im letzten Dialogschritt

Externes Interface-Context-Mapping nutzen

Nach der Definition des externen Interface-Context-Mappings ist die Mapping-Kette zwischen den Component-Controllern der Komponenten `GameStationComp` und `DeploymentManagerComp` vollständig definiert (siehe auch Abbildung 3.41). In beiden Controllern kann über die typisierten Context-APIs `IPublicDeploymentManagerComp.IRequestedInterface<Node,Element>` und `IPublicGameStationComp.IGameInterface<Node,Element>` auf den in der GameStation-Komponente gespeicherten Daten-Context zugegriffen werden:

- `wdContext.currentGameInterfaceElement().setFullName("com.sap.wdbp.games.GameCompI")`
  speichert den voll qualifizierten Namen des Komponenten-Interfaces im Context-Attribut `GameInterface.FullName` des GameStation-Component-Controllers ab

- `wdContext.currentRequestedInterfaceElement().getFullName()`
  greift im DeploymentManager-Component-Controller auf den zur Ermittlung der deployten Komponenten benötigten Komponenten-Interface-Namen zu

3.8 Komponentenübergreifendes Eventing nutzen

Serverseitiges Eventing

Das *serverseitige Eventing* – Auslösen und Behandeln von Ereignissen in Controllern – spielt in komponentenbasierten Web-Dynpro-Anwendungen bei der Implementierung der Anwendungslogik eine wichtige Rolle. Es ist insbesondere dann erforderlich, wenn eine Kind-Komponente die Implementierung der Anwendungslogik an die eigene Vater-Komponente delegieren muss. Die Begründung hierfür ergibt sich aus dem folgenden Sachverhalt: Eine Kind-Komponente kann zu ihrer Vater-Komponente prinzipiell keine Verwendungsbeziehung definieren, da dies ein zyklisches Abhängigkeitsverhältnis impliziert. Folglich kann die Kind-Komponente das `IExternal`-API ihrer Vater-Komponente nicht zum Methodenaufruf verwenden. Um die Anwendungslogik dennoch an die Vater-Komponente zu delegieren, kann die Kind-Komponente die Technik des serverseitigen Eventings nutzen. Sie bietet der Kind-Komponente die Möglichkeit, die Behandlung eigener Events an die Vater-Komponente zu delegieren, ohne diese selbst zu verwenden. Die Vater-Komponente muss sich dazu auf das Event seiner Kind-Komponente subskribieren und den zugehörigen Event-Handler implementieren.

3.8.1 Serverseitiges Eventing zwischen Kind- und Vater-Komponente

In der GameStation-Anwendung wird das komponentenübergreifende Eventing innerhalb der beiden Komponenten `ToolbarComp` und `GameStationComp` angewendet. Damit ist es möglich, im `ToolbarView` die Behandlung von Actions (z. B. das Starten des ausgewählten Spiels, die Anzeige der Spiel-Einstellungen) an die einbettende `GameStation`-Komponente zu delegieren (siehe Abbildung 3.49). In den folgenden Abschnitten wird die Vorgehensweise zur Anwendung des serverseitigen Eventings über Komponentengrenzen hinweg näher erläutert.

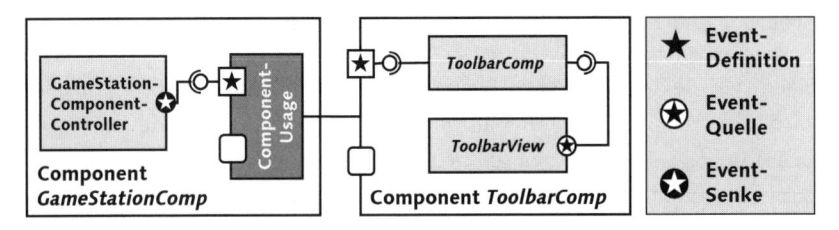

Abbildung 3.49 Serverseitiges Eventing über Komponentengrenzen hinweg

Event im Interface-Controller der Toolbar-Komponente deklarieren

Um ein Event über Komponentengrenzen hinweg bekannt zu machen, muss es im Component-Interface-Controller der das Event auslösenden Komponente definiert sein.

1. Öffnen Sie im Web Dynpro Explorer den Knoten **Web Dynpro Components** · **ToolbarComponent** · **Component Interface** · **Interface Controller** und wählen Sie dann im Kontextmenü den Eintrag **Edit**.

2. Wechseln Sie im daraufhin angezeigten Perspektiven-View **ToolbarCompInterface** auf die Registerkarte **Events** (siehe Abbildung 3.50).

3. Wählen Sie zur Deklaration eines neuen Events den **New**-Button.

4. Geben Sie im daraufhin angezeigten Dialogfenster den Namen des Events ein (z. B. »startNewGame«). Falls mit dem Event keine Parameter übergeben werden sollen, klicken Sie auf **Finish**. Andernfalls können Sie im nächsten Dialogfenster die Event-Parameter definieren.

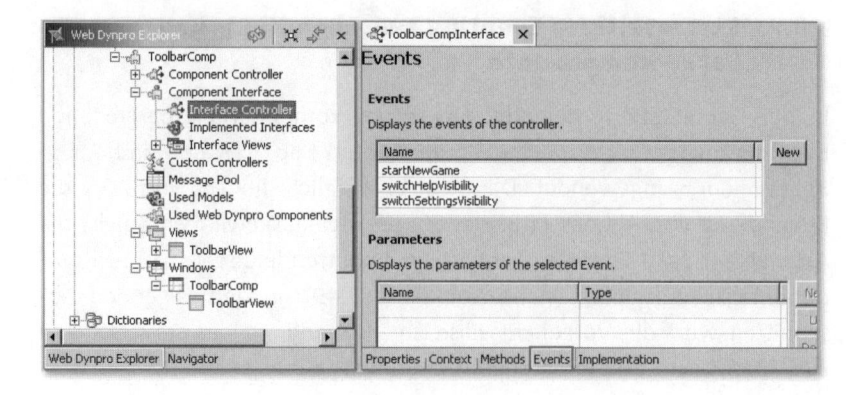

Abbildung 3.50 Event-Deklaration im Component-Interface

Nach der Deklaration eines Events im Component-Interface-Controller wird dessen IPublic-API automatisch um die Methode wdFire-Event<Event-Name>(), also beispielsweise wdFireEventStartNew-Game(), erweitert.[10] Diese Methode kann daraufhin vom Component-Controller gerufen werden.

Methode im Component-Controller der Toolbar-Komponente implementieren

Es ist prinzipiell ratsam, dass View-Controller nicht direkt mit dem Component-Interface-Controller, sondern nur mit dem Component- oder Custom-Controller kommunizieren. Um in einem View-Controller dennoch das Component-Interface-Event StartNewGame auslösen zu können, muss der Component-Controller in seinem IPublic-API eine entsprechende Methode startNewGame() bereitstellen, die selbst wiederum an den Component-Interface-Controller delegiert (siehe Listing 3.6).

```
public void startNewGame( )
{
  //@@begin startNewGame()
  wdThis.wdGetToolbarCompInterfaceController()
```

---

[10] Beachten Sie, dass im Gegensatz dazu bei Ereignissen in Component- und Custom-Controllern die Auslösemethoden wdFireEvent<Ereignisname>() nicht im IPublic-, sondern im IPrivate-API hinzugefügt werden. Sollen diese Ereignisse von anderen Controllern aus ausgelöst werden, hat dies über zusätzlich definierte öffentliche Methoden zu erfolgen.

```
  .wdFireEventStartNewGame();
//@@end
}
```

Listing 3.6 ToolbarComp.java – Auslösen des Events StartNewGame im Component-Controller

Das `IPublic`-API des Component-Interface-Controllers ist im Component-Controller natürlich erst nach der Definition einer entsprechenden Verwendungsbeziehung sichtbar.

Event im Action-Event-Handler des ToolbarView-Controllers feuern

Wird im View-Layout der `Toolbar`-View durch den Benutzer eine Aktion ausgelöst, so kann deren Event-Handling im View-Controller mittels serverseitigem Eventing nach oben an den Component-Controller delegiert werden, der selbst das Event `StartNewGame` im Interface-Controller auslöst (siehe Listing 3.7).

```
public void onActionStartNewGame(
  com.sap.tc.webdynpro.progmodel.api.IWDCustomEvent
  wdEvent )
{
  //@@begin onActionStartNewGame(ServerEvent)
  wdThis.wdGetToolbarCompController().startNewGame();
  //@@end
}
```

Listing 3.7 ToolbarView.java – Aufruf der Methode startNewGame() im View-Controller

Event-Handler im GameStation-Component-Controller deklarieren

In der Komponente `GameStationComp` ist eine Component-Usage-Beziehung zur `Toolbar`-Komponente definiert, sodass in allen Controllern der GameStation-Komponente der Toolbar-Interface-Controller verwendet werden kann. Ein Event-Handler für das von der Komponente `ToolbarComp` exponierte Event `StartNewGame` ist im Component-Controller der GameStation-Komponente wie folgt zu deklarieren:

1. Definieren Sie im GameStation-Component-Controller zunächst die Verwendung des zur `Toolbar`-Komponente gehörigen Interface-Controllers. Klicken Sie dazu in der Registerkarte **Properties** auf die Taste

Event-Handler an ein Event subskribieren

New und markieren Sie im daraufhin angezeigten Dialogfenster den Knoten **Toolbar • Toolbar (Web Dynpro Component Interface Controller)** (siehe Abbildung 3.51). Die Verwendung der Toolbar-Component-Usage selbst braucht nur dann deklariert zu werden, wenn auf das zugehörige `IWDComponentUsage`-API zugegriffen werden muss, beispielsweise zum programmatischen Lifecycle-Management der Toolbar-Komponenteninstanz.

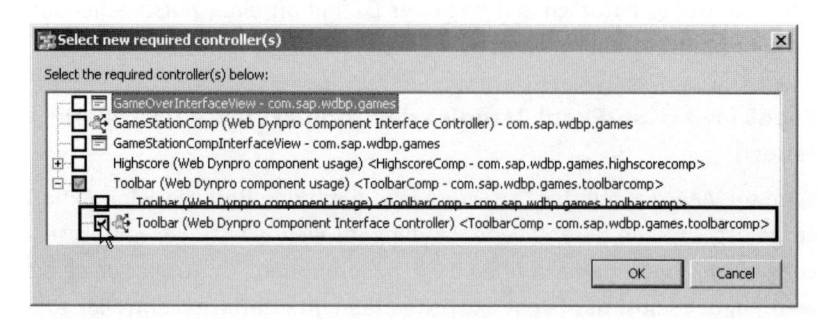

Abbildung 3.51 Verwendung des Toolbar-Interface-Controllers

2. Wechseln Sie zur Deklaration eines Event-Handlers zur Registerkarte **Methods** und wählen Sie dort **New**.
3. Markieren Sie im ersten Dialogfenster **New Method** den Eintrag **Event handler** und klicken Sie dann auf **Next**.
4. Geben Sie im zweiten Dialogfenster zunächst den Namen des Event-Handlers `onStartNewGame()` ein (siehe Abbildung 3.52).
5. Wählen Sie dann im Feld **Event source** den Eintrag **Toolbar (Web Dynpro Component Interface Controller)**, im Feld **Subscribed event** den Eintrag **startNewGame <ToolbarCompInterface ...>** sowie die Checkbox **Create event handler parameters according to subscribed event**. Klicken Sie anschließend auf **Finish**.

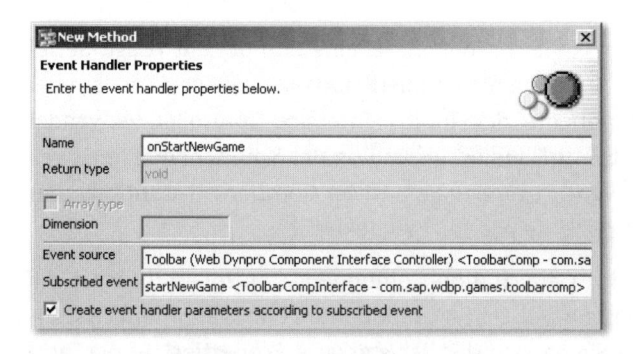

Abbildung 3.52 Deklaration eines Event-Handlers

Anschließend wird in der Registerkarte **Methods** der neu hinzugefügte Event-Handler onStartNewGame() angezeigt (siehe Abbildung 3.53). Die in Abbildung 3.49 dargestellten Relationen zwischen Event-Auslöser, Event-Definition und Event-Senke sind damit vollständig deklariert, sodass nur noch das eigentliche Event-Handling im Playground-Component-Controller zu implementieren ist.

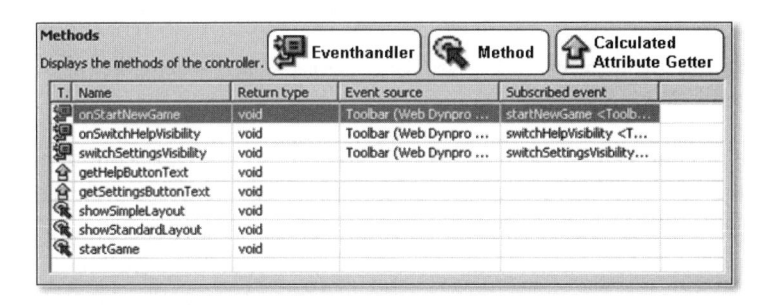

T.	Name	Return type	Event source	Subscribed event
	onStartNewGame	void	Toolbar (Web Dynpro ...	startNewGame <Toolb...
	onSwitchHelpVisibility	void	Toolbar (Web Dynpro ...	switchHelpVisibility <T...
	switchSettingsVisibility	void	Toolbar (Web Dynpro ...	switchSettingsVisibility...
	getHelpButtonText	void		
	getSettingsButtonText	void		
	showSimpleLayout	void		
	showStandardLayout	void		
	startGame	void		

Abbildung 3.53 Anzeige deklarierter Controller-Methoden im GameStation-Component-Controller

Event-Handler im GameStation-Component-Controller implementieren

Die Implementierung des onStartNewGame()-Event-Handlers umfasst die Erzeugung der in der Toolbar-Komponente ausgewählten Spiel-Komponente. Genauere Einzelheiten dazu wurden bereits in Abschnitt 3.6.4 bezüglich Listing 3.5 dargestellt.

3.8.2 Dynamische Event-Subscription

An dieser Stelle soll kurz die Möglichkeit vorgestellt werden, den Event-Handler onStartNewGame() dynamisch, also erst zur Laufzeit mittels Anwendungscode, beim Event StartNewGame im Interface-Controller der Toolbar-Komponente anzumelden. Neben der dynamischen Anmeldung oder Subscription ist auch die dynamische Abmeldung von Event-Handlern möglich.

Event-Handler zur Laufzeit mittels API subskribieren

Die dynamische Event-Subscription lässt sich auf einfache Weise anhand der Verwendung des IWDComponentUsage-API implementieren. Im statischen Fall sind für einen Event-Handler der Event-Controller (Controller, in dem das Event definiert ist) und der Event-Name zu definieren (siehe Abbildung 3.54).

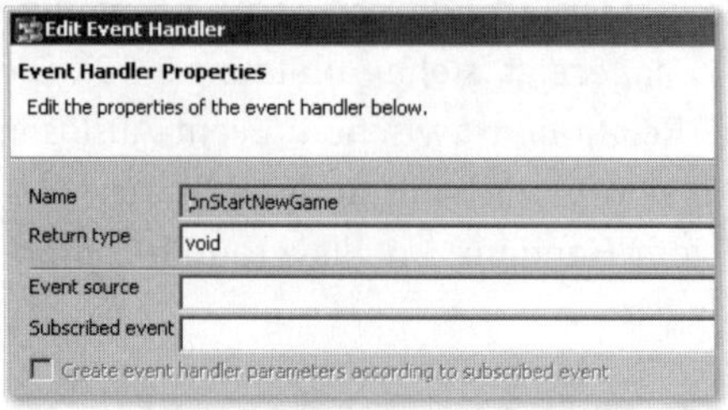

Abbildung 3.54 Definition des onStartNewGame-Event-Handlers ohne statisch definierte Event-Subscription

Im dynamischen Fall erfolgt diese Zuordnung durch Übergabe von Identifier-Objekten des Typs `IWDEventId` und `IWDEventHandlerId` an das `IWDComponentUsage`-API anhand der Methode `addEventHandler(IWDEventId event, IWDEventHandlerId eventHandler)`. Die Identifier-Objekte werden automatisch von der Web-Dynpro-Laufzeitumgebung erzeugt und können im Anwendungscode auf einfache Weise mittels Konstanten adressiert werden.

So wird für das Event `StartNewGame` im `IExternal`-API des Toolbar-Component-Interface-Controllers die Konstante `WD_EVENT_START_NEW_GAME` erzeugt. Ebenso wird im `IPrivate`-API eine Konstante erzeugt, sobald im zugehörigen Controller ein Event-Handler definiert wurde. Für den Event-Handler `onStartNewGame()` im GameStation-Component-Controller ist dies die Konstante `WD_EVENTHANDLER_ON_START_NEW_GAME`.

Event-Handler dynamisch an Event subskribieren

Aus diesem Sachverhalt ergibt sich für die Implementierung der dynamischen Event-Subscription der Anwendungscode in Listing 3.8.

```
//@@begin javadoc:wdDoInit()
/** Hook method called to initialize controller. */
//@@end
public void wdDoInit()
{
  //@@begin wdDoInit()
  ...
  wdThis.wdGetToolbarComponentUsage().addEventHandler(
  wdThis.wdGetToolbarInterface()
    .WD_EVENT_START_NEW_GAME,
  wdThis.WD_EVENTHANDLER_ON_START_NEW_GAME);
  //@@end
}
```

Listing 3.8 GameStationComp.java – Dynamische Event-Subscription

3.8.3 Methodenaufrufe als Ersatz für serverseitiges Eventing

Bei dem in Abschnitt 3.8.1 dargestellten serverseitigen Eventing wurde das Event in der eingebetteten Kind-Komponente definiert, sodass sich die Vater-Komponente darauf subskribieren konnte (Kind-Komponente enthält Ereignisquelle, Vater-Komponente enthält Ereignissenke).

Beim komponentenübergreifenden Eventing kann jedoch auch der umgekehrte Fall auftreten, was bedeutet, dass die eingebettete Kind-Komponente auf ein Ereignis in der Vater-Komponente reagieren soll (Kind-Komponente enthält Ereignissenke, Vater-Komponente enthält Ereignisquelle). Lässt sich im Web-Dynpro-Komponentenmodell auch dieser Eventing-Typ realisieren? Die Antwort ist derzeit nein.

Externe Event-Subscription ist nicht möglich

Zur Begründung erinnern wir uns an die Technik des externen Interface-Context-Mappings (Kind-Komponente enthält Datensenke bzw. gemappten Context, Vater-Komponente enthält Datenquelle bzw. Daten-Context): Bei diesem Mapping-Typ muss das Interface-Context-Mapping außerhalb der Kind-Komponente selbst in der Vater-Komponente definiert werden. Analog dazu wäre ein Event-Handler im Component-Interface der Kind-Komponente extern an ein Event der Vater-Komponente zu subskribieren. Eine solche *externe Event-Subscription* wird im Web-Dynpro-Programmiermodell derzeit jedoch nicht unterstützt. Die einzige alternative Lösung für dieses Problem besteht daher darin, das serverseitige Eventing durch Methodenaufrufe zu ersetzen. Betrachten wir dazu den folgenden Anwendungsfall.

Analogie zum externen Interface-Context-Mapping

Referencing Mode und Übergabe von Component-Usages an Kind-Komponenten

In Abschnitt 3.6.1 über das IWDComponentUsage-API wurde der Referencing Mode vorgestellt, mit dem es möglich ist, die Component-Usage von Komponente A auf die Component-Usage gleichen Typs von Komponente B zeigen zu lassen. In komponentenbasierten Web-Dynpro-Anwendungen ist es auf diese Weise möglich, eine einzelne Model-Komponenteninstanz in mehreren UI-Komponenten zu verwenden. Das Lifecycle-Management der Model-Komponenteninstanz würde auf Component-Usage-Ebene von der Wurzel-Komponente aus gesteuert. Die verschiedenen UI-Komponenten würden diese zentrale Model-Komponenteninstanz hingegen nur im Referencing Mode verwenden, ohne selbst auf deren Lifecycle-Management einzuwirken.

Component-Usage einer anderen Komponente referenzieren

In Abbildung 3.55 ist die beschriebene Komponenten-Architektur grafisch dargestellt. Über externe Event-Subscription wäre es auf sehr einfache Weise möglich, von der Wurzel-Komponente aus sämtlichen UI-Komponenten eine Referenz auf die eigene Model-Component-Usage zu übergeben. Dazu wäre beim »Feuern« des Ereignisses `ModelCompCreation` lediglich eine Variable vom Typ `IWComponentUsage` zu übergeben (siehe Listing 3.9).

```java
//@@begin javadoc:wdDoInit()
/** Hook method called to initialize component
 * controller MasterComp.java. */
//@@end
public void wdDoInit()
{
  //@@begin wdDoInit()
  wdThis.wdGetModelComponentComponentUsage()
    .createComponent();
  // THIS IS NOT POSSIBLE IN SAP NetWeaver 2004 ...
  // (requires missing external event subscription)
  wdThis.wdFireEventModelCompCreation(
    wdThis.wdGetModelComponentComponentUsage());
  //@@end
}
```

Listing 3.9 MasterComp.java – Feuern eines Events in der Vater-Komponente

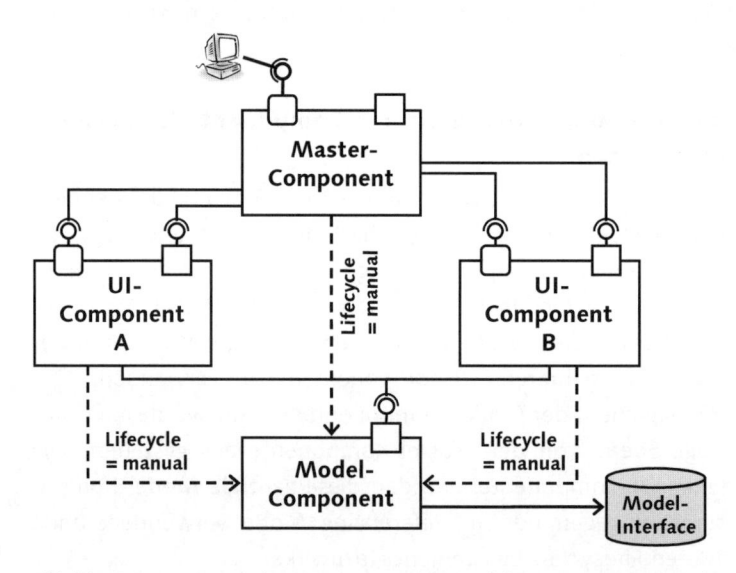

Abbildung 3.55 Verwendung einer zentralen Model-Komponente im Referencing Mode

Da die externe Event-Subscription in SAP NetWeaver 2004 noch nicht möglich ist, ist den beiden UI-Komponenten die Referenz auf die Model-Component-Usage der Master-Component per zweifachem Methodenaufruf zu übergeben. Die UI-Komponenten müssen dazu in ihrem Interface-Controller die Methode `referenceModelComponent(IWDComponentUsage modelCompUsg)` implementieren (siehe Listing 3.10).

Methodenaufrufe als Ersatz für serverseitiges Eventing

```
//@@begin javadoc:wdDoInit()
/** Hook method called to initialize component
 * controller MasterComp.java. */
//@@end
public void wdDoInit()
{
  //@@begin wdDoInit()
  wdThis.wdGetModelComponentComponentUsage()
    .createComponent();
  // THIS IS POSSIBLE ...
  // (call public methods instead of firing an event)
  wdThis.wdGetFirstUIComponentInterface()
    .referenceModelComponent(
    wdThis.wdGetModelComponentComponentUsage());
  wdThis.wdGetSecondUIComponentInterface()
    .referenceModelComponent(
      wdThis.wdGetModelComponentComponentUsage());
  //@@end
}
```

Listing 3.10 MasterComp.java – Methodenaufrufe zur Übergabe der Model-Component-Usage an die beiden UI-Komponenten

Dieser Ansatz erfordert bei mehreren Event-Empfängern den wiederholten Aufruf der gleichen Methode im `IExternal`-API der Kind-Komponenten, und ist daher nicht so elegant wie das Feuern eines Events ohne Kenntnis der Event-Empfänger. Da die Master-Komponente ihre eingebetteten UI-Komponenten jedoch kennt, ist der Methodenaufruf eine praktikable Lösung.

Die Methode `referenceModelComponent(IWDComponentUsage modelCompUsg)` im Component-Interface-Controller der verwendeten UI-Komponente delegiert an die gleiche Methode im Component Controller (siehe Listing 3.11).

Implementierung des Interface-Controllers der UI-Komponente

```
public void referenceModelComponent(
  com.sap.tc.webdynpro.progmodel.api.IWDComponentUsage
  modelCompUsg )
{
  //@@begin referenceModelComponent()
  wdThis.wdGetFirstUICompController()
    .referenceModelComponent(modelCompUsg);
  //@@end
}
```

Listing 3.11 FirstUICompInterface.java – Delegation der Methode referenceModel-Component() an den Component-Controller

Referencing Mode Im Component-Controller wechselt die Model-Component-Usage der UI-Komponente schließlich in den Referencing Mode, sodass sie fortan auf die Model-Component-Usage der Master-Komponente zeigt (siehe Listing 3.12).

IWDComponent-Usage.enterReferencingMode()

```
public void referenceModelComponent(
  com.sap.tc.webdynpro.progmodel.api.IWDComponentUsage
  modelCompUsg )
{
  //@@begin referenceModelComponent()
  wdThis.wdGetModelComponentComponentUsage()
    .enterReferencingMode(modelCompUsg);
  //@@end
}
```

Listing 3.12 FirstUIComp.java – Verwendung der übergebenen Model-Component-Usage im Referencing Mode

3.9 Verwendung von Component-Interface-Views

Die Verwendung von *Component-Interface-Views* spielt bei der Komponentisierung von Web-Dynpro-Anwendungen eine entscheidende Rolle. Im Abschnitt 3.2 haben wir diese visuellen Schnittstellen von Web-Dynpro-Komponenten beim Entwurf einer komponentenbasierten Anwendungsarchitektur dazu verwendet, die GameStation-Anwendung auf User-Interface-Ebene zu modularisieren.

In diesem Abschnitt werden wir von der Entwurfs- zur Deklarations- und Implementierungsebene wechseln, um dabei einige praktische Aspekte im Umgang mit Component-Interface-Views zu behandeln:

3.9.1 Component-Interface-Views

Ein Component-Interface-View ist die visuelle Schnittstelle einer Web-Dynpro-Komponente, die zum strukturierten Aufbau von komponentisierten Web-Dynpro-Benutzeroberflächen verwendet werden kann. Jedem Window im Inneren einer Web-Dynpro-Komponente ist genau ein Component-Interface-View zugeordnet[11]. Wird eine UI-Komponente von einer anderen Komponente verwendet, kann diese in sich jeden exponierten Component-Interface-View wie einen eigenen View verwenden. Die Bezeichnung *Interface-View* liegt darin begründet, dass sich die visuelle Schnittstelle einer Web-Dynpro-Komponte für ihren Verwender wie ein gewöhnlicher View verhält:

Definition von Component-Interface-Views

- **Deklaration von Navigationslinks**
  Component-Interface-Views können wie Views über *Inbound-* und *Outbound-Plugs* verfügen, die zur Deklaration von Navigationsübergängen mittels Navigationslinks verwendet werden.

- **Einbettung in View Sets und View Areas**
  Component-Interface-Views können wie Views in *View Sets* bzw. *View Areas* eingebettet werden. Mit View Sets und View Areas können in einem Window mehrere Views anhand vordefinierter Layouts positioniert werden (T-Layout, Grid-Layout).

- **Einbettung in `ViewContainer`-UI-Elemente**
  Component-Interface-Views können wie Views in `ViewContainer`-UI-Elemente eingebettet werden. Gegenüber View Sets haben `ViewContainer`-UI-Elemente den Vorteil, dass sich die eingebetteten Views und Component-Interface-Views flexibler und mittels Datenbindung laufzeitabhängig positionieren lassen. Bei Verwendung von View Sets und View Areas können die zur Entwurfszeit definierten Einstellungen hingegen nicht mehr programmatisch (durch Controller-Coding) verändert werden.

3.9.2 Einbettung von Component-Interface-Views in ViewContainer-UI-Elemente

Beginnen wir nun damit, die Einbettung der zur GameStation-Anwendung gehörigen UI-Komponenten und des Spiel-Komponenteninterfaces in die Wurzel-Komponenten genauer zu untersuchen. Eine wesentliche Rolle spielen dabei die für diesen Zweck zu verwendenden Perspektiven-

---

11 Sind in einer Komponente mehrere Windows enthalten, verfügt sie entsprechend über mehrere Component-Interface-Views.

Views und Modellierungsoberflächen der Web-Dynpro-Werkzeuge (siehe Abbildung 3.56):

1. **Web Dynpro Explorer**
   Ermöglicht die hierarchische Einbettung von Component-Interface-Views in Windows, View Areas und ViewContainer-UI-Elemente.

2. **Navigation Modeler**
   Ermöglicht alternativ zum Web Dynpro Explorer die grafische Einbettung von Component-Interface-Views innerhalb eines bestimmten Windows.

3. **View Designer**
   Ermöglicht die exakte Positionierung von ViewContainer-UI-Elementen innerhalb eines speziell dazu verwendeten Layout-Views.

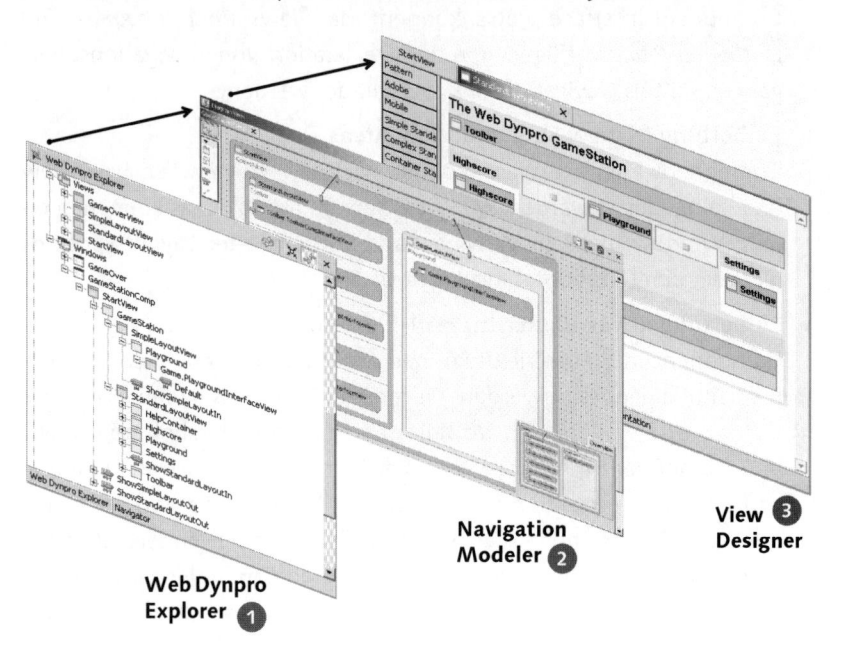

Abbildung 3.56 Darstellung von Component-Interface-Views und ViewContainer-UI-Elementen in den Web-Dynpro-Werkzeugen

Die Einbettung von Component-Interface-Views in ViewContainer-UI-Elemente erfolgt in zwei separaten Schritten:

1. Hinzufügen von ViewContainer-UI-Elementen im View Designer des Layout-Views.

2. Hinzufügen von Component-Interface-Views im Navigation Modeler desjenigen Windows, in dem sich der Layout-View befindet, mit an-

schließender Definition von Navigationsübergängen durch Hinzufügen von Navigationslinks zwischen Inbound- und Outbound-Plugs.

Schritt 1 – Deklaration eines Layout-Views in der Wurzel-Komponente

Layout-Views sind gewöhnliche Web-Dynpro-Views, die speziell zur Einbettung und Positionierung von ViewContainer-UI-Elementen verwendet werden. Durch die Verwendung eines bestimmten Container-Layouts wie Matrix-, Grid- oder Flow-Layout auf RootContainerUIElement- oder TransparentContainer-Ebene können die eingebetteten ViewContainer-UI-Elemente sehr flexibel positioniert werden. Zudem ist es möglich, weitere UI-Elemente wie Group, HorizontalGutter, InvisibleElement oder TransparentContainer im Layout-View hinzuzufügen.

Layout-Views enthalten ViewContainer-UI-Elemente

> **Tipp**
>
> Betten Sie Component-Interface-Views stets in ViewContainer-UI-Elemente von Layout-Views ein. Dieser Ansatz bietet Ihnen gegenüber View Sets und View Areas weitaus mehr Möglichkeiten zur Positionierung von Interface-Views. Neben der Verwendung spezieller UI-Elemente wie TransparentContainer oder InvisibleElement ist es zudem möglich, den Zustand der UI-Element-Eigenschaften mittels Datenbindung an entsprechende Context-Attribute zur Laufzeit zu verändern (Ein- und Ausblenden, Ändern von Höhen und Breiten).

Der erste Layout-View der GameStation-Anwendung befindet sich in der Wurzel-Komponente GameStationComp und trägt den Namen StandardLayoutView. Die Wurzel-Komponente verwendet die vier UI-Komponenten ToolbarComp, HighscoreComp, HTMLViewerComp sowie das UI-Komponenteninterface IGame, das selbst über zwei Component-Interface-Views (Playground und Settings) verfügt. Insgesamt können in den Layout-View StandardLayoutView daher fünf verschiedene Component-Interface-Views eingebettet werden.

Standard-LayoutView in der Wurzel-Komponente GameStation-Comp

Die Einbettung der Component-Interface-Views beginnt im ersten Schritt damit, dass im View-Layout fünf neue ViewContainer-UI-Elemente hinzugefügt werden:

1. Öffnen Sie im Web Dynpro Explorer den Knoten **Main_WD-BOOK-D~tc~games~sap.com** · **Web Dynpro** · **Web Dynpro Components** · **GameStationComp** · **Views** · **StandardLayoutView**.
2. Wählen Sie im Kontextmenü den Eintrag Edit aus. Daraufhin öffnet sich der Perspektiven-View Layout zur Deklaration der in der StandardLayoutView enthaltenen UI-Elemente.
3. Fügen Sie im Perspektiven-View Outline für jeden anzuzeigenden Component-Interface-View ein entsprechendes ViewContainer-UI-Element hinzu. In der Auswahlliste für das Feld **Type** hat dieses UI-Element den Namen ViewContainerUIElement.
4. Nehmen Sie gegebenenfalls unter Verwendung zusätzlicher UI-Elemente die genaue Ausrichtung und Positionierung der eingebetteten ViewContainer-UI-Elemente vor. Machen Sie dabei von den Möglichkeiten unterschiedlicher Container-Layouts (Grid, Matrix, Row, Flow) sowie von zusätzlichen UI-Elementen wie TransparentContainer oder InvisibleElement Gebrauch.

Abbildung 3.57 zeigt die rechteckige Darstellung von ViewContainer-UI-Elementen im View Designer. Die in den ViewContainer-UI-Elementen eingebetteten Views oder Component-Interface-Views werden im View Designer selbst nicht angezeigt, sondern der View Designer dient ausschließlich zur exakten Positionierung der ViewContainer-UI-Elemente sowie zur Deklaration ihrer Eigenschaften.

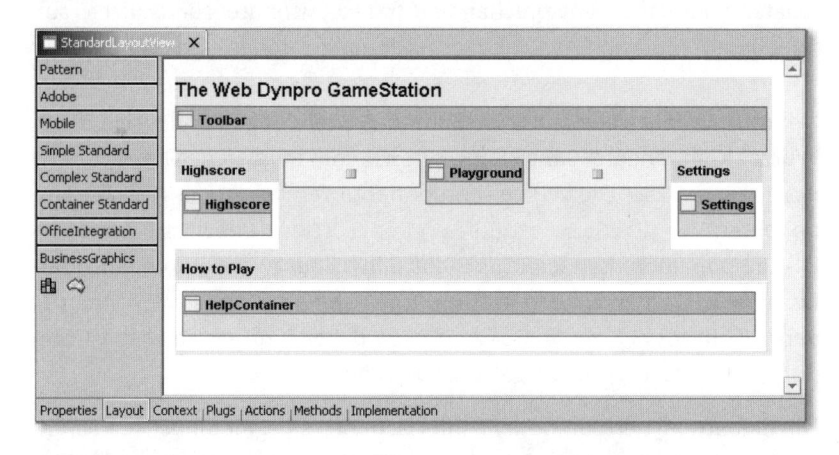

Abbildung 3.57 Layout von StandardLayoutView im View Designer

Schritt 2 – Einbettung von Component-Interface-Views im Navigation Modeler

Die Einbettung der Component-Interface-Views in die jeweiligen `View-Container`-UI-Elemente erfolgt im zweiten Schritt unter Verwendung des Navigation Modelers.

Öffnen des Navigation Modelers

1. Öffnen Sie im Web Dynpro Explorer den Knoten **Main_WD-BOOK-D~tc~games~sap.com** · Web Dynpro · Web Dynpro Components · GameStationComp · Windows · GameStationComp.
2. Wählen Sie im Kontextmenü den Eintrag **Open Navigation Modeler** aus.
3. Daraufhin öffnet sich der Navigation Modeler mit einer grafischen Darstellung der im Window `GameStationComp` definierten View-Composition.

Die View-Composition wird im Navigation Modeler deklariert und stellt die Menge aller in einem Window über Navigationslinks erreichbaren View-Assemblies dar. Die View Assembly ist eine zur Laufzeit t_L im Anwendungs-Window dargestellte Anordnung von Views und Component-Interface-Views. Durch Navigationsübergänge wechselt der Benutzer von einer View-Assembly zur nächsten.

Deklaration der View-Composition

Die in einem View enthaltenen `ViewContainer`-UI-Elemente werden im Navigation Modeler als helle leere Rechtecke dargestellt, die zudem mit der zugehörigen UI-Element-ID versehen sind (siehe Abbildung 3.58).

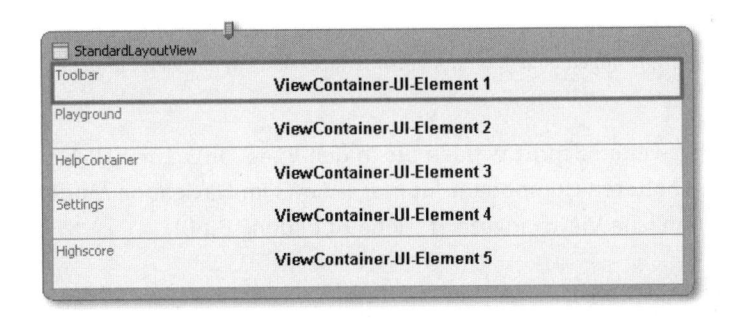

Darstellung von ViewContainer-UI-Elementen im Navigation Modeler

Abbildung 3.58 Darstellung von ViewContainer-UI-Elementen im Navigation Modeler

In ein einzelnes `ViewContainer`-UI-Element können Sie nun mindestens einen View oder Component-Interface-View einbetten. Werden mehrere Views eingebettet, kann zur Laufzeit zu einem Zeitpunkt nur genau ein aktiver View oder Empty-View angezeigt werden. Die Übergänge von einem View zum anderen erfolgt durch gewöhnliche Navigationsübergänge.

Einbettung von Component-Interface-Views

1. Wählen Sie in der Werkzeugleiste des Navigation Modelers das oberste Icon **Embed a view** aus.
2. Bewegen Sie den Mauszeiger auf ein leeres Rechteck zur Darstellung eines `ViewContainer`-UI-Elements (siehe Abbildung 3.59, ❶) und drücken Sie einmal die Maustaste.
3. Markieren Sie im daraufhin angezeigten Dialogfenster den Radiobutton **Embed Interface View of a Component instance** (❷) und klicken Sie auf **Next**.
4. Im nächsten Dialogfenster werden alle von der GameStation-Komponente verwendeten Komponenteninstanzen (bzw. Component Usages) angezeigt. Öffnen Sie zunächst den Knoten der einzubettenden UI-Komponente aus und wählen Sie danach den Namen des gewünschten Component-Interface-View (❸). Beenden Sie den letzten Dialogschritt mit **Finish**.

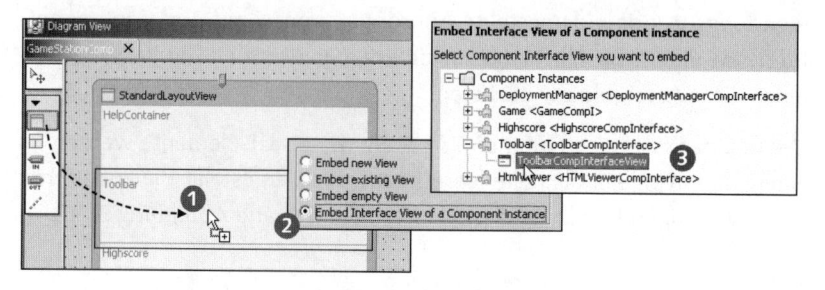

Abbildung 3.59 Hinzufügen eines Component-Interface-Views in ein ViewContainer-UI-Element

Nach diesem zweiten Schritt werden die in den `ViewContainer`-UI-Elementen eingebetteten Component-Interface-Views im Navigation Modeler wie gewöhnliche Views angezeigt (siehe Abbildung 3.60).

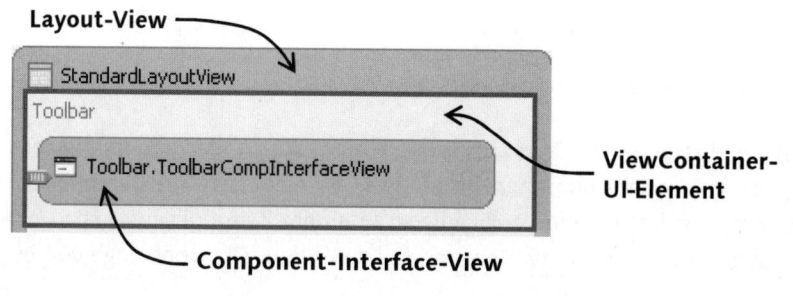

Abbildung 3.60 Darstellung von Component-Interface-Views im Navigation Modeler

Beachten Sie, dass in dem zum Editieren von View-Layouts verwendeten Outline-Perspektiven-View für `ViewContainer`-UI-Elemente keine Kinder, also keine eingebetteten Views oder Component-Interface-Views angezeigt werden. Deren Darstellung erfolgt ausschließlich im Web Dynpro Explorer (hierarchisch) sowie im Navigation Modeler (grafisch) (siehe Abbildung 3.61).

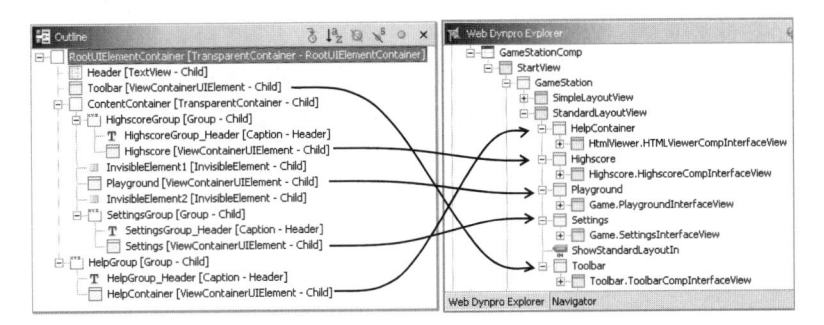

Abbildung 3.61 Unterschiedliche Darstellung von ViewContainer-UI-Elementen

3.9.3 Mit Start-View und URL-Parameter zur initialen View-Assembly navigieren

Neben der zuvor dargestellten eigentlichen Benutzeroberfläche für unsere GameStation-Anwendung soll auch die Möglichkeit bestehen, nur das Spielfeld selbst ohne die umgebenden Bereiche anzuzeigen. In diesem einfachen Fall wird dann standardmäßig das Spiel `SameGame` ohne das User-Interface der einbettenden GameStation-Spiel-Konsole angezeigt (`StandardLayoutView`). Der gewünschte Anzeigemodus soll dabei direkt beim Starten der Anwendung mittels URL-Parameter adressiert werden können.

GameStation-Anwendung in unterschiedlicher Darstellung starten

Um dieser Anforderung zu genügen, müssen die folgenden Aufgaben gelöst werden:

- Wie kann nachträglich zur Laufzeit der im `GameStationComp`-Window initial angezeigte Default-View geändert werden?
- Wie erfolgt das Einlesen von URL-Parametern beim Starten der Anwendung?

Start-View zwecks initialer Navigation deklarieren

Werden in einem Web-Dynpro-Window zwei Views direkt eingebunden, müssen wir uns bereits zur Entwurfszeit mit dem Setzen der Eigenschaft **default** dafür entscheiden, welcher der beiden Views beim Starten der Anwendung angezeigt werden soll.

Hilfs-View Nun ist es hingegen unser Ziel, erst beim Starten der GameStation-Anwendung den im `GameStationComp`-Window angezeigten Default-View mittels URL-Parameter festzulegen. Zur Lösung dieses *Default-View-Problems* verwenden wir einen zusätzlichen Hilfs-View namens `StartView`, dessen Outbound-Plugs zum Auslösen der initialen Navigation hin zum gewünschten eigentlichen Default-View benötigt werden. Zur Entwurfszeit weisen wir dem `StartView` zunächst die Eigenschaft **default = true** zu. Damit wird festgelegt, dass der `StartView`-Controller beim Starten der Anwendung von der Web-Dynpro-Laufzeitumgebung in jedem Fall erzeugt wird und zum Feuern von Outbound-Plugs verwendet werden kann.

Definition zweier Outbound-Plugs Für die Definition zweier Navigationslinks zwischen den Views `StartView`, `StandardLayoutView` und dem `IGame`-Component-Interface-View fügen wir zum `StartView` zwei neue Outbound-Plugs namens `ShowStandardLayoutOut` sowie `ShowSimpleLayoutOut` hinzu.

Definition zweier Navigationslinks Anschließend können wir im Navigation Modeler, ausgehend vom StartView, zwei neue Navigationslinks definieren (siehe Abbildung 3.62), deren Outbound-Plugs je nach Wert des URL-Parameters `mode` beim Starten der Anwendung ausgelöst werden.

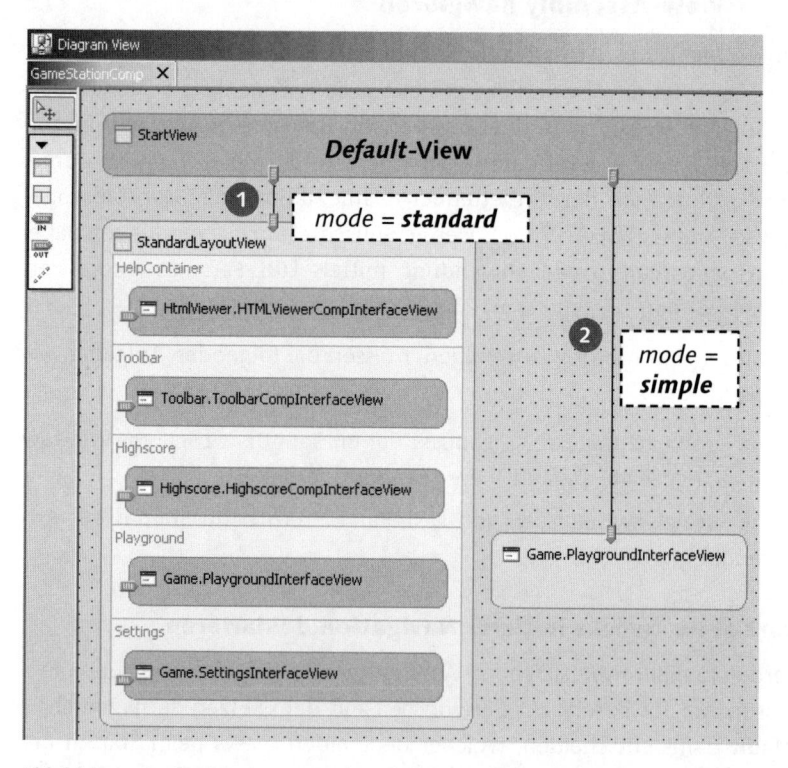

Abbildung 3.62 StartView zum Auslösen eines initialen Navigationsübergangs

URL-Parameter beim Start der Anwendung einlesen

Die zweite Aufgabe betrifft das Einlesen von URL-Parametern beim Starten der Anwendung. Sie lässt sich leicht lösen, wenn man den automatischen Transport von URL-Parametern an entsprechende Startup-Plug-Parameter von Component-Interface-Views berücksichtigt. Dieser spezielle Service der Web-Dynpro-Laufzeitumgebung beruht darauf, dass der Wert eines URL-Parameters an den gleichnamigen Parameter im Startup-Plug-Event-Handler des Component-Interface-View-Controllers übergeben wird. Dazu muss dieser gleichnamige Parameter vom Typ **String** bereits zur Entwurfszeit im Startup-Plug definiert worden sein. Ist dies der Fall, kann im Startup-Plug-Event-Handler ohne zusätzlichen Code direkt auf den entsprechenden URL-Parameterwert zugegriffen werden.

URL-Parameter werden automatisch an gleichnamige Parameter im Startup-Plug-Event-Handler übergeben

1. Öffnen Sie im Web Dynpro Explorer den Knoten **Main_WD-BOOK-D~tc~games~sap.com** · **Web Dynpro** · **Web Dynpro Components** · **GameStationComp** · **Component Interface** · **Interface Views** · **GameStationCompInterfaceView**.
2. Wählen Sie im Kontextmenü den Eintrag **Edit** aus.
3. Wechseln Sie im Perspektiven-View GameStationComp-InterfaceView die Registerkarte **Plugs** aus und wählen dort den Startup-Plug **Default** aus.
4. Öffnen Sie mit dem **New**-Button das Dialogfenster **New Parameter**.
5. Weisen Sie dem Parameter den Namen »mode« und den Typ **string** zu und beenden Sie den Dialogschritt mit **Finish**.

Parameter mode im Startup-Plug-Event-Handler deklarieren

Nach der Deklaration des Parameters mode wird der Startup-Plug-Event-Handler onPlugDefault() von den Web-Dynpro-Werkzeugen entsprechend erweitert (siehe Listing 3.13).

```
//@@begin javadoc:onPlugDefault(ServerEvent)
/** Declared validating event handler. */
//@@end
public void onPlugDefault(
  com.sap.tc.webdynpro.progmodel.api.IWDCustomEvent
    wdEvent,
  java.lang.String mode) {
  //@@begin onPlugDefault(ServerEvent)
  ...
  //@@end
}
```

Listing 3.13 GameStationCompInterfaceView.java – Startup-Plug-Event-Handler

Outbound-Plugs im StartView mittels serverseitigem Eventing feuern

Im ersten Schritt haben wird den zusätzlich benötigten Hilfs-View `StartView` samt Outbound-Plugs und Navigationslinks definiert und haben danach im Component-Interface-View-Controller den beim Starten der Anwendung übergebenen URL-Parameter `mode` gelesen.

View-Controller ohne IPublic-API – serverseitiges Eventing als Lösung

Nun stellt sich die Frage, wie die Outbound-Plugs von `StartView` »von außerhalb« ausgelöst werden können. Da View-Controller im Web-Dynpro-Programmiermodell von anderen Controllern nicht verwendet werden können und dementsprechend über kein `IPublic`-API verfügen, stellt das *serverseitige Eventing* für Nicht-View-Controller die einzige Möglichkeit dar, um mit View-Controllern zu interagieren.

In Abbildung 3.63 wird das Konzept der eventbasierten View-Navigation grafisch dargestellt:

1. Im Interface-View-Controller wird der URL-Parameter `mode` gelesen und per Methodenaufruf `showInitialView(String mode)` an den Component-Controller übergeben (❶ und Listing 3.14).

2. Der Component-Controller löst in der aufgerufenen Methode `showInitialView(String mode)` das Event `ShowInitialView` aus (❷). Der vom Interface-View-Controller empfangene URL-Parameter `mode` wird dabei als Event-Parameter an den Event-Empfänger weitergereicht (❸ und Listing 3.15).

3. Der an das Event subskribierte View-Controller `StartView` feuert schließlich den zu einem URL-Parameter-Wert gehörigen Outbound Plug (❹ und Listing 3.16), um damit zum anzuzeigenden View zu navigieren.

Beachten Sie hierbei, dass der im Startup-Plug-Event-Handler empfangene URL-Parameter `mode` durch entsprechende Methoden- und Event-Parameter bis zum View-Controller hin übertragen wird. Erst dort wird die entsprechende `if`-Abfrage zum Feuern des passenden Outbound-Plugs implementiert. Würde diese Logik bereits im Component-Controller implementiert, müsste dieser über zwei separate Events mit dem View-Controller interagieren.

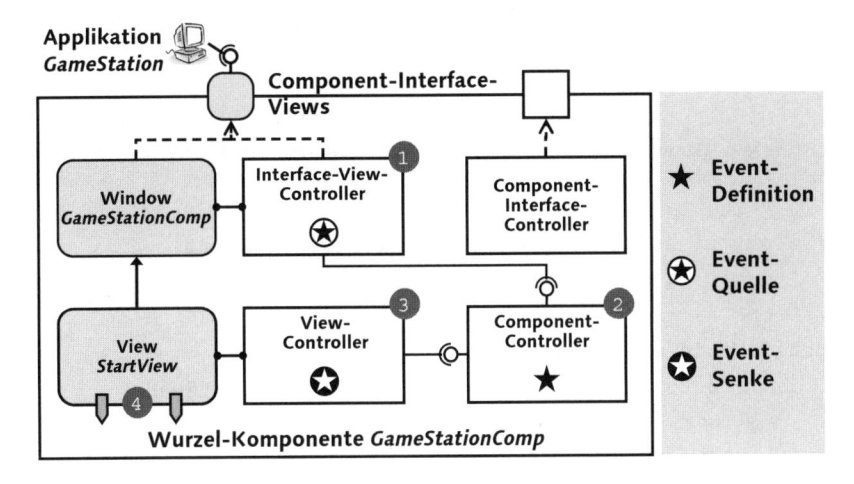

Abbildung 3.63 Auslösen der initialen View-Navigation mittels serverseitigem Eventing beim Start der Anwendung

Um beim Starten der GameStation-Anwendung mittels URL-Parameter vom `StartView` zur initialen View-Assembly zu navigieren, ist gemäß der obigen Beschreibung der in den Listings Listing 3.14, Listing 3.15 und Listing 3.16 dargestellte Controller-Code zu implementieren.

Event-Quelle im Component-Interface-View-Controller

```
//@@begin javadoc:onPlugDefault(ServerEvent)
/** Declared validating event handler. */
//@@end
public void onPlugDefault(
  com.sap.tc.webdynpro.progmodel.api.IWDCustomEvent
    wdEvent,
  java.lang.String mode) {
  //@@begin onPlugDefault(ServerEvent)
  wdThis.wdGetGameStationCompController()
    .showInitialView(mode);
  //@@end
}
```

Listing 3.14 GameStationCompInterfaceView.java – Startup-Plug-Event-Handler

```
//@@begin javadoc:showInitialView()
/** Declared method. */
//@@end
public void showInitialView( java.lang.String mode )
{
  //@@begin showInitialView()
```

```
      wdThis.wdFireEventShowInitialView(mode);
      //@@end
    }
```

Listing 3.15 GameStationComp.java – Öffentliche Methode zum Feuern des Events ShowInitialView

```
    //@@begin javadoc:onShowInitialView(ServerEvent)
    /** Declared validating event handler. */
    //@@end
    public void onShowInitialView(
      com.sap.tc.webdynpro.progmodel.api.IWDCustomEvent wdEvent,
      java.lang.String mode )
    {
      //@@begin onShowInitialView(ServerEvent)
      if ("simple".equals(mode)) {
        wdThis.wdFirePlugShowSimpleLayoutOut();
      } else if ("standard".equals(mode)) {
        wdThis.wdFirePlugShowStandardLayoutOut();
      }
      //@@end
    }
```

Listing 3.16 StartView.java – Auslösen von Outbound-Plugs

3.9.4 Alternative Lösungen für das Default-View-Problem

Vielleicht haben Sie sich bereits gefragt, ob das Problem der Anzeige unterschiedlicher UI-Varianten bzw. Default-Views beim Starten der Game-Station-Anwendung nicht auch einfacher gelöst werden könnte. Tatsächlich sind zwei weitere Alternativen denkbar, die an dieser Stelle kurz vorgestellt werden sollen.

Default-View mittels IWDWindowInfo-API zur Laufzeit setzen

Keine Datenbindung für die Eigenschaften von Views in Windows

Im Gegensatz zu Web-Dynpro-UI-Elementen können die Eigenschaften von Windows und darin eingebetteten Views sowie Component-Interface-Views nicht an den Context gebunden werden. Folglich ist es nicht möglich, deren **default**-Eigenschaft an ein Context-Attribut des Typs **boolean** zu binden und mittels Context-Programmierrung zur Laufzeit zu setzen.

Es gibt jedoch einen Trick, mit dem es dennoch möglich ist, die **default**-Eigenschaft eingebetteter Views mittels Anwendungscode dynamisch festzulegen; wir verwenden das spezielle `IWDWindowInfo`-API, mit dem es möglich ist, zur Laufzeit auf Metadaten von Window-Objekten zuzugreifen. Im Unterschied zu zahlreichen anderen `IWD*Info`-APIs erlaubt es das `IWDWindowInfo`-API sogar, einzelne Metadaten, unter anderem auch die **default**-Eigenschaft eingebetteter Views, durch einen Set-Aufruf zu verändern.

IWDWindow-Info-API-Trick

Der Lösungsweg beginnt damit, in den Web-Dynpro-Werkzeugen den beiden im `GameStationComp`-Window eingebetteten Views `IGame.PlaygroundInterfaceView` und `StandardLayoutView` eine eindeutige ID zuzuweisen (siehe Abbildung 3.64):

id-Eigenschaft eingebetteter Views definieren

1. Öffnen Sie im Web Dynpro Explorer den Knoten **Main_WD-BOOK-D~tc~games~sap.com** · **Web Dynpro** · **Web Dynpro Components** · **GameStationComp** · **Windows** · **GameStationComp** · **Game.PlaygroundInterfaceView**.

2. Wechseln Sie zum daneben angezeigten Perspektiven-View **Properties** und weisen der **id**-Eigenschaft den Wert **IGameCompInterfaceView** zu.

3. Öffnen Sie im Web Dynpro Explorer den zweiten im `GameStationComp`-Window eingebetteten View `StandardLayoutView` aus.

4. Weisen sie dessen **id**-Eigenschaft den Wert **StandardLayoutView** zu.

Beachten Sie, dass die **default**-Eigenschaft beider eingebetteter Views zur Entwurfszeit auf **false** gesetzt ist.

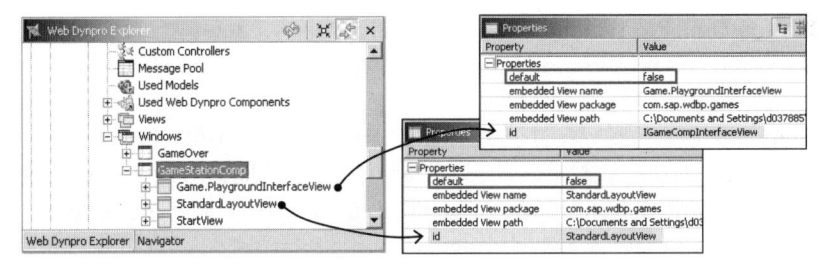

Abbildung 3.64 Definition von ViewUsageIDs in den Web-Dynpro-Werkzeugen zur Designzeit

Mit der Deklaration der **id**-Eigenschaft für beide im `GameStationComp`-Window verwendeten Views ist es uns zur Laufzeit möglich, im Anwendungscode auf die zugehörigen `IWDViewUsageInfo`-APIs zuzugreifen. Die Implementierung zum dynamischen Festlegen des Default-Views des

GameStationComp-Windows ändert sich gemäß diesem Ansatz wie in Listing 3.17 gezeigt.

```
//@@begin javadoc:showInitialView()
/** Declared method. */
//@@end
public void showInitialView( java.lang.String mode )
{
  //@@begin showInitialView()
  IWDWindowInfo windowInfo=
    wdComponentAPI.getComponentInfo().findInWindows(
      "GameStationComp");
  IWDViewUsageInfo viewUsageInfo= null;
  if ("simple".equals(mode)) {
    viewUsageInfo=
    windowInfo.getViewUsageByID("StandardLayoutView");
  } else if ("standard".equals(mode)) {
    viewUsageInfo=
      windowInfo.getViewUsageByID(
        "IGameCompInterfaceView");
  }
  windowInfo.setDefaultRootViewUsage(viewUsageInfo);
  //@@end
}
```

Listing 3.17 GameStationComp.java – Dynamisches Setzen des Default-Views im GameStationComp-Window mittels IWDWindowInfo-API

Das dynamische Setzen des Default-View eines Windows ist denkbar einfach. Wir referenzieren zunächst die Laufzeitinstanz des Windows namens GameStationComp. Danach weisen wir der Variablen viewUsageInfo vom Typ IWDViewUsageInfo je nach übergebenem URL-Parameter die zugehörige IWDViewUsageInfo-Instanz zu. Abschließend legen wir mit der Methode IWDWindowInfo.setDefaultRootViewUsage(IWDViewUsageInfo viewUsageInfo) den im GameStationComp-Window initial anzuzeigenden Default-View fest.

Deklaration mehrerer Web-Dynpro-Applikationen

Die einfachste Lösung für das Default-View-Problem besteht darin, nicht eine einzelne, sondern zwei separate Web-Dynpro-Applikationen zu definieren. Bei diesem Ansatz benötigen wir zum »Auseinandersteuern« keinen URL-Parameter namens mode, sondern legen für jede Anwendungsvariante eine eigene URL fest. Anstelle der beiden Applikations-URLs ...sap.com/tc~games/GameStationApp?mode=simple bzw. ...sap.com/tc~games/GameStationApp?mode=standard mit dem URL-Parameter mode könnten alternativ dazu die beiden Applikations-URLs ...sap.com/tc~games/GameStationSimpleApp bzw. ...sap.com/tc~games/GameStationStandardApp ohne URL-Parameter zum Starten der GameStation-Anwendung in zwei unterschiedlichen UI-Varianten verwendet werden.

Abbildung 3.65 stellt die beiden deklarierten Web-Dynpro-Applikationen GameStationSimpleApp und GameStationStandardApp im Web Dynpro Explorer dar.

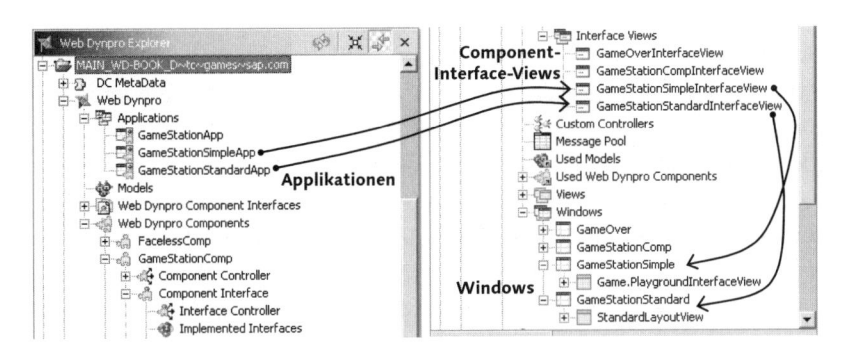

Abbildung 3.65 Definition zweier Web-Dynpro-Applikationen, die auf unterschiedliche Component-Interface-Views zeigen

Ein Nachteil dieser Mehrfachdeklaration von Web-Dynpro-Applikationen besteht darin, dass sie wegen der 1:1-Relation zwischen Applikation und Component-Interface-View bzw. Window bei mehreren Startvarianten zu einem hohen Deklarationsaufwand führt. Demgegenüber bietet der auf URL-Parametern basierende Ansatz die Möglichkeit, für eine einzige Web-Dynpro-Applikation (und damit einen einzigen Component-Interface-View) unterschiedliche initiale View-Assemblies zu definieren und zur Laufzeit zu adressieren.

3.9.5 Inter-Komponenten-Navigation zwischen Component-Interface-Views

Abschließend soll das allgemeine Thema der komponentenübergreifenden Navigation zwischen Component-Interface-Views, die *Inter-Komponenten-Navigation*, behandelt werden. Zwar sind in der GameStation-Anwendung keine derartigen Navigationsübergänge vorhanden, allerdings können wir die bei der Lösung des Default-View-Problems gewonnenen Erkenntnisse unmittelbar auf die allgemeine Inter-Komponenten-Navigation übertragen.

Inbound-Plug-Dispatching in Interface-Views

Component-Interface-Views in Web Dynpro können wie gewöhnliche Views über Inbound- und Outbound-Plugs verfügen. Navigationsübergänge werden durch Navigationslinks von Inbound- zu Outbound-Plugs deklariert und zur Laufzeit durch das Feuern von Outbound-Plugs mittels `IPublic<Component Interface View Name>.wdFirePlug<Plug Name>()` im Anwendungscode ausgelöst.

Inbound-Plugs von Component-Interface-Views navigieren zur Default-View-Assembly

Das Problem der Inter-Komponenten-Navigation liegt in größeren Anwendungsszenarien darin begründet, dass der Inbound-Plug eines Component-Interface-Views lediglich die im Window deklarierte initiale View-Assembly adressiert (*Default-View-Assembly*). Das bedeutet, es werden all diejenigen Views angezeigt, die zur Entwurfszeit in `ViewContainer`-UI-Elementen oder in View Areas als Default-Views deklariert wurden (siehe Abbildung 3.66). Wird der Inbound-Plug eines Component-Interface-Views nach der Komponentenerzeugung erneut adressiert, und hat sich zwischenzeitlich die angezeigte View-Assembly durch Navigationsübergänge im Inneren der Komponente geändert, bleibt diese View-Assembly unverändert.

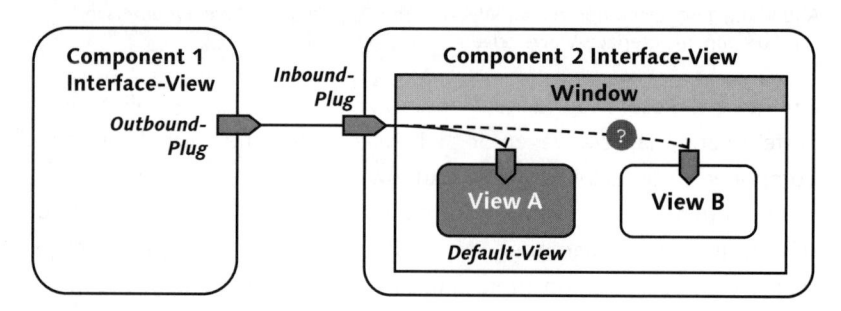

Abbildung 3.66 Navigation zwischen zwei Component-Interface-Views

Es stellt sich daher erneut die Frage, ähnlich wie bei dem in Abschnitt 3.9.3 behandelten Default-View-Problem, wie beim »Erreichen« des Inbound-Plugs der Component-Interface-View zu einer im Window definierten *nicht* Default-View-Assembly hinnavigiert werden kann; in dem in Abbildung 3.66 dargestellten Beispiel wäre View B eine derartige Default-View-Assembly (bestehend aus nur einem View). Auch im vorliegenden Problemfall benötigen wir daher einen Mechanismus, der es uns ermöglicht, die im Inbound-Plug-Event-Handler des Component-Interface-Views behandelten Navigationsereignisse »in die Komponente hinein« weiterzuleiten oder zu dispatchen.

Zur Lösung dieses Problems erinnern wir uns zunächst an das Default-View-Problem zurück: Um beim Starten der Anwendung je nach URL-Parameterwert verschiedene Default-Views anzuzeigen, haben wir einen dritten View namens `StartView` als eigentlichen Default-View hinzugefügt (siehe Abbildung 3.62). Die beiden Outbound-Plugs von `StartView` konnten wir dann dazu verwenden, mittels serverseitigem Eventing eine Navigation hin zur initial anzuzeigenden View-Assembly auszulösen. Da komponenteninterne Navigationsereignisse in SAP NetWeaver 2004 ausschließlich von View-Instanzen ausgelöst werden können, benötigen wir auch im vorliegenden Fall einen weiteren Hilfs-View, der an dieser Stelle mit `NavDispatcherView` (*Navigation-Dispatcher-View*) bezeichnet wird[12].

Idee des Navigation-Dispatcher-View

Eine Anforderung an den `NavDispatcherView` ist die, dass er innerhalb des Component-Interface-Views (bzw. innerhalb des Windows) stets sichtbar sein muss, um instanziiert zu sein. Würde er zwischenzeitlich aus der aktuellen View-Assembly innerhalb der Komponente entfernt, könnte er gegebenenfalls zerstört werden; auch dann, wenn seiner **Lifespan**-Eigenschaft der Wert **createOnDemand** zugewiesen wurde. Wäre er jedoch zerstört, könnte er selbstverständlich keine eigenen Navigationsereignisse mehr auslösen, bzw. die eintreffenden Navigationsereignisse nicht mehr dispatchen. Um den `NavDispatcherView` stets sichtbar zu machen, bedienen wir uns eines einfachen Tricks (siehe Abbildung 3.67):

Wir deklarieren im View-Layout des `NavDispatcherView` lediglich ein einzelnes, am User-Interface zwar vorhandenes, aber nicht sichtbares `ViewContainer`-UI-Element, in dem wir daraufhin die eigentliche View-Composition modellieren. Im Window ist der `NavTesterView` auf oberster Ebene der Default-View und bettet in sich alle weiteren Views ein. Die Modellierung der View-Composition im `ViewContainer`-UI-Element von `NavTesterView` kann analog zu der in einem Window erfolgen, es können also auch View Sets und View Areas verwendet sowie Views und Component-Interface-Views eingebettet werden. Der `NavDispatcherView` agiert auf diese Weise sozusagen selbst als Window, mit dem Unter-

NavDispatcher-View als Window-Ersatz

---

12 In nachfolgenden Releases von SAP NetWeaver wird es möglich sein, Outbound-Plugs auf Window-Ebene zu definieren. Mit dieser Erweiterung des Web-Dynpro-Navigationsmodells wird die komponentenübergreifende Navigation deutlich vereinfacht. Die hier für SAP NetWeaver 2004 vorgestellte Lösung mittels `NavDispatcherView` wird dann direkt auf Window-Ebene möglich sein.

schied, dass er zusätzlich über eigene Outbound-Plugs zur Navigationssteuerung verfügt.

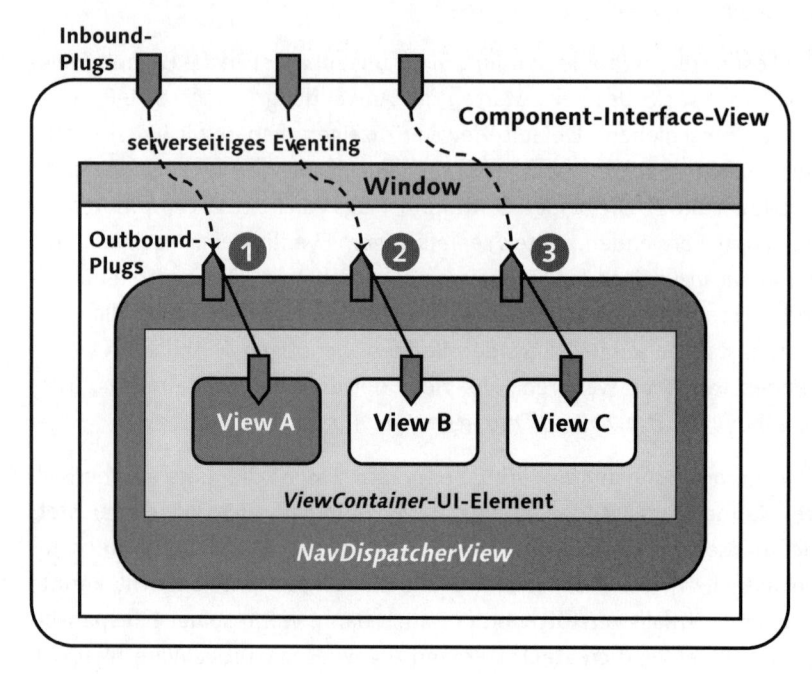

Abbildung 3.67 NavDispatcherView zur Navigation innerhalb eines Component-Interface-View

Eventbasiertes Inbound-Plug-Dispatching

Wie können wir nun ausgehend von einem Inbound-Plug-Event-Handler im Component-Interface-View-Controller die Navigation hin zu View B im `NavDispatcherView` auslösen? Die Lösung dafür ist in Abbildung 3.67 grafisch dargestellt: Gehen wir zunächst davon aus, dass der Component-Interface-View der ihn einbettenden Komponente drei Inbound-Plugs zwecks Deklaration von Navigationslinks exponiert. Je nachdem, welcher dieser Inbound-Plugs adressiert wird, soll im Inneren der Komponente hin zu View A, B oder C navigiert werden.

Ermöglicht wird dies dadurch, dass im `NavDispatcherView` drei separate Outbound-Plugs deklariert werden, die mit den Inbound-Plugs der im `NavDispatcherView` eingebetteten Views A, B und C durch Navigationslinks verbunden sind. Wird nun in einem der Inbound-Plug-Event-Handler des Component-Interface-View-Controllers ein serverseitiges Event (deklariert im Component-Controller) ausgelöst, kann der `NavDispatcherView` in einem daran subskribierten Event-Handler den zugehörigen eigenen Outbound-Plug auslösen, der schließlich zu einem der Views A, B oder C navigiert. Die Information darüber, welcher Ziel-View anzuzeigen ist, kann dem `NavDispatcherView` vom Inbound-Plug-Event-Handler über einen Event-Parameter vom Typ **integer** mitgeteilt werden.

Implementierung des Inbound-Plug-Dispatchings

Nach diesem konzeptionellen Entwurf des *Inbound-Plug-Dispatchings* mittels `NavDispatcherView` soll abschließend das dazu erforderliche Controller-Coding erläutert werden. Beachten Sie dabei, dass das hier angewendete serverseitige Eventing-Konzept mit demjenigen zur Lösung des Default-View-Problems in Abschnitt 3.9.3 übereinstimmt, wobei der `StartView` dem `NavDispatcherView` entspricht (siehe Abbildung 3.63). Nach der Durchführung diverser Deklarationsschritte innerhalb der Komponente erfolgt die Implementierung in drei Controller-Klassen:

▶ **Component-Controller**
  Im Component-Controller wird das Event `DispatchInboundPlug` mit dem Parameter `id` vom Typ **int** deklariert. Zum Auslösen dieses Events im Component-Interface-View-Controller muss zudem die Methode `fireEventDispatchInboundPlug(int id)` deklariert werden.

▶ **Component-Interface-View-Controller**
  Dieser Controller verwendet den Component-Controller und kann somit in jedem Inbound-Plug-Event-Handler das Event `DispatchInboundPlug` auslösen, wobei der jeweils passende `id`-Parameterwert zu übergeben ist.

▶ **NavDispatcherView-Controller**
  Dieser Controller verwendet ebenfalls den Component-Controller und subkribiert den Event-Handler `onDispatchInboundPlug(int id)` an das Event `DispatchInboundPlug`. Je nach übergebenem `id`-Parameterwert wird im Event-Handler der entsprechende Outbound-Plug zur internen View-Navigation ausgelöst.

Passend zu dieser Beschreibung ergibt sich der Anwendungscode der Listings 3.18, 3.19 sowie 3.20, wobei nur ein exemplarischer Navigationsfall dargestellt wird (View-Assembly A, **id = 1**).

```
//@@begin javadoc:onPlugDisplayViewAssemblyAIn(
    ServerEvent)
/** Declared validating event handler. */
//@@end
public void onPlugDisplayViewAssemblyAIn(
  com.sap.tc.webdynpro.progmodel.api.IWDCustomEvent
    wdEvent )
```

```
{
  //@@begin onPlugDisplayViewAssemblyAIn(ServerEvent)
  wdThis.wdGetGameStationCompController()
    .fireEventDispatchInboundPlug(1);
  //@@end
}
```

Listing 3.18 ComponentInterfaceViewController.java

```
//@@begin javadoc:fireEventDispatchInboundPlug()
/** Declared public method to trigger event
 *  from other (component interface view) controller */
//@@end
public void fireEventDispatchInboundPlug( int id )
{
  //@@begin fireEventDispatchInboundPlug()
  wdThis.wdFireEventDispatchInboundPlug(id);
  //@@end
}
```

Listing 3.19 ComponentController.java

```
//@@begin javadoc:onDispatchInboundPlug(ServerEvent)
/** Declared validating event handler. */
//@@end
public void onDispatchInboundPlug(
  com.sap.tc.webdynpro.progmodel.api.IWDCustomEvent
    wdEvent, int id )
{
  //@@begin onDispatchInboundPlug(ServerEvent)
  switch (id) {
    case 1:
      wdThis.wdFirePlugDispatchToAOut();
      break;
    case 2:
      wdThis.wdFirePlugDispatchToBOut();
      break;
    default:
      break;
  }
  //@@end
}
```

Listing 3.20 NavDispatcherView.java

Der wesentliche Unterschied zwischen der Lösung des Default-View-Problems und der hier dargestellten besteht darin, dass der `NavDispatcherView` im Unterschied zum `StartView` trotz Auslösen von Outbound-Plugs weiterhin Teil der angezeigten View-Assembly bleibt. Die einbettende Komponente kann daher unabhängig von der gerade innerhalb ihrer Kind-Komponente angezeigten View-Assembly zu einer anderen View-Assembly hinnavigieren, da der `NavDispatcherView` alle über Navigation erreichbaren View-Assemblies (und damit die View-Composition) in sich einbettet. Die eventbasierte Technik des Inbound-Plug-Dispatchings wird hingegen in beiden Fällen auf gleiche Weise angewendet.

3.10 Zusammenfassung

Schließen wir dieses Kapitel über das Web-Dynpro-Komponentenkonzept am Beispiel der GameStation-Anwendung mit einer kurzen Rückbetrachtung der wesentlichen Inhalte ab.

Zentrales Ziel dieses Kapitels war es, Sie in die Denk- und Entwicklungsweise eines *komponentenorientierten* Web-Dynpro-Entwicklers einzuführen. An einem einfachen aber zugleich vielseitigen Beispiel wurde Ihnen ein genauerer Einblick in die praktischen und konzeptionellen Aspekte des Web-Dynpro-Komponentenmodells eröffnet.

Komponentenorientierte Web-Dynpro-Entwicklung

Sie haben gelernt, wie größere Anwendungen durch die Separation in mehrere Komponenten und durch die Nutzung visueller und programmatischer Komponenten-Schnittstellen modular aufgebaut werden können. Eine wesentliche Voraussetzung dafür stellt das Komponentenmodell der SAP NetWeaver Development Infrastructure dar. Durch die Verwendung spezieller Web-Dynpro-Development-Components ist es möglich, den Entwicklungsprozess auf mehrere Entwickler an verschiedenen Orten zu verteilen, um somit einen schnellen und effizienten Entwicklungsprozess zu ermöglichen. Sie haben dabei gelernt, wie durch die Definition und die Verwendung von Public Parts eine DC-übergreifende Komposition von Web-Dynpro-Entitäten hin zur kompletten Anwendung realisiert werden kann.

Komponentisierung auf Grundlage der NWDI

Die Architektur der GameStation-Anwendung ist maßgeblich von der Verwendung des abstrakten Spiel-Komponenten-Interfaces geprägt. Aus der damit realisierbaren losen Kopplung zwischen Spiel-Verwender (Komponente `GameStationComp`) und Spiel-Implementierung (z. B. Komponente `SameGame`) ergeben sich zahlreiche Vorteile wie die modifikationsfreie Austauschbarkeit von Spiel-Komponenten zur Laufzeit oder die Erweiterbarkeit der Anwendung um nachträglich hinzugefügte Spiel-

Lose Kopplung durch Komponenten-Interfaces

Komponenten. Nach den konzeptionellen Grundlagen von Komponenten-Interfaces haben wir praktische Fragen bezüglich ihrer Verwendung (Component-Usage-Beziehungen) und Implementierung zur Entwurfszeit sowie deren Instanziierung zur Laufzeit behandelt.

Komponentenübergreifendes Context-Mapping und Eventing

Darüber hinaus wurden die Themen Datentransfer (Interface-Context-Mapping), Interaktion (Eventing) und Kommunikation (Methoden) über Komponentengrenzen hinweg erarbeitet. Sie haben gelernt, je nach Ort des Daten-Contexts zwischen dem internen und dem externen Interface-Context-Mapping zu unterscheiden, serverseitiges Eventing zwischen Kind- und Vater-Komponente zu nutzen, sowie Component-Usages mittels Methodenaufruf von der Wurzel-Komponente an mehrere UI-Komponenten zu übertragen. Dabei haben Sie die fortgeschrittene Technik der Nutzung von Component-Usages im so genannten Referencing Mode kennen gelernt. Auf diese Weise ist es möglich, eine zentrale Model-Komponente in mehreren UI-Komponenten zu verwenden.

Verwendung von Component-Interface-Views und Navigation

Im abschließenden Teil dieses Kapitels wurden die UI-spezifischen Aspekte im Umgang mit Komponenten und deren Component-Interface-Views als den visuellen Komponentenschnittstellen behandelt. Sie haben gelernt, UI-Komponenten mittels `ViewContainer`-UI-Elementen in Layout-Views einzubetten, um damit komponentenbasierte View-Compositions modellieren zu können. Danach haben Sie alternative Lösungen des Default-View-Problems kennen gelernt, um die initial angezeigte View-Assembly erst beim Starten der Anwendung mittels URL-Parameter festzulegen. Die dabei gewonnenen Erkenntnisse konnten wir schließlich auf das Problem der Navigation zwischen Web-Dynpro-Komponenten übertragen, um basierend auf einem speziellen Navigation-Dispatcher-View unterschiedliche View-Assmblies im Inneren einer Web-Dynpro-Komponente ansteuern zu können.

4 Web-Dynpro-Google-Suche

Durch die Verwendung des Webservice-Models hat Ihre Web-Dynpro-Applikation Zugriff auf beliebige Webservices. In diesem Kapitel wollen wir damit eine komfortable Google-Suchanwendung realisieren und werden dabei verschiedene Aspekte der dynamischen Erstellung von User-Interfaces kennen lernen.

Neben dem adaptiven RFC-Model, das Zugriff auf Daten in einem SAP-Backend-System ermöglicht, gibt es weitere Modelle, die Zugriffe auf unterschiedlichste Arten von Datenzugriffen ermöglichen. Für die verwendende Web-Dynpro-Anwendung ist die konkrete Ausprägung des gewählten Models mehr oder weniger transparent, wie Sie in Kapitel 2 bei der Model-Abstraction über das Common Model Interface gesehen haben.

Eines der wichtigsten Modelle – man denke dabei an die Enterprise Services Architecture von SAP – ist mit Sicherheit das so genannte *Webservice-Model*. Im Folgenden wollen wir am Beispiel des Google-Webservice verdeutlichen, wie einfach und schnell auch komplexe Webservices in einer Web-Dynpro-Anwendung verwendet werden können.

Spezielles Augenmerk wollen wir darüber hinaus auf verschiedene Aspekte der dynamischen Programmierung, also der dynamischen Erstellung von Teilen des Web-Dynpro-User-Interfaces legen. Zu guter Letzt werden wir die unterschiedlichen Möglichkeiten diskutieren, wie Sie den Einstiegsbildschirm Ihrer Web-Dynpro-Applikation manipulieren können.

4.1 Google-Webservice

Der Google-Webservice ist Teil des so genannten *Google Web APIs developer's kit*, das unter *http://www.google.com/apis* kostenlos heruntergeladen werden kann. Für den späteren Einsatz benötigt man des Weiteren eine Benutzer-ID, die unter der gleichen Webadresse angefordert werden kann. Diese Benutzer-ID ermöglicht später bis zu 1.000 Suchanfragen pro Tag, professionelle Suchdienste sind darüber also nicht realisierbar.

Google Web APIs developer's kit

Das Google Web APIs developer's kit enthält verschiedene Beispiele für die Verwendung des Google-Webservice, unterschiedliche Java-Wrapper und – für unsere Zwecke entscheidend – die WSDL-Datei (*Web Service*

Definition Language), anhand der wir später das Web-Dynpro-Webservice-Model generieren werden. Die Java-Wrapper könnten Sie theoretisch auch dazu verwenden, eine auf Web Dynpro basierende Suchmaske zu realisieren. Deren Verwendung würde sich zum Beispiel in einer Model-Component anbieten, die dann direkt die Java-Wrapper ruft und nicht das generische Web-Dynpro-Webservice-Model verwendet.

Das Beispiel zur Web-Dynpro-Google-Suche finden Sie in der Entwicklungskomponente tc/search. Die Web-Dynpro-Komponente, die die Google-Suche implementiert, ist GoogleSearchComp. Das benötigte Web-Dynpro-Projekt heißt MAIN_WD-BOOK_D~tc~search~sap.com.

Da wir in diesem Kapitel nicht die Komponentisierung einer Web-Dynpro-Applikation in den Vordergrund stellen wollen und das Beispiel einfach halten möchten, haben wir darauf verzichtet, die Web-Dynpro-Anwendung in mehrere Web-Dynpro-Komponenten zu zerlegen – auch wenn das durchaus Sinn ergeben könnte, wie wir in Abschnitt 4.6 diskutieren werden.

Abbildung 4.1 zeigt die fertige Web-Dynpro-Google-Suche. Nach Eingabe eines beliebigen Suchbegriffes in das Suchfeld am oberen Rand werden die über den Google-Webservice ermittelten Suchergebnisse auf die gewünschte Art und Weise visualisiert.

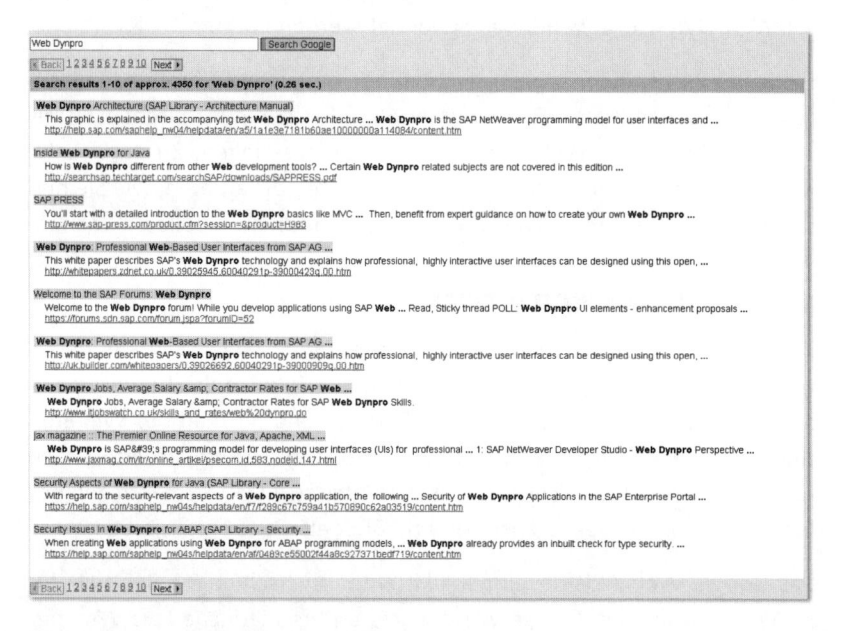

Abbildung 4.1 Web-Dynpro-Google-Suche

4.2 Erzeugen des Google-Webservice-Models

Der erste Schritt für eine erfolgreiche Google-Suchanfrage ist die Erstellung des entsprechenden Webservice-Models.

1. Wählen Sie hierzu im Web Dynpro Explorer den Kontextmenüeintrag **Create Model** des **Models**-Knotens im Web-Dynpro-Projekt MAIN_WD-BOOK_D~tc~search~sap.com (siehe Abbildung 4.2).

Abbildung 4.2 Erzeugen eines neuen Web-Dynpro-Models

2. Im ersten Dialogschritt im Fenster **New Model** wählen Sie den gewünschten Model-Typ. Da wir uns in diesem Beispiel auf die Verwendung des Webservice-Models beschränken wollen, wählen Sie **Import Web Service Model** aus (siehe Abbildung 4.3).

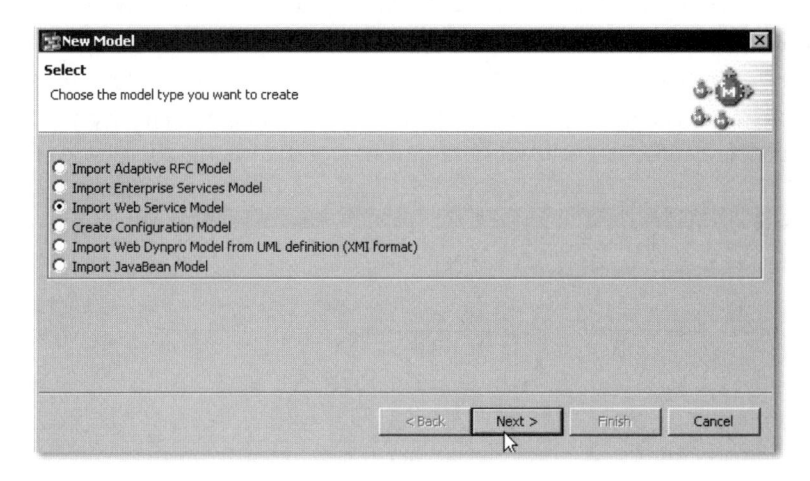

Abbildung 4.3 Auswahl des Webservice-Model-Typs

3. Im nächsten Dialogschritt bestimmen Sie den Namen und das Package des Models. Achten Sie hierbei darauf, dass das angegebene Package leer ist, weil es sonst zu Problemen bei der späteren Generierung der benötigten Model-Dateien kommen kann. Abbildung 4.4 zeigt die Definition von **Model Name** und **Model Package**.

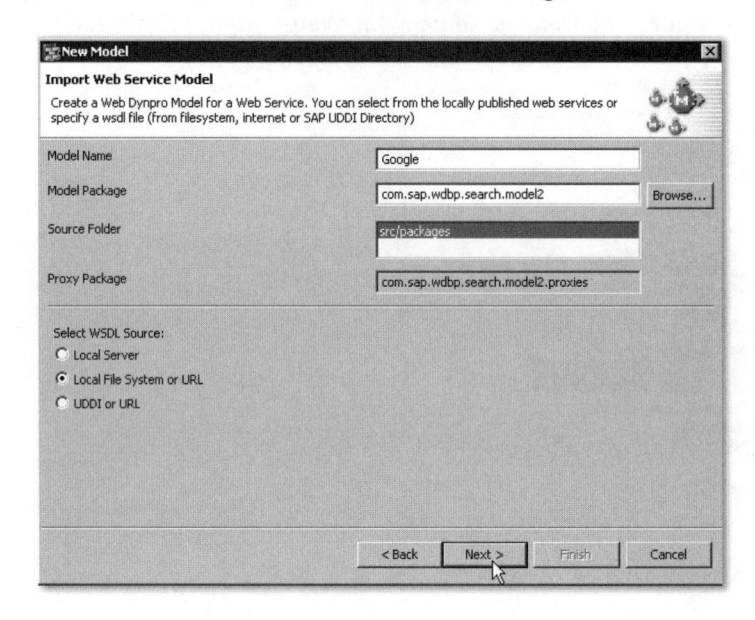

Abbildung 4.4 Definition des Model-Namens

4. Des Weiteren definieren Sie, wo sich die benötigte WSDL-Datei befindet. In unserem Beispiel verwenden Sie hierzu **Local File System or URL**, da die WSDL-Datei Teil des heruntergeladenen Google Web APIs developer's kit ist.

Auswahl der WSDL-Datei

5. Im nächsten Dialogschritt definieren Sie die verwendete WSDL-Datei (siehe Abbildung 4.5). Der angegebene Pfad hängt natürlich davon ab, wo Sie die WSDL-Datei auf Ihrem Rechner gespeichert haben.

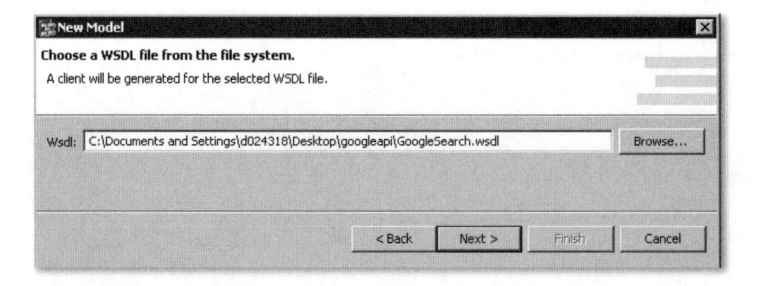

Abbildung 4.5 Definition der WSDL-Datei

6. Im letzten Schritt definieren Sie eventuell benötigte Mappings – in unserem Beispiel sind keine weiteren Änderungen nötig (siehe Abbildung 4.6).

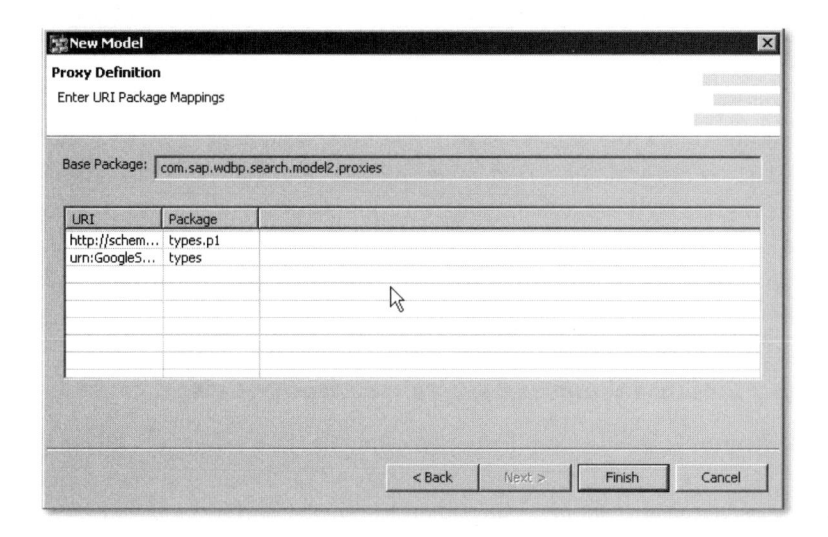

Abbildung 4.6 Definition der Package-Mappings

Damit sind alle benötigten Daten definiert und das entsprechende Webservice-Model wird nach einem Klick auf den **Finish**-Button erzeugt. Abbildung 4.7 zeigt die erzeugten Model-Klassen.

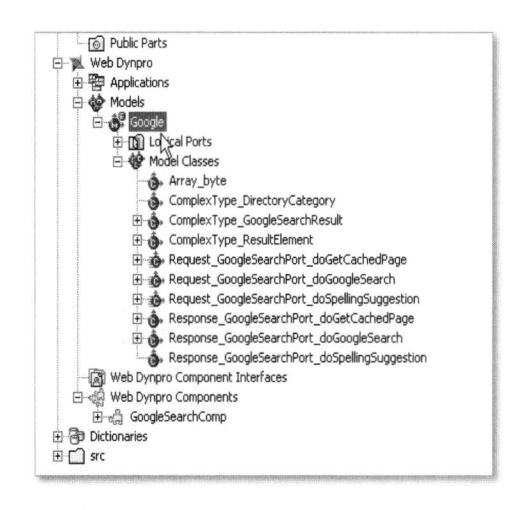

Abbildung 4.7 Erzeugtes Google-Webservice-Model

Neben diversen Klassen, die die im Webservice benötigten Strukturen bereitstellen (wie z.B. `ComplexType_DirectoryCategory`), wird für jede

Webservice-Model-Klassen

Erzeugen des Google-Webservice-Models

vom Google-Webservice bereitgestellte Funktionalität eine entsprechende `Request_*`- und `Response_*`-Klasse erzeugt, mit deren Hilfe Sie später die jeweilige Funktionalität aufrufen können. Die `Request_*`-Klassen dienen hierbei zur Definition der benötigten Eingabeparameter und die `Response_*`-Klassen beinhalten die ermittelten Rückgabewerte.

Wir werden uns im Folgenden mit der normalen Google-Suche beschäftigen, die durch die Model-Klasse `Request_GoogleSearchPort_doGoogleSearch` realisiert wird. Die beiden anderen Model-Klassen, `Request_GoogleSearchPort_doGetCachedPage` und `Request_GoogleSearchPort_doSpellingSuggestion`, werden wir nicht weitergehend betrachten. Fühlen Sie sich aber eingeladen, damit zu experimentieren – warum nicht ein Übersetzungstool auf der Basis von Web Dynpro?

4.2.1 Einschränkungen des Webservice-Models

Bevor wir im Folgenden auf die Verwendung des nun erzeugten Webservice-Models eingehen, möchten wir an dieser Stelle nicht unerwähnt lassen, dass das Web-Dynpro-Webservice-Model in der derzeitigen Ausprägung auch einige Restriktionen beinhaltet, die Sie in Ihren Projekten beachten sollten.[1]

Authentifizierung der Webservice-Aufrufe

Die wichtigste Einschränkung ist sicherlich die Tatsache, dass Sie für ein Web-Dynpro-Webservice-Model nur sehr eingeschränkt definieren können, ob und wie die einzelnen Webservice-Aufrufe authentifiziert werden. Es besteht zum Beispiel nicht die Möglichkeit, SAP-fremde Logon-Tickets zu verwenden. Darüber hinaus ist es auch nicht möglich, nach der Generierung des Webservice-Models zu konfigurieren, auf welchem Rechner der Webservice aufgerufen werden soll. Zu guter Letzt kann es abhängig vom Webservice auch Probleme mit den verwendeten Typen geben.

4.2.2 Neugenerierung des Webservice-Models

Beim Arbeiten mit Webservice-Modellen kann es ohne weiteres passieren, dass Sie das Webservice-Model neu generieren müssen, weil sich beispielsweise der benutzte Webservice geändert hat. Leider bietet das SAP NetWeaver Developer Studio in der aktuellen Ausprägung keine Möglichkeit, dies auf einfache und schnelle Weise zu tun. Ein Löschen des bishe-

---

1 Mit SP16 von SAP NetWeaver 2004 wird es aber eine stark erweiterte Variante des Web-Dynpro-Webservice-Models geben, mit der die erwähnten Einschränkungen nicht mehr gültig sind.

rigen Models und Neugenerieren kann zu erheblichem Mehraufwand führen, da Sie dabei sämtliche Verwendungen des Models in Ihrer Web-Dynpro-Anwendung neu deklarieren müssen.

Bei der Benutzung von Web-Dynpro-Entwicklungskomponenten kann dies aber durch ein paar einfache Schritte verhindert werden. Wir empfehlen die folgende Vorgehensweise:

1. Stellen Sie sicher, dass alle Aktivitäten Ihres Web-Dynpro-Projektes in das Design Time Repository (DTR) eingecheckt sind. Damit sind alle betreffenden Dateien schreibgeschützt, und jegliche unbeabsichtigte Änderungen an diesen Dateien sind nicht möglich.
2. Löschen Sie im Web Dynpro Explorer das erzeugte Model über den Kontextmenüeintrag **Delete** des Models. Sie sollten sich den gewählten Model-Namen und das gewählte Model-Package exakt merken, da Sie diese Namen beim neu erzeugten Model wieder verwenden müssen.
3. Stellen Sie sicher, dass dabei alle zum Model gehörigen Dateien gelöscht wurden. Wechseln Sie hierzu in den Navigator und überprüfen Sie die entsprechenden Verzeichnisse. Eventuell noch vorhandene Dateien müssen Sie in der DTR-Perspektive des SAP NetWeaver Developer Studio manuell löschen.
4. Erzeugen Sie das Model neu. Verwenden Sie dabei den exakten Model-Namen und das Model-Package des zuvor gelöschten Models.
5. Über den Kontextmenüeintrag **Reload** des betreffenden Web-Dynpro-Projektes werden die neu erzeugten Model-Dateien eingelesen und das gesamte Projekt wird aktualisiert.

4.3 Verwendung des Google-Models

Nach der erfolgreichen Generierung des Google-Models besteht der nächste Schritt in der Verknüpfung des Models mit Ihrer Web-Dynpro-Anwendung bzw. mit einer Web-Dynpro-Komponente.

4.3.1 Verwendung einer Model-Komponente

Wie wir in Kapitel 3 besprochen haben, bietet sich hierbei grundsätzlich die Verwendung einer zusätzlichen Model-Komponente an, die das generierte Model abstrahiert. Die verwendende Web-Dynpro-Komponente hat dadurch keinen direkten Zugriff auf das generierte Model. Eine eventuelle Neugenerierung des Models wird damit erheblich vereinfacht, da das neu generierte Model nur innerhalb der Model-Komponente selbst sichtbar ist und sich dadurch die nötigen Änderungen alle innerhalb der Model-Komponente abspielen. Die Verwender der Model-Komponente sind dagegen davon nicht betroffen.

Erweiterung des generischen Web-Dynpro-Model-APIs

Ein weiterer Vorteil, der sich bei der Verwendung einer Model-Komponente ergibt, liegt in der Möglichkeit, das generierte Model um Methoden und Möglichkeiten zu erweitern, die im Augenblick nicht vom generischen Web-Dynpro-Model-API – das in Kapitel 2 erwähnte Common Model Interface – unterstützt werden. Beispielsweise kann es sinnvoll sein, Filter- und Sortierfunktionalitäten schon in der Model-Komponente anzubieten, obwohl das verwendete (Web-Dynpro-)Model dies gar nicht unterstützt.

In unserem Beispiel wollen wir dies aber der Einfachheit halber nicht tun, sondern wir werden stattdessen das Google-Model direkt mit der Web-Dynpro-Komponente `GoogleSearchComp` verknüpfen. Die damit verbundene reduzierte Flexibilität nehmen wir hierbei in Kauf, da es uns in diesem Beispiel vor allem um die Verwendung des Models im Allgemeinen geht.

4.3.2 Verknüpfung des Models mit einer Web-Dynpro-Komponente

Data Modeler

Um das generierte Model mit der Web-Dynpro-Komponente `GoogleSearchComp` zu verknüpfen, starten wir den Web Dynpro Data Modeler durch einen Doppelklick auf die Web-Dynpro-Komponente im Web Dynpro Explorer.

Abbildung 4.8 veranschaulicht die grundsätzliche Strukturierung der Beispielanwendung: Der Data Modeler zeigt neben der Web-Dynpro-Komponente das verwendete Google-Model sowie die Web-Dynpro-Views, mit deren Hilfe wir später die unterschiedlichen Visualisierungen der Suchergebnisse realisieren werden.

1. Nachdem Sie mithilfe des **Create a Model**-Icons auf der linken Seite des Data Modelers das Google-Model zur Web-Dynpro-Komponente hinzugefügt haben, definieren Sie in einem zweiten Schritt das benötigte Model-Binding.

Definition des Model-Bindings

2. Erzeugen Sie hierzu einen so genannten *Data-Link* zwischen dem Model und dem Component-Controller (siehe Abbildung 4.9). Beachten Sie hierbei, dass die Richtung des Data-Links die Richtung des Bindings definiert.

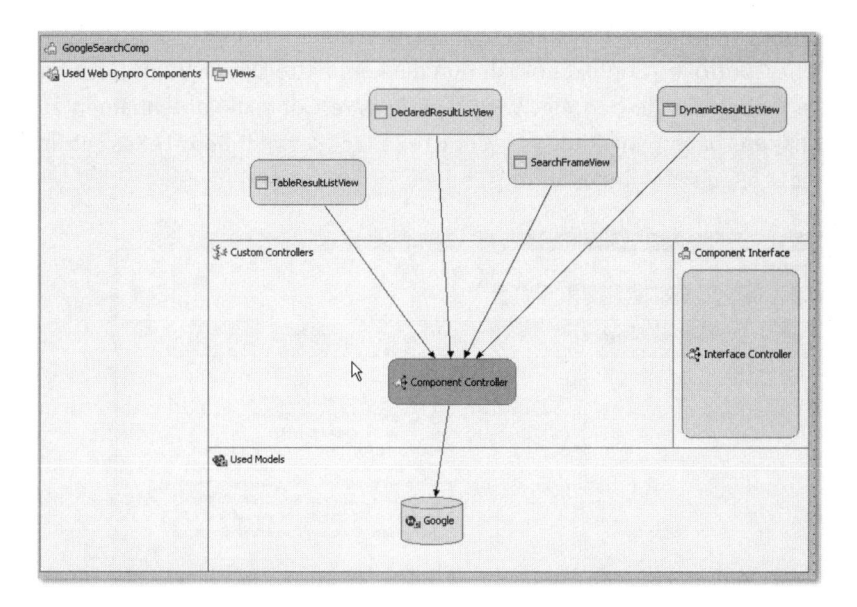

Abbildung 4.8 Web Dynpro Data Modeler

Abbildung 4.9 Erzeugen eines Data-Links

3. Im erscheinenden Dialog können Sie das so genannte *Model-Binding*, also die Verbindung von Model und Component-Controller-Context definieren, indem Sie die für unsere Zwecke benötigte Model-Klasse `Request_GoogleSearchPort_doGoogleSearch` per Drag & Drop von der rechten auf die linke Seite ziehen und unter dem Context-Knoten des Component-Controller-Contexts fallen lassen. Dadurch wird die vom Model definierte Datenstruktur im Component-Controller-Context abgebildet. Standardmäßig werden für die vom Model vorgegebenen Namen für Knoten und Attribute benutzt – Sie können diese aber auch beliebig umbenennen, indem Sie die gewünschten Namen direkt ändern.

Abbildung 4.10 zeigt das Ergebnis dieses Model-Bindings – der Component-Controller-Context enthält nun die komplette Datenstruktur, die für die Google-Suche benötigt wird. Um lesbare Context-Knotennamen zu erhalten, haben wir `Request_GoogleSearchPort_doGoogleSearch` in `GoogleRequest` umbenannt.

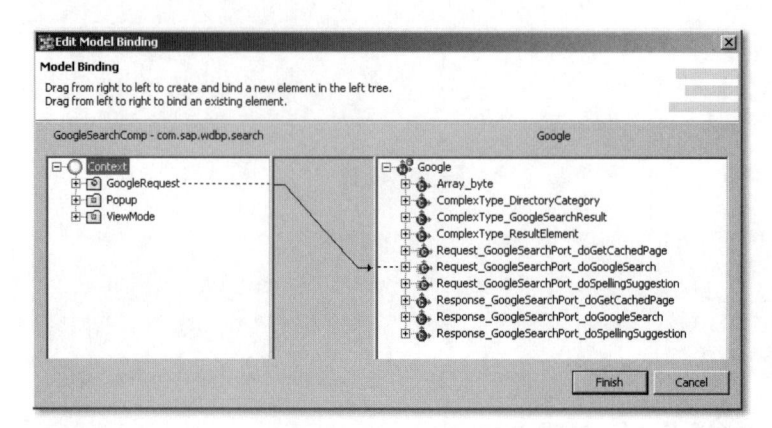

Abbildung 4.10 Definition des Model-Bindings

Im letzten Schritt müssen Sie nun die entsprechende Model-Klasse erzeugen und an den assoziierten `GoogleRequest`-Context-Knoten binden. Typischerweise geschieht dies während der Komponenten-Instanziierung als Teil der `wdDoInit()`-Methode des Component-Controllers (siehe Listing 4.1).

```
// Erzeugen der Instanz der Model-Klasse
Request_GoogleSearchPort_doGoogleSearch searchRequest =
  new Request_GoogleSearchPort_doGoogleSearch();

// Setzen von Default-Werten
searchRequest.setKey(key);
searchRequest.setMaxResults(10);
searchRequest.setStart(0);
searchRequest.setRestrict("");
searchRequest.setIe("");
searchRequest.setLr("");
searchRequest.setOe("");

// Definition des Model-Bindings
wdContext.nodeGoogleRequest().bind(searchRequest);
```

Listing 4.1 Erzeugen des Model-Bindings

Nachdem die Instanz der Model-Klasse `Request_GoogleSearchPort_doGoogleSearch` erzeugt ist, können Sie die benötigten Parameter definieren, die später *nicht* über das Web-Dynpro-User-Interface modifizierbar sein sollen. In unserem Beispiel ist das beispielsweise die benötigte Benutzer-ID, die über die `setKey()`-Methode definiert wird. Darüber hinaus können Sie für beliebige andere Parameter Default-Werte definieren, die später zum Beispiel durch den Benutzer geändert werden können. Im Beispiel sind dies die maximale Anzahl von Suchergebnissen und der Startindex für die Suchergebnisse.

Erzeugen der Model-Klasseninstanz

Beachten Sie, dass wir für alle Parameter, die wir nicht mit Werten belegen, anstelle von `null`-Werten Leerstrings übergeben, da sonst der Google-Webservice nicht korrekt funktioniert.

Nachdem die Instanz der Model-Klasse erzeugt und mit (Default-)Parametern versehen ist, definieren Sie in einem letzten Schritt das Model-Binding zwischen Model-Klasseninstanz und Component-Controller-Context. Durch die Verbindung von Model(-Klasse) und Component-Controller-Context können wir nun in den folgenden Schritten sowohl die nötigen Eingabeparameter des Web-Dynpro-UIs in das Model als auch die Suchergebnisse vom Model ins Web-Dynpro-UI transportieren – wie Sie noch sehen werden, geschieht dies in weiten Teilen rein deklarativ.

Datentransport vom Model ins UI und zurück

Einlesen der Benutzer-ID

Die benötigte Benutzer-ID wollen wir in unserer Beispielanwendung nicht direkt im Java-Code definieren, sondern konfigurierbar machen. Wir benutzen dazu den Web-Dynpro-Konfigurationsservice, den Sie über die `WDConfiguration`-Klasse ansprechen können. Listing 4.2 zeigt den Zugriff auf die Benutzer-ID mithilfe dieser Klasse.

WDConfiguration-Klasse

```
String key = null;

try {
  IWDConfiguration keyConfig =
    WDConfiguration.getConfigurationByName(
      "sap.com/tc~search", "key");
  key = keyConfig.getStringEntry("userKey");
} catch (Exception e) {
  wdComponentAPI.getMessageManager().reportException(
    "Failed to load user key configuration.",
    true);
}
```

Listing 4.2 Einlesen der Benutzer-ID

Den benötigten `userKey`-Konfigurationsparameter lesen wir aus der Konfigurationsdatei *key.properties* ein, die wir innerhalb der Entwicklungskomponente `sap.com/tc~search` ablegen (siehe Abbildung 4.11).

Abbildung 4.11 Die Konfigurationsdatei key.properties

Nachdem Sie die Entwicklungskomponente deployt haben, können Sie die Konfigurationsdatei *key.properties* mithilfe des Visual Administrators anpassen; dies wird in Kapitel 10 ausführlich beschrieben.

4.4 Realisierung der Suchoberfläche und Definition des Anwendungsrahmens

Wie wir zu Beginn dieses Kapitels schon angedeutet haben, wollen wir neben der Verwendung des Web-Dynpro-Webservice-Models auch die unterschiedlichen Möglichkeiten diskutieren, das entsprechende User-Interface zu erzeugen.

Deklarativ vs. dynamisch — Grundsätzlich bietet Ihnen Web Dynpro hierbei die Möglichkeit der Verwendung eines *deklarativen* UIs oder eines *dynamischen* UIs. Bevor wir auf die konkrete Realisierung anhand des Beispiels eingehen, möchten wir kurz auf die grundsätzlichen Vor- und Nachteile des jeweiligen Ansatzes eingehen.

4.4.1 Deklaratives Erzeugen der Benutzeroberfläche

Grundsätzlich sollten Sie so viele Teile Ihrer Benutzeroberfläche wie möglich mithilfe des SAP NetWeaver Developer Studios deklarieren. Dadurch stellen Sie sicher, dass die so erzeugten Oberflächen keine unnötigen Redundanzen enthalten. Zudem sind alle deklarativ erzeugten Oberflächen automatisch für jeden vorhandenen Web-Dynpro-Client optimiert.

Durch Verwendung des Web Dynpro View Designer haben Sie darüber hinaus die Möglichkeit, das deklarierte User-Interface schon zum Designzeitpunkt zu bewerten und zu begutachten, ohne die Web-Dynpro-Anwendung starten zu müssen. Auch wenn der View Designer nicht in allen Szenarien ein echtes WYSIWYG (»What you see is what you get«) anbietet bzw. anbieten kann, ist dies eine echte Erleichterung und hilft Ihnen, Ihre Oberfläche schneller zu erstellen.

Web Dynpro View Designer

4.4.2 Dynamisches Erzeugen der Benutzeroberfläche

Immer dann, wenn Sie zum Designzeitpunkt Ihrer Web-Dynpro-Anwendung nicht exakt vorherbestimmen können, wie Ihr Applikations-UI beim späteren Ausführen der Anwendung aussehen wird, können Sie diese dynamischen Anteile über die so genannte *dynamische Programmierung* erzeugen. Dabei stehen Ihnen grundsätzlich alle Möglichkeiten des deklarativen Ansatzes zur Verfügung.

Sie sollten dabei aber immer darauf achten, dass Sie dem Grundsatz »So viel deklarativ wie möglich, so viel dynamisch wie nötig« folgen. Ein auf den ersten Blick komplett dynamisches User-Interface kann bei genauerer Betrachtung oft in weiten Teilen deklarativ erzeugt werden.

Wie Sie später sehen werden, werden wir die Liste der gefundenen Suchergebnisse auf insgesamt drei unterschiedliche Arten visualisieren. Den Rahmen der Applikation, der unabhängig von der gewählten Visualisierung der Suchergebnisse die Eingabe des Suchbegriffes erlaubt und die Button zur Navigation bereitstellt, erzeugen wir hingegen komplett deklarativ.

Abbildung 4.12 zeigt den Web-Dynpro-View `SearchFrameView`, der neben dem benötigten Anwendungsrahmen eine beliebige Visualisierung der Suchergebnisse über das `IWDViewContainer`-UI-Element `SearchResults` einbindet.

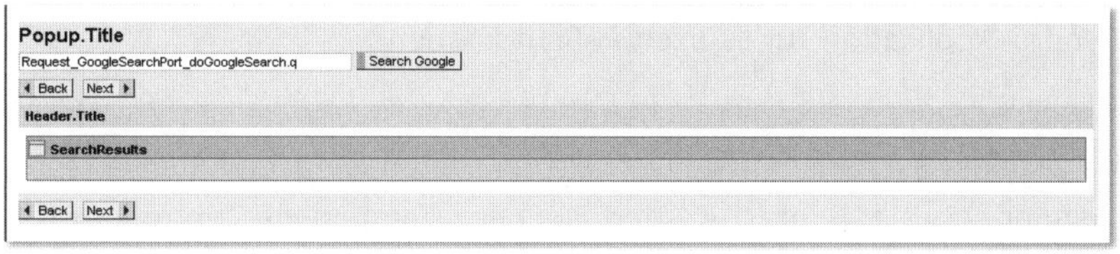

Abbildung 4.12 SearchFrameView

4.4.3 Realisierung der Suchmaske

Die Suchmaske besteht in unserem Beispiel aus einem einfachen Web-Dynpro-UI, bestehend aus einem Eingabefeld für den Such-String sowie einem Button (**Search Google**), um die Suche zu starten (siehe Abbildung 4.13).

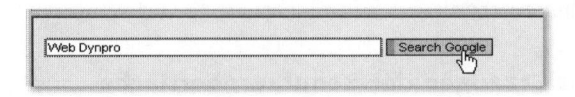

Abbildung 4.13 Suchmaske

Für die technische Realisierung benötigen wir dabei im Wesentlichen zwei Dinge:

- einen entsprechenden Web-Dynpro-View, der die angezeigten UI-Elemente beinhaltet
- die Definition des Context-Mappings zwischen View-Controller-Context und Component-Controller-Context, um den Transport des Such-Strings über den Component-Controller bis hinein ins Model zu ermöglichen

Definition des Context-Mappings

Das Context-Mapping können Sie ebenfalls über den Data Modeler definieren, indem Sie den View-Controller des Views `SearchFrameView` mit dem Component-Controller der `GoogleSearchComp`-Komponente mithilfe eines Data-Links verbinden.

Abbildung 4.14 zeigt das Ergebnis: Im View-Controller-Context sind die benötigten Context-Attribute gegen die entsprechenden Attribute im Component-Controller-Context gemappt. Grundsätzlich sollten Sie darauf achten, nur diejenigen Context-Knoten bzw. -Attribute zu mappen, die auch im konkreten Web-Dynpro-View benötigt werden. Neben einer übersichtlicheren Darstellung vermeiden Sie dadurch auch unnötige Redundanzen, die sich in Form eines erhöhten Speicherbedarfs Ihrer Web-Dynpro-Applikation zur Laufzeit äußern können.

Der View `SearchFrameView` benötigt beispielsweise keinen Zugriff auf die Liste der Suchergebnisse. Deshalb verzichten wir darauf, den entsprechenden `Result`-Context-Knoten aus dem Component-Controller-Context in den View-Controller-Context zu mappen.

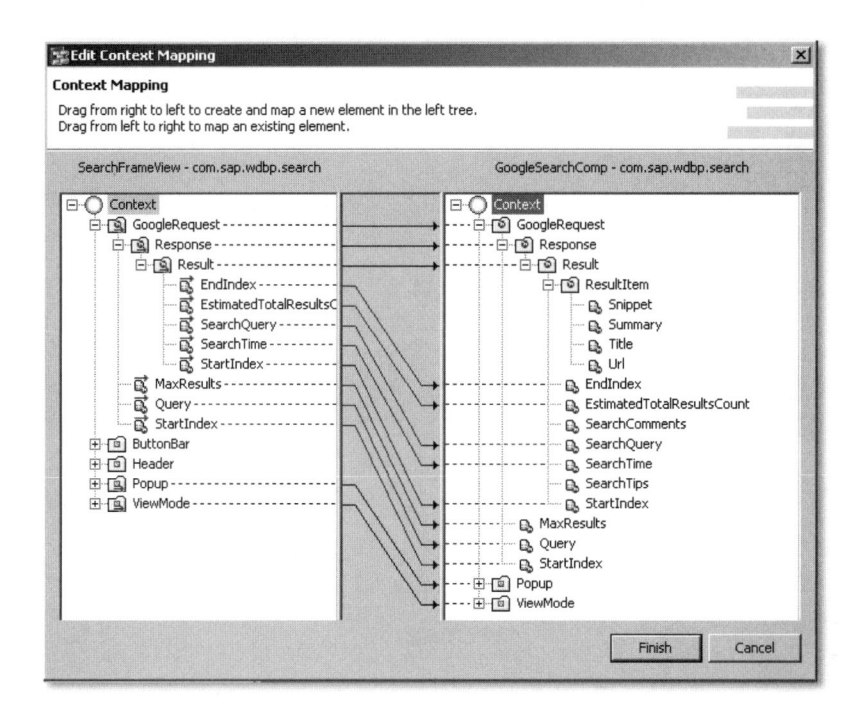

Abbildung 4.14 Definition des Mappings zwischen View-Controller-Context und Component-Controller-Context

> **Tipp**
>
> Bei der Definition von Context-Mappings zwischen View-Controllern und Model-Klassen geht die Möglichkeit verloren, das Model später auszutauschen. Wir empfehlen daher grundsätzlich die Verwendung des Component-Controllers bzw. eines Custom-Controllers (zum Beispiel durch Verwendung einer expliziten Model-Komponente), um diese direkte Abhängigkeit von View – und damit dem UI – und Model zu verhindern.

Um den Such-String vom UI in den View-Controller-Context zu transportieren, genügt es, das entsprechende Eingabefeld gegen das richtige Context-Attribut zu binden (siehe Abbildung 4.15).

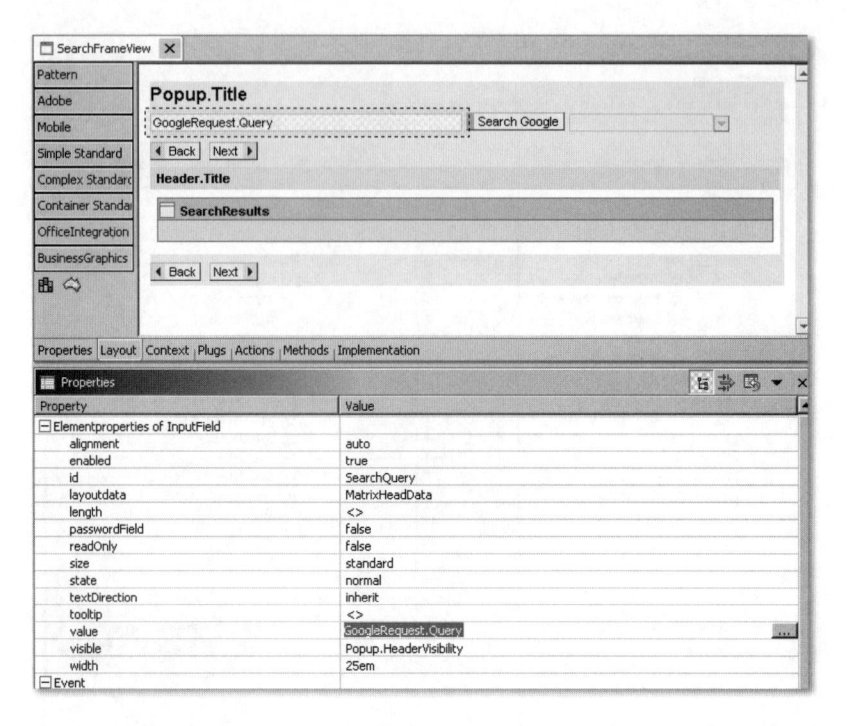

Abbildung 4.15 Definition des Data-Bindings für den Such-String

4.4.4 Anstoßen der Google-Suche

Um die Google-Suche anzustoßen, müssen wir lediglich den **Search Google**-Button mit der `GoogleSearch`-Action verbinden und den dazugehörigen `onActionSearch`-Action-Event-Handler implementieren (siehe Listing 4.3). Im Wesentlichen rufen wir dabei die `doGoogleSearch()`-Methode des Component-Controllers, die Listing 4.4 zeigt.

```
updateSearchIndex(1);

wdThis.wdGetGoogleSearchCompController()
  .doGoogleSearch();

if (wdContext.nodeResultItem().size() > 0) {
  wdComponentAPI.getMessageManager().reportException(
    "No search results found for '"
      + wdContext
      .currentRequest_GoogleSearchPort
        _doGoogleSearchElement()
        .getQ() + "'",
```

```
    true);
}
```

Listing 4.3 Starten der Google-Suche

```
try {
  wdContext
    .currentRequest_GoogleSearchPort
    _doGoogleSearchElement()
    .modelObject()
    .execute();
  wdContext.nodeResponse().invalidate();

  wdThis.wdFireEventUpdateResultList();

} catch (Exception e) {
  wdComponentAPI.getMessageManager().reportException(
    e.getLocalizedMessage(),
    true);
}
```

Listing 4.4 Methode doGoogleSearch()

In einem ersten Schritt führen wir die `execute()`-Methode des Model-Objektes aus. Der Context-Knoten dient hierbei als Zugriffspfad auf die Instanz der Model-Klasse. Dies ist durch die Bindung möglich, die Sie zwischen Context-Knoten und Model-Klasse definiert haben. Durch Aufruf der `execute()`-Methode wird letztendlich der Google-Webservice gerufen.

Im zweiten Schritt wird der `Response`-Context-Knoten, der die Rückgabewerte beinhalten soll, invalidiert. Damit stellen Sie sicher, dass die ermittelten Suchergebnisse aus der Model-Klasse in den Context-Knoten transportiert werden. Anschließend ist die Google-Suche erfolgreich ausgeführt und der `Response`-Context-Knoten mit den Suchergebnissen gefüllt.

Einlesen der Suchergebnisse aus dem Model

4.4.5 Erstellung der Navigationsleiste

Diese Daten werden wir nun visualisieren: Abbildung 4.16 zeigt die Navigationsleiste. Im Wesentlichen besteht sie aus zwei Teilen: Zum einen aus einem Seitenindex, der die direkte Navigation zu einer bestimmten Seite erlaubt, zum anderen aus den Navigations-Buttons, die das Vorwärts- und

Rückwärtsblättern durch die Suchergebnisse ermöglichen. In Abhängigkeit des gewählten Seitenindex wollen wir die Navigations-Buttons entsprechend enablen oder disablen, um beispielsweise sicherzustellen, dass der Benutzer nicht fälschlicherweise zurücknavigieren möchte, obwohl er sich schon auf der ersten Seite der Suchergebnisse befindet.

> ◀ Back 1 2 3 4 5 6 7 8 9 10 Next ▶
> Search results 1-10 of approx. 4350 for 'Web Dynpro' (0.26 sec.)

Abbildung 4.16 Navigationsleiste

Dynamisches Parameter-Mapping

In Listing 4.5 wird gezeigt, wie der Seitenindex in der Methode `createPageIndexList()` erzeugt wird. Erwähnenswert ist hierbei die Verwendung des so genannten *dynamischen Parameter-Mappings* für den index-Parameter, der es uns ermöglicht, dieselbe `GotoPage`-Action für jeden Eintrag im Seitenindex zu verwenden. Abbildung 4.17 zeigt die Definition der `GotoPage`-Action.

```
IWDLinkToAction link = null;

for (int i = 0; i < 10; i++) {

  link =
    (IWDLinkToAction) view.createElement(
      IWDLinkToAction.class,
      null);

  link.setOnAction(wdThis.wdGetGotoPageAction());
  link.mappingOfOnAction()
    .addParameter("Index", startIndex + i);

  link.setText(String.valueOf(startIndex + i));
  link.createLayoutData(IWDMatrixData.class);

  indexList.addChild(link);
}
```

Listing 4.5 Erzeugen des Seitenindex

Der Action-Event-Handler `onActionGotoPage` ruft die Methode `updateSearchIndex()`, die den Startindex der Suche aktualisiert – Sie erinnern sich, dass wir nach dem Erzeugen der Instanz der Model-Klasse den Index mit dem Default-Wert **0** versehen haben.

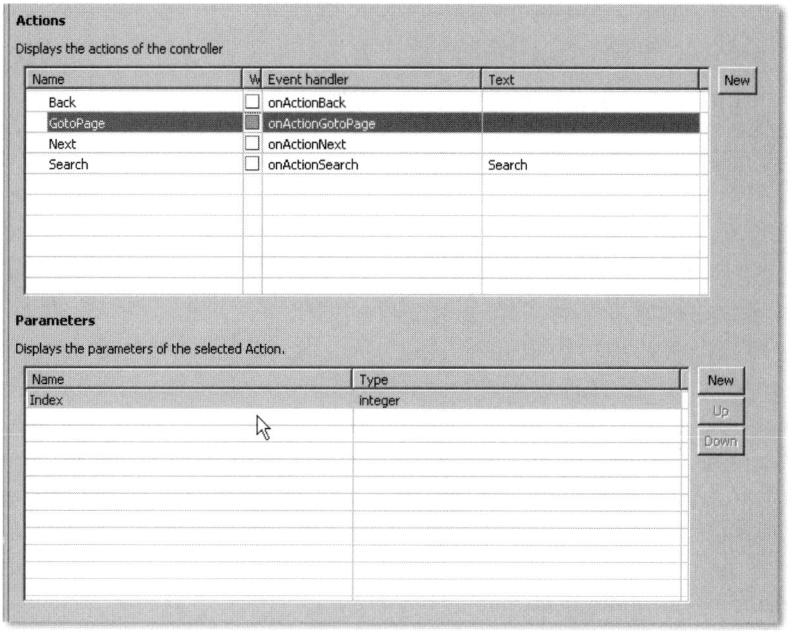

Abbildung 4.17 Definition der GotoPage-Action

Listing 4.6 zeigt die updateSearchIndex()-Methode.

```
private void updateSearchIndex(int pageIndex)
{
  wdContext.currentButtonBarElement()
    .setPageIndex(pageIndex);
  wdContext.currentRequest_GoogleSearchPort_
    doGoogleSearchElement()
    .setStart((pageIndex - 1) * 10);
}
```

Listing 4.6 Methode updateSearchIndex()

Um sicherzustellen, dass die Navigations-Buttons entsprechend der aktuellen Selektion enabled oder disabled werden, definieren wir den ButtonBar-Context-Knoten, der für jeden Button ein Bool'sches (**calculated**) Context-Knotenattribut enthält, das abhängig von der aktuellen Selektion den gewünschten Wert zurückliefert. Der Wert des Knotenattributes BackIsEnabled wird beispielsweise innerhalb der Methode getButtonBarBackIsEnabled() berechnet (siehe Listing 4.7).

Calculated Context-Attribute

```
return wdContext.currentButtonBarElement().
  getPageIndex() > 0;
```
Listing 4.7 Methode getButtonBarBackIsEnabled()

> **Tipp**
>
> Verwenden Sie Context-Attribute vom Typ **calculated** immer dann, wenn der Wert des Attributes von anderen Daten (z. B. anderen Context-Attributen) oder dem Applikationsstatus im Allgemeinen abhängig ist.

Abbildung 4.18 zeigt die Definition des `ButtonBar`-Context-Knotens. Grundsätzlich besteht hierbei die Möglichkeit, für jedes **calculated**-Context-Attribut sowohl die `Set`- als auch die `Get`-Methoden zu definieren. Da wir in unserem Beispiel nur die entsprechende `Get`-Methode benötigen, sind die Context-Attribute `BackIsEnabled` und `NextIsEnabled` als **readonly**-Attribute deklariert.

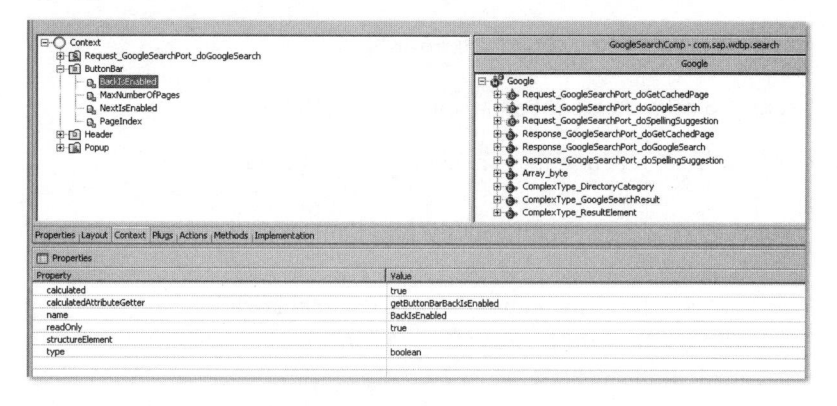

Abbildung 4.18 Definition des ButtonBar-Context-Knotens

4.5 Definition der initialen Darstellung einer Web-Dynpro-Applikation

Wie wir schon angedeutet haben, werden wir die ermittelten Suchergebnisse auf unterschiedliche Arten visualisieren. Dabei liegt es nahe, dem Benutzer die Möglichkeit zu geben, zwischen den vorhandenen Darstellungen zu wählen. In diesem Abschnitt werden wir Ihnen zeigen, welche Möglichkeiten Ihnen Web Dynpro bietet, diese Darstellungsvarianten auszuwählen. Wir beschränken uns hierbei auf die Definition der initialen

Darstellung der Anwendung, das heißt der Darstellung, die beim Starten einer Web-Dynpro-Anwendung verwendet werden soll.

Grundsätzlich haben Sie hierfür zwei Möglichkeiten: Zum einen können Sie für alle vorhandenen Darstellungen eine einzige Web-Dynpro-Applikation definieren, für die Sie über bestimmte Aufrufparameter die gewünschte initiale Darstellung wählen. Zum anderen besteht die Möglichkeit, für jede vorhandene Darstellungsvariante eine eigene Web-Dynpro-Applikation zu erzeugen. Im Folgenden wollen wir beide Vorgehensweisen genauer beleuchten.

4.5.1 Mehrere Darstellungsvarianten für eine Web-Dynpro-Applikation

Wie schon in Kapitel 2 ausgeführt, definieren Sie mithilfe einer Web-Dynpro-Applikation eine ausführbare Einheit, die über eine bestimmte Applikations-URL gestartet werden kann. Dabei müssen Sie sich immer im Klaren darüber sein, dass die Web-Dynpro-Applikation selbst keinerlei Programmlogik beinhaltet, sondern diese Logik komplett in einer oder (typischerweise) mehreren Web-Dynpro-Komponenten realisiert ist. Die Web-Dynpro-Applikation beschreibt letztendlich nur den Einstiegspunkt, der über die drei folgenden Parameter definiert wird:

▶ Name der Web-Dynpro-Root-Component

Unabhängig davon, ob Sie in Ihrer Web-Dynpro-Anwendung eine oder mehrere Web-Dynpro-Komponenten verwenden, dient immer genau eine Web-Dynpro-Komponente als so genannte *Root-Component*, die in der Regel andere Web-Dynpro-Komponenten einbettet. Solch eine Root-Component ist einerseits eine herkömmliche Web-Dynpro-Komponente, andererseits aber übernimmt sie vor allem in Anwendungen, die aus mehreren Web-Dynpro-Komponenten zusammengesetzt sind, sehr spezielle Aufgaben.

Wie Sie an den Beispielen in diesem Buch nachvollziehen können, beinhaltet die Root-Component bei einer konsequenten Komponentisierung Ihrer Web-Dynpro-Anwendung oft keine oder nur sehr wenig Programmierlogik. Vielmehr dient sie letztendlich als Rahmen für eingebettete Komponenten, und ist dadurch meist auch für das Erzeugen und Zerstören der eingebetteten Web-Dynpro-Komponenteninstanzen zuständig.

Root-Component als Rahmen für eingebettete Komponenten

Sowohl die Web-Dynpro-GameStation (siehe Kapitel 3) als auch die Web-Dynpro-MusicBox (siehe Kapitel 8) sind nach diesem Prinzip gebaut – ein Prinzip, das wir Ihnen auch an dieser Stelle nochmals eindringlich ans Herz legen wollen, da es unserer Meinung nach sehr zu einer strukturierten und wartbaren Web-Dynpro-Anwendung beiträgt.

- **Name des Component-Interface-Views**

  Jede Web-Dynpro-Komponente kann über die Definition eines oder mehrerer so genannter *Component-Interface-Views* verschiedene Sichten definieren, zwischen denen ein Verwender oder Einbetter dieser Komponente wählen kann. Bei der Definiton einer Web-Dynpro-Applikation müssen Sie einen der Component-Interface-Views wählen, die die Root-Component bereitstellt.

- **Name des Startup-Plugs**

  Wie schon des Öfteren erwähnt, können Sie für jeden Web-Dynpro-View Inbound- und Outbound-Plugs definieren, mit deren Hilfe Sie einen Web-Dynpro-View betreten bzw. verlassen können. Component-Interface-Views verhalten sich hierbei wie herkömmliche Web-Dynpro-Views.

  Bei der Definition einer Web-Dynpro-Applikation definieren Sie nun über einen speziellen Inbound-Plug – den so genannten *Startup-Plug* – denjenigen Eingang in den ausgewählten Interface-View, der für diese Web-Dynpro-Applikation verwendet werden soll.

Abbildung 4.19 zeigt die Web-Dynpro-Applikation `GoogleSearchApp`, für die wir im Folgenden unterschiedliche initiale Darstellungen definieren wollen. Da wir für diese Darstellungsvarianten dieselbe Web-Dynpro-Applikation verwenden wollen, müssen wir die einzelnen Darstellungsvarianten über Aufrufparameter auseinander steuern, die wir als Parameter des verwendeten Startup-Plugs definieren werden.

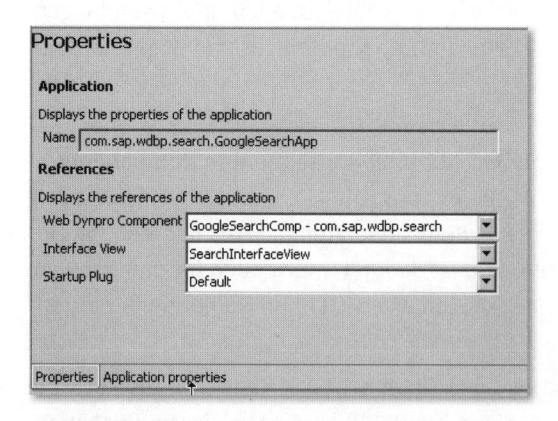

Abbildung 4.19 Definition der GoogleSearchApp-Applikation

Um diese Aufrufparameter, die Sie in Form von URL-Parametern an die Web-Dynpro-Applikations-URL hängen, in Ihre Web-Dynpro-Anwendung zu »schleusen«, erweitern Sie den verwendeten Startup-Plug um die benötigten Parameter. Hierbei muss es sich um Parameter vom Typ **String** handeln. Abbildung 4.20 zeigt die Definition des Startup-Plugs mit dem `mode`-Parameter.

Aufrufparameter in Web-Dynpro-Anwendung schleusen

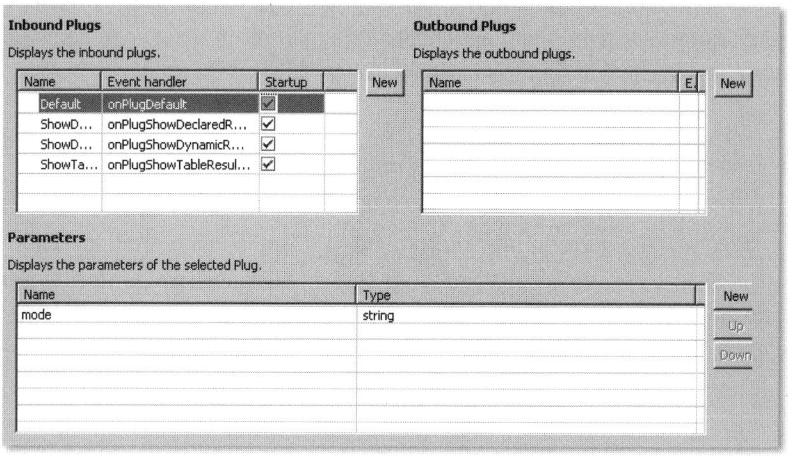

Abbildung 4.20 Definition des Default-Startup-Plugs

Sobald die Web-Dynpro-Anwendung mit den entsprechenden Aufrufparametern gerufen wird, wird der so erweiterte Startup-Plug automatisch mit den übergebenen Aufrufparametern versorgt. Im `onPlugDefault()`-Handler des Interface-View-Controllers können Sie direkt auf den so übergebenen Wert zugreifen, wie Listing 4.8 zeigt.

```
wdThis.wdGetGoogleSearchCompController().
  switchViewMode(mode);
```

Listing 4.8 Handler onPlugDefault

Neben der Erweiterung des Startup-Plugs um die benötigten Parameter können Sie selbstverständlich auch direkt auf die mitgegebenen Aufrufparameter zugreifen. Aus der schon erwähnten Client-Abstraktion von Web Dynpro können Sie hierbei aber nicht direkt auf die Request-Parameter zugreifen, sondern müssen dies mithilfe des `WDWebContextAdapter` tun. Wir besprechen diese Möglichkeit in aller Ausführlichkeit in Kapitel 6.

Verwendung des WDWebContext-Adapters

Allerdings ist die Erweiterung des Startup-Plugs aus unserer Sicht die wesentlich elegantere Methode, zumal Sie sich dabei nicht selbst um den Zugriff auf die definierten Aufrufparameter kümmern müssen. Zudem definieren Sie bei Verwendung der Startup-Plug-Parameter explizit die benötigten Aufrufparameter für Ihre Web-Dynpro-Applikation.

Auswahl der gewählten Darstellungsvariante

Nachdem wir nun den in unserem Beispiel nötigen Aufrufparameter definiert und über den Startup-Plug in die Web-Dynpro-Anwendung geschleust haben, müssen wir im nächsten Schritt abhängig vom gewählten Wert die gewünschte Darstellungsvariante realisieren bzw. anzeigen. Wir erreichen dies durch die folgenden Schritte:

1. Über den `mode`-Startup-Plug-Parameter werden die benötigten Aufrufparameter in die Web-Dynpro-Anwendung geschleust.

2. Abhängig vom Wert des oder der Aufrufparameter feuern Sie im Startup-Plug-Handler des Interface-View-Controllers ein entsprechendes Event durch Aufruf einer Methode im Component-Controller der Root-Component. In unserem Beispiel rufen wir den `switchViewMode()` des Component-Controllers, in der wir mittels `wdFireEventSwitchViewMode(mode)` das `SwitchViewMode`-Event feuern.

3. Wir definieren für den View `SearchFrameView` einen `onViewSwitchMode`-Event-Handler für das `SwitchViewMode`-Event, der bei Starten der Web-Dynpro-Anwendung gerufen wird.

4. Innerhalb des Event-Handlers `onViewSwitchMode` machen wir im letzten Schritt den Web-Dynpro-View sichtbar, der die gewünschte Visualisierungsvariante realisiert. Abbildung 4.21 zeigt die drei vorhandenen Visualisierungsvarianten, von denen innerhalb des `onViewSwitchMode`-Event-Handlers durch Rufen des entsprechenden Outbound-Plugs der gewünschte Web-Dynpro-View angezeigt wird.

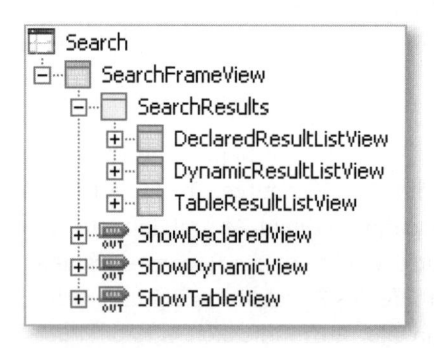

```
Search
└─ SearchFrameView
    └─ SearchResults
        ├─ DeclaredResultListView
        ├─ DynamicResultListView
        ├─ TableResultListView
    ├─ ShowDeclaredView
    ├─ ShowDynamicView
    └─ ShowTableView
```

Abbildung 4.21 Vorhandene Visualisierungsvarianten

4.5.2 Mehrere Web-Dynpro-Applikationen für mehrere Darstellungsvarianten

Mitunter kann es Sinn ergeben, unterschiedliche Darstellungsvarianten über unterschiedliche Web-Dynpro-Applikationen zu realisieren. Die Vorteile für diese Vorgehensweise liegen auf der Hand: Anstelle von meist eher kryptischen Aufrufparametern können Sie die gewünschte Darstellungsvariante über die entsprechende Web-Dynpro-Applikations-URL starten. Bei sprechender Namensgebung der jeweiligen Applikationen erleichtern Sie es dem Benutzer, die richtige Darstellungsvariante bzw. Applikation zu starten.

Unterschiedliche Startup-Plugs verwenden

In unserem Beispiel verwenden wir die gleiche Logik, um die initiale Darstellung zu erreichen – da wir aber nun für jede Web-Dynpro-Applikation einen eigenen Startup-Plug definieren müssen, entfällt die Notwendigkeit, spezielle Startup-Plug-Parameter zu definieren.

Um einen weiteren Startup-Plug anzulegen, erzeugen Sie einen einfachen Inbound-Plug für den Interface-View SearchInterfaceView und setzen den Typ auf **Startup-Plug**. Abbildung 4.22 zeigt die Liste der angelegten Startup-Plugs.

Zusätzliche Startup-Plugs definieren

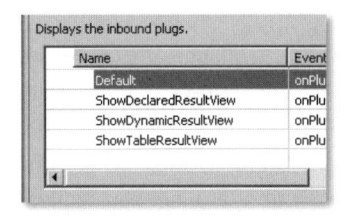

Abbildung 4.22 Defintion weiterer Startup-Plugs

In den jeweiligen Startup-Plug-Handlern feuern wir dann das entsprechende Event, das letztendlich wie oben beschrieben dafür sorgt, dass die gewünschte Darstellungsvariante angezeigt wird. Als Beispiel dient hierfür der Startup-Plug-Handler `onPlugShowTableResultView()`, der die tabellenartige Darstellung der Suchergebnisse sicherstellt (siehe Listing 4.9).

```
wdThis.wdGetGoogleSearchCompController().switchViewMode(
  "TABLE_RESULT_VIEW");
```

Listing 4.9 Startup-Plug-Handler onPlugShowTableResultView

Unterschiedliche Interface-Views verwenden

Neben der Möglichkeit, die unterschiedlichen Web-Dynpro-Applikationen über unterschiedliche Startup-Plugs eines Interface-Views zu definieren, haben Sie grundsätzlich auch die Möglichkeit, für jede Web-Dynpro-Applikation einen entsprechenden Interface-View zu definieren. Wir raten davon aber ab, da durch die Definition von mehreren Interface-Views auch unterschiedliche Web-Dynpro-Windows erzeugt werden. Da aber die komplette Navigationsstruktur Ihrer Web-Dynpro-Anwendung immer für genau ein Web-Dynpro-Window definiert wird, kann dies bedeuten, dass Sie bei Verwendung mehrerer Interface-Views die komplette Navigationsstruktur Ihrer Web-Dynpro-Anwendung in jedem Window neu definieren müssen. Der damit verbundene Mehraufwand und die deutlich schwierigere Wartbarkeit Ihrer Web-Dynpro-Anwendung sprechen unserer Meinung nach eindeutig gegen diese Variante.

4.6 Visualisierung der Ergebnisliste

Nachdem wir die Realisierung des Applikationsrahmens sowie die Manipulation der initialen Anordnung der Web-Dynpro-Views besprochen haben, möchten wir nun insgesamt drei verschiedene Möglichkeiten der Visualisierung der Suchergebnisse vorstellen und dabei deren Vor- und Nachteile verdeutlichen.

Verwendung von Web-Dynpro-Views

Wir haben uns dafür entschieden, diese unterschiedlichen Visualisierungen der Suchergebnisse über einfache Web-Dynpro-Views zu realisieren; grundsätzlich würde sich an dieser Stelle auch der Einsatz verschiedener Web-Dynpro-Komponenten anbieten. Da wir aber in diesem Beispiel nicht auf die dadurch mögliche und größere Flexibilität eingehen wollen, haben wir bewusst darauf verzichtet.

Es steht Ihnen aber frei, unsere Beispielanwendung dahin gehend zu erweitern. Sie könnten zum Beispiel die unterschiedlichen Visualisierungen der Suchergebnisse über eigenständige Web-Dynpro-Komponenten realisieren, die über ein Web-Dynpro-Component-Interface in den Applikationsrahmen eingebettet werden. Durch Verwendung des Web-Dynpro-Component-Interfaces hätten Sie die Möglichkeit, jederzeit neue Visualisierungen einzubinden. Genau für diese Vorgehensweise haben wir uns bei der Web-Dynpro-GameStation entschieden (siehe Kapitel 3).

4.6.1 View TableResultListView

Die einfachste Art, die Liste der Suchergebnisse zu visualisieren, ist sicherlich die Verwendung des IWDTable-UI-Elements. Nachdem Sie das IWDTable-UI-Element im Web-Dynpro-View positioniert haben, müssen Sie nur dafür sorgen, über ein entsprechendes Data-Binding die Tabelle mit den darzustellenden Daten im View-Controller-Context zu verbinden.

1. Wählen Sie hierzu den Eintrag **Create Binding** im Kontextmenü des IWDTable-UI-Elements ResultList (siehe Abbildung 4.23).

Definition des Table-Data-Bindings

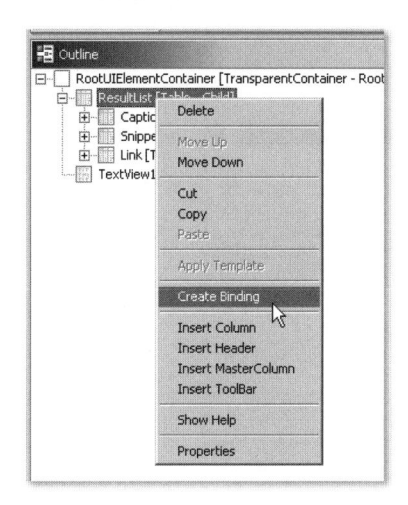

Abbildung 4.23 Start des Table-Binding-Dialogs

2. Im nächsten Schritt wählen Sie die gewünschten Context-Attribute aus. In unserem Beispiel wollen wir sämtliche Attribute des Context-Knotens ResultItem darstellen (siehe Abbildung 4.24).

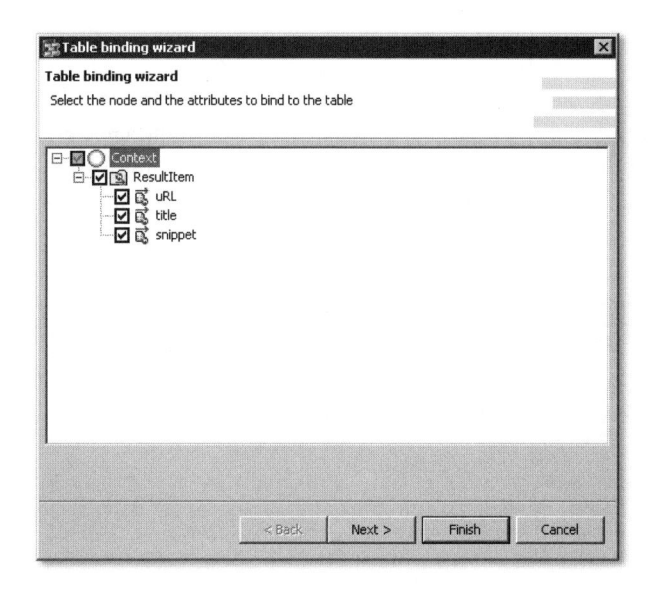

Abbildung 4.24 Defintion der gewünschten Context-Attribute

Visualisierung der Ergebnisliste **141**

Anzeige der Attribute

3. Anschließend definieren Sie die Reihenfolge und die Art und Weise der Visualisierung der einzelnen Knotenattribute (siehe Abbildung 4.25). Über die beiden Pfeile können Sie die Reihenfolge der Attribute beeinflussen. Innerhalb der Spalte **Editor** können Sie die gewünschte Darstellung bzw. das gewünschte UI-Element definieren, mit dessen Hilfe Sie das entsprechende Attribut in der Tabellenspalte anzeigen möchten.

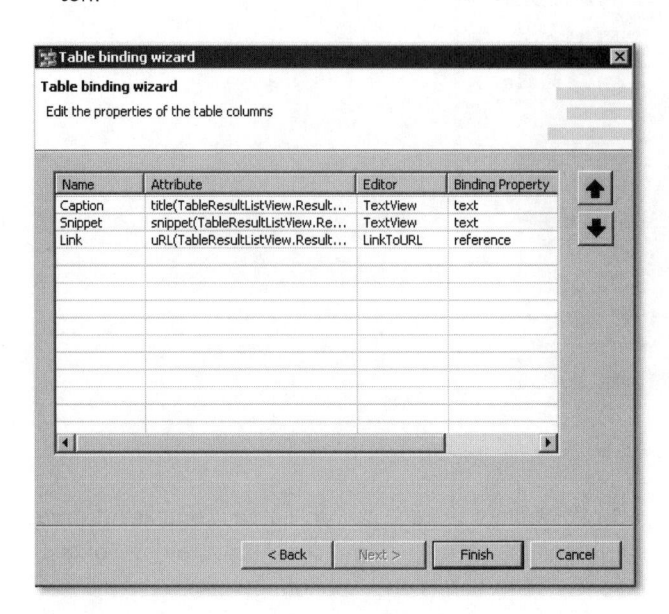

Abbildung 4.25 Definition der Visualisierungsart für die einzelnen Context-Attribute

Abbildung 4.26 zeigt die erzeugten Tabellenspalten. Beachten Sie bitte, dass die gewählten `TableCellEditors` genau Ihren Einstellungen entsprechen. Es steht Ihnen natürlich frei, diese Einstellungen später noch zu ändern – entweder durch nochmaliges Aufrufen des Table-Binding-Dialogs oder durch direkte Manipulation der entsprechenden UI-Elemente.

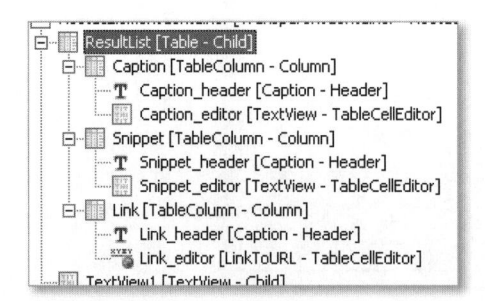

Abbildung 4.26 Erzeugte Tabellenspalten

Der große Vorteil dieser Visualisierung liegt in der Einfachheit der Lösung. Rein deklarativ definieren Sie hierbei eine einfache und effiziente Darstellung der Suchergebnisse. Auf der anderen Seite sind Sie natürlich an die Möglichkeiten gebunden, die das `IWDTable`-UI-Element bietet. Eine ansprechende Darstellung der Suchergebnisse unter Berücksichtigung der HTML-Formatierungen ist beispielsweise nicht möglich, wie Abbildung 4.27 zeigt.

Bewertung dieser Visualisierung

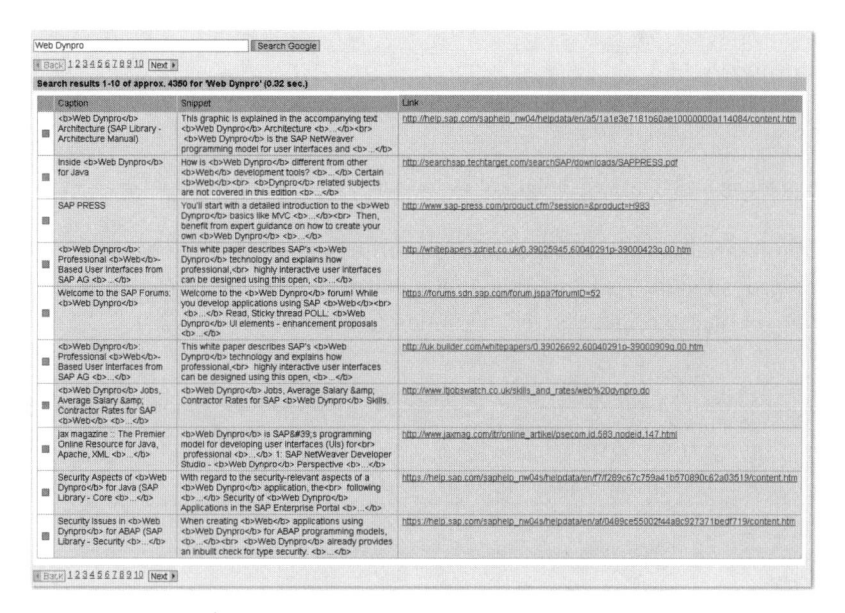

Abbildung 4.27 Visualisierung der Suchergebnisse in Tabellenform

4.6.2 View DeclaredResultListView

Nachdem wir in Abschnitt 4.6.1 gesehen haben, wie sie durch die Verwendung des `IWDTable`-UI-Elements sehr schnell eine sehr einfache – aber zugegebenermaßen auch sehr eingeschränkte – Visualisierung der Suchergebnisse erhalten können, wollen wir in diesem Beispiel eine weitere Visualisierungsvariante vorstellen, in der wir das gewünschte User-Interface komplett deklarativ definieren. Im Gegensatz zur Verwendung der `IWDTable` bauen wir die gewünschte Visualisierung jetzt aber aus mehreren UI-Elementen zusammen, wie Abbildung 4.28 zeigt. Jedes Suchergebnis wird dabei über zwei `IWDTextView`-UI-Elemente für die Darstellung der Überschrift (z.B. **ResultItem1.Caption**) und den Text-Auszug (z.B. **ResultItem1.Snippet**) sowie ein `IWDLinkToAction`-UI-Element (z.B. **ResultItem1.Link**) für die Anzeige der URL dargestellt.

Zusammengesetzte Visualisierung

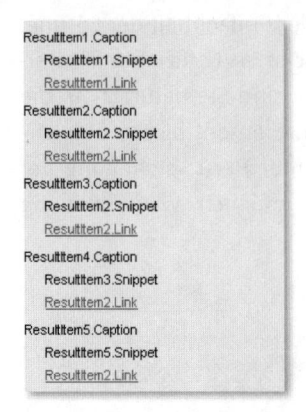

Abbildung 4.28 DeclaredResultListView im View Designer

Damit erhalten wir im Gegensatz zur vorherigen Variante eine wesentlich ansprechendere Visualisierung, wobei wir auch hier die HTML-Formatierungen nicht korrekt darstellen können (siehe Abbildung 4.29).

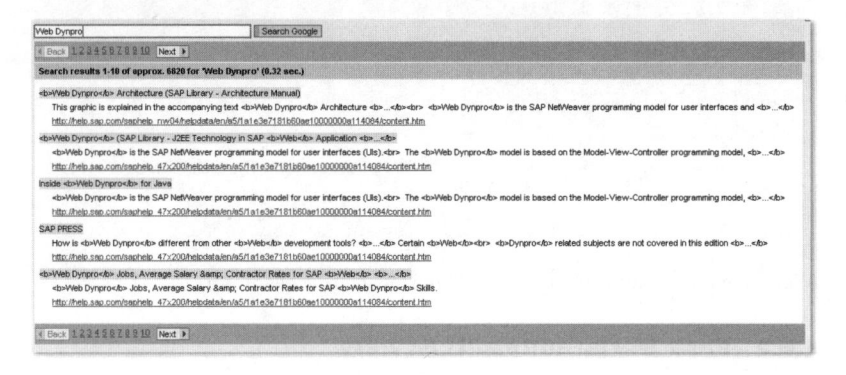

Abbildung 4.29 Visualisierung der Suchergebnisse über ein komplett deklarativ erzeugtes User-Interface

Wir deklarieren explizit alle benötigten UI-Elemente, um maximal fünf Suchergebnisse gleichzeitig darstellen zu können. Um die entsprechenden UI-Elemente mit Daten versorgen zu können, haben wir nun grundsätzlich zwei Möglichkeiten: Durch Verwendung der dynamischen Programmierung könnten Sie die UI-Elemente mit den Suchergebnissen versorgen, die im Context-Knoten `ResultItem` des View-Controller-Contexts vorhanden sind. Da wir aber eine komplett deklarative Visualisierung erreichen wollen, müssen wir für jedes anzuzeigende Suchergebnis einen entsprechenden Context-Knoten im View-Controller-Context des Views `DeclaredResultListView` definieren, wie Sie in Abbildung 4.30 erkennen können.

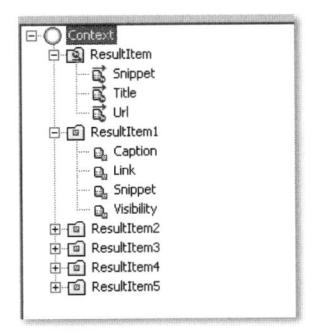

Abbildung 4.30 View-Controller-Context

`ResultItem1` definiert dabei das erste Suchergebnis, `ResultItem2` das zweite usw. Neben den Attributen, die der `ResultItem`-Context-Knoten bereitstellt, definieren wir hierbei zusätzlich das **Visibility**-Attribut, mit dessen Hilfe wir die Sichtbarkeit der einzelnen Suchergebnisse steuern können.

Durch Verwendung der zusätzliche Context-Knoten können wir zwar das User-Interface komplett deklarativ erzeugen, wir »bezahlen« dies aber mit der Notwendigkeit, die entsprechenden Context-Knoten `ResultItem1`, `ResultItem2`, ... explizit mit den Suchergebnissen füllen zu müssen, die der `ResultItem` Konten bereitstellt. Wir erreichen dies in der Methode `updateResultItem()`, die einen bestimmten Knoten `ResultItem<Index>` mit Daten füllt (siehe Listing 4.10). Dazu ermitteln wir zunächst das entsprechende Knotenelement des `ResultItem`-Knotens. Sind dafür Daten vorhanden, wird der dazugehörige `ResultItem<Index>`-Knoten gefüllt und sichtbar geschaltet.

```
private void updateResultItem(int index) {
  IPrivateDeclaredResultListView.IResultItemElement
    resultItem =wdContext.nodeResultItem()
      .getResultItemElementAt(index - 1);
  String nodeName = "ResultItem" + index;
  IWDNodeElement nodeElement =
    wdControllerAPI
      .getContext()
      .getRootNode()
      .getChildNode(nodeName, 0)
      .getCurrentElement();
  if (resultItem != null) {
    nodeElement.setAttributeValue(
```

```
            IPrivateDeclaredResultListView.
              IResultItem1Element.CAPTION,
            resultItem.getTitle());

        nodeElement.setAttributeValue(
            IPrivateDeclaredResultListView.
              IResultItem1Element.SNIPPET,
            resultItem.getSnippet());

        nodeElement.setAttributeValue(
            IPrivateDeclaredResultListView.
              IResultItem1Element.LINK,
            resultItem.getUrl());
        nodeElement.setAttributeValue(
            IPrivateDeclaredResultListView.
              IResultItem1Element.VISIBILITY,
            WDVisibility.VISIBLE);
    } else {
        nodeElement.setAttributeValue(
            IPrivateDeclaredResultListView.
              IResultItem1Element.VISIBILITY,
            WDVisibility.NONE);
      }
    }
```

Listing 4.10 Methode updateResultItem()

Bewertung der Visualisierung Im Vergleich zur Verwendung des `IWDTable`-UI-Elementes haben wir durch die Kombination mehrerer UI-Elemente eine wesentlich elegantere Visualisierung erreicht. Die HTML-Formatierungen werden aber dennoch nicht korrekt dargestellt, weil kein Web-Dynpro-UI-Element eine solche Funktionalität vorsieht. Das komplett deklarative erzeugte User-Interface wird nur durch die Einführung neuer Context-Knoten möglich, in die letztendlich die Originaldaten kopiert werden. Dadurch erhöht sich natürlich der Speicherverbrauch der Web-Dynpro-Google-Suche.

4.6.3 View DynamicResultListView

Die folgende Abbildung 4.31 zeigt die Anzeige der Suchergebnisse, die mithilfe des Web-Dynpro-Views `DynamicResultListView` möglich ist. Wie Sie sofort erkennen können, bietet diese im Vergleich zu den beiden schon vorgestellten Varianten die weitaus eleganteste und anspruchvollste Visualisierung.

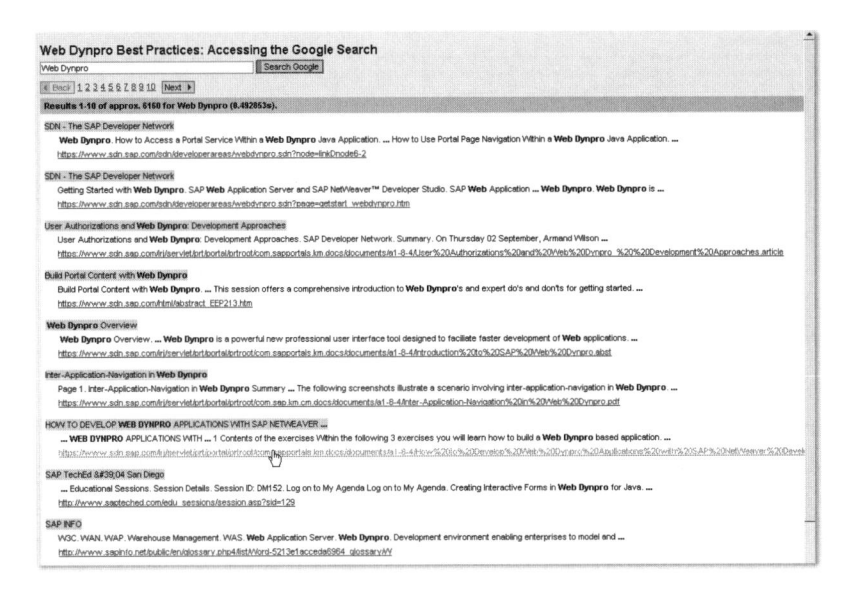

Abbildung 4.31 Komplett dynamisch erstellte Visualisierung der Suchergebnisse

Möglich wird dies durch ein komplett dynamisch erstelltes User-Interface, das wir nun genauer untersuchen möchten. Im Wesentlichen müssen wir hierzu die folgenden Mittel bereitstellen:

Dynamisch erzeugte Visualisierung

- Da die Suchergebnisse im HTML-Format zurückgeliefert werden, wir in Web Dynpro basierend auf SAP NetWeaver 2004 aber kein HTML-Renderer-UI-Element zur Verfügung gestellt bekommen, werden wir uns solch einen HTML-Renderer dynamisch zusammenbauen.
- Um ein komplett dynamisches UI zu erzeugen, werden wir in dieser Visualisierung auch die komplette Liste der Suchergebnisse dynamisch erzeugen – im Gegensatz zum View `DeclaredResultListView`, in dem wir die einzelnen Suchergebnisse vorab deklariert haben.

4.6.4 Anzeige von HTML-basierten Suchergebnissen

Zu Beginn wollen wir die Darstellung eines Suchergebnisses etwas genauer unter die Lupe nehmen (siehe Abbildung 4.32): Zuerst wird der gefundene Suchbegriff dargestellt, der eingegebene Such-String wird dabei hervorgehoben dargestellt, danach wird ein Teil des gefundenen Dokumentes hinzugefügt. Auch hier ist der Such-String wiederum hervorgehoben. Am Ende gibt es einen Link auf das gefundene Dokument, bei dessen

Selektion die entsprechende URL in einem neuen Fenster des Webbrowsers aufgerufen wird.

> **Web Dynpro** Basics
> Web Dynpro Basics. View the eLearning session. How do you build fully-fledged **Web** user interfaces with less coding? The answer is **Web Dynpro**. ...
> https://www.sdn.sap.com/irj/servlet/prt/portal/prtroot/com.sapportals.km.docs/documents/a1-8-4/Web%20Dynpro%20Basics.abst

Abbildung 4.32 Darstellung eines Suchergebnisses

Anzeige von Texten in HTML-Format

Sowohl der Titel als auch der kurze Auszug aus dem gefundenen Dokument wird vom Google-Webservice im HTML-Format zurückgeliefert. Da in SAP NetWeaver 2004 aber kein entsprechendes UI-Element zur Verfügung steht, müssen wir uns der dynamischen Programmierung bedienen, um das gezeigte UI zu realisieren.

Die grundsätzliche Idee dahinter ist sehr einfach: Wir zerlegen die entsprechenden Texte, die im HTML-Format vorliegen, in die einzelnen Bestandteile und zeigen jeden dieser Bestandteile in unterschiedlichen `IWD TextView`-UI-Elementen an. `IWDTextView`-UI-Elemente unterstützen die entsprechenden Formatierungen (fett, kursiv etc.), sodass wir das gewünschte Schriftbild realisieren können. Am Ende werden die dynamisch erzeugten `IWDTextView`-Instanzen in einem `IWDTransparentContainer`-UI-Element zusammengefasst.

All das kann problemlos dynamisch erzeugt werden – ein gutes Beispiel, wozu neben all den Vorteilen eines deklarativen UIs in manchen Szenarien die Erstellung von dynamischen UIs nötig ist. Dies geschieht in der Methode `createHTMLViewer()` des View-Controllers `DynamicResultListView`, wie Listing 4.11 zeigt. Neben dem HTML-Textfragment benötigen wir hierzu die entsprechende `IWDTransparentContainer`-Instanz, die am Ende alle Textfragmente zusammenfasst. Darüber hinaus brauchen wir die `IWDView`-Instanz, um die entsprechenden UI-Elemente dynamisch erzeugen zu können. Zu guter Letzt bestimmen wir noch die Farbe, in der das Textfragment angezeigt werden soll.

```
private static void createHTMLViewer(
  String htmlfragment,
  IWDTransparentContainer container,
  IWDView view,
  WDTextViewSemanticColor color) {
  container.removeAllChildren();
```

```
htmlfragment
  = StringUtil.searchAndReplace(
      htmlfragment, "<br>", "");

String[] parts =
  StringUtil.divide(htmlfragment, '<');

WDTextViewDesign design = null;
String part = null;

for (int i = 0; i < parts.length; i++) {

  if (parts[i].startsWith("b>")) {
    design = WDTextViewDesign.EMPHASIZED;
  } else {
    design = WDTextViewDesign.STANDARD;
  }

  part = StringUtil.
    searchAndReplace(parts[i], "/b>", "");
  part = StringUtil.
    searchAndReplace(part, "b>", " ");
  part = StringUtil.
    searchAndReplace(part, "&quot;", "'");

  addHTMLPart(part, container, view, design, color);
  }
}
```

Listing 4.11 Methode createHTMLViewer()

Zuerst entfernen wir alle vorhandenen Zeilenumbrüche aus dem HTML-Textfragment. Danach zerlegen wir das gesamte Textfragment mithilfe von »<«, das den Beginn eines HTML-Tags definiert, in die Teile, die durch die HTML-Tags vorgegeben werden. Anschließend iterieren wir über die so erhaltenen Teilfragmente und ermitteln das benötigte `WDTextViewDesign`. In unserem Beispiel verarbeiten wir nur das `<b>`-HTML-Tag (bold), um die Hervorhebung der Such-Strings zu erreichen. Mittels der Methode `addHTMLPart()` wird zuletzt das entsprechende `IWDTextView`-UI-Element erzeugt (siehe Listing 4.12).

```
private static void addHTMLPart(
  String htmlPart,
  IWDTransparentContainer container,
  IWDView view,
  WDTextViewDesign design,
  WDTextViewSemanticColor color) {

  IWDTextView textView =
    (IWDTextView) view.createElement(
      IWDTextView.class,
      null);
  textView.setText(htmlPart);
  textView.setDesign(design);
  textView.setSemanticColor(color);
  container.addChild(textView);
}
```

Listing 4.12 Methode addHTMLPart()

Nachdem wir die `IWDextView`-Instanz erzeugt haben, definieren wir Text, Design und Farbe. Danach wird die so erzeugte Instanz dem umgebenden `IWDTransparentContainer` zugewiesen. Natürlich kann dies beliebig erweitert werden.

Zuweisung von Daten für dynamisch erzeugte UI-Elemente

An dieser Stelle möchten wir noch kurz auf die beiden Möglichkeiten eingehen, wie Sie bei der dynamischen Programmierung die erzeugten UI-Elementinstanzen mit Daten versorgen können. Im obigen Beispiel verwenden wir durchgängig die entsprechenden Set-Methoden, wie zum Beispiel `setText()` oder `setDesign()`, um Text und Design der IWD-TextView-Instanz zu definieren. Dies ist in diesem Beispiel möglich und richtig, da es sich hierbei um statische Daten handelt, die vom Benutzer nicht geändert werden können.

Sobald die angezeigten Daten vom Benutzer änderbar sein sollen, *müssen* Sie die dynamisch erzeugten UI-Elemente über die entsprechenden bind...()-Methoden mit Daten versorgen. Die Verwendung von bind...()-Methoden hat zudem den Vorteil, dass damit grundsätzlich eine getrennte Behandlung der echten Daten, die an die entsprechenden UI-Elemente gebunden sind, und der rein visuellen Definition des User-Interfaces möglich ist. Dies wiederum kann dazu benutzt werden, die zu übertragenden Datenmengen zu optimieren.

4.7 Zusammenfassung

In diesem Kapitel haben wir ausführlich die Verwendung des Web-Dynpro-Webservice-Models besprochen, das trotz einiger Restriktionen das einfache Einbinden von beliebigen Webservices erlaubt.

Am Beispiel des Google-Webservice haben wir zudem gezeigt, wie Sie aus einer Kombination von deklariertem und dynamisch erzeugtem User-Interface zeitgemäße und bedienungsfreundliche Anwendungsoberflächen erstellen können.

In diesem Zusammenhang haben wir auf die Vor- und Nachteile der jeweiligen Programmiertechniken hingewiesen, die sich generell mit folgendem Leitsatz zusammenfassen lassen: »So viel deklarativ wie möglich, so viel dynamisch wie nötig.«

5 Web Dynpro und SAP NetWeaver Portal

Bevor wir in den nächsten Kapiteln anhand vieler Beispiele auf die verschiedenen Aspekte der Integration von Web-Dynpro-Anwendungen in das SAP NetWeaver Portal eingehen werden, befassen wir uns zuvor mit einigen grundlegenden Aspekten des SAP NetWeaver Portal und dem Zusammenspiel mit Web-Dynpro-Anwendungen.

Das Starten von Web-Dynpro-Anwendungen innerhalb des *SAP NetWeaver Portal* verschafft Ihnen eine Vielzahl zusätzlicher Möglichkeiten. Speziell wenn es darum geht, verschiedene Web-Dynpro-Anwendungen, die potenziell auf unterschiedlichen SAP NetWeaver-Installationen laufen können, zusammenzufassen, zu strukturieren oder mit anderen Anwendungstypen zu kombinieren, bietet sich der Einsatz des SAP NetWeaver Portal an.

Auch wenn wir an dieser Stelle – verständlicherweise – keinen vollständigen Einblick in die Möglichkeiten des SAP NetWeaver Portal geben können, wollen wir in diesem Kapitel die grundlegenden Begriffe und Möglichkeiten beschreiben, natürlich immer mit dem Fokus auf die spätere Integration Ihrer Web-Dynpro-Anwendungen.

Weiterführende Informationen zum SAP NetWeaver Portal finden Sie unter anderem im SAP Help Portal unter *http://help.sap.com* oder im SAP Developer Network unter *http://sdn.sap.com*. **Weiterführende Informationen**

5.1 SAP NetWeaver Portal

Das SAP NetWeaver Portal als Teil Ihrer SAP NetWeaver-Installation bietet Ihnen alle Möglichkeiten, beliebige Arten von Anwendungen in einer strukturierten und rollenspezifischen Art und Weise zusammenzufassen und den unterschiedlichen Benutzern zugänglich zu machen. Die wichtigsten Vorteile, die sich ergeben, wenn Sie Ihre Anwendungen innerhalb des SAP NetWeaver Portal starten, lassen sich wie folgt zusammenfassen:

- **Starten beliebiger Anwendungen**
  Innerhalb des SAP NetWeaver Portal können Sie jede Art von Anwendung starten: Sei es eine Anwendung, die auf einer der SAP-UI-Technologien basiert (wie WebGUI, BSP, HTMLB oder auch Web Dynpro),

oder jede andere verfügbare Webtechnologie wie beispielsweise herkömmliche Java Server Pages oder Servlets.

▶ **Rollenbasierter Zugriff**

Durch die Verwendung von Portalrollen können Sie Ihre Anwendungen den Bedürfnissen der unterschiedlichen Benutzer anpassen und jedem Benutzer genau die Anwendungen zur Verfügung stellen, der dieser in seiner Rolle – beispielsweise als Einkäufer oder Team-Leiter – benötigt. Unnötiges Suchen der benötigten Funktionalität bzw. Anwendung gehört damit der Vergangenheit an.

▶ **Single Sign-On**

Gerade wenn Sie innerhalb des SAP NetWeaver Portal Anwendungen starten, die auf unterschiedlichen Installationen von SAP NetWeaver ablaufen, ist der Einsatz von Single Sign-On von großem Vorteil, da darüber sichergestellt wird, dass sich der Benutzer nur am SAP NetWeaver Portal selbst anmelden muss. Startet er eine Anwendung auf einer anderen SAP NetWeaver-Installation, ist keine weitere Anmeldung mehr nötig.

5.1.1 Content-Modell

Um beliebige Arten von Anwendungen in einer konsistenten Art und Weise strukturieren zu können, definiert das SAP NetWeaver Portal eine Reihe von Entitäten, die wir im Folgenden beschreiben wollen.

iViews

Unterschiedliche iView-Typen

Um eine Anwendung innerhalb des SAP NetWeaver Portal zu starten, müssen Sie einen so genannten iView erzeugen. Ein iView ist die startbare oder ausführbare Einheit innerhalb des SAP NetWeaver Portal. Jeder Typ von Anwendung definiert hierbei einen eigenen Typ von iView, mit applikations- oder typspezifischen Eigenschaften. Eine Anwendung kann hierbei im einfachsten Falle eine herkömmliche URL sein (zum Beispiel *http://www.sap.com*), die über einen so genannten *URL-iView* gestartet werden kann. Web-Dynpro-Anwendungen werden über so genannte *Web-Dynpro-iViews* gestartet.

Editieren von iView-Eigenschaften

Unabhängig vom Typ des iViews definiert das SAP NetWeaver Portal bestimmte iView-Eigenschaften, die immer gültig sind. Beispielsweise können Sie für jede Art von iView die Größe definieren, in der er angezeigt werden soll. Darüber hinaus stellt das SAP NetWeaver Portal für alle Typen von iViews mit dem so genannten *iView Editor* eine konsistente Möglichkeit zur Verfügung, die Eigenschaften eines iViews zu definieren oder zu ändern. Wir werden in Abschnitt 5.2.3 die Möglichkeiten besprechen, die Ihnen der iView Editor speziell für Web-Dynpro-iViews bietet.

Portal Pages

Sobald Sie mehr als einen iView gleichzeitig darstellen wollen, benötigen Sie eine Portal Page. Mithilfe einer Portal Page können Sie beliebige iViews auf einer Seite anordnen und mithilfe des Page Editors sowohl die Inhalte einer Portal Page, also die Liste der angezeigten iViews, als auch das Layout, in dem die verschiedenen iViews angezeigt werden sollen, definieren und ändern.

Verwendung des Page Editors

Darüber hinaus bietet das SAP NetWeaver Portal vielfältige Kommunikationsmöglichkeiten, damit iViews, die auf einer Portal Page gerufen werden, Daten austauschen können.

Kommunikation zwischen iViews einer Portal Page

Zu guter Letzt können Sie Portal Pages auch in andere Portal Pages einbetten, und so komplexe Seitenlayouts erzeugen. Das Portal-UI, das wir in Abschnitt 5.1.2 vorstellen werden, setzt sich beispielsweise aus einer Reihe von geschachtelten Portal Pages zusammen, wodurch Sie die Möglichkeit erhalten, das grundsätzliche Layout Ihrer SAP NetWeaver Portal-Installation mit dem herkömmlichen Page Editor anzupassen.

Worksets

Mehrere iViews und/oder Portal Pages können Sie mithilfe so genannter Worksets gruppieren. Ein Workset stellt dabei eine logisch zusammenhängende Gruppe von Anwendungen dar. Die Verwendung von Worksets bietet sich vor allem bei einer sehr großen Menge von iViews und Portal Pages an. Im Zusammenhang mit (Portal-)Rollen erlaubt die Verwendung von Worksets eine bessere Strukturierung der entsprechenden Rolle. Außerdem können Sie mithilfe von Worksets Bausteine anbieten, die später zu vollständigen Rollen zusammengesetzt werden können.

Rollen

Die (Portal-)Rolle definiert die Inhalte, die einer bestimmten Benutzergruppe oder einem bestimmten Benutzer verfügbar gemacht werden sollen. Wir werden zum Beispiel in Abschnitt 5.2.4 die Rolle **Web Dynpro Best Practices** definieren, die alle in diesem Buch vorgestellten Beispiele enthält. Jeder Benutzer, dem diese Rolle im SAP NetWeaver Portal zugewiesen wird, erhält damit Zugriff auf die darin enthaltenen iViews und Portal Pages.

Verwendung des Role Editors

Eine Rolle definiert sowohl die eigentlichen Inhalte (also die verfügbaren iViews, Portal Pages oder Worksets) als auch deren Struktur und Anordnung. Sie definieren und ändern die Inhalte oder deren Strukturierung mithilfe des so genannten Role Editors.

5.1.2 Benutzeroberfläche

Abbildung 5.1 zeigt die Web-Dynpro-MusicBox (siehe Kapitel 8) innerhalb des SAP NetWeaver Portal. Die Benutzeroberfläche setzt sich hierbei aus einigen fest vorgegebenen Bestandteilen zusammen, über die der Benutzer unabhängig vom dargestellten Inhalt bestimmte Portal-Funktionalitäten ansprechen kann. Im Folgenden werden wir die wichtigsten Bestandteile besprechen.

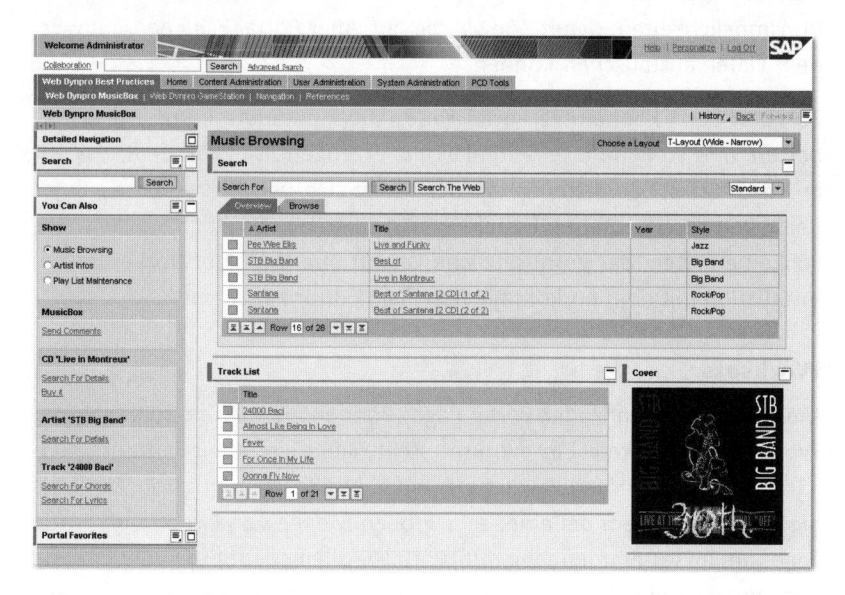

Abbildung 5.1 SAP NetWeaver Portal

Top-Level-Navigation

Mithilfe der so genannten Top-Level-Navigation kann der Benutzer zwischen den Inhalten navigieren, die die ihm zugeordneten Rollen bereitstellen (siehe Abbildung 5.2). Die Top-Level-Navigation stellt dabei immer die zwei obersten Ebenen dar, in denen innerhalb einer Rolle die verschiedenen iViews, Portal Pages oder Worksets strukturiert sind. Oberhalb der Top-Level-Navigation erkennen Sie zudem verschiedene Links, um generische Portal-Funktionen wie **Help**, **Personalize** oder **Log Off** auszuführen.

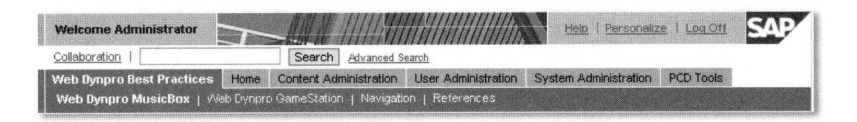

Abbildung 5.2 Top-Level-Navigation

Über den **Personalize**-Link können Sie zentrale Funktionen sowie andere grundlegende Einstellungen des SAP NetWeaver Portal ändern. Abbildung 5.3 zeigt beispielsweise die Änderung des so genannten Portal Themes, das die gewünschte (grafische) Darstellung der verwendeten UI-Elemente definiert.

Bestimmung des Portal Themes

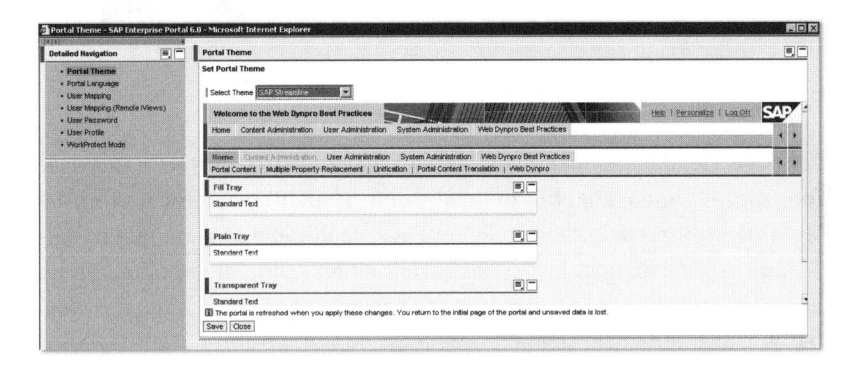

Abbildung 5.3 Personalisierung des Portal Themes

Neben dem Portal Theme können Sie unter anderem die verwendete Sprache bestimmen. All diese Eigenschaften, die letztendlich die vom Benutzer gewählte Portal-Umgebung definieren, werden beim Starten einer Web-Dynpro-Anwendung innerhalb des SAP NetWeaver Portal an die Web-Dynpro-Laufzeitumgebung mitgegeben. Damit wird sichergestellt, dass Ihre Web-Dynpro-Anwendung beispielsweise das eingestellte Portal Theme oder die gewählte Sprache automatisch mitbenutzt.

Inner Page

Unterhalb der Top-Level-Navigation befindet sich die so genannte Inner Page, die sich aus dem Page Header, dem Navigation Panel und der Working Area oder Content Area zusammensetzt (siehe Abbildung 5.4).

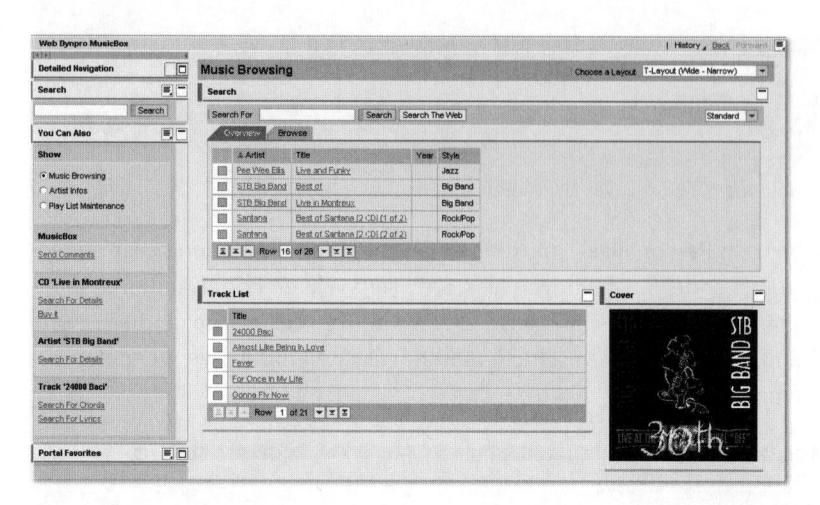

Abbildung 5.4 Inner Page

Bestandteile des Page Headers

Der Page Header beinhaltet die generische Vorwärts-/Rückwärtsnavigation, die es Ihnen erlaubt, zwischen den besuchten iViews und Portal Pages zu navigieren. Zudem stellt der Page Header die so genannte Portal-Historie zur Verfügung, in der Sie gezielt einen schon angezeigten iView oder eine Portal Page auswählen und anzeigen können. In Kapitel 6 werden wir ausführlich beschreiben, wie Sie innerhalb Ihrer Web-Dynpro-Anwendung die Portal-Historie beeinflussen können oder wie Sie innerhalb Ihrer Web-Dynpro-Anwendung zu beliebigen iViews oder Portal Pages navigieren können.

Last but not least zeigt der Page Header den Titel des aktuell angezeigten iViews oder der Portal Page an. Zudem bietet er Zugriff auf bestimmte Funktionen des angezeigten iViews oder der Portal Page. Abbildung 5.5 zeigt den iView Tray des NavigationTester-iViews (siehe Kapitel 6).

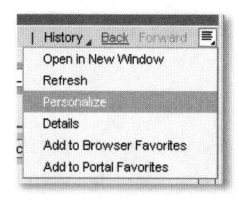

Abbildung 5.5 iView Tray

Geschachtelte Portal Page

Die Inner Page ist im Übrigen ein gutes Beispiel für die Verwendung von geschachtelten Portal Pages, da die Inner Page selbst als eine herkömmliche Portal Page definiert ist, die selbst wiederum unter anderem die Working Area als Portal Page einbettet.

Navigation Panel

Wichtigster Bestandteil des Navigation Panels ist die so genannte *Detail-Navigation* (*Detailed Navigation*). Während die Top-Level-Navigation die obersten zwei Ebenen darstellt, in der innerhalb einer Rolle die verschiedenen iViews, Portal Pages oder Worksets strukturiert sind, zeigt die Detail-Navigation alle weiteren Strukturebenen an. Typischerweise definieren Sie nicht mehr als drei Ebenen, sodass in der Detail-Navigation immer die unterste Ebene angezeigt wird (siehe Abbildung 5.6). Sollte Ihre Rolle nur zwei Ebenen definieren, enthält die Detail-Navigation den gleichen Eintrag wie die zweite Ebene der Top-Level-Navigation.

Detail-Navigation

Abbildung 5.6 Detail-Navigation

Für jeden iView und für jede Portal Page können Sie zudem definieren, ob die Detail-Navigation bei Bedarf (wenn keine dritte Navigationsebene definiert ist) oder grundsätzlich ausgeblendet werden soll. Das macht vor allem dann Sinn, wenn der iView oder die Portal Page in der Working Area sehr viel Platz benötigt. In Abschnitt 5.2.3 beschreiben wir, wie Sie dies für einen Web-Dynpro-iView beeinflussen können.

Da das Navigation Panel ähnlich wie die Inner Page auch als Portal Page definiert ist, können Sie grundsätzlich jeden beliebigen iView innerhalb des Navigation Panels anzeigen. Das macht vor allem in Szenarien Sinn, in denen Sie spezielle Navigationsmöglichkeiten in Abhängigkeit des angezeigten iViews oder der Portal Page anbieten möchten. Von dieser Möglichkeit werden wir zum Beispiel in Kapitel 8 Gebrauch machen, indem wir für die Web-Dynpro-MusicBox einen speziellen Web-Dynpro-(Navigations-)iView in das Navigation Panel einbetten.

Erweiterung des Navigation Panels

Working Area

Die Working Area (oder Content Area) des SAP NetWeaver Portal zeigt den ausgewählten iView oder die Portal Page an – und damit den Bereich, in dem Sie mit Ihren Web-Dynpro-Anwendungen arbeiten werden.

5.2 Erzeugen von Portal-Inhalten

In diesem Abschnitt wollen wir ausführlich beschreiben, wie Sie Ihre Web-Dynpro-Anwendung innerhalb des SAP NetWeaver Portal starten können, indem Sie einen Web-Dynpro-iView erzeugen und diesen in die gewünschten Portal Pages, Worksets oder Rollen einbetten.

5.2.1 Anlegen eines Systems in der Portal Landscape

Trennung von Portal und Web-Dynpro-Anwendung

Typischerweise starten Sie Ihre Web-Dynpro-Anwendungen auf einer anderen SAP NetWeaver-Installation als das SAP NetWeaver Portal selbst. Diese Separierung bietet Ihnen unter anderem den Vorteil, dass Sie die unterschiedlichen Installationen unabhängig voneinander upgraden können. Zudem kann Ihre Web-Dynpro-Anwendung nicht die Laufzeitumgebung des SAP NetWeaver Portal beeinflussen, womit Sie sicherstellen, dass das SAP NetWeaver Portal auch dann noch korrekt funktioniert, wenn in Ihrer Web-Dynpro-Anwendung Fehler auftreten – der umgekehrte Fall gilt natürlich auch.

Wie wir jedoch in den Kapiteln 7 und 8 sehen werden, müssen Sie Ihre Web-Dynpro-Anwendungen auf derselben Installation von SAP NetWeaver wie das SAP NetWeaver Portal selbst starten, sobald Sie bestimmte Features (wie beispielsweise die Personalisierung) des SAP NetWeaver Portal innerhalb Ihrer Web-Dynpro-Anwendung nutzen wollen.

Portal Landscape

Damit das SAP NetWeaver Portal Ihre Web-Dynpro-Anwendung in Form eines Web-Dynpro-iViews starten kann, müssen Sie in einem ersten Schritt der so genannten Portal Landscape mitteilen, auf welcher SAP NetWeaver-Installation Ihre Web-Dynpro-Anwendung gestartet werden soll. Sie erreichen dies durch die Definition eines entsprechenden Systems in der Portal Landscape.

1. Sie starten die Definition dieses Systems innerhalb von **System Administration** · **System Configuration** über den Eintrag **New** · **System** im Kontextmenü des Verzeichnisses, in dem Sie das System (bzw. die System-Definition) ablegen wollen (siehe Abbildung 5.7). In diesem Beispiel wollen wir das System im Verzeichnis *Web Dynpro Best Practices* ablegen, in dem wir später auch alle benötigten iViews, Portal Pages und Rollen erzeugen werden.

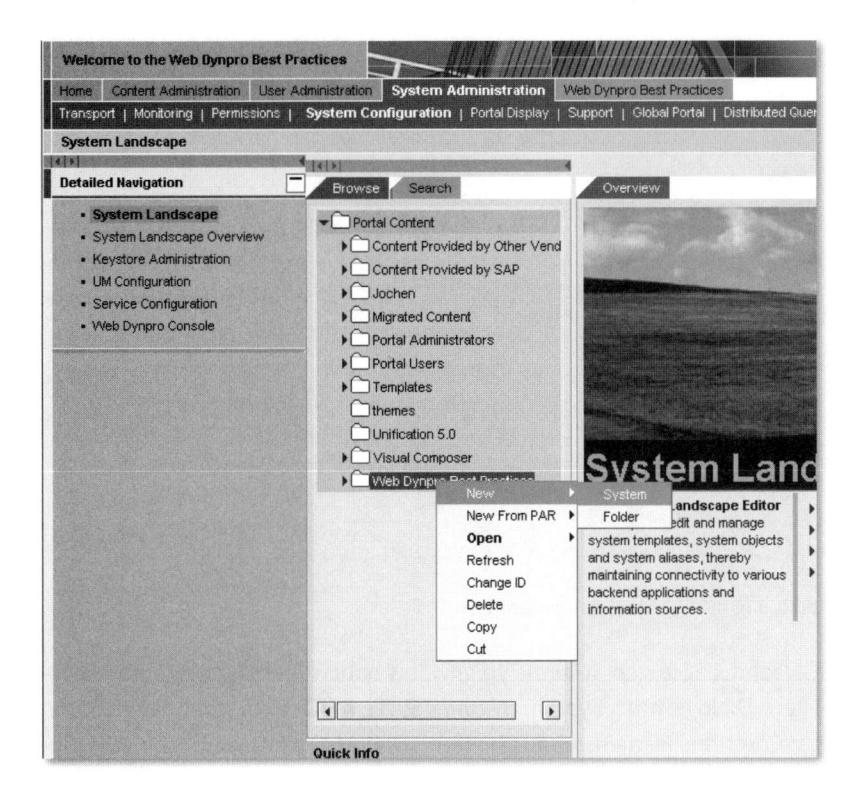

Abbildung 5.7 Anlegen eines Systems

2. In einem ersten Schritt wählen Sie den gewünschten System-Typ aus. Hierbei müssen Sie beachten, dass Ihre SAP NetWeaver-Installation nicht direkt als solche sichtbar ist. Sie müssen stattdessen einen der vorhandenen **SAP system**-Einträge wählen (siehe Abbildung 5.8).

   Wahl des System-Typs

   Solange es sich bei Ihrer SAP NetWeaver-Installation um eine reine Java-Installation handelt, spielt es keine Rolle, welchen Eintrag Sie wählen. Sollte es sich aber um eine kombinierte Java/ABAP-Installation handeln, wählen Sie den Eintrag, der Ihrer gewählten ABAP-Installation entspricht.

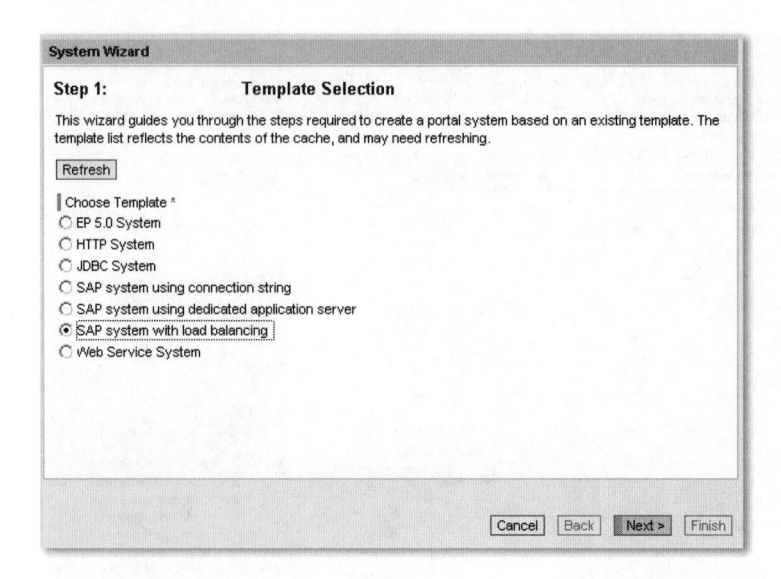

Abbildung 5.8 Auswahl des System-Typs

3. Nachdem Sie den System-Typ gewählt haben, definieren Sie im nächsten Dialogschritt **System Name**, **System ID** und optional den gewünschten Namensraum (**System ID Prefix**) sowie Sprache und Beschreibung. In Abbildung 5.9 definieren wir das System **Web Dynpro Best Practices**, das unsere SAP NetWeaver-Installation beschreibt, auf der wir alle Beispiele aus diesem Buch starten wollen.

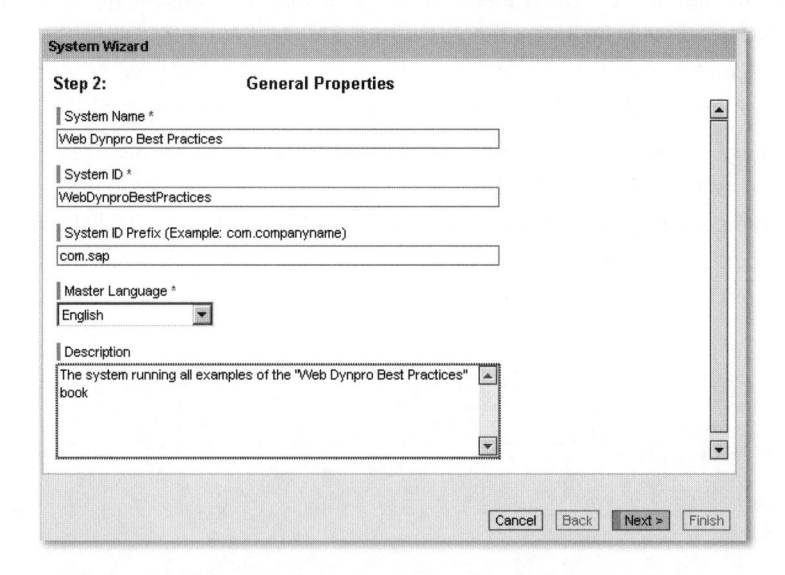

Abbildung 5.9 Definition allgemeiner Systemeigenschaften

4. Im nächsten Dialogschritt werden die von Ihnen gewählten Einstellungen noch einmal zusammengefasst. Nach einem Klick auf den **Finish**-Button wird das System erstellt.

Abbildung 5.10 zeigt das angelegte System **Web Dynpro Best Practices** im von uns gewählten Verzeichnis *Web Dynpro Best Practices*. Wie Sie sehen, enthält das Verzeichnis schon mehrere von uns angelegte Unterverzeichnisse, um die später angelegten Inhalte besser strukturieren zu können.

Abbildung 5.10 Angelegtes System

Nachdem wir nun das System **Web Dynpro Best Practices** angelegt haben, müssen wir verschiedene Systemeigenschaften definieren. Starten Sie hierzu über den Kontextmenüeintrag **Open · Object** des Systems den so genannten *System Editor* (siehe Abbildung 5.11). Wie jeder typspezifische Editor im SAP NetWeaver Portal erlaubt auch der System Editor die Pflege der jeweiligen Objekteigenschaften über den so genannten Property Editor. Dies geschieht, wie wir später noch sehen werden, unabhängig vom gewählten Objekt konsistent.

Änderung von Systemeigenschaften

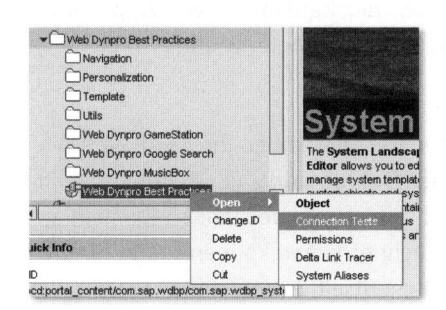

Abbildung 5.11 Starten des System Editors

Ein wesentliches Merkmal des Property Editors ist die Unterteilung der verfügbaren Eigenschaften in so genannte Kategorien (*Categories*). Jede Kategorie beschreibt dabei eine Menge von semantisch zusammengehörigen Eigenschaften des entsprechenden Objekts. Abbildung 5.12 zeigt

Unterteilung in Eigenschaftskategorien

eine Auswahl der möglichen Kategorien für das System **Web Dynpro Best Practices**.

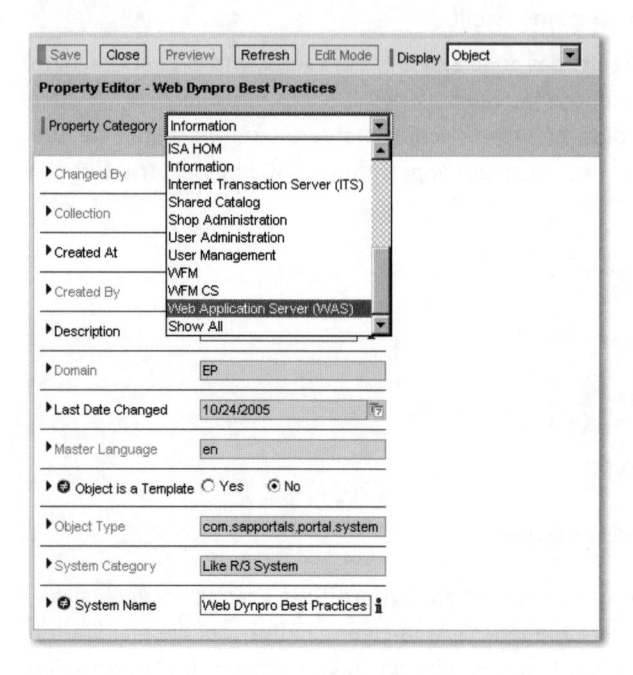

Abbildung 5.12 Auswahl der Web-Application-Server-Kategorie

Die meisten der hier aufgeführten Kategorien haben für das Starten einer Web-Dynpro-Anwendung keine Bedeutung. Wir werden daher im Folgenden nur auf die für uns Wesentlichen eingehen.[1]

Definition der Web-Application-Server-Eigenschaften

Abbildung 5.13 zeigt die Eigenschaften der Kategorie **Web Application Server (WAS)**. Für uns sind die folgenden Parameter wichtig:

- **WAS Host Name**

  Der **WAS Host Name** definiert den Rechnernamen Ihrer SAP NetWeaver-Installation. Achten Sie bei der Definition darauf, den voll qualifizierten Rechnernamen einschließlich der entsprechenden Domain anzugeben. Nicht voll qualifizierte Rechnernamen können später für Probleme sorgen, sobald Sie eines der clientseitigen APIs rufen wollen, das das SAP NetWeaver Portal zur Verfügung stellt. Beachten Sie, dass Sie den **WAS Host Name** in der Form <Hostname>.<Domain>:<Port> angeben.

---

[1] Für einen vollständigen Überblick möchten wir auch an dieser Stelle noch einmal auf das SAP Help Portal (*http://help.sap.com*) verweisen.

▶ **WAS Protocol**

Über die **WAS Protocol**-Eigenschaft definieren Sie das für Ihre SAP NetWeaver-Installation verwendete Protokoll.

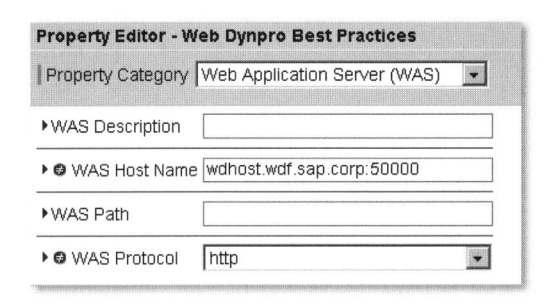

Abbildung 5.13 Definition der Web-Application-Server-Eigenschaften

Innerhalb der **User Management**-Kategorie (siehe Abbildung 5.14) definieren Sie, wie Ihre Web-Dynpro-Anwendung beim Starten innerhalb des SAP NetWeaver Portal authentifiziert werden soll. Die **Logon Method**-Eigenschaft definiert, ob Sie dazu das SAP Logon-Ticket (**SAPLOGONTICKET**), einen speziellen Benutzer (**UIDPW**) oder ein X.509-Client-Zertifikat (**X509CERT**) benutzen wollen.

Definition der Eigenschaften zum Benutzermanagement

Abbildung 5.14 Definition der User-Management-Eigenschaften

> **Tipp**
>
> Wir empfehlen grundsätzlich die Verwendung des SAP Logon-Ticket, sobald Sie Ihre Web-Dynpro-Anwendung auf der gleichen Installation von SAP NetWeaver starten, auf der Sie auch das SAP NetWeaver Portal betreiben. Starten Sie Ihre Web-Dynpro-Anwendung und das SAP NetWeaver Portal auf unterschiedlichen Installationen, ist die Verwendung des SAP Logon-Ticket wesentlich aufwändiger, da Sie in diesem Fall eine so genannte *Trust Relationship* zwischen den zwei Installationen einrichten müssen. Detaillierte Informationen dazu finden Sie bei-

> spielsweise unter *http://help.sap.com/saphelp_nw04/helpdata/en/89/6eb8e1af2f11d5993700508b6b8b11/frameset.htm* (**Single Sign-On with SAP Logon Tickets**).

Die **User Mapping Type**-Eigenschaft sollten Sie grundsätzlich auf **admin, user** einstellen.

Definition eines System-Alias

Nachdem wir nun alle benötigten Systemeigenschaften definiert haben, müssen wir in einem letzten Schritt den so genannten *System-Alias* erzeugen. Der System-Alias stellt dabei einen logischen Namen dar, unter dem das definierte System später angesprochen werden kann. Durch die Verwendung solch eines System-Alias machen Sie die darauf aufbauenden Portal-Objekte unabhängig von den konkret definierten Systemen.

Wie wir in Abschnitt 5.2.2 sehen werden, benutzen wir bei der Definition eines Web-Dynpro-iViews einen System-Alias, um das System zu beschreiben, auf dem die Web-Dynpro-Anwendung, die durch den Web-Dynpro-iView gestartet wird, ausgeführt werden soll. Dadurch können Sie später den so definierten Web-Dynpro-iView sehr leicht auf andere SAP NetWeaver Portal-Installationen starten – Sie müssen nur dafür sorgen, dass der entsprechende System-Alias vorhanden ist. Diesen können Sie natürlich auch problemlos für ein schon bestehendes System definieren, das dann auch potenziell mehrere System-Aliasse bereitstellen kann.

Um einen System-Alias für unser System **Web Dynpro Best Practices** zu definieren, wählen Sie zunächst die **System Aliases**-Ansicht im Property Editor aus (siehe Abbildung 5.15).

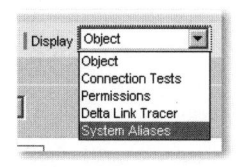

Abbildung 5.15 Auswahl des System-Alias

Verschiedene Ansichten des Property Editors

Der Property Editor stellt verschiedene Ansichten zur Verfügung, die meist spezielle Eigenschaften des gewählten Objektes beinhalten und diese auf unterschiedliche Arten darstellen. Die **Object**-Ansicht ist dabei immer die Standardansicht, die die vorhandenen Objekt-Eigenschaften in einer generischen Name-Wert-Ansicht darstellt.

Abbildung 5.16 zeigt den **System Alias Editor**, der die Definition beliebiger System-Aliasse erlaubt. In unserem Beispiel haben wir mithilfe des **Add**-Buttons den **WebDynproBestPractices**-System-Alias definiert, den wir im folgenden Kapitel beim Erzeugen unserer Web-Dynpro-iViews benutzen werden.

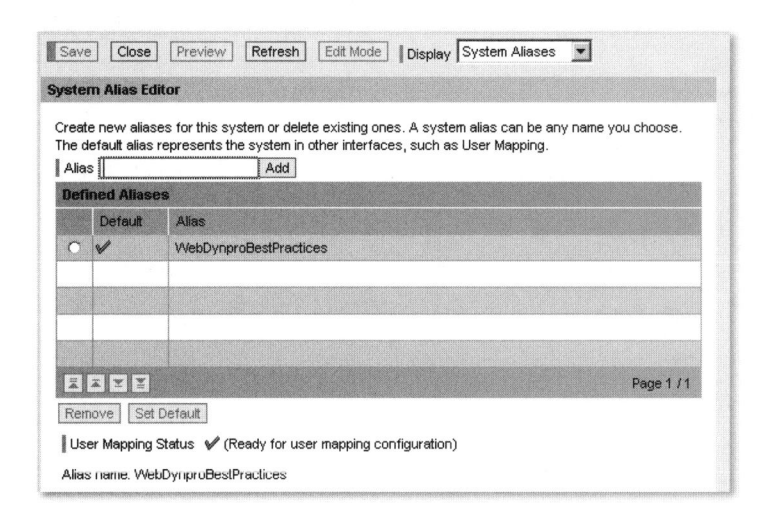

Abbildung 5.16 Anzeige der definierten System-Aliasse

5.2.2 Erzeugen eines Web-Dynpro-iViews

Wir wollen nun diskutieren, wie Sie einen entsprechenden Web-Dynpro-iView anlegen können, über den Sie Ihre Web-Dynpro-Anwendung innerhalb des SAP NetWeaver Portal starten können.

Grundsätzlich sollten Sie sich zu Beginn überlegen, wie Sie Ihre auf Web Dynpro basierenden Portal-Inhalte strukturieren möchten. Abbildung 5.17 zeigt die von uns gewählte Struktur der Portal-Inhalte, mit deren Hilfe Sie die Beispiele aus dem Buch im SAP NetWeaver Portal anzeigen können.

Strukturierung der Web-Dynpro-Inhalte

Ganz allgemein erzeugen und verändern Sie alle Arten von Portal-Inhalten im so genannten *Portal Content Catalog*, den Sie über **Content Administration** · **Portal Content** starten. Um einen Web-Dynpro-iView zu erzeugen, starten Sie über den Kontextmenüeintrag **New** · **iView** des entsprechenden Verzeichnisses im Content Catalog (siehe Abbildung 5.18) den so genannten *iView Wizard*.

Portal Content Catalog

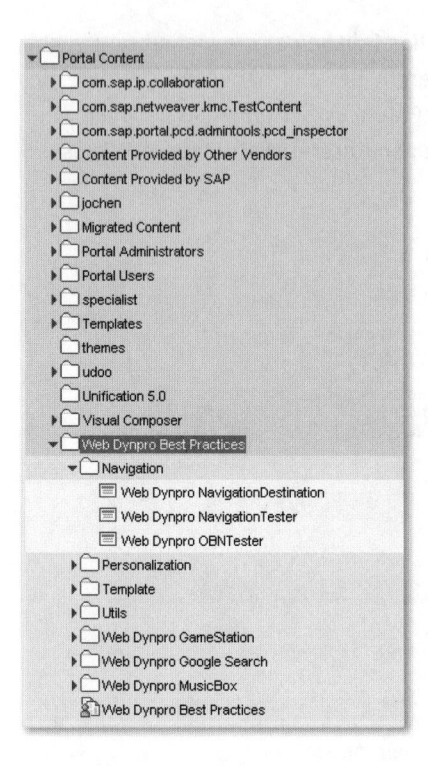

Abbildung 5.17 Strukturierung von Portal-Inhalten

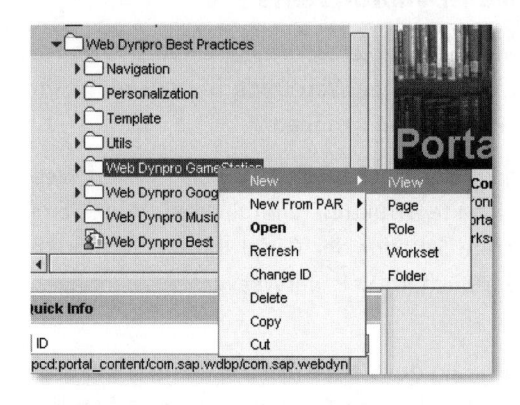

Abbildung 5.18 Anlegen eines iViews

Auswahl des iView-Templates

Abbildung 5.19 zeigt den ersten Dialogschritt des iView Wizards, in dem Sie das gewünschte iView-Template auswählen. Ein iView-Template ist eine Vorlage für einen iView, die in Abhängigkeit zum gewählten iView-Typ bestimmte Voreinstellungen und Default-Werte für bestimmte Eigenschaften des iViews definiert. Wir wählen das Template **SAP Web Dynpro iView**.

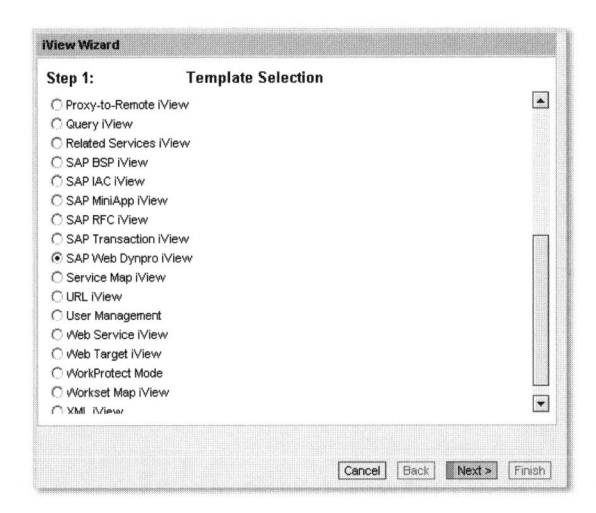

Abbildung 5.19 Auswahl des Web-Dynpro-iView-Templates

In Kapitel 8 beschreiben wir anhand der Web-Dynpro-MusicBox, in welchen Szenarien es Sinn ergeben kann, eigene anwendungsspezifische Web-Dynpro-iView-Templates anzulegen.

Definition anwendungsspezifischer iView-Templates

Nachdem Sie das Web-Dynpro-iView-Template ausgewählt haben, definieren Sie im nächsten Dialogschritt den Namen und die ID des iViews (siehe Abbildung 5.20). Der iView-Name wird hierbei später im Portal als Titel verwendet. Sie können den Namen später jederzeit ändern, beispielsweise sobald Sie den iView in eine Portal Page einbetten oder einer Rolle zuweisen. Alle weiteren Parameter in diesem Dialogschritt sind optional.

Allgemeine iView-Eigenschaften

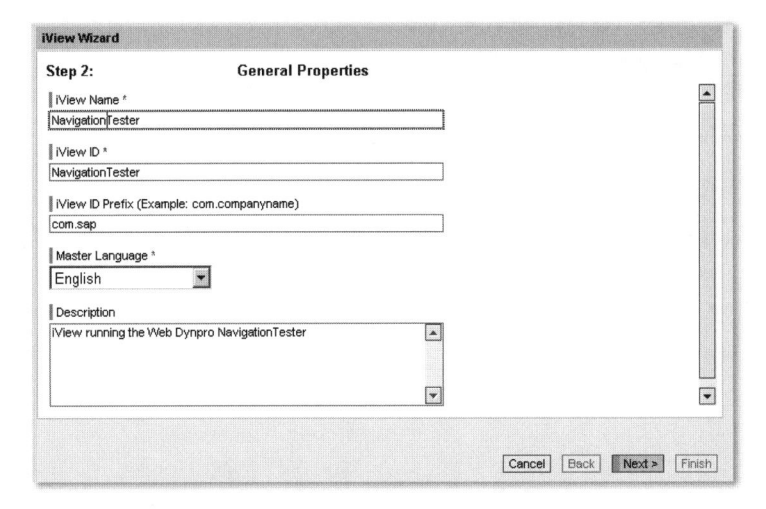

Abbildung 5.20 Definition allgemeiner Eigenschaften

Erzeugen von Portal-Inhalten

Nach einem Klick auf **Next** gelangen Sie zum nächsten Dialogschritt, in dem Sie entscheiden, ob Sie eine Web-Dynpro-for-Java- oder Web-Dynpro-for-ABAP-Anwendung einbinden wollen (siehe Abbildung 5.21). Wir entscheiden uns an dieser Stelle für **Web Dynpro for Java**.

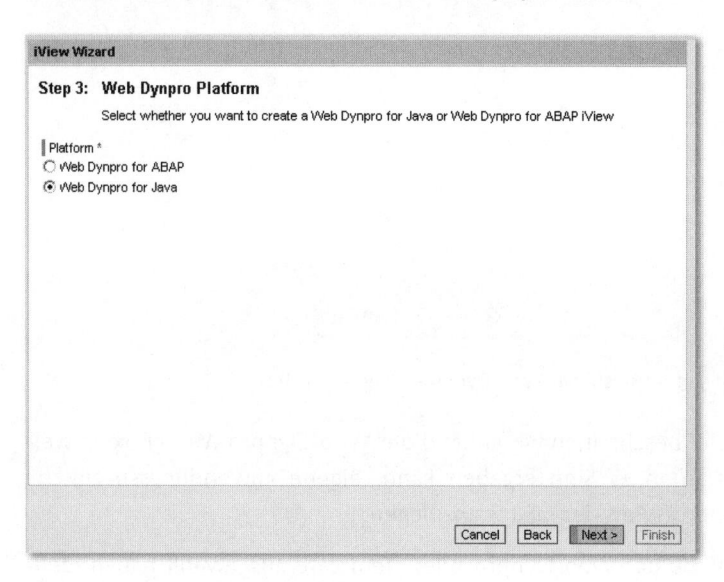

Abbildung 5.21 Auswahl von Web Dynpro for Java

Definition der Web-Dynpro-Anwendung

Im nächsten Dialogschritt (siehe Abbildung 5.22) definieren Sie die folgenden technischen Parameter, mit denen Sie Ihre Web-Dynpro-Anwendung spezifizieren:

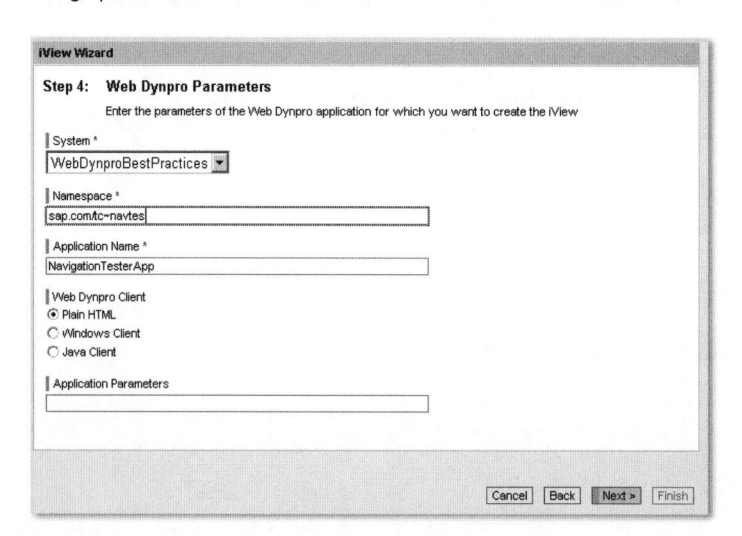

Abbildung 5.22 Definition der Web-Dynpro-Anwendung

▶ **System**

Über den **System**-Parameter definieren Sie den System-Alias Ihres Web-Dynpro-iViews. Für die Beispiele in diesem Buch wählen Sie grundsätzlich den **WebDynproBestPractices**-System-Alias. Für Testzwecke können Sie den vordefinierten **SAP_LocalSystem**-System-Alias verwenden, der immer die lokale SAP NetWeaver-Installation beschreibt. In diesem Fall starten Sie Ihre Web-Dynpro-Anwendung immer auf der Installation, auf der Sie auch das SAP NetWeaver Portal betreiben.

> **Tipp**
>
> Wir empfehlen die Verwendung des **SAP_LocalSystem**-System-Alias ausschließlich für Testzwecke. Für Web-Dynpro-iViews, die Sie später auf verschiedene Systeme verteilen möchten, sollten Sie immer einen eigenen System-Alias definieren. Dadurch können Sie die definierten iViews später leichter an die gegebene Systemlandschaft anpassen, indem Sie den oder die benötigten System-Alias(se) für das entsprechende System definieren.

Verwendung von SAP_LocalSystem

▶ **Namespace**

Über den **Namespace**-Parameter definieren Sie die Web-Dynpro-Entwicklungskomponente bzw. das Web-Dynpro-Eclipse-Projekt, das die gewünschte Web-Dynpro-Applikation beinhaltet.

Der gewählte Wert muss dabei dem Schema `<Vendor>/<DC-Name>` entsprechen: `<Vendor>` ist der Vendor der Web-Dynpro-Entwicklungskomponente bzw. `local` bei Verwendung eines Web-Dynpro-Eclipse-Projekts. `<DC-Name>` ist der Name der Web-Dynpro-Entwicklungskomponente bzw. der Name des Web-Dynpro-Eclipse-Projekts. Für den Web-Dynpro-NavigationTester wählen wir hier z.B. `com.sap/tc~navtes`.

▶ **Application Name**

Der Parameter **Application Name** definiert den Applikationsnamen der gewünschten Web-Dynpro-Anwendung. Um wie im Beispiel den Web-Dynpro-NavigationTester auszuwählen, setzen wir den Parameter auf **NavigationTesterApp**.

Ermittlung der benötigten Parameter

> **Tipp**
>
> Wir werden oft gefragt, ob es eine einfache Art und Weise gibt, die bei der Definition eines Web-Dynpro-iViews benötigten Parameter zu ermitteln. Die eleganteste ist sicherlich die Verwendung des *Web Dynpro Content Administrators* (siehe Kapitel 10). Im nächsten Release von SAP NetWeaver wird das Anlegen von Web-Dynpro-iViews im Übrigen sehr viel einfacher und automatisch möglich sein.

▶ **Web Dynpro Client**

Über den Parameter **Web Dynpro Client** definieren Sie den gewünschten Web-Dynpro-Client, der für die Darstellung der Web-Dynpro-Anwendung verwendet werden soll. Wie wir in Kapitel 2 beschrieben haben, ist eine Web-Dynpro-Anwendung dank der Client Abstraction von Web Dynpro grundsätzlich ohne Änderung auf verschiedenen Clients lauffähig.

Innerhalb von SAP NetWeaver 2004 sind allerdings keine anderen Web-Dynpro-Clients verfügbar, sodass Sie hier nur den standardmäßigen browserbasierten Client wählen können.

▶ **Application Parameters**

Mithilfe des Parameters **Application Parameter** definieren Sie eine beliebige Anzahl an Übergabeparametern, die beim Starten der Web-Dynpro-Anwendung mit übergeben werden sollen. Wie wir in Abschnitt 5.3.3 sehen werden, können Sie hierbei auch verschiedene Parameter-Templates verwenden, die vom SAP Application Integrator angeboten werden.

Die gewünschten Übergabeparameter geben Sie in der Form `<Name1>=<Wert1>&<Name2>=<Wert2>`... an. Die Parameterwerte müssen Sie – im Gegensatz zu den Übergabeparametern, die Sie bei einer Portal-Navigation angeben (siehe Kapitel 6) – dabei nicht encodieren. Beispielsweise könnten die Übergabeparameter den Wert `shoesize=46&season=winter` annehmen.

Nach einem erneuten Klick auf den **Next**-Button gelangen Sie auf den abschließenden Dialogschritt, in dem Sie die gemachten Angaben noch einmal überprüfen können. Nach einem Klick auf **Finish** wird der Web-Dynpro-iView erzeugt und automatisch im gewünschten Verzeichnis im Portal Content Catalog angezeigt.

5.2.3 Editieren der Eigenschaften eines Web-Dynpro-iViews

Nachdem Sie den gewünschten Web-Dynpro-iView erfolgreich erzeugt haben, können Sie mithilfe des iView Editors beliebige Eigenschaften ändern und anpassen. Gegebenenfalls wird der iView Editor automatisch für den eben erzeugten Web-Dynpro-iView geöffnet. Sie können ihn aber auch jederzeit über den Kontextmenüeintrag **Open • Object** des betreffenden iViews öffnen.

Starten des iView Editors

Wie wir schon in Abschnitt 5.2.1 gesehen haben, werden im SAP NetWeaver Portal die Eigenschaften eines beliebigen Objektes über den Property Editor gepflegt. Die Eigenschaften eines Web-Dynpro-iViews lassen sich hierbei in mehrere Kategorien unterscheiden, wie Sie in Abbildung 5.23 erkennen können. Im Folgenden wollen wir die Eigenschaften der wichtigsten Kategorien genauer beschreiben.

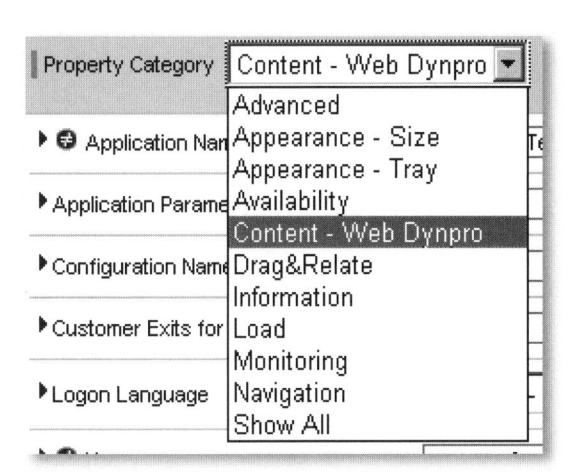

Abbildung 5.23 Verfügbare Eigenschaftskategorien eines Web-Dynpro-iViews

Spezifische Eigenschaften

Abbildung 5.24 zeigt die für Web Dynpro verfügbaren spezifischen Eigenschaften, die Sie über Auswahl der Kategorie **Content - Web Dynpro** erreichen.

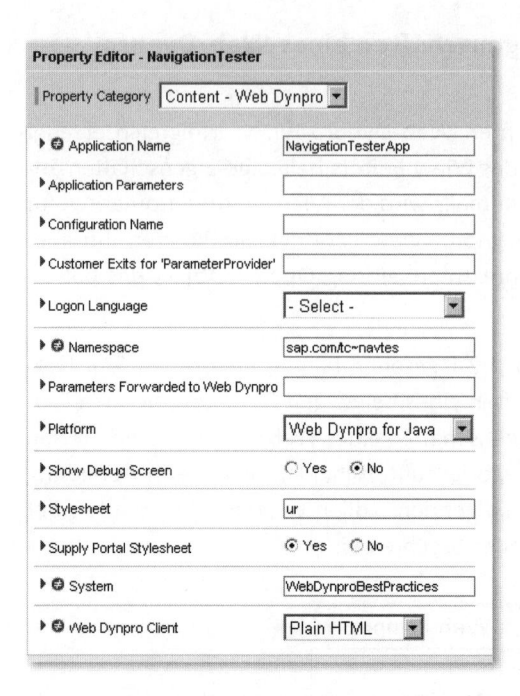

Abbildung 5.24 iView-Eigenschaften

Letztendlich entsprechen die meisten der dargestellten Eigenschaften den Eigenschaften, die Sie während der Erzeugung des Web-Dynpro-iViews definiert haben. Sie können diese aber jederzeit über den iView Editor ändern. Neben den schon bekannten Eigenschaften, die die gewünschte Web-Dynpro-Anwendung definieren, sind die folgenden Eigenschaften von besonderer Bedeutung:

▶ **Show Debug Screen**

Anzeigen von Debug-Informationen

In Abschnitt 5.3.3 beschreiben wir die unterschiedlichen Möglichkeiten der Fehlersuche im Zusammenhang mit dem SAP Application Integrator. Über die Eigenschaft **Show Debug Screen** können Sie für Ihren Web-Dynpro-iView definieren, ob der SAP Application Integrator beim Starten der Web-Dynpro-Anwendung die entsprechenden Debug-Informationen anzeigen soll oder nicht (**Yes/No**). Die am iView gewählte Einstellung wird nur dann benutzt, wenn als globale Einstellung **on demand** gewählt ist.

> **Tipp**
>
> Mit der Eigenschaft **Show Debug Screen** können Sie sehr genau steuern, für welche Web-Dynpro-iViews der SAP Application Integrator die entsprechenden Debug-Informationen anzeigen soll. Das kann insbesondere dann von Vorteil sein, wenn Sie Benutzer, die andere Web-Dynpro-iViews benutzen, nicht behindern wollen. Wir empfehlen daher nicht, das Debugging über den globalen Schalter für alle iViews einzuschalten. Im kommenden Releases von SAP NetWeaver wird es zudem die Möglichkeit geben, Debug-Informationen nur für spezielle Benutzer anzuzeigen.

▶ **Supply Portal Stylesheet**

Sobald Sie Ihre Web-Dynpro-Anwendung über einen Web-Dynpro-iView innerhalb des SAP NetWeaver Portal starten, wird automatisch das gewählte Portal Theme beim Starten der Web-Dynpro-Anwendung übergeben. Die Web-Dynpro-Laufzeitumgebung benutzt dieses Theme, um die Web-Dynpro-Anwendung mit dem gleichen »Look & Feel« anzuzeigen, in dem das Portal (bzw. die portalspezifischen Benutzeroberflächen) dargestellt wird.

Ignorieren des Portal Themes

Wenn Sie Ihre Web-Dynpro-Anwendung nicht direkt auf der SAP NetWeaver Portal-Installation starten, sondern eine zweite Installation benutzen, können diese beiden Installationen unterschiedliche Versionen der entsprechenden Themes beinhalten. Dies kann mitunter zu Problemen bei der Darstellung der Web-Dynpro-Anwendung mit der vom SAP NetWeaver Portal definierten Version führen. In diesen Fällen können Sie für einzelne iViews die Weitergabe des Portal Themes über die Eigenschaft **Supply Portal Stylesheet** unterbinden.

In Kapitel 10 beschreiben wir, wie Sie darüber hinaus für die komplette Web-Dynpro-Laufzeitumgebung erzwingen können, das vom Portal übergebene Theme zu ignorieren bzw. wie Sie ein beliebiges Theme konfigurieren können, das zur Anzeige Ihrer Web-Dynpro-Anwendungen verwendet werden soll.

▶ **Parameters Forwarded to Web Dynpro**

Wie wir in Kapitel 6 sehr ausführlich beschreiben, müssen Sie beim Starten eines Web-Dynpro-iViews grundsätzlich zwischen Übergabeparametern unterscheiden, die direkt vom SAP Application Integrator verwendet werden sollen, und solchen, die an die entsprechende Web-Dynpro-Anwendung weitergegeben werden müssen. Über die

Weiterleiten von Übergabeparametern

Eigenschaft **Parameters Forwarded to Web Dynpro** können Sie für einen Web-Dynpro-iView explizit definieren, welche Übergabeparameter an die Web-Dynpro-Anwendung weitergegeben werden sollen.

Sie geben die Parameter in Form `<Parameter1>`, `<Parameter2>`, `<Parameter3>`,... an. Darüber hinaus können Sie mit der Angabe von »*« erreichen, dass alle Übergabeparameter an die Web-Dynpro-Anwendung weitergegeben werden.

> **Tipp**
>
> Die Verwendung der Eigenschaft **Parameters Forwarded to Web Dynpro** macht dann Sinn, sobald Sie die gewünschten Parameter explizit kennen und benennen können. In Szenarien, in denen dies nicht möglich ist, können Sie über die in Kapitel 6 beschriebenen Mechanismen beliebige Parameter weitergeben. Die Verwendung von * empfehlen wir nur dann, wenn Sie absolut sicher sind, dass keine Parameter weitergegeben werden können, die die korrekte Funktionsweise Ihrer Web-Dynpro-Anwendung beeinflussen könnten, und wenn Sie darüber hinaus sicher sind, dass keine sicherheitssensitiven Daten übertragen werden.

Die Eigenschaften **Configuration Name** und **Stylesheet** haben für einen Web-Dynpro-for-Java-iView keine Bedeutung. Sie werden ausschließlich für Web-Dynpro-for-ABAP-iViews benötigt.

Definition der Größe von Web-Dynpro-iViews

Vordefinierte und variable Höhe

Um die Größe eines (Web-Dynpro-)iViews zu bestimmen, wählen Sie die Kategorie **Appearance – Size** (siehe Abbildung 5.25). Grundsätzlich können Sie hierbei über die Eigenschaft **Height Type** bestimmen, ob Ihr iView in einer vorgegebenen festen Höhe angezeigt wird (**FIXED**), oder ob das SAP NetWeaver Portal die angezeigte Höhe automatisch an den benötigten Platzbedarf des iViews anpasst (**AUTOMATIC**). Bei Verwendung einer festen Höhe definieren Sie diese über die Eigenschaft **Fixed Height**. Der angegebene Wert ist hierbei die gewünschte Höhe in Pixel.

Bei automatischer Anpassung der iView-Höhe können Sie die gewünschte minimale bzw. maximale Höhe über die Eigenschaften **Minimum Automatic Height** bzw. **Maximum Automatic Height** in Pixel angeben.

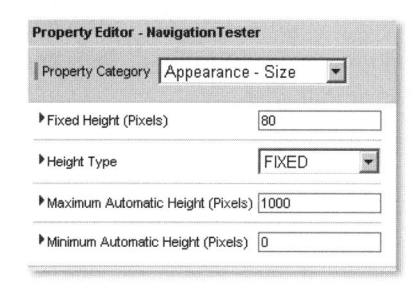

Abbildung 5.25 Einstellen der Größe des iViews

Zu guter Letzt können Sie definieren, dass Ihr Web-Dynpro-iView als so genannter *Full-page-iView* den gesamten Platz der Working Area einnimmt. Dies macht nur dann Sinn, wenn Sie diesen (Web-Dynpro-)iView nicht innerhalb einer Portal Page zusammen mit anderen iViews anzeigen.

Definition eines Full-page-iViews

> **Tipp**
>
> Wir empfehlen die Verwendung der automatischen Höhenanpassung Ihres Web-Dynpro-iViews. Damit stellen Sie zum einen sicher, dass Ihr iView nicht mehr Platz als wirklich benötigt in der Working Area belegt. Zum anderen wird Ihr Web-Dynpro-iView auch dann korrekt und vollständig angezeigt, wenn Sie die Höhe der Web-Dynpro-Anwendung verändern. Im Gegensatz zu anderen iView-Typen wird die Höhe des Web-Dynpro-iViews nicht nur initial, sondern auch nach jeder Benutzer-Interaktion angepasst.

Definition des iView Trays

Das SAP NetWeaver Portal stellt für jeden iView bestimmte generische Funktionen zur Verfügung, die Sie über den iView Tray auswählen und starten können (siehe auch Abschnitt 5.1.2). Neben der Auswahl dieser generischen Funktionen können Sie mithilfe des iView Trays den (Web-Dynpro-)iView auf- und zuklappen, um damit dem Benutzer die Möglichkeit zu geben, einen im Augenblick nicht benötigten iView vorübergehend auszublenden. Innerhalb der Kategorie **Appearance - Tray** (siehe Abbildung 5.26) können Sie für Ihren Web-Dynpro-iView das Aussehen und die Inhalte des iView Trays beeinflussen.

▶ Add Padding Inside Tray

Über die Eigenschaft **Add Padding Inside Tray** können Sie beeinflussen, ob Ihr Web-Dynpro-iView mit einem so genannten *Padding*, also einem kleinen Rand zwischen iView-Inhalt und Tray-Rahmen, versehen wird. Beachten Sie bei der Verwendung des Tray-Paddings, dass der Platzbedarf Ihres Web-Dynpro-iViews erhöht wird.

▶ **Initial State - Open or Closed**

Die Verwendung der Eigenschaft **Initial State - Open or Closed** macht nur dann Sinn, wenn Sie Ihren Web-Dynpro-iView zusammen mit anderen (Web-Dynpro-)iViews auf einer Portal Page anzeigen wollen. Sie bestimmen mithilfe dieser Eigenschaft, ob Ihr Web-Dynpro-iView beim initialen Anzeigen der Portal Page auf- oder zugeklappt sein soll. Das initiale Schließung macht immer dann Sinn, wenn die angezeigten Daten des (Web-Dynpro-)iViews für den Benutzer nicht zwingend notwendig sind.

Verringern der initialen Ladezeit einer Portal Page

Tipp

Durch das initiale Schließen des iViews verringern Sie im Übrigen auch die initiale Ladezeit für die gesamte Portal Page, da ein zugeklappter Web-Dynpro-iView bzw. die damit verknüpfte Web-Dynpro-Anwendung nicht aufgerufen wird, solange der iView vom Benutzer nicht aufgeklappt wird.

▶ **Show Tray**

Sollten Sie für Ihren Web-Dynpro-iView komplett auf den iView Tray verzichten wollen, können Sie dies über die Eigenschaft **Show Tray** erreichen.

▶ **Tray Type**

Mithilfe der Eigenschaft **Tray Type** können Sie das visuelle Aussehen des Trays beeinflussen. In Abschnitt 5.3.3 beschreiben wir, wie Sie den gewählten Tray Type an Ihre Web-Dynpro-Anwendung transportieren können, um sie dementsprechend anzupassen.

Definition der angebotenen Funktionen

Über die verschiedenen **Show … Option**-Eigenschaften können Sie diejenigen Funktionen definieren, die über den iView Tray angeboten werden sollen.

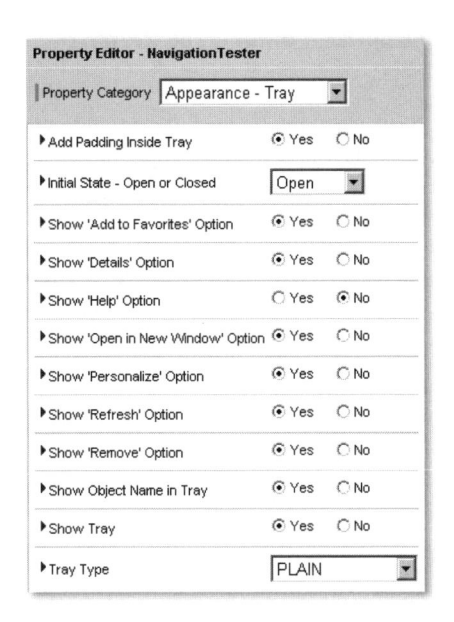

Abbildung 5.26 Eigenschaften des iView Trays

Für Web-Dynpro-iViews handelt es sich bei der **Refresh**-Funktion um ein Neustarten der mit dem iView verknüpften Web-Dynpro-Anwendung. Sobald der Benutzer über die **Remove**-Funktion den iView aus der Portal Page entfernt hat, kann er den zuvor entfernten iView über den Personalisierungsdialog der entsprechenden Portal Page wieder sichtbar machen. Den Personalisierungsdialog einer Portal Page starten Sie über den entsprechenden **Personalize**-Eintrag im Tray-Menü der Portal Page. Mithilfe des Page Editors können Sie analog zum iView Editor das Aussehen und die bereitgestellten Funktionen des Page Trays beeinflussen

Die **Personalize**-Funktion startet den generischen Personalisierungsdialog eines iViews. In Kapitel 8 besprechen wir anhand der Web-Dynpro-MusicBox, wie Sie für Ihre Web-Dynpro-Anwendung anwendungsspezifische Eigenschaften definieren können, die der Benutzer dann über den Personalisierungsdialog des iViews anpassen kann. Im gleichen Kapitel beschreiben wir zudem, wie Sie einen applikationsspezifischen Personalisierungsdialog in Form einer Web-Dynpro-Anwendung erstellen und starten können.

Definition einer anwendungsspezifischen Personalisierung

Definition der Navigationseigenschaften eines Web-Dynpro-iViews

Über die **Navigation**-Kategorie (siehe Abbildung 5.27) definieren Sie verschiedene Navigationsaspekte Ihres Web-Dynpro-iViews.

Anzeigen des iViews im Navigationsmenü

Sobald Sie Ihren Web-Dynpro-iView einer Rolle zuordnen, wird diese in der Top-Level-Navigation bzw. Detail-Navigation derjenigen Benutzer sichtbar, denen diese Rolle zugewiesen wurde. In bestimmten Szenarien kann es aber hilfreich sein, einen einer Rolle zugeordneten iView nicht im Navigationsmenü sichtbar zu machen, beispielsweise bei der Verwendung der *Object-based Navigation* (siehe Kapitel 7).

Über die Eigenschaft **Invisible in Navigation Areas** können Sie daher bestimmen, ob Ihr Web-Dynpro-iView im Navigationsmenü sichtbar sein soll oder nicht. Bedenken Sie dabei aber, dass auch ein unsichtbarer iView Teil der Rolle ist und somit vom Benutzer aufgerufen werden kann, beispielsweise durch Verwendung der Portal-Navigation, auf die wir in Kapitel 6 eingehen werden.

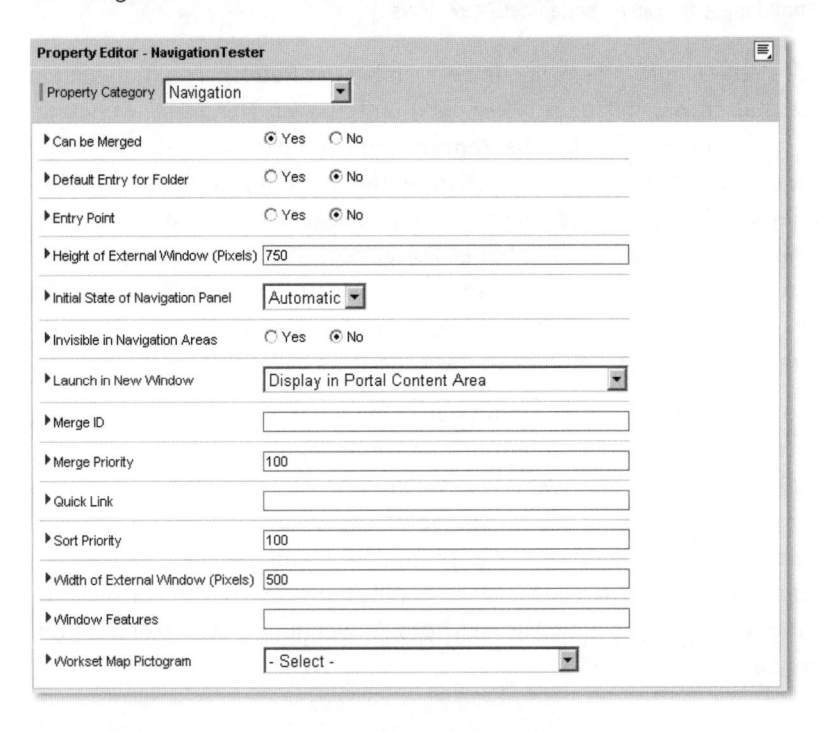

Abbildung 5.27 Navigationseigenschaften des iViews

Abhängig von der definierten Rollen-Struktur bzw. -Hierarchie kann es vorkommen, dass die Detail-Navigation im Navigation Panel nur einen einzigen Eintrag enthält. In diesen Fällen können Sie meist auf die Darstellung des Navigation Panels verzichten, um den Inhalten der Working Area mehr Platz im aktuellen Fenster des Webbrowsers einzuräumen.

Darstellung des Navigation Panels

Sie erreichen dies mithilfe der Eigenschaft **Initial State of Navigation Panel**. Bei der Auswahl von **Automatic** wird das Navigation Panel nur dann angezeigt, wenn die Detail-Navigation mehr als einen Eintrag enthält; bei **Closed** wird sie grundsätzlich nicht angezeigt. Mit **Open** wird das Navigation Panel immer angezeigt. Grundsätzlich kann der Benutzer das Navigation Panel darüber hinaus jederzeit ein- oder ausblenden.

Neben der Möglichkeit, einen iView nicht in den Navigationsmenüs anzuzeigen, können Sie innerhalb der **Navigation**-Kategorie beeinflussen, ob Ihr (Web-Dynpro-)iView in einem neuen Fenster des Webbrowsers dargestellt werden soll, sobald der Benutzer den iView auswählt – entweder explizit über die Top-Level-Navigation oder Detail-Navigation oder programmatisch über die Portal-Navigation bzw. Object-based Navigation.

Starten des iViews in einem neuen Fenster

Sie definieren das gewünschte Verhalten über die Eigenschaft **Launch in New Window**, für die Sie die folgenden Werte wählen können (siehe Abbildung 5.28):

▶ **Display in Portal Content Area**

Der iView wird in der Portal Content Area (bzw. Working Area) im aktuellen Fenster des Webbrowsers dargestellt.

▶ **Display in Separate Window**

Der iView wird in einem neuen Fenster des Webbrowsers ohne zusätzlichen Portal-Rahmen für Top-Level-Navigation und Navigation Panel angezeigt.

▶ **Display in Separate Portal Window**

Der iView wird in einem neuen Fenster des Webbrowsers mit zusätzlichem Portal-Rahmen angezeigt.

▶ **Display in Separate Headerless Portal Window**

Der iView wird in einem neuen Fenster des Webbrowsers mit zusätzlichem Page Header angezeigt.

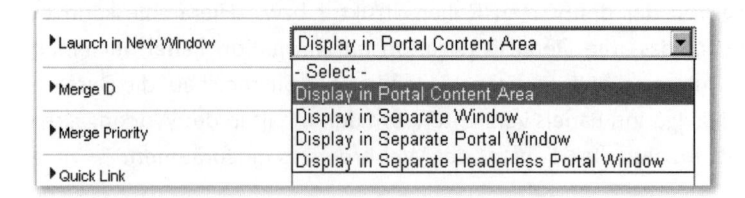

Abbildung 5.28 Starten des iViews in einem neuen Fenster

In Kapitel 6 beschreiben wir, wie Sie mithilfe der Portal-Navigation bestimmte iViews oder Portal Pages anzeigen können. Dabei gehen wir detaillierter auf die Unterschiede der verschiedenen Darstellungsmodi ein.

Möchten Sie Ihren Web-Dynpro-iView in einem neuen Fenster des Webbrowsers anzeigen, können Sie das Aussehen und die Größe dieses Fensters weitergehend definieren. Über die Eigenschaften **Height of External Window (Pixels)** und **Width of External Window (Pixels)** definieren Sie die Höhe bzw. Breite des neuen Fensters. Über die Eigenschaft **Window Features** definieren Sie das Aussehen des Fensters. Sie können beispielsweise bestimmen, ob das neue Fenster mit oder ohne Toolbar angezeigt werden soll, oder ob die Größe des Fensters vom Benutzer verändert werden kann.

Manipulation des zusätzlichen Fensters

Nachdem wir nun alle wichtigen Einstellungen besprochen haben, die Sie für Ihren Web-Dynpro-iView vornehmen können, werden wir den Web-Dynpro-iView jetzt in eine Rolle einbinden und ihn damit den Benutzern des SAP NetWeaver Portal zugänglich machen.

5.2.4 Definition einer Rolle

Analog zum Anlegen eines iViews oder einer Portal Page erzeugen Sie eine Rolle über den Kontextmenüeintrag **New • Role** des gewünschten Verzeichnisses im Portal Content Catalog (siehe Abbildung 5.29). Im daraufhin erscheinenden Dialog definieren Sie Namen und die Rollen-ID.

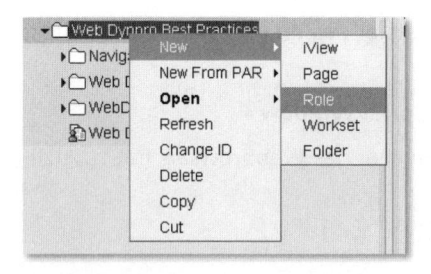

Abbildung 5.29 Erzeugen einer Rolle

182 Web Dynpro und SAP NetWeaver Portal

Um einen Web-Dynpro-iView einer bestimmten Rolle zuzuordnen, müssen Sie in einem ersten Schritt den Rollen-Editor für die gewünschte Rolle über den Kontextmenüeintrag **Open • Object** der Rolle öffnen. Um nun einen bestimmten iView oder eine Portal Page der so geöffneten Rolle zuzuordnen, wählen Sie den Kontextmenüeintrag **Add iView to Role** oder **Add Page To Role** des gewünschten iViews. Sie haben dabei die Wahl, ob Sie den iView als so genannten Delta-Link oder als Kopie einfügen möchten.

Hinzufügen eines iViews zu einer Rolle

Bei Verwendung eines Delta-Links fügen Sie nur eine Referenz auf das Originalobjekt ein. Alle Änderungen, die Sie am Originalobjekt, also am Web-Dynpro-iView, vornehmen, werden automatisch auch in der Verwendung in der bestimmten Rolle verwendet. Delta-Links lassen sich beliebig schachteln und sind vor allem dann nützlich, wenn Sie bestimmte Einstellungen Ihres Web-Dynpro-iViews in unterschiedlichen Rollen bzw. Verwendungen unterschiedlich anpassen möchten.

Delta-Link vs. Kopie

Bei der Verwendung einer Kopie erzeugen Sie beim Einfügen in eine Rolle ein eigenständiges Objekt, das keinerlei Beziehung mehr zum Originalobjekt besitzt. Änderungen am Originalobjekt werden daher nicht automatisch übernommen.

> **Tipp**
>
> Wir empfehlen grundsätzlich die Verwendung von Delta-Links. Die damit verfügbaren Möglichkeiten sind essenziell notwendig, um Ihre Web-Dynpro-iViews sinnvoll in andere Portal Pages, Worksets oder Rollen einzufügen.

Abbildung 5.30 zeigt den Rollen-Editor für die Rolle **Web Dynpro Best Practices**. Wie Sie erkennen können, verwenden wir für eine bessere Strukturierung der Rolleninhalte mehrere zusätzliche Verzeichnisse, die später als Navigationsebenen sichtbar werden. Sie starten den Rollen-Editor über den Kontextmenüeintrag **Open • Role** der betreffenden Rolle.

Der Rollen-Editor stellt ebenso wie der iView Editor eine **Navigation**-Kategorie zur Verfügung (siehe Abbildung 5.31), mit deren Hilfe Sie unter anderem definieren können, wie die in der Rolle definierte Struktur in Top-Level-Navigation und Detail-Navigation sichtbar wird.

Einhängen der Rolle in die Navigationsstruktur

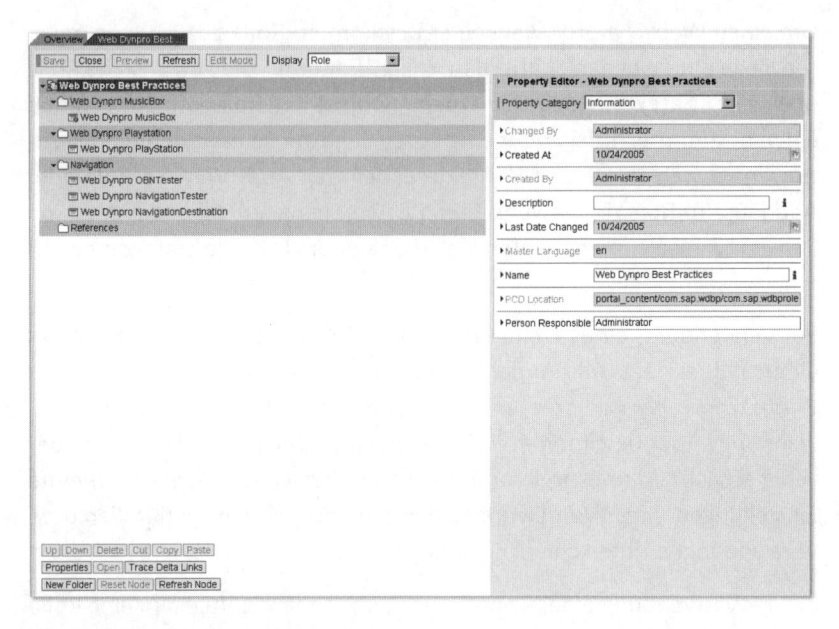

Abbildung 5.30 Rollen-Editor

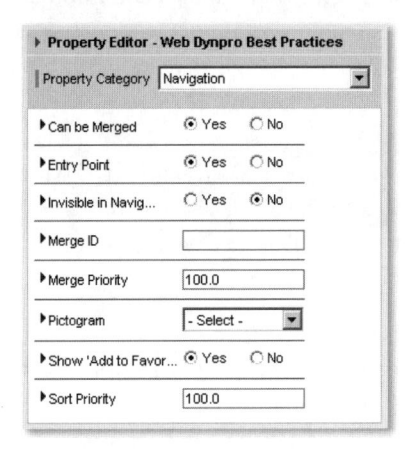

Abbildung 5.31 Navigationseigenschaften einer Rolle

Über die Eigenschaft **Entry Point** definieren Sie, ob die Rolle selbst in die Navigationsstruktur eingehängt werden soll. Die in der Rolle definierte Navigationsstruktur wird dann ohne Änderung in der Top-Level-Navigation und der Detail-Navigation sichtbar.

In unserer Rolle **Web Dynpro Best Practices** ist zum Beispiel der Web-Dynpro-OBNTester über drei Hierarchieebenen erreichbar. Die Rolle **Web Dynpro Best Practices** stellt dabei die erste Ebene dar, darunter definieren wir ein **Navigation**-Verzeichnis, das die zweite Ebene bestimmt. Zu guter Letzt definiert der iView **Web Dynpro OBNTester** die dritte Ebene (siehe Abbildung 5.32).

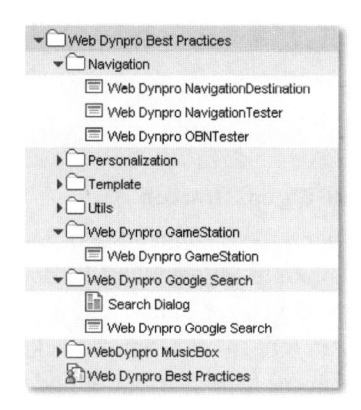

Abbildung 5.32 Definition einer dreistufigen Navigationshierarchie

Sobald Sie über die Eigenschaft **Entry Point** bestimmen, dass die Rolle direkt in die Navigationsstruktur eingehängt werden soll, werden diese drei Ebenen auf die Top-Level-Navigation bzw. auf die Detail-Navigation verteilt. Die ersten beiden Navigationsebenen werden dabei immer von der Top-Level-Navigation visualisiert, jede weitere Ebene von der Detail-Navigation. Abbildung 5.33 zeigt die dadurch erhaltene Visualisierung.

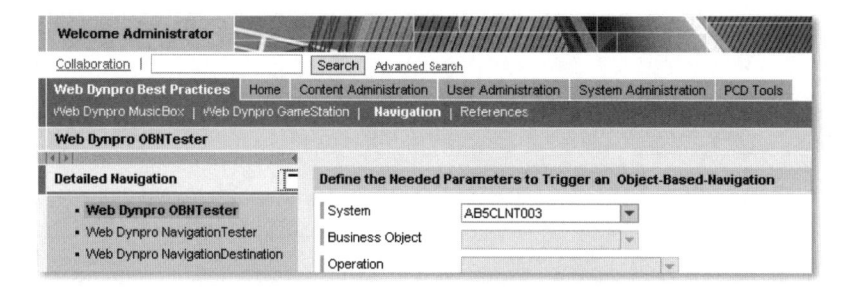

Abbildung 5.33 Dreistufige Visualisierung der Navigationshierarchie

Grundsätzlich können Sie jede beliebige Hierarchieebene einer Rolle in die Navigationsstruktur einhängen. Würden Sie zum Beispiel in der Rolle **Web Dynpro Best Practices** erst die zweite Ebene in die Navigationsstruktur einhängen, würden Sie nur zwei Navigationsebenen definieren. Die Detail-Navigation würde dann keine Inhalte mehr anzeigen, wie Sie in Abbildung 5.34 erkennen können.

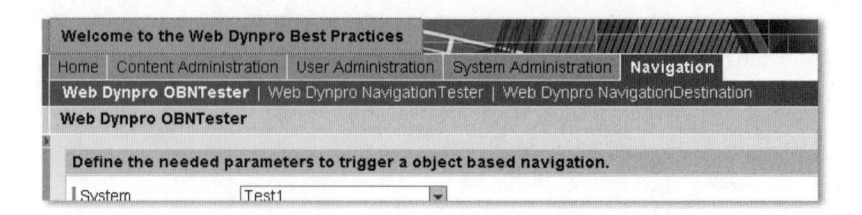

Abbildung 5.34 Zweistufige Visualisierung der Navigationshierarchie

Rollenspezifisches Anpassen von iView-Eigenschaften

Verwendung von Delta-Links

Sobald Sie einen iView in eine Rolle eingefügt haben, können Sie beliebige Eigenschaften dieses iViews für die konkrete Verwendung in der Rolle anpassen. Durch die konsequente Verwendung der Delta-Links stellen Sie dabei aber immer sicher, dass alle Änderungen am Originalobjekt automatisch übernommen werden, es sei denn, Sie haben die betreffende Eigenschaft explizit für eine bestimme Verwendung angepasst.

Ändern von iView-Eigenschaften im Rollen-Editor

Um einzelne Eigenschaften eines iViews für eine bestimmte Rolle anzupassen, starten Sie den Property Editor über den Eintrag **Properties** des Kontextmenüs des entsprechenden iViews (siehe Abbildung 5.35). Die nun geänderten Eigenschaften beziehen sich ausschließlich auf diese spezielle Verwendung des iViews in dieser Rolle. Theoretisch können Sie jeden iView mehrmals zur gleichen Rolle hinzufügen, und danach jede dieser Verwendungen unterschiedlich anpassen.

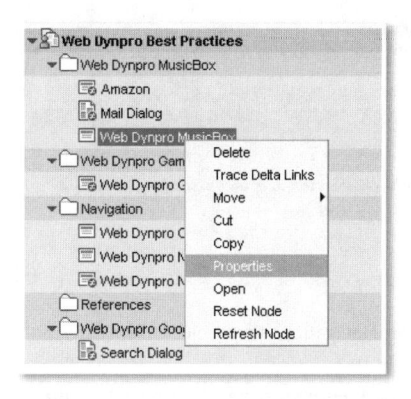

Abbildung 5.35 Ändern von iView-Eigenschaften im Rollen-Editor

Starten des iView Editors aus dem Rollen-Editor

Neben der Möglichkeit, den Property Editor eines iViews direkt zu öffnen, können Sie über den Kontextmenüeintrag **Open** auch den kompletten iView Editor des entsprechenden iViews starten (siehe Abbildung 5.36). Dadurch können Sie beliebige Änderungen am iView vornehmen – grundsätzlich natürlich auch nur für die spezielle Verwendung dieses iViews in der Rolle.

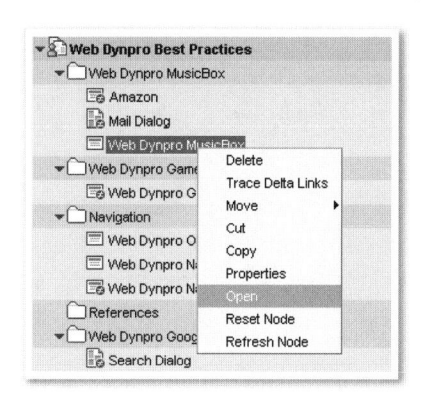

Abbildung 5.36 Starten des iView Editors aus dem Rollen-Editor

Neben dem Hinzufügen eines Web-Dynpro-iViews in eine Rolle, können Sie jeden Web-Dynpro-iView natürlich auch in jede beliebige Portal Page einbetten. Auch dazu verwenden Sie normalerweise Delta-Links, um das Original und die spezielle Verwendung eines iViews miteinander zu verknüpfen.

Hinzufügen eines Web-Dynpro-iViews zu einer Portal Page

5.2.5 Zuweisung einer Rolle zu einem Benutzer

Nachdem wir die gewünschten Web-Dynpro-iViews und die entsprechende Rolle mit der benötigten Navigationsstruktur erzeugt haben, müssen Sie in einem letzten Schritt die Rolle den gewünschten Benutzern zuweisen, damit diese die Rolle (bzw. die darin definierten Inhalte) aufrufen und benutzen können.

Wir können an dieser Stelle nicht in aller Tiefe auf die Besonderheiten der Benutzerverwaltung innerhalb des SAP NetWeaver Portal eingehen, wollen im Folgenden aber exemplarisch einen Benutzer erzeugen und diesen unserer Rolle **Web Dynpro Best Practices** zuweisen.

Über **User Administration · Users · Create User** können Sie einen neuen Benutzer anlegen (siehe Abbildung 5.37). Wir wählen als **User ID** »wdbook« und als initiales Passwort »initial«. Dieses initiale Passwort müssen Sie beim erstmaligen Anmelden an das SAP NetWeaver Portal ändern. Des Weiteren wählen Sie den Vor- und Nachnamen, die E-Mail-Adresse sowie die bevorzugte Sprache des Benutzers. Alle Portal-Inhalte werden in dieser Sprache angezeigt, sofern für die entsprechenden Inhalte die benötigten Übersetzungen vorhanden sind.

Anlegen eines Benutzers

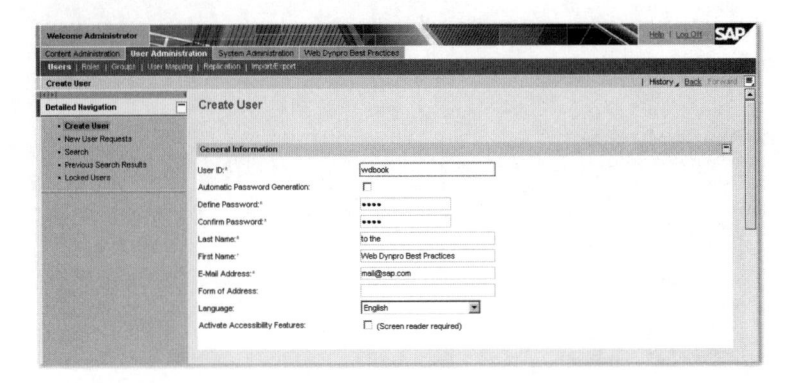

Abbildung 5.37 Anlegen des Benutzers wdbook

Verwendete Sprache in Web Dynpro

Sobald Sie Ihre Web-Dynpro-Anwendung innerhalb des SAP NetWeaver Portal starten, wird die definierte Portal-Sprache verwendet. Sollte diese Sprache nicht vorhanden sein, wird anhand eines bestimmten Schemas die zu verwendende Sprache ermittelt. In Kapitel 10 beschreiben wir dies in aller Ausführlichkeit.

Nach dem Klick auf den **Create**-Button wird der Benutzer **wdbook** angelegt. Um diesem Benutzer im nächsten Schritt die gewünschten Rollen zuzuweisen, wählen Sie über **User Administration · Roles** den gewünschten Benutzer aus. Abbildung 5.38 zeigt den dadurch gestarteten Dialog, mit dessen Hilfe Sie die gewünschten Rollen auswählen können. Wir wählen die Rollen **super_admin_role**, **eu_core_role** und **com.sap.wdbprole** (unsere **Web Dynpro Best Practices**-Rolle).

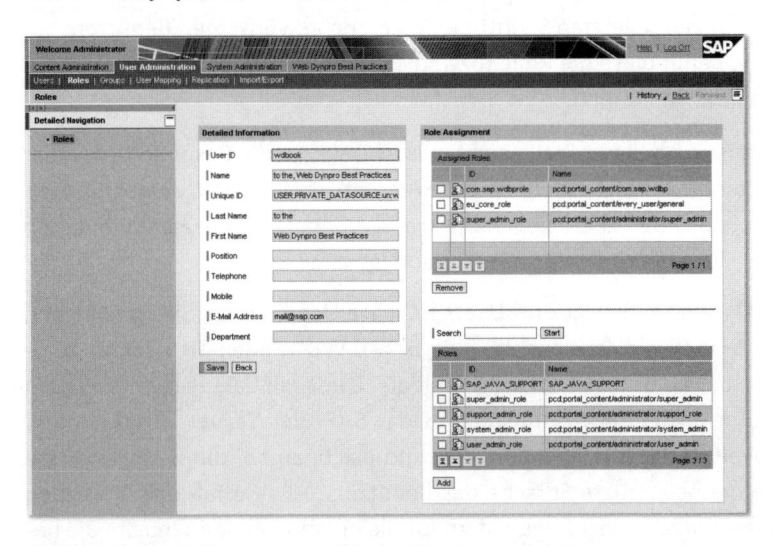

Abbildung 5.38 Rollenzuweisung für den Benutzer wdbook

Nach dem Klick auf **Save** werden diese Rollen dem Benutzer **wdbook** zugewiesen. Sie können sich nun über den **Log Off**-Link im Portal-Header vom SAP NetWeaver Portal abmelden und bei einer Neuanmeldung den eben erzeugten Benutzer **wdbook** wählen. Sollten Sie für den aktuellen Benutzer Rollen zuweisen, müssen Sie das Fenster des Webbrowsers über die **F5**-Taste bzw. den **Refresh**-Button in der Toolbar neu laden, um die Top-Level-Navigation bzw. Detail-Navigation anzupassen.

5.3 Verfügbare Web-Dynpro-Anwendungen

Neben den von Ihnen erzeugten, auf Web Dynpro basierenden Portal-Inhalten gibt es eine Reihe von Web-Dynpro-Anwendungen, die zusammen mit dem SAP NetWeaver Portal installiert werden und direkt verwendet werden können. In diesem Kapitel wollen wir diese Anwendungen kurz vorstellen. Weiterführende Informationen dazu erhalten Sie im SAP Help Portal (*http://help.sap.com*) oder auch im SAP Developer Network (*http://sdn.sap.com*).

5.3.1 Administrationswerkzeuge

Der Web Dynpro Content Administrator (siehe Abbildung 5.39) gibt Ihnen Zugriff auf alle deployten Web-Dynpro-Inhalte. Neben umfangreichen Suchmöglichkeiten bietet er Ihnen vor allem die Möglichkeit, die so genannten JCo-Destinationen zu pflegen, die Sie für alle Web-Dynpro-Anwendungen benötigen, die über das Adaptive RFC-Model auf Daten im SAP-Backend-System zugreifen.

Web Dynpro Content Administrator

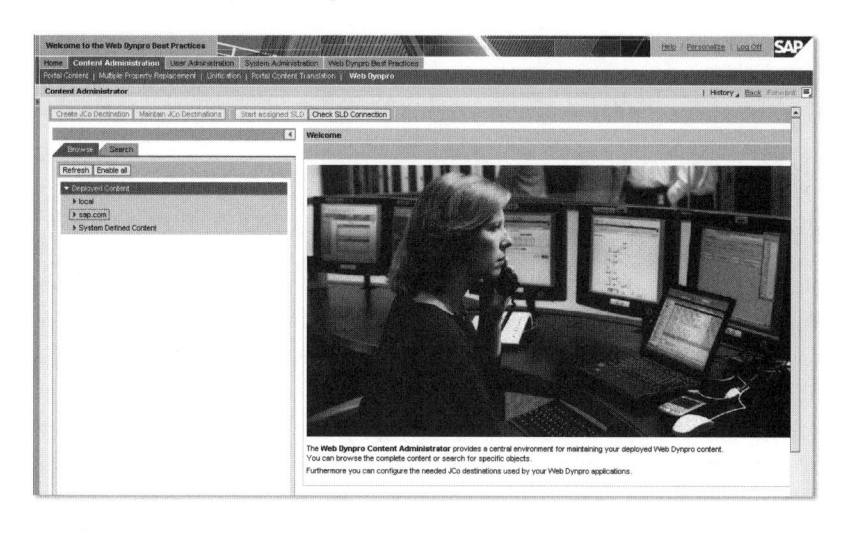

Abbildung 5.39 Web Dynpro Content Administrator

Der Web Dynpro Content Administrator kann über **Content Administration** · **Web Dynpro** im SAP NetWeaver Portal aufgerufen werden. In Kapitel 10 gehen wir ausführlicher auf den Web Dynpro Content Administrator ein.

Web Dynpro Console

Die Web Dynpro Console bietet Ihnen vielfältige Möglichkeiten, aktuelle Einstellungen und Konfigurationen der Web-Dynpro-Laufzeitumgebung zu überprüfen. Darüber hinaus erlaubt sie Ihnen das Auslesen von umfangreichen Performance-Daten, die Sie für Ihre Web-Dynpro-Anwendung ermitteln können; Details dazu finden Sie ebenfalls in Kapitel 10.

Sie können die Web Dynpro Console innerhalb des SAP NetWeaver Portal über **System Administration** · **System Configuration** · **Web Dynpro Console** starten (siehe Abbildung 5.40).

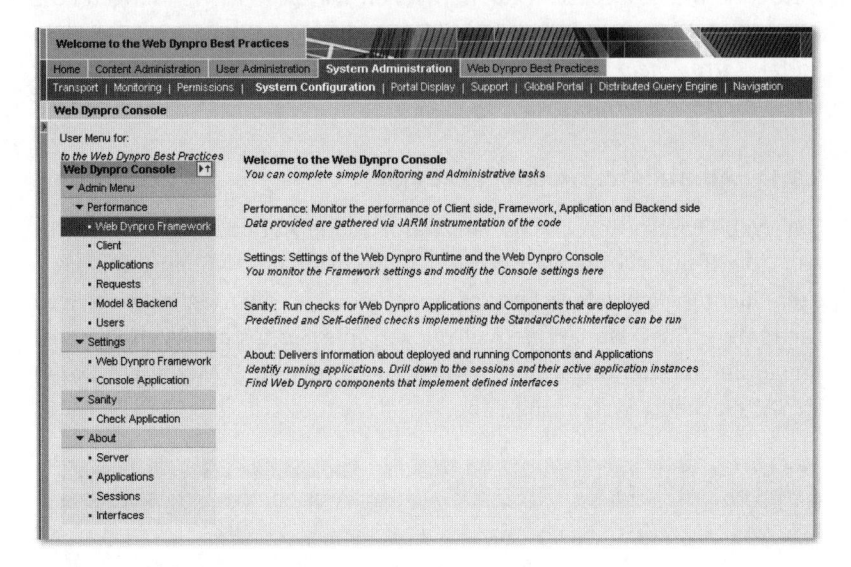

Abbildung 5.40 Web Dynpro Console

5.3.2 Testanwendungen

Neben den Administrationswerkzeugen stellt Ihnen das SAP NetWeaver Portal zahlreiche Testanwendungen zur Verfügung, die auf Web Dynpro basieren und mit deren Hilfe Sie die verschiedensten Aspekte der Integration von Web-Dynpro-Anwendungen ins SAP NetWeaver Portal testen können. Sollten Sie mit Ihren Web-Dynpro-Anwendungen im SAP NetWeaver Portal auf Probleme stoßen, können Sie die hier beschriebenen Testanwendungen dazu verwenden, um die grundsätzliche Funktionalität der verschiedenen Möglichkeiten zu testen.

Wie Sie in Abbildung 5.41 erkennen können, finden Sie die Web-Dynpro-Testanwendungen unter **System Administration · Support · Web Dynpro Test Tools**.

Unter **Portal Eventing** finden Sie Testanwendungen, mit deren Hilfe Sie die Verwendung des so genannten *Portal Eventings* (oder *Client-side Eventings*) zwischen zwei Web-Dynpro-Anwendungen bzw. zwischen Web-Dynpro-Anwendungen und Nicht-Web-Dynpro-Anwendungen testen können. In Kapitel 8 erklären wir am Beispiel der Web-Dynpro-MusicBox, wie Sie das Portal Eventing innerhalb Ihrer Web-Dynpro-Anwendung verwenden können.

Testen des Portal Eventings

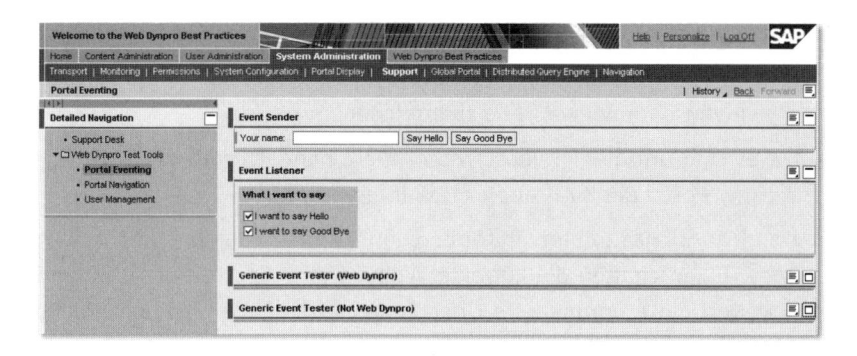

Abbildung 5.41 Portal Eventing

Der Link **Portal Navigation** bietet Ihnen diverse Testanwendungen, mit deren Hilfe Sie Portal-Navigation und Object-based Navigation testen können. Weiterführende Informationen zur Verwendung der Navigationsfunktionalitäten innerhalb einer Web-Dynpro-Anwendung finden Sie unter anderem in den Kapiteln 6 und 7.

Testen der Portal-Navigation

Mithilfe der Testanwendung **User Management** können Sie überprüfen, ob die dem aktuellen Benutzer zugeordneten Rollen korrekt für Ihre Web-Dynpro-Anwendung sichtbar sind.

5.4 SAP Application Integrator

Nachdem wir in den letzten Abschnitten die nötigen Schritte erklärt haben, mit denen Sie Ihre Web-Dynpro-Anwendung innerhalb des SAP NetWeaver Portal zur Verfügung stellen, wollen wir nun diskutieren, wie Ihre Web-Dynpro-Anwendung mithilfe eines Web-Dynpro-iViews innerhalb des SAP NetWeaver Portal gestartet wird.

5.4.1 Starten einer Web-Dynpro-Anwendung im SAP NetWeaver Portal

Isolierte iViews Grundsätzlich wird eine Web-Dynpro-Anwendung innerhalb des SAP NetWeaver Portal immer als so genannter *isolierter iView* (*Isolated iView*) dargestellt. Die Web-Dynpro-Anwendung wird hierbei innerhalb eines iFrames angezeigt, die entsprechende URL wird vom SAP Application Integrator berechnet.

Ablauf beim Start Um Ihre Web-Dynpro-Anwendung im SAP NetWeaver Portal mithilfe eines Web-Dynpro-iViews anzuzeigen, werden die folgenden Schritte ausgeführt:

1. Die iView-Eigenschaften des anzuzeigenden iViews werden ausgelesen und für die korrekte Darstellung des iViews benutzt, um beispielsweise die gewünschte iView-Größe zu erreichen.

2. Da es sich um einen Web-Dynpro-iView handelt, ruft das SAP NetWeaver Portal den SAP Application Integrator auf.

3. Der SAP Application Integrator berechnet anhand der entsprechenden iView-Eigenschaften die korrekte Web-Dynpro-Applikations-URL und erweitert diese um mehrere Übergabeparameter, die unterschiedliche Aspekte der aktuellen Portal-Umgebung definieren.

4. Das SAP NetWeaver Portal startet die berechnete URL innerhalb eines iFrames.

Web-Dynpro-URL-Template Die Inhalte der vom SAP Application Integrator berechneten URL werden über ein so genanntes URL-Template bestimmt. Da der SAP Application Integrator neben Web-Dynpro-Anwendungen verschiedene Typen von SAP-Anwendungen starten kann, gibt es für jeden Typ ein spezielles URL-Template. Das URL-Template für Web-Dynpro-iViews finden Sie in Listing 5.1.

```
URL = <System.Access.WAS.protocol>://
  <System.Access.WAS.hostname>\
  /webdynpro/dispatcher<Request.DistributionZone>/
    <WebDynproNamespace>/<WebDynproApplication>\
  ;jsessionid=<Request.JSessionID>?\
  sap-ext-sid=<ESID[URL_ENCODE]>&\
  sap-wd-cltwndid=<ClientWindowID>&\
  sap-locale=<Request.Locale>&\
  sap-accessibility=<User.Accessibility[SAP_BOOL]>&\
  sap-rtl=<LAF.RightToLeft[SAP_BOOL]>&\
```

```
sap-ep-version=<Request.Version[URL_ENCODE]>&\
sap-cssurl=<LAF.StylesheetUrl[URL_ENCODE]>&\
sap-cssversion=<LAF.Version[URL_ENCODE]>&\
<Authentication>&\
<DynamicParameter[PROCESS_RECURSIVE]>&\
  <ApplicationParameter[PROCESS_RECURSIVE]>
```

Listing 5.1 URL-Template für Web-Dynpro-iViews

Nach der Prozessierung des URL-Templates durch den SAP Application Integrator ergibt sich damit beispielsweise folgende URL, mit der der Web-Dynpro-NavigationTester innerhalb des SAP NetWeaver Portal gestartet wird:

```
http://wdhost.wdf.sap.corp:50000/webdynpro/dispatcher/
  sap.com/tc~navtes/NavigationTesterApp;
  jsesionid=(WDFD00146855A_P37_00)
  ID1615564250DB00783426715781195164End?
  sap-extsid=w5pCY0L2j19l%2FB28gt1HhA%3D%3Dv
  Vf%2B0Ky5v%2Bi7268a%2BYvFjA%3D%3D&
  sap-wd-cltwndid=WID1138899091639&
  sap-locale=en_US&
  sap-accessibility=&
  sap-rtl=&
  sap-ep-version=6.4.200509182320&
  sap-cssurl=http%3A%2F%2Fwdfd00146855a%3A50000%2
  Firj%2Fportalapps%2Fcom.sap.portal.design.urdesigndata
  %2Fthemes%2Fportal%2Fsap_tradeshow%2
  Fur%2Fur_ie6.css%3F6.0.15.0.0&
  sap-cssversion=6.0.14.0.0
```

Anhand der übertragenen Parameter werden verschiedene Portal-Einstellungen an die Web-Dynpro-Laufzeitumgebung übertragen. Im Einzelnen sind dies neben der gewünschten Portal-Sprache oder des gewählten Themes auch Informationen über die gewünschte Darstellungsvariante (Left-To-Right oder Right-To-Left) bzw. die Definition, ob eine barrierefreie Darstellung benötigt wird.

Übergebene Portal-Einstellungen

In Kapitel 6 zeigen wir anhand der einer Beispielanwendung, wie Sie auf diese Parameter innerhalb Ihrer Web-Dynpro-Anwendung zugreifen können. Grundsätzlich werden sie aber automatisch von der Web-Dynpro-Laufzeitumgebung ausgewertet, sodass Sie diese Parameter in Ihrer Web-Dynpro-Anwendung normalerweise nicht berücksichtigen müssen.

Einlesen der übergebenen Parameter

5.4.2 Erweiterung des URL-Templates

Sie können das vordefinierte Web-Dynpro-URL-Template je nach Bedarf erweitern, um weitere Informationen über das SAP NetWeaver Portal an Ihre Web-Dynpro-Anwendung zu übergeben.

Der SAP Application Integrator stellt dabei zahlreiche Variablen zur Verfügung, die in so genannten Contexten gruppiert sind. Im Folgenden wollen wir die wichtigsten Contexte für einen Web-Dynpro-iView beschreiben, die natürlich nichts mit den Web-Dynpro-Contexten zu tun haben.

<iView>-Context Mithilfe des <iView>-Contextes können Sie zusätzliche Informationen über den Web-Dynpro-iView ermitteln und der Web-Dynpro-Anwendung übergeben:

- <iView.ID>

   Wie in Abschnitt 5.2.2 angedeutet, werden alle Objekte, die Sie für das SAP NetWeaver Portal anlegen, im Portal Content Directory abgelegt. Jedes Objekt kann dabei durch einen eindeutigen Pfad beschrieben werden, der auch für die Angabe von Navigationszielen bei der Portal-Navigation benutzt wird.

   Die Variable <iView.ID> enthält genau diesen Pfad für den aufgerufenen Web-Dynpro-iView. Mithilfe dieses Pfades können Sie innerhalb Ihrer Web-Dynpro-Anwendung direkt auf das iView-Objekt im PCD zugreifen. In Kapitel 8 benutzen wir diese Variable, um die Personalisierung der Web-Dynpro-MusicBox zu realisieren.

- <iView.PCDUnit>

   Mithilfe der Variable <iView.PCDUnit> haben Sie innerhalb Ihrer Web-Dynpro-Anwendung Zugriff auf die dem iView zugeordneten Rollen. Sollte der gerufene iView keiner Rolle zugeordnet sein, liefert <iView.PCDUnit> den iView selbst.

<Profile>-Context Über den <Profile>-Context können Sie die Werte von beliebigen iView-Eigenschaften übergeben. Die Variable <Profile.xyz> ermittelt dabei den Wert der iView-Eigenschaft **xyz**.

<Request>-Context Mithilfe des <Request>-Contextes können Sie ermitteln, wie und wo das SAP NetWeaver Portal gerufen wurde. Das kann insbesondere in Szenarien nützlich sein, in denen Sie Ihre Web-Dynpro-Anwendung nicht auf der gleichen SAP NetWeaver-Installation betreiben wie das SAP NetWeaver Portal selbst.

`<Request.Protocol>` liefert das Protokoll (HTTP oder HTTPS) und `<Request.Server>` den voll qualifizierten Rechnernamen, auf dem das SAP NetWeaver Portal gerufen wurde (z.B. `portal.domain.com`). Mithilfe der Variable `<Request.Port>` ermitteln Sie den verwendeten Port. Neben diesen technischen Parametern können Sie anhand der Variable `<Request.xyz>` den Wert eines beliebigen Übergabeparameters erhalten, der beim Aufruf des SAP NetWeaver Portal übergeben wurde, `<Request.xyz>` liefert dabei den Wert des `xyz`-Übergabeparameters. Ist kein Übergabeparameter `xyz` definiert, wird die Variable beim Prozessieren des URL-Templates vom SAP Application Integrator ignoriert.

Wie weiter oben beschrieben, definieren Sie für jeden Web-Dynpro-iView über den System-Alias diejenige SAP NetWeaver-Installation, auf der die Web-Dynpro-Anwendung ausgeführt werden soll. Mithilfe der Variable `<System.xyz>` des `<System>`-Contextes können Sie beliebige Eigenschaften des im gerufenen iView verwendeten Systems ermitteln. `<System.xyz>` ermittelt hierbei den Wert der Systemeigenschaft **xyz**. <System>-Context

Mithilfe des `<User>`-Contextes können Sie die unterschiedlichsten Benutzerinformationen an die Web-Dynpro-Anwendung übergeben. Dies hat vor allem in Szenarien Sinn, in denen die SAP NetWeaver-Installation, auf der Ihre Web-Dynpro-Anwendung läuft, und das SAP NetWeaver Portal unterschiedlich sind und keinen gemeinsamen UME User Store verwenden. Der `<User>`-Context definiert die Variablen in Tabelle 5.1, deren Bedeutung sich anhand ihres Namens ergibt <User>-Context

Variablenname	
`<User.displayname>`	`<User.uniquename>`
`<User.firstname>`	`<User.lastname>`
`<User.salutation>`	`<User.jobtitle>`
`<User.department>`	`<User.email>`
`<User.telephone>`	`<User.mobile>`
`<User.fax>`	`<User.streetaddress>`
`<User.city>`	`<User.zip>`
`<User.country>`	`<User.state>`
`<User.timezone>`	

Tabelle 5.1 Variablen des <User>-Contextes

5.4.3 Definition von URL-Template-Variablen

Um die im letzten Abschnitt vorgestellten Variablen beim Aufruf Ihrer Web-Dynpro-Anwendung zu verwenden, müssen Sie die gewünschten Variablen als **Application Parameters** definieren.

Verwendung für Personalisierung

Wir verwenden beispielsweise in Kapitel 8 die Variable `<iView.ID>`, um für die Web-Dynpro-MusicBox die Möglichkeit zu realisieren, mittels der Portal-Personalisierung das Verhalten der MusicBox anzupassen. Abbildung 5.42 zeigt die Definition des entsprechenden Wertes der **Application Parameters**.

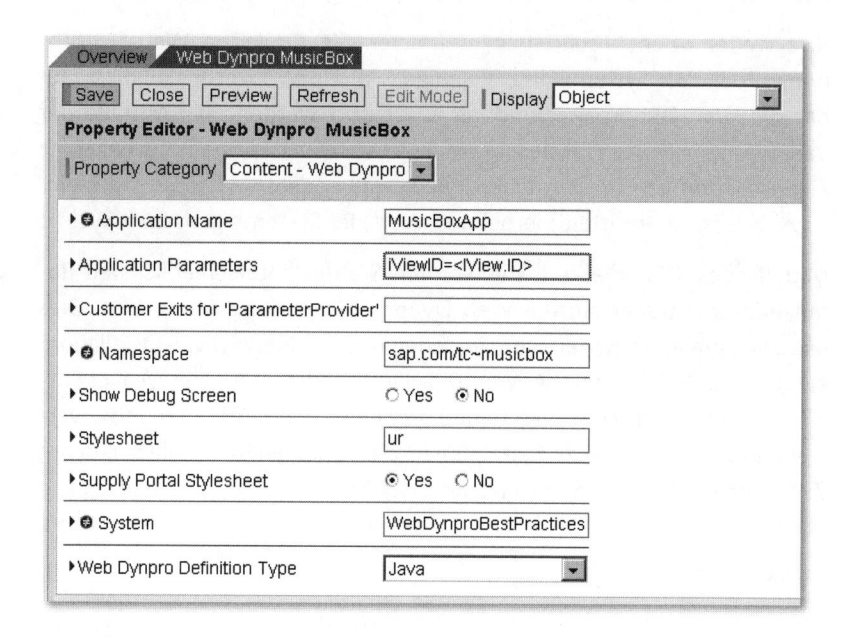

Abbildung 5.42 Verwendung der <iView.ID>-Variable

Verwendung von erweiterten Tray-Eigenschaften

In Abschnitt 5.2.3 haben wir unter anderem beschrieben, welche Möglichkeiten Sie haben, den iView Tray Ihres Web-Dynpro-iViews anzupassen. Allerdings werden nicht alle diese Einstellungen automatisch vom SAP Application Integrator an Ihre Web-Dynpro-Anwendung weitergegeben. Durch geschickte Verwendung der verschiedenen URL-Template-Variablen können Sie aber in Ihrer Web-Dynpro-Anwendung jede beliebige iView-Eigenschaft verfügbar machen.

Wir wollen dies anhand der Eigenschaft **Tray Type** demonstrieren und verwenden dazu die oben beschriebene Variable `<Profile.xyz>`. **xyz** beschreibt dabei den Namen der gewünschten iView-Eigenschaft. **Tray Type** ist dabei allerdings nur der lesbare Name der Eigenschaft – wir benötigen an dieser Stelle den technischen Namen.

Glücklicherweise erlaubt es uns der Property Editor, den technischen Namen einer beliebigen (iView-)Eigenschaft zusammen mit anderen Meta-Attributen anzuzeigen. Abbildung 5.43 zeigt die verfügbaren Meta-Attribute der iView-Eigenschaft **Tray Type**, die Sie durch Aufklappen der entsprechenden iView-Eigenschaft anzeigen können.

Ermittlung des technischen Namens einer iView-Eigenschaft

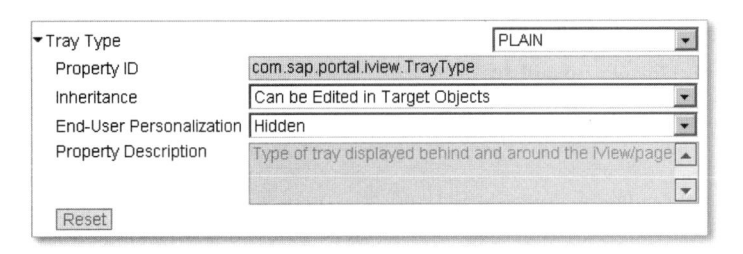

Abbildung 5.43 Ermittlung des technischen Namens der Eigenschaft Tray Type

Das Meta-Attribut **Property ID** beschreibt den für unser Beispiel technischen Namen. Da `com.sap.portal.iview.TrayType` Sonderzeichen (.) enthält, müssen Sie, um eine korrekte Prozessierung des URL-Templates zu gewährleisten, die URL-Template-Variable in der Form `<Profile."com.sap.portal.iview.TrayType">` angeben (siehe Abbildung 5.44).

Abbildung 5.44 Verwendung der Variable <Profile.xyz>

Innerhalb Ihrer Web-Dynpro-Anwendung können Sie dann über den `trayType`-Übergabeparameter auf die gewünschte Tray-Darstellung zugreifen und Ihre Web-Dynpro-Anwendung dementsprechend gestalten.

An dieser Stelle wollen wir noch kurz auf die Bedeutung der einzelnen Meta-Attribute eingehen. Wie wir schon gesehen haben, definiert das Meta-Attribut **Property ID** den technischen Namen einer iView-Eigenschaft. Über das Meta-Attribut **Inheritance** können Sie definieren, ob die betreffende iView-Eigenschaft in möglichen Delta-Links des iViews geändert werden kann, oder ob die betreffende iView-Eigenschaft nicht mehr geändert werden kann. Mithilfe des Meta-Attributes **End-User-Personalization** definieren Sie, ob und wie die betreffende iView-Eigenschaft vom Benutzer personalisiert werden kann. Dabei haben Sie drei Möglichkeiten:

Bedeutung der Meta-Attribute

▶ **Hidden**

Die iView-Eigenschaft ist im Personalisierungsdialog des Benutzers nicht sichtbar.

▶ **Read-Only**

Die iView-Eigenschaft ist im Personalisierungsdialog zwar sichtbar, kann aber vom Benutzer nicht geändert werden.

▶ **Read/Write**

Die iView-Eigenschaft ist im Personalisierungsdialog sichtbar, und kann vom Benutzer auch geändert werden.

> **Tipp**
>
> Grundsätzlich sollten Sie mit der Verwendung des Meta-Attributes **End-User-Personalization** sehr vorsichtig sein. Defaultmäßig sind keine iView-Eigenschaften vom Benutzer änderbar. Vor allem die iView-Eigenschaften, die die verwendete Web-Dynpro-Anwendung definieren, sollten dies auch nicht sein.

5.4.4 Debugging des SAP Application Integrators

Mögliche Fehlerquellen

Um mögliche Ursachen für den fehlerhaften Start Ihrer Web-Dynpro-Anwendung zu finden, gibt es verschiedene Möglichkeiten. Meist lassen sich die Probleme beim Starten einer Web-Dynpro-Anwendung innerhalb des SAP NetWeaver Portal in drei Rubriken unterteilen:

▶ Aufgrund einer fehlerhaften Definition des Systems kann die vom SAP Application Integrator berechnete URL nicht korrekt gestartet werden. Eine typische Fehlermeldung in diesem Fall ist »Page not Found«. In diesem Fall sollten Sie die entsprechenden Systemeigenschaften überprüfen, sowie grundsätzlich die Verfügbarkeit der entsprechenden SAP NetWeaver-Installation überprüfen (Gibt es Netzwerkprobleme? Ist die Installation korrekt gestartet?).

▶ Die innerhalb des gerufenen Web-Dynpro-iViews definierte Web-Dynpro-Anwendung ist nicht korrekt deployt bzw. die entsprechenden iView-Eigenschaften sind fehlerhaft (z.B. kann der angegebene Applikationsname falsch sein). Die Liste der deployten Web-Dynpro-Anwendungen können Sie beispielsweise mithilfe des Web Dynpro Content Administrators überprüfen.

▶ Die Web-Dynpro-Anwendung wird korrekt gestartet, allerdings werden nicht alle benötigten Übergabeparameter übergeben. In diesem

Fall können Sie über die im Folgenden beschriebenen Mechanismen überprüfen, welche Parameter vom SAP Application Integrator übergeben wurden.

Um den Debug-Modus des SAP Application Integrators zu aktivieren, starten Sie über **System Administration • Support** den so genannten Support Desk für den SAP Application Integrator (siehe Abbildung 5.45).

Aktivierung des Debug-Modus

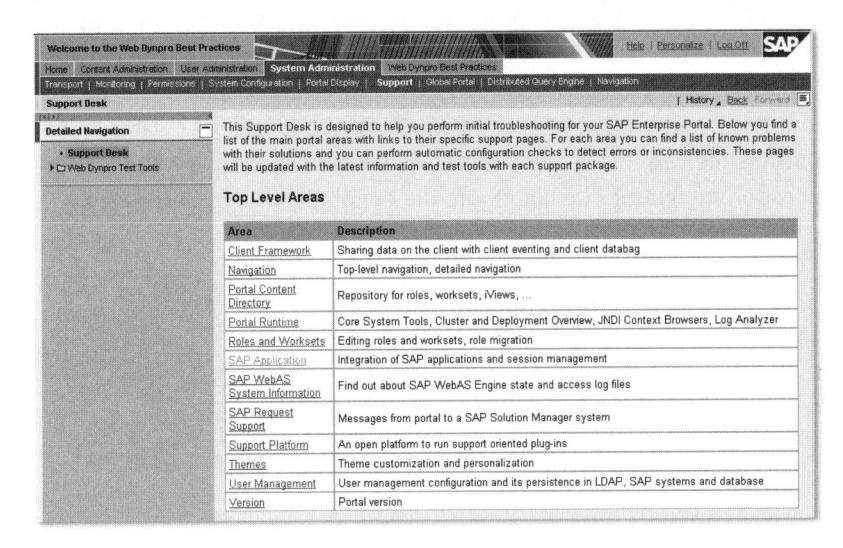

Abbildung 5.45 Starten des Support Desks im SAP Application Integrator

Der Support Desk bietet Ihnen neben der Möglichkeit, weitergehende Informationen und Hinweise anzuzeigen, auch die Möglichkeit, den gewünschten Debug-Modus einzustellen. Abbildung 5.46 zeigt die vorhandenen Einstellungen.

Abbildung 5.46 Aktivierung des Debug-Modus des SAP Application Integrators

Neben der Möglichkeit, den Debug-Modus ein- oder auszuschalten (**off** bzw. **always on**), können Sie über die Einstellung **on demand** sicherstellen, dass nur spezielle iViews im Debug-Modus gestartet werden. Dies ergibt vor allem dann Sinn, wenn mit Ihrer SAP NetWeaver Portal-Installation mehrere Benutzer arbeiten. Durch eine globale Aktivierung des Debug-Modus würde dies für alle Benutzer sichtbar werden. In Abschnitt 5.2.3 haben wir beschrieben, wie Sie mittels der Eigenschaft **Show Debug Screen** den Debug-Modus für einzelne Web-Dynpro-iViews aktivieren können.

| Verwendung der Debug-Informationen | Sobald Sie einen Web-Dynpro-iView im Debug-Modus des SAP Application Integrators starten, zeigt der SAP Application Integrator vor dem Start der entsprechenden Web-Dynpro-Anwendung zahlreiche Debug-Informationen an. Sie können über die in Abbildung 5.47 dargestellten Buttons die verschiedenen Schritte einzeln durchgehen, die der SAP Application Integrator durchläuft, um die benötigte URL zu berechnen. |

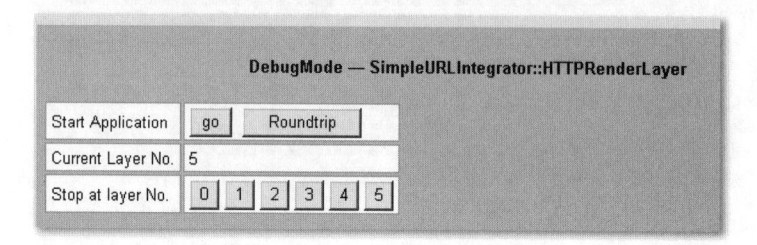

Abbildung 5.47 Schrittweises Prozessieren des SAP Application Integrators

In jedem Schritt zeigt der SAP Application Integrator die verwendeten oder berechneten Parameter(-Werte) an. Im in Abbildung 5.48 dargestellten Beispiel erkennen Sie zum Beispiel die berechnete **URL**, mit der letztendlich die gewünschte Web-Dynpro-Anwendung gestartet wird.

Abbildung 5.48 Anzeige der verwendeten Parameter

Gerade wenn Sie die weiter oben beschriebenen URL-Template-Variablen benutzen, kann dieses schrittweise Prozessieren sehr hilfreich sein, um eventuelle Fehler zu erkennen und zu lokalisieren.

5.5 Zusammenfassung

In diesem Kapitel sind wir auf die grundsätzlichen Bestandteile der Benutzeroberfläche des SAP NetWeaver Portal eingegangen. Zudem haben wir besprochen, wie Sie diese innerhalb Ihrer Web-Dynpro-Anwendung beeinflussen können.

Wir haben Ihnen die Möglichkeiten gezeigt, wie Sie mithilfe eines Web-Dynpro-iViews Ihre Web-Dynpro-Anwendung innerhalb des SAP NetWeaver Portal starten können. Darüber hinaus haben wir dargestellt, wie Sie diese Web-Dynpro-iViews strukturieren und über Rollen den einzelnen Benutzern zugänglich machen können.

Danach sind wir auf die Bedeutung des SAP Application Integrators eingegangen, und haben beschrieben, wie Sie über die URL-Template-Variablen die vom SAP NetWeaver Portal übergebenen Informationen an Ihre Bedürfnisse anpassen können.

Last but not least haben wir verschiedene mögliche Fehlerszenarien besprochen und die wichtigsten Problemlösungsstrategien dargestellt.

6 Web-Dynpro-NavigationTester

In diesem Kapitel werden wir die verschiedenen Möglichkeiten besprechen, um zwischen Web-Dynpro-Anwendungen zu navigieren. Wir werden dabei insbesondere auf die Unterschiede eingehen, die sich ergeben, wenn die Web-Dynpro-Anwendung innerhalb des SAP NetWeaver Portal gestartet wird, und werden auf die Visualisierung von sehr großen hierarchischen Datenmengen eingehen.

6.1 Web-Dynpro-NavigationTester

Mithilfe des Web-Dynpro-NavigationTesters können Sie unterschiedliche Navigationsmöglichkeiten zwischen zwei Web-Dynpro-Applikationen durchspielen und testen. Darüber hinaus bietet er Ihnen die Möglichkeit, auf komfortable Art und Weise die gewünschte Web-Dynpro-Applikation zu selektieren und das gewünschte Navigationsverhalten zu bestimmen.

Wie alle Beispiele dieses Buches ist der NavigationTester auch ohne SAP NetWeaver Portal lauffähig. In Zusammenhang mit dem SAP NetWeaver Portal aber bietet er wesentlich mehr Möglichkeiten, das Navigationsverhalten zu beeinflussen. Sie finden den NavigationTester in der Web-Dynpro-Komponente `NavigationTesterComp`, die im Web-Dynpro-Projekt `MAIN_WD-BOOK_D~tc~navtes~sap.com` abgelegt ist. Die entsprechende Web-Dynpro-Entwicklungskomponente heißt `tc\navtes`.

Abbildung 6.1 zeigt den Web-Dynpro-NavigationTester innerhalb des SAP NetWeaver Portal. Der NavigationTester setzt sich im Wesentlichen aus zwei Bereichen zusammen: Links können Sie das gewünschte Navigationsziel auswählen, also entweder eine Web-Dynpro-Anwendung oder einen iView bzw. eine Portal Page, rechts können Sie das gewünschte Navigationsverhalten genauer definieren.

Abbildung 6.2 zeigt die Web-Dynpro-Komponente `NavigationTester-Comp` im Web Dynpro Data Modeler, in dem wir die grundsätzliche Strukturierung sehr gut erkennen können.

Grundsätzliche Strukturierung des Navigation-Testers

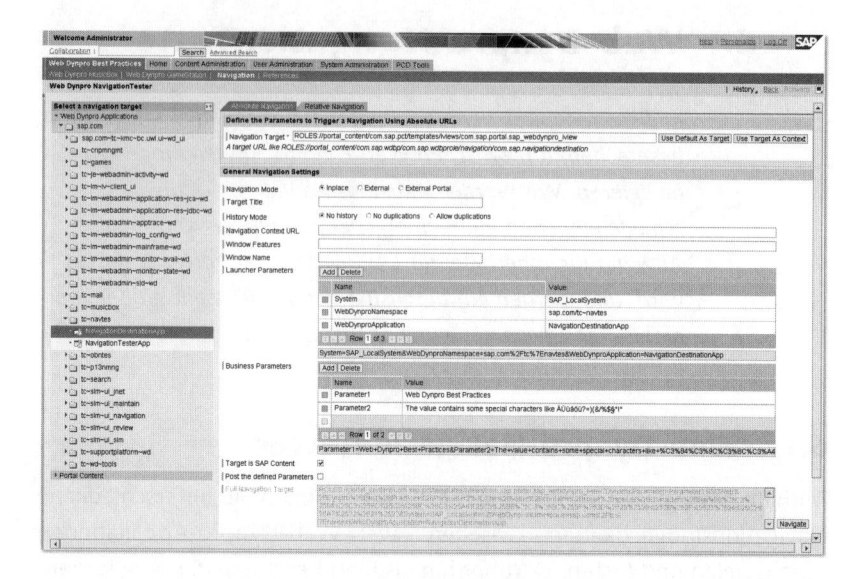

Abbildung 6.1 NavigationTester im SAP NetWeaver Portal

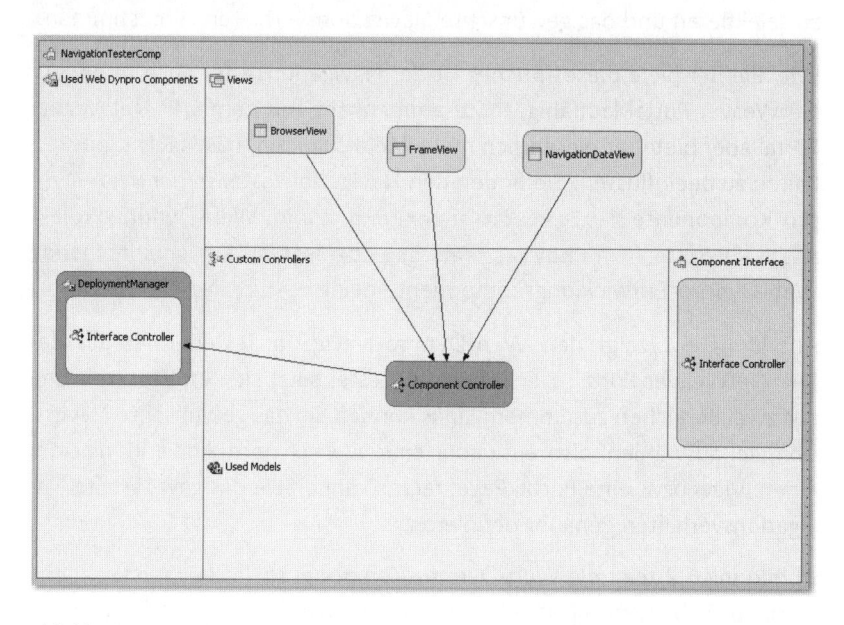

Abbildung 6.2 Strukturierung der Web-Dynpro-Komponente NavigationTesterComp

Für die Visualisierung verwenden wir insgesamt drei Web-Dynpro-Views: Der BrowserView zeigt dabei die vorhandenen Navigationsziele an. Der NavigationDataView erlaubt die Definition des gewünschten Navigationsverhaltens und der FrameView fügt die beiden Views zusammen.

Im Data Modeler können Sie auch die Verwendung der Component-Usage `DeploymentManager` erkennen, mit deren Hilfe wir die vorhandenen Web-Dynpro-Anwendungen ermitteln werden (siehe Abschnitt 6.5.3).

6.1.1 Bestimmung der Laufzeitumgebung

Wie erwähnt, ist der Web-Dynpro-NavigationTester sowohl außerhalb als auch innerhalb des SAP NetWeaver Portal lauffähig. Da aber gerade hinsichtlich der Navigation zwischen Web-Dynpro-Anwendungen viele Details zu beachten sind, in denen sich die jeweilige Laufzeitumgebung unterscheidet, wird innerhalb des NavigationTesters an vielen Stellen geprüft, in welcher Laufzeitumgebung (innerhalb oder außerhalb des SAP NetWeaver Portal) er gestartet wurde.

Grundsätzlich können Sie diese Information über die Hilfsklasse `WDPortalUtils` ermitteln. Über die `isRunningInPortal()`-Methode können Sie bestimmen, ob Ihre Web-Dynpro-Applikation innerhalb des SAP NetWeaver Portal gerufen wird. Der dabei zurückgelieferte Bool'sche Wert ist an vielen Stellen ausreichend. Sollen aber abhängig von der Laufzeitumgebung einzelne Bereiche der Anwendung sichtbar bzw. unsichtbar gemacht werden, bietet sich die Verwendung eines **calculated**-Attributes an, das in Abhängigkeit von `isRunningInPortal()` den entsprechenden Wert für `IWDVisibility` zurückliefert.

Verwendung von WDPortalUtils

Im NavigationTester definieren wir solch ein **calculated**-Attribut innerhalb des View-Controller-Contexts des Views `NavigationDataView`. Das Context-Attribut `IsRunningInPortalVisibility` des `RuntimeEnvironment`-Context-Knotens mappt den Bool'schen Wert auf den entsprechenden `IWDVisibility`-Wert, wie die Implementierung der Methode `getRuntimeEnvironmentIsRunningInPortalVisibility()` (siehe Listing 6.1).

Mapping auf IWDVisibility

```
return WDPortalUtils.isRunningInPortal()
    ? WDVisibility.VISIBLE
    : WDVisibility.NONE;
```

Listing 6.1 Berechnung von IWDVisibility abhängig von der Laufzeitumgebung

Durch dieses Mapping können Sie rein deklarativ beliebige UI-Elemente Ihrer Anwendung durch Binden der **Visibility**-Eigenschaft der entsprechenden UI-Elemente gegen das `IsRunningInPortalVisibility`-Attribut in Abhängigkeit der Laufzeitumgebung sichtbar oder unsichtbar schalten.

Im NavigationTester haben wir uns aber dazu entschieden, die entsprechenden UI-Elemente nicht auszublenden, sondern zu enablen oder zu disablen. Dadurch erhalten wir unabhängig von der gewählten Laufzeitumgebung ein konsistentes UI-Design. Wir verwenden dazu das Context-Attribut `EnabledInPortal` des Context-Knotens `RuntimeEnvironment`, gegen das die **Enabled**-Eigenschaft des entsprechenden UI-Elementes gebunden ist, wie Sie beispielhaft für das `IWDInputField`-UI-Element `ContextInputField` in Abbildung 6.3 erkennen können.

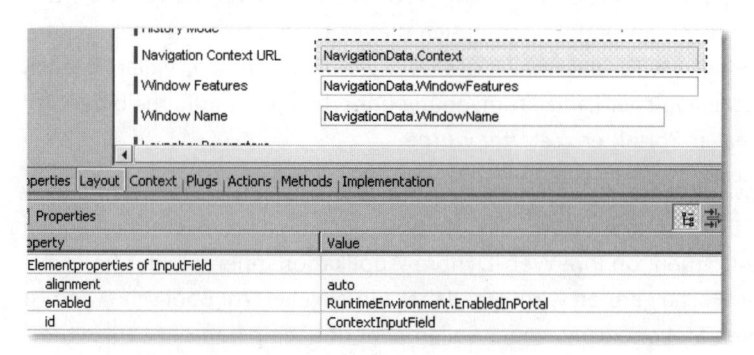

Abbildung 6.3 Verwendung des EnabledInPortal-Context-Attributs

6.1.2 Auswahl des Navigationszieles

Auch bei der Darstellung der möglichen Navigationsziele berücksichtigen wir die vorhandene Laufzeitumgebung. Starten Sie den NavigationTester außerhalb des SAP NetWeaver Portal, zeigen wir nur die verfügbaren Web-Dynpro-Applikationen an (siehe Abbildung 6.4).

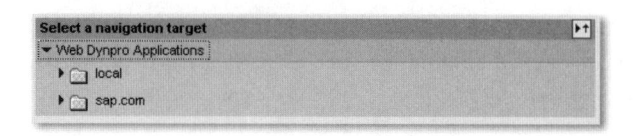

Abbildung 6.4 Darstellung der Navigationsziele außerhalb des SAP NetWeaver Portal

Innerhalb des SAP NetWeaver Portal zeigen wir auch die verfügbaren iViews und Portal Pages an, die dann ebenfalls als Navigationsziele dienen können (siehe Abbildung 6.5).

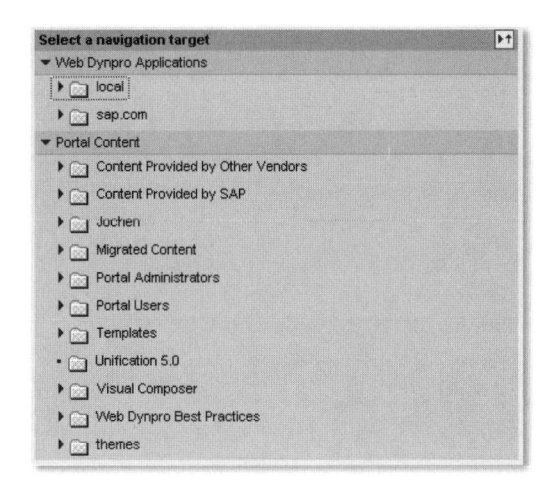

Abbildung 6.5 Darstellung der Navigationsziele innerhalb des SAP NetWeaver Portal

In Abschnitt 6.6 werden wir detaillierter auf die hierarchische Darstellung der vorhandenen Navigationsziele eingehen.

6.1.3 Bestimmung des Navigationsverhaltens

Neben der Definition des Navigationszieles bietet der NavigationTester auch umfangreiche Möglichkeiten, das gewünschte Navigationsverhalten genauer zu definieren. Außerhalb des SAP NetWeaver Portal beschränken sich diese Möglichkeiten auf die Unterscheidung zwischen relativen und absoluten Applikations-URLs, die definiten von weiteren Übergabeparametern sowie die Festlegung, ob das Navigationsziel im gleichen oder in einem neuen Fenster des Webbrowsers gestartet werden soll.

Abbildung 6.6 zeigt die möglichen Einstellungen – beachten Sie hierbei, dass diejenigen Optionen, die nur innerhalb des SAP NetWeaver Portal verfügbar sind, über den beschriebenen Mechanismus disabled wurden.

> **Tipp**
>
> Auch wenn wir grundsätzlich die Verwendung des SAP NetWeaver Portal empfehlen, sollten Sie immer darauf achten, dass Sie Ihre Web-Dynpro-Anwendung grundsätzlich so bauen, dass beide Laufzeitumgebungen berücksichtigt werden – zum Beispiel durch die beschriebenen Mechanismen, einzelne UI-Elemente zu disablen oder unsichtbar zu machen.

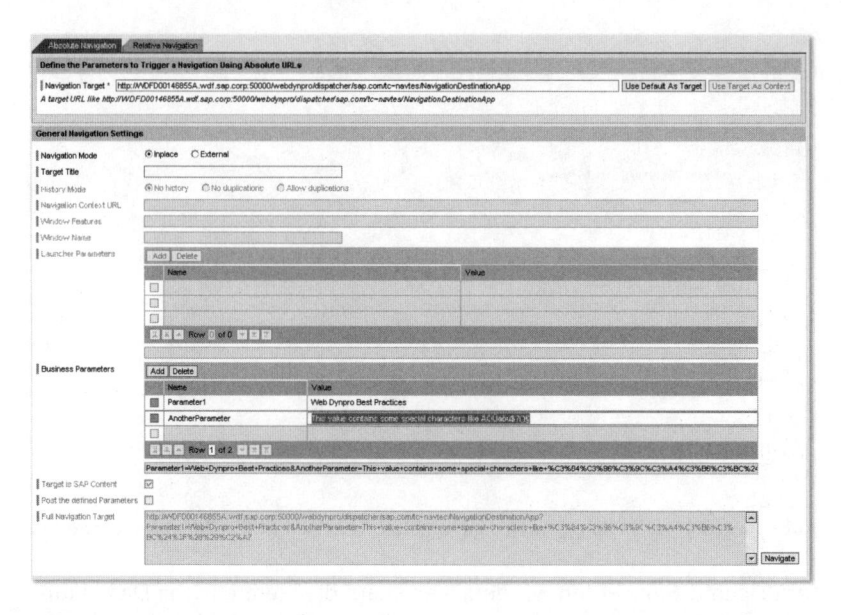

Abbildung 6.6 Definition des Navigationsverhaltens außerhalb des SAP NetWeaver Portal

Im Folgenden nun wollen wir ausführlich auf die Möglichkeiten der Navigation zwischen zwei Web-Dynpro-Anwendungen eingehen. Am Ende des Kapitels werden wir dann die hierarchische Visualisierung der vorhandenen Navigationsziele (Web-Dynpro-Anwendungen bzw. iViews oder Portal Pages) besprechen.

6.2 Navigation außerhalb des SAP NetWeaver Portal

Starten Sie Ihre Web-Dynpro-Anwendung außerhalb des SAP NetWeaver Portal, können Sie auf einfache Art und Weise zwischen zwei Web-Dynpro-Applikationen navigieren.

6.2.1 Zusammenfassung von Web-Dynpro-Applikationen

Bedenken Sie dabei aber immer, dass Sie in vielen Szenarien eine wesentlich effizientere Navigation erreichen, wenn Sie Ihre Web-Dynpro-Applikationen zu einer einzigen Web-Dynpro-Applikation zusammenfassen, indem Sie die entsprechenden Root-Components der jeweiligen Applikationen über eine weitere (dritte) Web-Dynpro-Komponente zusammenfassen. Diese Web-Dynpro-Komponente dient dabei letztendlich nur als gemeinsamer Rahmen für die beteiligten Komponenten.

Da bei dieser Vorgehensweise die entsprechenden Web-Dynpro-Komponenten innerhalb einer Web-Dynpro-Applikationsinstanz gestartet werden, erreichen Sie eine wesentlich engere Integration der beteiligten Komponenten, die zum Beispiel vor allem dann Sinn ergibt, wenn die beteiligten Web-Dynpro-Applikationen bzw. Web-Dynpro-Komponenten große Datenmengen gemeinsam nutzen wollen.

Zusammenfassen von Web-Dynpro-Applikationen

Das Verschmelzen mehrerer Web-Dynpro-Komponenten innerhalb einer Web-Dynpro-Applikation ist auch dann möglich, wenn die unterschiedlichen Komponenten in unterschiedlichen Teams gebaut werden. Durch Verwendung entsprechender Web-Dynpro-Component-Interfaces erreichen Sie zudem eine große Flexibilität und reduzieren direkte und womöglich nicht gewünschte Abhängigkeiten.

Diese Vorgehensweise wird in den Kapiteln zur Web-Dynpro-GameStation (siehe Kapitel 3) und zur Web-Dynpro-MusicBox (siehe Kapitel 8) diskutiert.

6.2.2 Berechnung einer Web-Dynpro-Applikations-URL

Möchten Sie außerhalb des SAP NetWeaver Portal zwischen zwei Web-Dynpro-Applikationen navigieren, müssen Sie das Ziel dieses Navigationsschrittes in Form einer *Web-Dynpro-Applikations-URL* definieren. Da diese Applikations-URL bestimmten Randbedingungen genügen muss, sollten Sie diese URL *immer* mithilfe der Hilfsklasse `WDURLGenerator` erzeugen. Grundsätzlich müssen Sie hierbei zwischen relativen und absoluten Applikations-URLs unterscheiden.

Verwendung von WDURLGenerator

Definition einer relativen Applikations-URL

Relative Applikations-URLs können Sie immer dann verwenden, wenn entweder die Zielapplikation auf dem gleichen Serverknoten Ihrer SAP NetWeaver-Installation ausgeführt werden soll, oder aber die Applikations-URL nicht als Bookmark verwendet werden soll oder anderweitig persistierbar sein muss (um sie beispielsweise später in einer Mail zu verschicken).

Das folgende Listing 6.2 zeigt die Berechnung einer relativen Applikations-URL für den Web-Dynpro-NavigationTester.

```
try {

    // Option 1
    String navigationTesterUrl =
      WDURLGenerator.getApplicationURL(
        "sap.com/tc~navtes",
        "NavigationTesterApp");

    // Option 2
    WDDeployableObjectPart navigationTesterApp =
      WDDeployableObject.getDeployableObjectPart(
        "sap.com/tc~navtes",
        "NavigationTesterApp",
        WDDeployableObjectPartType.APPLICATION);

    navigationTesterUrl =
      WDURLGenerator.
        getApplicationURL(navigationTesterApp);

} catch (WDURLException e) {
  wdComponentAPI.getMessageManager().reportException(
    "Failed to get application URL - 
      please check the defined parameters",
    true)
} catch (WDDeploymentException e) {
  wdComponentAPI.getMessageManager().reportException(
    "Failed to load deployable object
    'sap.com/tc~navtes'",
    true);
}
```

Listing 6.2 Erzeugen einer relativen Applikations-URL

In diesem Beispiel ermitteln wir die relative Applikations-URL auf zwei unterschiedliche Arten: Im ersten Fall geben wir die benötigten Namen der Web-Dynpro-Entwicklungskomponente und der Applikation direkt an. Im zweiten Fall erzeugen wir für den NavigationTester zuerst eine Instanz des entsprechenden WDDeployableObjectPart. Letztendlich liefern natürlich beide Möglichkeiten die gleiche navigationTesterUrl:

../../../sap.com/tc~navtes/NavigationTesterApp

Eine relative Applikations-URL stellt sich somit aus den folgenden Bestandteilen zusammen:

Bestandteile einer relativen Applikations-URL

`../../../<Vendor>/<DC-Name>/<Applikationsname>`

`<Vendor>`, `<DC-Name>` und `<Applikationsname>` werden von Ihnen definiert. Bei der Verwendung von lokalen Web-Dynpro-Eclipse-Projekten hat `<Vendor>` immer den Wert `local`. Der `<DC-Name>` ist der Name Ihres lokalen Web-Dynpro-Eclipse-Projektes. Bei Verwendung von Web-Dynpro-Entwicklungskomponenten definieren Sie den `<Vendor>` als Teil der Beschreibung der Entwicklungskomponente. Der `<DC-Name>` ist der Name der verwendeten Entwicklungskomponente.

Definition einer absoluten Applikations-URL

Sobald Sie eine Applikations-URL benötigen, die persistierbar sein soll, müssen Sie eine absolute Applikations-URL erzeugen, wie Listing 6.3 zeigt. Der wesentliche Unterschied zur Berechnung relativer Applikations-URLs ist die Verwendung der Methode `getWorkloadBalancedApplicationURL()` von `WDURLGenerator`.

```java
try {

  // Option 1
  String navigationTesterUrl =
    WDURLGenerator.getWorkloadBalancedApplicationURL(
      "sap.com/tc~navtes",
      "NavigationTesterApp");

  // Option 2
  WDDeployableObjectPart navigationTesterApp =
    WDDeployableObject.getDeployableObjectPart(
      "sap.com/tc~navtes",
      "NavigationTesterApp",
      WDDeployableObjectPartType.APPLICATION);

  navigationTesterUrl =
    WDURLGenerator
      .getWorkloadBalancedApplicationURL(
        navigationTesterApp);

} catch (WDURLException e) {
  wdComponentAPI.getMessageManager().reportException(
```

```
      "Failed to get application URL -
         please check the defined parameters",
      true);
  } catch (WDDeploymentException e) {
    wdComponentAPI.getMessageManager().reportException(
      "Failed to load deployable object
       'sap.com/tc~navtes'",
      true);
  }
```

Listing 6.3 Erzeugen einer absoluten Applikations-URL

Im Beispiel enthält `navigationTesterUrl` nach Aufruf des `WDURLGenerator` die folgende URL – eine entsprechende Web-Dispatcher-Konfiguration vorausgesetzt:

http://wdhost.wdf.sap.corpt:50000/webdynpro/dispatcher/sap.com/tc~navtes/NavigationTesterApp

Bestandteile einer absoluten URL

Eine absolute Web-Dynpro-Applikations-URL stellt sich somit aus den folgenden Bestandteilen zusammen:

`<Protokoll>://<Servername>.<Domain>:<Port>/webdynpro/dispatcher/<Vendor>/<DC-Name>/<Applikationsname>`

`<Protokoll>`, `<Servername>`, `<Domain>` und `<Port>` hängen natürlich von Ihrer vorhandenen SAP NetWeaver-Installation ab. Die Angabe der `<Domain>` ist dabei optional, wir empfehlen aber vor allem beim Starten der Web-Dynpro-Applikation innerhalb des SAP NetWeaver Portal die Verwendung des voll qualifizierten Servernamens, also mit Angabe der `<Domain>`.

`<Vendor>`, `<DC-Name>` und `<Applikationsname>` werden wie bei relativen Applikations-URLs von Ihnen definiert. Bei Verwendung von lokalen Web-Dynpro-Eclipse-Projekten hat `<Vendor>` immer den Wert `local`. Der `<DC-Name>` ist dabei der Name Ihres lokalen Web-Dynpro-Eclipse-Projektes. Bei Verwendung von Web-Dynpro-Entwicklungskomponenten definieren Sie den `<Vendor>` als Teil der Beschreibung der Entwicklungskomponente. Der `<DC-Name>` ist der Name der verwendeten Entwicklungskomponente.

> **Tipp**
>
> Verwenden Sie ausschließlich die Methode `getWorkloadBalanced-ApplicationURL()`, um eine absolute Applikations-URL zu berechnen. Damit stellen Sie sicher, dass die berechnete URL auch dann gültig ist, wenn Sie für Ihre SAP NetWeaver-Installation einen Web Dispatcher verwenden. In Kapitel 10 beschreiben wir ausführlich, welche Konfigurationen nötig sind, um Ihre Web-Dynpro-Applikationen korrekt über einen Web Dispatcher aufzurufen. Sollten Sie diese Konfigurationen nicht ausgeführt haben, liefert `getWorkloadBalanced-ApplicationURL()` die gleiche (relative) Applikations-URL wie `getApplicationURL()`.

Definition von URL-Aliassen

Eine oft gestellte Frage im Zusammenhang mit Web-Dynpro-Applikations-URLs wollen wir Ihnen an dieser Stelle nicht vorenthalten: Da vor allem bei der Verwendung von Web-Dynpro-Entwicklungskomponenten die resultierende Applikations-URL sehr schnell recht kryptisch werden kann, stellt sich die Frage, ob und wie man kürzere und sinnigere URL-Aliasse definieren kann. Leider ist dies nur durch die Verwendung eines weiteren Servlets möglich, in dem Sie dann auf die entsprechende Web-Dynpro-Applikations-URL redirecten.

Natürlich können Sie aber die gewünschten (absoluten) Applikations-URLs in Ihrem Browser als Lesezeichen speichern, sodass Sie nicht bei jedem Aufruf Ihrer Web-Dynpro-Anwendung die komplette Applikations-URL im Kopf behalten und eintippen müssen.

6.2.3 Übergabe von Parametern

Möchten Sie zwischen Web-Dynpro-Anwendungen navigieren, werden Sie typischerweise zusätzliche Parameter definieren wollen, um bestimmte Informationen von der einen zur anderen Web-Dynpro-Applikation zu transportieren. Dies ist durch die Ergänzung der entsprechenden Applikations-URL der Zielapplikation leicht möglich, wie das folgende Beispiel zeigt:

http://wdhost.wdf.sap.corp:50000/webdynpro/dispatcher/sap.com/tc~search/GoogleSearchApp?query=Web%20Dynpro&viewModeSwitch=true

Hierbei rufen wir die Web-Dynpro-Anwendung `GoogleSearchApp` unter Vorbelegung des gewünschten Suchbegriffs auf, indem wir den `query`-Parameter mit dem gewünschten Wert übergeben. Zusätzlich definieren wir mithilfe des `viewModeSwitch`-Parameters, dass die Auswahl der gewünschten Darstellungsvariante angezeigt wird.

Wie Sie erkennen können, werden die gewünschten Parameter als Query-Strings an die berechnete (absolute) Applikations-URL angehängt. Hierbei ist zu beachten, dass Sie die gewünschten Parameterwerte gegebenenfalls URL-encodieren müssen (siehe Abschnitt 6.3).

6.2.4 Auslesen von Parametern

Die Web-Dynpro-Entwicklungskomponente `tc\navtes` enthält neben dem Web-Dynpro-NavigationTester eine zweite Web-Dynpro-Applikation, anhand der wir die Möglichkeiten diskutieren wollen, wie Sie übergebene Parameter innerhalb der Web-Dynpro-Zielapplikation wieder einlesen können.

Abbildung 6.7 zeigt die Web-Dynpro-Applikation `NavigationDestinationApp`, die als Root-Component die Web-Dynpro-Komponente `NavigationDestinationComp` verwendet.

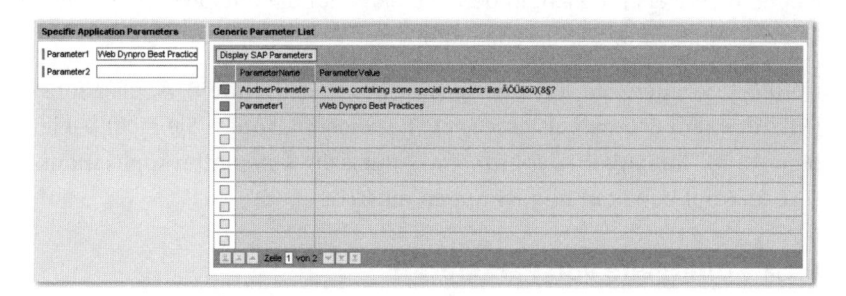

Abbildung 6.7 Web-Dynpro-Applikation NavigationDestinationApp

Grundsätzlich haben Sie zwei Möglichkeiten, innerhalb Ihrer Web-Dynpro-Applikation auf die übergebenen Parameter zuzugreifen. Entweder definieren Sie explizit die gewünschten Parameter als Parameter des Startup-Plugs der verwendeten Root-Component oder Sie greifen generisch auf alle übergebenen Parameter durch die Verwendung des `WDWebContextAdapter` zu.

Die Anwendung `NavigationDestinationApp` veranschaulicht beide Vorgehensweisen, wie Sie in Abbildung 6.8 erkennen können: Links zeigt sie zwei explizit definierte Parameter **Parameter1** und **Parameter2**, rechts werden alle übergebenen Parameter in einer Tabelle angezeigt. Sie können dabei zusätzlich noch entscheiden, ob Sie die automatisch übergebenen Systemparameter anzeigen wollen oder nicht.

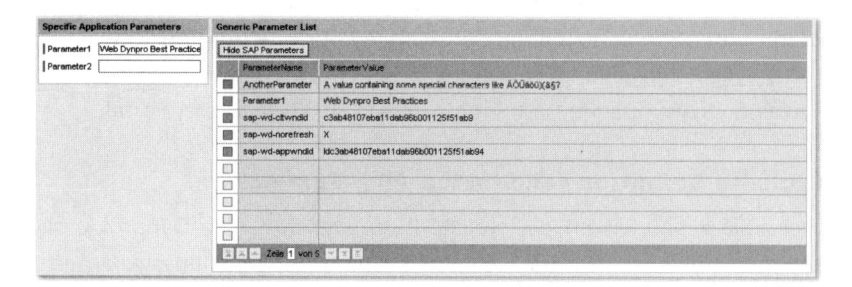

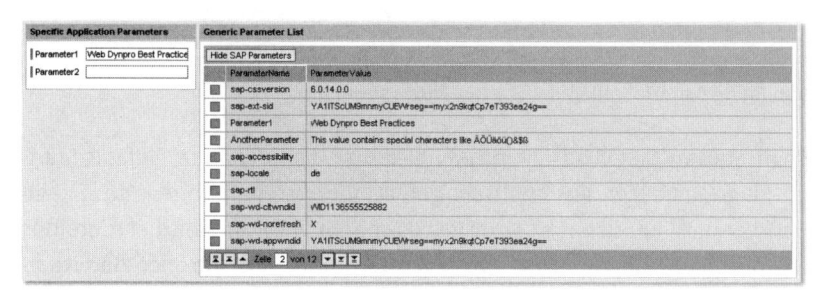

Abbildung 6.8 Übertragene Systemparameter außerhalb des SAP NetWeaver Portal

Abbildung 6.8 zeigt die Systemparameter, die übertragen werden, wenn Sie die Anwendung außerhalb des SAP NetWeaver Portal starten. `sap-wd-cltnwndid` und `sap-wd-appwndid` werden von der Web Dynpro Runtime benötigt, um die richtige Applikationsinstanz zu ermitteln. `sap-wd-norefresh` signalisiert, dass es sich nicht um den initialen Request handelt, der die Web-Dynpro-Applikationsinstanz startet.

Übertragene Systemparameter

Tipp

Grundsätzlich sollten Sie die übertragenen Systemparameter, also alle Parameter, die mit `sap-wd` beginnen, *nicht* ändern oder löschen, da sonst Ihre Web-Dynpro-Anwendung nicht korrekt ablaufen kann.

Sobald Sie Ihre Web-Dynpro-Anwendung innerhalb des SAP NetWeaver Portal starten, werden etliche weitere Systemparameter übertragen, wie Abbildung 6.9 zeigt. Letztendlich wird mit diesen zusätzlichen Systemparametern die aktuelle Portal-Umgebung definiert.

Übertragene Systemparameter innerhalb des SAP NetWeaver Portal

Abbildung 6.9 Übertragene Systemparameter innerhalb des SAP NetWeaver Portal

So definiert beispielsweise `sap-locale` die gewählte Portal-Sprache oder `sap-rtl`, ob der Benutzer im Portal die Left-To-Right-Unterstützung eingestellt hat oder nicht. Die Web Dynpro Runtime übernimmt diese (Portal-)Einstellungen automatisch – und zeigt dann Ihre Web-Dynpro-Applikation unter Berücksichtigung der richtigen Sprache oder der gewählten Left-To-Right-Einstellung. In Kapitel 5 finden Sie weitere Details zu den einzelnen Systemparametern innerhalb des SAP NetWeaver Portal.

Explizite Definition von Startup-Plug-Parametern

Wenn Sie genau wissen, auf welche Parameter Ihre Web-Dynpro-Applikation zugreifen muss – um z.B. eine bestimmte Darstellungsvariante zu bestimmen, wie wir es bei der Web-Dynpro-Google-Suche beschrieben haben (siehe Kapitel 4) –, können Sie diese Parameter explizit als Parameter des verwendeten Startup-Plugs definieren. In der Anwendung `NavigationDestinationApp` sind dies die Parameter `Parameter1` und `Parameter2`.

Abbildung 6.10 zeigt die Definition des Default-Startup-Plugs mit den entsprechenden Parametern. Beachten Sie, dass die Startup-Plug-Parameternamen und die Namen der Übergabeparameter exakt übereinstimmen müssen. Darüber hinaus müssen die Startup-Plug-Parameter vom Typ **string** sein.

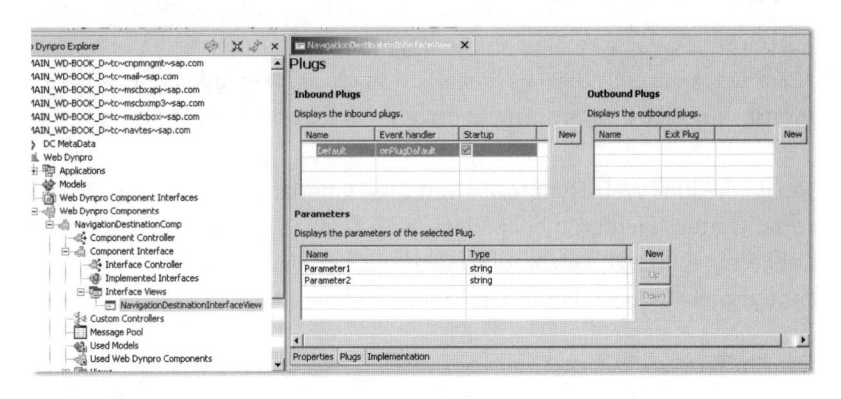

Abbildung 6.10 Definition der Startup-Plug-Parameter

Beim Starten der Web-Dynpro-Applikation werden diese Default-Startup-Plug-Parameter automatisch gefüllt, und stehen Ihnen im Event-Handler `onPlugDefault()` zur Verfügung. In unserem Beispiel schreiben wir die Werte in den vom Interface-Component-Controller der Root-Component bereitgestellten Context, wie Listing 6.4 zeigt.

```
wdThis
  .wdGetNavigationDestinationCompInterfaceController()
  .wdGetContext()
  .currentParametersElement()
  .setParameter1(Parameter1);

wdThis
  .wdGetNavigationDestinationCompInterfaceController()
  .wdGetContext()
  .currentParametersElement()
  .setParameter2(Parameter2);
```

Listing 6.4 Verwendung der explizit definierten Startup-Plug-Parameter

Generischer Zugriff auf alle Parameter

Neben dieser expliziten Möglichkeit, auf Übergabeparameter zuzugreifen, können Sie auch ganz generisch auf alle übertragenen Parameter mithilfe des `WDWebContextAdapter` zugreifen.

> **Tipp**
>
> Wie in Kapitel 2 dargestellt, ist eine der Stärken von Web Dynpro die Unabhängigkeit von einem bestimmten Protokoll oder einem bestimmten Darstellungs-Client. Die gleiche Web-Dynpro-Anwendung kann ohne jegliche Änderung sowohl auf HTTP basierend in einem herkömmlichen Webbrowser angezeigt werden als auch auf einem Smart Client, der ein beliebiges (auch proprietäres) Protokoll verwenden könnte. Um diese so genannte *Web Dynpro Client Abstraction* nicht zu brechen, sollten Sie *immer* über den `WDWebContextAdapter` auf Übergabeparameter zugreifen.

In unserer Anwendung `NavigationDestinationApp` benutzen wir den `WDWebContextAdapter`, um alle übergebenen Parameter einzulesen und diese in den entsprechenden Context-Knoten zu kopieren. Mithilfe des `IWDTable`-UI-Elementes werden die Parameter dann in einem letzten Schritt visualisiert.

Die `updateParameterList()`-Methode im View-Controller des Web-Dynpro-Views `DestinationView` liest alle übergebenen Parameter ein und füllt den Context-Knoten `RequestParameter`, wie Listing 6.5 zeigt:

```
IPrivateDestinationView.
  IGenericParametersElement parameter = null;
wdContext.nodeGenericParameters().invalidate();

// Einlesen der Übergabeparameter
Map parameters =
  WDWebContextAdapter.getWebContextAdapter()
    .getRequestParameterMap();

for (Iterator paras = parameters.keySet().iterator();
  paras.hasNext();) {
  String key = (String) paras.next();

  if (!key.startsWith("sap-wd") ||
    wdContext.currentContextElement()
      .getShowSAPParameters()) {

    if (key.equals("eventQueue")) {
      continue;
    }

    String value =
      WDWebContextAdapter.getWebContextAdapter()
        .getRequestParameter(key);

    wdContext.nodeGenericParameters()
      .createGenericParametersElement();
    parameter.setValue(value);
    parameter.setName(key);

    wdContext.nodeGenericParameters()
      .addElement(parameter);
  }
}
```

Listing 6.5 Einlesen aller Übergabeparameter

6.2.5 Verwendung des Exit-Plugs

Nachdem wir die gewünschte Applikations-URL mitsamt der benötigten Übergabeparameter definiert haben, müssen Sie nun die gewünschte Navigation anstoßen, indem Sie die ursprüngliche Web-Dynpro-Applikation unter Verwendung des so genannten *Exit-Plugs* verlassen.

Der Exit-Plug stellt dabei das Pendant zum Startup-Plug dar, über den die Applikationsinstanz ursprünglich gestartet wurde. Neben der Verwendungsmöglichkeit eines parameterlosen Exit-Plugs können Sie bei entsprechender Erweiterung des Exit-Plugs die Ziel-URL definieren, die nach Verlassen der Web-Dynpro-Applikation aufgerufen werden soll. Dabei können Sie grundsätzlich jede beliebige URL verwenden – bei der Navigation zu einer weiteren Web-Dynpro-Applikation aber müssen Sie eine gültige Web-Dynpro-Applikations-URL angeben.

Exit-Plugs

Wie der Startup-Plug wird auch der Exit-Plug als Teil des Interface-View-Controllers einer Web-Dynpro-Komponente definiert. Dies geschieht mit den folgenden Schritten:

1. Navigieren Sie im Web Dynpro Explorer zum gewünschten Interface-View-Controller und öffnen Sie durch einen Doppelklick den entsprechenden Editor, der Ihnen durch Selektion der Registerkarte **Plugs** die Definition des gewünschten Exit-Plugs ermöglicht. Klicken Sie hierzu auf den **New**-Button neben der Liste der Outbound-Plugs.

2. Abbildung 6.11 zeigt den dadurch erscheinenden Dialog, in dem Sie den in unserem Beispiel benötigten Exit-Plug `NavigationToApplication` definieren. Achten Sie darauf, durch Auswahl der entsprechenden Checkbox den Outbound-Plug als **Exit Plug** zu kennzeichnen.

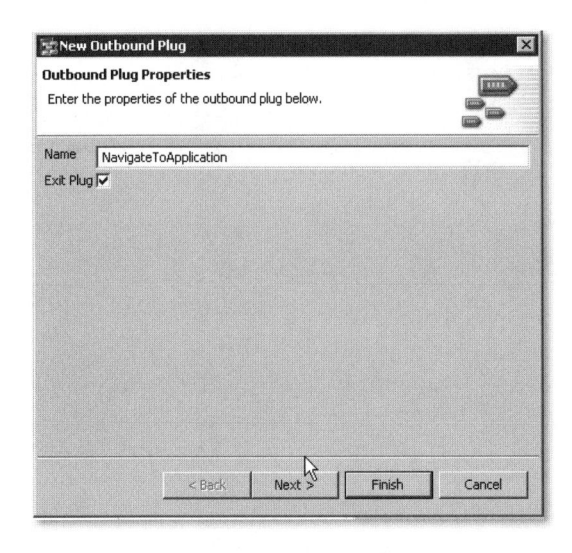

Abbildung 6.11 Definition des Exit-Plugs

URL-Parameter im Exit-Plug

3. Um den gewünschten Exit-Plug-Parameter zu definieren, klicken Sie auf **Next**. Abbildung 6.12 zeigt die Definition des `Url`-Parameters. Damit die URL beim Anstoßen des Exit-Plugs als Ziel-URL erkannt wird, *müssen* Sie den Parameter `Url` nennen.

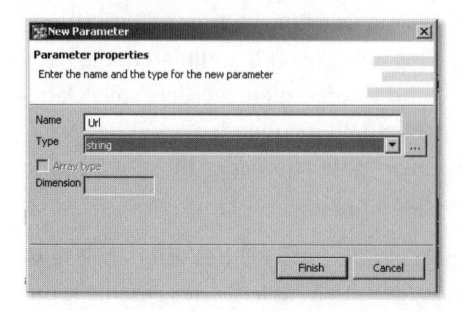

Abbildung 6.12 Definition des URL-Parameters

4. In unserem NavigationTester-Beispiel ist der benötigte Exit-Plug `NavigateToApplication` im Interface-View-Controller `NavigationTesterInterfaceView` der Komponente `NavigationTesterComp` definiert (siehe Abbildung 6.13).

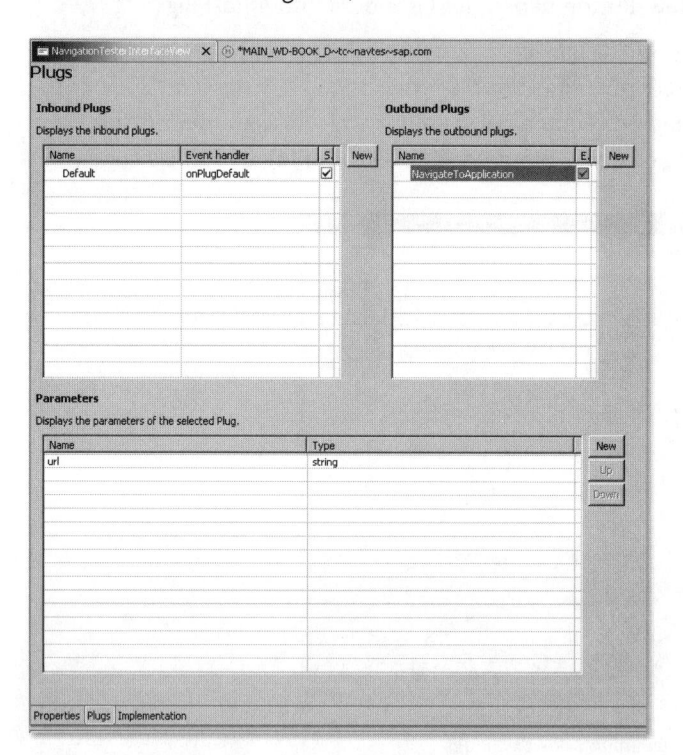

Abbildung 6.13 Exit-Plug NavigationToApplication

5. Der letzte Schritt ist nun das Anstoßen des Exit-Plugs. Dazu müssen Sie die entsprechende `wdFirePlugNavigateToApplication()`-Methode des Component-Interface-View-Controllers rufen.

Da wir in unserem NavigationTester-Beispiel die Navigation aus dem Web-Dynpro-View `NavigationDataView` anstoßen wollen, müssen Sie zuerst eine so genannte *Controller-Usage* anlegen, um den Component-Interface-View-Controller `NavigationTesterInterfaceView` innerhalb des View-Controllers zu rufen.

Controller-Usage anlegen

1. Öffnen Sie dazu den View Editor durch einen Doppelklick auf den Web-Dynpro-View `NavigationDataView` im Web Dynpro Explorer (siehe Abbildung 6.14). Alternativ können Sie im Kontextmenü des Web-Dynpro-Views den **Edit**-Eintrag wählen.

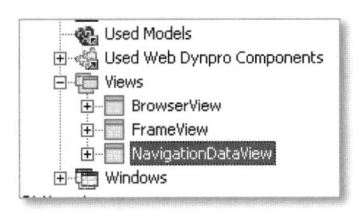

Abbildung 6.14 NavigationDataView im Web Dynpro Explorer

2. Wählen Sie im View Editor die Registerkarte **Properties** und klicken Sie auf den **Add**-Button. Abbildung 6.15 zeigt den dadurch geöffneten Dialog, in dem Sie den Interface-View-Controller `NavigationTester-InterfaceView` auswählen.

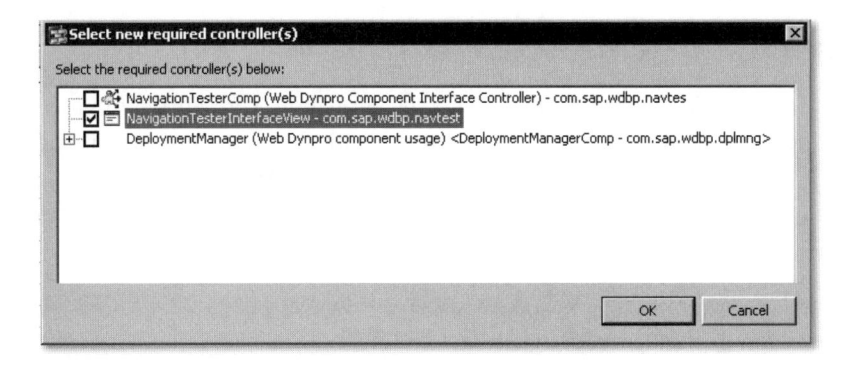

Abbildung 6.15 Definition der Controller-Usage

3. Nach dem erfolgreichem Anlegen der benötigten Controller-Usage wird diese auf der Registerkarte **Properties** im View Editor angezeigt.

Abbildung 6.16 zeigt die definierten Controller-Usages des Web-Dynpro-Views `NavigationDataView`.

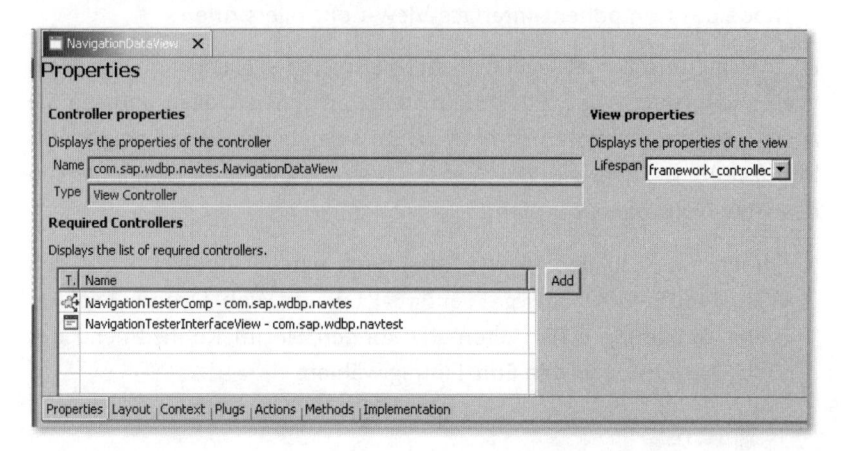

Abbildung 6.16 Liste der definierten Controller-Usages im View Editor

4. Neben der Verwendung des View Editors können Sie die definierten Controller-Usages auch direkt im Web Dynpro Explorer anzeigen, indem Sie die entsprechenden Views expandieren, wie Abbildung 6.17 zeigt.

Abbildung 6.17 Liste der definierten Controller-Usages im Web Dynpro Explorer

Aufruf des Exit-Plugs Nachdem Sie die Controller-Usage angelegt haben, können Sie im View-Controller direkt auf den Interface-View-Controller zugreifen und mithilfe der `wdFirePlugNavigateToApplication()`-Methode den Exit-Plug anstoßen, wie Listing 6.6 zeigt, das Teil des Event-Handlers `onActionNavigate()` ist.

```
// Navigate to the selected Web Dynpro application
// using the Exit-Plug
  wdThis
    .wdGetNavigationTesterInterfaceViewController()
      .wdFirePlugNavigateToApplication(
        wdContext
```

```
            .currentNavigationDataElement()
               .getFullNavigationTargetString());
```
Listing 6.6 Aufruf des Exit-Plugs

Zuerst greifen wir über `wdThis.wdGetNavigationTesterInterface-ViewController()` auf den benötigten Interface-View-Controller zu. Die benötigte Applikations-URL ermitteln wir über das Context-Attribut `FullNavigationTargetAsString` des `NavigationData`-Context-Knotens.

Das `FullNavigationTargetAsString`-Context-Attribut ist hierbei ein schönes Beispiel, wie Sie mithilfe eines **calculated**-Attributes den benötigten Wert in Abhängigkeit anderer Context-Attribute ermitteln können. Listing 6.7 zeigt die Berechnung der kompletten Applikations-URL, also inklusive eventueller Übergabeparameter, als Teil der Methode `getNavigationDataFullNavigationTargetString()`.

```
fullNavigationTarget.append(
  wdContext.currentNavigationDataElement().
    getAbsoluteTarget());

String businessParameters =
  wdContext.currentNavigationDataElement()
    .getBusinessParameterString();

if (!StringUtil.isEmpty(businessParameters)) {
  fullNavigationTarget.append('?')
    .append(businessParameters);
}
```
Listing 6.7 Ermittlung der vollständigen Applikations-URL

6.2.6 Starten der Web-Dynpro-Zielapplikation in einem zusätzlichen Fenster

Durch die Verwendung des Exit-Plugs wird die Web-Dynpro-Applikation, die die Navigation angestoßen hat, beendet, sobald zur gewünschten Zielapplikation navigiert wurde. Sobald Sie aber die navigierende Web-Dynpro-Applikation nicht beenden, sondern parallel weiter benutzen möchten, muss die gewünschte Zielapplikation in einem neuen Fenster des Webbrowsers geöffnet werden. Durch Verwendung des `IWDWindowManager` ist dies ohne große Probleme möglich, wie Listing 6.8 zeigt.

```
IWDWindow browserWindow =
  wdComponentAPI.getWindowManager().
    createNonModalExternalWindow(
      wdContext.currentNavigationDataElement()
        .getFullNavigationTargetString(),
      wdContext.currentNavigationDataElement()
        .getTargetTitle());

browserWindow.open();
```

Listing 6.8 Starten der Zielanwendung in einem neuen Fenster

Verwendung des LinkToURL-UI-Elementes

Zu guter Letzt wollen wir Ihnen eine weitere Möglichkeit nicht vorenthalten, wie Sie die Zielanwendung in einem neuen Fenster starten können: Bei der Verwendung des `IWDLinkToURL`-UI-Elementes können Sie über das **target**-Attribut definieren, in welchem Fenster des Webbrowsers die angegebene URL aufgerufen werden soll. Bei Verwendung des `_BLANK`-Wertes, der als Standardwert angeboten wird, wird die URL in einem neuen Fenster angezeigt.

Abbildung 6.18 zeigt die Definition eines `IWDLinkToURL`-UI-Elementes. Als URL wird die weiter oben ermittelte Applikations-URL verwendet.

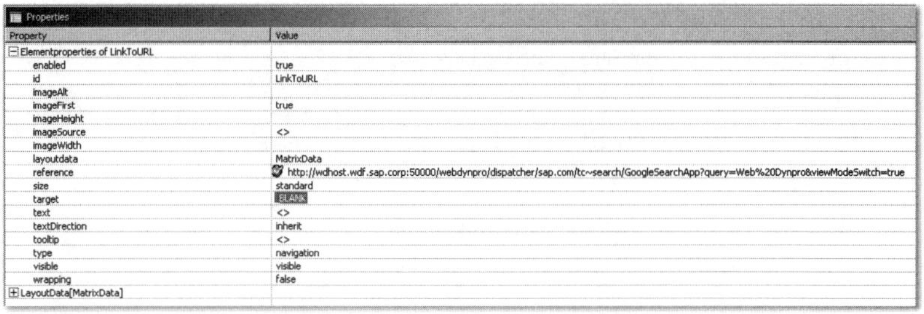
Properties

Property	Value
Elementproperties of LinkToURL	
enabled	true
id	LinkToURL
imageAlt	
imageFirst	true
imageHeight	
imageSource	<>
imageWidth	
layoutdata	MatrixData
reference	http://wdhost.wdf.sap.corp:50000/webdynpro/dispatcher/sap.com/tc~search/GoogleSearchApp?query=Web%20Dynpro&viewModeSwitch=true
size	standard
target	BLANK
text	<>
textDirection	inherit
tooltip	<>
type	navigation
visible	visible
wrapping	false
LayoutData[MatrixData]	

Abbildung 6.18 Verwendung des LinkToURL-UI-Elementes

Nachdem wir nun eingehend die Navigation zwischen Web-Dynpro-Applikationen außerhalb des SAP NetWeaver Portal besprochen haben, werden wir im nächsten Abschnitt auf die Encodierung der Übergabeparameter eingehen. Danach werden wir die Möglichkeiten beleuchten, die Ihnen zur Verfügung stehen, sobald Ihre Web-Dynpro-Anwendungen innerhalb des SAP NetWeaver Portal aufgerufen werden.

6.3 Encodierung von Übergabeparametern

Um die korrekte Übertragung der definierten Übergabeparameter sicherzustellen, müssen die entsprechenden Parameterwerte encodiert werden.

Da das SAP NetWeaver Developer Studio auf Basis des *Java Development Kit 1.3* (JDK) arbeitet, steht hierfür nur der standardmäßige URLEncoder.encode()-Aufruf zur Verfügung, der keine Definition der gewünschten Code-Page ermöglicht. Da Ihre Installation von SAP NetWeaver 2004 aber auf Basis des JDK 1.4 arbeitet, können wir mittels Java-Reflexion die erweiterte encode()-Methode rufen, die die Definition der gewünschten Code-Page erlaubt.

Verwendung der JDK-1.3-encode()-Methode

Da wir diese Funktionalität an verschiedenen Stellen (und in verschiedenen Beispielen dieses Buches) benötigen, haben wir die Hilfsklasse com.sap.wdbp.encode.URLEncode definiert, die allen Beispielen in diesem Buch über die Web-Dynpro-Entwicklungskomponente tc~utils zur Verfügung steht. In Anhang A erklären wir ausführlich, was Sie bei der Definition dieser Entwicklungskomponente beachten müssen.

An dieser Stelle wollen wir nun als Erstes die Schritte beschreiben, die Sie benötigen, um die URLEncode-Hilfsklasse zu verwenden. Danach werden wir auf ihre konkrete Verwendung – das Encodieren der Parameterwerte – eingehen.

6.3.1 Einbindung der Web-Dynpro-Entwicklungskomponente tc~utils

Um eine bestimmte Funktionalität aus einer anderen (Web-Dynpro-)Entwicklungskomponente zu nutzen, müssen Sie eine entsprechende Verknüpfung zwischen der Entwicklungskomponente definieren, die diese Funktionalität bereitstellt, und derjenigen, die diese Funktionalität nutzen will.

Eine Entwicklungskomponente stellt die von anderen Entwicklungskomponenten nutzbare Funktionalität über Public Parts zur Verfügung. Ein Public Part wiederum definiert über die so genannten *Public Part Entities* diejenigen Objekte bzw. Funktionen, die nach außen für andere Entwicklungskomponenten sichtbar sein sollen.

Definition von Public Parts und Public Part Entities

Abhängig vom Typ der Entwicklungskomponente können die unterschiedlichsten Typen von Public Part Entities definiert werden. Eine Web-Dynpro-Entwicklungskomponente kann unter anderem Public Part Entities für Web-Dynpro-Komponenten oder Web-Dynpro-Komponenten-

Interfaces definieren. Neben diesen Web-Dynpro-Entitäten kann eine Web-Dynpro-Entwicklungskomponente aber auch einfache Java-Klassen über einen Public Part bereitstellen. Genau dies tut der Public Part Utils der Entwicklungskomponente tc~utils, den wir nun im Web-Dynpro-NavigationTester benutzen wollen. Dazu müssen wir eine Referenz, die so genannte *Used-DC-Beziehung*, für den Public Part Utils erzeugen.

1. Navigieren Sie im Web Dynpro Explorer zum Verzeichnis **Used DCs**, das sich unterhalb von **DC MetaData • DC Definition** im Navigation-Tester-Projekt befindet. Durch den Befehl **Add Used DC...** im Kontextmenü von **Used DCs** starten Sie die Definition dieser Referenz (siehe Abbildung 6.19).

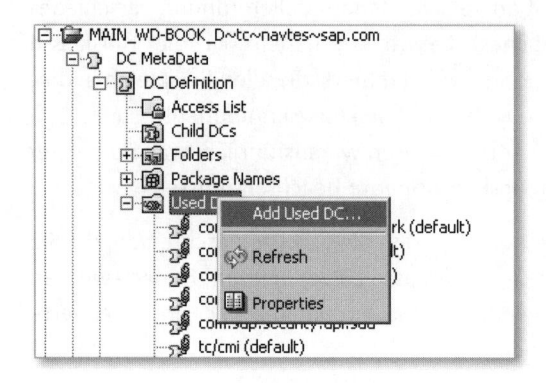

Abbildung 6.19 Hinzufügen einer Referenz zu einer Entwicklungskomponente

2. Im folgenden Dialog wählen Sie den Public Part **Utils** innerhalb der tc~utils-Entwicklungskomponente, die hier als **tc/utils** angezeigt wird. Wie Sie in Abbildung 6.20 sehen, können Sie einen Public Part grundsätzlich innerhalb der Registerkarte **Active** oder der Registerkarte **Inactive** auswählen.

Aktive und inaktive Entwicklungskomponenten

Sobald Sie die Entwicklung einer (Web-Dynpro-)Entwicklungskomponente abgeschlossen haben, können Sie diese aktivieren und somit offiziell für eine Verwendung in anderen Entwicklungskomponenten freigeben. Im Regelfall sollten Sie nur auf aktive (also freigegebene) Public Parts bzw. Entwicklungskomponenten zugreifen, da Sie ansonsten bei eventuellen Änderungen des verwendeten inaktiven Public Parts Ihre eigene (Web-Dynpro-)Entwicklungskomponente anpassen müssen. In unserem Beispiel wählen wir den Public Part Utils aus der Liste der inaktiven Entwicklungskomponenten, da wir alle an unseren Beispielen beteiligten Entwicklungskomponenten selbst entwickeln.

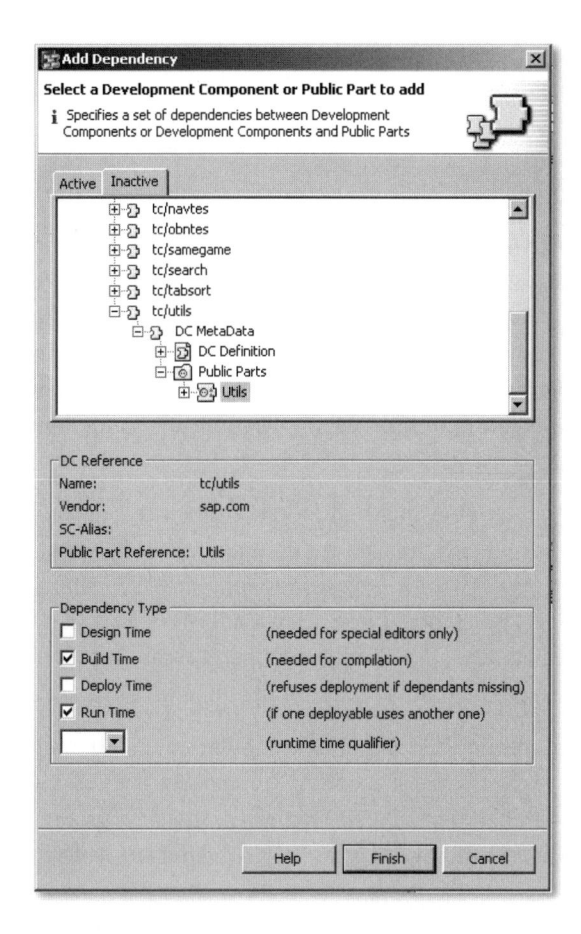

Abbildung 6.20 Definition des Public Parts Utils

Bei der Definition einer Used-DC-Beziehung sollten Sie immer den gewählten **Dependency Type** beachten. Da wir in unserem Beispiel die URLEncode-Hilfsklasse verwenden wollen, die Teil des Public Parts Utils ist, müssen wir hierfür **Build Time** und **Run Time** wählen. Damit stellen Sie sicher, dass die URLEncode-Hilfsklasse während der Kompilierung des NavigationTester-Projektes verfügbar ist.

3. Nach einem Klick auf die **Finish**-Taste wird die benötigte Referenz erzeugt. Abbildung 6.21 zeigt einen Ausschnitt der definierten Referenzen. Wie Sie erkennen können, wird dabei eine Used-DC-Beziehung immer in der Form

    <DC-Name> (<Public Part Name>)

    angezeigt; in unserem Beispiel also tc/utils (Utils).

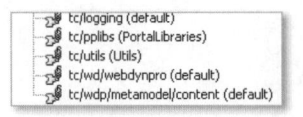

```
tc/logging (default)
tc/pplibs (PortalLibraries)
tc/utils (Utils)
tc/wd/webdynpro (default)
tc/wdp/metamodel/content (default)
```

Abbildung 6.21 Definierte Public Parts

Verwendung einer Sharing Reference

Um zur Laufzeit sicherzustellen, dass der Public Part `Utils` bzw. die darin enthaltenen Java-Klassen wie zum Beispiel die `URLEncode`-Hilfsklasse vom NavigationTester auch benutzt werden kann, müssen Sie nun eine so genannte *Sharing Reference* definieren. Eine Sharing Reference definiert eine Laufzeitabhängigkeit zu einer bestimmten (Web-Dynpro-)Entwicklungskomponente, zu einer bestimmten Webapplikation oder zu einem bestimmten Portal-Service.

Zusammenhang mit den verwendeten Java-Classloadern

Aus technischer Sicht bedeutet eine Sharing Reference zu einer der oben genannten Entitäten immer eine Referenz auf den entsprechenden Java-Classloader der (Web-Dynpro-)Entwicklungskomponente, der Webapplikation oder des Portal-Service. Ohne diese Classloader-Referenz kann zum Beispiel die NavigationTester-Anwendung keine Klassen aus dem Public Part `Utils` laden und somit auch nicht benutzen.

Ohne die korrekte Definition der benötigten Sharing Reference erhalten Sie zur Laufzeit eine `ClassNotFound`-Exception, sobald Sie eine Klasse aus der – nicht korrekt referenzierten – (Web-Dynpro-)Entwicklungskomponente, der Webapplikation oder dem Portal-Service benutzen wollen.

1. Um für das NavigationTester-Projekt die benötigte Sharing Reference zu definieren, öffnen Sie das Eigenschaftenfenster des Projektes über den **Properties**-Eintrag im Kontextmenü des Projektes (siehe Abbildung 6.22).

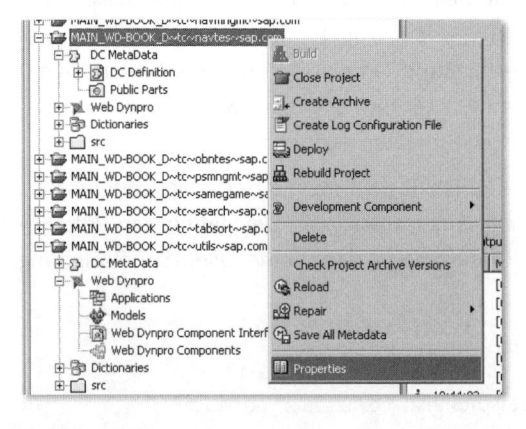

Abbildung 6.22 Editieren der Web-Dynpro-Projekteigenschaften

2. Im darauf folgenden Dialog wählen Sie links **Web Dynpro References** und dann die Registerkarte **Sharing references** (siehe Abbildung 6.23). Mit einem Klick auf den **Add**-Button können Sie die neue Sharing Reference anlegen.

Anlegen einer Sharing Reference

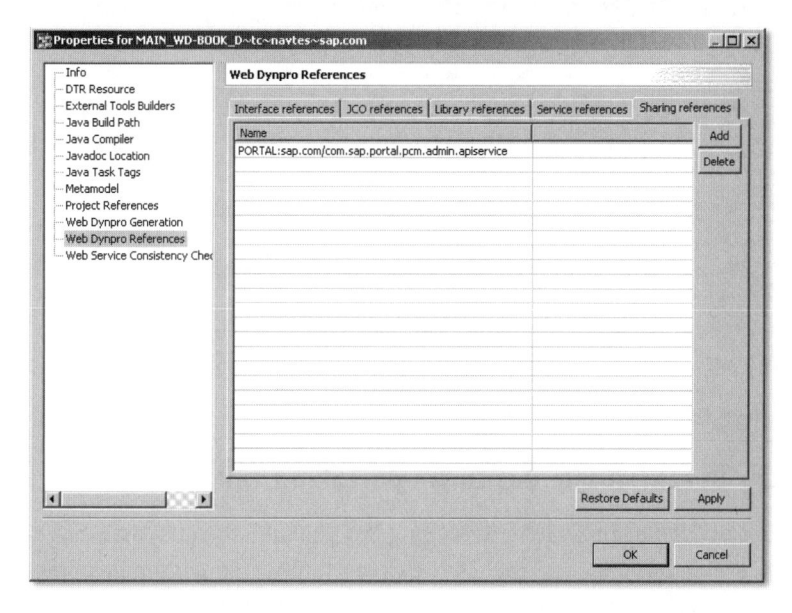

Abbildung 6.23 Eigenschaftenfenster eines Web-Dynpro-Projektes

3. Abbildung 6.24 zeigt die Definition der Sharing Reference für den Public Part Utils der tc~utils-Entwicklungskomponente. Wie Sie erkennen können, referenzieren Sie immer die entsprechende Entwicklungskomponente (oder Webapplikation) und nicht den entsprechenden Public Part. Sharing References auf Portal-Services haben eine besondere Syntax, die wir in Kapitel 7 besprechen werden.

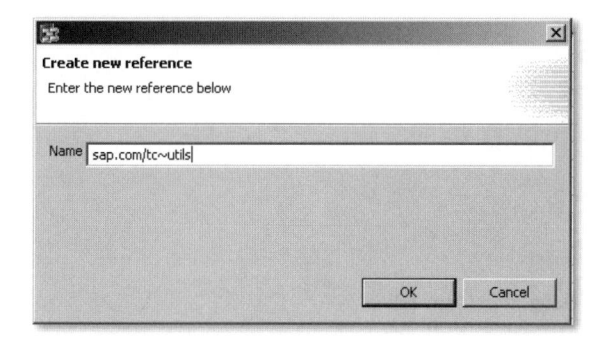

Abbildung 6.24 Definition einer Sharing Reference

4. Mit einem Klick auf **OK** wird die gewünschte Sharing Reference angelegt und, wie Sie in Abbildung 6.25 erkennen können, auch im Eigenschaftenfenster des Projektes angezeigt.

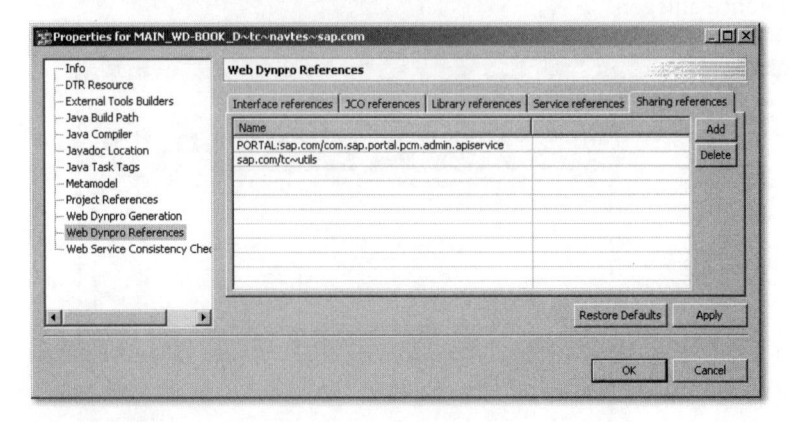

Abbildung 6.25 Definierte Sharing References

6.3.2 Beschreibung der Datei portalapp.xml

Bevor wir auf die konkrete Verwendung der URLEncode-Hilfsklasse eingehen werden, die Teil des Public Part Utils ist, möchten wir Ihnen an dieser Stelle nicht vorenthalten, wie und wo die definierten Sharing References in Ihrem Web-Dynpro-Projekt abgelegt werden.

1. Wechseln Sie hierzu in den Navigator und öffnen Sie das Navigation-Tester-Projekt. Im Verzeichnis **gen_wdp** finden Sie die generierten Dateien Ihres Web-Dynpro-Projektes. Neben den benötigten Java-Klassen im Unterverzeichnis **packages** finden Sie dort auch die Datei *portalapp.xml* (siehe Abbildung 6.26).

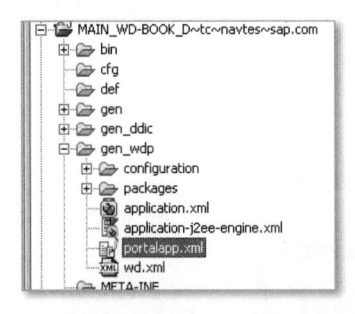

Abbildung 6.26 Erzeugte Datei portalapp.xml

2. Um die Datei *portalapp.xml* anzuzeigen, wählen Sie in ihrem Kontextmenü **Open With · Text Editor** (siehe Abbildung 6.27).

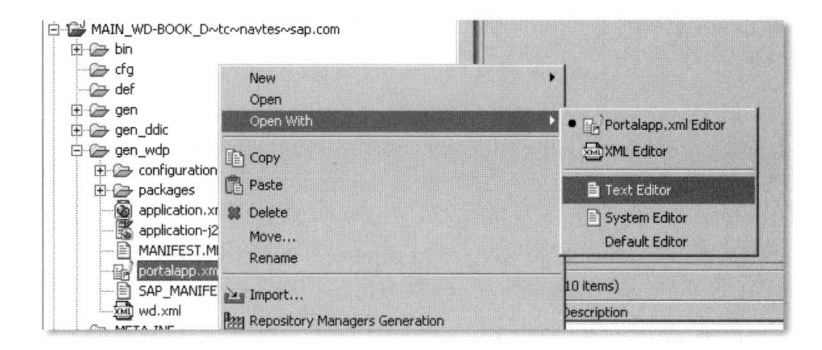

Abbildung 6.27 Anzeigen der Datei portalapp.xml

3. Abbildung 6.28 zeigt einen Ausschnitt aus der Datei *portalapp.xml* des NavigationTester-Projektes. Wie Sie erkennen können, taucht die eben definierte Sharing Reference für `sap.com/tc~utils` in der Liste der definierten Sharing References auf.

```
tion-config>
  <property name="SharingReference"    value="sap.com/tc~wd~dispwda"/>
  <property name="SharingReference"    value="sap.com/tc~utils"/>
  <property name="SharingReference"    value="sap.com/tc~wd~corecomp"/>
  <property name="SharingReference"    value="sap.com/tc~dplmng"/>
  <property name="SharingReference"    value="PORTAL:sap.com/com.sap.porta
```

Abbildung 6.28 Definierte Sharing References

Neben den von Ihnen definierten Sharing References sind für jedes Web-Dynpro-Projekt automatisch zwei Sharing References definiert, ohne die keine Web-Dynpro-Anwendung erfolgreich ausgeführt werden kann. `sap.com/tc~wd~dispwda` zeigt dabei grundsätzlich benötigte Ressourcen, wie zum Beispiel die verschiedenen Dateien der unterschiedlichen Themes. `sap.com/tc~wd~corecomp` enthält wichtige generische Web-Dynpro-Komponenten, beispielsweise für unterschiedliche Wertehilfen, die jeder Web-Dynpro-Anwendung zur Verfügung stehen.

Standardmäßig definierte Sharing References

In Kapitel 10 gehen wir ausführlicher auf die einzelnen Bestandteile dieser beiden (generischen) Web-Dynpro-Entwicklungskomponenten ein.

6.3.3 Encodierung der Parameterwerte

Nachdem wir nun durch Verwendung des Public Parts `Utils` der `tc~utils`-Entwicklungskomponente die Hilfsklasse `URLEncode` in unserem NavigationTester verwenden können, wollen wir mit dessen Hilfe die entsprechenden Parameterwerte der Übergabeparameter encodieren.

Verwendung der UTF-8-Encodierung

Die `URLEncode`-Hilfsklasse benutzt dabei grundsätzlich die `UTF-8`-Encodierung.

Definition von Übergabeparametern im Navigation Tester

Wie weiter oben schon angesprochen, können Sie mithilfe des Web-Dynpro-NavigationTesters sehr einfach beliebige Übergabeparameter definieren. Abbildung 6.29 zeigt die Definition der applikationsspezifischen Parameter `Parameter1` und `AnotherParameter`. Über die Buttons **Add** und **Delete** können Sie beliebige weitere Parameter definieren bzw. wieder löschen. Unterhalb der Tabelle mit der Definition der unterschiedlichen Parameter zeigt der NavigationTester zudem die sich aus der aktuellen Parameterdefinition ergebende URL-konforme Darstellung.

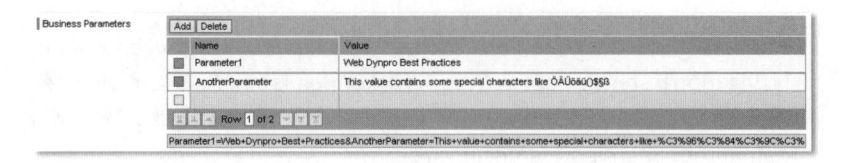

Abbildung 6.29 Definition von Übergabeparametern

Diese URL-konforme Darstellung wird über das **calculated**-Attribut `BusinessParameterAsString` des `NavigationData`-Context-Knotens definiert. Damit stellen Sie auf einfache Weise sicher, dass der entsprechende Wert bei jeder Änderung der einzelnen Parameter automatisch angepasst wird.

Listing 6.9 zeigt die Implementierung der `getNavigationDataBusinessParameterString()`-Methode der Web-Dynpro-Komponente `NavigationTesterComp`, in der die URL-konforme Darstellung berechnet wird.

```
businessParameters.setLength(0);
for (int i = 0;
    i < wdContext.nodeBusinessParameter().size();
    i++) {

  IPublicNavigationTesterComp.IBusinessParameterElement
    parameter = wdContext.nodeBusinessParameter()
              .getBusinessParameterElementAt(i);

  if ((parameter.getName() != null)
      && (parameter.getValue() != null)) {

    businessParameters
```

```
        .append(parameter.getName())
        .append('=')
        .append(urlEncode.encode(parameter.getValue()));

      if (i < wdContext.nodeBusinessParameter().size() - 1) {
        businessParameters.append('&');
      }
    }
  }
}
return businessParameters.toString();
```

Listing 6.9 Encodierung der Übergabeparameter

Wie Sie erkennen können, werden alle Parameterwerte über den Aufruf der `encode()`-Methode der `URLEncode`-Hilfsklasse erzeugt. Die benötigte `urlEncode`-Instanz erzeugen wir im Übrigen während der Initialisierung der Komponente `NavigationTesterComp`.

Im Beispiel aus Abbildung 6.29 entspricht die URL-konforme Darstellung dem definierten Übergabeparameter:

```
Parameter1=Web+Dynpro+Best+Practices
  &AnotherParameter=A+value+containing+some+special
  +characters+like+%C3%84%C3%96%C3%9C%C3%A4%C3%B6%C3%BC
  %29%28%26%C2%A7%3F
```

Die Encodierung der Übergabeparameter ist unabhängig davon, ob Sie Ihre Web-Dynpro-Anwendung innerhalb oder außerhalb des SAP NetWeaver Portal starten.

6.4 Navigation innerhalb des SAP NetWeaver Portal

In Kapitel 5 haben wir die grundsätzlichen Möglichkeiten besprochen, die Ihnen das SAP NetWeaver Portal bietet, um Ihre Web-Dynpro-Anwendungen im Portal in Form eines Web-Dynpro-iViews aufzurufen, in Worksets oder Rollen zu gruppieren, bestimmten Benutzergruppen zuzuordnen oder die gewünschte Navigationsstruktur zu definieren, über die dann der Benutzer mithilfe der Top-Level-Navigation und/oder der Detail-Navigation zwischen den einzelnen Applikationen navigieren kann.

Programmtisches Anstoßen einer Portal-Navigation

Neben der Verwendung von Top-Level-Navigation und/oder Detail-Navigation können Sie aber auch aus jeder Web-Dynpro-Applikation programmatisch Navigationsschritte anstoßen. Das Navigationsziel kann hierbei entweder als (relative oder absolute) URL auf einen iView oder eine Portal Page oder als abstrakte Operation eines so genannten *Business-Objekts* (BO) beschrieben werden. Diese Möglichkeit der *Object-based Navigation* werden wir in Kapitel 7 besprechen.

Direkte Navigation zu einer Web-Dynpro-Anwendung

Grundsätzlich ist innerhalb des SAP NetWeaver Portal eine Navigation nur zu einem iView oder einer Portal Page möglich. In Abschnitt 6.4.5 werden wir aber eine Möglichkeit besprechen, wie Sie auch innerhalb des SAP NetWeaver Portal direkt zu einer bestimmten Web-Dynpro-Applikation navigieren können, ohne zuvor einen entsprechenden iView anzulegen.

6.4.1 Anstoßen einer Portal-Navigation

Innerhalb Ihrer Web-Dynpro-Applikation können Sie mithilfe einer der Methoden der `WDPortalNavigation`-Hilfsklasse eine Portal-Navigation anstoßen. Da auf Web-Dynpro basierende iViews im Portal grundsätzlich als isolierter Inhalt innerhalb eines iFrames angezeigt werden, kann die Kommunikation zwischen Ihrer Web-Dynpro-Anwendung und dem SAP NetWeaver Portal nur über einen clientseitigen Mechanismus realisiert werden.

Client Abstraction und Portal-Navigation

Aufgrund der schon öfter beschriebenen Client Abstraction von Web Dynpro kann eine Web-Dynpro-Applikation diesen clientseitigen Mechanismus nicht direkt ansprechen, sondern kann nur über die Hilfsklasse `WDPortalNavigation` darauf zugreifen. Im Wesentlichen sind dabei die folgenden Schritte zu beachten:

1. In einem beliebigen Web-Dynpro-Action-Event-Handler wird eine der Methoden von `WDPortalNavigation` aufgerufen, und gemäß der verwendeten Signatur werden die entsprechenden Daten übergeben.

2. Die Web Dynpro Runtime schickt diese Daten mit der aktuellen Web-Dynpro-Response an den Client zurück.

3. Der Web-Dynpro-Client erkennt diese Daten und ruft die entsprechenden clientseitigen APIs des SAP NetWeaver Portal, um die gewünschte Navigation anzustoßen.

Für Sie als Web-Dynpro-Anwendungsentwickler läuft dies vollkommen transparent ab – Sie sollten sich aber im Klaren darüber sein, dass das Anstoßen einer Portal-Navigation innerhalb einer Web-Dynpro-Applikation immer mit einem zusätzlichen Server-Roundtrip verbunden ist.

Nach diesem eher theoretischen Abstecher wollen wir uns nun wieder mit der Realisierung der Portal-Navigation innerhalb des NavigationTesters beschäftigen.

6.4.2 Absolute Portal-Navigation

Mittels einer der `navigateAbsolute()`-Methoden der Hilfsklasse `WDPortalNavigation` kann eine absolute Portal-Navigation angestoßen werden. Das Navigationsziel wird hierbei als absolute URL auf einen iView oder eine Portal Page angegeben.

Neben dem Navigationsziel können zahlreiche weitere Parameter definiert werden, mit deren Hilfe unter anderem bestimmt werden kann, ob das Navigationsziel im gleichen Fenster (des Webbrowsers) oder in einem neuen Fenster angezeigt werden soll. Wie Sie das Navigationsverhalten genauer definieren können, werden wir in einem der folgenden Abschnitte besprechen.

Mittels des `navigationTarget`-Parameters (einer der `navigateAbsolute()`-Methoden) können Sie bei der absoluten Portal-Navigation die absolute Adresse des Navigationszieles definieren. Die Zieladresse definiert den Ort, an dem der adressierte iView oder die Portal Page im Portal Content Directory abgelegt ist. Für die Adressierung von iViews oder Pages benötigen Sie zudem das Präfix `ROLES://`. Eine gültige (absolute) Zieladresse ist dementsprechend: | Definition einer absoluten Zieladresse

```
ROLES://portal_content/com.sap.wdbp/com.sap.navigation_
folder/com.sap.navigationdestination
```

Die Verwendung absoluter Zieladressen ist in der Praxis teilweise problematisch. Verwenden Sie in Ihrer Web-Dynpro-Anwendung absolute Zielpfade auf iViews oder Portal Pages, sind diese offensichtlich nur so lange gültig, solange sich der adressierte iView oder die Portal Page *exakt* an dieser Stelle im PCD befindet. Da die Zieladresse eines iViews oder einer Portal Page auch die konkrete Verwendung dieses iViews oder dieser Portal Page in einer Rolle definiert, kann dies zu Problemen führen, sobald der iView oder die Portal Page in eine andere Rolle umgezogen wird, oder Sie ganz grundsätzlich die Strukturierung Ihres Portal Contents anpassen wollen oder müssen. | Probleme bei der absoluten Adressierung

> **Tipp**
>
> Wir empfehlen grundsätzlich die Verwendung der relativen Portal-Navigation oder der Object-based Navigation.
>
> Sollten Sie trotzdem die absolute Portal-Navigation verwenden, sehen Sie von Anfang an die Möglichkeit vor, die benutzten absoluten Zieladressen konfigurierbar zu machen – beispielsweise unter Verwendung des `WDConfiguration`-Service, den wir innerhalb der Web-Dynpro-Google-Suche beschrieben haben (siehe Kapitel 4). Damit stellen Sie sicher, dass Sie diese Zieladressen später ohne Änderung Ihrer Web-Dynpro-Anwendung anpassen können.

6.4.3 Relative Portal-Navigation

Die Verwendung von absoluten Zieladressen kann, wie eben beschrieben, zu Problemen führen, wenn der adressierte Portal Content verschoben oder umstrukturiert wird. Daher ist oft eine relative Adressierung sinnvoller.

Möchten Sie beispielsweise zwischen zwei Portal Pages navigieren, die beide im selben Verzeichnis im PCD definiert sind, ist die relative Adressierung der Seiten untereinander auch dann noch gültig, wenn das gesamte Verzeichnis innerhalb des PCD verschoben wird. Bei einer absoluten Adressierung wäre dies nicht mehr der Fall, was im schlimmsten Fall dazu führen kann, dass Sie Ihre (vielleicht schon ausgelieferte) Web-Dynpro-Anwendung ändern müssen.

Definition einer relativen Zieladresse — Um eine relative Navigation anzustoßen, benutzen Sie eine der vorhandenen `navigateRelative()`-Methoden der Hilfsklasse `WDPortalNavigation`. Die relative Zieladresse wird hierbei immer über die folgenden drei Parameter bestimmt:

- `baseURL`

  Mithilfe des `baseURL`-Parameters definieren Sie die Basis der relativen Zieladresse. Hierbei gelten die gleichen Regeln wie bei der Definition einer absoluten Zieladresse. Ein Beispiel für eine gültige `baseURL` ist:

  `ROLES://portal_content/com.sap.wdbp/com.sap.navigation_folder/com.sap.navigationdestination`

- levelsUp

    Der levelsUp-Parameter definiert, wie viele Ebenen in der PCD-Verzeichnishierarchie nach oben navigiert werden soll.

- path

    Der path-Parameter beschreibt den Pfad zum gewünschten Navigationsziel relativ zur gewählten baseUrl.

6.4.4 Definition des Navigationsverhaltens

Neben der Angabe der Zieladresse in absoluter oder relativer Schreibweise können Sie das Navigationsverhalten innerhalb des SAP NetWeaver Portal auf sehr vielfältige Weise definieren. Im Folgenden wollen wir einen Überblick über die gebotenen Möglichkeiten geben. Die aufgeführten Parameter entsprechen dabei immer den Parametern einer der navigateAbsolute()- oder navigateRelative()-Methoden der Hilfsklasse WDPortalNavigation.

Definition des Navigationsmodus

Durch die Verwendung des mode-Parameters können Sie bestimmen, wo die angegebene Zieladresse angezeigt werden soll. Es sind die folgenden Modi möglich:

- WDPortalNavigationMode.SHOW_INPLACE
- WDPortalNavigationMode.SHOW_EXTERNAL
- WDPortalNavigationMode.SHOW_EXTERNAL_PORTAL
- WDPortalNavigationMode.SHOW_HEADERLESS_PORTAL

Bei Verwendung von SHOW_INPLACE wird das Navigationsziel innerhalb des aktuellen Fensters des Webbrowsers angezeigt. Top-Level-Navigation und Detail-Navigation werden, wenn möglich, entsprechend angepasst, und in der Working Area des SAP NetWeaver Portal wird der angesprochene iView oder die Portal Page angezeigt.

SHOW_INPLACE

Sollte das angegebene Navigationsziel nicht in einer dem Benutzer zugewiesenen Rolle enthalten sein, wird die Top-Level-Navigation und die Detail-Navigation *nicht* angepasst. Erst durch entsprechende Definition des Navigations-Contextes können Sie in diesen Fällen Top-Level-Navigation und Detail-Navigation beeinflussen.

Sollte die angegebene Zieladresse auf keinen gültigen iView oder keine gültige Portal Page zeigen, wird in der aktuellen Version des SAP NetWea-

Behandlung von fehlerhaften Zieladressen

ver Portal keine Fehlermeldung ausgegeben. Die Working Area bleibt lediglich leer und die Top-Level-Navigation und Detail-Navigation werden nicht angepasst. Darüber hinaus können Sie mittels der generischen Vorwärts-/Rückwärts-Navigationsfunktionalität im Page Header navigieren (siehe Abbildung 6.30).

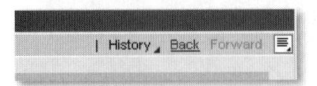

Abbildung 6.30 Generische Vorwärts-/Rückwärtsnavigation

SHOW_EXTERNAL

Über SHOW_EXTERNAL wird das Navigationsziel in einem neuen Fenster des Webbrowsers dargestellt, in dem nur das Navigationsziel ohne zusätzlichen Portal-Rahmen erscheint, also ohne Top-Level-Navigation oder Detail-Navigation.

Behandlung von nicht sichtbaren Anteilen des Portal-Rahmens

Bitte beachten Sie hierbei, dass bei Verwendung von SHOW_EXTERNAL nicht nur die sichtbaren Teile des Portal-Rahmens nicht angezeigt werden. Auch die nicht sichtbaren Anteile, die üblicherweise zusammen mit dem Portal-Rahmen geladen werden, sind nicht verfügbar. Beispielsweise wird eine Verwendung des Work-Protect-Modes des Portals nicht mehr unterstützt.

> **Tipp**
>
> Wir raten grundsätzlich von der Verwendung von SHOW_EXTERNAL ab, da dabei auch wichtige (nicht sichtbare) Teile des Portal-Rahmens nicht geladen werden, und Sie dadurch nur sehr eingeschränkt auf Portal-Funktionalität zugreifen können.

SHOW_EXTERNAL_PORTAL

Mittels SHOW_EXTERNAL_PORTAL wird das Navigationsziel in einem neuen Fenster des Webbrowsers zusammen mit dem standardmäßigen Portal-Rahmen angezeigt. Top-Level-Navigation und Detail-Navigation werden, wenn möglich, entsprechend dem definierten Navigationsziel angepasst, und in der Working Area erscheint der adressierte iView oder die Portal Page (oder eine leere Seite, wenn die verwendete Zieladresse nicht gültig ist).

Die generische Vorwärts-/Rückwärtsnavigation im Portal kann in diesem Fall nicht verwendet werden, um zum ursprünglichen iView oder zur Portal Page zurückzunavigieren, da diese sich in dem Originalfenster befindet.

Bei der Verwendung von SHOW_HEADERLESS_PORTAL wird das Navigationsziel in einem neuen Fenster angezeigt und nur mit dem generischen Portal Page Header versehen. Sowohl bei Verwendung von SHOW_EXTERNAL_PORTAL als auch bei Verwendung von SHOW_HEADERLESS_PORTAL werden alle benötigten nicht sichtbaren Teile des Portal-Rahmens geladen. Der Work-Protect-Mode wird daher in beiden Modi unterstützt.

SHOW_HEADERLESS_PORTAL

Verwendung der Portal-Historie

Über den historyMode-Parameter können Sie definieren, ob und wie der angestoßene Navigationsschritt in der Portal-Historie erscheint. Die Portal-Historie ist Teil des generischen Page Headers. Es sind die folgenden Werte möglich:

- WDPortalNavigationHistoryMode.NO_HISTORY
- WDPortalNavigationHistoryMode.NO_DUPLICATIONS
- WDPortalNavigationHistoryMode.ALLOW_DUPLICATIONS

Mittels NO_HISTORY taucht der Navigationsschritt nicht in der Portal-Historie auf. Trotzdem können Sie die generische Vorwärts-/Rückwärtsnavigation im Portal verwenden.

NO_HISTORY

Bei Verwendung von NO_DUPLICATIONS wird der Navigationsschritt in der Portal-Historie sichtbar. Wird mehrmals zum gleichen Navigationsziel, also zur gleichen Zieladresse gesprungen, erscheint nur genau ein Eintrag in der Portal-Historie. Werden in unterschiedlichen Navigationsschritten die gleichen Zieladressen mit (möglicherweise) unterschiedlichen Parametern mitgegeben, werden diese in der Portal-Historie nur als ein einziger Eintrag sichtbar. Dieser Eintrag entspricht dann der Zieladresse – die unterschiedlichen Parameter der einzelnen Navigationsschritte werden ignoriert.

NO_DUPLICATIONS

Über ALLOW_DUPLICATIONS wird der Navigationsschritt in der Portal-Historie sichtbar, und mehrmaliges Navigieren zum gleichen Navigationsschritt wird bei unterschiedlichen Parametern mehrmals in der Portal-Historie angezeigt.

ALLOW_DUPLICATIONS

Diese Option hat vor allem in Szenarien Sinn, in denen das gleiche Navigationsziel mit unterschiedlichen Parametern aufgerufen werden soll, und dem Benutzer die Möglichkeit gegeben werden soll, über die Portal-Historie gezielt zu einem der Navigationsziele in der Portal-Historie (zurück-)navigieren zu können.

Unterscheidung von Navigationsschritten

Als Beispiel kann hierbei das Anzeigen der Suchergebnisse zu einem Künstler in der Web-Dynpro-MusicBox dienen (siehe Kapitel 8). Durch Verwendung von ALLOW_DUPLICATIONS stellen Sie sicher, dass in der Portal-Historie unterschiedliche Einträge erscheinen, und der Benutzer direkt zu den Suchergebnissen bestimmter Künstler springen kann.

Beeinflussung des angezeigten Eintrags in der Portal-Historie	Mithilfe des targetTitle-Parameters können Sie definieren, wie der Navigationsschritt in der Portal-Historie angezeigt werden soll. Sobald mit WDPortalNavigationHistoryMode.ALLOW_DUPLICATIONS gearbeitet wird, sollte dieser Eintrag auch beschreiben, mit welchen Parametern navigiert wurde.

Um beispielsweise die unterschiedlichen Suchergebnisse der unterschiedlichen Künstler in der Web-Dynpro-MusicBox (siehe Kapitel 8) zu unterscheiden, fügen wir zum Titel den selektierten Künstler an, um eindeutige Einträge in der Portal-Historie zu erhalten.

Definition des Navigations-Contextes

Mithilfe des contextURL-Parameters definieren Sie den so genannten *Navigations-Context*. Der Navigations-Context bestimmt dabei, welche Einträge in der Top-Level-Navigation und der Detail-Navigation selektiert werden.

Automatische Anpassung des Navigations-Contextes	Wie weiter oben beschrieben, wird der Navigations-Context im Regelfall automatisch an das definierte Navigationsziel angepasst. Sollte diese automatische Anpassung nicht gewünscht werden oder ist diese nicht möglich, weil z. B. das Navigationsziel nicht Teil der dem Benutzer zugeordneten Rolle ist, kann durch eine entsprechende contextURL jeder beliebige Navigations-Context eingeblendet werden. Das hat insbesondere in den Szenarien Sinn, in denen das angegebene Navigationsziel nicht in der Top-Level-Navigation oder der Detail-Navigation erscheint – und damit der Navigations-Context durch den Navigationsschritt nicht geändert werden würde.

Für die Definition des Navigations-Contextes gelten die gleichen Regeln wie für die Definition der Adresse des Navigationsziels. Um im NavigationTester die contextURL zu definieren, wählen Sie ein beliebiges Navigationsziel aus. Mithilfe des Buttons **Use Target As Context** definieren Sie dann das gewählte Navigationsziel als contextURL (siehe Abbildung 6.31).

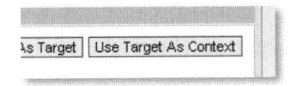

Abbildung 6.31 Use Target As Context

Manipulation des zusätzlichen Fensters

Wird das Navigationsziel in einem neuen Fenster des Webbrowsers angezeigt, können Sie mithilfe des `windowFeatures`-Parameters das Aussehen dieses Fensters beeinflussen. So können Sie zum Beispiel die Position oder die Größe individuell an Ihre Bedürfnisse anpassen. Tabelle 6.1 enthält die wichtigsten Optionen.

Name	Wert	Beschreibung
`location`	**no** oder **yes**	Bestimmt, ob die URL-Leiste angezeigt werden soll oder nicht.
`menubar`	**no** oder **yes**	Bestimmt, ob die Menüleiste angezeigt werden soll oder nicht.
`toolbar`	**no** oder **yes**	Bestimmt, ob die Toolbar angezeigt werden soll oder nicht.
`status`	**no** oder **yes**	Bestimmt, ob die Statuszeile angezeigt werden soll oder nicht.
`resizable`	**no** oder **yes**	Bestimmt, ob das Fenster in der Größe geändert werden kann oder nicht.
`scrollbars`	**no** oder **yes**	Bestimmt, ob das Fenster Scrollbars anzeigt oder nicht.
`width`	Pixelangabe	Definiert die Breite des Fensters.
`height`	Pixelangabe	Definiert die Höhe des Fensters.
`posX`	Pixelangabe	Definiert die horizontale Position der linken oberen Fensterecke. Der Wert **0** beschreibt dabei den linken Bildschirmrand.
`posY`	Pixelangabe	Definiert die vertikale Position der linken oberen Fensterecke. Der Wert **0** beschreibt dabei den oberen Bildschirmrand.

Tabelle 6.1 Mögliche Optionen zur Definition der Webbrowser-Darstellung

Der Parameter `windowName` definiert den Namen des neuen Fensters im Webbrowser. Dabei handelt es sich um den *technischen Namen* des Fensters und *nicht* um den angezeigten Fenstertitel. Die Manipulation des Fenstertitels wird derzeit nicht unterstützt. Die Definition des `window-`

Definition des Browser-Fensternamens

Name-Parameters ergibt im Rahmen einer Web-Dynpro-Anwendung wenig Sinn, da Sie innerhalb einer Web-Dynpro-Anwendung keine Möglichkeit haben, beispielsweise mittels JavaScript-Aufrufen diesen Wert zu benutzen.

Wiederverwenden eines schon geöffneten Fensters	Allerdings können Sie durch Verwendung des windowName-Parameters sicherstellen, dass nicht bei jeder Navigation ein neues Fenster geöffnet wird, sondern dass ein eventuell schon vorher geöffnetes Fenster wiederverwendet wird. Um dieses Verhalten zu erzwingen, müssen Sie lediglich bei allen angestoßenen Navigationsschritten den gleichen Wert für den windowName-Parameter übergeben.

Definition von Parametern für den SAP Application Integrator

Neben der Definition der Zieladresse besteht im Allgemeinen die Anforderung, beliebige applikationsspezifische Parameter zu definieren, die dann im Navigationsziel – in unserem Fall in Ihrer Web-Dynpro-Anwendung – verwendet werden können.

Für Portal-Inhalte, die auf einer der SAP UI-Technologien basieren, also beispielsweise SAP GUI, WebGUI, BSP, HTMLB oder Web Dynpro, müssen Sie hierbei zwischen zwei Arten von Parametern unterscheiden: Zum einen gibt es Parameter, die letztendlich der aufgerufenen Applikation (unabhängig von der verwendeten Technologie) zugänglich gemacht werden müssen, und zum anderen Parameter, die der SAP Application Integrator benötigt, um die entsprechende Anwendung zu starten (siehe Kapitel 5).

Verwendung von launcher-Parameter	Grundsätzlich definieren Sie mithilfe des launcherParameters-Parameters diejenigen Parameter, die der SAP Application Integrator selbst benötigt, und die nicht an die aufgerufenen Web-Dynpro-Applikationen weitergegeben werden sollen. Beispielsweise kann launcherParameters folgenden Wert annehmen:

NameSpace=local&ApplicationName=MyTestApp.

Hierbei werden zwei Parameter NameSpace und ApplicationName definiert, die der SAP Application Integrator benutzt, um die entsprechende Anwendung zu starten. Zu beachten ist hierbei, dass die Werte dieser Parameter (local und MyTestApp) gegebenenfalls URL-encodiert sein müssen).

Direktes Anstarten einer Web-Dynpro-Anwendung	In Abschnitt 6.4.5 beschreiben wir ausführlich, wie Sie durch geschickte Verwendung des launcherParameters-Parameters jede Web-Dynpro-Applikation innerhalb des SAP NetWeaver Portal korrekt starten können, ohne vorher einen speziellen Web-Dynpro-iView angelegt zu haben.

Handelt es sich bei dem definierten Navigationsziel um einen SAP-basierten Portal-Inhalt, müssen Sie den `useSAPLauncher`-Parameter auf **true** setzen, ansonsten auf **false**.

Definition von Anwendungsparametern

Der `businessParameters`-Parameter definiert die applikationsspezifischen Parameter, die an die aufgerufene Web-Dynpro-Applikation weitergegeben werden sollen. Als Beispiel kann das Starten der Künstlersuche in der Web-Dynpro-MusicBox dienen, bei der der zu suchende Künstler definiert wird (siehe Kapitel 8). Auch hierbei müssen analog zum `launcherParameters`-Parameter die verwendeten Parameterwerte URL-encodiert werden.

Aufgrund der URL-Längenbeschränkung der gängigen Webbrowser kann es vorkommen, dass bei Verwendung sehr vieler Parameter (definiert als `launcherParameters` oder `businessParameters`) die Parameter geposted werden müssen – also nicht als Teil der gerufenen URL, sondern innerhalb des Requests selbst übertragen werden. Bei Benutzung der Hilfsklasse `WDPortalNavigation` wird dies automatisch erzwungen, sobald eine Länge von 1.024 Zeichen überschritten wird. Sollten Sie darüber hinaus ein Posten erzwingen wollen, kann dies über den `postParameter`-Parameter bewerkstelligt werden. Beispielsweise kann es sinnvoll sein, die Parameter zu posten, um sicherzustellen, dass sicherheitsrelevante Parameterwerte nicht in der URL des Navigationszieles auftauchen.

Posten der definierten Parameter

6.4.5 Direkte Navigation zu einer Web-Dynpro-Applikation

Grundsätzlich beschreiben Sie mit dem Navigationsziel für eine (absolute oder relative) Portal-Navigation immer einen iView oder eine Portal Page. Daher müssen Sie auch für Ihre Web-Dynpro-Anwendung einen entsprechenden iView anlegen, um mithilfe der Portal-Navigation zu dieser Web-Dynpro-Anwendung zu navigieren.

Navigieren Sie innerhalb des SAP NetWeaver Portal mithilfe einer Web-Dynpro-Applikations-URL direkt zu einer Web-Dynpro-Applikation, verlieren Sie für diese Applikation den Bezug zum umgebenden Portal. Als Folge werden zum Beispiel sämtliche Portal-Einstellungen wie die eingestellte Portal-Sprache oder das gewählte Portal Theme in der direkt gestarteten Web-Dynpro-Applikation nicht mehr benutzt.

Probleme beim Starten einer Web-Dynpro-Applikations-URL im SAP NetWeaver Portal

In bestimmten Szenarien kann es aber dennoch Sinn ergeben, zu einer bestimmten Web-Dynpro-Applikation zu navigieren, für die kein iView definiert ist. Im NavigationTester zeigen wir, wie Sie das erreichen können.

Verwendung des launcherParameters-Parameters

Eine Web-Dynpro-Applikation wird im SAP NetWeaver Portal über den SAP Application Integrator gestartet, der unter anderem auch für die Weitergabe der benötigten Portal-Einstellungen verantwortlich ist. Über den in Abschnitt 6.4.4 vorgestellten `launcherParameters`-Parameter ist es nun möglich, Parameter zu definieren, die direkt vom SAP Application Integrator ausgewertet und nicht zur Web-Dynpro-Applikation weitergegeben werden. Über diesen Mechanismus können Sie dem SAP Application Integrator alle benötigten Parameter mitgeben, die die gewünschte Web-Dynpro-Applikation beschreiben.

Wenn Sie im NavigationTester eine Web-Dynpro-Applikation auswählen, wird diese automatisch ergänzt, wie Abbildung 6.32 zeigt.

Launcher Parameters	Add Delete
Name	Value
System	SAP_LocalSystem
WebDynproNamespace	sap.com/tc-navtes
WebDynproApplication	NavigationDestinationApp

System=SAP_LocalSystem&WebDynproNamespace=sap.com%2Ftc%7Enavtes&WebDynproApplication=NavigationDestinationApp

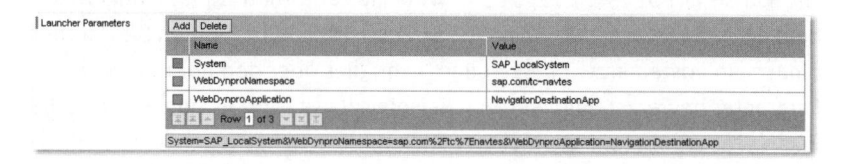

Abbildung 6.32 Definition der Parameter für den SAP Application Integrator

Der `System`-Parameter beschreibt den System-Alias der SAP NetWeaver-Installation, auf der die Web-Dynpro-Appplikation ausgeführt werden soll. Da wir im NavigationTester nur die Web-Dynpro-Anwendungen anzeigen, die auf der lokalen Installation deployt sind, können wir hierfür immer `SAP_LocalSystem` verwenden.

Der Wert des `WebDynproNamespace`-Parameters setzt sich folgendermaßen zusammen:

`WebDynproNamespace = <Vendor>/<DC-Name>`

Bei Verwendung von lokalen Web-Dynpro-Eclipse-Projekten hat `<Vendor>` immer den Wert `local`. Der `<DC-Name>` ist dabei der Name Ihres lokalen Web-Dynpro-Eclipse-Projektes. Bei Verwendung von Web-Dynpro-Entwicklungskomponenten definieren Sie den `<Vendor>` als Teil der Beschreibung der Entwicklungskomponente. Der `<DC-Name>` ist der Name der verwendeten Entwicklungskomponente. Für die Anwendung

`NavigationDestinationApp` ergibt sich somit der in Abbildung 6.32 dargestellte Wert `sap.com/tc~navtes`. Der Parameter `WebDynproApplication` enthält den Applikationsnamen für die Anwendung, also `NavigationDestinationApp`.

Der Web-Dynpro-NavigationTester berechnet aus den angegebenen Parametern den benötigten Wert für den `launcherParameters`-Parameter. Für obiges Beispiel ergibt sich damit:

```
System=SAP_LocalSystem
  &WebDynproNamespace=sap.com%2Ftc%7Enavtes
  &WebDynproApplication=NavigationDestinationApp
```

Wie Sie erkennen können, wurden hierfür die einzelnen Parameterwerte URL-encodiert, um eine korrekte Übertragung sicherzustellen.

Verwendung des Web-Dynpro-iView-Templates

Nachdem wir nun die benötigten Parameter für den SAP Application Integrator definiert haben, müssen wir bei der Navigation sicherstellen, dass auch wirklich der SAP Application Integrator aufgerufen wird.

Dazu könnten Sie grundsätzlich jeden beliebigen Web-Dynpro-iView benutzen. In diesem Fall sind natürlich die weiter oben besprochenen Parameter `System`, `WebDynproNamespace` und `WebDynproApplication` schon entsprechend der gewünschten Web-Dynpro-Anwendung vorbelegt. Da der SAP Application Integrator aber statisch definierte Parameterwerte mit dynamisch übergebenen Parameterwerten überschreibt, wird trotzdem die gewünschte Anwendung gestartet.

Verwendung eines beliebigen Web-Dynpro-iViews

Wir wollen aber das generische Web-Dynpro-iView-Template verwenden, das als Teil des SAP NetWeaver Portal installiert wird. Sie finden es im Portal Content Catalog unter **Portal Content · Content Provided by SAP · Templates · iView Templates · SAP Web Dynpro iView**, wie Abbildung 6.33 zeigt.

Sobald Sie im NavigationTester eine Web-Dynpro-Anwendung auswählen, wird das iView-Template ausgewählt und die (absolute oder relative) Zieladresse auf `ROLES://portal_content/com.sap.pct/templates/iviews/com.sap.portal.sap_webdynpro_iview` gesetzt. Abbildung 6.34 zeigt den NavigationTester nach Auswahl einer Web-Dynpro-Applikation.

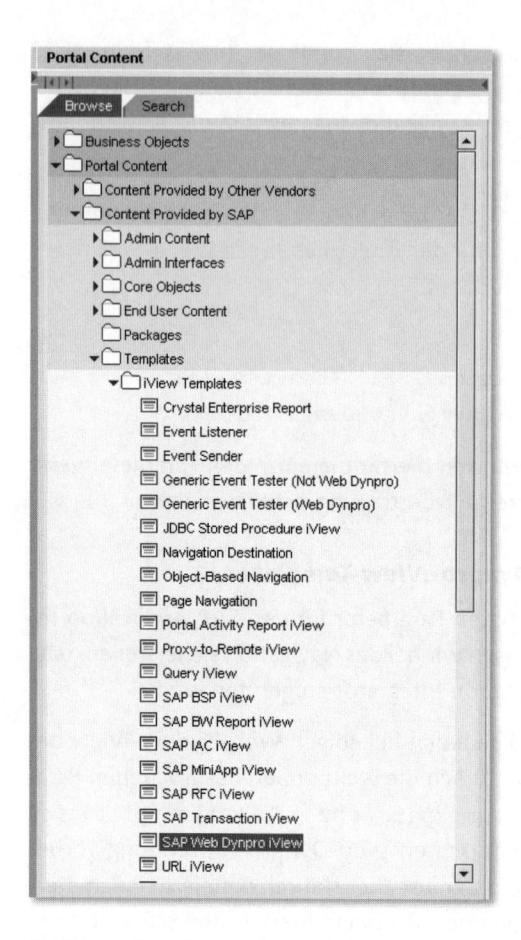

Abbildung 6.33 Generisches Web-Dynpro-iView-Template

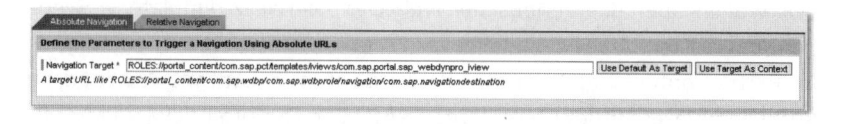

Abbildung 6.34 NavigationTester nach Auswahl einer Web-Dynpro-Applikation

6.4.6 Gemeinsame Nutzung großer Datenmengen

Bevor wir uns in Abschnitt 6.5 mit der Visualisierung der Navigationsziele beschäftigen werden, möchten wir hier noch auf eine oft gestellte Frage eingehen, die vor allem im Zusammenhang mit der Navigation zwischen verschiedenen Web-Dynpro-Anwendungen relevant wird.

Verwendung von Applikationsparametern

Wie wir im vorherigen Kapitel gesehen haben, können Sie ohne Probleme beliebige Parameter bei der Navigation von einer Web-Dynpro-Anwendung zu einer anderen mitgeben. Mithilfe solcher Parameter definieren Sie typischerweise, wie die Zielapplikation gestartet werden soll. Als Beispiel kann hier wieder die Web-Dynpro-MusicBox dienen (siehe Kapitel 8), in der Sie beim Starten der Künstlersuche den Namen des gewünschten Künstlers als Applikationsparameter definieren. Die Web-Dynpro-Google-Suche (siehe Kapitel 4) liest diesen Wert beim Starten ein und zeigt automatisch die gefundenen Suchergebnisse zu dem so definierten Künstler. So lange Sie also nur einige wenige Parameter zwischen zwei Web-Dynpro-Anwendungen übergeben wollen, ist die Verwendung der Applikationsparameter die richtige Wahl.

Doch was können Sie tun, wenn Sie große Datenmengen in zwei (oder mehreren) Web-Dynpro-Anwendungen gemeinsam nutzen wollen, weil beispielsweise die Beschaffung dieser Daten extrem zeit- und ressourcenintensiv ist? Leider können wir an dieser Stelle nur die Empfehlung geben, mithilfe von Web-Dynpro-Komponenten und Komponenten-Interfaces die unterschiedlichen Web-Dynpro-Anwendungen zu einer einzigen zu verschmelzen.

> **Tipp**
>
> Wir raten dringend davon ab, größere Datenmengen zum Beispiel in der HTTP-Session zu parken. Dies kann zu unvorhergesehenen Problemen führen, vor allem wenn Ihre SAP NetWeaver-Installation unter Last läuft.

6.5 Visualisierung der Navigationsziele

Nachdem wir uns in den vorherigen Abschnitten ausführlich mit den Möglichkeiten der Navigation zwischen Web-Dynpro-Anwendungen innerhalb und außerhalb des SAP NetWeaver Portal beschäftigt haben, wollen wir uns jetzt mit der Visualisierung der vorhandenen Navigationsziele beschäftigen. Da die Anzahl dieser möglichen Navigationsziele sehr groß sein kann, wollen wir sie im Web-Dynpro-NavigationTester in einer Baumstruktur anzeigen, die Abbildung 6.35 verdeutlicht.

Auf oberster Ebene zeigen wir die grundsätzliche Unterscheidung zwischen Web-Dynpro-Applikationen (**Web Dynpro Applications**) und den vorhandenen iViews und Portal Pages (**Portal Content**).

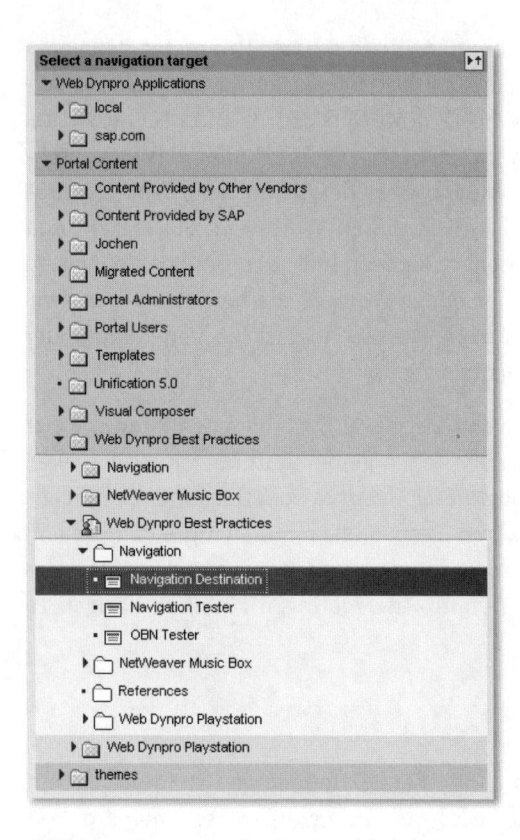

Abbildung 6.35 Hierarchische Darstellung möglicher Navigationsziele

Strukturierung der Web-Dynpro-Anwendungen

Die verfügbaren Web-Dynpro-Applikationen werden in drei Ebenen dargestellt: Zuerst die vorhandenen Vendors, dann die Web-Dynpro-Entwicklungskomponenten bzw. Web-Dynpro-Eclipse-Projekte, und schließlich die definierten Web-Dynpro-Applikationen innerhalb einer Web-Dynpro-Entwicklungskomponente bzw. innerhalb eines Eclipse-Projektes. Abbildung 6.36 zeigt diese grundsätzliche Strukturierung.

Strukturierung der iViews und Portal Pages

Die vorhandenen iViews bzw. Portal Pages werden gemäß der Strukturierung im Portal Content Directory angezeigt – wie wir später sehen werden, entspricht die vom NavigationTester dargestellte Struktur mehr oder weniger genau der Struktur, wie sie im Portal Content Catalog angezeigt wird. Wir werden nun zuerst diskutieren, wie wir diese gewünschten Strukturierungsebenen im Web-Dynpro-NavigationTester abbilden können.

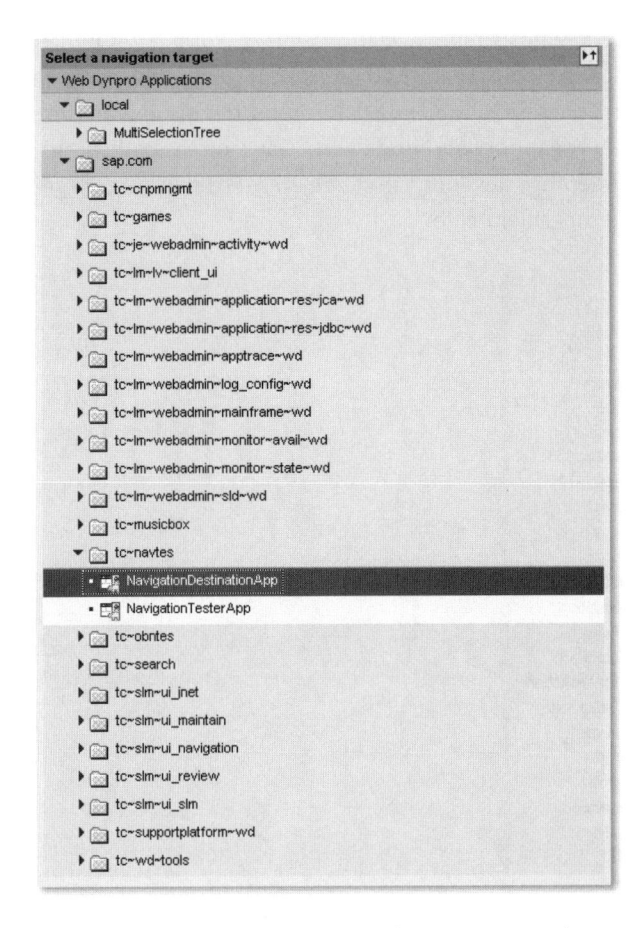

Abbildung 6.36 Strukturierung der Web-Dynpro-Anwendungen

6.5.1 Abbildung von hierarchischen Strukturen im Web-Dynpro-Context

Sämtliche Daten, die innerhalb einer Web-Dynpro-Anwendung anzeigt werden sollen, müssen in einem Web-Dynpro-Context abgebildet sein. Ohne die Verwendung von Web-Dynpro-Contexten ist zum einen der (automatische) Datentransport zwischen verschiedenen Web-Dynpro-Komponenten oder Web-Dynpro-Views nicht möglich. Des Weiteren kann ohne die Existenz eines entsprechenden View-Controller-Contexts auch keine Datenbindung zwischen den Datenstrukturen und den UI-Elementen stattfinden – und ohne Datenbindung gibt es keinen Transport der Daten zum Client und vor allem keinen Transport der (geänderten) Daten zurück vom Client zur Web Dynpro Runtime.

Bedeutung des Web-Dynpro-Contextes

Daher bilden wir die gewünschten Navigationsziele in Form eines in diesem Falle hierarchischen Contexts ab. Abbildung 6.37 zeigt die Definition des entsprechenden `ContentNode`-Context-Knotens, der die gewünschte Strukturierung der Navigationsziele modelliert. Ganz offensichtlich entspricht die Strukturierung des `ContentNode`-Knotens exakt der gewünschten Visualisierungshierarchie.

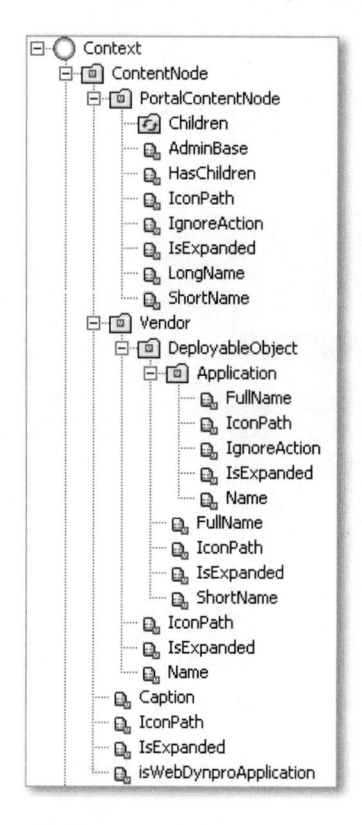

```
Context
  ContentNode
    PortalContentNode
      Children
      AdminBase
      HasChildren
      IconPath
      IgnoreAction
      IsExpanded
      LongName
      ShortName
    Vendor
      DeployableObject
        Application
          FullName
          IconPath
          IgnoreAction
          IsExpanded
          Name
        FullName
        IconPath
        IsExpanded
        ShortName
      IconPath
      IsExpanded
      Name
    Caption
    IconPath
    IsExpanded
    isWebDynproApplication
```

Abbildung 6.37 Definition des ContentNode-Context-Knotens zur Beschreibung der verfügbaren Navigationsziele

Unterhalb des `ContentNode`-Context-Knotens definieren die beiden Knoten `PortalContentNode` und `Vendor` die nächsten beiden Ebenen. Der verfügbare Portal Content wird dann über den `Children`-Knoten abgebildet, der selbst wiederum rekursiv einen weiteren `PortalContentNode` beinhaltet. Der `Vendor`-Knoten enthält den `DeployableObject`-Knoten, der die Web-Dynpro-Entwicklungskomponenten bzw. die Eclipse Web-Dynpro-Projekte beschreibt. Der `Application`-Knoten definiert zu guter Letzt die jeweiligen Applikationen innerhalb eines deployable objects.

Bei der Definition eines hierarchischen Context-Knotens unterscheiden wir grundsätzlich zwischen zwei verschiedenen Vorgehensweisen – entweder ist die komplette Hierarchie in Form geschachtelter Context-Knoten modelliert oder aber sie ergibt sich aus der Definition so genannter *rekursiver Context-Knoten*.

Definition von hierarchischen Context-Knoten

Im Web-Dynpro-NavigationTester benutzen wir die Kombination von beiden Vorgehensweisen – die verfügbaren Web-Dynpro-Anwendungen lassen sich durch geschachtelte Knoten beschreiben, die iViews und Portal Pages (bzw. der verfügbare Portal Content) werden mithilfe eines rekursiven Context-Knotens definiert.

Definition von geschachtelten Context-Knoten

Um eine geschachtelte Knoten-Hierarchie zu definieren, öffnen Sie das Kontextmenü des gewünschten Vater-Knotens und wählen **New · Value Node** (siehe Abbildung 6.38). Im darauf folgenden Dialog bestimmen Sie den Namen des gewünschten Kind-Knotens, den so genannten *Inner Node*. Nach erfolgreichem Anlegen des Inner Nodes können Sie beliebige Context-Attribute oder weitere Inner Nodes definieren.

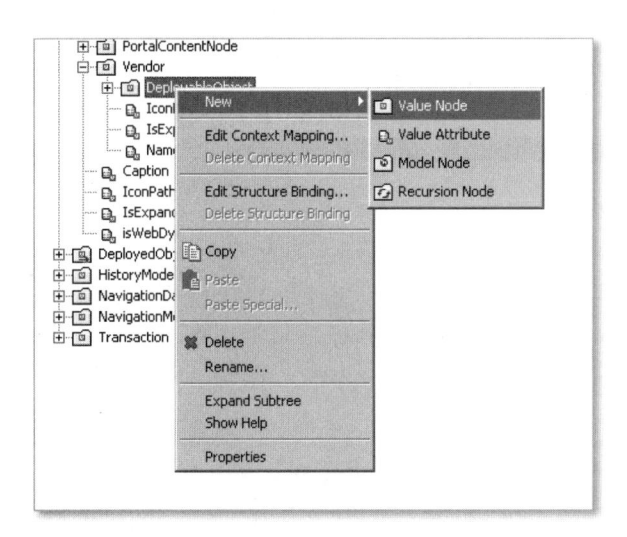

Abbildung 6.38 Definition eines Inner Nodes

Definition von rekursiven Context-Knoten

Um einen rekursiven Context-Knoten zu definieren, öffnen Sie das Kontextmenü des gewünschten Vater-Knotens und wählen **New · Recursion Node**, wie in Abbildung 6.39 dargestellt ist. Hier wird ein rekursiver Context-Knoten für den `PortalContentNode`-Knoten angelegt.

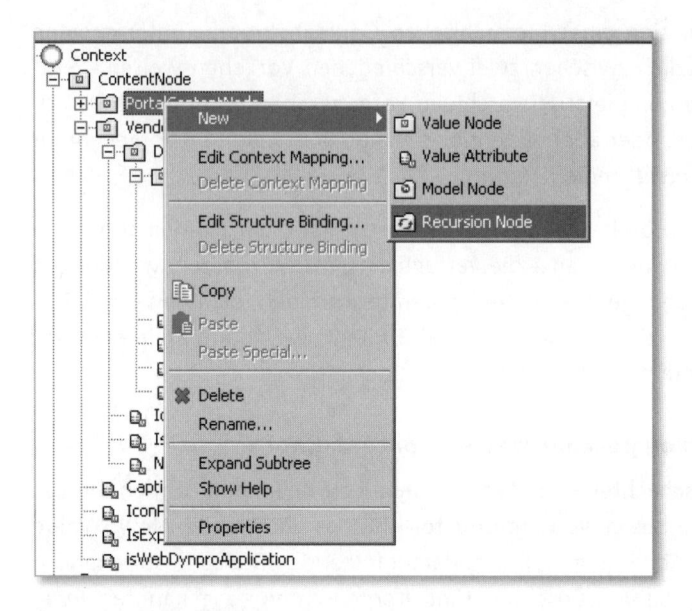

Abbildung 6.39 Definition eines rekursiven Context-Knotens

Im darauf folgenden Dialog definieren Sie den Namen des Knotens, in unserem Beispiel **Children** (siehe Abbildung 6.40). Nach einem Klick auf **Finish** wird der rekursive Knoten angelegt.

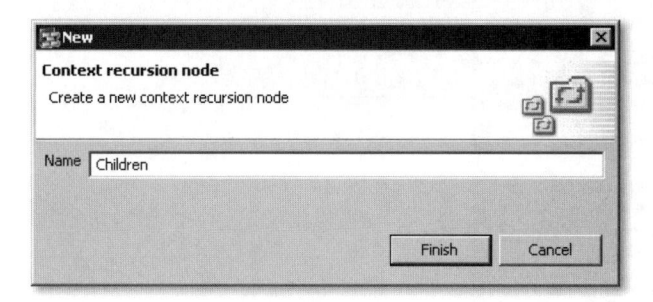

Abbildung 6.40 Definition des Knotennamens

Nach dem erfolgreichen Anlegen des Knotens müssen Sie nun die gewünschte Rekursion definieren. Hierzu öffnen Sie das Eigenschaftenfenster des Children-Context-Knotens. Wie Sie in Abbildung 6.41 sehen, sind für Children nur zwei Eigenschaften definiert: Zum einen der Name (**name**) und zum anderen der **repeatedNode**, also der Knoten, für den die Rekursion definiert werden soll.

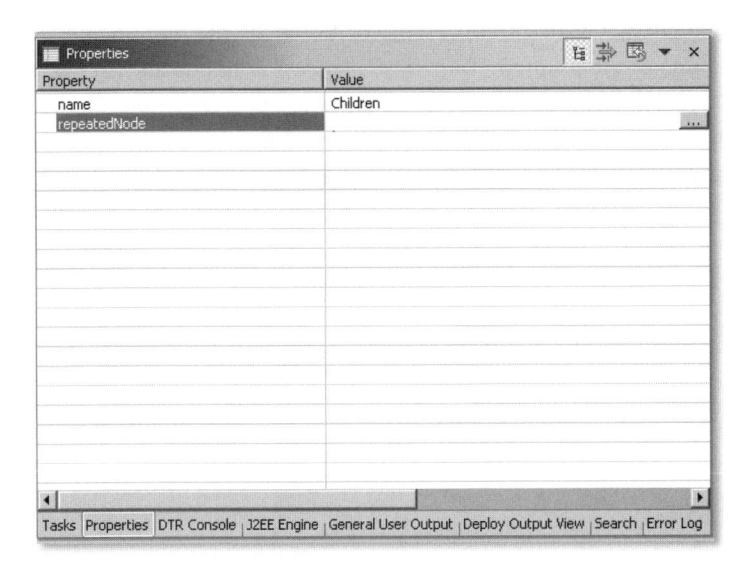

Abbildung 6.41 Eigenschaften des Children-Context-Knotens

Um den gewünschten Wert von **repeatedNode** zu definieren, klicken Sie auf den Button **...** am Ende der Zeile. Im nun erscheinenden Dialog wählen Sie den gewünschten Knoten. Abbildung 6.42 zeigt die Auswahl des `PortalContentNode`. Alle nicht verfügbaren Knoten, also alle Knoten, die *nicht* in der direkten Knotenhierarchie des rekursiven Knotens liegen, sind automatisch nicht auswählbar. Nach einem Klick auf den **OK**-Button ist der `Children`-Knoten komplett definiert.

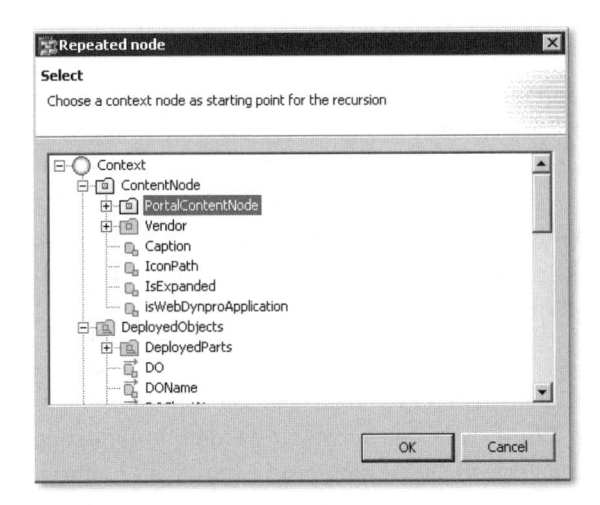

Abbildung 6.42 Definition des repeatedNode-Wertes

Visualisierung der Navigationsziele **253**

Besonderheiten bei hierarchischen Context-Knoten

Bevor wir im nächsten Abschnitt beschreiben, wie Sie die nun angelegte Knotenhierarchie visualisieren können, wollen wir anhand des `PortalContentNode`-Knotens auf einige Besonderheiten eingehen, die Sie bei der Definition von Context-Knoten beachten sollten, wenn die Context-Knotenhierarchie über ein `IWDTree`-UI-Element visualisiert werden soll. Abbildung 6.43 zeigt die Eigenschaften des `PortalContentNode`-Context-Knotens.

Property	Value
cardinality	0..n
collectionType	list
initializeLeadSelection	false
name	PortalContentNode
selection	0..1
singleton	false
structure	
supplyFunction	
typedAccessRequired	true

Abbildung 6.43 Eigenschaften des PortalContentNode-Context-Knotens

Wichtig für die spätere Visualisierung über das `IWDTree`-UI-Element sind vor allem die folgenden Eigenschaften:

▶ **cardinality**

Über die **cardinality**-Eigenschaft definieren Sie die mögliche Anzahl der Context-Knotenelemente. Da wir auf einer Ebene grundsätzlich eine beliebige Anzahl von Elementen des `PortalContentNode`-Knotens anzeigen wollen, müssen Sie für **cardinality** den Wert **0..n** wählen.

▶ **initializeLeadSelection**

Über die **initializeLeadSelection**-Eigenschaft bestimmen Sie, ob die Lead-Selection automatisch gesetzt werden soll, sobald Sie Knotenelemente für einen Context-Knoten erzeugen. Bei einer späteren Visualisierung über das `IWDTree`-UI-Element hätte dies zur Folge, dass automatisch das erste Knotenelement selektiert wird, sobald Sie einen Context-Knoten aufklappen. Wählen Sie daher für die **initializeLeadSelection**-Eigenschaft den Wert **false**.

▶ **singleton**

Über die **singleton**-Eigenschaft bestimmen Sie, wie die Knotenelemente hierarchischer Context-Knoten verwaltet werden. In typischen Master-Detail-Szenarien setzen Sie die **singleton**-Eigenschaft auf **true**, um zu erreichen, dass immer nur genau die Detail-Knotenelemente aktiv im Speicher gehalten werden, die der aktuellen Auswahl des Master-Knotens entsprechen.

Da wir aber in unserem Beispiel die hierarchischen Context-Knoten über das `IWDTree`-UI-Element darstellen, setzen wir die **singleton**-Eigenschaft auf **false**, da wir in diesem Fall mehrere Teilbäume gleichzeitig anzeigen wollen und damit auch die entsprechenden Context-Elemente gleichzeitig aktiv im Speicher halten müssen.

▶ **selection**

Da wir später einzelne Navigationsziele auswählen wollen, aber gleichzeitig eine automatische Selektion verhindern wollen, setzen wir die **selection**-Eigenschaft auf **0..1**. Bitte beachten Sie in diesem Zusammenhang, dass in der aktuellen Version des `IWDTree`-UI-Elementes eine Mehrfach-Selektion *nicht* unterstützt wird, sobald Sie Ihren Context-Knoten über das `IWDTree`-UI-Element visualisieren.

Neben den beschriebenen Eigenschaften sollten Sie auch spezielle Context-Attribute definieren, die bei der späteren Visualisierung über das `IWDTree`-UI-Element nützlich sind. Abbildung 6.44 zeigt beispielhaft die Context-Attribute des `PortalContentNode`-Knotens.

Benötigte Context-Attribute

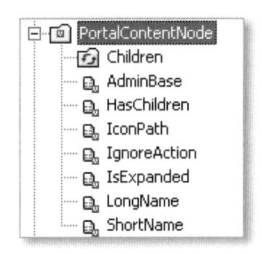

Abbildung 6.44 Context-Attribute des PortalContentNode-Knotens

Aus Sicht der späteren Visualisierung sind die folgenden Eigenschaften wichtig:

▶ `HasChildren`

Das `HasChildren`-Attribut ist vom Typ **Boolean** und definiert, ob ein Knoten weitere Kinder hat oder nicht. Wie wir im nächsten Kapitel sehen werden, wird das `HasChildren`-Attribut dazu verwendet, um sicherzustellen, dass das Icon zum Auf- und Zuklappen eines Knotens nur dann angezeigt wird, wenn der Knoten wirklich Kinder enthält.

▶ `IconPath`

Soll jeder Knoten im Baum mit einem speziellen Icon versehen werden, definieren Sie über das `IconPath`-Attribut vom Typ **String** den entsprechenden Pfad.

▶ IgnoreAction

Da der `PortalContentNode`-Knoten alle möglichen Typen von Portal-Content-Objekten beinhalten kann – also neben iViews oder Portal Pages auch Ordner, Worksets oder Rollen –, wir aber in der Visualisierung der Navigationsziele nur die iViews und Portal Pages selektierbar machen wollen, verwenden wir das `IgnoreAction`-Attribut vom Typ **Boolean**, um genau dies für jedes einzelne Knotenelement definieren zu können. Nur für Knotenelemente mit `IgnoreAction == false` wird später eine Selektion möglich sein.

▶ IsExpanded

Um sicherzustellen, dass der jeweils aktuelle Baumstatus[1] nach jedem Server-Roundtrip erhalten bleibt, verwenden wir das `isExpanded`-Attribut vom Typ **Boolean**.

▶ ShortName

Das `ShortName`-Attribut vom Typ **String** definiert den angezeigten Namen des Baumknotens.

Nachdem wir nun die gewünschte Knotenhierarchie definiert haben, und die Knoten mit den benötigten Eigenschaften und Attributen versehen haben, werden wir im nächsten Abschnitt besprechen, wie wir die Knoten letztendlich visualisieren werden.

6.5.2 Anzeige eines hierarchischen Web-Dynpro-Contexts

Web Dynpro View Designer

Die nahe liegendste Visualisierung einer hierarchischen Context-Struktur ist sicherlich die Darstellung als Baum. Wir verwenden daher das `IWDTree`-UI-Element für die Darstellung der Navigationsziele und definieren diese Visualisierung als Teil des Web-Dynpro-Views `BrowserView`, der Teil der Web-Dynpro-Komponente `NavigationTesterComp` ist. Abbildung 6.45 zeigt den View Editor bei ausgewähltem View Designer.

---

[1] Unter dem Baumstatus verstehen wir hier den Status eines jeden einzelnen Baumknotens hinsichtlich der Tatsache, ob der Baumknoten aufgeklappt ist oder nicht.

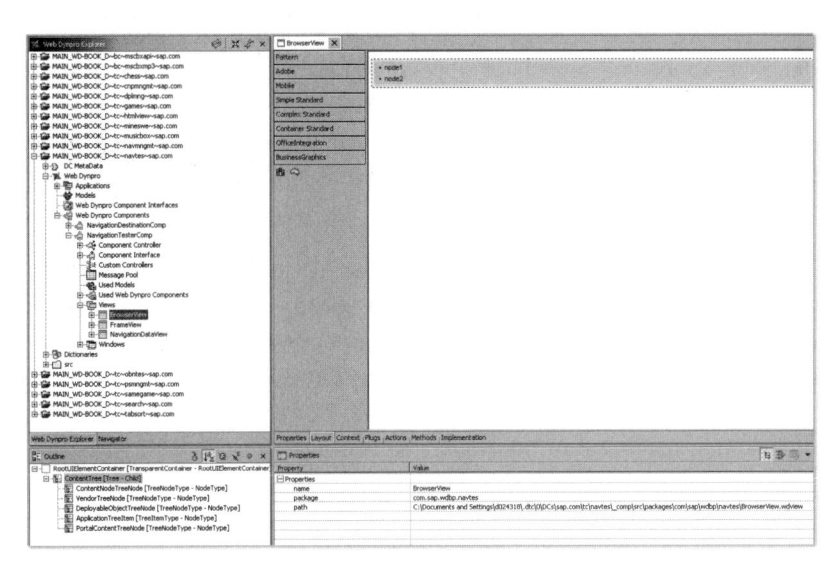

Abbildung 6.45 View Editor mit ausgewähltem View Designer

Nachdem Sie das benötigte IWDTree-UI-Element angelegt haben, müssen Sie das grundsätzliche Data-Binding des UI-Elementes, also die Verknüpfung des UI-Elementes mit dem Context-Knoten oder Context-Knoten-Attribut, der/das die gewünschten Daten enthält, definieren. Eine Instanz eines IWDTree-UI-Elementes kann dabei immer genau *eine* einzige Knotenhierarchie visualisieren. Den entsprechenden Wurzelknoten dieser Hierarchie definieren Sie über die **dataSource**-Eigenschaft des IWDTree-UI-Elementes (siehe Abbildung 6.46). Wir wählen als Datenquelle den ContentNode-Context-Knoten, der den Wurzelknoten der gewünschten Context-Knotenhierarchie darstellt.

Definition des Data-Bindings

Abbildung 6.46 Definition der dataSource des IWDTree-UI-Elementes

Visualisierung der Navigationsziele

Definition der Tree-Node-Types

Nachdem wir das `IWDTree`-UI-Element erzeugt und mit der entsprechenden Datenquelle versorgt haben, definieren wir für jede gewünschte Visualisierungsebene einen so genannten *Tree-Node-Type*. Die verschiedenen Visualisierungsebenen entsprechen dabei den verschiedenen Inner Nodes in unserem hierarchischen Context mit dem `ContentNode`-Knoten als Wurzel.

Es gibt die so genannten *Tree-Nodes* und *Tree-Items*. Tree-Nodes beschreiben echte Baumknoten, also Knoten, die selbst wiederum Kinder haben können. Tree-Items beschreiben Knoten, die nur als Baumblätter fungieren können, also selbst keine Kinder haben. Um einen Tree-Node-Type zu erzeugen, öffnen Sie das Kontextmenü des `ContentTree`-UI-Elementes und wählen **Insert Node Type** (siehe Abbildung 6.47).

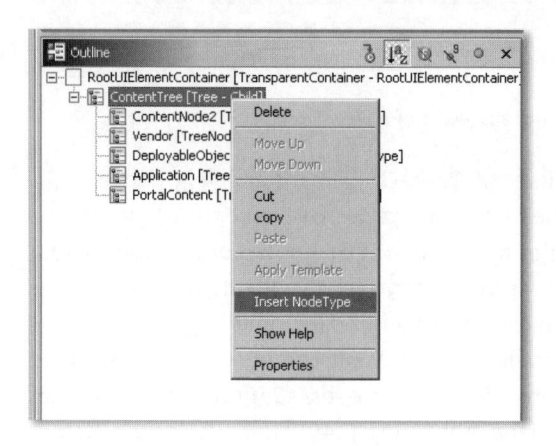

Abbildung 6.47 Erzeugen eines neuen Tree-Node-Types

Im daraufhin erscheinenden Dialog wählen Sie den Namen (**Id**) und den Typ (**Type**) des Tree-Node-Types. In unserem Beispiel wollen wir einen Tree-Node für den `ContentNode`-Context-Knoten anlegen, wie Sie in Abbildung 6.48 erkennen können.

Definition des Namens eines Tree-Node-Types

Grundsätzlich können Sie den Namen eines Tree-Nodes beliebig wählen, wir empfehlen jedoch eine sprechende Benennung, aus der ersichtlich wird, welcher Context-Knoten mithilfe des Tree-Node-Types visualisiert wird.

Analog zum `ContentNode`-Tree-Node legen Sie alle anderen Tree-Node-Types an. Nur für den `Application`-Context-Knoten benutzen Sie dabei ein Tree-Item. Abbildung 6.49 zeigt die insgesamt fünf angelegten Tree-Node-Types – für jede Hierarchieebene in unserem hierarchischen Context genau einen.

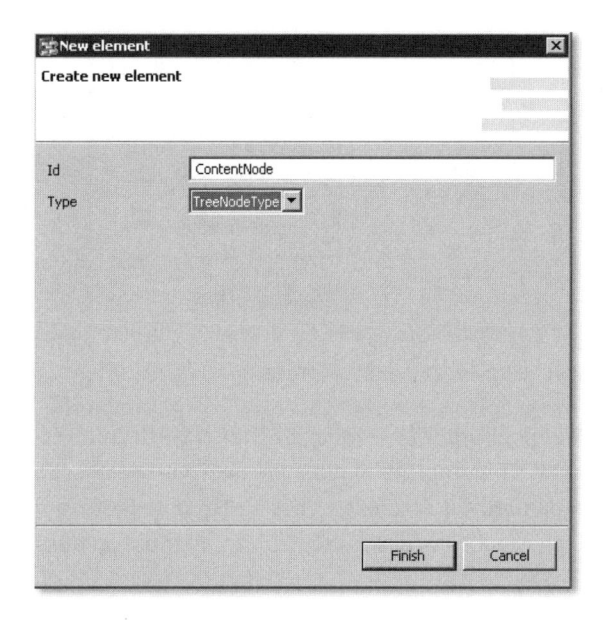

Abbildung 6.48 Definition des ContentNode-Tree-Nodes

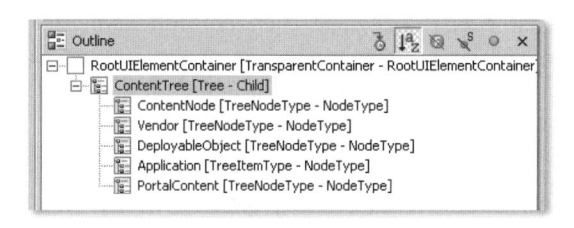

Abbildung 6.49 Angelegte Tree-Node-Types zur Visualisierung der Navigationsziele

Die Reihenfolge der Tree-Node-Types ist hierbei nicht entscheidend – die visuelle Anordnung wird in diesem Fall nicht durch die Reihenfolge der einzelnen Tree-Node-Types in der Outline-Ansicht bestimmt, sondern über die Definition bzw. Strukturierung der verwendeten Context-Knoten.

Reihenfolge der Tree-Node-Types

In Abschnitt 6.5.1 haben wir anhand des PortalContentTreeNode-Context-Knotens besprochen, welche Context-Attribute für eine spätere Visualisierung des Knotens unter Verwendung des IWDTree-UI-Elementes sinnvoll und nötig sind. Um diese Context-Attribute einzusetzen, müssen Sie die entsprechenden Eigenschaften des PortalContent-Tree-Nodes an die jeweiligen Context-Attribute binden, wie Abbildung 6.50 zeigt.

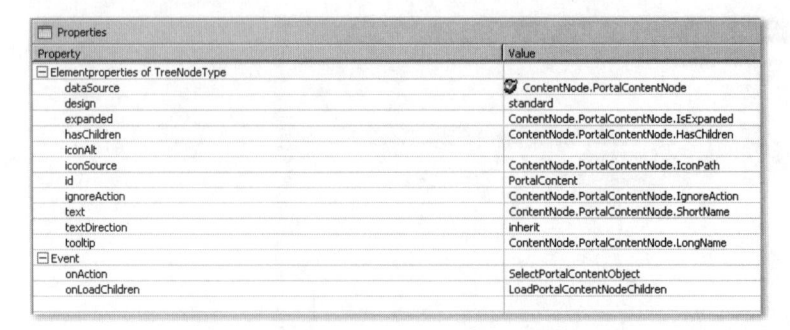

Property	Value
Elementproperties of TreeNodeType	
dataSource	ContentNode.PortalContentNode
design	standard
expanded	ContentNode.PortalContentNode.IsExpanded
hasChildren	ContentNode.PortalContentNode.HasChildren
iconAlt	
iconSource	ContentNode.PortalContentNode.IconPath
id	PortalContent
ignoreAction	ContentNode.PortalContentNode.IgnoreAction
text	ContentNode.PortalContentNode.ShortName
textDirection	inherit
tooltip	ContentNode.PortalContentNode.LongName
Event	
onAction	SelectPortalContentObject
onLoadChildren	LoadPortalContentNodeChildren

Abbildung 6.50 Eigenschaften des PortalContent-Tree-Nodes

Data-Binding der Tree-Node-Types

Dank der sprechenden Benennung der jeweiligen Context-Attribute ergibt sich das jeweilige Data-Binding mehr oder weniger von selbst. So wird zum Beispiel die **expanded**-Eigenschaft an das `IsExpanded`-Attribut und die **hasChildren**-Eigenschaft an das `HasChildren`-Attribut gebunden.

Nachdem Sie nun alle benötigten Tree-Node-Types mit den entsprechenden Context-Attributen verknüpft haben, müssen wir in einem letzten Schritt die entsprechenden Knoten der Context-Hierarchie mit Elementen füllen. Wir wollen dazu zunächst besprechen, wie wir die Liste der Web-Dynpro-Anwendungen ermitteln können, bevor wir dann auf das Einlesen der vorhandenen iViews und Portal Pages eingehen.

6.5.3 Einlesen der vorhandenen Web-Dynpro-Applikationen

Wir benötigen in den meisten Beispielen, die wir in diesem Buch besprechen, Informationen über die vorhandenen, d.h., auf dem SAP NetWeaver-System deployten Web-Dynpro-Entitäten wie Applikationen oder Komponenten.

In der Web-Dynpro-GameStation (siehe Kapitel 3) beispielsweise benötigen wir die Liste aller vorhandenen Web-Dynpro-Komponenten, die ein spezielles Web-Dynpro-Komponenten-Interface implementieren. Im NavigationTester wollen wir nun alle verfügbaren Web-Dynpro-Applikationen anzeigen.

Verwendung der Web-Dynpro-Komponente DeploymentManagerComp

Faceless Components

Diese Informationen stellt uns die Web-Dynpro-Komponente `DeploymentManagerComp` zur Verfügung, die wir in Anhang A ausführlich vorstellen. Der DeploymentManager ist dabei ein gutes Beispiel einer *nicht visuellen Web-Dynpro-Komponente* (Faceless Component), also einer Web-Dynpro-Komponente, die selbst keine UI-Anteile definiert, sondern nur Daten oder Funktionen bereitstellt bzw. einen Service-Charakter hat.

Um den DeploymentManager im NavigationTester verwenden zu können, definieren wir wie bei jeder Verwendung einer Web-Dynpro-Komponente zunächst eine entsprechende Component-Usage.

Da sich die Komponente `DeploymentManagerComp` in einer anderen Web-Dynpro-Entwicklungskomponente befindet als der NavigationTester, nämlich in der Web-Dynpro-Entwicklungskomponente `tc~dplmng`, müssen wir analog zu Abschnitt 6.3.1 eine Used-DC-Beziehung für den entsprechenden Public Part `DeploymentManager` in der Entwicklungskomponente `tc~dplmng` definieren (siehe Abbildung 6.51). Erst nachdem wir diese Used-DC-Beziehung definiert haben, können wir die `DeploymentManagerComp`-Komponente verwenden.

Referenzieren des Public Parts

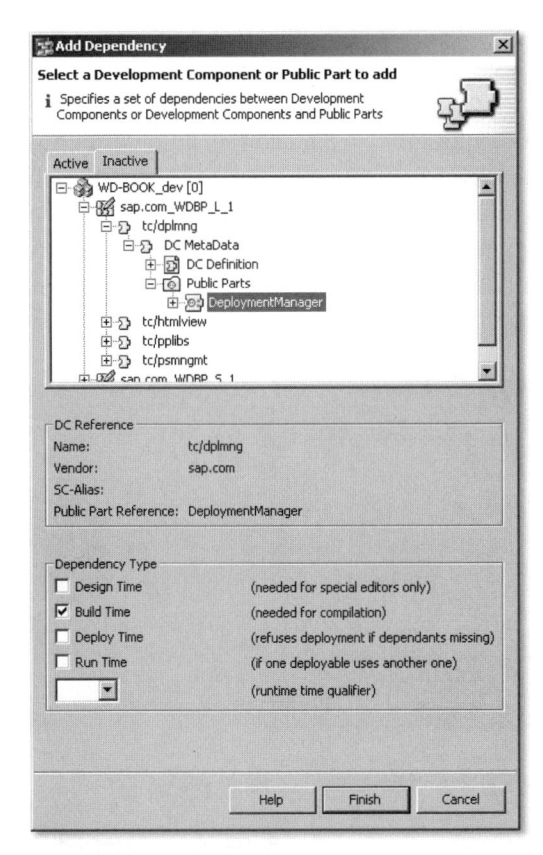

Abbildung 6.51 Referenzierung des Public Parts DeploymentManager

Anlegen der Component-Usage DeploymentManager

Um die benötigte Component-Usage zu definieren, wählen Sie im Web Dynpro Explorer **Add Used Component** aus dem Kontextmenü des Verzeichnisses **Used Web Dynpro Components** des NavigationTester-Projektes (siehe Abbildung 6.52).

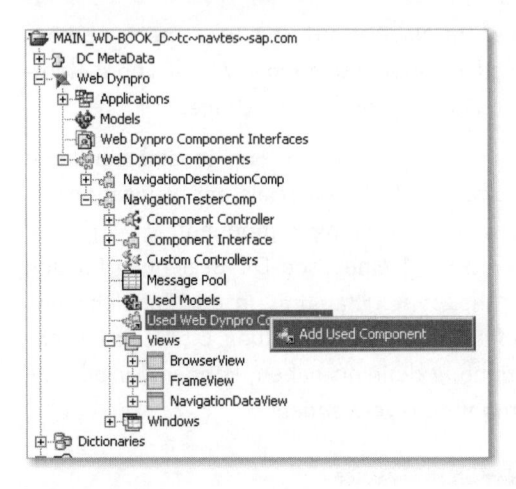

Abbildung 6.52 Definition einer Component-Usage

Im darauf erscheinenden Dialog bestimmen Sie den Namen der Component-Usage. Die gewünschte Web-Dynpro-Komponente können Sie nach einem Klick auf den **Browse**-Button wählen: Abbildung 6.53 zeigt die vorhandenen Komponenten. Neben allen Komponenten, die im NavigationTester-Projekt selbst enthalten sind, wird auch die Komponente `DeploymentManagerComp` aufgeführt.

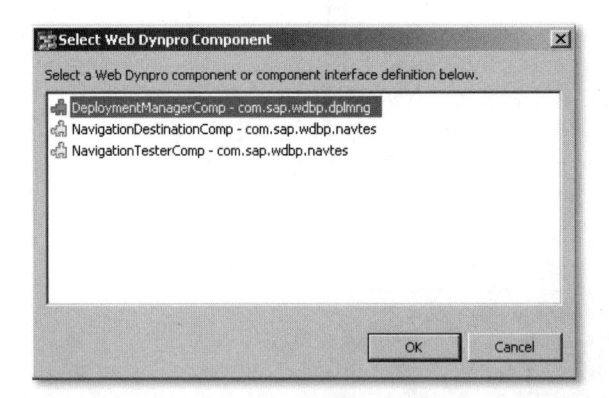

Abbildung 6.53 Auswahl der Komponente DeploymentManagerComp

Nach der Auswahl dieser Komponente und der Bestätigung durch den **OK**-Button haben Sie alle nötigen Parameter für die gewünschte Component-Usage `DeploymentManager` definiert, wie Sie in Abbildung 6.54 erkennen können. Mit einem Klick auf **Finish** wird die Component-Usage erzeugt.

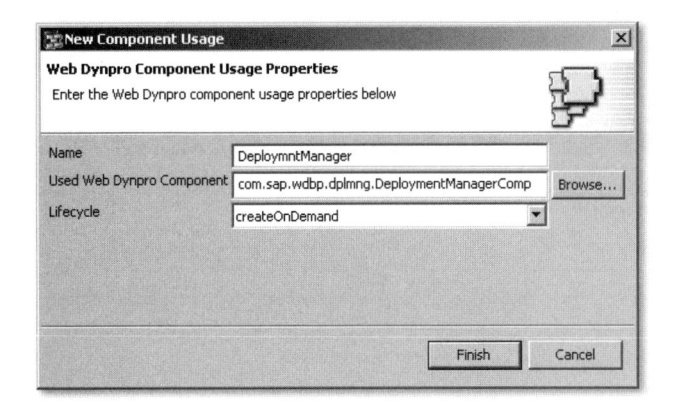

Abbildung 6.54 Component-Usage DeploymentManager

Zugriff auf Daten des DeploymentManagers

Nachdem wir nun erfolgreich die Component-Usage `DeploymentManager` definiert haben, können wir auf die von ihr bereitgestellten Daten und Funktionen zugreifen. Wir benötigen in unserem Beispiel die Liste der vorhandenen Web-Dynpro-Applikationen, die die Komponente `DeploymentManagerComp` über den Context-Knoten `DeployedObjects` im Component-Interface-Controller-Context bereitstellt.

Obwohl wir die Liste der Applikationen letztendlich im Web-Dynpro-View `BrowserView` benötigen, wollen wir nicht direkt von diesem View auf die Komponente `DeploymentManagerComp` zugreifen. Stattdessen verwenden wir den Component-Controller-Context der Komponente `NavigationTesterComp` als Abstraktionsschicht. Dadurch vermeiden wir eine direkte Abhängigkeit zwischen der Component-Usage `DeploymentManager` und dem Web-Dynpro-View `BrowserView`.

Verwendung des Context-Mappings

> **Tipp**
>
> Mappen Sie innerhalb eines Web-Dynpro-Views niemals direkt gegen einen Interface-Controller-Context einer Component-Usage. Verwenden Sie stattdessen den entsprechenden Component-Controller-Context oder einen spezifischen Custom-Controller-Context. Durch diese Abstraktion können Sie später die Component-Usage leichter erweitern oder austauschen.

Abbildung 6.55 zeigt das Context-Mapping zwischen dem Component-Interface-Controller-Context der `DeploymentManagerComp`-Komponente und dem Component-Controller-Context der `NavigationTesterComp`-Komponente. Wie Sie sehen, benötigen wir für die Liste der vorhandenen Applikationen den gesamten Context-Knoten `DeployedObjects`.

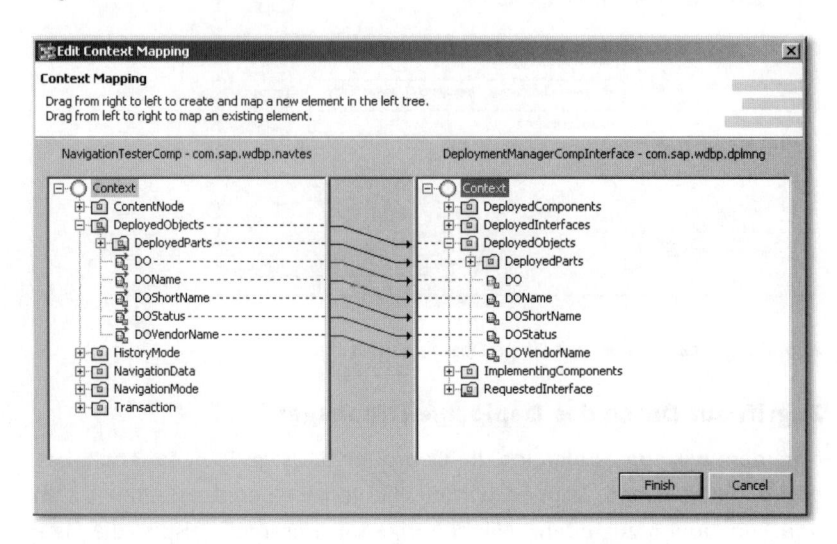

Abbildung 6.55 Zugriff auf den Component-Interface-Controller-Context DeploymentManager

Um den `DeployedObjects`-Knoten letztendlich bis in den View `BrowserView` zu transportieren, definieren wir ein zusätzliches Context-Mapping zwischen dem View-Controller-Context und dem Component-Controller-Context der Komponente `NavigationTesterComp`.

Ermittlung der vorhandenen Applikationen

Nachdem wir nun über die entsprechenden Context-Mappings den `DeployableObject`-Knoten bis in den Web-Dynpro-View `BrowserView` transportiert haben, können wir die Liste der vorhandenen Web-Dynpro-Applikationen ermitteln. Dies geschieht im Action-Event-Handler `onActionLoadApplications()` der Action `LoadApplications` (siehe Listing 6.10).

```
for (int i = 0;
    i < wdContext.nodeDeployedObjects().size();
    i++) {

  IPrivateBrowserView.IDeployedObjectsElement object =
    wdContext.nodeDeployedObjects()
      .getDeployedObjectsElementAt(i);

  if (deployableObject.getFullName()
      .equals(object.getDOName())) {

    for (int j = 0;
        j < object.nodeDeployedParts().size();
        j++) {

      IPrivateBrowserView.IDeployedPartsElement part =
        object.nodeDeployedParts()
          .getDeployedPartsElementAt(j);

      if (part.getType()
        .equals(WDDeployableObjectPartType
          .APPLICATION.toString())) {

        IPrivateBrowserView.IApplicationElement application =
          deployableObject.nodeApplication()
            .createApplicationElement();

        application.setFullName(part.getFullName());
        application.setName(part.getShortName());
        application.setIconPath(APPLICATION);

        deployableObject.nodeApplication()
          .addElement(application);
      }
    }
    deployableObject.nodeApplication().sortElements(
      new NodeElementByAttributeComparator("Name", true));
  }
}
```

Listing 6.10 Ermittlung der verfügbaren Web-Dynpro-Applikationen

Da der `DeployableObject`-Context-Knoten nicht nur Web-Dynpro-Applikationen, sondern auch alle anderen Web-Dynpro-Entitäten wie Web-Dynpro-Komponenten und Web-Dynpro-Komponenten-Interfaces bereitstellt, benutzen wir `WDDeployableObjectPartType.APPLICATION`, um nur die Applikationen herauszufiltern. Für alle zu ermittelnden Web-Dynpro-Applikationen legen wir jeweils ein Knotenelement des `Application`-Context-Knotens an und setzen die entsprechenden Attribute.

Sortierung der Application-Knotenelemente

Zu guter Letzt sortieren wir die so erzeugten `Application`-Knotenelemente anhand des **Name**-Attributes. Wir benutzen dazu den generischen `NodeElementByAttributeComparator`, den wir wie die Hilfsklasse `URLEncode` über den Public Part `Utils` der `tc~utils`-Entwicklungskomponente eingebunden haben.

6.5.4 Optimierte Darstellung der Hierarchieebenen

Bei der Visualisierung der verschiedenen Navigationsziele wollen wir verhindern, dass das initiale Anzeigen der Navigationsziele unnötig lange dauert. Wir wollen daher nicht schon beim Starten des NavigationTesters alle möglichen Navigationsziele ermitteln und anzeigen, sondern immer nur exakt die Navigationsziele, die vom Benutzer auch explizit gewünscht werden. Dadurch verhindern wir einerseits einen unnötig hohen Speicherverbrauch, da wir nicht für alle möglichen Hierarchieebenen gleichzeitig die entsprechenden Knotenelemente im Speicher halten müssen; zum anderen verringern wir die Rendering-Zeit am Client, also die Zeit, die der Webbrowser benötigt, um das übertragene HTML darzustellen.

> **Tipp**
>
> Achten Sie darauf, dass Sie bei tiefen Context-Hierarchien, die Sie mithilfe des `IWDTree`-UI-Elementes darstellen wollen, nicht alle verfügbaren Ebenen initial erzeugen, da die entsprechenden Knotenelemente erstens zusätzlichen Speicherplatz benötigen und zweitens auch automatisch mitgerendert werden würden, auch wenn die entsprechenden Hierarchieebenen initial gar nicht sichtbar wären, weil der dargestellte Baum anfangs normalerweise nur die oberste Hierarchieebene darstellt.

Verwendung des Events onLoadChildren

Wir realisieren dies im NavigationTester dadurch, dass wir die benötigten Hierarchieebenen immer erst dann erzeugen, wenn der Benutzer den entsprechenden Vater-Knoten der neuen Hierarchieebene aufklappt. Dazu verwenden wir das Event `onLoadChildren` der verschiedenen Tree-Nodes. Am Beispiel des `DeployableObject`-Tree-Nodes wollen wir dies veranschaulichen: Abbildung 6.56 zeigt die Belegung des Events `onLoadChildren` mit der Action `LoadApplications` des Web-Dynpro-Views `BrowserView`.

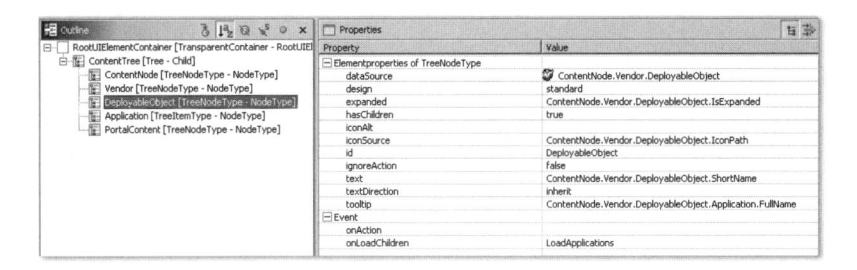

Abbildung 6.56 Belegung des Events onLoadChildren mit der Action LoadApplications

Sobald Sie für einen Tree-Node das `onLoadChildren`-Event einer entsprechenden Web-Dynpro-Action zugewiesen haben, wird diese Action gerufen, sobald der Benutzer die Kind-Knoten des Tree-Nodes anzeigen möchte, und dazu das Icon zum Auf- und Zuklappen des Tree-Nodes anklickt.

Grundsätzlich können Sie jede Web-Dynpro-Action dem Event `onLoadChildren` zuweisen. Bei Verwendung des so genannten *Parameter-Mappings* können Sie aber sehr elegant auf den aktuell gewählten Tree-Node (bzw. auf das damit verknüpfte Context-Knotenelement) zugreifen.

Verwendung des Parameter-Mappings

Um das Parameter-Mapping für die in unserem Beispiel verwendete `LoadApplications`-Action einzusetzen, müssen Sie in einem ersten Schritt einen entsprechenden Action-Parameter definieren, der dann beim Aufruf der Action (bzw. des entsprechenden Action-Event-Handlers `onLoadApplications`) das gewählte Context-Knotenelement enthalten soll. In unserem Beispiel ist dies der Parameter `deployableObject` vom Typ `com.sap.wdbp.navtes.wdp.IPrivateBrowserView.IDeployableObjectElement`.

Der `deployableObject`-Parameter beschreibt also genau ein Knotenelement des `DeployableObject`-Knotens – und damit genau das Element, das bei der Visualisierung durch den `DeployableObject`-Tree-Node verwendet wird. Abbildung 6.57 zeigt die Definition der Action `LoadApplications` mit dem benötigten Action-Parameter `deployableObject`.

Visualisierung der Navigationsziele

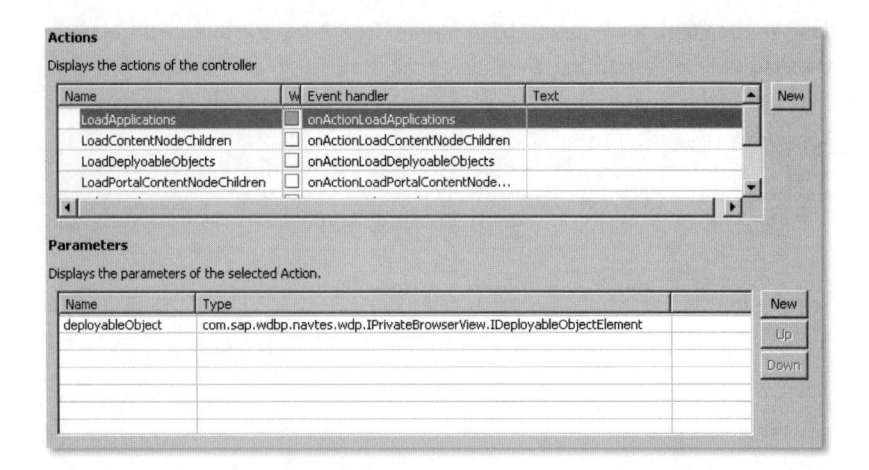

Abbildung 6.57 Action LoadApplications

Nachdem wir nun die Action `LoadApplications` mit dem `deployableObject`-Parameter versehen haben, müssen wir in einem letzten Schritt dafür sorgen, dass dieser Parameter auch mit dem korrekten Wert gefüllt wird, sobald der Benutzer den `DeployableObject`-Tree-Node aufklappt und dadurch die Action `LoadApplications` gerufen wird.

Wie schon weiter oben erwähnt, verwenden wir dazu das Parameter-Mapping, mit dessen Hilfe wir den generischen `path`-Parameter, der bei jeder Action übertragen wird und immer das aktuell gewählte Context-Knotenelement enthält, auf unseren `deployableObject`-Parameter abbilden. Dieses Mapping definieren Sie für gewöhnlich innerhalb der Methode `wdDoModify()`.

Definition des Parameter-Mappings für den Tree-Node DeployableObject

Listing 6.11 zeigt das entsprechende Parameter-Mapping für den Tree-Node `DeployableObject`-.

```
IWDTreeNodeType deployableObjectTreeNode =
   (IWDTreeNodeType) view.getElement("DeployableObject");

deployableObjectTreeNode.mappingOfOnLoadChildren()
   .addSourceMapping("path", "deployableObject");
```

Listing 6.11 Definition des Parameter-Mappings für die Action LoadApplications

Dadurch erklärt sich auch, wie der `deployableObject`-Parameter in Listing 6.10 definiert und gefüllt wird: Exakt über das soeben beschriebene Parameter-Mapping. Alle anderen Tree-Nodes von `BrowserView` verwenden ein analoges Parameter-Mapping, um die jeweils nächste Hierarchieebene immer erst genau dann zu erzeugen, sobald der Benutzer diese auch explizit angefordert hat.

6.5.5 Auswahl eines Navigationszieles

Letztendlich wollen wir die im Web-Dynpro-NavigationTester angezeigten Navigationsziele dazu verwenden, dem Benutzer eine komfortable Möglichkeit zu bieten, das gewünschte Navigationsziel auszuwählen. Neben der Navigation in den verschiedenen Hierarchieebenen der Navigationsziele müssen wir dem Benutzer also die Möglichkeit bieten, einzelne Navigationsziele auszuwählen. Wir verwenden hierzu das Event onAction der einzelnen Tree-Nodes.

Da nicht alle vorhandenen Hierarchieebenen als Navigationsziele in Frage kommen, müssen wir dies zudem für die unterschiedlichen Tree-Nodes individuell steuern. Für die Tree-Nodes PortalContent, Vendor und DeployableObject, die auf keinen Fall auswählbar sein dürfen, ist dies einfach zu erreichen, indem wir das onAction-Event dieser Tree-Nodes mit keiner Web-Dynpro-Action verknüpfen.

Definition des Auswahlverhaltens der unterschiedlichen Tree-Nodes

Für das Application-Tree-Item, das immer auswählbar sein muss, weisen wir dem onAction-Event die entsprechende Action SelectApplication des Web-Dynpro-Views BrowserView zu, wie Abbildung 6.58 zeigt.

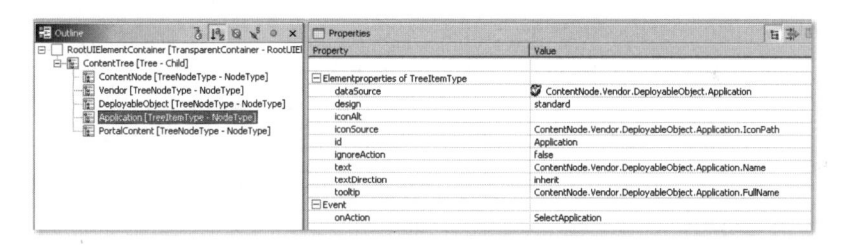

Abbildung 6.58 Definition des Events onAction mit der Action SelectApplication

Für den PortalContent-Tree-Node, der potenziell sämtliche Typen von Portal-Entitäten (wie z. B. iViews, Portal Pages, Worksets oder Rollen) darstellt, benötigen wir eine genauere Unterscheidung. Dazu benutzen wir die ignoreAction-Eigenschaft des Tree-Nodes, der gegen das IgnoreAction-Attribut des PortalContent-Context-Knotens gebunden ist (siehe auch Abbildung 6.50).

Verwendung der ignoreAction-Eigenschaft

Nur iViews oder Portal Pages können ausgewählt werden

Nur für Context-Knotenelemente, die einen iView oder eine Portal Page, also die auswählbaren Portal-Entitäten, beschreiben, setzen wir das IgnoreAction-Attribut auf **false**, wie Sie in Listing 6.12 erkennen können.

```
if (type.equals(IVIEW) || type.equals(PAGE)) {
  childElement.setIgnoreAction(false);
  childElement.setLongName(catalogNode.getId());
} else {
  childElement.setIgnoreAction(true);
}
```

Listing 6.12 Definition des ignoreAction-Attributs

Wir erzeugen die benötigten `PortalContentNode`-Context-Knotenelemente in der Methode `createSubTreeForPortalContentNode()` des Web-Dynpro-Views `BrowserView`, indem wir jeweils eine neue Hierarchieebene des hierarchischen `PortalContentNode`-Context-Knotens erzeugen.

6.5.6 Ausführung eines JNDI-Lookups aus einer Web-Dynpro-Applikation

Um die vorhandenen Portal-Entitäten einzulesen und die entsprechenden `PortalContentNode`-Context-Knotenelemente zu erzeugen, nutzen wir die Tatsache, dass das Portal Content Directory letztendlich einen herkömmlichen JNDI-Provider (*Java Naming and Directory Interface*) darstellt. Über entsprechende JNDI-Lookups können wir durch die vorhandenen Portal-Entitäten navigieren und die gewünschten Hierarchieebenen einlesen.

Ermittlung des JNDI-Wurzel-Contextes

Auch wenn wir im Rahmen dieses Buches nicht auf die Details dieser JNDI-Lookups eingehen können, wollen wir Ihnen einen kleinen Einblick geben: Listing 6.13 zeigt die Methode `getAdminBaseRoot()`, in der wir das `adminBaseRoot`-JNDI-Wurzelobjekt ermitteln.

```
private IAdminBase getAdminBaseRoot() {
if (adminBaseRoot == null) {
  try {
    Hashtable environment = new Hashtable();
    environment.put(
      Context.SECURITY_PRINCIPAL,
      WDClientUser.getCurrentUser().getSAPUser());
    environment.put(
```

```
      "locale",
      WDResourceHandler.getCurrentSessionLocale());
    environment.put(
      "com.sap.portal.jndi.requested_aspect",
      PcmConstants.ASPECT_ADMINISTRATION);
    environment.put(
      Constants.APPLY_ASPECT_TO_CONTEXTS,
      Constants.APPLY_ASPECT_TO_CONTEXTS);

    InitialContext ic = new InitialContext(environment);
    Object obj = ic.lookup("pcd:portal_content");

    adminBaseRoot = (IAdminBase) obj;

  } catch (Exception e) {
    IWDMessageManager msgMgr =
      wdThis.wdGetAPI().getComponent().getMessageManager(
);
    msgMgr.reportException(
      "Failed to load root admin base for
        'pcd:portal_content': "
      + e.getLocalizedMessage(),
      true);
  }
}
```

Listing 6.13 Erzeugen des Wurzelobjektes für die JNDI-Lookups

Ohne auf alle Details eingehen zu können, möchten wir Sie auf die entsprechende Definition des so genannten *JNDI-Environments* hinweisen, in dem wir unter anderem die gewünschte Sprache definieren, in der wir die entsprechenden Text-Attribute der Portal-Entitäten definieren.

Definition des JNDI-Environments

6.6 Zusammenfassung

In diesem Kapitel haben wir ausführlich alle Aspekte besprochen, die Sie bei der Navigation zwischen zwei Web-Dynpro-Anwendungen innerhalb und außerhalb des SAP NetWeaver Portal beachten sollten.

Sie haben gesehen, warum Sie in Ihrer Web-Dynpro-Anwendung grundsätzlich die vorhandene Laufzeitumgebung beachten sollten. Des Weiteren sind wir auf die sich dadurch ergebenden Unterschiede bei der Berechnung absoluter und relativer Zieladressen eingegangen, und haben Sie mit der korrekten Encodierung der benötigten Übergabeparameter vertraut gemacht. Auch die Definition des gewünschten Navigationsverhaltens, das sich innerhalb und außerhalb des SAP NetWeaver Portal stark unterscheidet, wurde dargestellt.

Last but not least haben wir gesehen, wie Sie große hierarchische Datenstrukturen innerhalb des Web-Dynpro-Contexts modellieren und unter Verwendung des `IWDTree`-UI-Elementes darstellen können. Wir sind hierbei insbesondere auf das dynamische Nachladen von Hierarchieebenen eingegangen, das eine optimierte Darstellung der hierarchischen Daten erlaubt.

7 Web-Dynpro-OBNTester

Neben den in Kapitel 6 vorgestellten Möglichkeiten der (Portal-)Navigation zwischen verschiedenen Web-Dynpro-Anwendungen innerhalb und außerhalb des SAP NetWeaver Portal gibt es auch die Möglichkeiten der Object-based Navigation (OBN) – diese ist Gegenstand dieses Kapitels.

Bei der Verwendung von absoluter und relativer Portal-Navigation wird, wie wir in Kapitel 6 besprochen haben, zu wohl definierten iViews oder Portal Pages navigiert, die beim programmatischen Anstoßen des Navigationsschrittes bekannt sein müssen. Damit lässt sich eine Vielzahl von Szenarien realisieren – wie nicht zuletzt die Beispiele des Web-Dynpro-NavigationTesters (siehe Kapitel 6) oder der Web-Dynpro-MusicBox (siehe Kapitel 8) in diesem Buch zeigen.

Wir haben aber schon in Kapitel 6 auf die Probleme und Einschränkungen der herkömmlichen Portal-Navigation hingewiesen: Obwohl die Verwendung der relativen Adressierung der Navigationsziele eine wesentlich höhere Flexibilität im Vergleich zur absoluten Adressierung darstellt, müssen Sie sich immer auf konkrete iViews oder Portal Pages festlegen.

Oft ist aber eine Beschreibung des Navigationsziels in einer semantisch höheren Art und Weise sinnvoll bzw. von Nöten: Beispielsweise, wenn nicht zu einem bestimmten iView oder einer Portal Page, sondern ganz allgemein zu der Detailansicht für ein dargestelltes Objekt navigiert werden soll. Durch welchen iView oder welche Portal Page diese Detailansicht später konkret realisiert wird, ist dabei zum Zeitpunkt der aufrufenden Web-Dynpro-Anwendung oft gar nicht bekannt.
Abstrakte Beschreibung des Navigationszieles

Des Weiteren kann es sehr nützlich sein, diese Detailansicht später abhängig vom Benutzer und dessen (Portal-)Rollen zu bestimmen, um beispielsweise sicherzustellen, dass die Detailansicht des Managers eine andere ist als die des herkömmlichen Angestellten.
Bezug zur Rolle eines Benutzers

Genau diese Abstraktionsebene wird mit der so genannten *Object-based Navigation (OBN)* eingeführt, bei der Sie nicht zu speziellen iViews oder Portal Pages navigieren, sondern bestimmte Operationen (*Operations*) eines speziellen *Business-Objekts (BO)* aufrufen. Abhängig von bestimmten Konfigurationen wird beim Aufruf einer Object-based Navigation dynamisch der richtige iView oder die richtige Portal Page ermittelt und dann
Business-Objekte und die dazugehörigen Operations

angezeigt. Diese Abbildung von der eher abstrakten Operation eines Business-Objekts hin zum konkreten iView oder zur Portal Page geschieht für den Web-Dynpro-Anwendungsentwickler völlig transparent.

7.1 Object-based Navigation

Im folgenden Beispiel werden wir anhand des *Web-Dynpro-OBNTesters* die Möglichkeiten und die Verwendung der Object-based Navigation innerhalb einer Web-Dynpro-Anwendung demonstrieren. Darüber hinaus werden wir die Benutzung so genannter *Portal-Services* innerhalb einer Web-Dynpro-Anwendung besprechen, über die wir innerhalb des OBN-Testers beispielsweise die Liste der definierten Business-Objekte ermitteln können.

Download des OBNTesters Implementiert ist der Web-Dynpro-OBNTester innerhalb der Web-Dynpro-Komponente TesterComp, die im Web-Dynpro-Projekt MAIN_WD-BOOK_D~tc~obntes~sap.com abgelegt ist. Die entsprechende Web-Dynpro-Entwicklungskomponente heißt tc\obntes.

Mithilfe des Web-Dynpro-OBNTesters können Sie beliebige Navigationsschritte der Object-based Navigation anstoßen. Zudem können Sie zum einen sehr elegant testen, ob die vorhandenen Konfigurationen korrekt sind, zum anderen können Sie wie beim Web-Dynpro-NavigationTester beliebige Übergabeparameter definieren, die beim angestoßenen Navigationsschritt übergeben werden. Abbildung 7.1 zeigt den Web-Dynpro-OBNTester.

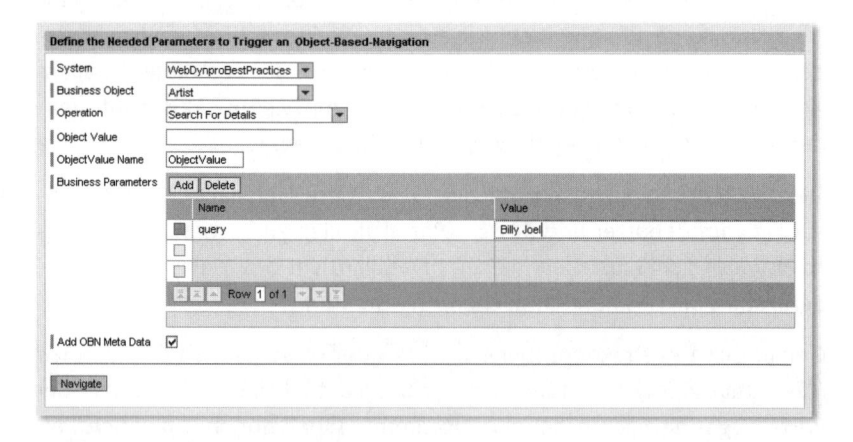

Abbildung 7.1 Web-Dynpro-OBNTester

Da wir innerhalb des OBNTesters verschiedene Portal-Services verwenden, ist der Web-Dynpro-OBNTester nur auf einer SAP NetWeaver-Installation lauffähig, auf der auch das SAP NetWeaver Portal vorhanden ist.

Abbildung 7.2 zeigt die grundsätzliche Strukturierung des Web-Dynpro-OBNTesters. Es handelt sich um eine denkbar einfache Web-Dynpro-Anwendung mit einer einzigen Web-Dynpro-Komponente und dem Web-Dynpro-View `TesterView`, der für die Visualisierung verantwortlich ist.

Grundsätzliche Strukturierung

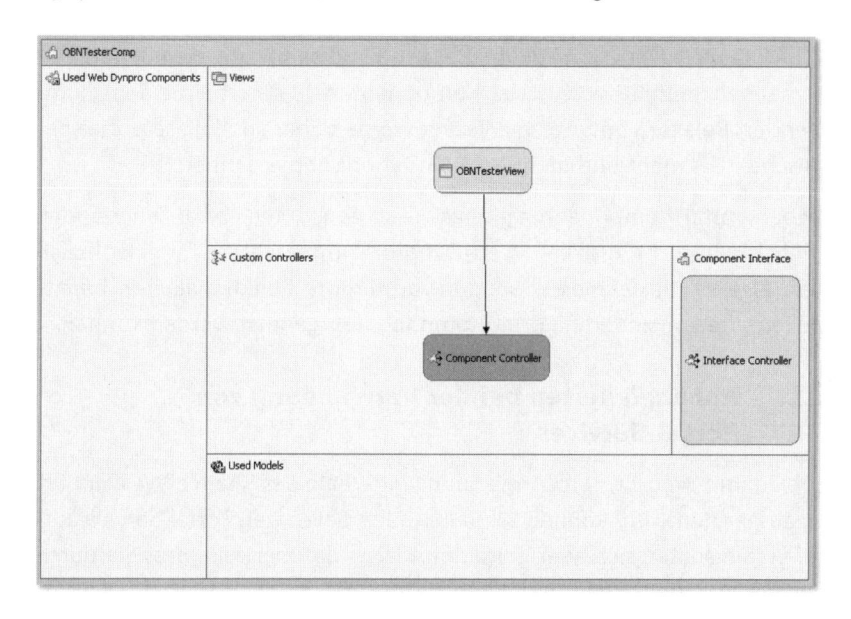

Abbildung 7.2 Strukturierung des Web-Dynpro-OBNTesters

Bevor wir auf die Besonderheiten der Object-based Navigation eingehen, werden wir im folgenden Abschnitt 7.2 besprechen, wie Sie innerhalb Ihrer Web-Dynpro-Anwendung auf Portal-Services zugreifen können, und welche Abhängigkeiten Sie dabei beachten müssen.

7.2 Verwendung von Portal-Services

Neben der Web-Dynpro-Laufzeitumgebung, die für die Ausführung Ihrer Web-Dynpro-Anwendungen verantwortlich ist, stellt die so genannte *Portal Runtime (PRT)* innerhalb einer SAP NetWeaver-Installation eine weitere sehr wichtige Laufzeitumgebung für Benutzeroberflächen dar.

Portal Runtime

Die PRT kann so genannte *Portal-Komponenten (Portal Components)* verwalten und starten. Mithilfe von Portal-Komponenten können Sie einfache Benutzeroberflächen mit einem JSP- oder servletbasierten Program-

Portal-Komponenten

miermodell realisieren. Im Vergleich zu den deklarativen Möglichkeiten, die Ihnen das Web-Dynpro-Programmiermodell bietet, ist die Verwendung von Portal-Komponenten mit mehr Handarbeit verbunden. Andererseits haben Sie durch die sehr offene Architektur der Portal-Komponenten wesentlich mehr Möglichkeiten, sehr spezielle Anforderungen an Ihre Benutzeroberflächen zu realisieren. Sie verlieren dabei natürlich andererseits die Möglichkeit, die Ihnen das Web-Dynpro-Programmiermodell unter anderem über die Client Abstraction bietet.

Portalspezifische UIs — In SAP NetWeaver 2004 sind praktisch alle portalspezifischen Benutzeroberflächen mithilfe von Portal-Komponenten realisiert. Mit dem kommenden Release von SAP NetWeaver werden aber auch diese portalspezifischen UIs mehr und mehr in Web Dynpro implementiert sein.

Portal-Services — Neben Portal-Komponenten gibt es die so genannten *Portal-Services*, die, ähnlich den nicht visuellen Web-Dynpro-Komponenten, für gewöhnlich kein eigenes UI definieren, sondern bestimmte Funktionalitäten bereitstellen, die von anderen Portal-Komponenten genutzt werden können.

7.2.1 Abhängigkeiten bei der Verwendung von Portal-Services

Portal-Installationen — Sobald Ihre Web-Dynpro-Anwendung innerhalb des SAP NetWeaver Portal aufgerufen wird, können Sie in ihr jeden beliebigen Portal-Service aufrufen. Sie sollten sich aber immer im Klaren darüber sein, dass Sie durch die Verwendung eines Portal-Service die entsprechende Web-Dynpro-Anwendung nur noch auf SAP NetWeaver-Installationen starten können, die das SAP NetWeaver Portal beinhalten.

> **Tipp**
>
> Überprüfen Sie bei der Verwendung von Portal-Services innerhalb Ihrer Web-Dynpro-Anwendung grundsätzlich immer, auf welchen SAP NetWeaver-Installationen Ihre Web-Dynpro-Anwendung später lauffähig sein soll. Wollen Sie Ihre Web-Dynpro-Anwendung beispielsweise auf Installationen betreiben, die kein SAP NetWeaver Portal beinhalten, wäre die Verwendung eines Portal-Service eine nicht erlaubte Abhängigkeit. Beachten Sie dabei aber, dass das einfache Einbinden einer Web-Dynpro-Anwendung ins SAP NetWeaver Portal über einen Web-Dynpro-iView *keinerlei* solche Abhängigkeiten mit sich bringt.

Solange Sie keine Portal-Services benutzen, können Sie Ihre Web-Dynpro-Anwendung problemlos auf einer SAP NetWeaver-Installation betreiben, die *kein* SAP NetWeaver Portal enthält. Über einen entsprechenden Web-Dynpro-iView können Sie diese Web-Dynpro-Anwendung dann auch ohne Schwierigkeiten im SAP NetWeaver Portal starten. In Kapitel 2 sind wir bereits ausführlicher auf die verschiedenen Möglichkeiten eingegangen, wie die Systemlandschaft aussehen könnte, in der Sie Ihre Web-Dynpro-Anwendungen betreiben.

7.2.2 Benutzung eines Portal-Service

Um einen Portal-Service innerhalb Ihrer Web-Dynpro-Anwendung aufzurufen, müssen Sie zwei Aspekte berücksichtigen: Zum einen müssen Sie sicherstellen, dass die benötigten Java-Interfaces und -Klassen zum Designzeitpunkt Ihrer Web-Dynpro-Anwendung verfügbar sind, um eine korrekte Kompilierung Ihrer Anwendung sicherzustellen. Zum anderen müssen Sie dafür sorgen, dass beim Starten der entsprechenden Web-Dynpro-Anwendung der verwendete Portal-Service ebenfalls verfügbar und gestartet ist. Wir wollen uns zunächst auf die Designzeitpunkt-Aspekte konzentrieren.

Designzeitpunkt-Aspekte

Leider gibt es im SAP NetWeaver Developer Studio im Augenblick keine einheitliche Möglichkeit, die benötigten Java-Interfaces und -Klassen eines Portal-Service für Ihre Web-Dynpro-Anwendung sichtbar zu machen. Bei der Verwendung von Web-Dynpro-Eclipse-Projekten empfehlen wir, die benötigten JAR-Archive, die die Java-Interfaces und -Klassen enthalten, direkt in den Klassenpfad Ihres Web-Dynpro-Projektes aufzunehmen.

Erweiterung des Klassenpfades eines Web-Dynpro-Projektes

Da wir alle Beispiele in diesem Buch auf Basis von Web-Dynpro-Entwicklungskomponenten entwickelt haben, haben wir uns für den Web-Dynpro-OBNTester – sowie bei allen anderen Beispielen in diesem Buch, die auf Portal-Services zugreifen – für einen anderen Weg entschieden: Wir definieren eine spezielle Entwicklungskomponente tc~pplibs, die die JARs aller benötigten Portal-Services zentral bereitstellt. Um diese Entwicklungskomponente für den Web-Dynpro-OBNTester verfügbar zu machen, definieren Sie analog zur Verwendung der Entwicklungskomponente tc~utils im Web-Dynpro-NavigationTester (siehe Kapitel 6) eine Public-Part-Beziehung zum Public Part PortalLibraries der Entwick-

Referenzierung des Public Parts PortalLibraries

lungskomponente tc~pplibs[1], wie Sie in Abbildung 7.3 erkennen können.

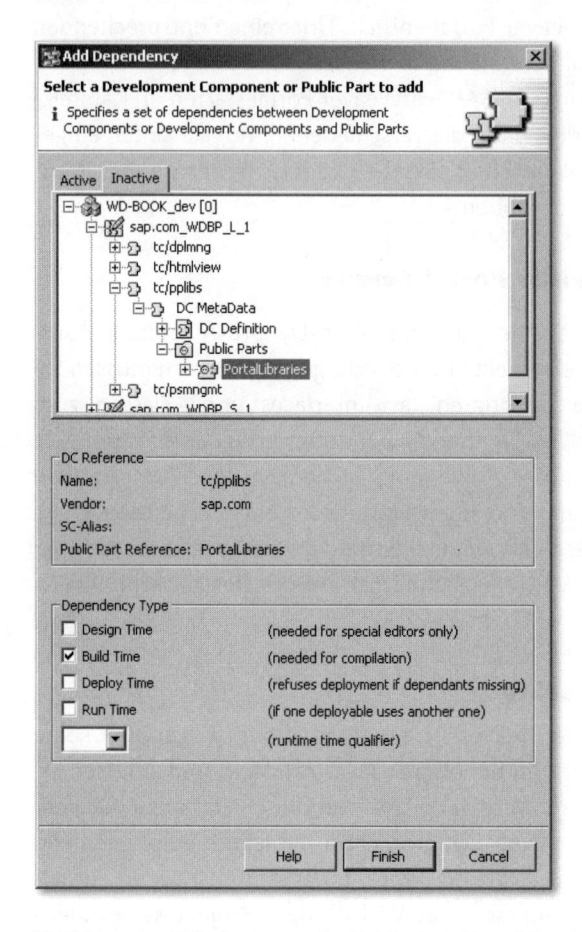

Abbildung 7.3 Referenzierung des Public Parts PortalLibraries

Übernahme der JAR-Archive in den Klassenpfad

Nachdem Sie die Referenz zum Public Part PortalLibraries definiert haben, werden die darin enthaltenen JAR-Archive automatisch in den Klassenpfad des Web-Dynpro-Projektes übernommen (siehe Abbildung 7.4).

---

[1] In Kapitel 9 werden wir beschreiben, wie Sie die tc~pplibs-Entwicklungskomponente anlegen und gehen ausführlicher auf ihre Definition ein.

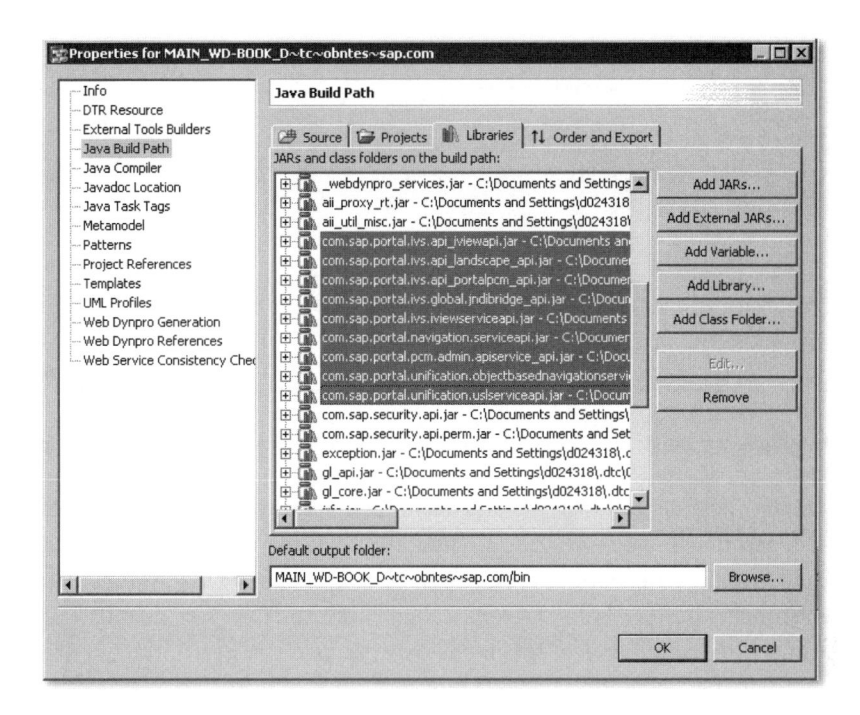

Abbildung 7.4 Referenzierte JAR-Archive

Laufzeit-Aspekte

Sobald Sie innerhalb Ihrer Web-Dynpro-Anwendung einen Portal-Service benutzen, müssen Sie – ähnlich wie bei der Verwendung von Web-Dynpro-Komponenten über Entwicklungskomponentengrenzen hinweg – bestimmte Referenzen definieren. Anhand dieser Referenzen werden dann die benötigten Classloader-Abhängigkeiten ermittelt. Für Portal-Services definieren Sie spezielle Sharing References, die die verwendeten Portal-Services beschreiben.

Definition von Sharing References

Abbildung 7.5 zeigt die definierten Sharing References für den Web-Dynpro-OBNTester. Wie Sie erkennen können, setzt sich eine Sharing Reference auf einen Portal-Service aus den folgenden Bestandteilen zusammen:

```
PORTAL:<Vendor>/<Voll-qualifizierter Name des
Portal-Service>
```

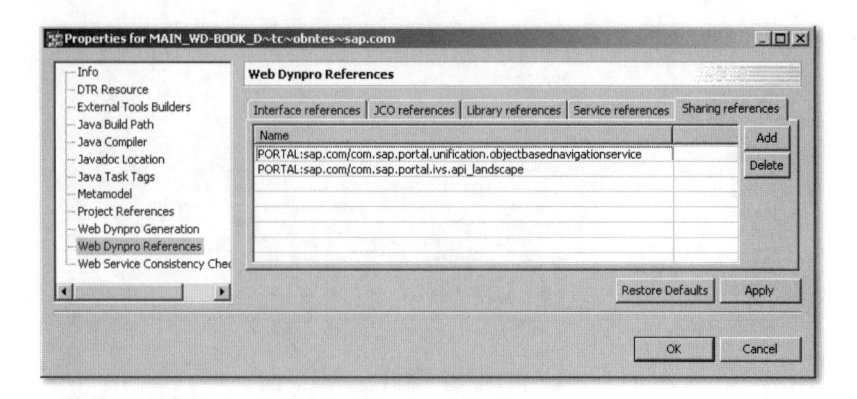

Abbildung 7.5 Benötigte Sharing References auf Portal-Services

<Vendor> beschreibt dabei wie gewohnt den Vendor – für Portal-Services ist dies üblicherweise sap.com. Theoretisch können Sie natürlich auch kundenspezifische Portal-Services benutzen, für die Sie dann aber den entsprechenden <Vendor>-Wert wählen müssen. Der voll qualifizierte Name des Portal-Service entspricht dem Verzeichnis des Portal-Service unterhalb des folgenden Verzeichnisses:

```
C:\usr\sap\<SystemName>\JC<InstanceName>\j2ee\cluster\
  server<Node>\apps\sap.com\irj\servlet_jsp\irj\root\
  WEB-INF\portal\portalapps.
```

Abhängigkeiten beim Deployment

Damit eine Web-Dynpro-Anwendung, die einen oder mehrere Portal-Services aufruft, ordnungsgemäß deployt werden kann, müssen Sie sicherstellen, dass alle verwendeten Portal-Services ebenfalls korrekt deployt und gestartet sind. Ansonsten kann es zu Fehlern kommen, und Ihre Web-Dynpro-Anwendung kann nicht gestartet werden, da die referenzierten Portal-Services nicht verfügbar sind. In Kapitel 10 gehen wir ausführlich auf die Möglichkeiten ein, die Ihnen zur Verfügung stehen, um solche Fehlersituationen zu erkennen und aufzulösen.

7.2.3 Zugriff auf einen Portal-Service

Verwendete Portal-Services

Im Web-Dynpro-OBNTester benötigen wir zwei Portal-Services: Über den Portal-Service com.sap.portal.ivs.api.landscape greifen wir auf die Liste der in der Portal Landscape definierten Systeme bzw. System-Aliasse zu. Mithilfe des Service com.sap.portal.unification.objectbased-navigationservice ermitteln wir die Liste der gültigen Navigationsziele für ein beliebiges Business-Objekt.

Um innerhalb Ihrer Web-Dynpro-Anwendung auf einen Portal-Service zuzugreifen, benutzen Sie die `WDPortalUtils`-Hilfsklasse (siehe Listing 7.1), die Teil der `wdDoInit()`-Methode des Component-Controllers der Komponente `TesterComp` ist.

```
IUserObjectBasedNavigation obnService =
  (IUserObjectBasedNavigation)
     WDPortalUtils.getServiceReference(
        IUserObjectBasedNavigation.KEY);
wdContext.currentPortalServicesElement()
  .setOBNService(obnService);

ISystems landscapeService =
  (ISystems) WDPortalUtils.
     getServiceReference(ISystems.KEY);
wdContext.currentPortalServicesElement().
  setLandscapeService(landscapeService);
```

Listing 7.1 Zugriff auf Portal-Services

Über die `getServiceReference()`-Methode erhalten Sie eine untypisierte Referenz auf den gewünschten Portal-Service. Den benötigten Schlüssel definieren Sie für gewöhnlich über <Portal-Service-Interface>.KEY.

In obigem Beispiel speichern wir die ermittelten Referenzen im Portal-Service-Context-Knoten des Component-Controllers, über den die Referenzen dann an den Web-Dynpro-View `OBNTesterView` weitergereicht werden. So stellen Sie sicher, dass die benötigten Referenzen auf die Portal-Services nur beim Instanziieren der Web-Dynpro-Komponente `OBN-TesterComp` erzeugt werden.

Speichern der Service-Referenzen

> **Tipp**
>
> Vermeiden Sie (wenn möglich) wiederholte `getServiceReference()`-Aufrufe für die gleichen Portal-Services innerhalb einer Web-Dynpro-Anwendungsinstanz. Abhängig vom verwendeten Portal-Service kann dies zu unnötigem Speicherverbrauch und Performance-Einbußen führen.

7.2.4 Einlesen der definierten Systeme

Am Ende dieses Abschnittes wollen wir kurz die Verwendung des Portal-Service ISystems beschreiben, mit dessen Hilfe Sie Zugriff auf die (System-)Informationen der Portal Landscape haben. Listing 7.2 zeigt die updateSystems()-Methode des View-Controllers des Web-Dynpro-Views OBNTesterView, der beim Starten des Web-Dynpro-OBNTesters gerufen wird und die Liste der verfügbaren Systeme bzw. System-Aliasse ermittelt.

```
private void updateSystems() {
  // Zugriff auf den Portal-Service
  ISystems landscapeService =
    wdContext.currentPortalServiceElement()
      .getLandscapeService();

  // Invalidierung des System-Context-Knotens
  wdContext.nodeSystem().invalidate();

  IPrivateOBN TesterView.ISystemElement system = null;

  // Einlesen aller definierten System-Aliasse
  String[] aliases = landscapeService.getAliases();

  // Erzeugen der benötigten Knotenelemente
  for (int i = 0; i < aliases.length; i++) {
    system =
      wdContext.nodeSystem().createSystemElement();
    system.setCaption(aliases[i]);
    system.setName(aliases[i]);
    wdContext.nodeSystem().addElement(system);
  }
}
```

Listing 7.2 Einlesen der definierten System-Aliasse

7.3 Anstoßen einer Object-based Navigation

Um eine Object-based Navigation anzustoßen, stehen Ihnen in der WDPortalNavigation-Hilfsklasse verschiedene Methoden zur Verfügung. Über eine der navigateToObject()-Methoden können Sie eine Navigation für die so genannte *Default-Operation* eines Business-Objekts anstoßen. Mittels navigateToObjectForSpecificOperation() können Sie explizit eine bestimmte Operation bestimmen. Das Business-Objekt selbst wird hierbei immer über die folgenden Parameter bestimmt:

- `system`

  Mithilfe des `system`-Parameters definieren Sie den System-Alias, für den das Business-Objekt definiert ist.

- `businessObjectType`

  Der `businessObjectType`-Parameter bestimmt das konkrete Business-Objekt. Die Kombination von `system` und `businessObjectType` muss eindeutig sein, und definiert eindeutig das gewünschte Business-Objekt. In Abschnitt 7.4.1 besprechen wir ausführlich, wie Sie die gewünschten Business-Objekte erzeugen.

- `objValue`

  Da typischerweise mehrere Instanzen eines Business-Objekts verwendet werden, müssen Sie bei der Definition einer Object-based Navigation meist auch die konkrete Instanz definieren. Dies geschieht über den `objValue`-Parameter, der in den meisten Fällen in irgendeiner Form eine Instanz-ID enthält.

- `operation`

  Neben der Definition des Business-Objekts kann über den `operation`-Parameter die gewünschte Operation ausgewählt werden.

7.3.1 Definition von Übergabeparametern

Darüber hinaus gibt es – ähnlich zur absoluten oder relativen Portal-Navigation – auch bei der Object-based Navigation die Möglichkeit, beliebige Übergabeparameter zu definieren.

- `objValueName`

  Durch die Verwendung des `objValue`-Parameters definieren Sie die benötigte Instanz des ausgewählten Business-Objekts. Da die Object-based Navigation letztendlich auf eine herkömmliche Portal-Navigation abgebildet wird, wird dieser Wert analog zu allen Parametern übertragen. Mittels des `objValueName`-Parameters können Sie den gewünschten Namen des Parameters definieren. Der Standardwert ist hierbei `ObjectValue`.

  Abbildung 7.6 zeigt die Definition des `objValueName`-Parameters innerhalb des Web-Dynpro-OBNTesters. Wir wollen hierbei die Operation **Search For Details** des Business-Objekts **Artist** aufrufen. Da wir die Operation für eine bestimmte Instanz, das heißt für einen bestimmten Künstler, ausführen wollen, bestimmen wir diesen über den `Object Value`-Parameter (**Billy Joel**).

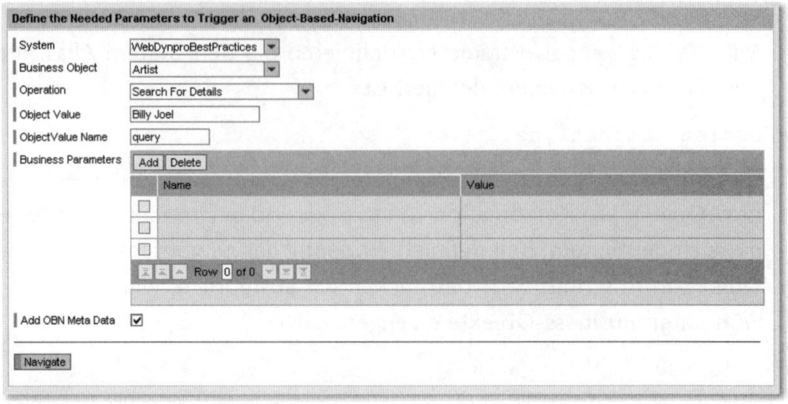

Abbildung 7.6 Verwendung des objValueName-Parameters

Durch Belegung des Parameters `Object Value Name-` mit **query** wird der iView bzw. die Portal Page, die die aufgerufene Operation letztendlich ausführt, mit dem Übergabeparameter `query=Billy Joel` ausgerufen.

▶ `businessParameters`

Analog zum `businessParameters`-Parameter bei der absoluten oder relativen Portal-Navigation können auch bei der Object-based Navigation beliebige Parameter definiert werden, die zum Navigationsziel transportiert werden. Es gelten dabei die gleichen Regeln bezüglich der URL-Encodierung der Werte wie bei der Portal-Navigation.

7.3.2 Weiterleitung von OBN-Metadaten

Mitunter kann es hilfreich sein, dem aufgerufenen iView (bzw. der dadurch gestarteten Web-Dynpro-Anwendung) mehr Informationen über die durchgeführte Object-based Navigation mitzuteilen. Mittels des `forwardOBNMetaData`-Parameters können Sie daher bestimmen, ob die folgenden Metadaten als zusätzliche Übergabeparameter definiert werden sollen:

▶ `obn.system`

`obn.system` beschreibt den System-Alias, über den das Business-Objekt definiert wird.

- obn.bo_type

  obn.bo_type definiert das bei der angestoßenen OBN verwendete Business-Objekt.

- obn.operation

  Die ausgeführte Operation wird über den obn.operation-Parameter definiert. Wird die Operation nicht definiert und die Default-Operation ausgeführt, enthält obn.operation als Wert **_default_**.

Alle diese Parameter können über die in Kapitel 6 ausführlich beschriebenen Möglichkeiten innerhalb Ihrer Web-Dynpro-Anwendung eingelesen werden.

Die Verwendung expliziter Startup-Plug-Parameter bietet sich immer dann an, wenn Sie mithilfe dieser übertragenen Metadaten unterschiedliche Sichten Ihrer Web-Dynpro-Anwendung anzeigen möchten. Wenn Ihre Web-Dynpro-Anwendung beispielsweise sowohl eine Detailansicht als auch eine Übersichtsansicht anbietet, die für die entsprechenden Operationen eines Business-Objekts eingesetzt werden sollen, können Sie durch die Verwendung des obn.operation-Parameters schon im Startup-Plug die entsprechende Ansicht wählen.

7.4 Definition von Business-Objekten

Nachdem Sie jetzt wissen, wie Sie eine Object-based Navigation innerhalb Ihrer Web-Dynpro-Anwendung anstoßen können, wollen wir nun beschreiben, wie Sie die gewünschten Business-Objekte bzw. die benötigten Operationen definieren können.

7.4.1 Anlegen von Business-Objekten

Ähnlich wie iViews und Portal Pages haben Sie innerhalb des Portal Content Catalog Zugriff auf Ihre Business-Objekte. Neue Business-Objekte können Sie über den Kontextmenüeintrag **Import Business Objects** des Knotens **Business Objects** erzeugen (siehe Abbildung 7.7).

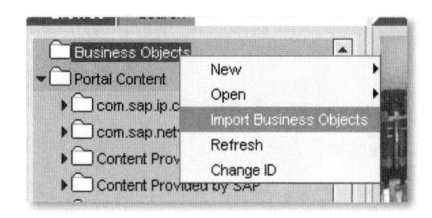

Abbildung 7.7 Erzeugen eines Business-Objekts

Importieren von Business-Objekten

Grundsätzlich haben Sie die Möglichkeit, die entsprechenden Business-Objekte aus einem beliebigen Backend-System einzulesen. Neben dem Zugriff auf SAP-Backend-Systeme können Sie auch auf unterschiedliche Systeme anderer Anbieter zugreifen.

Direktes Erzeugen von Business-Objekten

Wir wollen uns im Folgenden allerdings auf die Möglichkeit beschränken, die gewünschten Business-Objekte direkt anzulegen. Abbildung 7.8 zeigt die Definition des Business-Objekts **Artist**. Dabei müssen Sie darauf achten, dass die Kombination aus **Business Object ID** und **System Alias** eine eindeutige ID bestimmt. Die (technische) ID des Business-Objekts Artist ist dabei `WebDynproBestPractices.Artist`. Mithilfe des **Business Object Name** definieren Sie den dargestellten Namen des Business-Objekts.

Wie wir in Kapitel 8 sehen werden, werden wir mithilfe des Business-Objekts **Artist** innerhalb der Web-Dynpro-MusicBox den Künstler bzw. die Band einer bestimmten CD bzw. eines bestimmten Musiktitels repräsentieren.

Abbildung 7.8 Definition des Business-Objekts Artist

Mithilfe des **Add**-Buttons können Sie weitere Business-Objekte definieren. Abbildung 7.9 zeigt die Liste der Business-Objekte, die wir später innerhalb der Web-Dynpro-MusicBox verwenden werden. In Kapitel 8 werden wir ausführlicher auf die verschiedenen Business-Objekte und ihre Bedeutung eingehen.

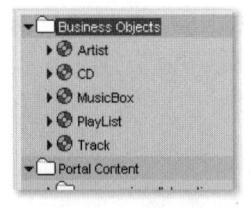

Abbildung 7.9 Verwendete Business-Objekte der Web-Dynpro-MusicBox

7.4.2 Definition von Operationen

Nachdem wir das Business-Objekt **Artist** erfolgreich definiert haben, wollen wir mithilfe des *Business Object Editors* die gewünschten Operationen erzeugen. Sie starten den Business Object Editor über den Kontextmenüeintrag **Open • Object** des entsprechenden Business-Objekts (siehe Abbildung 7.10).

Verwendung des Business Object Editors

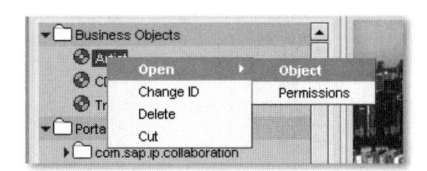

Abbildung 7.10 Starten des Business Object Editors

Wie üblich stellt auch der Business Object Editor den generischen Property Editor bereit, mit dessen Hilfe Sie die meisten Eigenschaften ändern können. Zusätzlich bietet der Business Object Editor aber zwei weitere Übersichten, die Ihnen zum einen die Definition der benötigten Operationen, zum anderen eine Übersicht der verknüpften iViews bzw. Portal Pages bieten (siehe Abbildung 7.11).

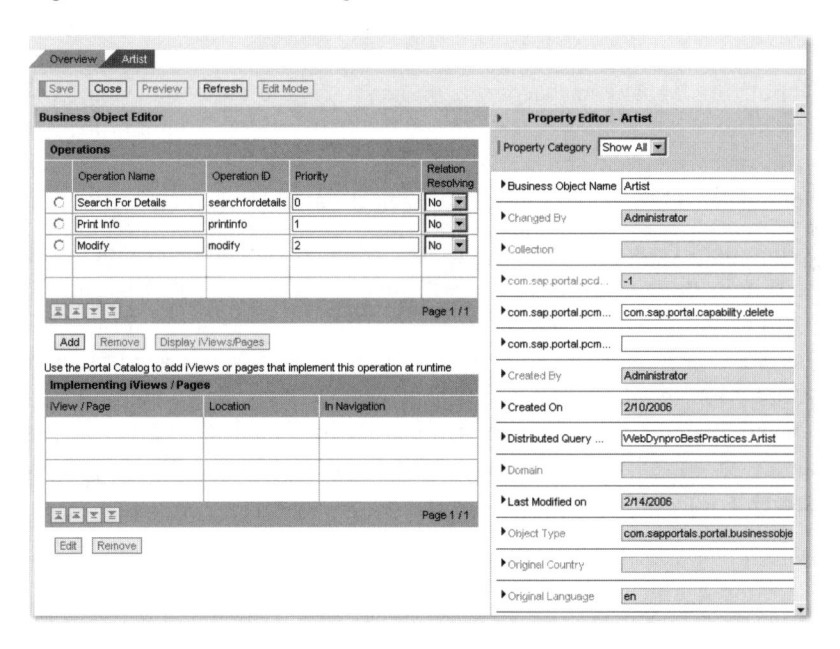

Abbildung 7.11 Business Object Editor

Definition von Business-Objekten **287**

Für das Business-Objekt **Artist** definieren wir insgesamt drei Operations: Mithilfe der Operation **Search For Details** werden wir später innerhalb der Web-Dynpro-MusicBox nach weiteren Informationen über den gewählten Künstler suchen, die Operation **Print Info** druckt die wichtigsten Informationen über den Künstler und die Operation **Modify** erlaubt uns die Änderung der entsprechenden Künstlerinformationen (siehe Abbildung 7.12).

	Operation Name	Operation ID	Priority	Relation Resolving
○	Search For Details	searchfordetails	0	No
○	Print Info	printinfo	1	No
○	Modify	modify	2	No

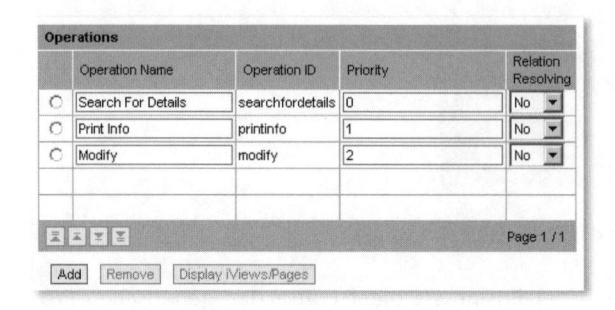

Abbildung 7.12 Operationen des Business-Objekts Artist

Trennung von Modellierung und Implementierung

Durch die Definition dieser Operations haben wir noch keinerlei Aussagen über die spätere technische Realisierung bzw. die Implementierung der einzelnen Funktionalitäten gemacht. Mithilfe der Business-Objekte und ihrer Operations modellieren Sie vielmehr die gewünschten Objekte und ihre vorhandenen Funktionalitäten, ohne sich um die technische Umsetzung Gedanken machen zu müssen. Gerade diese Trennung zwischen der Modellierung einerseits und der späteren Implementierung andererseits ermöglicht die im Vergleich zur herkömmlichen Portal-Navigation ungleich höhere Flexibilität der Object-based Navigation.

Priorisierung der Operationen

Neben dem **Operation Name**, der den lesbaren Namen einer Operation bestimmt, definieren Sie über die **Operation ID** eine eindeutige ID für jede Operation. Über die **Priority**-Eigenschaft einer Operation können Sie die einzelnen Operationen eines Business-Objekts in der gewünschten Weise priorisieren – **0** stellt dabei die höchste Priorität dar, und sollte derjenigen Operation zugewiesen werden, die als Default-Operation ausgeführt werden soll. Für das Business-Objekt **Artist** haben wir die Operation **Search For Details** als Default-Operation bestimmt.

Nachdem wir nun Business-Objekt und dazugehörige Operationen definiert und dadurch die gewünschte Funktionalität modelliert haben, wollen wir uns im nächsten Abschnitt damit beschäftigen, wie Sie die so definierte Funktionalität mit konkreten iViews bzw. Portal Pages verknüpfen können.

7.4.3 Definition der Implementierung einer Operation

Die Verwendung der Object-based Navigation setzt sich grundsätzlich aus zwei Schritten zusammen: Zuerst wird die gewünschte Funktionalität über entsprechende Business-Objekte bzw. deren Operationen definiert. Diese Business-Objekte bzw. Operationen verwenden Sie in Ihrer Web-Dynpro-Anwendung, um die damit beschriebene Funktionalität aufzurufen (siehe Abschnitt 7.3).

Damit eine Object-based Navigation aber letztendlich konkret ausgeführt werden kann, bedarf es neben der Modellierung der gewünschten Funktionalität noch eines zweiten Schritts, nämlich der Definition der gewünschten Implementierung. Dies geschieht durch die Zuweisung beliebiger iViews bzw. Portal Pages zu der jeweiligen Operation eines Business-Objekts. Die Implementierung einer Operation ist also grundsätzlich immer ein bestimmter iView oder eine Portal Page. *iViews oder Portal Pages implementieren Operations*

Um die Implementierung einer Operation zu definieren, haben Sie zwei Möglichkeiten: Zum einen können Sie einen iView oder eine Portal Page einer Operation zuordnen, zum anderen können Sie eine Operation einem iView oder einer Portal Page zuweisen. Im Folgenden wollen wir die Unterschiede dieser beiden Vorgehensweisen besprechen.

Sobald Sie einen iView oder eine Portal Page *unabhängig* von einer bestimmten Rolle einer Operation zuordnen wollen, können Sie diesen iView oder die Portal Page direkt der gewünschten Operation zuordnen. Öffnen Sie dazu den Business Object Editor des gewünschten Business-Objekts über den Kontextmenüeintrag **Open • Object** des Business-Objekts. Wählen Sie als Nächstes die gewünschte Operation. Nun können Sie den gewünschten iView oder die Portal Page über den Kontextmenüeintrag **Add iView to Operation** bzw. **Add Page to Operation** des iViews bzw. der Portal Page der ausgewählten Operation zuordnen (siehe Abbildung 7.13). *Zuweisung eines iViews oder einer Portal Page zu einer Operation*

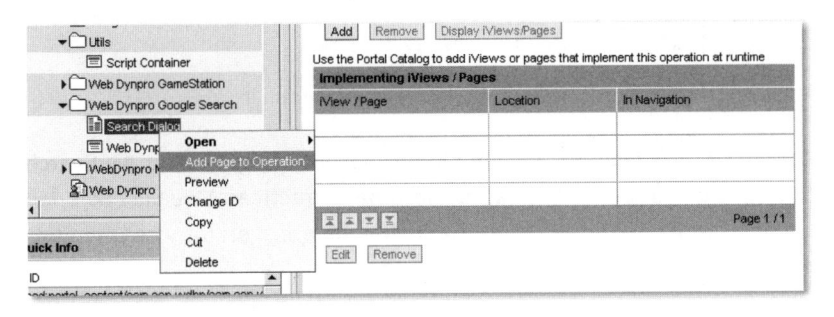

Abbildung 7.13 Zuweisung einer Portal Page zu einer Operation

Rollenunabhängige Zuordnung

Da Sie bei dieser Vorgehensweise nicht eine bestimmte Verwendung des iViews oder der Portal Page (beispielsweise innerhalb einer bestimmten Rolle) zuweisen, ist diese Zuweisung unabhängig von einer bestimmten Rolle.

> **Tipp**
>
> Da die Stärke der Object-based Navigation aber gerade in der rollenspezifischen Zuordnung der implementierenden iViews bzw. Portal Pages liegt, raten wir grundsätzlich von der rollenunabhängigen Zuordnung ab.

Zuweisung einer Operation zu einem iView oder einer Portal Page

Um eine rollenabhängige Zuordnung einer Operation zum implementierenden iView bzw. zur Portal Page zu erreichen, öffnen Sie die gewünschte Verwendung des iViews bzw. der Portal Page in der gewünschten Rolle; in Kapitel 5 haben wir ausführlich das Einbetten eines (Web-Dynpro-)iViews bzw. einer Portal Page zu einer bestimmten Rolle besprochen. Typischerweise legen Sie dabei einen Delta-Link an, also eine Referenz zwischen dem Originalobjekt und der jeweiligen Verwendung. Um eine rollenabhängige Zuordnung zwischen Operation und iView bzw. Portal Page zu realisieren, starten Sie den iView Editor bzw. Page Editor aus der jeweiligen Rolle heraus.

Wechseln Sie danach über das Dropdown-Menü in die Ansicht **Object-Based Navigation** (siehe Abbildung 7.14).

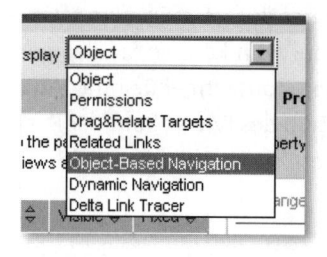

Abbildung 7.14 Auswahl der Ansicht Object-Based Navigation

Abbildung 7.15 zeigt die Ansicht **Object-Based Navigation** für die **Search Dialog Page** aus der Rolle **Web Dynpro Best Practices**. Wie Sie erkennen können, implementiert die **Search Dialog Page** insgesamt vier Operationen von insgesamt drei Business-Objekten.

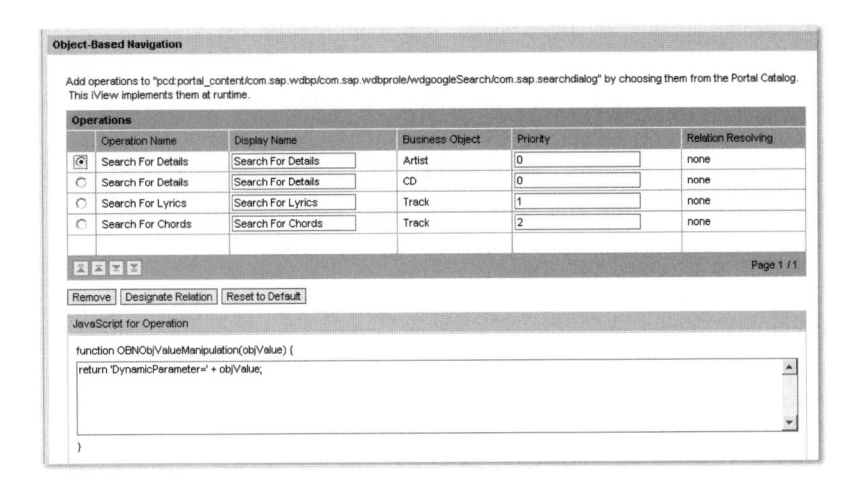

Abbildung 7.15 Ansicht Object-Based Navigation

Wenn die Ansicht **Object-Based Navigation** geöffnet ist, weisen Sie eine Operation einer konkreten Verwendung eines iViews oder einer Portal Page über den Kontextmenüeintrag **Add iView to Page** bzw. **Add Operation To Page** der gewünschten Operation zu (siehe Abbildung 7.16).

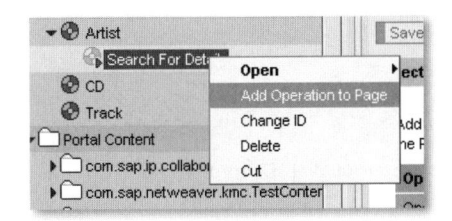

Abbildung 7.16 Zuweisung einer Operation zu einer Portal Page

7.4.4 Mapping von Übergabeparametern

Wir wollen Sie noch auf eine Besonderheit der Object-based Navigation hinweisen: Wie Sie in Abschnitt 7.3.1 gesehen haben, können Sie innerhalb Ihrer Web-Dynpro-Anwendung beliebige Übergabeparameter definieren, die Sie beim Anstoßen einer Object-based Navigation mitgeben wollen. Im Gegensatz zur herkömmlichen Portal-Navigation, in der Sie den aufgerufenen iView bzw. die Portal Page zum Aufrufzeitpunkt kennen müssen, haben Sie bei der Object-based Navigation keinerlei Information darüber, welcher iView bzw. welche Portal Page letztendlich ausgeführt wird. Damit können Sie auch nicht sicherstellen, dass die von Ihnen übergebenen Parameter zum konkret gerufenen iView bzw. zur Portal Page passen.

Übergeben Sie beispielsweise als Übergabeparameter `colour=green&size=medium`, können Sie nicht davon ausgehen, dass der durch die Object-based Navigation gerufene iView bzw. die Portal Page auch wirklich die beiden Parameter `colour` und `size` erwartet. Vielleicht benötigt dieser iView bzw. die Portal Page stattdessen `color` und `sizeDefinition` als Parameternamen. Daher kann es nötig sein, die übergebenen Parameter auf die konkret benötigten zu mappen.

Definition des Parameter-Mappings

Dieses Parameter-Mapping definieren Sie ebenfalls in der Ansicht **Object-Based Navigation** eines iViews bzw. einer Portal Page. Für jede zugeordnete Operation definieren Sie hierzu eine JavaScript-Methode `OBNObjValueManipulation`.

Spezifisches Web-Dynpro-Mapping

Um für Web-Dynpro-iViews ganz grundsätzlich die korrekte Übergabe der Parameter zu gewährleisten, müssen Sie die Methode `OBNObjValueManipulation` in der in Abbildung 7.17 dargestellten Form definieren, die Sie in der Ansicht **Object-Based Navigation** finden.

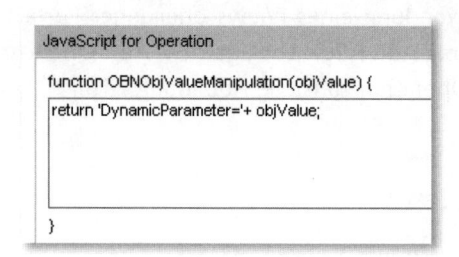

```
JavaScript for Operation
function OBNObjValueManipulation(objValue) {
    return 'DynamicParameter='+ objValue;
}
```

Abbildung 7.17 Mapping der Übergabeparameter für Web-Dynpro-iViews

7.5 Einlesen der benötigten Daten

Nachdem Sie kennen gelernt haben, wie Sie innerhalb Ihrer Web-Dynpro-Anwendung eine Object-based Navigation anstoßen können und die dazu benötigten Business-Objekte und Operationen anlegen, wollen wir schließlich noch beschreiben, wie der Web-Dynpro-OBNTester auf die benötigten Daten zugreift und diese verwaltet.

Dreistufige Datenhierarchie

Wie wir gesehen haben, benötigen Sie für die Object-based Navigation zumindest drei Parameter:

▶ das System, für das das jeweilige Business-Objekt definiert wird
▶ das Business-Objekt selbst
▶ die gewünschte Operation

Diese dreistufige Hierarchie bilden wir im Web-Dynpro-OBNTester über einen entsprechenden dreistufigen hierarchischen Context ab, den Sie in Abbildung 7.18 sehen.

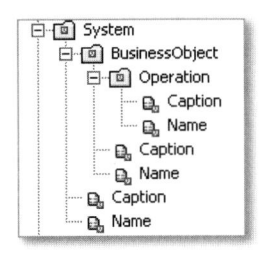

Abbildung 7.18 Definition der dreistufigen Context-Hierarchie

Im Gegensatz zur hierarchischen Datenstruktur, die wir im Web-Dynpro-NavigationTester verwenden, um die verfügbaren Web-Dynpro-Anwendungen bzw. iViews mithilfe des `IWDTree`-UI-Elementes anzuzeigen (siehe Kapitel 6), wollen wir im Web-Dynpro-OBNTester immer nur für genau ein ausgewähltes System die vorhandenen Business-Objekte bzw. für genau ein gewähltes Business-Objekt die definierten Operationen anzeigen. Abbildung 7.19 zeigt beispielsweise die gültigen Operationen des Business-Objekts **CD**, das wir für das System **WebDynproBestPractices** definiert haben

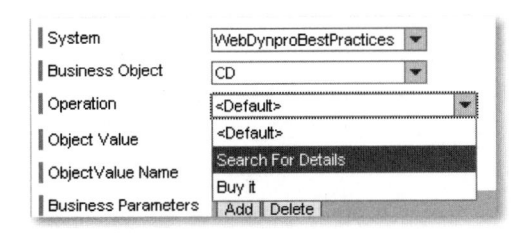

Abbildung 7.19 Auswahl der benötigten Daten

Die verwendete Context-Knotenhierarchie muss also für jede Hierarchieebene immer nur genau eine Menge von Kind-Knoten verwalten. Wir definieren daher den `BusinessObject`- bzw. den `Operation`-Context-Knoten als so genannte *Singleton-Knoten*, indem wir die entsprechende **singleton**-Eigenschaft der entsprechenden Knoten auf **true** setzen. In Abbildung 7.20 ist das für den Context-Knoten `BusinessObject` umgesetzt.

Verwendung von Singletons

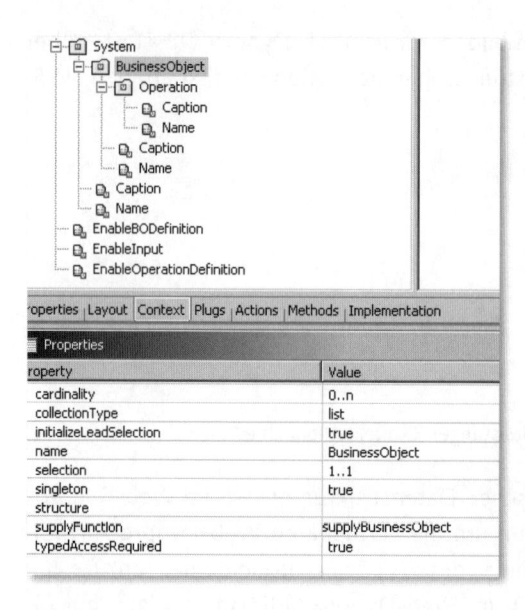

```
System
  BusinessObject
    Operation
      Caption
      Name
    Caption
    Name
  Caption
  Name
  EnableBODefinition
  EnableInput
  EnableOperationDefinition
```

| Properties | Layout | Context | Plugs | Actions | Methods | Implementation |

Properties

Property	Value
cardinality	0..n
collectionType	list
initializeLeadSelection	true
name	BusinessObject
selection	1..1
singleton	true
structure	
supplyFunction	supplyBusinessObject
typedAccessRequired	true

Abbildung 7.20 Zuweisung der Supply-Function supplyBusinessObject

Neben der Verwendung der **singleton**-Eigenschaft wollen wir Sie an dieser Stelle auf eine zweite Besonderheit der hier verwendeten Context-Hierarchie hinweisen. Im OBNTester wollen wir die Liste der verfügbaren Business-Objekte immer dann erneuern, wenn der Benutzer ein System gewählt hat. Analog dazu wollen wir immer dann die Liste der angezeigten Operationen anpassen, sobald der Benutzer ein Business-Objekt gewählt hat. In beiden Fällen müssen wir also die Liste der vorhandenen Kind-Knoten immer dann erneuern, sobald der Vater-Knoten erneuert wird.

Verwendung von Supply Functions

Genau dieses Verhalten lässt sich durch die Verwendung so genannter *Supply-Functions* sehr einfach und schnell realisieren. Abbildung 7.20 zeigt die Definition des BusinessObject-Context-Knotens. Über die **supplyFunction**-Eigenschaft definieren Sie die gewünschte supplyBusinessObject()-Methode, die immer dann aufgerufen wird, wenn sich der übergeordnete Systemknoten bzw. das aktuell ausgewählte Knotenelement ändert. Listing 7.3 zeigt die supplyBusinessObject()-Methode.

```
// Einlesen des gewählten Systems
String currentSystem = parentElement.getName();

// Einlesen des aktuellen Benutzers
IUser user = null;
```

```java
try {
  user = WDClientUser.getCurrentUser().getSAPUser();
} catch (WDUMException e) {
    wdComponentAPI.getMessageManager().reportException(
      "Failed to get user",
      true);
    return;
  }

Enumeration searchResult = null;
try {
  Hashtable env = new Hashtable();
  env.put(Context.SECURITY_PRINCIPAL, user);

  DirContext ictx = new InitialDirContext(env);
  DirContext folder = (DirContext)
    ictx.lookup("pcd:Business_Objects");

  // Defintion einer Suche innerhalb des PCDs
  PcdSearchControls cons = new PcdSearchControls();
  cons.setSearchScope(
    PcdSearchControls.UNIT_ROOTS_ONLY_SCOPE);

  // Starten der Suche nach den definierten Business-
  // Objekten
  searchResult =
    folder.search(
      "",
      "("
        + IPcdAttribute.OBJECT_CLASS
        + "="
        + "com.sapportals.portal.businessobject"
        + ")",
      cons);
} catch (NamingException e1) {
  wdComponentAPI.getMessageManager().reportException(
    "Failed to search for business objects: " +
      e1.getLocalizedMessage(),
    true);
  return;
```

```
      }

      while (searchResult.hasMoreElements()) {
        SearchResult result = (SearchResult)
          searchResult.nextElement();

        // Für alle gefundenen Business-Objekte,
        // die für das gewünschte System definiert sind,
        // erzeugen wir die entsprechenden Knotenelemente des
        // Context-Knotens BusinessObject
        if (result.getName().startsWith(currentSystem)) {
          IPrivateOBN TesterView.IBusinessObjectElement bo =

            wdContext.nodeBusinessObject().
              createBusinessObjectElement();
          bo.setCaption(result.getName()
            .substring(result.getName().indexOf('.') + 1));
          bo.setName(result.getName()
            .substring(result.getName().indexOf('.') + 1));
          wdContext.nodeBusinessObject().addElement(bo);
        }
      }
```

Listing 7.3 Ermittlung der definierten Business-Objekte

Über den `element`-Parameter, der automatisch beim Aufruf der Methode `supplyBusinessObject()` übergeben wird, haben wir Zugriff auf das aktuell gewählte `System`-Knotenelement.

Analog zur Methode `supplyBusinessObject()` benutzen wir die Methode `supplyOperation()`, um die definierten Operationen des gerade ausgewählten Business-Objekts zu ermitteln (siehe Listing 7.4).

```
// Zugriff auf den OBN-Service
IUserObjectBasedNavigation obn =
  wdContext.currentPortalServiceElement().
    getOBNService();
IUser user = null;
try {
  user = WDClientUser.getCurrentUser().getSAPUser();
} catch (WDUMException e) {
  wdComponentAPI.getMessageManager().reportException(
```

```
      "Failed to get current user: " +
        e.getLocalizedMessage(),
      true);
}

// Einlesen des aktuellen Systems und des gewünschten
// Business-Objekts
String system =
  wdContext.currentSystemElement().getName();
String bo = parentElement.getName();

// Einlesen der gültigen Operationen
List operations = obn.getTargets(system, bo, user);

IPrivateOBN_TesterView.IOperationElement
  newOperation = null;
if (operations != null && operations.size() > 0) {

  // Erzeugen der Default-Operation
  newOperation = wdContext.nodeOperation()
    .createOperationElement();
  newOperation.setCaption("<Default>");
  newOperation.setName("<Default>");
  wdContext.nodeOperation().addElement(newOperation);

  // Für jede gültige Operation erzeugen wir
  // ein entsprechendes Knotenelement des
  // Context-Knoten Operation
  for (Iterator iter = operations.iterator();
    iter.hasNext();) {

    IOBNTarget target = (IOBNTarget) iter.next();

    newOperation = wdContext.nodeOperation()
      .createOperationElement();
    newOperation.setCaption(
      target.getOperationFriendlyName());
    newOperation.setName(
      target.getOperationName().substring(
        target.getOperationName().
```

```
         lastIndexOf('/') + 1));

   wdContext.nodeOperation().addElement(newOperation);
}
```

Listing 7.4 Ermittlung der gültigen Operationen

Gültige Operationen Mithilfe des Portal-Service `IUserObjectBasedNavigation` ermitteln wir die gültigen Operationen für das ausgewählte Business-Objekt. Unter gültigen Operationen verstehen wir dabei diejenigen, mit denen für den aktuellen Benutzer bzw. dessen Rolle mindestens ein iView oder eine Portal Page verknüpft ist.

7.6 Zusammenfassung

Anhand des Web-Dynpro-OBNTesters haben wir besprochen, wie Sie mithilfe der Object-based Navigation eine im Vergleich zur herkömmlichen Portal-Navigation wesentlich flexiblere Navigation zwischen Ihren Web-Dynpro-iViews realisieren können. Anstelle von iViews oder Portal Pages definieren Sie das Navigationsziel hierbei über eine bestimmte Operation eines Business-Objekts.

Neben der rollenunabhängigen Zuordnung von iViews und Portal Pages an Operationen besteht hierbei vor allem die Möglichkeit einer rollenspezifischen Zuordnung, die es Ihnen erlaubt, Benutzern unterschiedlicher Rollen unterschiedliche Implementierungen der gleichen Funktionalität bereitzustellen, ohne die aufrufenden Web-Dynpro-Anwendungen ändern zu müssen.

Des Weiteren haben wir in diesem Kapitel dargestellt, wie Sie innerhalb Ihrer Web-Dynpro-Anwendung beliebige Portal-Services aufrufen und dadurch auf spezielle Portal-Funktionalitäten zugreifen können. Beim Einbinden von Portal-Services in Ihre Web-Dynpro-Anwendung ergeben sich zusätzliche Abhängigkeiten, die dazu führen, dass Ihre Web-Dynpro-Anwendung nur noch auf SAP NetWeaver-Installationen lauffähig ist, auf denen auch das SAP NetWeaver Portal vorhanden ist.

8   Web-Dynpro-MusicBox

Nachdem wir in den letzten Kapiteln einerseits die Komponentisierung von Web-Dynpro-Anwendungen und andererseits die Möglichkeiten des SAP NetWeaver Portal besprochen haben, wollen wir in diesem Kapitel veranschaulichen, welche vielfältigen Möglichkeiten sich ergeben, wenn Sie diese Aspekte innerhalb einer Web-Dynpro-Anwendung kombinieren.

Anhand der Web-Dynpro-GameStation (siehe Kapitel 3) haben Sie gesehen, wie Sie durch die Verwendung von Web-Dynpro-Komponenten und Komponenten-Interfaces wiederverwendbare und konfigurierbare Web-Dynpro-Anwendungen bauen. In den darauf folgenden Kapiteln haben wir des Weiteren besprochen, welche zusätzlichen Möglichkeiten sich für Ihre Web-Dynpro-Anwendungen ergeben, wenn Sie diese innerhalb des SAP NetWeaver Portal starten.

Wir werden nun diese Möglichkeiten zusammenbringen und dabei den Schwerpunkt vor allem auf die spätere Konfigurierbarkeit Ihrer Web-Dynpro-Anwendungen legen. Darüber hinaus werden wir intensiv die Verwendung der Möglichkeiten des SAP NetWeaver Portal innerhalb einer Web-Dynpro-Anwendung veranschaulichen und werden dabei insbesondere die Benutzung der Portal-Personalisierung innerhalb Ihrer Web-Dynpro-Anwendung besprechen.

8.1   Aufbau der MusicBox

Ähnlich zur Web-Dynpro-GameStation machen wir innerhalb der Web-Dynpro-MusicBox intensiven Gebrauch von Web-Dynpro-Komponenten bzw. Komponenten-Interfaces. Die benötigten Komponenten-Interfaces finden Sie in der Web-Dynpro-Entwicklungskomponente `tc~mscbxapi`. Das dazugehörige Web-Dynpro-Projekt heißt `MAIN_WD-BOOK_D~tc~mscbxapi~sap.com`. Die darauf aufbauenden Web-Dynpro-Komponenten finden Sie in den Web-Dynpro-Entwicklungskomponenten `tc~mscbmp3` und `tc~musicbox`.

Die Web-Dynpro-Komponente `MusicBoxComp` innerhalb der `tc~musicbox`-Entwicklungskomponente nimmt dabei eine Sonderrolle ein, da sie die zentrale Wurzel-Komponente (*Root Component*) der Web-Dynpro-

Komponente MusicBoxComp

MusicBox darstellt, die alle eingebetteten Komponenten verwaltet. Wir gehen in Abschnitt 8.3 ausführlich auf die Realisierung dieser Komponente ein.

Grundsätzliche Funktionalität

Abbildung 8.1 zeigt die Web-Dynpro-MusicBox, mit deren Hilfe Sie beliebige Musikdateien durchsuchen und abspielen können. Darüber hinaus erlaubt Ihnen die MusicBox die Definition von Playlists sowie das Verwalten von weiteren Informationen über die Musiker und Bands.

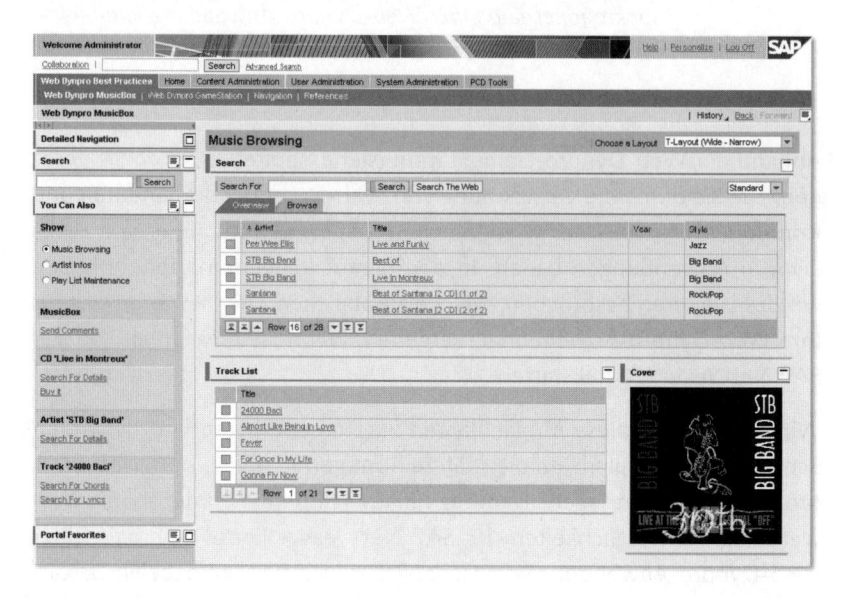

Abbildung 8.1 Web-Dynpro-MusicBox

Bevor wir uns mit der konkreten Implementierung der verschiedenen Aspekte beschäftigen, wollen wir zunächst die verwendeten Komponenten-Interfaces besprechen, die die spätere Konfigurierbarkeit der Web-Dynpro-MusicBox ermöglichen.

8.2 Verwendete Komponenten-Interfaces

Die innerhalb der Web-Dynpro-MusicBox verwendeten Komponenten-Interfaces befinden sich in der Entwicklungskomponente `tc~mscbxapi`. Diese Entwicklungskomponente beinhaltet nur die Definition der Komponenten-Interfaces, wir sprechen hierbei von so genannten *Standalone Component-Interfaces*.

Trennung von Interface und Implementierung

Wie wir schon in Kapitel 3 in Zusammenhang mit der Web-Dynpro-GameStation besprochen haben, ist die Trennung von Komponenten-Interfaces und den entsprechenden implementierenden Komponenten in unterschiedliche Entwicklungskomponenten immer dann sinnvoll, wenn Sie die Verwender der Komponenten-Interfaces und die unterschiedlichen Implementierungen möglichst unabhängig voneinander realisieren wollen.

Wir wollen innerhalb der Web-Dynpro-MusicBox im Wesentlichen drei Aspekte konfigurieren können:

Konfigurationsmöglichkeiten der Web-Dynpro-MusicBox

- Die Web-Dynpro-MusicBox soll unabhängig von der konkreten Ablage oder dem vorhandenen Format der verwendeten Musikdateien sein. Die Web-Dynpro-MusicBox verwendet dazu einen so genannten *Music Store*, der genau dies abstrahiert.

- Die Anzeige der vorhandenen Musikdateien soll nicht direkt von der Web-Dynpro-MusicBox selbst definiert werden, sondern stattdessen benutzen wir den so genannten *Detail-Viewer*, um die vorhandenen Daten in einer innerhalb der unterschiedlichen Detail-Viewer definierten Art und Weise anzuzeigen. Die MusicBox selbst zeigt keinerlei Daten an.

- Die verwendeten Detail-Viewer sollen in so genannten *Perspektiven* zusammengefasst werden. Eine Perspektive definiert sowohl die Liste der verwendeten Detail-Viewer also auch deren Anordnung und Layout. Die Web-Dynpro-MusicBox verwaltet beliebig viele Perspektiven, zwischen denen der Benutzer frei wählen kann und die er unter Benutzung der Portal-Personalisierung an seine Bedürfnisse anpassen kann.

Basierend auf diesen Anforderungen definieren wir insgesamt drei Web-Dynpro-Komponenten-Interfaces, die das oben definierte Verhalten ermöglichen.

8.2.1 Komponenten-Interface MusicStoreCompI

Das Komponenten-Interface `MusicStoreCompI` definiert die innerhalb der Web-Dynpro-MusicBox verwendeten Daten. In gewisser Weise definieren wir mithilfe dieses Interfaces das Daten-Model der MusicBox. Wie wir schon in Kapitel 3 ausgeführt haben, macht es grundsätzlich Sinn, über so genannte *Model-Komponenten (Model-Components)* das konkret verwendete Daten-Model zu abstrahieren. Das macht insbesondere bei der Verwendung von Webservices oder adaptiven RFC-Models Sinn, da Sie dadurch diese Modelle wesentlich leichter austauschen können – beispielsweise, wenn sich die im gerufenen Backend-System bereitgestellten Webservices bzw. RFC-Bausteine geändert haben.

Verwendung von Model-Komponenten

Da wir die Web-Dynpro-MusicBox unabhängig von einer konkreten Implementierung dieses Models machen wollen, beschreiben wir über das

Komponenten-Interface `MusicStoreCompI` nur die verwendete(n) Datenstruktur(en), nicht aber deren konkrete Ablage oder Format. Da wir über dieses Interface zudem nur Daten bereitstellen wollen, definieren wir keinen Interface-View. Die bereitgestellten Daten beschreiben wir über die Context-Knotenhierarchie des Interface-Controllers (siehe Abbildung 8.2).

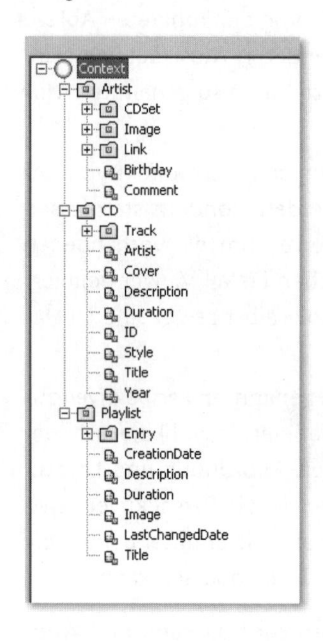

```
Context
├── Artist
│   ├── CDSet
│   ├── Image
│   ├── Link
│   ├── Birthday
│   └── Comment
├── CD
│   ├── Track
│   ├── Artist
│   ├── Cover
│   ├── Description
│   ├── Duration
│   ├── ID
│   ├── Style
│   ├── Title
│   └── Year
└── Playlist
    ├── Entry
    ├── CreationDate
    ├── Description
    ├── Duration
    ├── Image
    ├── LastChangedDate
    └── Title
```

Abbildung 8.2 Definition der bereitgestellten Daten

Der `Artist`-Knoten beschreibt dabei die Informationen, die zu den einzelnen Künstlern definiert werden können. Der `CD`-Knoten beinhaltet die Liste der verfügbaren Musikdateien. Der `Playlist`-Knoten definiert schließlich die vom Benutzer erstellten Playlists.

Beispielimplementierung Innerhalb dieses Beispiels implementieren wir das Interface `MusicStoreCompI` in der Web-Dynpro-Komponente `FileSystemMusicStore`, die sich in der Entwicklungskomponente `tc~mscbxmp3` befindet. Wie der Name schon verrät, lesen wir dabei alle vorhandenen MP3-Dateien ein, die unterhalb eines frei zu wählenden Wurzel-Verzeichnisses liegen. Die `FileSystemMusicStore`-Komponente erwartet dabei eine Verzeichnisstruktur wie in Abbildung 8.3, die nach vorhandenen MP3-Dateien durchsucht wird: Unterhalb des Wurzel-Verzeichnisses befindet sich für jeden Künstler ein Verzeichnis, das wiederum die vorhandenen CDs beinhaltet.

```
□ 🗁 Music
  ⊞ 🗀 Anastasia
  □ 🗀 Billy Joel
      🗀 Piano Man
      🗀 The Stranger
  ⊞ 🗀 Diana Krall
  ⊞ 🗀 Herbert Grönemeyer
  ⊞ 🗀 Jaco Pastorius
  ⊞ 🗀 Joss Stone
  ⊞ 🗀 Keziah Jones
  ⊞ 🗀 Luiz Bonfá
  ⊞ 🗀 Norah Jones
  ⊞ 🗀 Pee Wee Ellis
  ⊞ 🗀 Santana
  ⊞ 🗀 Simply Red
  ⊞ 🗀 St. Germain
  ⊞ 🗀 Til Brönner
  ⊞ 🗀 Tom Jones
```

Abbildung 8.3 Erwartete Datenstruktur der Komponente FileSystemMusicStore

Das verwendete Wurzel-Verzeichnis können Sie mithilfe des Service `WD-Configuration` einlesen und innerhalb des Visual Administrators anpassen (siehe Kapitel 10).

Definition des Wurzel-Verzeichnisses

Das von der `FileSystemMusicStore`-Komponente bereitgestellte Model enthält keinerlei Persistenz. Alle Änderungen, die Sie während der Benutzung der MusicBox vornehmen, gehen beim Neustart der Anwendung verloren. Wir nehmen diese für einen Produktivbetrieb sicherlich inakzeptable Einschränkung an dieser Stelle in Kauf, weil wir innerhalb dieses Beispiels den Schwerpunkt nicht auf mögliche Implementierungen einer solchen Persistenz legen wollen, wir andererseits aber unabhängig von dieser Einschränkung alle gewünschten Funktionalitäten vorstellen und besprechen können.

Sie können aber natürlich ohne weiteres ein eigenes Model definieren, das solch eine Persistenz bereitstellt. Aufgrund der Flexibilität der Web-Dynpro-MusicBox können Sie ohne Probleme Ihre eigene Implementierung des Komponenten-Interfaces `MusicStoreCompI` verwenden, wie wir in Abschnitt 8.2.3 sehen werden. Dank der Verwendung des `MusicStoreCompI`-Interfaces und der damit möglichen Abstraktion ist das konkret verwendete Model für die Web-Dynpro-MusicBox vollkommen transparent.

Austauschen des verwendeten Music Stores

8.2.2 Komponenten-Interface DetailsViewerCompI

Das Komponenten-Interface `DetailsViewerCompI` beschreibt die oben erwähnten Detail-Viewer, die die vom Komponenten-Interface `MusicStoreCompI` bereitgestellten Daten in beliebiger Weise darstellen. Den visuellen Teil solch eines Detail-Viewers definieren wir hierbei über den Interface-View `DetailsInterfaceView`.

Des Weiteren definieren wir innerhalb des Interface-Controllers drei Methoden, mit deren Hilfe wir später beispielsweise die Portal-Personalisierung für die einzelnen Detail-Viewer ermöglichen bzw. den Zugriff auf die vorhandenen Daten sicherstellen (siehe Abbildung 8.4).

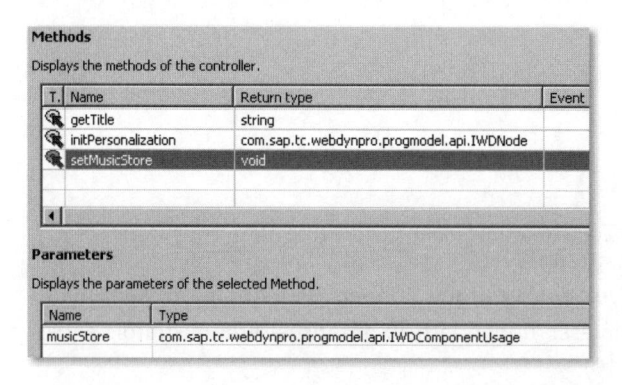

Methods
Displays the methods of the controller.

T.	Name	Return type	Event
	getTitle	string	
	initPersonalization	com.sap.tc.webdynpro.progmodel.api.IWDNode	
	setMusicStore	void	

Parameters
Displays the parameters of the selected Method.

Name	Type
musicStore	com.sap.tc.webdynpro.progmodel.api.IWDComponentUsage

Abbildung 8.4 Methoden des Interface-Controllers DetailsViewerCompI

Beispielimplementierung Innerhalb dieses Beispiels definieren wir eine Vielzahl von unterschiedlichen Detail-Viewern, die wir alle in der Entwicklungskomponente `tc~musicbox` zusammenfassen. In Abschnitt 8.4 beschreiben wir beispielhaft, was Sie bei der Implementierung eines eigenen Detail-Viewers beachten müssen.

Über die im folgenden Abschnitt vorgestellte Möglichkeit der Definition beliebiger Perspektiven können Sie die Web-Dynpro-MusicBox zudem sehr einfach um Ihre eigenen Detail-Viewer erweitern.

8.2.3 Komponenten-Interface PerspectiveConfigurationCompI

Das Komponenten-Interface `PerspectiveConfigurationCompI` erlaubt die Definition so genannter Perspektiven. Eine Perspektive beschreibt eine bestimmte Zusammenstellung und Anordnung verschiedener Detail-Viewer. Der Benutzer kann über das in Abschnitt 8.6.2 vorgestellte *Contextual-Navigation-Panel* zwischen den definierten Perspektiven wechseln.

Beschreibung der Perspektiven Die gewünschten Perspektiven werden innerhalb des Interface-Controllers über bestimmte Context-Knoten definiert, über die die Web-Dynpro-MusicBox Zugriff auf die benötigten Informationen erhält. Abbildung 8.5

zeigt die innerhalb des Interface-Controller-Contexts definierte Context-Knotenhierarchie.

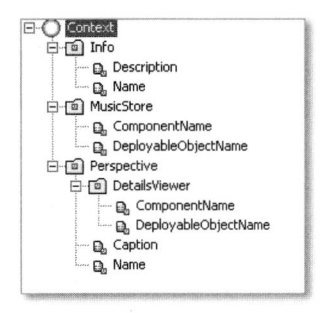

Abbildung 8.5 Definition der gewünschten Perspektiven

Der Info-Knoten beschreibt allgemeine Informationen, der Music-Store-Knoten bestimmt das verwendete Daten-Model (d.h. die gewünschte Implementierung des Komponenten-Interfaces MusicStoreCompI) und der Perspective-Knoten definiert die gewünschten Perspektiven, die sich jeweils aus einer Liste von Detail-Viewern zusammensetzen, die über die jeweiligen DetailsViewer-Knotenelemente bestimmt werden.

Innerhalb dieses Beispiels definieren wir die gewünschten Perspektiven mithilfe der Komponente BookPerspectivesComp, die das Komponenten-Interface PerspectiveConfigurationCompI implementiert. Wie alle von uns bereitgestellten Detail-Viewer befindet sich auch die BookPerspectivesComp-Komponente in der Entwicklungskomponente tc~musicbox.

Bereitgestellte Implementierung

Wir definieren innerhalb der Komponente BookPerspectivesComp insgesamt drei Perspektiven (siehe Abbildung 8.6), die die entsprechenden Einträge innerhalb des Contextual-Navigation-Panels darstellen.

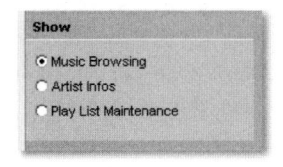

Abbildung 8.6 Bereitgestellte Perspektiven

In Kapitel 3 haben wir Ihnen die Empfehlung gegeben, den Interface-Controller einer Web-Dynpro-Komponente so schlank wie möglich zu halten. Insbesondere sollten Sie darauf achten, keinerlei Context-Knoten-

Definition der Context-Knotenelemente

elemente innerhalb des Interface-Controllers zu erzeugen. Genau dieser Vorgabe genügen wir bei der Implementierung der `BookPerspectivesComp`-Komponente: Der Interface-Controller mappt auf die im Component-Controller definierten Knotenelemente, wie Abbildung 8.7 zeigt.

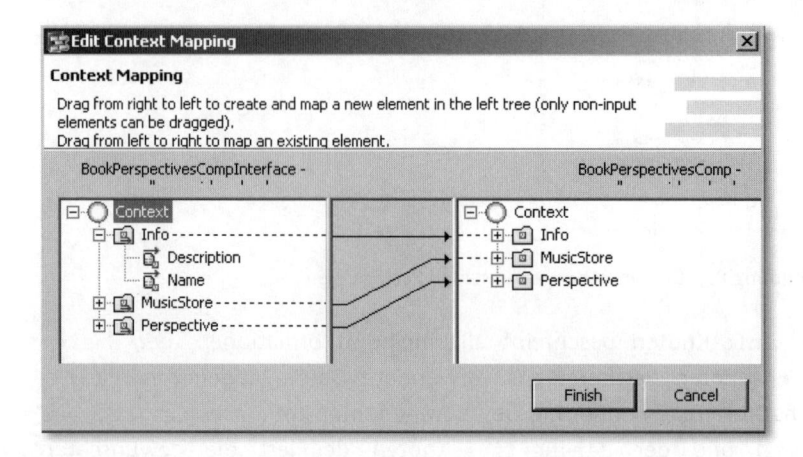

Abbildung 8.7 Mapping zwischen Interface-Controller und Component-Controller

Auswahl der definierten Perspektiven

Die innerhalb der MusicBox verwendeten Perspektiven werden über die entsprechende Implementierung des Komponenten-Interfaces `PerspectiveConfigurationCompI` bestimmt. Da die `MusicBoxComp`-Komponente die zentrale Komponente der Web-Dynpro-MusicBox darstellt, die alle eingebetteten Komponenten verwaltet, ermitteln wir bei der Initialisierung von `MusicBoxComp` die gewünschten Perspektiven innerhalb der Methode `wdDoInit()` des Component-Controllers, wie Listing 8.1 zeigt.

```
String deployableObjectName = null;
String componentName = null;

// Einlesen der Perspektiven-Konfiguration
try {
  IWDConfiguration perspectiveConfig =
    WDConfiguration.getConfigurationByName(
      "sap.com/tc~musicbox",
      "perspectives");
  deployableObjectName =
    perspectiveConfig.getStringEntry
      ("deployableObjectName");
  componentName =
    perspectiveConfig.
```

```
      getStringEntry("componentName");
} catch (Exception e) {
  wdComponentAPI.getMessageManager().reportException(
    "Failed to load configuration
      of used perspectives: "
      + e.getLocalizedMessage(),
    true);
}

// Erzeugen der Komponenten-Instanz für die Defintion
// der vorhandenen Perspektiven
wdThis.wdGetPerspectivesComponentUsage()
  .createComponent(
    componentName,
    deployableObjectName);

// Erzeugen der Komponenten-Instanz für den
// verwendeten Music Store
wdThis.wdGetMusicStoreComponentUsage()
  .createComponent(
    wdContext.currentMusicStoreElement().
      getComponentName(),
    wdContext.currentMusicStoreElement()
      .getDeployableObjectName());

wdContext.nodePerspective().setLeadSelection(0);
initPerspective(wdContext.currentPerspectiveElement());
```

Listing 8.1 Bestimmung der Perspektiven

Die verwendete Implementierung des Komponenten-Interfaces `PerspectiveConfigurationCompI` bestimmen wir über den Service `WDConfiguration`. Ihre eigene Implementierung können Sie mithilfe des Visual Administrators jederzeit einbinden. Abbildung 8.8 zeigt die von uns vorgegebenen Einstellungen, in denen wir die Verwendung der Komponente `BookPerspectivesComp` definieren.

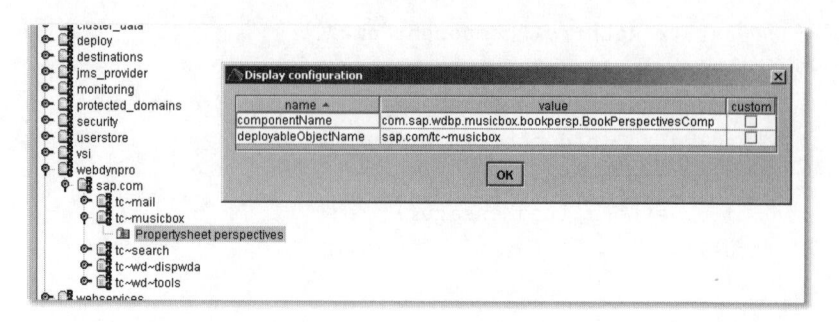

Abbildung 8.8 Definition der verwendeten Implementierung PerspectiveConfigurationCompI

Nachdem wir nun die verwendeten Komponenten-Interfaces beschrieben und die dadurch möglichen Konfigurationen innerhalb der Web-Dynpro-MusicBox aufgezeigt haben, wollen wir uns im nächsten Abschnitt mit den Aufgaben und der Realisierung der Komponente MusicBoxComp beschäftigen.

8.3 Web-Dynpro-Komponente MusicBoxComp

Die Komponente MusicBoxComp stellt die zentrale Web-Dynpro-Komponente der MusicBox dar. Dementsprechend dient sie auch als Root-Component der Web-Dynpro-Applikation MusicBoxApp, über die Sie die Web-Dynpro-MusicBox starten. Die Hauptaufgaben der MusicBoxComp-Komponente sind die folgenden:

▶ Instanziierung der gewünschten Perspektiven

▶ Erzeugen des konfigurierten Daten-Models

▶ Erzeugen und Verwalten der einzelnen Komponenteninstanzen, die für die Realisierung der verschiedenen Detail-Viewer nötig sind. Jede dieser Komponenteninstanzen muss mit dem entsprechenden Daten-Model versorgt werden, darüber hinaus werden die benötigten Daten aus der Portal-Personalisierung abgeglichen.

▶ Erzeugen des gewünschten Layouts, in dem die Detail-Viewer einer Perspektive angezeigt werden sollen

Bitte beachten Sie an dieser Stelle, dass die Komponente MusicBoxComp damit vor allem für die Verwaltung der eingebetteten Komponenten verantwortlich ist – die eigentliche Logik der MusicBox ist in eben diesen eingebetteten Komponenten realisiert. Das Design der Komponente MusicBoxComp kann daher auch ohne große Schwierigkeiten in ganz anderen Szenarien eingesetzt werden.

Beispielsweise sind die Employee Self-Services innerhalb von mySAP ERP 2004 genau nach dem gleichen Muster realisiert: Die Verwaltung der einzelnen Bestandteile der Anwendung, die komplett aus Web-Dynpro-Komponenten zusammengesetzt ist, übernimmt eine zentrale Komponente, die selbst keinerlei Applikationslogik enthält.

8.3.1 Grundsätzliche Strukturierung

Abbildung 8.9 zeigt die grundsätzliche Strukturierung der Komponente `MusicBoxComp` im Web Dynpro Data Modeler.

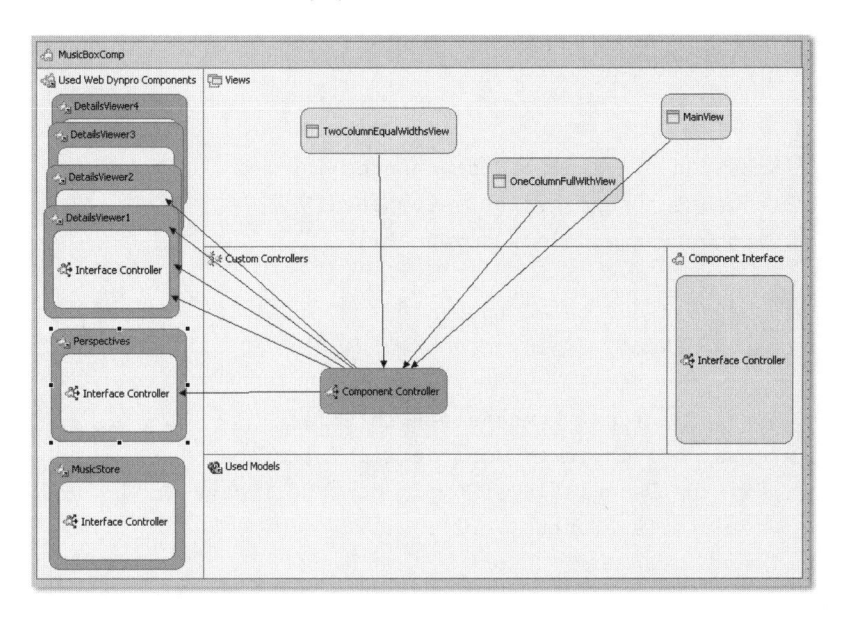

Abbildung 8.9 Bestandteile der Komponente MusicBoxComp

Auffallend sind die zahlreichen Component-Usages, über die die `MusicBoxComp`-Komponente die einzelnen Bestandteile der MusicBox erzeugen und kontrollieren kann. Die Component-Usage `MusicStore` stellt dabei das verwendete Daten-Model bereit und die Component-Usage `Perspectives` bzw. die darüber instanziierte Komponente liefert die Definition der einzelnen Perspektiven. In Abschnitt 8.2.3 haben wir besprochen, wie die `MusicBoxComp`-Komponente die dazu nötigen Komponenteninstanzen erzeugt.

Verwendete Component-Usages

Obwohl die `MusicBoxComp`-Komponente theoretisch eine beliebige Anzahl von Detail-Viewern verwalten könnte, haben wir uns aus Gründen der Einfachheit bei der Anzahl der möglichen Detail-Viewer einer Perspektive auf vier beschränkt. Über die entsprechenden Component-Usa-

Anzahl der möglichen Detail-Viewer

ges `DetailsViewer1` bis `DetailsViewer4` erzeugt die `MusicBoxComp`-Komponente innerhalb der Methode `initDetailViewer()` die benötigten Komponenteninstanzen und versorgt diese mit dem entsprechenden Daten-Model, wie Listing 8.2 zeigt.

```
// Ermittlung der benötigten Component-Usage
IWDComponentUsage componentUsage =
  getComponentUsage(index + 1);
if (componentUsage == null) {
  throw new WDRuntimeException(
    "Failed to get component usage for index: "
      + index);
}

// Erzeugen einer neuen Komponenten-Instanz
if (componentUsage.hasActiveComponent()) {
  componentUsage.deleteComponent();
}
componentUsage.createComponent(
  componentName, deployableObjectName);

// Zugriff auf das Komponenten-Interface
IExternalDetailsViewerCompI detailsInterface =
  (IExternalDetailsViewerCompI) componentUsage.
    getInterfaceController();

// Zuweisung des verwendeten Music Stores
detailsInterface.setMusicStore(
  wdThis.wdGetMusicStoreComponentUsage());

// Initialisirung der Personalisierung
IWDNode persDataRoot =
  detailsInterface.initPersonalization();

if ((persDataRoot != null)) {
  p13NHelper.updatePersonalization(
    persDataRoot,
    true,
    wdComponentAPI.getMessageManager());
}
```

```
IWDNode node =
  wdContext.nodeContent().getChildNode(
    "DetailsViewer" + (index + 1), 0);
node.getCurrentElement().setAttributeValue(
  "Title",
  detailsInterface.getTitle());

node.getCurrentElement().setAttributeValue(
  "IsActive", Boolean.TRUE);
```

Listing 8.2 Methode initDetailViewer()

Erwähnenswert ist hierbei der Zugriff auf das Komponenten-Interface `IExternalDetailsViewerCompI`, über das Sie einen typisierten Zugriff auf die erzeugte Komponenteninstanz haben, ohne die konkrete Implementierung zu kennen.

Durch die Beschränkung der Anzahl der möglichen Detail-Viewer können wir innerhalb der Komponente `MusicBoxComp` die entsprechende Anzahl an benötigten Component-Usages deklarieren.

Dynamisches Erzeugen von Component-Usages

> **Tipp**
>
> Grundsätzlich bietet das Web-Dynpro-Programmiermodell zwar auch die Möglichkeit – ähnlich wie beim dynamisch erzeugten User-Interface –, die verwendeten Component-Usages dynamisch zu erzeugen. Wir wollen dies aber an dieser Stelle *nicht* empfehlen, da spätestens beim Einbetten der entsprechenden Interface-Views in die dafür benötigten `IWDViewUIContainer`-UI-Elemente ein komplett dynamischer Ansatz zu mehr oder weniger kryptischem Code führt.

Wie das Beispiel der Web-Dynpro-MusicBox zeigt, können Sie auch mit einer beschränkten und deklarierten Anzahl von Component-Usages (und den damit verbundenen Möglichkeiten der deklarativen Verwendung dieser Component-Usages innerhalb Ihrer Web-Dynpro-Anwendung) sehr flexible und anpassungsfähige Anwendungen realisieren.

8.3.2 Bereitstellung des Daten-Models

Wie wir in Listing 8.2 gesehen haben, weist die `MusicBoxComp`-Komponente jedem erzeugten Detail-Viewer über die Methode `setMusicbox()` des Komponenten-Interfaces `IExternalDetailsViewerCompI` das verwendete Daten-Model zu. Die Methode `setMusicbox()` erhält dazu eine Referenz der Component-Usage `MusicStore`, die auf die zuvor erzeugte Komponenteninstanz verweist. Innerhalb eines Detail-Viewers wird diese Component-Usage über die Methode `enterReferencingMode()` angesprochen.

Listing 8.3 zeigt beispielhaft die Implementierung der `setMusicStore()`-Methode im Component-Controller der Komponente `SearchComp`, die den `Search`-Detail-Viewer implementiert.

```
wdThis.wdGetMusicStoreComponentUsage()
  .enterReferencingMode(musicStore);
```

Listing 8.3 Methode setMusicStore()

In Abschnitt 8.4 werden wir ausführlicher auf die Implementierung eines Detail-Viewers eingehen. An dieser Stelle wollen wir es bei dem Hinweis belassen, dass durch die Referenzierung der übergebenen Component-Usage die damit verknüpfte Komponenteninstanz in beiden Komponenten, `MusicBoxComp` und `SearchComp`, verwendet wird.

Definition der Sichtbarkeit eines Detail-Viewers

Obwohl wir die Anzahl der Detail-Viewer fest definieren, wollen wir abhängig von der gewählten Perspektive nicht automatisch alle vier möglichen Detail-Viewer anzeigen. Wir definieren hierzu im Component-Controller-Context der `MusicBoxComp`-Komponente einen Context-Knoten für jeden Detail-Viewer. Abbildung 8.10 zeigt die Definition der Context-Knoten `DetailsViewer1` bis `DetailsViewer4`, über deren Attribute **Visibility** und **Title** wir die Sichtbarkeit bzw. den angezeigten Titel der einzelnen Detail-Viewer bestimmen.

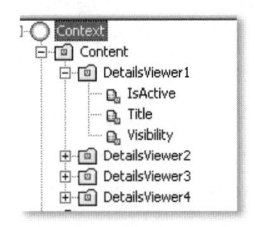

Abbildung 8.10 Content-Context-Knoten

Wie wir in Listing 8.2 gesehen haben, setzt die `MusicBoxComp`-Komponente für jeden definierten Detail-Viewer einer Perspektive das isActive-Attribut auf **true**. Den Wert des **Visibility**-Attributs berechnen wir basierend auf diesem Wert beispielsweise in der Methode `getDetailsViewer1Visibility()` (siehe Listing 8.4).

```
return element.getIsActive()
  && wdContext.currentShowDetailViewer1Element().getValue()
  ? WDVisibility.VISIBLE
  : WDVisibility.NONE;
```

Listing 8.4 Berechnung der Sichtbarkeit eines Detail-Viewers

Neben dem Wert des `IsActive`-Attributs berücksichtigen wir über den `ShowDetailViewer1`-Knoten auch, ob der Benutzer den entsprechenden Detail-Viewer über die Portal-Personalisierung ein- bzw. ausgeblendet hat. In Kapitel 8.5 gehen wir ausführlicher auf die Benutzung der Portal-Personalisierung innerhalb der Web-Dynpro-MusicBox ein.

8.3.3 Definition des Layouts

Neben der Verwaltung der in den letzten beiden Abschnitten vorgestellten Component-Usages sorgt die Komponente `MusicBoxComp` auch für die gewünschte Darstellung der vorhandenen Detail-Viewer. Dabei werden die unterschiedlichen Layouts über unterschiedliche Web-Dynpro-Views definiert, die alle in den Web-Dynpro-View `MainView` über ein `IWDViewUIContainer`-UI-Element eingebettet sind.

Abbildung 8.11 zeigt die so genannte *View-Composition* der Komponente `MusicBoxComp`, die die Strukturierung der unterschiedlichen Views und die Navigation zwischen den einzelnen Views veranschaulicht.

Verwendete View-Composition

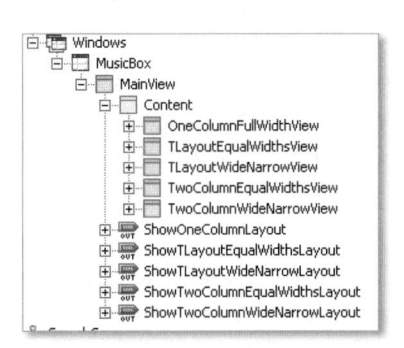

Abbildung 8.11 View-Composition der Komponente MusicBoxComp

Jedes Layout wird über einen bestimmten Web-Dynpro-View realisiert. Der `MainView`-View kann zwischen diesen Layouts über das Rufen des entsprechenden Outbound-Plugs wechseln. Der Outbound-Plug `ShowTwoColumnEqualWidthsLayout` zeigt beispielsweise den View `TwoColumnEqualWidthsView` an.

Liste der definierten Layouts

Die Liste der verfügbaren Layouts definieren wir über den Simple-Type `Layout`, den wir ebenfalls in der `tc~musicbox`-Entwicklungskomponente anlegen. Durch die Verwendung von Simple-Types können Sie analog zum Data Dictionary auch für Web-Dynpro-Anwendungen beliebige Typen definieren, und dabei beispielsweise auch eine gültige Wertemenge vorgeben (siehe Abschnitt 8.4.2).

Realisierung eines Layouts

Wie schon erwähnt, realisieren wir jedes Layout über einen speziellen Web-Dynpro-View. Abbildung 8.12 zeigt beispielhaft den View `TwoColumnEqualWidthsView` innerhalb des View Designers. Die maximalen vier Detail-Viewer werden dabei mithilfe von vier `IWDViewUIContainer`-UI-Elementen eingebunden.

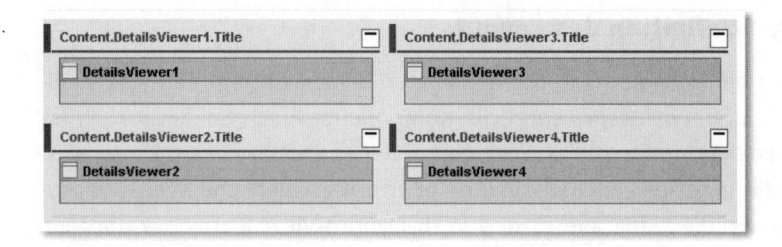

Abbildung 8.12 Web-Dynpro-View TwoColumnEqualWidthsView

Vordefinierte Liste von Layouts

Die Realisierung der unterschiedlichen Layouts über eine Liste von fest vordefinierten Web-Dynpro-Views schränkt natürlich die Erweiterbarkeit der Web-Dynpro-MusicBox bezüglich der möglichen Layouts ein. Im Gegensatz zum verwendeten Daten-Model oder den angezeigten Detail-Viewern haben wir an dieser Stelle darauf verzichtet, auch die angezeigten Layouts über ein spezielles Komponenten-Interface zu abstrahieren. Das liegt vor allem an einer Einschränkung des Web-Dynpro-Programmiermodells, die aber mit dem nächsten Release von SAP NetWeaver aufgehoben sein wird.

Steuerung der Sichtbarkeit

Im letzten Abschnitt haben wir beschrieben, wie die einzelnen Detail-Viewer abhängig von der gewählten Perspektive sichtbar gemacht werden. Um den dort berechneten Wert des entsprechenden **Visibility**-Attributs in einem Layout zu verwenden, mappen wir die entsprechenden Attribute vom Component-Controller der `MusicBoxComp`-Komponente in den jeweiligen View-Controller.

Im View Designer binden wir die **visible**-Eigenschaft der jeweiligen `IWDTray`-UI-Elemente dann gegen das entsprechende **Visibility**-Attribut des Context-Knotens `DetailsViewers<i>`. Abbildung 8.13 zeigt dies beispielhaft für den Knoten `DetailsViewers1`.

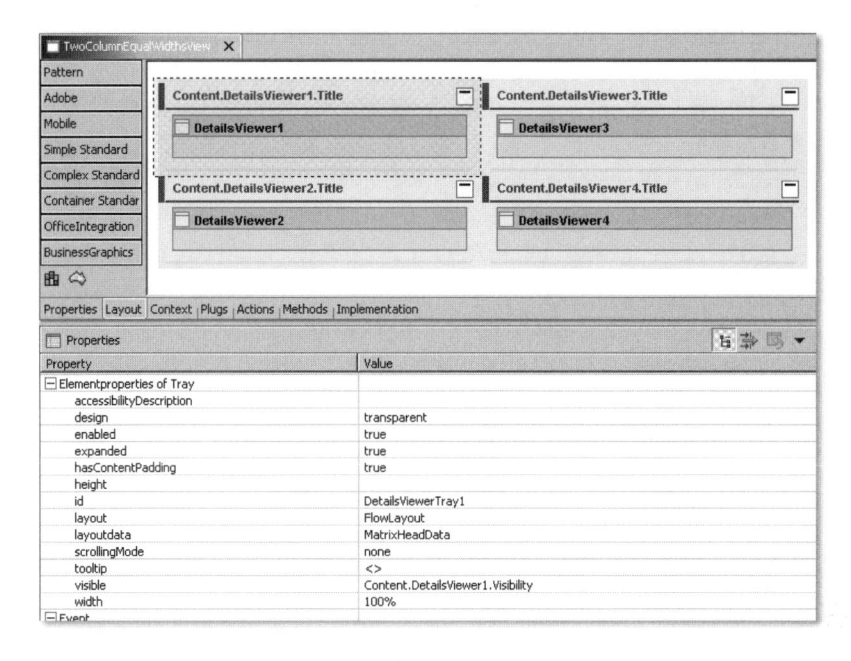

Abbildung 8.13 Steuerung der Sichtbarkeit eines Detail-Viewers

Neben der Einbettung des gewünschten Layouts übernimmt der `Main-View`-View auch die Anzeige des in Abbildung 8.14 dargestellten Headers. Neben dem Namen der aktuell gewählten Perspektive erlaubt dieser auch die Auswahl des gewünschten Layouts.

Wechseln des Layouts

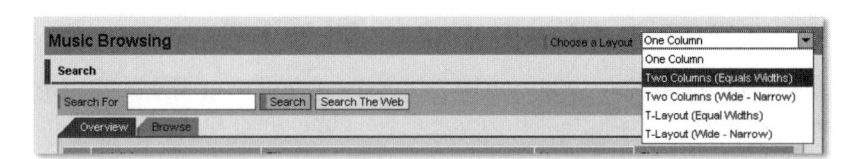

Abbildung 8.14 Auswahl des gewünschten Layouts

Das gewählte Layout wird innerhalb der Methode `setLayout()` des View-Controllers des `MainView`-Views gewählt (siehe Listing 8.5).

```
private void setLayout() {
  String layout = wdContext.currentLayoutElement()
.getValue();

  if (layout.equals("ONE_COLUMN")) {
    wdThis.wdFirePlugShowOneColumnLayout();
  } else if (layout.equals("TWO_COLUMNS_EQUAL_WIDTHS")) {
```

```
          wdThis.wdFirePlugShowTwoColumnEqualWidthsLayout();
        } else if (layout.equals("TWO_COLUMNS_WIDE_NARROW")) {
          wdThis.wdFirePlugShowTwoColumnWideNarrowLayout();
        } else if (layout.equals("T_LAYOUT_EQUAL_WIDTHS")) {
          wdThis.wdFirePlugShowTLayoutEqualWidthsLayout();
        } else if (layout.equals("T_LAYOUT_WIDE_NARROW")) {
          wdThis.wdFirePlugShowTLayoutWideNarrowLayout();
        } else {
          wdComponentAPI.getMessageManager().
            reportException("Unknown layout '" + layout
              + "'",
            true);
        }
      }
```

Listing 8.5 Auswahl des gewählten Layouts

Abhängig vom aktuell gewählten Layout wird über den entsprechenden Outbound-Plug das gewünschte Layout angezeigt. Da die unterschiedlichen Web-Dynpro-Views, mit deren Hilfe wir die unterschiedlichen Layouts realisieren, letztendlich die immer gleichen Interface-Views der gleichen Component-Usages verwenden, werden auch beim Wechseln der Layouts die gleichen (Komponenten-)Instanzen der Detail-Viewer verwendet.

8.4 Implementierung eines Detail-Viewers

Innerhalb dieses Abschnitts wollen wir anhand des Cover-Detail-Viewers die wichtigsten Schritte beschreiben, die nötig sind, um einen Detail-Viewer zu implementieren, der später in der Web-Dynpro-MusicBox verwendet werden kann.

Angebotene Funktionalität Der Cover-Detail-Viewer zeigt das Cover einer ausgewählten CD an. Ist zu der gewählten CD kein Cover vorhanden, kann der Benutzer das gewählte Cover über die File-Upload-Funktionalität von Web Dynpro laden. Abbildung 8.15 zeigt den Cover-Detail-Viewer.

Abbildung 8.15 Cover-Detail-Viewer

8.4.1 Web-Dynpro-Komponente CoverComp

Wir implementieren den Cover-Detail-Viewer innerhalb der Web-Dynpro-Komponente CoverComp, die wir wie alle von uns bereitgestellten Detail-Viewer in der Entwicklungskomponente tc~musicbox zusammenfassen. Nachdem Sie die CoverComp-Komponente erfolgreich angelegt haben, definieren Sie über den Kontextmenüeintrag **Add** des Knotens Implemented Interfaces das benötigte Komponenten-Interface (siehe Abbildung 8.16).

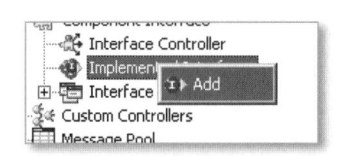

Abbildung 8.16 Hinzufügen einer Komponenten-Interface-Implementierung

Wie in Abschnitt 8.2.2 beschrieben, werden alle Detail-Viewer über das Komponenten-Interface DetailsViewerCompI beschrieben. Wir wählen dieses Interface im folgenden Dialog (siehe Abbildung 8.17). Der Dialog enthält im Übrigen die Liste aller lokalen Komponenten-Interfaces – also derjenigen Interfaces, die im aktuellen Web-Dynpro-Projekt bzw. der aktuellen Entwicklungskomponente definiert sind – sowie alle Komponenten-Interfaces, die über die referenzierten Public Parts verfügbar sind.

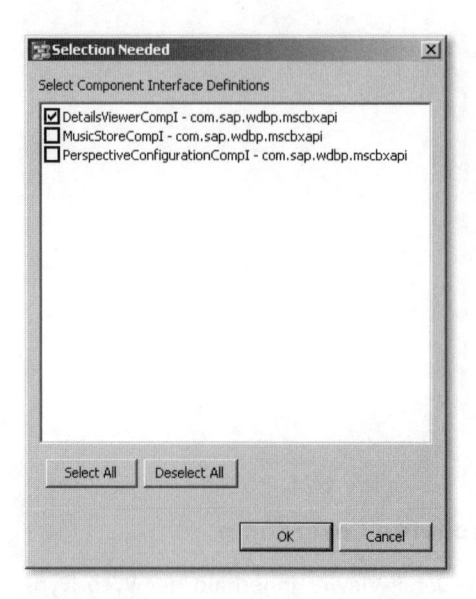

Abbildung 8.17 Auswahl des Komponenten-Interfaces DetailsViewerCompI

Löschen von Windows

Nach einem Klick auf **OK** werden die durch das Komponenten-Interface DetailsViewerCompI vorgegebenen Methoden und Events sowie der Interface-View DetailsInterfaceView automatisch erzeugt. Das beim Anlegen der CoverComp-Komponente automatisch angelegte Window CoverComp kann nun gelöscht werden, da wir das UI über das Details-Window bereitstellen wollen (siehe Abbildung 8.18). Durch das Löschen des CoverComp-Windows wird automatisch auch der entsprechende Interface-View CoverCompInterfaceView gelöscht.

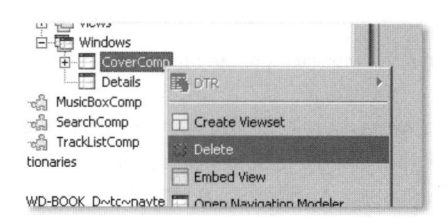

Abbildung 8.18 Löschen des Windows CoverComp

Nachdem Sie nun den CoverComp-View angelegt haben, betten Sie diesen über den Kontextmenüeintrag **Embed View** des Details-Windows in dieses Window ein (siehe Abbildung 8.19).

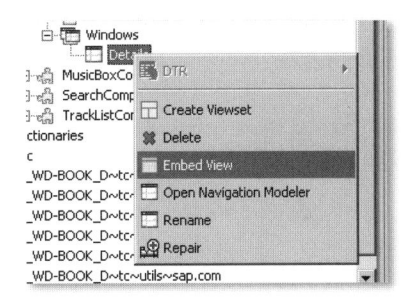

Abbildung 8.19 Einbetten des Views CoverView

Im nächsten Schritt müssen Sie die über das Komponenten-Interface `DetailsViewerCompI` vorgegebenen Methoden und Events implementieren. Wie in allen Beispielen in diesem Buch wollen wir den Interface-Controller einer Komponente so schlank wie möglich halten und definieren daher die im Interface-Controller definierten Methoden 1:1 im Component-Controller der `CoverComp`-Komponente (siehe Abbildung 8.20) und delegieren die Methodenaufrufe im Interface-Controller an die entsprechenden Methoden im Component-Controller.

Implementierung der Komponenten-Interface-Methoden

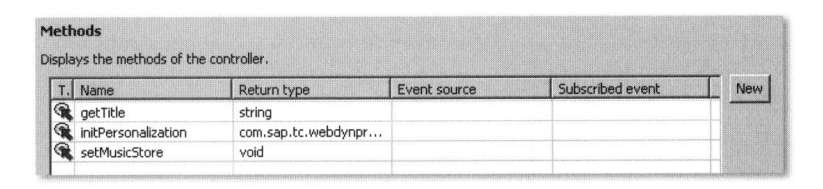

Abbildung 8.20 Vorgegebene Methoden

Das vorgegebene Daten-Model, das der `CoverComp`-Komponente über die `setMusicStore()`-Methode übergeben wird, soll nun über eine entsprechende Component-Usage verwaltet werden. Wir erzeugen die benötigte Component-Usage über den Kontextmenüeintrag **Add Used Component** des Knotens `Used Web Dynpro Components` im Web Dynpro Explorer (siehe Abbildung 8.21).

Erzeugen der Component-Usage MusicStore

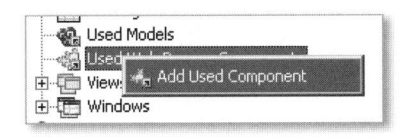

Abbildung 8.21 Erzeugen einer Component-Usage

Im folgenden Dialog wählen wir das Komponenten-Interface `MusicStoreCompI`, da wir auch innerhalb der `CoverComp`-Komponente keine

Implementierung eines Detail-Viewers

direkte Abhängigkeit zu einer konkreten Implementierung des Daten-Models definieren wollen (siehe Abbildung 8.22).

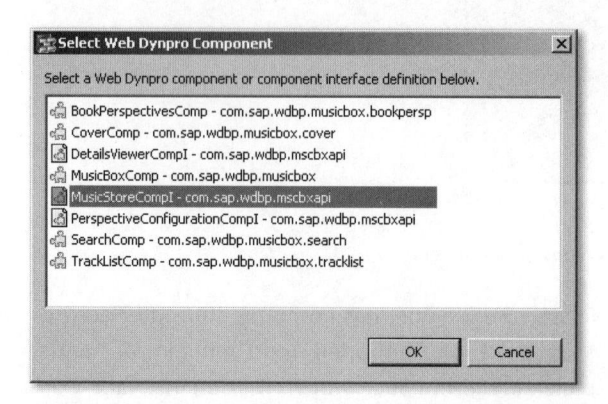

Abbildung 8.22 Auswahl des Komponenten-Interfaces MusicStoreCompI

Referencing Mode für Component-Usages

Wie wir in Abschnitt 8.2.2 gesehen haben, wollen wir innerhalb der Komponenten, die die unterschiedlichen Detail-Viewer realisieren, die immer gleiche Instanz des Daten-Models (das auch über eine Komponente realisiert ist) verwenden. Dadurch stellen wir sicher, dass alle beteiligten Detail-Viewer auf den gleichen Daten arbeiten, und dass die Auswahl einer bestimmten CD beispielsweise innerhalb des Search-Detail-Viewers automatisch zu einer Aktualisierung aller anderen Detail-Viewer führt. In Listing 8.3 wurde die setMusicStore()-Methode innerhalb des Component-Controllers implementiert, die für alle Komponenten, die einen Detail-Viewer realisieren, die gleiche ist.

8.4.2 Definition der Cover-Größe

Innerhalb des Cover-Detail-Viewers wollen wir das angezeigte Cover in insgesamt drei unterschiedlichen Größen anzeigen, der Benutzer kann die gewünschte Größe später über die Portal-Personalisierung wählen. Die möglichen Größen definieren wir über einen speziellen CoverSize Simple-Type, den wir über den Kontextmenüeintrag **Create Simple Type** erzeugen (siehe Abbildung 8.23).

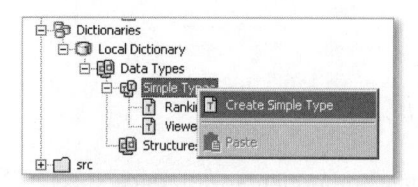

Abbildung 8.23 Anlegen eines neuen Simple-Types

Im folgenden Dialog definieren wir die insgesamt drei möglichen Größenangaben: **SMALL**, **MEDIUM** und **LARGE** (siehe Abbildung 8.24).

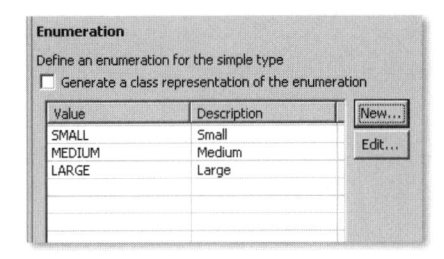

Abbildung 8.24 Definition der möglichen Bildgrößen

In Abschnitt 8.5.3 beschreiben wir detailliert, wie Sie innerhalb Ihrer Web-Dynpro-Anwendung anwendungsspezifische iView-Eigenschaften definieren können. Innerhalb der `CoverComp`-Komponente definieren wir nur die iView-Eigenschaft **Size** über den entsprechenden `Size`-Context-Knoten. Ohne den in Abschnitt 8.5.3 ausgeführten Details vorgreifen zu wollen, haben Sie über das **Value**-Attribut des `Size`-Knotens Zugriff auf den eingestellten Wert der gewünschten Cover-Größe. Um diesen im `CoverView`-View verwenden zu können, genügt ein herkömmliches Mapping zwischen dem View-Controller-Context und dem Component-Controller-Context (siehe Abbildung 8.25).

Zugriff auf iView-Eigenschaft

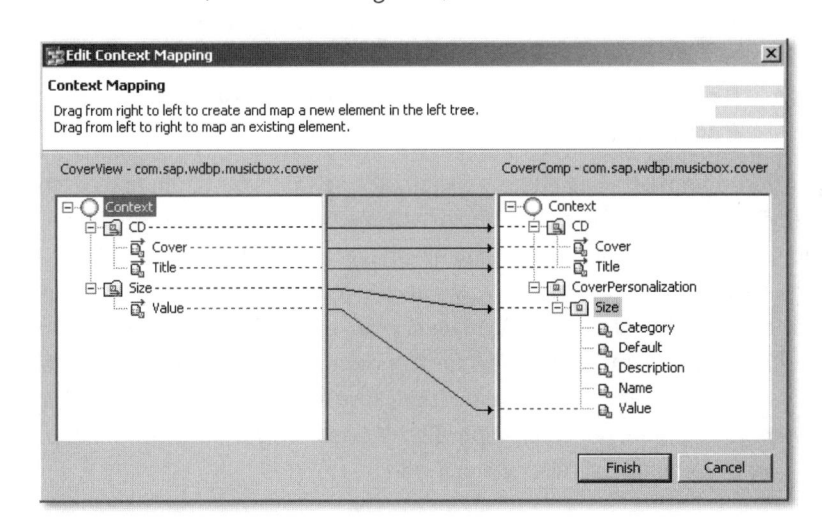

Abbildung 8.25 Benötigte Context-Mappings

Neben dem Mapping des Attributs **Value** des `Size`-Knotens hat der View `CoverView` über das entsprechende Mapping auf den `CD`-Knoten Zugriff auf die aktuell gewählte CD. Auch an dieser Stelle mappen wir nur exakt die Attribute, die im View auch wirklich verwendet werden. Die folgende Abbildung 8.26 zeigt die eben definierte Eigenschaft **Cover Size** innerhalb des iView Editors. Wie Sie sehen, werden die über den Simple-Type CoverSize definierten Werte automatisch übernommen.

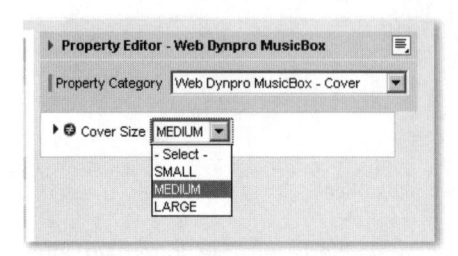

Abbildung 8.26 Auswahl der Bildgröße im iView Editor

Nachdem wir uns in den letzten Abschnitten mit den Web-Dynpro-spezifischen Aspekten der Web-Dynpro-MusicBox beschäftigt haben, wollen wir nun auf die erweiterten Möglichkeiten eingehen, die Ihnen zur Verfügung stehen, wenn Sie Ihre Web-Dynpro-Anwendung innerhalb des SAP NetWeaver Portal starten. Wir gehen dabei insbesondere auf die Einbindung der Portal-Personalisierung ein.

8.5 Anpassung von Web-Dynpro-iViews

8.5.1 Rollenspezifische Anpassungen vs. Benutzer-Personalisierung

Role-Specific Customization
Wie wir in Kapitel 5 besprochen haben, können die von Ihnen erzeugten Web-Dynpro-iViews in beliebige Portal Pages, Worksets oder Rollen eingebettet werden. Über die so genannten *Delta-Links* können Sie jede Eigenschaft Ihres Web-Dynpro-iViews an die jeweilige Verwendung innerhalb einer Portal Page, eines Worksets oder einer Rolle anpassen. Diese Änderungen sind immer für *alle* Benutzer der entsprechenden Rolle sichtbar, sie werden daher auch *rollenspezifische Anpassungen (Role-Specific Customization)* genannt. Rollenspezifische Anpassungen für iViews führen Sie immer mithilfe des iView Editors durch.

End-User Personalization
Im Gegensatz zu den rollenspezifischen Anpassungen kann jeder Benutzer über die entsprechenden **Personalize**-Einträge in der Top-Level-Navigation im SAP NetWeaver Portal bzw. den Tray-Menüs jedes iViews oder jeder Portal Page benutzerspezifische Anpassungen vornehmen. Diese Anpassungen beziehen sich immer nur genau auf den einzelnen Benutzer.

Wir sprechen daher hier von der so genannten *Benutzer-Personalisierung* (*End-User Personalization*). Die Benutzer-Personalisierung für einen iView wird immer über den so genannten *Personalisierungsdialog* bestimmt, der nach Auswahl des **Personalize**-Eintrags im iView Tray erscheint.

Rollenspezifische Anpassungen und Benutzer-Personalisierung ergänzen sich hierbei auf natürliche Weise. Beispielsweise sind alle Anpassungen eines Web-Dynpro-iViews für eine bestimmte Rolle natürlich für alle Benutzer sichtbar, die dieser Rolle zugeordnet sind. Die Änderungen aus der Benutzer-Personalisierung werden zusätzlich pro Benutzer verwaltet. Das Gesamtverhalten eines Web-Dynpro-iViews wird daher durch die Summe der rollenspezifischen Anpassungen und der Benutzer-Personalisierung bestimmt. Im Folgenden wollen wir die Möglichkeiten der rollenspezifischen Anpassungen und der Benutzer-Personalisierung zusammen als *Portal-Personalisierung* beschreiben.

Zusammenspiel

Solange sich Ihre gewünschten Anpassungen nur auf die standardmäßigen iView-Eigenschaften wie beispielsweise Titel, Größe oder Darstellung des iView Trays beziehen, können Sie diese problemlos mithilfe des iView Editors einstellen (siehe Kapitel 5). Darüber hinaus haben Sie durch die Verwendung der ebenfalls in Kapitel 5 beschriebenen URL-Template-Variablen innerhalb Ihrer Web-Dynpro-Anwendung Zugriff auf jede beliebige iView-Eigenschaft.

Standardmäßige iView-Eigenschaften

Wir wollen anhand der Web-Dynpro-MusicBox aber anwendungsspezifische iView-Eigenschaften definieren, die Sie dann für rollenspezifische Anpassungen und/oder die Benutzer-Personalisierung verwenden können. Beispielsweise wollen wir das voreingestellte Layout, in dem die unterschiedlichen Detail-Viewer angezeigt werden sollen, über die Möglichkeiten der Portal-Personalisierung anpassungsfähig machen. In den folgenden Abschnitten werden wir die dazu nötigen Schritte beschreiben.

Anwendungsspezifische Erweiterungen

8.5.2 Einbinden des Public Parts P13NUtils

Alle Beispiele innerhalb dieses Buches haben über den Public Part Utils der Entwicklungskomponente tc~utils Zugriff auf verschiedene Java-Klassen, die unter anderem die Sortierung von Tabellen oder die Encodierung von Übergabeparametern erlauben. Die für die Portal-Personalisierung nötigen Java-Klassen und Web-Dynpro-Entitäten definieren wir analog dazu in der Entwicklungskomponente tc~p13nmng, auf die Sie über den Public Part P13NUtils zugreifen können.

Entwicklungskomponente tc~p13nmng

Die Entwicklungskomponente tc~p13nmng enthält neben diversen Java-Klassen auch die Web-Dynpro-Komponente P13NDialogContainer-

Comp, über die wir später einen Web-Dynpro-spezifischen Personalisierungsdialog realisieren werden (siehe Abschnitt 8.5.6).

In Kapitel 9 beschreiben wir anhand der Entwicklungskomponente tc~utils die Besonderheiten, die Sie bei der Definition von Web-Dynpro-Entwicklungskomponenten beachten sollten, die neben Web-Dynpro-Entitäten zusätzlich einzelne Java-Klassen enthalten. Diese Besonderheiten gelten analog auch für die Entwicklungskomponente tc~p13nmng.

Zugriff auf den Public Part P13NUtils
Um innerhalb der Web-Dynpro-MusicBox auf die bereitgestellten Java-Klassen zugreifen zu können, definieren Sie eine Referenz auf den Public Part P13NUtils (siehe Abbildung 8.27).

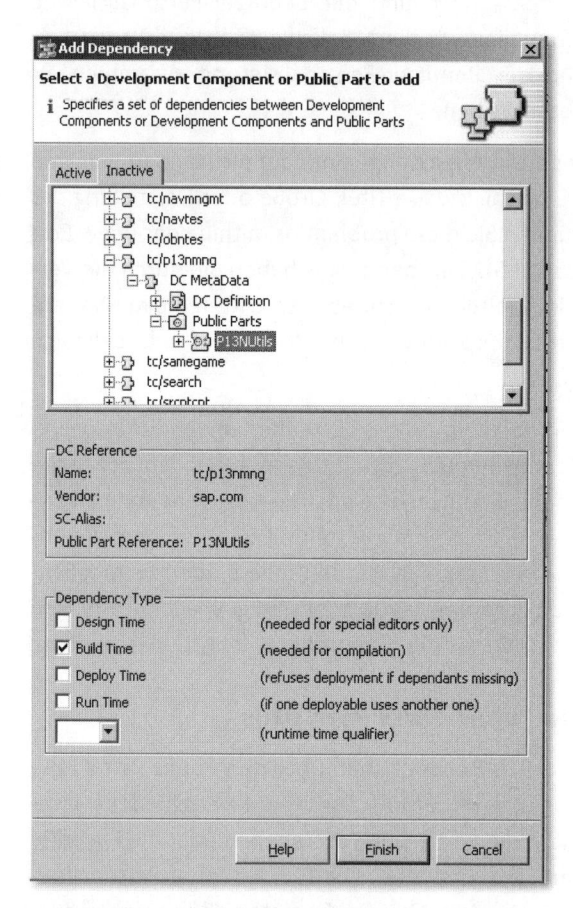

Abbildung 8.27 Auswahl des Public Parts P13NUtils

Dadurch haben Sie insbesondere auf die Java-Klasse `P13nHelper` Zugriff, die, wie wir in Abschnitt 8.5.4 sehen werden, eine zentrale Rolle für die Benutzung der Portal-Personalisierung spielen wird.

Java-Klasse P13nHelper

An dieser Stelle wollen wir Sie kurz auf mögliche Probleme bei der Verwendung von Public Parts hinweisen. Abbildung 8.28 zeigt einen Ausschnitt des **Deploy Output View** im SAP NetWeaver Developer Studio. Sobald beim Deployment Ihrer Web-Dynpro-Anwendung bzw. Web-Dynpro-Entwicklungskomponente Warnungen ausgegeben werden, hängt dies in den meisten Fällen damit zusammen, dass die deployte Entwicklungskomponente nicht korrekt gestartet werden kann. Dies wiederum geschieht typischerweise immer dann, wenn referenzierte Entwicklungskomponenten ebenfalls nicht korrekt gestartet oder gar nicht deployt sind. In Kapitel 10 gehen wir ausführlich auf die Möglichkeiten ein, diese Fehlersituation zu analysieren und dann (hoffentlich) zu lösen.

Warnungen beim Deployment

!	Time	Message
⚠	13:00:38	[004]Deployment finished with warning [more]
i	13:00:38	[004]Additional log information about the deployment [m

Abbildung 8.28 Problem beim Deployment einer Web-Dynpro-Entwicklungskomponente

8.5.3 Definition von anwendungsspezifischen iView-Eigenschaften

Bevor wir uns im nächsten Abschnitt mit den Laufzeitaspekten der Benutzung der Portal-Personalisierung innerhalb Ihrer Web-Dynpro-Anwendung beschäftigen, wollen wir in diesem Kapitel diskutieren, wie Sie die gewünschten iView-Eigenschaften innerhalb Ihrer Web-Dynpro-Anwendung definieren können.

Einen wesentlichen Aspekt stellen hierbei die so genannten *Meta-Attribute* dar, die Sie für jede iView-Eigenschaft definieren können. Mithilfe dieser Meta-Attribute bestimmen Sie beispielsweise den Titel, den Typ oder die Beschreibung einer iView-Eigenschaft. Der iView Editor beispielsweise benutzt diese Meta-Attribute, um eine typspezifische und korrekte Darstellung der unterschiedlichen iView-Eigenschaften sicherzustellen.

Bedeutung der Meta-Attribute einer iView-Eigenschaft

Abbildung 8.29 zeigt die Kategorie **Web Dynpro MusicBox - Search**, die neben mehreren Bool'schen Eigenschaften auch die Eigenschaft **Display Size** beinhaltet, für die eine vorgegebene Wertemenge definiert ist.

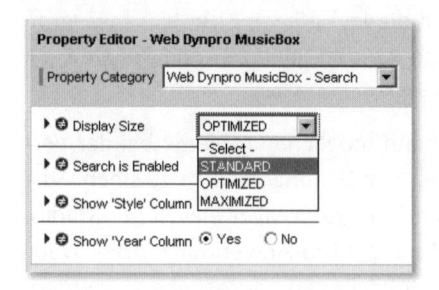

Abbildung 8.29 Search-Kategorie der Web-Dynpro-MusicBox

Änder- und Sichtbarkeit einer iView-Eigenschaft

Neben den oben erwähnten Meta-Attributen können Sie für jede iView-Eigenschaft bestimmen, ob und wie diese Eigenschaft innerhalb des iView Editors bzw. des Personalisierungsdialogs änder- bzw. sichtbar wird. Beispielsweise können Sie für eine iView-Eigenschaft definieren, dass sie nur innerhalb des iView Editors im Rahmen von rollenspezifischen Anpassungen sichtbar ist, oder dass die Eigenschaft im Personalisierungsdialog zwar sichtbar, aber nicht änderbar ist. Innerhalb des iView Editors können Sie dies zusätzlich beeinflussen, wie Abbildung 8.30 beispielhaft für die Eigenschaft **Display Size** zeigt.

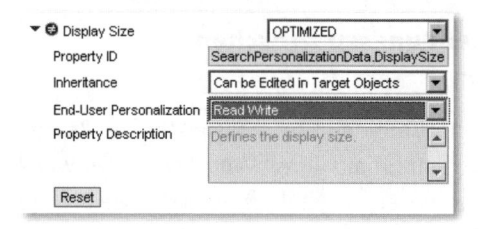

Abbildung 8.30 Definition der Änderbarkeit einer iView-Eigenschaft

Über das Meta-Attribut **Inheritance** können Sie definieren, ob die entsprechende Eigenschaft bei der Definition von zusätzlichen Delta-Links geändert werden kann. Das Meta-Attribut **End-User Personalization** bestimmt, ob die Eigenschaft im Personalisierungsdialog überhaupt nicht sichtbar wird (**Hidden**) bzw. ob sie änderbar ist oder nicht (**Read Write** oder **Read Only**).

Verwendung von Context-Knoten

Zugriff auf die iView-Eigenschaft

Neben der Definitionsmöglichkeit der benötigten Meta-Attribute wollen wir den konkreten Wert einer von uns definierten iView-Eigenschaft innerhalb unserer Web-Dynpro-Anwendung bzw. -Komponente auf einfache – und wenn möglich – deklarative Art und Weise ansprechen. Wir haben uns daher entschieden, jede iView-Eigenschaft über jeweils einen speziellen Context-Knoten zu definieren. Die benötigten Meta-Attribute bestimmen wir durch die Verwendung entsprechender Knotenattribute. Abbildung 8.31 veranschaulicht dies anhand der für den `Search`-Detail-Viewer definierten iView-Eigenschaften.

```
SearchPersonalizationData
    DisplaySize
        Category
        Default
        Description
        Inheritance
        Mode
        Name
        Value
    SearchIsEnabled
    ShowStyleColumn
    ShowYearColumn
```

Abbildung 8.31 Definition der Eigenschaft DisplaySize

Innerhalb des Component-Controller-Contexts der `SearchComp`-Komponente – die den `Search`-Detail-Viewer implementiert – definieren wir unterhalb des `SearchPersonalizationData`-Knotens für jede gewünschte iView-Eigenschaft einen Context-Knoten, dessen Knotenattribute die benötigten Meta-Attribute definieren. Die verschiedenen Knotenattribute beschreiben dabei die folgenden Meta-Attribute:

▶ Category

Über das **Category**-Attribut definieren Sie die gewünschte Kategorie, in der die Eigenschaft im iView Editor angezeigt werden soll. Wir empfehlen die Verwendung von anwendungsspezifischen Kategorien, um eine bessere Strukturierung der iView-Eigenschaften sicherzustellen.

Die Verwendung des **Category**-Attributs ist optional – definieren Sie für die iView-Eigenschaft keine spezielle Kategorie, wird diese in der Kategorie **Content - Web Dynpro** sichtbar.

▶ Default

Mithilfe des **Default**-Attributs definieren Sie den Default-Wert der iView-Eigenschaft. Sie sollten grundsätzlich für alle von Ihnen definierten iView-Eigenschaften sinnvolle Default-Werte bestimmen. Das **Default**-Attribut muss den gleichen Typ wie das **Value**-Attribut besitzen.

▶ Description

Mittels des **Description**-Attributs legen Sie den erklärenden Text der iView-Eigenschaft fest, der im iView Editor beispielsweise als Tooltip der iView-Eigenschaft erscheint.

▶ Inheritance

Das **Inheritance**-Attribut definiert ob die iView-Eigenschaft beim Anlegen neuer Delta-Links geändert werden kann oder nicht. Der Typ des **Inheritance**-Attributs wird vom Simple-Type `Inheritance` bestimmt, der die möglichen Werte **NON_FINAL** und **FINAL** definiert.

Das **Inheritance**-Attribut ist optional – definieren Sie für die iView-Eigenschaft kein **Inheritance**-Attribut, ist die iView-Eigenschaft beim Anlegen neuer Delta-Links änderbar.

Der Simple-Type `Inheritance` wird im Übrigen auch in der Entwicklungskomponente `tc~p13nmng` definiert und über den Public Part `P13NUtils` zur Verfügung gestellt.

▶ Mode

Mithilfe des **Mode**-Attributs bestimmen Sie die Sicht- und Änderbarkeit der iView-Eigenschaft im Personalisierungsdialog. Die möglichen Werte werden hierbei über den Simple-Type `P13NMode` bestimmt, den wir wie den Simple-Type `Inheritance` innerhalb der Entwicklungskomponente `tc~p13nmng` definieren.

Es sind die folgenden Werte möglich: Bei Verwendung von **HIDDEN** ist die iView-Eigenschaft im Personalisierungsdialog nicht sichtbar. Bei **READ_ONLY** wird die Eigenschaft nur angezeigt und bei **READ_WRITE** kann die entsprechende Eigenschaft vom Benutzer auch geändert werden.

▶ Name

Das **Name**-Attribut definiert den sichtbaren Namen der iView-Eigenschaft. Wie das **Description**-Attribut sollten Sie auch den Wert des **Name**-Attributs innerhalb des Message Pools der Komponente definieren, um sicherzustellen, dass der angezeigte Name der iView-Eigenschaft auch in unterschiedlichen Sprachen definiert werden kann.

▶ Value

Über das **Value**-Attribut greifen Sie innerhalb Ihrer Web-Dynpro-Anwendung auf den konkreten Wert der iView-Eigenschaft zu. Der über das **Default**-Attribut festgelegte Default-Wert wird hierbei automatisch übernommen, sobald die entsprechende iView-Eigenschaft nicht mithilfe der Portal-Personalisierung geändert wurde. Das **Value**-Attribut und das **Default**-Attribut müssen vom gleichen Typ sein.

Mögliche Typen   Grundsätzlich können Sie für das **Value**- und das **Default**-Attribut jeden beliebigen Java-Typ wie **string**, **integer** oder **boolean** wählen. Darüber hinaus können Sie auch beliebige Simple-Types benutzen, wenn Sie eine fest vorgegebene Wertemenge benutzen wollen.

- **Abbildung des boolean-Typs**

  Bei Verwendung des **boolean**-Typs wird die entsprechende iView-Eigenschaft mit den entsprechenden **Yes/No**-Optionen angezeigt (beispielsweise die Eigenschaft **Show Year Column** in Abbildung 8.30).

- **Abbildung des integer-Typs**

  Der **integer**-Typ wird im iView Editor bzw. im Personalisierungsdialog ebenfalls typisiert dargestellt, indem nur die Eingabe von Ganzzahlen möglich ist.

- **Abbildung von Simple-Types**

  Verwenden Sie Simple-Types mit einer vorgegebenen Wertemenge, wird diese Wertemenge ebenfalls für die iView-Eigenschaft übernommen (beispielsweise die Eigenschaft **Display Size** in Abbildung 8.30).

- **Sonstige Typen**

  Alle anderen Typen werden auf iView-Eigenschaften vom Typ **String** abgebildet. Der **long**-Typ beispielsweise wird im iView Editor oder im Personalisierungsdialog als iView-Eigenschaft vom Typ **string** dargestellt. Die typspezifischen und komfortablen Wertehilfen, die Sie aus Ihren Web-Dynpro-Anwendungen kennen, sind hierbei nicht verfügbar.

Wie wir aber in Abschnitt 8.5.6 sehen werden, können Sie bei der Definition Web-Dynpro-spezifischer Personalisierungsdialoge die vorhandenen typspezifischen Wertehilfen verwenden.

Definition der iView-Eigenschaft

Jede Web-Dynpro-Komponente, die einen Detail-Viewer realisiert, muss das Komponenten-Interface `DetailsViewerCompI` implementieren (siehe Abschnitt 8.2.2). Dabei spielt hinsichtlich der Einbindung der Portal-Personalisierung die `initPersonalization()`-Methode eine wesentliche Rolle. Innerhalb dieser Methode definieren Sie die gewünschten iView-Eigenschaften, indem Sie die im letzten Abschnitt vorgestellten Context-Knoten bzw. Knotattribute mit den gewünschten Werten füllen.

Methode initPersonalization()

Listing 8.6 zeigt beispielhaft die Definition der iView-Eigenschaft **Display Size** innerhalb des Component-Controllers der Komponente `SearchComp`. Wie erwähnt, sollten Sie dabei die Attribute **Name**, **Description** und **Category** über Texte definieren, die Sie im Message Pool der entsprechenden Komponente definieren.

```
wdContext.currentDisplaySizeElement()
  .setName(
    wdComponentAPI.getTextAccessor()
      .getText("DISPLAY_SIZE_TITLE"));

wdContext.currentDisplaySizeElement()
  .setDefault("STANDARD");

wdContext.currentDisplaySizeElement()
  .setDescription(
    wdComponentAPI.getTextAccessor()
      .getText("DISPLAY_SIZE_DESCRIPTION"));

wdContext.currentDisplaySizeElement()
  .setCategory(
    wdComponentAPI.getTextAccessor()
      .getText("SEARCH_CATEGORY"));

wdContext.currentDisplaySizeElement()
  .setInheritance("NON_FINAL");

wdContext.currentDisplaySizeElement()
  .setMode("READ_WRITE");
```

Listing 8.6 Definition der iView-Eigenschaft Display Size

Implementierung innerhalb des Component-Controllers
Da wir den Interface-Controller einer Web-Dynpro-Komponente so schlank wie möglich halten wollen, implementieren wir die eigentliche Methode initPersonalization() im Component-Controller, die entsprechende Methode im Interface-Controller ruft nur die Methode des Component-Controllers.

Sie definieren alle Context-Knoten, die die gewünschten iView-Eigenschaften beschreiben, unterhalb eines Vater-Knotens, den Sie am Ende der Methode initPersonalization() zurückgeben. Wie wir im nächsten Abschnitt besprechen werden, erhält die Java-Klasse P13nHelper über diesen Knoten Zugriff auf die definierten iView-Eigenschaften. Listing 8.7 zeigt die Rückgabe des SearchPersonalizationData-Knotens.

```
return wdContext.nodeSearchPersonalizationData();
```
Listing 8.7 Rückgabe des Knotens SearchPersonalizationData

Die in diesem Abschnitt vorgestellte Beschreibung der gewünschten iView-Eigenschaften ist nicht Teil des Web-Dynpro-Programmiermodells. Sie stellt aber die Konvention dar, über die wir innerhalb der Web-Dynpro-MusicBox die Benutzung der Portal-Personalisierung realisiert haben. Die `P13nHelper`-Java-Klasse in Abschnitt 8.5.4 baut ebenfalls auf dieser Konvention auf.

Konvention

Grundsätzlich stellt der beschriebene Ansatz aber nur eine mögliche Realisierung dar. Fühlen Sie sich eingeladen, diesen gegebenenfalls zu erweitern bzw. an Ihre Bedürfnisse anzupassen.

8.5.4 Java-Klasse P13nHelper

Nachdem wir beschrieben haben, wie Sie innerhalb Ihrer Web-Dynpro-Anwendung die gewünschten iView-Eigenschaften definieren, gehen wir nun auf die Verwendung der Java-Klasse `P13nHelper` ein, auf die Sie über den Public Part `P13NUtils` der Entwicklungskomponente `tc~p13nmng` zugreifen können.

Zugriff über den Public Part P13NUtils

Die Hauptaufgabe der Java-Klasse `P13nHelper` ist die Verknüpfung der im letzten Abschnitt definierten Context-Knoten mit den gewünschten iView-Eigenschaften, die im Portal Content Directory (PCD) abgespeichert werden (siehe Kapitel 5).

Wie wir in Abschnitt 8.3 besprochen haben, übernimmt die Komponente `MusicBoxComp` die Instanziierung der einzelnen Detail-Viewer. Im Zuge dieser Instanziierung werden auch die definierten iView-Eigenschaften des Detail-Viewers mit den im PCD gespeicherten Werten abgeglichen. Zuvor wird innerhalb der Methode `wdDoInit()` des Component-Controllers der `MusicBoxComp`-Komponente der benötigte `P13nHelper` erzeugt, wie Listing 8.8 zeigt.

```
iViewPath =
  WDWebContextAdapter.getWebContextAdapter()
    .getRequestParameter("iViewPath");
if (StringUtil.isEmpty(iViewPath)) {
  wdComponentAPI.getMessageManager().reportWarning(
    "Failed to get iView path.
      iView personalization is not be supported.");
} else {
```

```
       wdComponentAPI.getMessageManager().reportSuccess(
         "Used iView path is " + iViewPath);
     }
     p13NHelper = new P13nHelper(iViewPath);
```

Listing 8.8 Instanziierung von P13nHelper

iView-Pfad Eine wesentliche Voraussetzung für die Benutzung der Portal-Personalisierung innerhalb Ihrer Web-Dynpro-Anwendung ist der so genannte *iView-Pfad*, über den der `P13nHelper` innerhalb Ihrer Web-Dynpro-Anwendung den Web-Dynpro-iView und die dafür definierten iView-Eigenschaften ansprechen kann, über die die Web-Dynpro-Anwendung gestartet wurde. Wir beschreiben im nächsten Abschnitt, wie Sie für Ihre Web-Dynpro-iViews die Übergabe dieses iView-Pfades sicherstellen können.

Innerhalb der Methode `initDetailsViewer()` des Component-Controllers der `MusicBoxComp`-Komponente wird die Verknüpfung der Portal-Personalisierung mit der entsprechenden Web-Dynpro-Komponente initialisiert, wie Listing 8.9 zeigt.

```
return wdContext.nodeSearchPersonalizationData();
IWDNode persDataRoot =
  detailsInterface.initPersonalization();
if ((persDataRoot != null) {
  p13NHelper.updatePersonalization(
    persDataRoot,
    true,
    wdComponentAPI.getMessageManager());
}
```

Listing 8.9 Initialisierung der Portal-Personalisierung für einen Detail-Viewer

Grundsätzliche Funktionsweise Wir wollen an dieser Stelle nicht detailliert auf die Implementierung der Java-Klasse `P13nHelper` eingehen.[1] Dennoch wollen wir hier aber die grundsätzliche Funktionsweise der `P13nHelper`-Java-Klasse erklären, da sich daraus einige wichtige Restriktionen bzw. Randbedingungen des von uns vorgestellten Ansatzes ableiten lassen.

Im Wesentlichen übernimmt die Methode `updatePersonalization()` zwei Funktionen: Zum einen wird für jede iView-Eigenschaft, die über einen entsprechenden Context-Knoten definiert ist, überprüft, ob es solch

---

1 Sie haben aber auf der Website zum Buch unter *http://www.sap-press.de* Zugriff auf die kompletten Quelldateien.

eine iView-Eigenschaft für den über den übergebenen iView-Pfad bestimmten iView gibt. Ist dies nicht der Fall, wird diese iView-Eigenschaft unter Berücksichtigung der definierten Knotenattribute, die die unterschiedlichen Meta-Attribute beschreiben, angelegt. Der Wert des **Default**-Attributs wird hierbei als Default-Wert gesetzt. Die neu angelegten iView-Eigenschaften werden unabhängig vom aktuellen Benutzer erzeugt – sie sind somit für alle der entsprechenden Rolle zugeordneten Benutzer sichtbar und können innerhalb des iView Editors auch rollenspezifisch angepasst werden.

Existiert die gewünschte iView-Eigenschaft bereits, wird der aktuelle Wert ermittelt und dem **Value**-Attribut des entsprechenden Context-Knotens zugewiesen. Der ermittelte Wert ist dabei immer abhängig vom aktuellen Benutzer. Eventuelle Änderungen, die der Benutzer über die Benutzer-Personalisierung gemacht hat, werden berücksichtigt.

Das **Value**-Attribut enthält nach Aufruf der Methode `updatePersonalization()` also in jedem Fall den gewünschten aktuellen Wert. Da wir von Anfang an auf die leichte Verwendung des aktuellen Wertes einer iView-Eigenschaft geachtet haben, können Sie nun das **Value**-Attribut wie jedes andere Knotenattribut innerhalb Ihrer Web-Dynpro-Anwendung ansprechen und verwenden. In Abschnitt 8.4 beschreiben wir dies am Beispiel des `Cover`-Detail-Viewers.

Zugriff auf den aktuellen Wert einer iView-Eigenschaft

Es ergeben sich daraus die folgenden Randbedingungen für die Benutzung der Portal-Personalisierung:

▶ Alle innerhalb einer Web-Dynpro-Anwendung definierten iView-Eigenschaften werden erst beim initialen Starten der Web-Dynpro-Anwendung über einen entsprechenden Web-Dynpro-iView erzeugt.

▶ Diese iView-Eigenschaften werden im iView Editor erst dann sichtbar, wenn der entsprechende Web-Dynpro-iView bzw. die Web-Dynpro-Anwendung mindestens einmal gestartet wurde. Wie aber Abbildung 8.32 veranschaulicht, können danach alle definierten iView-Eigenschaften problemlos über die entsprechende Kategorie angesprochen werden. Desweiteren sind die so definierten, anwendungsspezifischen iView-Eigenschaften auch automatisch in allen Verwendungen des iViews, beispielsweise in verschiedenen Rollen, verfügbar.

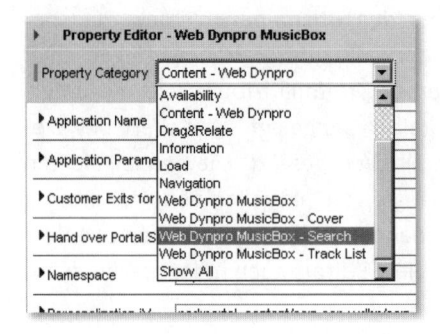

Abbildung 8.32 Innerhalb der Web-Dynpro-MusicBox definierte Kategorien

Wir empfehlen die folgende Vorgehensweise:

1. Definieren Sie alle gewünschten anwendungsspezifischen iView-Eigenschaften über die entsprechenden Kontextknoten.
2. Deployen Sie die Web-Dynpro-Anwendung.
3. Erzeugen Sie, wie im nächsten Abschnitt beschrieben, den entsprechenden personalisierbaren Web-Dynpro-iView.
4. Öffnen Sie den Web-Dynpro-iView im iView Editor und starten Sie über den Preview-Button die mit dem Web-Dynpro-iView verknüpfte Web-Dynpro-Anwendung.
5. Wie oben beschrieben, werden dabei automatisch alle anwendungsspezifischen iView-Eigenschaften erzeugt, die Sie danach wie alle anderen iView-Eigenschaften verändern und anpassen können.

8.5.5 Erzeugen von personalisierbaren Web-Dynpro-iViews

Bekanntmachung des iView-Pfades

Wie im letzten Abschnitt beschrieben, ist der iView-Pfad des gerufenen Web-Dynpro-iViews ein essenzieller Bestandteil für die Benutzung der Portal-Personalisierung. Jeder Web-Dynpro-iView, über den Sie eine Web-Dynpro-Anwendung starten, in der Sie die Portal-Personalisierung benutzen wollen, *muss* den iView-Path über den in Kapitel 5 beschriebenen ⟨IView⟩-Context in das URL-Template des SAP Application Integrators einfügen (siehe Abbildung 8.33).

```
Step 4:        Application Parameter
               Enter the parameter(s) of the application for which you want to create the iView
System *
WebDynproBestPractices ▼

Namespace *
sap.com/tc~musicbox

Application Name *
MusicBoxApp

Application Parameters
iViewPath=<iView.ID>
```

Abbildung 8.33 Definition eines personalisierbaren Web-Dynpro-iViews

Durch die Definition von `iViewPath=<iView.ID>` innerhalb der iView-Eigenschaft **Application Parameters** stellen Sie dabei sicher, dass innerhalb der gerufenen Web-Dynpro-Anwendung der Übergabeparameter `iViewPath` den gewünschten Wert enthält.

Da Sie diesen Wert jeder Web-Dynpro-iView zuweisen müssen, für die Sie anwendungsspezifische iView-Eigenschaften definieren, können Sie an dieser Stelle auch ein spezielles *iView-Template* erzeugen, in dem Sie den gewünschten Wert vordefinieren. Sie können jeden erzeugten iView durch Änderung der Eigenschaft **Object is a Template** in ein iView-Template verwandeln (siehe Abbildung 8.34).

Verwendung eines iView Templates

```
▶ Object is a Template              ⊙ Yes    ○ No
```

Abbildung 8.34 Definition eines iView-Templates

Beim Anlegen eines Web-Dynpro-iViews wird dann dieses iView-Template ebenfalls in der Liste der verfügbaren iView-Templates angezeigt. Abbildung 8.35 zeigt das von uns bereitgestellte iView-Template **Personalized SAP Web Dynpro iView**.

```
○ Page Navigation
⊙ Personalized SAP Web Dynpro iView
○ Portal Activity Report iView
```

Abbildung 8.35 iView-Template Personalized SAP Web Dynpro iView

8.5.6 Anwendungsspezifische Personalisierungsdialoge

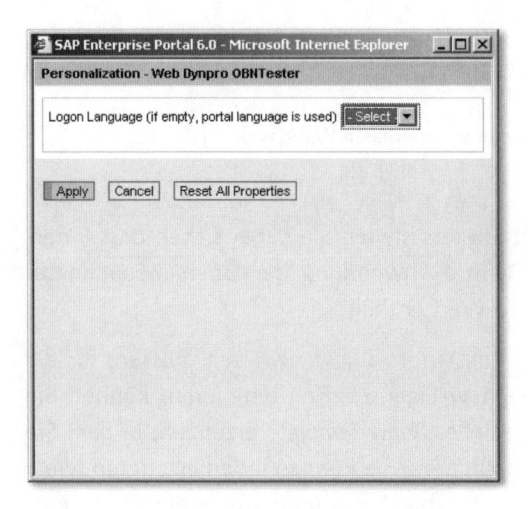

Standardmäßiger Personalisierungsdialog

Wir werden nun auf die Möglichkeit eingehen, den Personalisierungsdialog, über den der Benutzer die benutzerspezifischen Anpassungen durchführen kann, als Web-Dynpro-Anwendung zu realisieren. Abbildung 8.36 zeigt den standardmäßigen Personalisierungsdialog für die Web-Dynpro-MusicBox.

Abbildung 8.36 Standardmäßiger Personalisierungsdialog

Da wir in diesem Beispiel relativ viele iView-Eigenschaften definieren, wird die generische Listendarstellung schnell unübersichtlich. Darüber hinaus sind die unterschiedlichen Kategorien, die wir für die benutzten Detail-Viewer definiert haben, nicht sichtbar, was das Auffinden einer bestimmten Eigenschaft erschwert.

Abbildung 8.37 zeigt im Gegensatz dazu den von uns über die Web-Dynpro-Komponente `P13NDialogContainerComp` bereitgestellten Web-Dynpro-spezifischen Personalisierungsdialog.

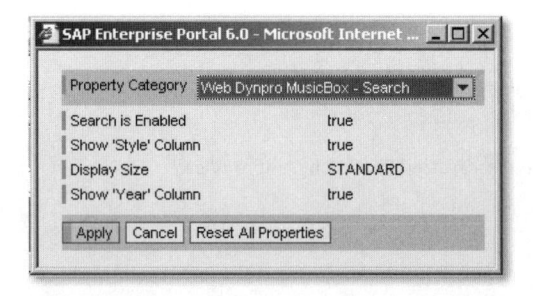

Abbildung 8.37 Personalisierungsdialog der MusicBox

Das von uns bereitgestellte iView-Template **Personalized SAP Web Dynpro iView** bietet Ihnen neben dem vordefinierten iView-Pfad die Möglichkeit, über die Eigenschaft **Personalization iView** einen beliebigen iView zu definieren, der als Personalisierungsdialog gestartet werden soll (siehe Abbildung 8.38).

Zuweisung des verwendeten Personalisierungsdialogs

Abbildung 8.38 Definition des iViews Web-Dynpro-MusicBox

Web-Dynpro-Komponente P13NDialogContainerComp

Wir können an dieser Stelle nicht im Detail auf die Implementierung der Web-Dynpro-Komponente `P13NDialogContainerComp` eingehen. Nichtsdestotrotz wollen wir einige wichtige Punkte ansprechen, die Ihnen einen Eindruck davon vermitteln, was Sie bei der Implementierung eines eigenen Personalisierungsdialogs beachten sollten.

Da wir innerhalb des Personalisierungsdialogs die benutzerspezifischen Anpassungen anzeigen wollen, greifen wir über die `getEndUserPropertyContent()`-Methode der Java-Klasse `P13nHelper` auf die entsprechenden Werte zu. Sollten Sie nur die rollenspezifischen Anpassungen anzeigen wollen, können Sie diese über die entsprechende Methode `getRolePropertyContent()` ermitteln.

Einlesen der iView-Eigenschaften

Abbildung 8.39 zeigt die innerhalb des Component-Controllers der Komponente `P13NDialogContainerComp` definierte Knotenhierarchie.

Verwendete Context-Knotenhierarchie

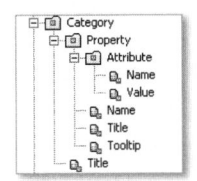

Abbildung 8.39 Knotenhierarchie der Komponente P13NDialogContainerComp

Jede Kategorie wird über ein entsprechendes Knotenelement des Category-Knotens abgebildet. Der Property-Knoten beschreibt die unterschiedlichen iView-Eigenschaften und der Attribute-Knoten die definierten Meta-Attribute. Die benötigten Knotenelemente erzeugen wir hierbei über die Supply-Function supplyAttribute().

Dynamische erzeugte Knotenattribute

Die Web-Dynpro-Komponente P13NDialogContainerComp ist ein schönes Beispiel für das dynamische Erzeugen von Knotenattributen, die wir für jeden Wert einer iView-Eigenschaft erzeugen, um die typisierten Web-Dynpro-Wertehilfe(n) realisieren zu können. Wir erzeugen die entsprechenden Knotenattribute innerhalb der Methode initProperties() des Component-Controllers der Komponente P13NDialogContainerComp.

Starten im Debug-Modus

Durch das Hinzufügen des Übergabeparameters runsInDebugMode=true können Sie den Personalisierungsdialog der Web-Dynpro-MusicBox im Debug-Modus starten. Sie haben dann die Möglichkeit, zusätzlich zur herkömmlichen Anzeige alle verfügbaren iView-Eigenschaften und die entsprechenden Meta-Attribute zu überprüfen (siehe Abbildung 8.40). Darüber hinaus können Sie wählen, ob Sie nur die rollenspezifischen Anpassungen bzw. auch die benutzerspezifischen Änderungen sehen möchten.

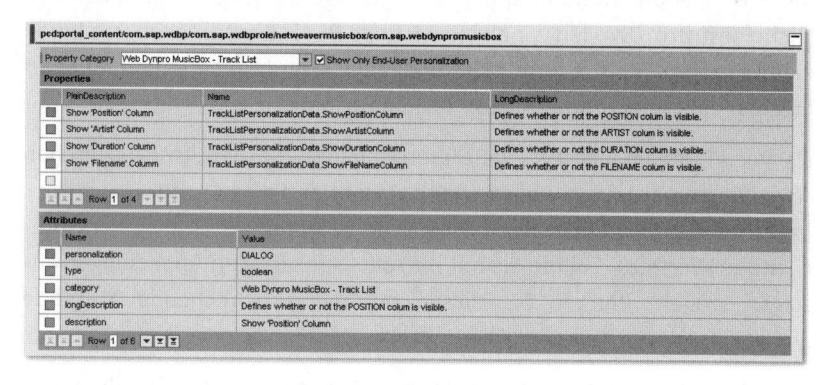

Abbildung 8.40 Debug-Ansicht im Personalisierungsdialog

> **Tipp**
>
> Bei dem von uns vorgestellten Ansatz, innerhalb Ihrer Web-Dynpro-Anwendung anwendungsspezifische iView-Eigenschaften zu definieren und zu verwenden, werden die entsprechenden iView-Eigenschaften mithilfe des P13NHelpers direkt ins PCD geschrieben. Damit ist

Ihre Web-Dynpro-Anwendung nur noch auf der gleichen Installation wie das SAP NetWeaver Portal selbst lauffähig.

Sollten Sie also Ihre Web-Dynpro-Anwendungen auch ohne SAP NetWeaver Portal betreiben wollen, können Sie den von uns vorgestellten Ansatz nicht verwenden.

8.6 Realisierung einer kontextsensitiven Navigationsleiste

Nachdem Sie die Benutzung der Portal-Personalisierung innerhalb der Web-Dynpro-MusicBox kennen gelernt haben, werden wir Ihnen jetzt zeigen, wie Sie Ihre Web-Dynpro-Anwendung um eine komfortable und kontextsensitive Navigationsleiste erweitern können, sobald Sie die Web-Dynpro-Anwendung innerhalb des SAP NetWeaver Portal starten.

8.6.1 Erweiterung des Navigation Panels

In Kapitel 5 haben wir bereits das Navigation Panel beschrieben, das unter anderem die standardmäßige Detail-Navigation beinhaltet. Zusätzlich erlaubt Ihnen das SAP NetWeaver Portal, für jeden iView oder jede Portal Page zu definieren, welche iView(s) oder Portal Page(s) zusätzlich zur Detail-Navigation im Navigation Panel angezeigt werden sollen, sobald der entsprechende iView bzw. die Portal Page in der Working Area des SAP NetWeaver Portal angezeigt wird.

In der Web-Dynpro-MusicBox benutzen wir diese Möglichkeit, um die weiter unten beschriebenen iViews **Search** und **You Can Also** einzublenden, sobald Sie die Web-Dynpro-MusicBox starten (siehe Abbildung 8.41).

1. Um einen iView oder eine Portal Page im Navigation Panel anzuzeigen, starten Sie den iView bzw. Page Editor des iViews bzw. der Portal Page, die später in der Working Area erscheint. In Kapitel 5 haben wir beschrieben, wie Sie dies für iViews oder Portal Pages in einer bestimmten Rolle tun können. Wählen Sie die Ansicht **Dynamic Navigation** (siehe Abbildung 8.42).

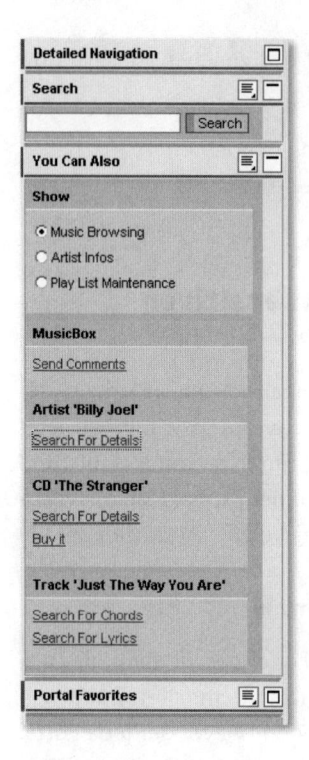

Abbildung 8.41 Contextual-Navigation-Panel

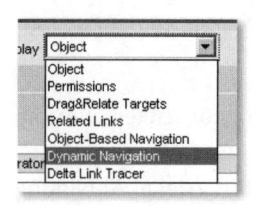

Abbildung 8.42 Auswahl der Dynamic Navigation

2. Über den Kontextmenüeintrag **Add to Dynamic Navigation** des gewünschten iViews bzw. der Portal Page können Sie den jeweiligen iView bzw. die Portal Page auf dem Navigation Panel sichtbar machen (siehe Abbildung 8.43).

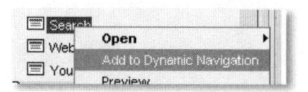

Abbildung 8.43 Hinzufügen eines iViews zur Dynamic Navigation

3. Abbildung 8.44 zeigt die Ansicht **Dynamic Navigation** der Web-Dynpro-MusicBox. Sie erkennen die beiden iViews **Search** und **You Can Also**, die wir im Navigation Panel anzeigen wollen.

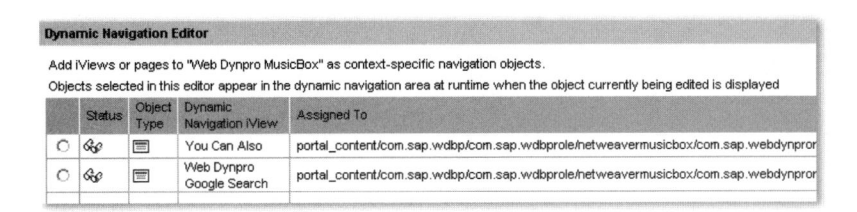

Abbildung 8.44 iViews der Dynamic Navigation

4. Sobald Sie einen iView im Navigation Panel anzeigen, empfehlen wir die über den iView Tray angebotenen Funktionen auf die Einträge **Open in New Window** und **Refresh** zu begrenzen (siehe Abbildung 8.45).

iView-Tray-Einstellungen

Abbildung 8.45 iView Tray eines iViews im Navigation Panel

5. Sobald Sie einen Web-Dynpro-iView im Navigation Panel anzeigen wollen, sollten Sie darauf achten, die »richtige« Hintergrundfarbe – also die gleiche Hintergrundfarbe, die standardmäßig im Navigation Panel verwendet wird – innerhalb Ihrer Web-Dynpro-Anwendung zu verwenden. Abbildung 8.46 zeigt dies beispielhaft für den Web-Dynpro-View `SearchTriggerCompView` der Komponente `SearchTriggerComp`, die wir innerhalb der Entwicklungskomponente `tc~cnpmngmt` definieren.

Definition der Hintergrundfarbe

6. Durch die Verwendung eines `IWDTransparentContainer`-UI-Elementes können wir die Hintergrundfarbe an die im Navigation Panel verwendete Farbe anpassen, indem wir die Eigenschaft **cellBackgroundDesign** auf **fill1** setzen.

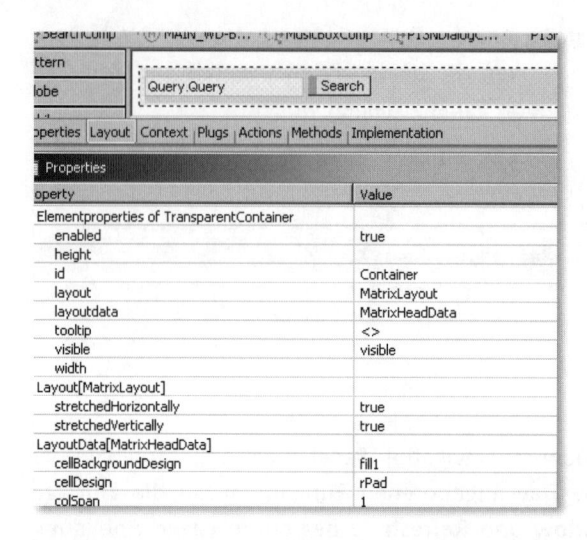

Abbildung 8.46 Definition der Hintergrundfarbe für das Navigation Panel

8.6.2 Contextual-Navigation-Panel

Wie wir im letzten Abschnitt beschrieben haben, zeigen wir unter anderem den Web-Dynpro-iView **You Can Also** im Navigation Panel an, sobald Sie die Web-Dynpro-MusicBox starten. Über diesen iView starten Sie das so genannte *Contextual-Navigation-Panel*, das wir über die `CNPManager-Comp`-Komponente realisieren, die sich in der Entwicklungskomponente `tc~cnpnmngmt` befindet.

Grundsätzliche Funktionsweise — Wie Sie in Abbildung 8.41 erkennen können, unterteilt sich das Contextual-Navigation-Panel in zwei Bereiche: Im oberen Bereich können Sie eine der möglichen Perspektiven auswählen, die innerhalb der Web-Dynpro-MusicBox definiert werden. Im unteren Bereich werden diejenigen Objekte angezeigt, die Sie in einem der Detail-Viewer auswählen können. Für jedes Objekt werden dabei zusätzliche Funktionen angezeigt, die Sie durch Auswahl des entsprechenden Links starten können. Im Normalfall wird die so ausgewählte Funktionalität in einem neuen Fenster angezeigt.

Abhängig vom jeweiligen Zustand der MusicBox ändern sich also die Inhalte des Contextual-Navigation-Panels, das somit eine »echte« kontextsensitive Navigationsleiste bereitstellt. Im Folgenden wollen wir nun auf zwei Aspekte eingehen, die wir bei der Realisierung des Contextual-Navigation-Panels berücksichtigt haben.

Einsatz von Portal-Eventing

Die Web-Dynpro-MusicBox und das Contextual-Navigation-Panel sind über zwei unabhängig laufende Web-Dynpro-Anwendungen realisiert. Wie wir in Kapitel 5 beschrieben haben, werden Web-Dynpro-Anwendungen immer als isolierte iViews ins SAP NetWeaver Portal integriert. Jeder Web-Dynpro-iView bzw. die damit verknüpfte Web-Dynpro-Anwendung läuft isoliert und unabhängig von den restlichen angezeigten Inhalten. Wir sprechen daher in diesem Zusammenhang von einer *losen Kopplung* dieser Portal-Inhalte.

Lose Kooplung von Portal-Inhalten

Andererseits wollen wir aber sicherstellen, dass sich das Contextual-Navigation-Panel an den aktuellen Zustand der Web-Dynpro-MusicBox anpasst, und beispielsweise die für das in der MusicBox ausgewählte Objekt verfügbaren Funktionen anzeigt. Des Weiteren wollen wir über das Contextual-Navigation-Panel die in der MusicBox angezeigte Perspektive wählen.

Trotz der oben beschriebenen losen Kopplung der beiden Web-Dynpro-iViews benötigen wir daher eine einfache Kommunikationsmöglichkeit, die es beispielsweise ermöglicht, dass die MusicBox das Contextual-Navigation-Panel informieren kann, sobald der Benutzer eine CD ausgewählt hat. Genau diese Kommunikationsmöglichkeit stellt das SAP NetWeaver Portal über das *Portal-Eventing* zur Verfügung.

Portal-Eventing

Das Portal-Eventing ist ein clientseitiger Event-Mechanismus, der das Senden und Empfangen so genannter *Portal-Events* zwischen beliebigen iViews ermöglicht, die innerhalb eines Fensters des Webbrowsers ablaufen. Innerhalb einer Web-Dynpro-Anwendung haben Sie über die Hilfsklasse WDPortalEventing Zugriff auf die Möglichkeiten des Portal-Eventings.

Über die **subscribe()**-Methode, die Sie grundsätzlich nur innerhalb eines View-Controllers rufen können, registrieren Sie Ihre Web-Dynpro-Anwendung als *Event-Listener*. Das Contextual-Navigation-Panel beispielsweise registriert sich innerhalb der Methode wdDoInit() des View-Controllers des CNPManagerView-Views auf das Portal-Event objectEvent (siehe Listing 8.10).

Event-Registrierung

```
WDPortalEventing.subscribe(
  "urn:com.sap.wdbp.cnp",
  "objectEvent",
  wdThis.wdGetObjectEventAction());
```

Listing 8.10 Registrierung auf das Portal-Event objectEvent

Verwendung einer Web-Dynpro-Action

Neben der Angabe des **Event Name** und des **Event Namespace** definieren Sie hierbei eine beliebige Web-Dynpro-Action, die von der Web-Dynpro-Laufzeitumgebung gerufen werden soll, wenn das angegebene Portal-Event gesendet wurde. Um auf möglicherweise übertragene Event-Parameter zugreifen zu können, müssen Sie für die angegebene Action einen dataObject-Parameter vom Typ **string** definieren (siehe Abbildung 8.47).

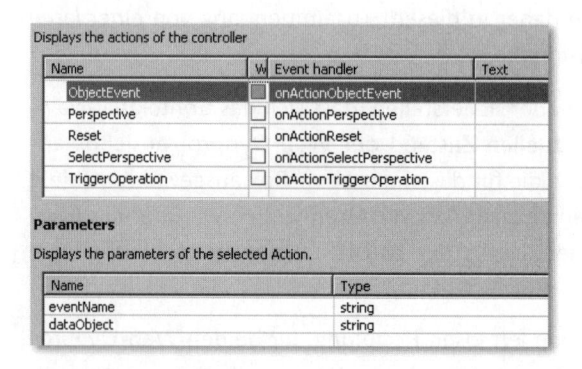

Displays the actions of the controller		
Name	W Event handler	Text
ObjectEvent	onActionObjectEvent	
Perspective	onActionPerspective	
Reset	onActionReset	
SelectPerspective	onActionSelectPerspective	
TriggerOperation	onActionTriggerOperation	

Parameters
Displays the parameters of the selected Action.

Name	Type
eventName	string
dataObject	string

Abbildung 8.47 Definition der Action ObjectEvent

Möchten Sie die gleiche Web-Dynpro-Action für unterschiedliche Portal-Events verwenden, können Sie zudem einen eventName-Parameter definieren, der dann den Namen des gesendeten Events beinhaltet. Außerdem können Sie über die Definition eines eventNamespace-Parameters auch Events unterschiedlicher Namespaces innerhalb einer Web-Dynpro-Action behandeln.

> **Tipp**
>
> Wir empfehlen die Verwendung einer Action für unterschiedliche Portal-Events nur in Einzelfällen, da dies leicht zu aufgeblähten und schwer lesbaren Event-Handlern führen kann.

Event-Deregistrierung

Über die unsubscribe()-Methode der Hilfsklasse WDPortalEventing können Sie Ihre Web-Dynpro-Anwendung wieder von einem bestimmten Portal-Event deregistrieren.

> **Tipp**
>
> Achten Sie grundsätzlich darauf, dass Sie sich innerhalb Ihrer Web-Dynpro-Anwendung immer für alle registrierten Portal-Events deregistrieren, sobald die Web-Dynpro-Anwendung beendet wird. Sie können dies beispielsweise in der Methode `wdDoExit()` des entsprechenden View-Controllers tun.

Über die `fire()`-Methode der Hilfsklasse `WDPortalNavigation` können Sie innerhalb Ihrer Web-Dynpro-Anwendung ein beliebiges Portal-Event senden. Sobald Sie beispielsweise im `Search-Detail-Viewer` einen Künstlernamen auswählen, wird innerhalb des Event-Handlers `onActionSelectArtist()` dem View `SearchView` das `objectEvent`-Portal-Event gesendet (siehe Listing 8.11).

Senden eines Portal-Events

```
Map parameters = new HashMap();
parameters.put(
  "query",
  urlEncode.encode(
    wdContext.currentCDElement().getArtist()));

WDPortalEventing.fire(
  "urn:com.sap.wdbp.cnp",
  "objectEvent",
  EventHelper.encodeObject(
    "Artist",
    wdContext.currentCDElement().getArtist(),
    "Selected",
    parameters));
```

Listing 8.11 Senden des Events objectEvent

Beim Senden eines Portal-Events können Sie grundsätzlich nur einen einzigen String-Parameter übergeben, was der Verwendung in der Praxis aber nicht entgegenkommt. Wir verwenden deshalb innerhalb der Web-Dynpro-MusicBox die Hilfsklasse `EventHelper`, die das Packen und Auslesen mehrerer Parameterwerte erlaubt. Die Hilfsklasse `EventHelper` ist Teil des Public Parts **Utils** der Entwicklungskomponente tc~utils.

Verwendung der EventHelper-Hilfsklasse

Verwendung der Object-based Navigation

Um innerhalb des Contextual-Navigation-Panels die verfügbaren Funktionen des in der MusicBox gewählten Objektes anzuzeigen, benutzen wir die in Kapitel 7 beschriebene Object-based Navigation, die das Anstoßen von Operationen eines Business-Objekts erlaubt. Abbildung 8.48 zeigt die innerhalb der MusicBox definierten Business-Objekte.

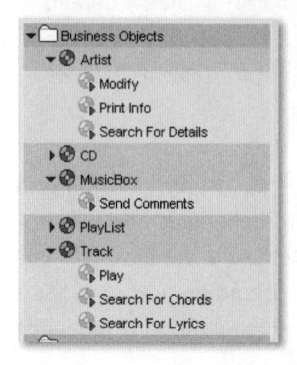

Abbildung 8.48 Von der MusicBox benötigte Business-Objekte

Die definierten Operationen entsprechen, beispielsweise für das Business-Objekt **Track**, genau den im Contextual-Navigation-Panel angezeigten Funktionen, sobald in der MusicBox ein bestimmter Musiktitel ausgewählt wurde (siehe Abbildung 8.49).

Abbildung 8.49 Verfügbare Funktionen für das Business-Objekt Track

Angezeigte Operations

Die zur Laufzeit verfügbaren Operationen eines Business-Objekts sind nicht notwendig identisch mit denen, die im Content Catalog deklariert sind. Abhängig von den Rollen, die dem aktuellen Benutzer zugewiesen sind, können einzelne Operationen nicht verfügbar sein. Innerhalb des Contextual-Navigation-Panels wollen wir deshalb nur die wirklich verfügbaren Operationen anzeigen – wir nutzen den Portal-Service `IUserObjectBasedNavigation`, um die für den aktuellen Benutzer gültigen Operations zu ermitteln. Nur diese zeigen wir später im Contextual-Navigation-Panel an.

Listing 8.12 zeigt die Methode `updateObjectOperations()` des View-Controllers des Views `CNPManagerView`, in der wir die gültigen, für den aktuellen Benutzer definierten Operationen für ein beliebiges Business-Objekt und die entsprechenden Knotenelemente des `Operation`-Context-Knotens ermitteln.

```
IUserObjectBasedNavigation obn =
wdContext.currentOBNServiceElement().getService();
IUser user = null;
try {
  user = WDClientUser.getCurrentUser().getSAPUser();
} catch (WDUMException e) {
    wdComponentAPI.getMessageManager().reportException(
      "Failed to get current user: " +
        e.getLocalizedMessage(),
      true);
    return;
}
List operations = obn.getTargets(system, objectType, user);

IPrivateCNPManagerView.IOperationNode operationNode =
  getOperationNode (system, objectType, value, parameters);

IPrivateCNPManagerView.IOperationElement
  newOperation = null;

if (operations != null && operations.size() > 0) {

  for (Iterator iter = operations.iterator();
    iter.hasNext();) {

  IOBNTarget target = (IOBNTarget) iter.next();

  newOperation =
    wdContext.nodeOperation().createOperationElement();
   newOperation.
     setCaption(target.getOperationFriendlyName());
   newOperation.
     setName(target.getOperationName()
       .substring(target.getOperationName()
         .lastIndexOf('/') + 1));

    operationNode.addElement(newOperation);
  }
}
```

Listing 8.12 Ermittlung der gültigen Operationen

Die so erzeugten Knotenelemente des `Operation`-Knotens verwenden wir innerhalb der Methode `wdDoModify()` des View-Controllers des Views `CNPManagerView`, um die gewünschten `IWDLinkToAction`-UI-Elemente zu erzeugen, über die Sie die gewünschte Operation bzw. Funktion starten können.

Öffnen eines neuen Fensters

In Kapitel 5 haben wir beschrieben, wie Sie über die Eigenschaft **Launch in New Window** eines Web-Dynpro-iViews definieren können, ob der iView in einem Fenster des Webbrowsers angezeigt werden soll. In diesem Fall können Sie über die Eigenschaft **Window Features** die Größe, das Aussehen und das Verhalten dieses Fensters definieren (siehe Kapitel 6).

Leider ist die Eigenschaft **Window Features** innerhalb der von SAP NetWeaver 2004 nicht nutzbar, wenn das neue Fenster über die Objectbased Navigation geöffnet wird. Wir benutzen daher innerhalb des Contextual-Navigation-Panels die herkömmliche Portal-Navigation, um den gewünschten iView bzw. die Portal Page zu starten, die die ausgewählte Operation realisiert. Mithilfe des Portal-Service `IUserObjectBasedNavigation` ermitteln wir denjenigen iView bzw. die Portal Page, die die ausgewählte Operation implementiert, und starten diese unter Berücksichtigung der definierten **Window Features** über die Portal-Navigation.

Listing 8.13 zeigt das Anstoßen der Portal-Navigation innerhalb der Methode `triggerNavigation()` des View-Controllers des `CNPManagerView`-Views.

```
IOBNTarget navigationTarget =
  obn.getDefaultTargetForOperation(
    system, type, operation, user);
String iViewPath = navigationTarget.getIViewName();

P13nHelper p13nHelper = new P13nHelper(iViewPath);
IPropertyContent properties =
  p13nHelper.getEndUserPropertyContent();

String windowFeatures =
  properties.getProperty(
    "com.sapportals.portal.navigation.WinFeatures");

WDPortalNavigation.navigateAbsolute(
  iViewPath,
  WDPortalNavigationMode.SHOW_EXTERNAL,
```

```
windowFeatures,
"ObjectWindow",
WDPortalNavigationHistoryMode.NO_HISTORY,
null,
null,
parameters,
null,
false,
true);
```

Listing 8.13 Anstoßen einer Portal-Navigation

Obwohl wir das Contextual-Navigation-Panel speziell für das Zusammenspiel mit der Web-Dynpro-MusicBox entworfen und implementiert haben, können Sie es problemlos in Ihren eigenen Web-Dynpro-Anwendungen verwenden. Die angezeigten Objekte und dazugehörigen Funktionen sind vollkommen transparent innerhalb der Object-based Navigation definiert. Lediglich die benötigten Portal-Events für die Kommunikation zwischen dem Contextual-Navigation-Panel und Ihrer Web-Dynpro-Anwendung müssten Sie gegebenenfalls anpassen.

Wiederverwendbarkeit

8.7 Weitere Ergänzungen

Zum Ende dieses Kapitels wollen wir noch zwei »Schmankerl« präsentieren, die zwei uns oft gestellte Fragen auf ansprechende Art und Weise lösen:

Innerhalb des Web-Dynpro-Programmiermodells gibt es auf Basis von SAP NetWeaver 2004 keine Möglichkeit, das Fenster des Webbrowsers, in dem die Web-Dynpro-Anwendung läuft, programmatisch zu schließen. Doch gerade bei der Verwendung mehrerer Fenster ergibt genau das oft Sinn und erleichtert dem Benutzer die Bedienung der Anwendung. Darüber hinaus bietet Web Dynpro auch keine Möglichkeit, die standardmäßige Druck-Funktionalität des Webbrowsers anzusteuern. Genau diese zwei Probleme wollen wir mit dem folgenden Ansatz lösen.

8.7.1 Schließen eines Fensters

Innerhalb einer JSP- oder servletbasierten Anwendung sind die beschriebenen Funktionalitäten ohne Probleme über den Aufruf der entsprechenden JavaScript-Funktionen zu realisieren. In Web Dynpro ist dies aufgrund der mehrfach erwähnten Web-Dynpro-Client-Abstraktion aus gutem Grund *nicht* möglich. Sobald Sie Ihre Web-Dynpro-Anwendung

Definition einer Portal-Komponente

aber innerhalb des SAP NetWeaver Portal starten, können wir diese beiden Ansätze kombinieren.

Wir definieren dazu eine spezielle Portal-Komponente in der **Enterprise Portal Perspective** des SAP NetWeaver Developer Studios (siehe Abbildung 8.50), ohne detailliert auf die Möglichkeiten, die Ihnen bei der Entwicklung einer Portal-Komponente zur Verfügung stehen, einzugehen.

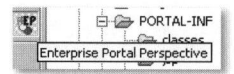

Abbildung 8.50 Auswahl der Enterprise Portal Perspective

Der für unsere Zwecke entscheidende Schritt ist die Definition der Datei *eventHandler.jsp*, in der die benötigten JavaScript-Funktionen zum Schließen des Fensters des Webbrowsers bzw. zum Aufruf der Druck-Funktionalität enthalten sind (siehe Listing 8.14).

```
<%@ page import = "com.sapportals.portal.prt.util.*" %>
<%
  String eventURN = "urn:com.sap.wdbp";
  String windowCloseEventName = "windowClose";
  String printEventName = "print";
%>
<script>
  <!--
  function windowCloseHandler(eventObj) {
    window.close();
  }
  function printHandler(eventObj) {
    print();
  }
  EPCM.subscribeEvent(
    "<%= StringUtils.escapeToJS(eventURN) %>",
    "<%= StringUtils.escapeToJS(windowCloseEventName) %>",

    windowCloseHandler);

  EPCM.subscribeEvent(
    "<%= StringUtils.escapeToJS(eventURN) %>",
    "<%= StringUtils.escapeToJS(printEventName) %>",
    printHandler);
```

```
        //-->
    </script>
```

Listing 8.14 Datei eventHandler.jsp

Um diese Funktionen später aus einer Web-Dynpro-Anwendung aufrufen zu können, registrieren wir innerhalb der Datei *eventHandler.jsp* zwei Portal-Events, `windowClose` und `print`. Sobald eines dieser Events gesendet wird, rufen wir die gewünschten JavaScript-Funktionen auf, die dann beispielsweise das aktuelle Fenster schließen.

Verwendung von Portal-Eventing

Um das Schließen des Fensters aus einer Web-Dynpro-Anwendung zu ermöglichen, kombinieren wir die Web-Dynpro-Anwendung und die Portal-Komponente über die entsprechenden iViews auf einer Portal Page. Abbildung 8.51 zeigt beispielsweise die Portal Page **Search Dialog**, die wir für die unterschiedlichen Suchmöglichkeiten innerhalb der Web-Dynpro-MusicBox verwenden.

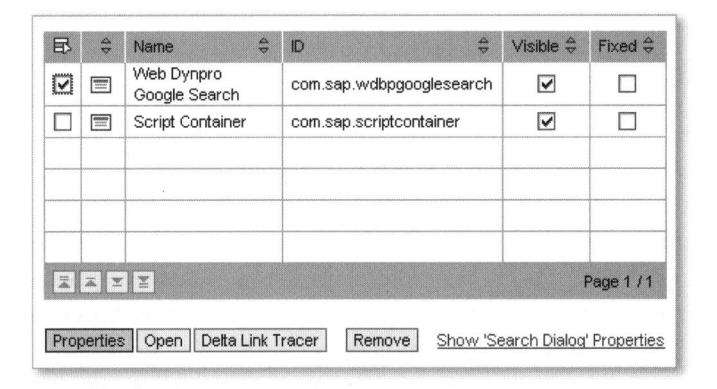

Abbildung 8.51 Inhalt der Portal Page Search Dialog

Da wir die iView Trays der beiden iViews innerhalb dieser Portal Page ausblenden, und die Portal-Komponente bzw. die Datei *eventHandler.jsp* keinerlei sichtbares User-Interface enthält, erhalten wir das gewünschte Resultat (siehe Abbildung 8.52): Das Fenster zur Künstlersuche enthält scheinbar nur die entsprechende Web-Dynpro-Google-Suche. Nach einem Klick auf den **Close**-Button verschwindet aber Fenster, da wir im entsprechenden Event-Handler das Portal-Event `windowClose` senden, das dann innerhalb der Datei *eventHandler.jsp* verarbeitet wird, in der das Fenster geschlossen wird.

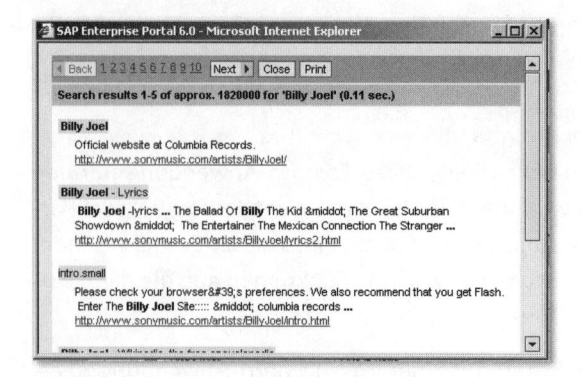

Abbildung 8.52 Künstlersuche

8.7.2 Drucken des Fensterinhaltes

Analog zum Schließen des Fensters realisieren wir den Aufruf der Druck-Funktionalität des Webbrowsers. Durch das Senden des entsprechenden Portal-Events `print` wird innerhalb der Datei *eventHandler.jsp* letztendlich die benötigte JavaScript-Funktion aufgerufen.

Realisierung einer Druckansicht

Das Senden eines Portal-Events innerhalb einer Web-Dynpro-Anwendung ist grundsätzlich mit einem Server-Roundtrip verbunden. Dieser Umstand kommt uns sehr gelegen, da wir innerhalb dieses Server-Roundtrips auch die angezeigte Web-Dynpro-Anwendung anpassen können, indem wir beispielsweise, wie in Abbildung 8.53 dargestellt, die Navigationsleisten ausblenden und nur die eigentlichen Suchergebnisse darstellen. Neben dem Ausblenden eines bestimmten Bereiches Ihres Anwendungs-UIs könnten Sie in einer speziellen Druckansicht auch die Anzahl der angezeigten Tabellenzeilen anpassen, um sicherzustellen, dass am Ende alle vorhandenen Einträge gedruckt werden.

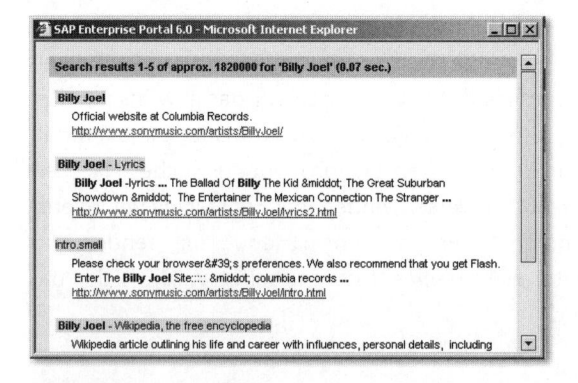

Abbildung 8.53 Künstlersuche in der Druckansicht

8.8 Web-Dynpro-Anwendungen im SAP NetWeaver Portal

8.8.1 Aktuelle Einschränkungen

Wie Sie nicht zuletzt am Beispiel der Web-Dynpro-MusicBox erkennen, können Sie durch die Integration Ihrer Web-Dynpro-Anwendung in das SAP NetWeaver Portal auf Basis von SAP NetWeaver 2004 sehr mächtige und ansprechende Anwendungen realisieren. Nichtsdestotrotz wollen wir an dieser Stelle auf einige Einschränkungen hinweisen, die Sie beim Design und der Implementierung Ihrer Web-Dynpro-Anwendungen beachten sollten.

Ihre Web-Dynpro-iViews werden beispielsweise grundsätzlich als isolierte iViews innerhalb des SAP NetWeaver Portal angezeigt, sodass Ihnen bzw. Ihrer Web-Dynpro-Anwendung zuerst einmal nur die clientseitigen Kommunikationsmöglichkeiten zur Verfügung stehen. Auch das Anstoßen einer Portal-Navigation oder die Benutzung des Work-Protect-Mode geschieht immer über clientseitige Mechanismen, die bei der Verwendung innerhalb einer Web-Dynpro-Anwendung immer mit mindestens einem zusätzlichen Server-Roundtrip verbunden sind. Darüber hinaus kann es bei isolierten iViews zu Problemen kommen, wenn Ihre Web-Dynpro-Anwendung und das SAP NetWeaver Portal auf Installationen in unterschiedlichen Netzwerk-Domains ablaufen.

Isolierte iViews

Eine weitere Einschränkung, die immer wieder zu Diskussionen und Fragen führt, ist die Tatsache, dass eine Web-Dynpro-Anwendung immer genau einem Web-Dynpro-iView zugeordnet ist. Gerade am Beispiel der Web-Dynpro-MusicBox aber haben wir gesehen, dass eine Web-Dynpro-Anwendung im Prinzip sehr wohl in mehrere Web-Dynpro-iViews zerlegbar wäre. So würde es absolut Sinn ergeben, jeden einzelnen Detail-Viewer innerhalb der MusicBox auf einen eigenständigen iView abzubilden. Dadurch würde die Web-Dynpro-MusicBox im SAP NetWeaver Portal nicht als ein iView erscheinen, sondern als Sammlung von mehreren iViews, die dann mit den herkömmlichen Portal-Möglichkeiten in Portal Pages zusammengefasst werden könnten. Die unterschiedlichen Layouts, die wir innerhalb der Web-Dynpro-MusicBox realisiert haben, könnten dann über die standardmäßigen Layouts einer Portal Page realisiert werden.

Web-Dynpro-Anwendung vs. Web-Dynpro-iView

Natürlich haben Sie auch auf Basis von SAP NetWeaver 2004 die Möglichkeit, eine Anwendung wie die Web-Dynpro-MusicBox in mehrere Web-Dynpro-Applikationen zu zerlegen, und für diese dann jeweils einen

Web-Dynpro-iView zu definieren. Damit würden Sie die oben beschriebene Flexibilität gewinnen – andererseits aber die Möglichkeit verlieren, die entsprechenden Daten zwischen den unterschiedlichen Web-Dynpro-Applikationen auf effiziente Art und Weise wiederzuverwenden.

Grundsätzlich müssen Sie sich also immer zwischen der engen Integration von Web-Dynpro-Komponenten innerhalb einer Web-Dynpro-Applikation einerseits und einer flexibleren Kombination von mehreren iViews andererseits entscheiden.

8.8.2 Nächste Schritte

Um es kurz zu machen: Die oben beschriebenen Einschränkungen wird es so mit dem nächsten Release von SAP NetWeaver nicht mehr geben.

Eingebettete Web-Dynpro-iViews

Web-Dynpro-iViews werden dann nicht mehr als isolierte iViews angezeigt, sondern in die umgebende Portal Page eingebettet. Aus Sicht des Benutzers stellen sich dann die Portal Page und alle eingebetteten Web-Dynpro-iViews als eine Einheit dar, die nur als Ganzes neu geladen wird.

Erweiterte Portal-Services

Eng mit der Einbettung von Web-Dynpro-iViews verknüpft sind die erweiterten Möglichkeiten, innerhalb einer Web-Dynpro-Anwendung bestimmte Eigenschaften und Einstellungen des SAP NetWeaver Portal zu verändern bzw. zu erweitern. So wird es beispielsweise möglich sein, den iView Tray eines Web-Dynpro-iViews um anwendungsspezifische Einträge zu erweitern oder die Liste der angezeigten iViews innerhalb einer Portal Page zu ändern.

Verbesserte Personalisierung

Des Weiteren werden die Möglichkeiten der Portal-Personalisierung enger mit dem Web-Dynpro-Programmiermodell verknüpft, sodass Sie diese innerhalb Ihrer Web-Dynpro-Anwendung mit wesentlich weniger Mehraufwand nutzen können.

Erzeugen von iViews

Last but not least wird auch das Erzeugen von Web-Dynpro-iViews erleichtert, und die oft doch mühselige Suche nach den richtigen Parametern beim Anlegen eines iViews wird der Vergangenheit angehören.

Da im nächsten Release von SAP NetWeaver Ihre Web-Dynpro-Anwendungen wesentlich enger mit dem SAP NetWeaver Portal integriert sein werden, wird es hierfür auch neue »Typen« von Web-Dynpro-iViews geben. Diese neuen Funktionalitäten können Sie nur mit den »neuen« Web-Dynpro-iViews ansprechen. Die auf der Basis von SAP NetWeaver 2004 erstellen Web-Dynpro-iViews werden aber selbstverständlich auch in Zukunft lauffähig sein.

8.9 Zusammenfassung

Wir haben anhand der Web-Dynpro-MusicBox die umfangreichen Möglichkeiten besprochen, mit denen Sie Ihre Web-Dynpro-Anwendung durch konsequente Komponentisierung flexibel und anpassungsfähig machen.

Darüber hinaus sind wir auf die Benutzung der Portal-Personalisierung innerhalb Ihrer Web-Dynpro-Anwendung eingegangen und haben aufgezeigt, wie Sie Web-Dynpro-basierte Personalisierungsdialoge entwickeln können.

Anhand des Contextual-Navigation-Panels haben wir zudem die Möglichkeiten der Object-based Navigation besprochen und aufgezeigt, wie Sie durch die geschickte Definition von Business-Objekten und Operationen eine sehr flexible Beschreibung der von Ihnen bereitgestellten Funktionalitäten erreichen können.

Zu guter Letzt haben wir einerseits die Grenzen und Einschränkungen diskutiert, die bei der Integration von Web-Dynpro-Anwendungen in das SAP NetWeaver Portal auf Basis von SAP NetWeaver 2004 existieren, andererseits haben wir aber auch einen Blick in die Zukunft geworfen und beschrieben, welche Integrationsmöglichkeiten sich mit dem nächsten Release von SAP NetWeaver ergeben werden.

9 Generische Entwicklungskomponenten

In diesem Kapitel gehen wir näher auf die generischen Entwicklungskomponenten ein, die wir in den verschiedenen Beispielen in diesem Buch verwendet haben. Als Beispiel kann hierbei der DeploymentManager dienen, mit dessen Hilfe wir u. a. die Liste der verfügbaren Web-Dynpro-Applikationen im Web-Dynpro-NavigationTester ermitteln.

Bei der Implementierung der Beispiele in diesem Buch hatten wir von Anfang an zwei Ziele: Zum einen wollten wir die Möglichkeiten aufzeigen, wie Sie Ihre Web-Dynpro-Anwendung durch Verwendung von Web-Dynpro-Komponenten bzw. Komponenten-Interfaces und unter Verwendung der SAP NetWeaver Development Infrastructure (NWDI) strukturieren und in wiederverwendbare Entitäten zerlegen können. Zum anderen wollten wir diese Möglichkeiten auch in den einzelnen Beispielen selbst einsetzen. Um dies zu erreichen, haben wir eine Reihe von generischen Entwicklungskomponenten implementiert, die in den verschiedensten Beispielen verwendet werden. Die jeweilige Verwendung haben wir in den entsprechenden Kapiteln beschrieben. In diesem Kapitel wollen wir nun die Definition einiger dieser generischen Entwicklungskomponenten beschreiben.

9.1 Entwicklungskomponente tc~utils

Bestimmte Funktionalitäten der einzelnen Beispiele in unserem Buch wiederholen sich bzw. sind nicht direkt an das jeweilige Beispiel gekoppelt: Die Encodierung von Übergabeparametern bei einer Navigation zu einer anderen Web-Dynpro-Anwendung oder einem anderen Web-Dynpro-iView, das Sortieren einer Tabelle in einer Web-Dynpro-Anwendung oder das Verpacken von mehreren Parametern für das Portal Eventing sind nur einige Beispiele. Diese Funktionalitäten haben wir über eine oder mehrere generische Java-Klassen implementiert, für die wir die die Entwicklungskomponente tc-utils definiert haben, um die Java-Klassen in allen Beispielen verwenden zu können.

9.1.1 Definition der Entwicklungskomponente tc~utils

Im Folgenden wollen wir diskutieren, wie Sie die Web-Dynpro-Entwicklungskomponente `tc~utils` anlegen und die verschiedenen Java-Klassen über einen entsprechenden Public Part von außen, also von anderen Entwicklungskomponenten, zugreifbar machen.

1. Um eine neue Entwicklungskomponente anzulegen, wechseln Sie zunächst in die **Development Configurations Perspective** des SAP NetWeaver Developer Studio (siehe Abbildung 9.1).

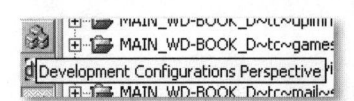

Abbildung 9.1 Auswahl der Development Configurations Perspective

2. Da wir auch die Source-Dateien der Entwicklungskomponente `tc~utils` bereitstellen wollen, starten Sie das Anlegen der Entwicklungskomponente über den Kontextmenüeintrag **Create New DC...** der Software-Komponente `sap.com_WDBP_S_1` (siehe Abbildung 9.2).

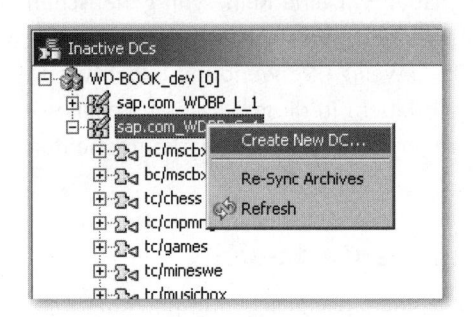

Abbildung 9.2 Anlegen einer neuen Entwicklungskomponente

3. Im daraufhin erscheinenden Dialog definieren Sie den **Vendor** (**sap.com**) und den gewünschten Namen (**Name**) der Entwicklungskomponente; achten Sie darauf, das richtige Präfix (**tc/**) zu wählen, da dieses später nicht geändert werden kann (siehe Abbildung 9.3). Wir definieren die Entwicklungskomponente `tc~utils` als Web-Dynpro-Entwicklungskomponente, obwohl wir – wie Sie später sehen werden – außer den Java-Klassen keine weiteren Web-Dynpro-Entitäten definieren werden.

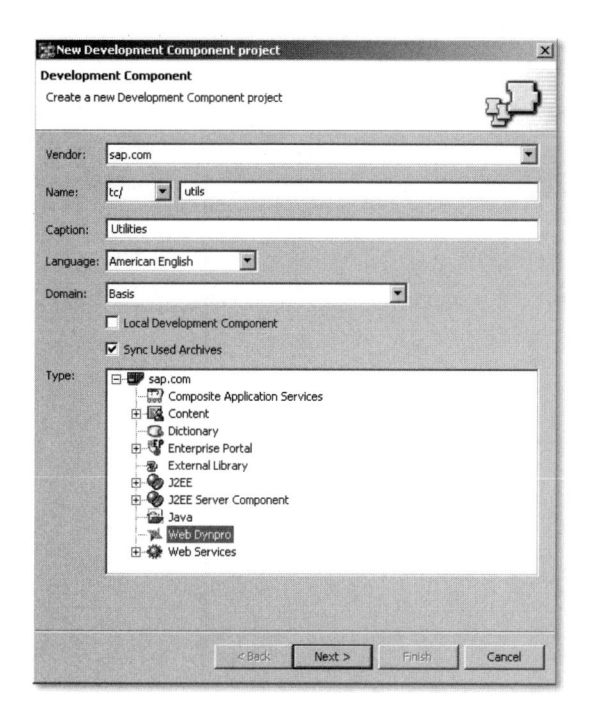

Abbildung 9.3 Definition der Web-Dynpro-Entwicklungskomponente tc~utils

Grundsätzlich können Sie Java-Klassen auch über J2EE- oder Java-Entwicklungskomponenten bereitstellen. Wir haben uns aber bei der Entwicklungskomponente `tc~utils` für eine Web-Dynpro-Variante entschieden, da Sie dabei die bereitgestellten Java-Klassen am einfachsten in Ihr Web-Dynpro-Projekt einbinden können.

Verwendeter Typ der Entwicklungskomponente

4. Nach einem Klick auf den **Next**-Button müssen Sie die neue Entwicklungskomponente (bzw. die damit verknüpften Dateien) einer so genannten **Activity** zuweisen (siehe Abbildung 9.4), indem Sie die gewünschte Activity aus der Liste der verfügbaren Activities auswählen oder mithilfe des Buttons **New Activity...** eine neue erzeugen.

Mittels einer Activity können Sie beliebige Dateien zusammenfassen, die von Ihnen erzeugt oder bearbeitet werden und als ein Paket eingecheckt, aktiviert oder transportiert werden sollen. Grundsätzlich können Sie Dateien aus unterschiedlichen Entwicklungskomponenten in einer Activity zusammenfassen – oft hat aber die Trennung von Dateien je Entwicklungskomponente Sinn.[1]

Verwendung von Activities

---

1 Weiterführende Informationen über die Verwendung von Activities finden Sie unter anderem unter: *https://www.sdn.sap.com/irj/sdn/developerareas/was?rid=/webcontent/uuid/033cabec-0701-0010-5a93-b2776c29d65e*.

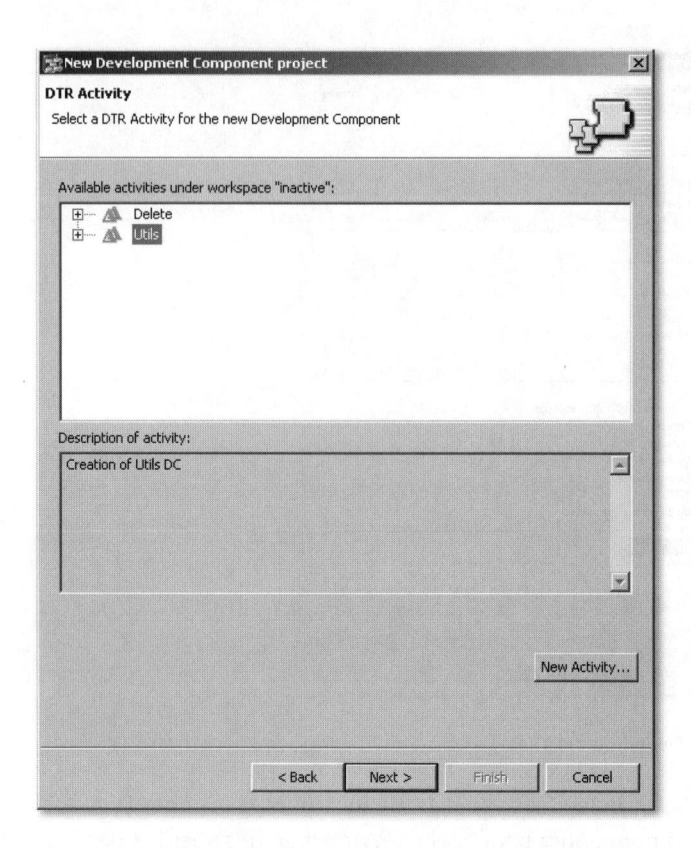

Abbildung 9.4 Zuweisung der Entwicklungskomponente tc~utils zu einer Activity

Erzeugen des Web-Dynpro-Projektes

5. Nachdem Sie die entsprechende Activity ausgewählt haben, wird in einem letzten Schritt das entsprechende Web-Dynpro-Projekt MAIN_WD-BOOK_D~tc~utils~sap.com angelegt, über das Sie später innerhalb der Web-Dynpro-Perspektive des SAP NetWeaver Developer Studio Zugriff auf die Inhalte der Entwicklungskomponente tc~utils haben (siehe Abbildung 9.5).

6. Nach dem Klick auf den **Finish**-Button wird sowohl die Entwicklungskomponente als auch das entsprechende Web-Dynpro-Projekt erzeugt. Abbildung 9.6 zeigt die angelegte Entwicklungskomponente tc~utils in der **Development Configurations Perspective**.

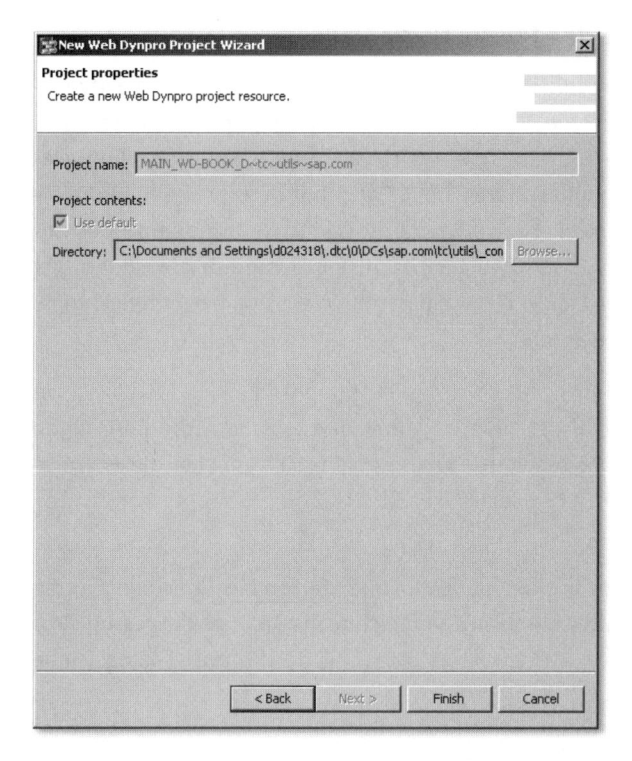

Abbildung 9.5 Anlegen eines Web-Dynpro-Projektes auf Basis einer Web-Dynpro-Entwicklungskomponente

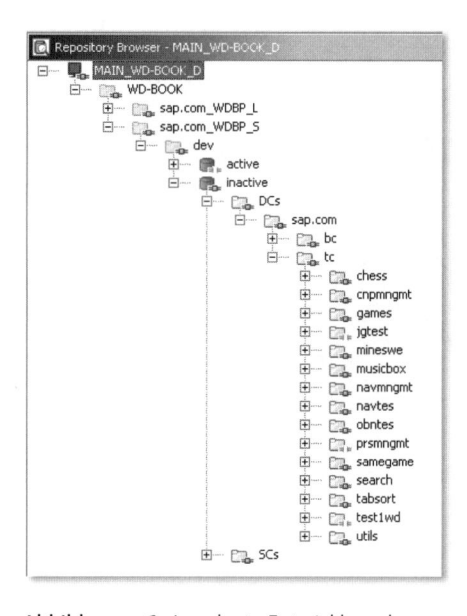

Abbildung 9.6 Angelegte Entwicklungskomponente tc~utils

Entwicklungskomponente tc~utils **361**

9.1.2 Definition des Public Parts Utils

Verwendung von Public Parts

Ein wesentlicher Bestandteil der NWDI und des Einsatzes von Entwicklungskomponenten ist die Möglichkeit, explizit definieren zu können, wer auf welche Funktionalitäten welche Art von Zugriff hat. Jede Entwicklungskomponente definiert dazu Public Parts, mit deren Hilfe man die öffentlichen Bestandteile der jeweiligen Entwicklungskomponente bestimmen kann. In Kapitel 3 sind wir bereits ausführlicher auf die Bedeutung eines Public Parts im Zusammenhang mit Web-Dynpro-Entwicklungskomponenten eingegangen.

Für unsere Web-Dynpro-Entwicklungskomponente tc~utils wollen wir nun den Public Part Utils anlegen, über den wir dann die benötigten Java-Klassen verfügbar machen. Dazu müssen wir zunächst die entsprechenden Java-Dateien in das Projekt MAIN_WD-BOOK_D~tc~utils~sap.com importieren.

Import der Java-Dateien

1. Wechseln Sie dazu in den Navigator und starten Sie über den Eintrag **Import...** im Kontextmenü des Verzeichnisses **src · packages** im Projekt MAIN_WD-BOOK_D~tc~utils~sap.com den Import-Dialog (siehe Abbildung 9.7).

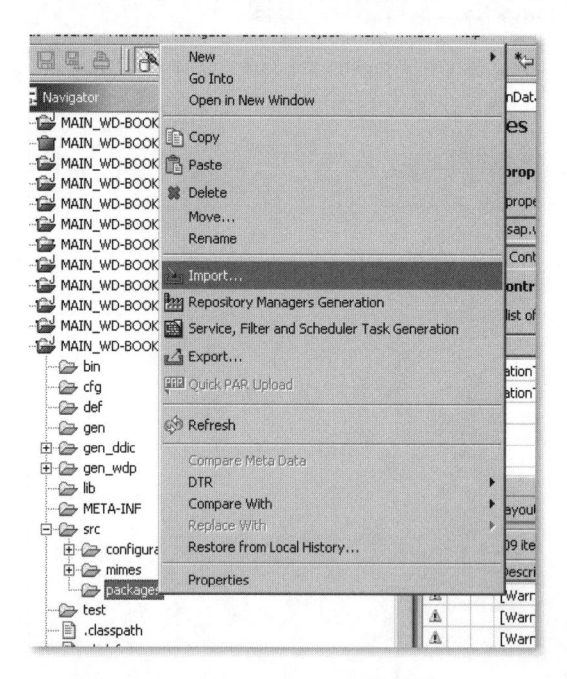

Abbildung 9.7 Start des Projekt-Imports

362 Generische Entwicklungskomponenten

2. Da wir einzelne Java-Dateien importieren wollen, wählen Sie im darauf erscheinenden Dialogfenster **File system** (siehe Abbildung 9.8).

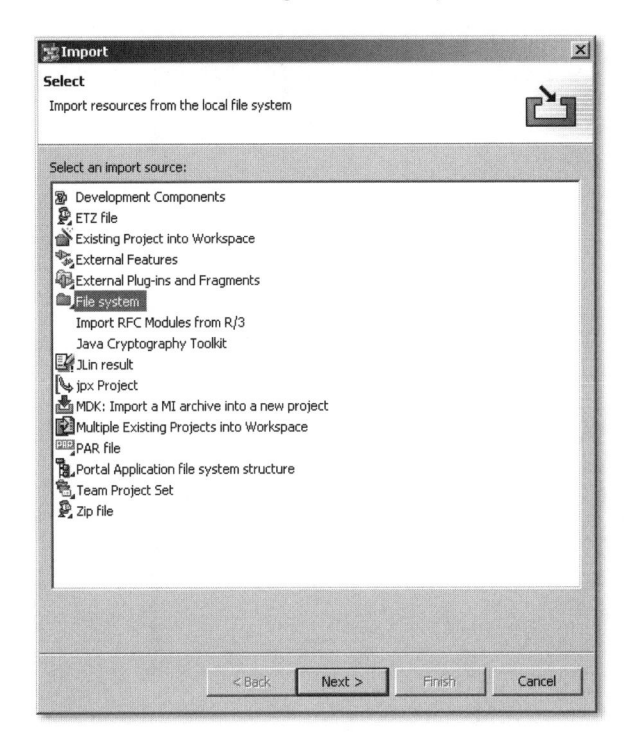

Abbildung 9.8 Auswahl des File-System-Imports

3. Nach dem Klick auf den **Next**-Button haben Sie die Möglichkeit, die einzelnen Java-Dateien auszuwählen. In unserem Beispiel liegen sie im Verzeichnis *C:\Temp* (siehe Abbildung 9.9).

    Auswahl der Java-Dateien

    Bitte beachten Sie bei der Auswahl von Java-Dateien, dass die komplette Verzeichnisstruktur unterhalb des gewählten Wurzel-Verzeichnisses importiert wird – in unserem Beispiel also alles unterhalb von *C:\Temp*. Speziell beim Import von Java-Dateien ist es daher wichtig, die entsprechenden Dateien *nicht* direkt aus dem Verzeichnis zu importieren, in dem sie sich befinden, sondern aus dem durch die verwendeten Package-Namen benötigten Vater-Verzeichnis.

4. Nach dem Klick auf **Finish** werden die ausgewählten Java-Dateien importiert. Das SAP NetWeaver Developer Studio erkennt dabei automatisch, dass es sich hierbei um neue Dateien handelt, und zeigt dies an, wie Sie in Abbildung 9.10 erkennen können: Hier werden Sie aufgefordert, die entsprechenden Dateien einer Activity zuzuweisen, über die die Dateien später im Design Time Repository abgelegt werden.

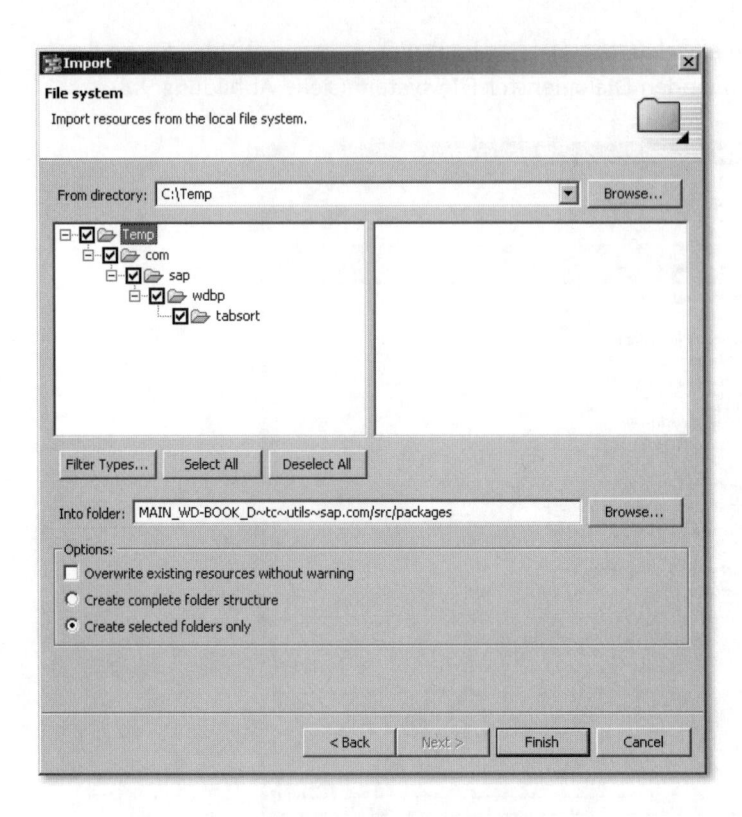

Abbildung 9.9 Auswahl des gewünschten Java-Packages

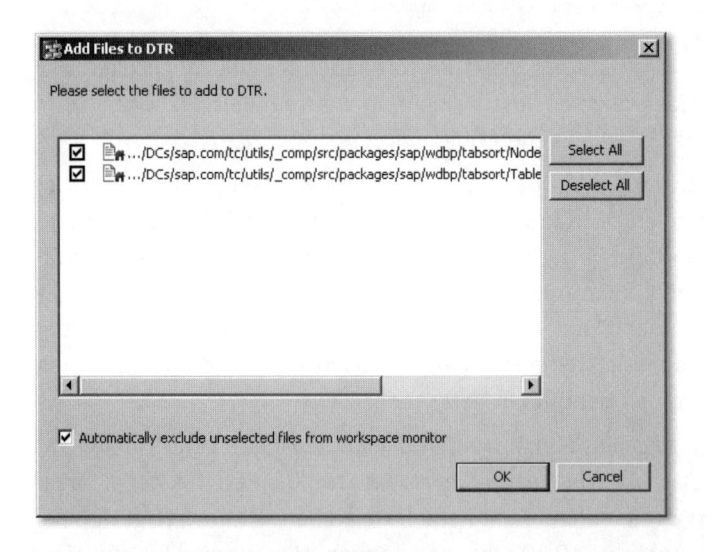

Abbildung 9.10 Hinzufügen neuer Java-Dateien in die Activity Utils

5. Nachdem Sie über den **OK**-Button bestätigt haben, dass Sie diese neuen Dateien übernehmen wollen, müssen Sie im letzten Schritt noch die entsprechende Activity `Utils` auswählen und auf **OK** klicken (siehe Abbildung 9.11).

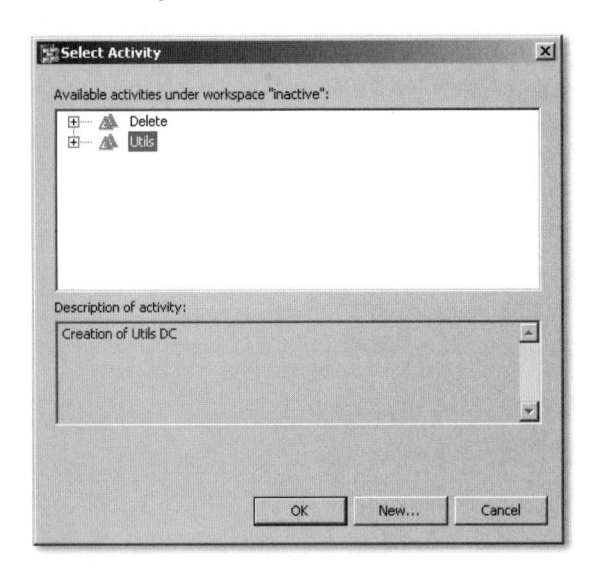

Abbildung 9.11 Auswahl der Activity Utils

Abbildung 9.12 zeigt die importierten Java-Dateien an. Sie können diese nun durch Doppelklicken im Java Editor anzeigen und editieren. Wir legen die Java-Dateien in der Entwicklungskomponente `tc~utils` ab, grundsätzlich könnten Sie aber in dieser Entwicklungskomponente auch beliebige Web-Dynpro-Entitäten erzeugen und ablegen.

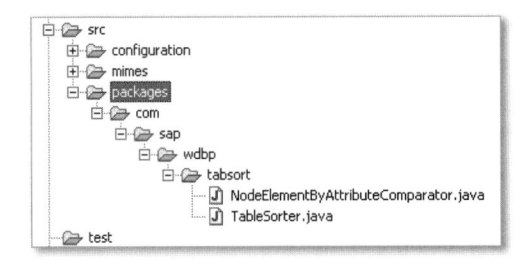

Abbildung 9.12 Importierte Java-Dateien

Nachdem wir nun die benötigten Java-Dateien importiert haben, müssen wir den entsprechenden Public Part anlegen, über den später die verwendenden Web-Dynpro-Komponenten die einzelnen Java-Klassen referenzieren können.

Anlegen des Public Parts

Entwicklungskomponente tc~utils **365**

1. Um den entsprechenden Dialog zu öffnen, haben Sie grundsätzlich zwei Möglichkeiten. Sie können ihn zum einen im Web Dynpro Explorer über den Eintrag **New Public Part ...** des Kontextmenüs des Verzeichnisses **DC MetaData · Public Parts** starten (siehe Abbildung 9.13), zum anderen können Sie über den Eintrag **Development Component · Add to Public Part** des Kontextmenüs der einzelnen Java-Dateien ebenfalls den Dialog zum Anlegen eines Public Parts auswählen.

Abbildung 9.13 Erzeugen eines neuen Public Parts

2. Im nächsten Schritt definieren Sie den Namen des Public Parts. Optional können Sie noch eine Überschrift und eine Beschreibung der Inhalte des Public Parts angeben (siehe Abbildung 9.14).

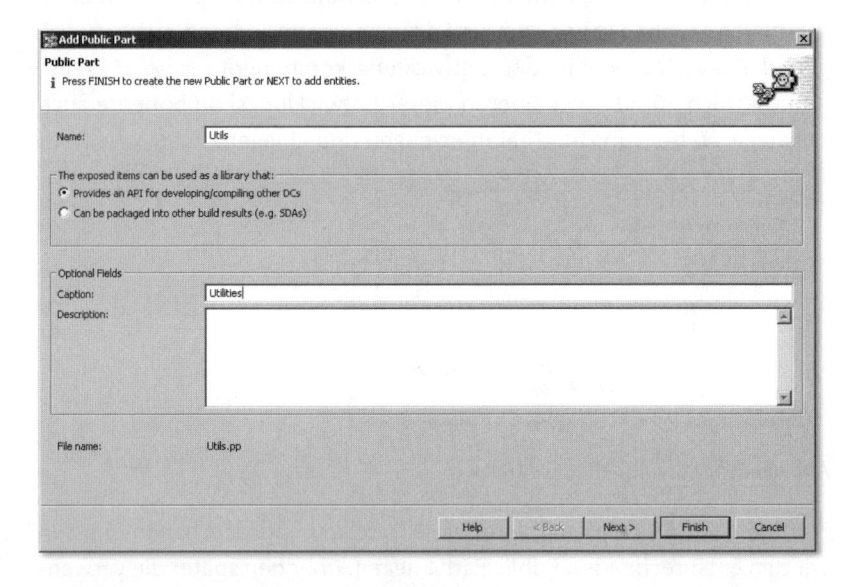

Abbildung 9.14 Definition des Public Parts Utils

3. Nach dem Klick auf den **Next**-Button gelangen Sie zum nächsten Dialogschritt, in dem Sie die einzelnen Bestandteile auswählen, die Teil des Public Parts werden sollen.

   In unserem Beispiel wählen wir **Java Class Entity Type** und definieren die gewünschten Java-Dateien, wie Sie in Abbildung 9.15 erkennen können.

   Definition der Bestandteile des Public Parts

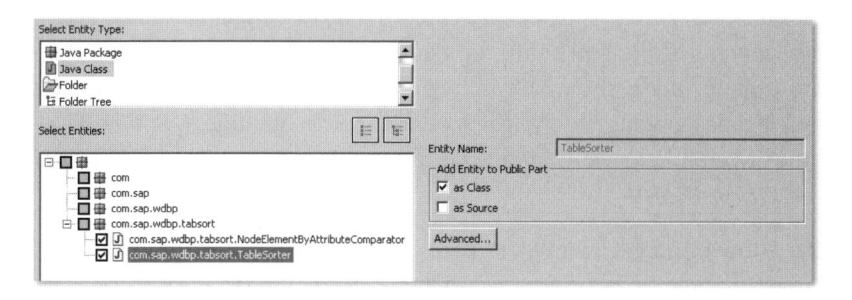

Abbildung 9.15 Auswahl der Java-Dateien

4. Nach dem Klick auf **Finish** wird der Public Part Utils erzeugt. Um eine spätere korrekte Verwendung zu ermöglichen, müssen Sie nun die gesamte Entwicklungskomponente über Auswahl des Eintrags **Development Component • Build...** im Kontextmenü des Projektes MAIN_WD-BOOK_D~tc~utils~sap.com neu bauen (siehe Abbildung 9.16). Dadurch werden die benötigten Dateien aktualisiert und die in unserem Fall benötigte JAR-Datei erzeugt.

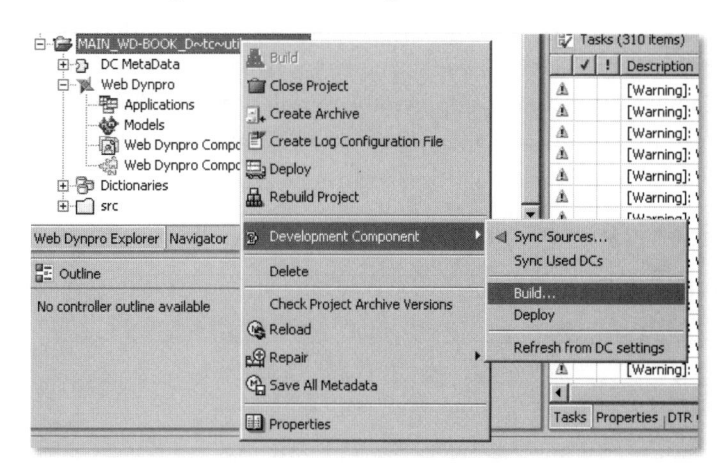

Abbildung 9.16 Anstoßen des Development-Component-Builds

Entwicklungskomponente tc~utils **367**

Die Entwicklungskomponente `tc~utils` steht jetzt beliebigen anderen Entwicklungskomponenten zur Verfügung. Die Benutzung der Entwicklungskomponente `tc~utils` innerhalb eines Beispiels finden Sie in Kapitel 6.

9.2 Web-Dynpro-DeploymentManager

Verwendung des DeploymentManagers in den Beispielen

Mithilfe des Web-Dynpro-DeploymentManagers erhält Ihre Web-Dynpro-Anwendung Zugriff auf Informationen über die deployten Web-Dynpro-Inhalte. Beispielsweise ermittelt der Web-Dynpro-NavigationTester mithilfe des DeploymentManagers die Liste der verfügbaren Web-Dynpro-Anwendungen, die Web-Dynpro-GameStation erhält die Liste der verfügbaren Spiele.

Der Web-Dynpro-DeploymentManager ist als nicht visuelle Web-Dynpro-Komponente realisiert und stellt somit kein eigenes User-Interface zur Verfügung. Die entsprechende Web-Dynpro-Komponente ist die Komponente `DeploymentManagerComp` im Web-Dynpro-Projekt `MAIN_WD-BOOK_D~tc~dplmng~sap.com`, die Entwicklungskomponente ist `tc~dplmng`.

9.2.1 Definition der bereitgestellten Informationen

Deklarativer Zugriff auf Daten

Um alle verfügbaren Informationen über die deployten Web-Dynpro-Entitäten rein deklarativ zur Verfügung zu stellen, definiert der DeploymentManager über seinen Component-Interface-Controller die entsprechenden Context-Knoten. Da wir aber im Component-Interface-Controller keine Daten erzeugen oder verwalten möchten, haben wir die entsprechenden Context-Knoten im Component-Controller selbst definiert. Der Component-Interface-Controller greift auf diese Knoten dann über Context-Mapping zu, wie Abbildung 9.17 zeigt.

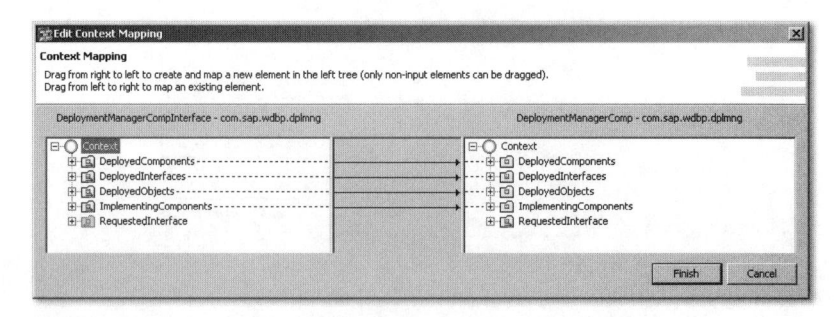

Abbildung 9.17 Context-Mapping zwischen Component-Interface-Controller-Context und Component-Controller-Context

Der Context-Knoten `RequestedInterface` spielt hierbei eine Sonderrolle, da das entsprechende Knotenattribut `FullName` von außen, also von der verwendenden Web-Dynpro-Komponente bestimmt werden muss (siehe Kapitel 3). Um dies zu erreichen, definieren wir den Context-Knoten `RequestedInterface` als ein so genanntes *Input-Element*, indem wir die entsprechende Eigenschaft **isInputElement** auf **true** setzen (siehe Abbildung 9.18).

Abbildung 9.18 Context-Knoten RequestedInterface

Damit stellen wir sicher, dass der Knoten `RequestedInterface` später vom Verwender – der verwendenden Web-Dynpro-Komponente – über Reverse Context-Mapping mit einem Wert gefüllt werden kann.

Verwendung von Reverse Context-Mappings

Damit erklärt sich auch die Tatsache, dass der `RequestedInterface`-Knoten nicht innerhalb des Component-Controllers definiert wird, sondern innerhalb des Component-Interface-Controllers. Über ein Context-Mapping zwischen dem Component-Controller und dem Component-Interface-Controller reichen wir den Wert weiter (siehe Abbildung 9.19).

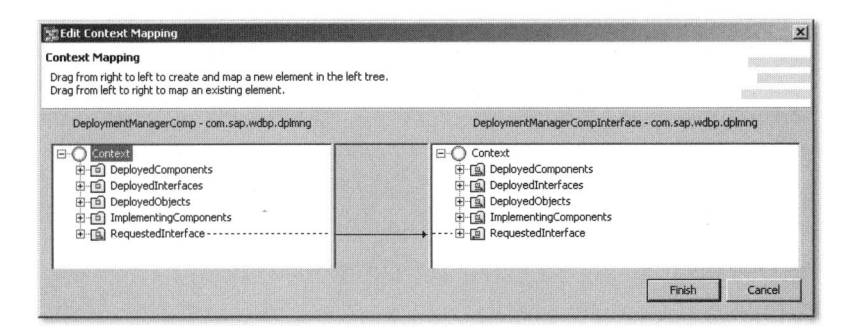

Abbildung 9.19 Context-Mapping für den Knoten RequestedInterface

Bidirektionales Context-Mapping

Somit bestehen zwischen dem Component-Controller und dem Component-Interface-Controller Context-Mappings in beide Richtungen – ein schönes Beispiel für ein bidirektionales Context-Mapping, das im Übrigen auch im Web Dynpro Data Modeller sichtbar wird, da der Data-Link zwischen Component-Controller und Interface-Controller entsprechend dargestellt wird (siehe Abbildung 9.20).

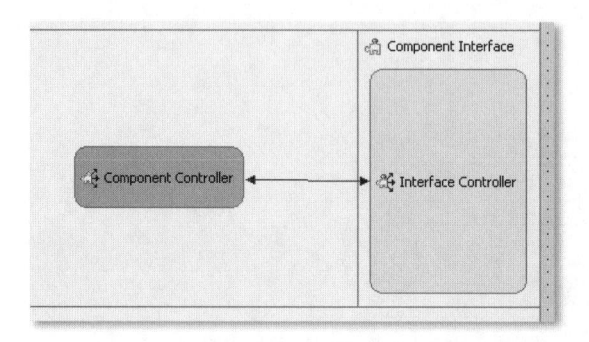

Abbildung 9.20 Bidirektionales Context-Mapping

9.2.2 Beschreibung der bereitgestellten Informationen

Ermittlung aller Web-Dynpro-Entitäten

Um generisch auf alle deployten Web-Dynpro-Entitäten zugreifen zu können, bietet der Web-Dynpro-DeploymentManager den Context-Knoten `DeployedObjects` an. Ein `DeployedObjects`-Knotenelement entspricht dabei einer Web-Dynpro-Entwicklungskomponente bzw. einem Web-Dynpro-Eclipse-Projekt.

Für jedes `DeployedObjects`-Knotenelement werden über den Knoten `DeployedParts` alle Web-Dynpro-Entitäten aufgelistet, die sich in der betreffenden Web-Dynpro-Entwicklungskomponente bzw. im Web-Dynpro-Eclipse-Projekt befinden. Abbildung 9.21 zeigt die Definition des Context-Knotens `DeployedObjects`.

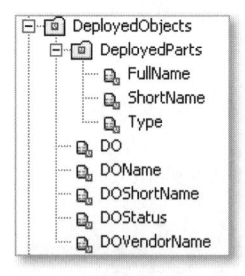

Abbildung 9.21 Context-Knoten DeployedObjects

Der Web-Dynpro-NavigationTester verwendet den `DeployedObjects`-Knoten beispielsweise, um die Liste der verfügbaren Web-Dynpro-Anwendungen zu ermitteln (siehe Kapitel 6). Die Liste der verfügbaren Web-Dynpro-Komponenten erhalten Sie über den `DeployedComponents`-Context-Knoten (siehe Abbildung 9.22). Für jede Web-Dynpro-Komponente werden zudem mithilfe des Context-Knotens `ImplementedInterfaces` diejenigen Web-Dynpro-Komponenten-Interfaces bereitgestellt, die von der jeweiligen Web-Dynpro-Komponente implementiert werden.

Liste verfügbarer Web-Dynpro-Komponenten

```
DeployedComponents
    ImplementedInterfaces
        FullName
        InterfaceInfo
        ShortName
    DOName
    DOPart
    DOShortName
    FullName
    ShortName
```

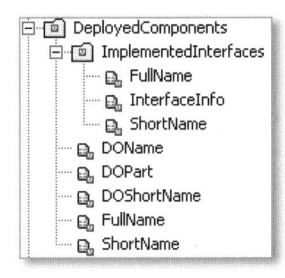

Abbildung 9.22 Context-Knoten DeployedComponent

Die definierten Web-Dynpro-Komponenten-Interfaces wiederum werden über den Context-Knoten `DeployedInterfaces` zur Verfügung gestellt (siehe Abbildung 9.23).

Definierte Web-Dynpro-Komponenten-Interfaces

```
DeployedInterfaces
    DOName
    DOPart
    DOShortName
    FullName
    ShortName
```

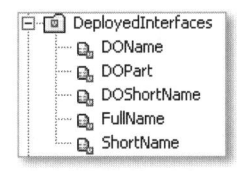

Abbildung 9.23 Context-Knoten DeployedInterfaces

Zu guter Letzt können Sie über den Context-Knoten `ImplementingComponents` alle Web-Dynpro-Komponenten ermitteln, die das durch den Context-Knoten `RequestedInterface` vorgegebene Komponenten-Interface definieren (siehe Abbildung 9.24). Der Context-Knoten `ImplementingComponents` ist immer dann sehr hilfreich, wenn Sie in Ihrer Web-Dynpro-Anwendung das dynamische Nachladen beliebiger Implementierungen eines bestimmten Komponenten-Interfaces anbieten wollen. Sowohl die Web-Dynpro-GameStation als auch die Web-Dynpro-MusicBox machen von dieser Technik Gebrauch.

Ermittlung aller Web-Dynpro-Komponenten für ein bestimmtes Web-Dynpro-Komponenten-Interface

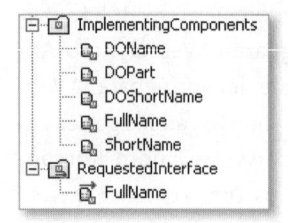

Abbildung 9.24 Context-Knoten ImplementingComponents

9.3 Entwicklungskomponente tc~pplibs

Sobald Sie innerhalb Ihrer Web-Dynpro-Anwendung auf einen Portal-Service zugreifen wollen, müssen Sie neben der Definition der entsprechenden Sharing Reference Ihrer Web-Dynpro-Anwendung die benötigten JAR-Archive zugänglich machen, um sicherzustellen, dass die von den verwendeten Portal-Services benötigten Java-Klassen und -Interfaces verfügbar sind.

9.3.1 Bereitstellung der benötigten JAR-Archive

Verwendung einer External-Library-Entwicklungskomponente

Wir definieren dazu die Entwicklungskomponente `tc~pplibs`, über die wir den Web-Dynpro-Entwicklungskomponenten in diesem Buch alle benötigten JAR-Archive verfügbar machen. Dabei handelt es sich um eine so genannte *External Library* (siehe Abbildung 9.25).

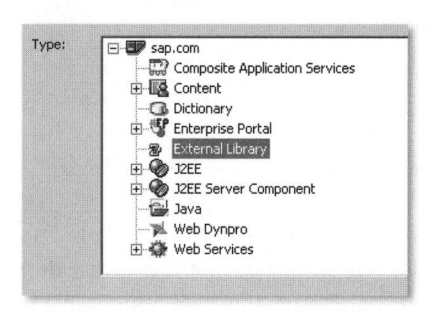

Abbildung 9.25 Anlegen einer External-Library-Entwicklungskomponente

Import der JAR-Archive

Nachdem Sie die Entwicklungskomponente `tc~pplibs` in der **Development Configurations Perspective** analog zu den in den letzten Abschnitten vorgestellten Entwicklungskomponenten angelegt haben, müssen Sie die gewünschten JAR-Archive importieren. Wechseln Sie hierzu in die **Resource Perspective** (siehe Abbildung 9.26).

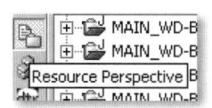

Abbildung 9.26 Auswahl der Resource Perspective

Nun können Sie über den in Abschnitt 9.1 beschriebenen File-Import die gewünschten JAR-Archive in die Entwicklungskomponente `tc~pplibs` importieren. Abbildung 9.27 zeigt alle verwendeten Archive.

Hinzufügen der JAR-Archive zum Public Part

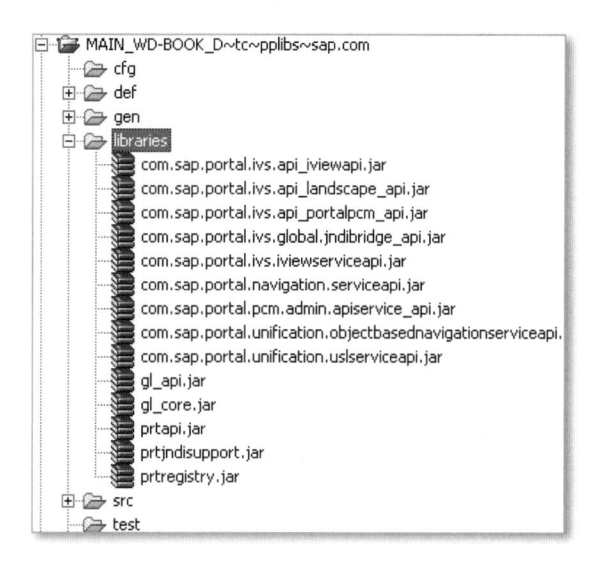

Abbildung 9.27 Verwendete JAR-Archive

Um nun die gewünschten JAR-Archive anderen Entwicklungskomponenten zur Verfügung zu stellen, müssen Sie einen entsprechenden Public Part definieren. Für die Entwicklungskomponente `tc~pplibs` definieren wir analog zu Abschnitt 9.1.2 den Public Part `PortalLibraries`. Sie können die einzelnen JAR-Archive dem Public Part dabei entweder über den Kontextmenüeintrag **Development Component · Add to Public Part** des entsprechenden JAR-Archivs (siehe Abbildung 9.28) oder direkt beim Anlegen des Public Parts selbst (siehe Abbildung 9.29) hinzufügen.

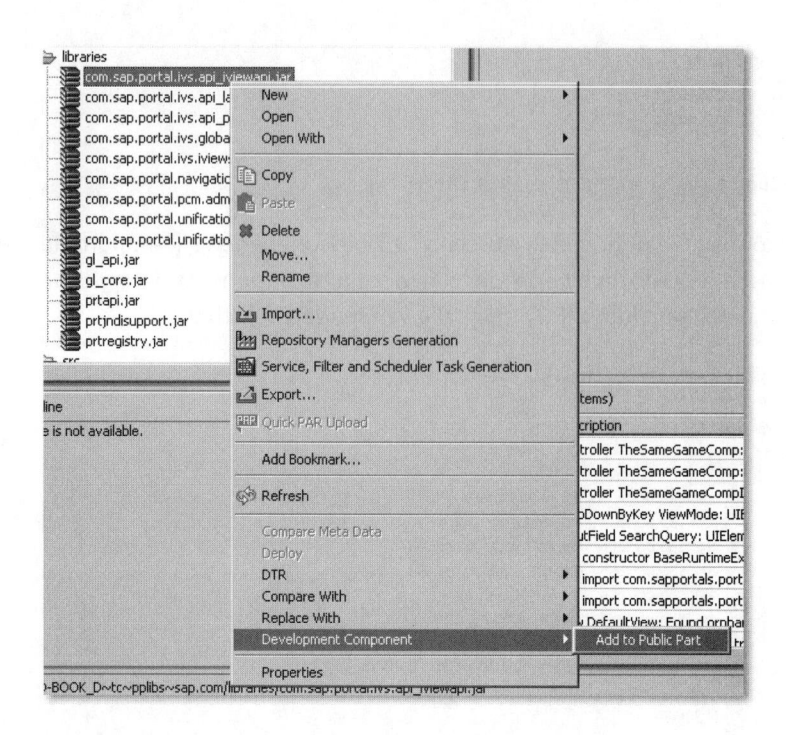

Abbildung 9.28 Hinzufügen eines JAR-Archivs zum Public Part

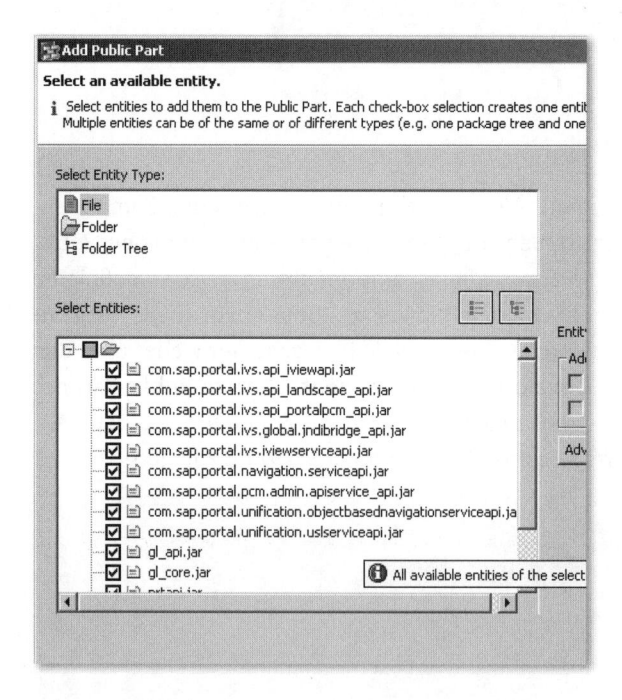

Abbildung 9.29 Definition der JAR-Archive des Public Parts PortalLibraries

9.3.2 Lokalisierung der benötigten JAR-Archive

Eine Frage, die uns in diesem Zusammenhang immer wieder gestellt wird, ist die von uns empfohlene Art, die benötigten JAR-Archive zu finden. Grundsätzlich können Sie, wie schon erwähnt, jeden Portal-Service innerhalb Ihrer Web-Dynpro-Anwendung aufrufen. Allerdings gibt es unseres Wissens keine Gesamtübersicht über die vorhandenen Portal-Services und deren Funktionalitäten.

Gesamtverzeichnis der vorhandenen Portal-Services

Sobald Sie den Namen des gewünschten Portal-Service kennen, haben Sie zwei Möglichkeiten, die dafür benötigten JAR-Archive zu finden.

▶ Sobald Sie Zugriff auf das Dateisystem Ihrer SAP NetWeaver Portal-Installation haben, können Sie alle Portal-Services unter

Direkter Zugriff auf das Dateisystem

C:\usr\sap\<SystemName>\JC<InstanceName>\j2ee\cluster\ server<Node>\apps\sap.com\irj\servlet_jsp\irj\root\ WEB-INF\portal\portalapps

finden. Den in Kapitel 6 verwendeten Portal-Service, um die gültigen Operationen eines Business-Objekts einzulesen, finden Sie beispielsweise unter:

C:\usr\sap\\<SystemName>\JC<InstanceName>\j2ee\cluster\ server0\apps\sap.com\irj\servlet_jsp\irj\root\WEB-INF\portal\ portalapps\com.sap.portal.unification.objectbasednavigationservice\ lib

Achten Sie hierbei darauf, die JAR-Archive immer aus dem *lib*-Unterverzeichnis des Portal-Service zu lesen.

▶ Sobald Sie keinen direkten Zugriff auf das Dateisystem Ihrer SAP NetWeaver Portal-Installation haben, können Sie die benötigten JAR-Archive auch direkt über das Portal-UI herunterladen – vorausgesetzt, Sie besitzen Systemadministratorrechte.

Herunterladen der JAR-Archive aus dem Portal

Unter **System Administration · Support · Portal Runtime · Browse Deployment** können Sie ähnlich wie im Datei-Explorer den vorhandenen Portal-Service auswählen, wie Abbildung 9.30 zeigt.

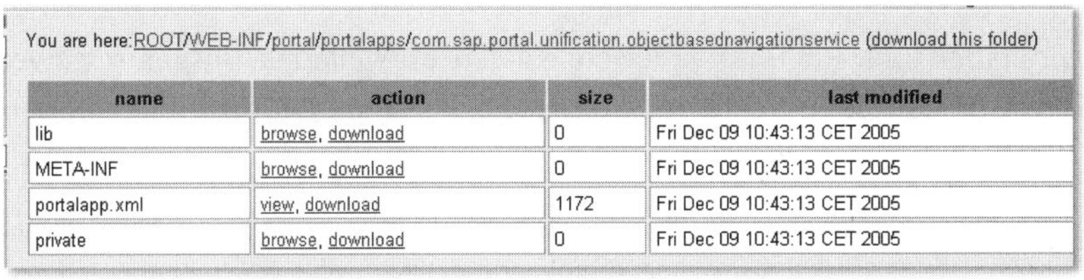

name	action	size	last modified
lib	browse, download	0	Fri Dec 09 10:43:13 CET 2005
META-INF	browse, download	0	Fri Dec 09 10:43:13 CET 2005
portalapp.xml	view, download	1172	Fri Dec 09 10:43:13 CET 2005
private	browse, download	0	Fri Dec 09 10:43:13 CET 2005

You are here: ROOT/WEB-INF/portal/portalapps/com.sap.portal.unification.objectbasednavigationservice (download this folder)

Abbildung 9.30 Auswahl eines Portal-Service über das Portal-UI

> **Tipp**
>
> Noch ein wichtiger Hinweis in Zusammenhang mit Portal-Services: Importieren Sie niemals die benötigten JAR-Archive direkt in Ihr Web-Dynpro-Projekt oder Ihre Web-Dynpro-Entwicklungskomponente. Dadurch werden diese JAR-Archive zusammen mit Ihrer Web-Dynpro-Anwendung deployt, wodurch zur Laufzeit Probleme auftreten können, da die Java-Klassen und -Interfaces der verwendeten Portal-Services zweimal vorhanden sind.

9.4 Grundsätzliche Unterteilung der Entwicklungskomponenten

Einsatz von Software-Komponenten

Nachdem wir in den letzten Abschnitten beispielhaft verschiedene Arten von Entwicklungskomponenten besprochen haben, wollen wir schließlich noch auf die Möglichkeiten innerhalb der NWDI eingehen, Ihre Entwicklungskomponenten zu größeren Einheiten zusammenzufassen: den so genannten *Software-Komponenten (Software Components)*.

Gründe für den Einsatz mehrerer Entwicklungskomponenten

Typischerweise werden Sie Ihre Web-Dynpro-Anwendung(en) nicht komplett in einer einzigen Entwicklungskomponente implementieren – die Beispiele in diesem Buch sind dafür wohl der beste Beweis. Oft hat zum Beispiel die Trennung von Component-Interface und entsprechender Implementierung in unterschiedliche Entwicklungskomponenten Sinn. Darüber hinaus spielen auch organisatorische oder räumliche Aspekte eine Rolle oder auch unterschiedliche Produktzyklen oder Release-Strategien können Anlass für den Einsatz von mehreren Entwicklungskomponenten sein.

Software-Komponenten bündeln Entwicklungskomponenten

Mithilfe der Software-Komponenten können Sie Ihre Entwicklungskomponenten unabhängig von deren Typ gruppieren und zu Liefereinheiten zusammenfassen. Auch dabei spielt eine Vielzahl von Faktoren eine Rolle[2]: Wie sollen die einzelnen Entwicklungskomponenten ausgeliefert werden? Zusammen mit den entsprechenden Source-Dateien? Nur für den Gebrauch zum Designzeitpunkt oder auch zum Einsatz zur Laufzeit?

Wir haben uns für unsere Beispiele dazu entschieden, insgesamt zwei Software-Komponenten einzusetzen, wie Sie in Abbildung 9.31 erkennen

---

2 Wir können an dieser Stelle unmöglich auf alle wichtigen Faktoren eingehen, die Sie beim Design Ihrer Entwicklungskomponenten bzw. Software-Komponenten berücksichtigen müssen. Wir verweisen Sie deshalb wieder auf die vorhandene, sehr ausführliche Dokumentation unter *http://help.sap.com* oder *http://sdn.sap.com*.

können. Die Software-Komponente sap.com_WDBP_L_1 enthält diejenigen Entwicklungskomponenten, für die wir keine Source-Dateien bereitstellen wollen. Die Software-Komponente sap.com_WDBP_S_1 enthält unsere Entwicklungskomponenten, die wir in diesem Fall zusammen mit den entsprechenden Source-Dateien bereitstellen.

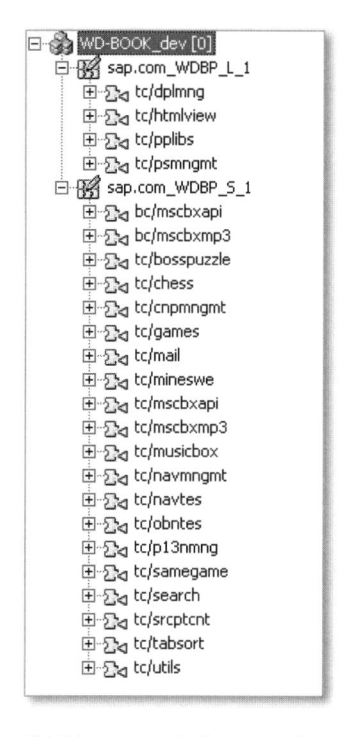

Abbildung 9.31 Definierte Software-Komponenten

Die Frage, ob Sie Ihre Web-Dynpro-Anwendungen mit oder ohne Source-Dateien ausliefern, können wir an dieser Stelle nicht verlässlich beantworten. Dies hängt sicherlich auch von der grundsätzlichen Auslieferungsstrategie Ihres Unternehmens ab.

9.5 Zusammenfassung

In diesem Kapitel haben wir besprochen, wie Sie mithilfe von Entwicklungsklassen unterschiedliche Funktionalitäten definieren und bereitstellen können, die in anderen Entwicklungskomponenten wiederverwendet werden können.

Neben der Verwendung von Web-Dynpro-Entwicklungskomponenten, mit deren Hilfe wir sowohl einfache Java-Klassen als auch beliebige Web-

Dynpro-Entitäten bereitgestellt haben, haben Sie gesehen, wie Sie mithilfe einer External-Library-Entwicklungskomponente beliebige JAR-Archive Ihren Web-Dynpro-Projekten bzw. Entwicklungskomponenten zur Verfügung stellen können.

Außerdem haben wir besprochen, wie Sie durch den Einsatz von Software-Komponenten Ihre Entwicklungskomponenten gruppieren und zusammenfassen können.

10 Tipps zur Installation, Konfiguration und Administration

Dieses Kapitel liefert einen Überblick über die verschiedenen Aufgabenbereiche, die für die Installation, Administration und Wartung der Web-Dynpro-Laufzeit relevant sind. Es gibt praxisnahe Beispiele für die Konfiguration der Laufzeit und nennt Tipps und Tricks zur Analyse und Behebung auftretender Probleme. Des Weiteren werden verschiedene Werkzeuge vorgestellt, die für diesen Themenkreis relevant sind.

10.1 Überblick

Nachdem wir in den vorangegangenen Kapiteln die für die Anwendungsentwicklung relevanten Web-Dynpro-Programmiertechniken anhand vieler Beispiele vorgestellt haben, wollen wir nun einen weiteren für die Praxis wichtigen Themenbereich besprechen, der insbesondere für die Testphase und den produktiven Einsatz von Geschäftsanwendungen eine bedeutende Rolle spielt: Den Bereich der Installation, Konfiguration und Administration der Web-Dynpro-Laufzeit und deren Anwendungen. Wir legen dabei den Schwerpunkt auf Web-Dynpro-spezifische Themen, gehen aber auch auf andere Bereiche des SAP Web Application Server ein, sofern sich diese direkt auf das Laufzeitverhalten von Web Dynpro auswirken oder für das Verständnis der Architektur und für die Analyse möglicher auftretender Probleme relevant sind.

10.2 Installation und Wartung der Web-Dynpro-Laufzeit

Zu den Aufgaben eines Systemadministrators gehören die Installation und Wartung eines Systems. Eine häufig wiederkehrende Aufgabe ist dabei das Einspielen von Patches und Service Packs bestimmter Komponenten. Nach der Installation eines Service Packs muss der Administrator in der Lage sein nachzuprüfen, ob dieser Vorgang vollständig und erfolgreich durchgeführt wurde und die aktualisierte Komponente wieder funktionsfähig zur Verfügung steht. Dazu benötigt er ein grundlegendes Verständnis der Laufzeitarchitektur, der Systemlandschaft des Application Servers und der Web-Dynpro-Laufzeit. Des Weiteren muss er in der Lage sein, Basistests der aktualisierten Komponente auszuführen sowie mögliche auftretende Probleme zu analysieren und deren Ursachen zu beheben.

In diesem Abschnitt wird das notwendige Basiswissen behandelt, das für diese Aufgaben in Bezug auf die Web-Dynpro-Laufzeit notwendig ist. Wir stellen dazu die grundlegenden Konzepte der Architektur des SAP Web AS und der Web-Dynpro-Laufzeit vor und gehen anschließend genauer auf das Einspielen von Patches, die Überprüfung ihrer Funktionsfähigkeit, die Abfrage von Versionsinformationen, das Thema Remote Debugging sowie verschiedene Tipps und Tricks zur Analyse auftretender Probleme ein.

10.2.1 Grundlegende Architektur des SAP Web Application Servers

Der *SAP Web Application Server*[1] (Web AS) stellt die Technologie-Plattform dar, auf der Software-Komponenten wie die Web-Dynpro-Laufzeit und deren Anwendungen deployt und ausgeführt werden. Er bildet die technologische Grundlage für alle modernen SAP-Lösungen.

Systemlandschaft des SAP Web Application Server

Cluster-Systemlandschaft des Web AS

Das ausgereifte Design des Web AS erlaubt es, viele Applikationsserver-Instanzen zu einem homogenen Cluster zusammenschließen und die Last somit effizient auf die zur Verfügung stehenden Server verteilen zu können, wodurch eine hohe Skalierbarkeit, Zuverlässigkeit und Verfügbarkeit garantiert ist. Dies ist eine wichtige Voraussetzung für den reibungslosen Ablauf geschäftskritischer Anwendungen eines Unternehmens, bei dem eine Anwendung unter Umständen von vielen tausend Benutzern verwendet wird und eine Verfügbarkeit rund um die Uhr gewährleistet sein muss. Abbildung 10.1 zeigt die Hauptbestandteile des Web AS in einer Cluster-Umgebung:

SAP Web Dispatcher

- Der *SAP Web Dispatcher* ist zentraler Einstiegspunkt für alle Benutzeranfragen und übernimmt die Aufgabe der globalen Lastverteilung eingehender Anfragen auf die zur Verfügung stehenden Dialoginstanzen[2].

Dialoginstanz mit J2EE Dispatcher und Application Server

- Eine *Dialoginstanz* stellt einen logischen Verbund von *Applikationsservern* dar, die über einen gemeinsamen Lastverteiler, den *J2EE Dispatcher*, mit der Außenwelt verbunden sind. Der J2EE Dispatcher und die Applikationsserver einer Dialoginstanz können dabei auf derselben oder auf getrennter Hardware installiert sein. Der J2EE Dispatcher dient als zentraler Einstiegspunkt einer Dialoginstanz und hat die Auf-

---

1 Ab Release SAP NetWeaver 2004s: SAP NetWeaver Application Server.
2 Anstelle des SAP Web Dispatcher können auch beliebige andere Load-Balancer verwendet werden.

gabe der lokalen Lastverteilung, das heißt, er verteilt die von einem Client zum Beispiel über HTTP eingehenden Anfragen möglichst gleichmäßig an die mit ihm verbundenen Applikationsserver, auf denen die Anfragen dann verarbeitet werden. Auf den Applikationsservern laufen die unterstützten Anwendungscontainer, im Falle des Web AS sind dies der *Web-Container*, der *Portal-Runtime-Container* oder eben der *Web-Dynpro-Container*. Auf letztgenannten gehen wir bei der Besprechung der Laufzeitarchitektur noch einmal genauer ein.

▶ *Zentrale Systemdatenbank* und zentrale Services wie *Message Server* und *Enqueue Locking Server*:

    Zentrale Systemdatenbank und Services

- Die *Systemdatenbank* ist der zentrale Speicherort aller deployten Komponenten, das heißt aller Binärdaten, statischer Webressourcen und Konfigurationen, wodurch die zentrale Administration, das zentrale Deployment, die zentrale Installation bzw. das Upgrade eines Clusters überhaupt erst möglich wird.

- Der *Enqueue Server* dient zum clusterweiten Sperren von Ressourcen, die zu einem Zeitpunkt von nur genau einem Applikationsserver eines Clusters verwendet und geändert werden dürfen.

- Der *Message Server* wird zum Versenden von Nachrichten zwischen den Applikationsservern benötigt, um auf diese Weise bestimmte Events im gesamten Cluster bekannt machen zu können.

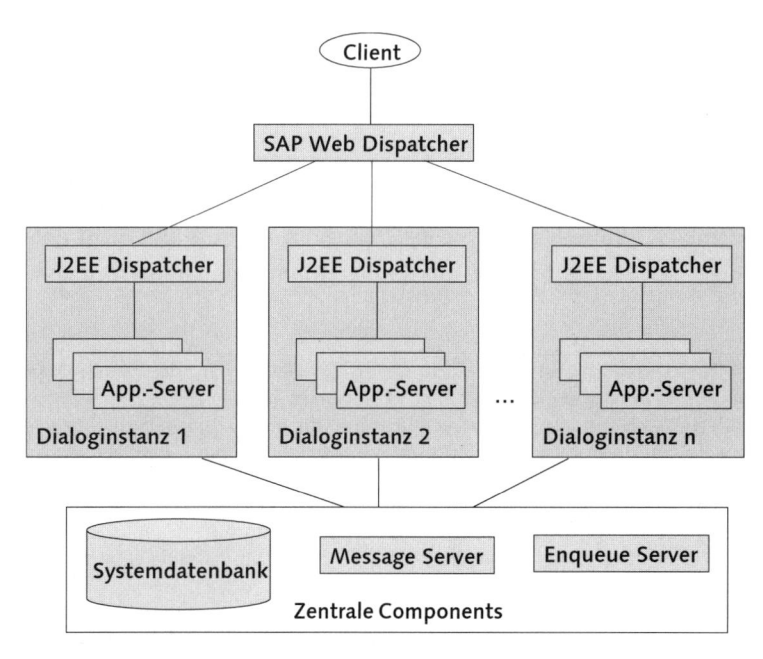

Abbildung 10.1 Hauptkomponenten des SAP Web AS

Installation und Wartung der Web-Dynpro-Laufzeit **381**

Zentrale Administrationswerkzeuge des Web AS

Neben diesen Hauptkomponenten des Web AS gibt es zentrale Werkzeuge, die für die zentrale Administration, das Deployment und die Konfiguration eines Clusters zur Verfügung stehen:

Visual Administrator und SAP NetWeaver Administrator

▶ **Visual Administrator**

Der Visual Administrator dient der zentralen Administration eines Clusters[3]. Er ermöglicht mit seiner grafischen Oberfläche die Administration sämtlicher Infrastruktur-Komponenten eines Clusters und bietet Monitoring-Werkzeuge wie einen zentralen Log und Trace Viewer oder einen Performance-Monitor. Weiter ermöglicht er den Remote-Zugriff auf nicht lokale Cluster, sodass auch die ferngesteuerte Administration eines Systems möglich wird. Alternativ zum Visual Administrator steht in SAP NetWeaver 2004 ab dem Service Pack 13 der *SAP NetWeaver Administrator* als webbasiertes Werkzeug zur zentralen Administration eines Clusters zur Verfügung. Er lässt sich im Webbrowser starten und kann über die Startseite des Web AS aufgerufen werden.[4]

Software Deployment Manager

▶ **Software Deployment Manager** (SDM)

Der Software Deployment Manager stellt das zentrale Deployment einer Software-Komponente in einem Cluster sicher. Er besteht zum einen aus einem Client-Teil, das heißt einem grafischen Werkzeug, mit dessen Hilfe Patches und neue Software-Archive (SDA oder SCA, siehe Abschnitt 10.2.2) eingespielt werden können[5]. Zum anderen besteht der SDM aus einem für einen Cluster zentralen Server-Teil, durch den das konsistente Deployment einer Software-Komponente ermöglicht wird[6].

Configuration Tool

▶ **Configuration Tool**

Mithilfe des Configuration Tools können die Konfigurationsdaten eines Clusters geändert werden. Zu diesem Zweck gibt es sowohl ein Online- als auch ein Offline-Werkzeug, eine Dialoginstanz muss also nicht notwendigerweise gestartet sein, um Konfigurationsdaten ändern zu können[7].

---

3 Der Visual Administrator lässt sich unter Windows mit der Batch-Datei */usr/sap/<System-Name>/J<Dialoginstanz>/j2ee/admin/go.bat* starten.

4 Der SAP NetWeaver Administrator kann über die URL http://<engine host>:<engine port>/webdynpro/dispatcher/sap.com/tc~lm~webadmin~mainframe~wd/WebAdminApp auch direkt gestartet werden.

5 Den Client können Sie unter Windows mithilfe der Batch-Datei */usr/sap/<System-Namen>/J<Dialoginstanz>/SDM/program/RemoteGui.bat* starten.

6 Der SDM-Server kann unter Windows mithilfe der SAP MMC-Konsole gestartet und gestoppt werden.

7 Sie finden die Konfigurationswerkzeuge unter Windows unter dem Pfad */usr/sap/<System-Namen>/J<Dialoginstanz>/j2ee/configtool*. Das Online-Tool, für das die Dialoginstanz gestartet sein muss, kann über die Batch-Datei *configtool.bat* gestartet werden, das Offline-Werkzeug lässt sich über die Datei *offlinecfgeditor.bat* starten.

▶ **SAP Management Console** (SAP MMC auf Windows)
Die SAP MMC ist eine grafische Benutzeroberfläche für das Java-Startup- und Control-Framework, das für die Kontrolle des Lebenszyklus der Web AS-Komponenten zuständig ist. Mithilfe der SAP MMC können Sie auf komfortable Weise den gesamten Cluster, einzelne Dialoginstanzen oder auch nur einzelne Applikationsserver starten und stoppen. Dabei übernimmt das Startup- und Control-Framework transparent für den Benutzer die Aufgabe, alle notwendigen Prozesse in der richtigen Reihenfolge zu starten oder zu stoppen. Des Weiteren können Sie über die SAP MMC weitere nützliche Funktionen des Startup- und Control-Frameworks ausführen, wie beispielsweise das Auslösen eines JVM-Thread-Dumps, das Starten der J2EE Telnet Console oder das Umschalten eines Applikationsservers in den Debug-Modus.

SAP Management Console

▶ **J2EE Telnet Console**
Die J2EE Telnet Console ist ein Experten-Werkzeug, mit dessen Hilfe viele Administrationsaufgaben über Kommandozeilen-Befehle ausgeführt werden können. Das Werkzeug lässt sich über die SAP MMC starten: Wählen Sie den J2EE-Dispatcher-Knoten einer Dialoginstanz aus, finden Sie in dessen Kontextmenü den Eintrag J2EE Telnet, über den sich die J2EE Telnet Console starten lässt (siehe Abbildung 10.2). Die J2EE Telnet Console kann auch ohne Verwendung der SAP MMC direkt über die Kommandozeile

J2EE Telnet Console

telnet <Host-Name> <Port>

gestartet werden. Der Host-Name ist dabei der Name des J2EE Dispatchers der Dialoginstanz, der Port errechnet sich aus dem von der Instanz verwendeten HTTP-Port wie folgt: HTTP-Port+8. Ist der HTTP-Port beispielsweise 50000, ist der Telnet-Port demnach 50008.

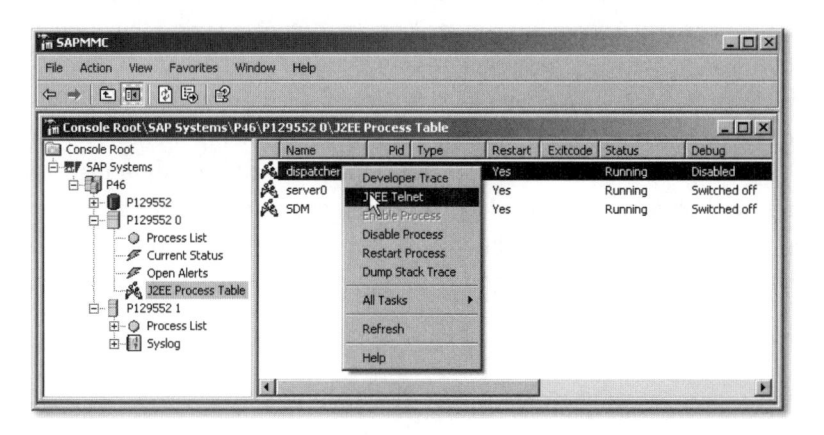

Abbildung 10.2 Starten der J2EE Telnet Console aus der SAP MMC

Installation und Wartung der Web-Dynpro-Laufzeit

> **Tipp**
>
> Nach dem Start der J2EE Telnet Console müssen Sie sich auf dieser zunächst mit einem Administratorbenutzer anmelden. Anschließend können Sie über den Befehl `jump <Nummer des Server-Knotens>` auf den Server-Knoten wechseln, für den Sie weitere Administrationsaufgaben ausführen wollen (z. B. gelangen Sie mithilfe des Befehls `jump 0` auf den Server-Knoten 0). Auf einem Server-Knoten können Sie sich über den Befehl `man` eine Online-Hilfe über die zur Verfügung stehenden Befehle anzeigen lassen. Diese sind dabei in Befehlsgruppen unterteilt, wobei nach der Anmeldung zunächst nur wenige Befehlsgruppen aktiv sind. Weitere Befehlsgruppen lassen sich über den Befehl `add <Name der Befehlsgruppe>` aktivieren und verwenden. Eine Liste aller zur Verfügung stehenden Befehlsgruppen erhalten Sie über das Kommando `man -g`. Über das Kommando `add deploy` aktivieren Sie beispielsweise die häufig verwendete Befehlsgruppe für Deployment-Kommandos.

Laufzeitarchitektur der Applikationsserver im Web AS

Für die reibungslose Ausführung von Anwendungen und zur Vermeidung häufig begangener Fehler ist ein Basiswissen über die Architektur des Applikationsservers von großem Nutzen. Mögliche auftretende Probleme, wie beispielsweise, dass sich eine deployte Anwendung nicht starten lässt, können mit einem Grundverständnis der Architektur schnell analysiert und behoben werden. Wir wollen deshalb nun die Laufzeitarchitektur eines Server-Knotens im Web AS genauer vorstellen.

Software-Schichten des Web AS

Der Web AS unterscheidet auf seinen Server-Knoten, sei es ein J2EE Dispatcher- oder ein Applikationsserver-Knoten, drei Arten von Schichten, in denen seine Software-Komponenten angeordnet sind, nämlich *Kernel-*, *Infrastruktur-* und *Anwendungsschicht*. Diese Schichten bauen, wie in Abbildung 10.3 dargestellt, aufeinander auf, wobei die Komponenten aus einer in der Hierarchie weiter unten gelegenen Schicht die Komponenten aus einer höher gelegenen Schicht weder kennen noch auf sie zugreifen können. Umgekehrt jedoch kann eine Komponente aus einer höheren Schicht auf die Komponenten einer darunter liegenden Schicht zugreifen und diese verwenden.

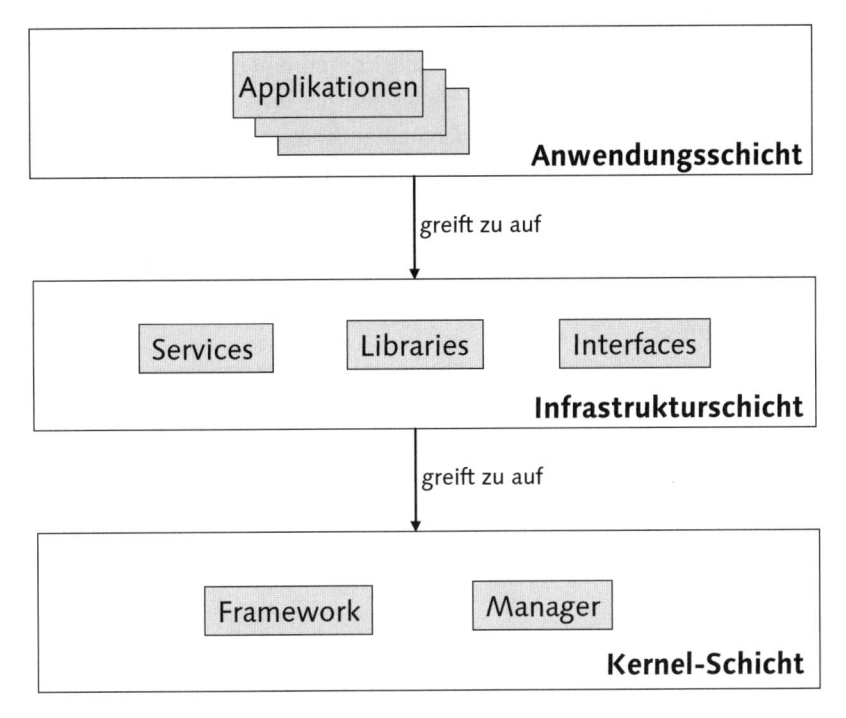

Abbildung 10.3 Architekturschichten eines Server-Knotens

Die in Abbildung 10.3 dargestellten Schichten haben folgende logische Funktion:

- **Kernel-Schicht**

    Die Kernel-Schicht stellt die niedrigste Ebene im System dar und realisiert die grundlegenden Funktionalitäten eines Server-Knotens, wie zum Beispiel die Thread-Verwaltung, Sockets, Nachrichten und Kommunikation innerhalb eines Clusters oder andere betriebssystemnahe native Funktionen. Diese Grundfunktionen werden von so genannten *Manager-Komponenten* realisiert, die beim Starten eines Server-Knotens sequenziell in einer fest vorgegebenen Reihenfolge aktiviert werden. In ihrer Aufgabe als Container für die übergeordnete Infrastrukturschicht beinhaltet die Kernel-Schicht neben diesen Manager-Komponenten zusätzlich ein Service-Framework für das Einbetten und Steuern der Infrastruktur-Komponenten (z. B. Libraries oder Services). Das Framework kontrolliert zum einen den Lebenszyklus der Infrastruktur-Komponenten und definiert Schnittstellen für die Kommunikation dieser Komponenten, zum anderen isoliert es den Kernel von den höher gelegenen Schichten, indem es eine genau definierte Menge von APIs zur Verfügung stellt, über die mit dem Kernel interagiert werden kann.

Infrastruktur-schicht mit Libraries, Interfaces und Services

▶ **Infrastrukturschicht**
Zur Infrastruktur-Schicht gehören alle Komponenten des Anwendungsprogrammiermodells, wie beispielsweise die unterstützten J2EE Container oder der Web-Dynpro-Container, Komponenten anderer J2EE-Spezifikationen, Security Services oder Services zur Verwaltung der Systemlandschaft oder der Konfiguration. Insgesamt besteht die Infrastrukturschicht aus mehreren hundert Komponenten, wobei allgemein zwischen drei Komponenten-Typen unterschieden wird:

▶ **Libraries**
Eine Library-Komponente stellt in der Regel allgemein verwendbare Hilfsklassen oder häufig verwendete Funktionalitäten zur Verfügung. Wichtig zu wissen ist, dass eine Library über keinen eigenen Lebenszyklus verfügt, das heißt, eine Library ist entweder deployt und damit aktiv verwendbar oder nicht auf dem System verfügbar. Die Aktivierung oder Deaktivierung einer deployten Library ist nicht möglich.

> **Tipp**
>
> In der J2EE Telnet Console können Sie die Liste aller vorhandenen Libraries über den Kommandozeilen-Befehl `lsl` (*list libraries*) anzeigen, für den Sie zunächst die `DEPLOY`-Befehlsgruppe über `add deploy` aktivieren müssen.

▶ **Interfaces**
Interface-Komponenten definieren Kontrakte, durch die das Verhalten von implementierenden Komponenten beschrieben wird. Eine Interface-Komponente besteht aus einem eindeutigen Namen und einer Menge von Java-Interfaces und muss durch eine Service-Komponente implementiert werden. Eine Interface-Komponente verfügt wie eine Library-Komponente ebenfalls über keinen eigenen Lebenszyklus.

> **Tipp**
>
> In der J2EE Telnet Console können Sie sich die Liste aller aktiven Interfaces über den Befehl `lsi` (*list interfaces*) anzeigen lassen, der wiederum zur `DEPLOY`-Befehlsgruppe gehört.

▶ **Services**
Services sind die mächtigsten Komponenten der Infrastrukturschicht. Eine Service-Komponente darf auf andere Komponenten der Infrastruktur- oder der Kernel-Schicht zugreifen, zu denen sie Abhängigkeiten, so genannte *Referenzen*, definiert hat. Über eine solche Referenz einer Komponente A auf eine andere Komponente B wird eine Classloader-Beziehung definiert, wodurch Klassen aus A auf Klassen aus B zugreifen dürfen. Manche der Service-Komponenten sind so genannte *Core Services*. Diese Services müssen zum erfolgreichen Start eines Server-Knotens stets gestartet werden können, ansonsten wird der Startvorgang des Server-Knotens mit einem Fehler abgebrochen.

Tipp

Sie können sich die Liste aller deployten Services in der J2EE Telnet Console über das Kommando lss (*list services*) anzeigen lassen. Auch dieser Befehl gehört zur DEPLOY-Befehlsgruppe.

Weiter ist eine Service-Komponente in einen komplexen Lebenszyklus eingebunden; zum Beispiel kann ein Service gestartet oder gestoppt sein, wobei er nur im gestarteten Zustand von anderen Komponenten, das heißt Anwendungen oder anderen Services, verwendet werden kann. Ein vereinfachter Zustandsgraph des Lebenszyklus eines Service ist in Abbildung 10.4 dargestellt.

Lebenszyklus eines Service

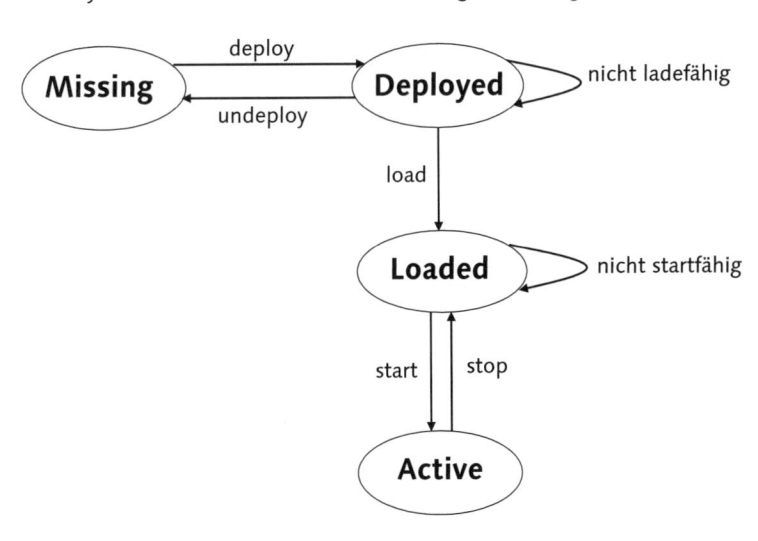

Abbildung 10.4 Zustände im Lebenszyklus einer Service-Komponente

Installation und Wartung der Web-Dynpro-Laufzeit

Ein Service ist zunächst im Zustand **Missing**, wenn er nicht Teil des Systems ist. Nach seinem Deployment ist er im Zustand **Deployed**, das heißt auf dem System vorhanden. Nach einem Undeployment gelangt man von dort wieder in den Zustand **Missing** zurück. Ein Service kann geladen werden, wenn sämtliche seiner definierten Referenzen aufgelöst werden können. Ist dies der Fall, gelangt der Service in den **Loaded**-Zustand. Technisch bedeutet dieser Zustand, dass der Classloader des Service initialisiert wird. Kann mindestens eine seiner benötigten Referenzen nicht aufgelöst werden, kann der Classloader nicht initialisiert werden und der Service bleibt im Zustand **Deployed**. Im **Loaded**-Zustand kann der Service gestartet werden. Gelingt dies, befindet sich der Service im Zustand **Active**, das heißt, der Service ist einsatzfähig und kann von anderen Services oder Anwendungen verwendet werden. Gelingt dies nicht oder wird ein aktiver Service wieder gestoppt, befindet sich der Service wieder im Zustand **Loaded**.

Anwendungsschicht

▶ **Anwendungsschicht**
Die Anwendungsschicht ist die für einen Anwendungsentwickler relevante Schicht, da alle Anwendungskomponenten zu dieser Schicht gehören. Eine Anwendung kann auf andere Komponenten der Infrastruktur- oder der Anwendungsschicht zugreifen, sofern sie Referenzen auf diese definiert hat.

Eine Anwendung besitzt einen ähnlichen Lebenszyklus wie eine Service-Komponente. Der vereinfachte Zustandsgraph einer Anwendung ist in Abbildung 10.5 dargestellt. Eine Anwendung kann nur im Zustand **Active** genutzt, das heißt ausgeführt werden. In diesen Zustand gelangt sie, wenn alle definierten notwendigen *starken Referenzen* (*Hard Reference*) aufgelöst werden können. Ist dies nicht der Fall oder wird eine aktivierte Anwendung gestoppt, so befindet sich die Anwendung im Zustand **Inactive**.

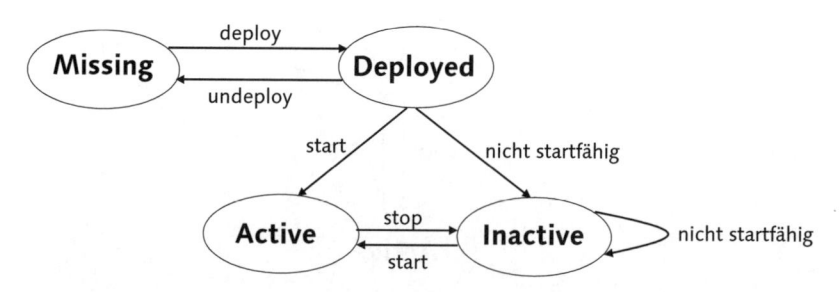

Abbildung 10.5 Zustandsgraph einer Anwendung

Hinweis

Einer der häufigsten Gründe, warum eine deployte Web-Dynpro-Anwendung nicht gestartet werden kann, sind nicht auflösbare Referenzen auf Libraries, Services oder andere Komponenten aus der Anwendungsschicht. Web Dynpro unterstützt in SAP NetWeaver 2004 nur starke Referenzen, das heißt, sämtliche definierten Abhängigkeiten einer Web-Dynpro-Anwendung müssen tatsächlich auflösbar sein, um diese in den Zustand **Active** überführen und damit ausführen zu können. Der SAP Web AS kann eine definierte starke Referenz auflösen, wenn die referenzierte Komponente vorhanden und ebenfalls im aktivierten Zustand vorliegt. Ist einer der beiden Punkte nicht erfüllt, das heißt, die abhängige Komponente ist entweder nicht deployt oder lässt sich selbst aufgrund ihrerseits nicht auflösbarer Referenzen nicht starten, bleibt die Web-Dynpro-Anwendung im Zustand **Inactive**. Ein Versuch, die Anwendung in diesem Zustand zu starten, endet mit einer entsprechenden Fehlermeldung.

Nicht auflösbare Referenzen

Tipp

In der J2EE Telnet Console können Sie die Liste aller deployten Anwendungen sowie deren Zustand über das Kommando `list_app` der `DEPLOY`-Befehlsgruppe abfragen.

Wir wollen den Überblick über die grundlegende Architektur eines Server-Knotens mit einer genaueren Betrachtung des Konzeptes über Referenzen und Classloading einer Anwendung abschließen. Aus Sicht des Servers ist jede in einem eigenen *Enterprise Application Archive* (EAR) deployte Komponente eine Anwendung, die von einem eigenen Classloader geladen wird.[8] Analog dazu wird auch jede Komponente aus der Infrastrukturschicht von einem eigenen Classloader geladen. Eine Komponente kann nun auf die eigenen Klassen sowie auf die Klassen anderer Komponenten zugreifen, sofern sie auf diese eine Referenz definiert hat.

Referenzen zwischen Komponenten und Classloader-Konzept

---

8 Bitte beachten Sie, dass dieser Anwendungsbegriff nicht mit dem Begriff einer Web-Dynpro-Anwendung übereinstimmt. In Web Dynpro wird der Web AS-Anwendungsbegriff als *Deployable Object*, also deploybare Einheit, bezeichnet, in der keine, eine oder mehrere Web-Dynpro-Anwendungen, Komponenten, Konfigurationen, Data Dictionaries, Modelle oder statische Webressourcen enthalten sein können.

Definition von Referenzen in einer Web-Dynpro-Anwendung

Für Web-Dynpro-Anwendungen bedeutet dies Folgendes: Soll aus einer Web-Dynpro-Anwendung heraus auf Komponenten der Infrastruktur- oder andere Komponenten der Anwendungsschicht zugegriffen werden, muss die Anwendung dafür eine entsprechende *Classloader-Referenz* auf die benötigte Komponente definiert haben. Dabei ist die Referenz durch den technischen Namen der referenzierten Komponente sowie deren Komponenten-Typ eindeutig bestimmt. In Tabelle 10.1 sind die möglichen Web-Dynpro-Referenz-Typen zusammengefasst:

Referenz-Typ	Referenzierte Komponente
Sharing Reference	Komponente der Anwendungsschicht
Libraries Reference	Library-Komponente der Infrastrukturschicht
Services Reference	Service-Komponente der Infrastrukturschicht
Interfaces Reference	Interface-Komponente der Infrastrukturschicht

Tabelle 10.1 Web-Dynpro-Referenz-Typen

Bei der Verwendung von Development-Components und der SAP NetWeaver Development Infrastructure werden durch das Anlegen von *Public-Part-Beziehungen* zwischen DCs automatisch die richtigen Referenzen generiert, wie zum Beispiel in Kapitel 3 beschrieben wurde. Neben dieser automatischen Pflege von Referenzen gibt es auch die Möglichkeit, eine Classloader-Referenz manuell hinzuzufügen. Öffnen Sie hierzu in der Ansicht **Web Dynpro Explorer** des SAP NetWeaver Developer Studios das Kontextmenü eines Web-Dynpro-Projekts und wählen Sie dort den Eintrag **Properties** aus. Es erscheint das in Abbildung 10.6 dargestellte Fenster. Wählen Sie darin auf der linken Seite den Eintrag **Web Dynpro References** aus, können Sie in der rechten Hälfte des Fensters neue Classloader-Referenzen auf Komponenten der Anwendungs- oder Infrastrukturschicht hinzufügen. Der verwendete Name einer referenzierten Komponente muss dabei mit deren technischem Namen auf dem Web AS übereinstimmen.

Tipp

Den technischen Namen einer Komponente können Sie am einfachsten mithilfe der J2EE Telnet herausfinden: Die bereits erläuterten Befehle `list_app`, `lss`, `lsl` und `lsi` listen die verschiedenen Komponenten-Typen der Anwendungs- und Infrastrukturschicht mit ihren technischen Namen auf.

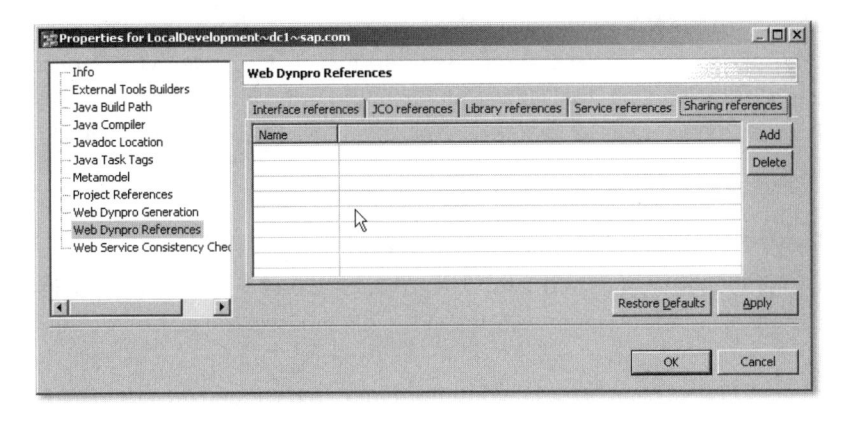

Abbildung 10.6 Anlegen von Classloader-Referenzen im SAP NetWeaver Developer Studio

Die definierten Referenzen einer Anwendung haben direkten Einfluss auf deren Lebenszyklus: Bei einer *starken Referenz* (*Hard Reference*) kann eine Anwendung nur gestartet (aktiviert) werden, wenn zuvor die referenzierte Komponente aktiviert werden konnte.[9] Umgekehrt werden beim Stoppen einer stark referenzierten Komponente zunächst alle referenzierenden Komponenten gestoppt. Hat eine Anwendung dagegen eine *schwache Referenz* (*Weak Reference*) auf eine andere Komponente definiert, kann die Anwendung auch dann gestartet werden, wenn die Referenz nicht aufgelöst werden kann, das heißt, wenn die referenzierte Komponente nicht aktiv ist. Die Engine versucht in diesem Fall, die Referenz erst zur Laufzeit bei einem Zugriff auf die referenzierte Komponente aufzulösen.

Komponenten aus der Anwendungs- oder Infrastrukturschicht stehen durch ihre Referenzen demnach in einer bisweilen komplexen wechselseitigen Abhängigkeit. Diese Abhängigkeiten lassen sich mithilfe des Service **Classloader Viewer** im Visual Administrator grafisch darstellen. Diesen Service können Sie verwenden, um mögliche auftretende Classloading-Probleme beim Zugriff einer Anwendung auf andere Komponenten genauer zu analysieren.

10.2.2 Laufzeitkomponenten von Web Dynpro

In diesem Abschnitt werden wir die verschiedenen Laufzeitkomponenten von Web Dynpro vorstellen und in die Gesamtarchitektur des Web AS einordnen. Dazu beschreiben wir zunächst die Software-Komponenten,

---

9 Da Web Dynpro in SAP NetWeaver 2004 nur starke Referenzen unterstützt, beschränken wir uns in der folgenden Betrachtung auf starke Referenzen.

aus denen die Web-Dynpro-Laufzeit besteht, sowie deren Abhängigkeiten untereinander. Diese Kenntnisse sind für das Einspielen von Service Packs der Web-Dynpro-Laufzeit hilfreich und ermöglichen es Ihnen, den Zustand der Laufzeit sowie die verwendeten Versionen genauer zu analysieren.

Laufzeitkomponenten von Web Dynpro

Die Web-Dynpro-Laufzeit in SAP NetWeaver 2004 besteht aus fünf deploybaren Komponenten, die teilweise zur Infrastrukturschicht der Engine gehören, zum anderen Teil als Anwendungskomponenten Teil der Anwendungsschicht sind. Die fünf Komponenten werden jeweils in eigenen *Software Deployment Archives* (*SDA*) ausgeliefert und deployt, sie sind jedoch bei einer Standardinstallation in größeren Paketen, den so genannten *Software Component Archives* (*SCA*), enthalten. Im Folgenden werden die fünf Web-Dynpro-SDAs und ihr Inhalt sowie ihre gegenseitigen Abhängigkeiten und die zugehörige Architekturschicht beschrieben.

Web-Dynpro-Komponenten der Infrastrukturschicht

Wir beginnen mit den beiden SDA-Dateien, die zur Infrastrukturschicht der Engine gehören und als solche offline deploybar sind, das heißt, nach dem Deployment eines dieser SDAs ist ein Neustart der Engine erforderlich, ehe die Änderungen der neu eingespielten Version wirksam werden. In einer Standardinstallation sind beide SDAs Teil der offline deploybaren Datei *SAPJTECHF16_0.SCA*.

▶ **webdynpro.sda**

Web-Dynpro-Service: webdynpro.sda

Dieses SDA beinhaltet das Herzstück der Web-Dynpro-Laufzeit, nämlich den so genannten Web-Dynpro-Service. Nach dem Deployment ist diese Service-Komponente der Engine unter dem technischen Namen `webdynpro` bekannt. Der Service beinhaltet sämtliche Klassen und Interfaces des Web-Dynpro-Programmiermodells, einschließlich der öffentlich nutzbaren APIs.[10]

Web-Dynpro-Container

Neben dem Programmiermodell beinhaltet das Archiv die Binärdaten des so genannten *Web-Dynpro-Containers*. Dies ist der Anwendungscontainer, der für die Kontrolle des Lebenszyklus von Web-Dynpro-

---

10 Dies sind, wie bereits mehrfach in diesem Buch erwähnt, alle Klassen und Interfaces, deren Namen mit dem Präfix `WD` oder `IWD` beginnen. Eine Anwendung sollte ausschließlich diese öffentlichen Klassen und Interfaces verwenden und nicht auf andere als intern angesehene Klassen des Web-Dynpro-Frameworks zugreifen, da eine Source-Code-Kompatibilität in zukünftigen Versionen der Web-Dynpro-Laufzeit nur für die öffentlichen Klassen garantiert wird.

Anwendungen verantwortlich ist, also beispielsweise für das Deployment, Classloading, Auswerten und Auflösen von Referenzen, den Zugriff auf statische Webressourcen etc.

Des Weiteren besitzt das SDA verschiedene Deployment Deskriptoren, darunter den Deskriptor *provider.xml*. In diesem sind sämtliche Abhängigkeiten des Web-Dynpro-Service zu anderen Infrastruktur-Komponenten beschrieben. Sollte eine der darin beschriebenen starken Abhängigkeiten nicht auflösbar sein, da beispielsweise eine benötigte Infrastruktur-Komponente nicht deployt oder aufgrund anderer Probleme selbst nicht aktiv ist, kann der Web-Dynpro-Service nicht gestartet werden. Wir werden am Ende dieses Abschnitts auf die Analyse beim Auftreten derartiger Probleme noch genauer eingehen.

▶ **WebDynproRrDdic.sda**

Mit dieser SDA-Datei werden Datenbankschemata in die zentrale Systemdatenbank des Web AS deployt, die von Web Dynpro für die persistente Ablage von Laufzeit-Metadaten benötigt werden. Ansonsten beinhaltet diese SDA-Datei keine weiteren Infrastruktur-Komponenten, das heißt, ein Deployment dieses Archivs fügt keinen weiteren Service oder eine Library zur Infrastrukturschicht der Engine hinzu.

Neben diesen Komponenten der Infrastrukturschicht besteht die Web-Dynpro-Laufzeit aus drei weiteren Komponenten der Anwendungsschicht. Als solche sind diese online deploybar, das heißt, ein Neustart der Engine ist nach ihrem Deployment nicht erforderlich, um die Änderungen wirksam werden zu lassen. In einer Standardinstallation sind die SDAs Teil der online deploybaren Datei *SAPJTECHF16_0.SCA*.

Web-Dynpro-Komponenten der Anwendungsschicht

▶ **WebDynproDispWda.sda**

Diese SDA-Datei beinhaltet das zentrale Web-Dynpro-Dispatcher-Servlet, das über HTTP/HTTPS gesendete Client-Anfragen empfängt und diese an die Web-Dynpro-Laufzeit zur Abarbeitung delegiert. Da dies damit der zentrale Einstiegspunkt in die Web-Dynpro-Request-Abarbeitung und somit Kernbestandteil der Web-Dynpro-Laufzeit ist, kann das Dispatcher-Servlet als eine Art »Web-Dynpro-Systemanwendung« angesehen werden. Nach dem Deployment ist die Anwendung auf der Engine unter dem technischen Namen sap.com/tc~wd~dispwda bekannt.

Web-Dynpro-Systemanwendung: Dispatcher Servlet und JavaScript-Ressourcen

Weiter beinhaltet das SDA statische Webressourcen wie SAP-Icons, Portal-Icons oder SAP-Standard-Themes, die von Anwendungen zur Anzeige auf Benutzeroberflächen genutzt werden können, sowie Java-

Script-Libraries, die Web Dynpro für das Erzeugen der Oberflächen in einem Webbrowser benötigt.

▶ **WebDynproCoreComponents.sda**

Web-Dynpro-Systemkomponenten

Dieses Archiv besteht aus Web-Dynpro-Systemkomponenten, die für von der Laufzeit unterstützte generische UI-Services wie Pop-ups oder Wertehilfen benötigt werden. Diese Anwendungskomponente ist auf dem Applikationsserver nach ihrem Deployment unter dem technischen Namen `sap.com/tc~wd~corecomp` bekannt.

▶ **WebDynproTools.sda**

Web-Dynpro-Werkzeuge zur Administration und zum Monitoring

Diese SDA-Datei beinhaltet zwei Anwendungen, die zur Administration und zum Monitoring der Web-Dynpro-Laufzeit benötigt werden: der Web Dynpro Content Administrator und die Web Dynpro Console, auf deren genauere Beschreibung wir in Abschnitt 10.4 zu sprechen kommen. Der technische Name dieser Anwendungskomponente auf dem Applikationsserver lautet `sap.com/tc~wd~tools`.

Abhängigkeitsdiagramm der Web-Dynpro-Komponenten

Die beschriebenen Infrastruktur- und Anwendungskomponenten der Web-Dynpro-Laufzeit sowie die Abhängigkeiten zwischen diesen sind in Abbildung 10.7 nochmals dargestellt. Die Service-Komponente `webdynpro` ist Teil der Infrastrukturschicht und besitzt weitere Abhängigkeiten zu anderen Services und Libraries, die in Abbildung 10.7 als **Other components** zusammengefasst sind. Die Systemanwendung `sap.com/tc~wd~dispwda` referenziert den Service `webdynpro` sowie weitere Komponenten der Infrastrukturschicht, die sich aufgrund der Transitivität der Referenzen in der Anwendungsschicht automatisch auf andere Web-Dynpro-Anwendungen übertragen. Dadurch sind die Referenzen von `sap.com/tc~wd~dispwda` automatisch für beliebige Web-Dynpro-Anwendungen als Standard-Referenzen gesetzt.

Eine Web-Dynpro-Anwendung würde sich in diesem Abbildungsdiagramm an derselben Stelle wie die Komponente `sap.com/tc~wd~tools` wiederfinden, mit möglicherweise weiteren zusätzlichen Abhängigkeiten zu Anwendungs- oder Infrastruktur-Komponenten.

```
                    sap.com/tc~wd~tools
                         │  │  │
        ┌────────────────┘  │  │
        ▼                   ▼  │
sap.com/tc~wd~corecomp         │
        │                      ▼
        │           sap.com/tc~wd~dispwda
```

Applikationsschicht

- -

```
              │         │         │
              ▼         ▼         ▼
                    webdynpro
```

Infrastrukturschicht

```
                         │
                         ▼
                  Other components
```

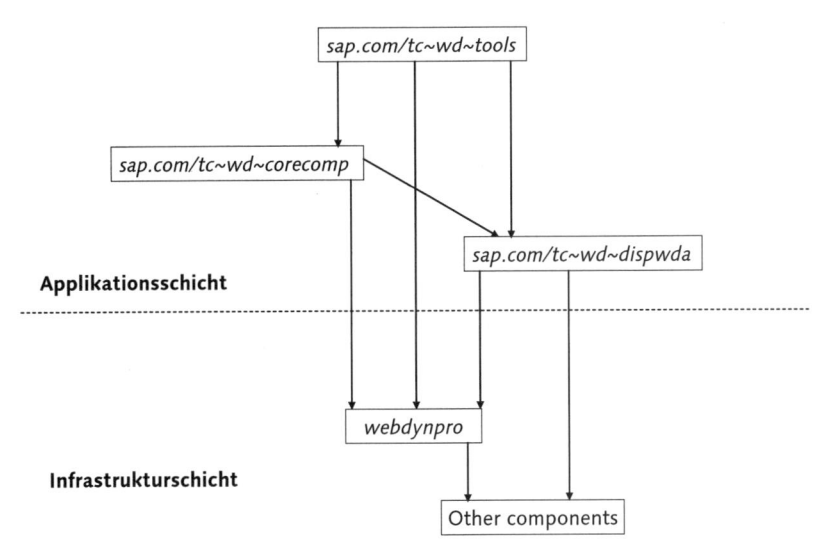

Abbildung 10.7 Komponenten der Web-Dynpro-Laufzeit und ihre Abhängigkeiten

10.2.3 Installation der Web-Dynpro-Laufzeit und Einspielen von Service Packs

Nach dieser Einführung in die Konzepte des SAP Web AS und der Vorstellung der Bestandteile der Web-Dynpro-Laufzeit behandeln wir in diesem Abschnitt das Thema der Installation von Web Dynpro, mögliche Probleme sowie deren Analyse. Dabei gehen wir nicht auf eine Beschreibung der Installation des Web AS mithilfe des SAP Installers (*sapinst*) ein, sondern setzen vielmehr voraus, dass diese bereits durchgeführt wurde und ein Web AS-System vorhanden ist. Wir konzentrieren uns auf das Installieren der Web-Dynpro-Laufzeit, wie es beispielsweise beim Aktualisieren mit einem neuen Service Pack erfolgt.

Deployment der Web-Dynpro-Laufzeit

Abfrage der System- und Versionsinformation

Da die Web-Dynpro-Laufzeit Teil der Standardinstallation des SAP Web AS ist, ist in der Regel bereits eine Version der Laufzeit auf dem System vorhanden. Mithilfe der **System Information** können Sie sich einen Überblick über die Systemlandschaft sowie die Versionen aller zur Verfügung stehenden Komponenten verschaffen. Der Aufruf der Systeminformationen erfordert die Authentifizierung eines Benutzers mit Administratorenberechtigung. Sie können die System-Information-Seite starten, indem Sie die Startseite eines Web AS-Systems aufrufen – die URL dazu ist *http://<engine host>:<engine port>* – und dort dem Link **System Informa-**

Abfrage der System Information

tion folgen. Nach erfolgreicher Benutzeranmeldung gelangen Sie auf eine Übersichtsseite, wie sie in Abbildung 10.8 dargestellt ist.

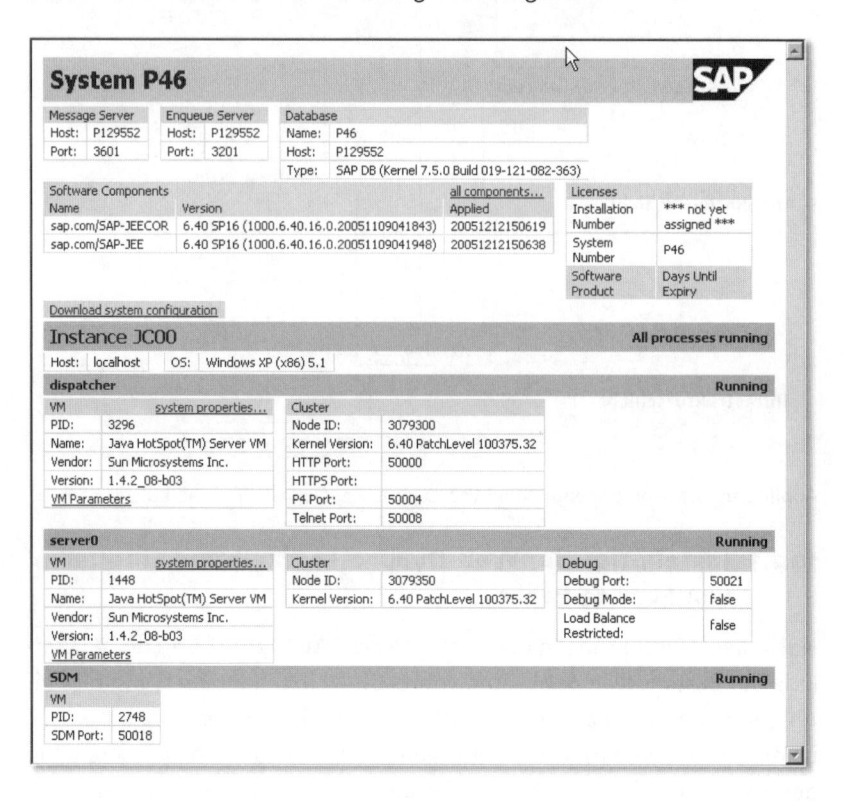

Abbildung 10.8 System-Information-Seite

Diese Seite ermöglicht es Ihnen, sich einen schnellen Überblick über ein System und dessen Cluster-Landschaft zu verschaffen, ohne mit komplexen Administrationswerkzeugen arbeiten zu müssen. Die Seite gibt Auskunft über die zentralen Komponenten und Services eines Systems, also die zentrale Systemdatenbank, Message Server und Enqueue Locking Server, über die Versionsinformation des Engine-Kernels `sap.com/SAP-J2EECOR`, sowie über die in der Cluster-Landschaft vorhandenen Dialoginstanzen, deren J2EE Dispatcher- und Application Server-Knoten. Mithilfe der Angaben eines Server-Knotens finden Sie zudem heraus, ob ein Applikationsserver im *Debug Modus* gestartet ist, und falls dies der Fall ist, wie der Host-Name dieses Servers und dessen freigeschalteter Debug-Port lauten. Diese Angaben werden für das Remote Debugging benötigt, auf das wir in Abschnitt 10.2.4 noch genauer eingehen werden.

Auf der System-Information-Seite gelangen Sie über den Link **all components...** auf eine Folgeseite, auf der sämtliche auf der Engine deployten Komponenten aufgelistet sind, das heißt alle verfügbaren Libraries, Interfaces und Services der Infrastrukturschicht sowie alle Komponenten der Anwendungsschicht (siehe Abbildung 10.9). Zu jeder dieser Komponenten ist die zugehörige detaillierte Versionsinformation und das Installationsdatum angegeben.

Abfrage der detaillierten Versionsinformation einer Komponente

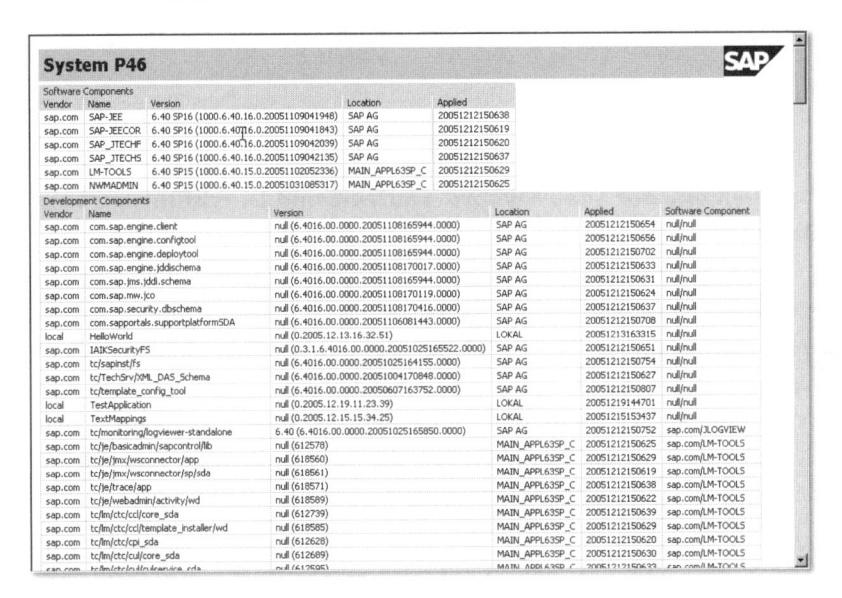

Abbildung 10.9 Liste aller verfügbaren Komponenten und deren Versionen

> **Hinweis**
>
> Die Versionsinformation einer Komponente sollten Sie stets angeben, wenn Sie mit SAP wegen offener Fragen oder zur Analyse eines aufgetretenen Problems in Kontakt treten, da sich aus der Versionsinformation sowohl das genaue Master-Release als auch der detaillierte Patch-Level einer Komponente bestimmen lässt.

Die für die Web-Dynpro-Laufzeit relevanten Einträge sind in Tabelle 10.2 zusammengefasst.

Installation und Wartung der Web-Dynpro-Laufzeit **397**

Name der SDA-Datei	Benennung in der System Information	Inhalt der Komponente
webdynpro.sda	tc/wd/webdynpro	Web-Dynpro-Service
WebDynproRrDdic.sda	tc/wd/rrddic	Datenbankschemata
WebDynproDispWda.sda	tc/wd/dispwda	Systemanwendung
WebDynproCoreComponents.sda	tc/wd/corecomp	Systemkomponenten
WebDynproTools.sda	tc/wd/tools	Administrations-Tools

Tabelle 10.2 Komponenten der Web-Dynpro-Laufzeit und ihre Benennung in der System-Information

Deployment der Web-Dynpro-Laufzeit und Durchführung von Basistests

Einspielen von Service Packs und Hot Fixes

SAP stellt für das Release SAP NetWeaver 2004 in regelmäßigen Abständen so genannte *Service Packs* (SP) bereit, die Fehlerkorrekturen oder zum Teil beschränkte Weiterentwicklungen bestimmter Komponenten beinhalten. Des Weiteren können für einzelne Komponenten von SAP NetWeaver auch so genannte *Hot Fixes* außerhalb dieses allgemeinen Patch-Zyklus von SAP bereitgestellt werden, die dann für Kunden über den SAP Service Marketplace erhältlich sind (*http://service.sap.com/swdc*).

Wir wollen nun beschreiben, wie ein Service Pack oder ein Hot Fix für Web Dynpro eingespielt werden kann. Wir gehen davon aus, dass das Service Pack in Form von SCA- oder SDA-Dateien bereits beim Kunden vorliegt und nun auf ein System deployt werden muss.

In der Regel arbeitet ein Kunde mit einer zumindest zwei-, zumeist jedoch dreistufigen Landschaft, bestehend aus Entwicklungs-, Test- und Produktivsystem. Zunächst sollte das Einspielen eines Service Packs auf einem Testsystem erfolgen, in dem zunächst die erfolgreiche Aktualisierung der eingespielten Komponente getestet werden kann. Erst nach erfolgreicher Qualifikation dieser Tests sollte das Service Pack auf dem Produktivsystem installiert werden.

Deployment mithilfe des SDM

Zum Einspielen eines solchen Service Packs stellt der Web AS den *Software Deployment Manager (SDM)* als zentrales Deployment-Werkzeug zur Verfügung, den Sie in Ihrem Web AS-System unter dem Pfad */usr/sap/<System-ID>/<Instanz-Name>/SDM/program/RemoteGui.bat* finden (siehe Abschnitt 10.2.1). Der SDM ist in der Lage, verschiedene Archiv-Formate wie EAR, SDA oder SCA zu deployen. Während des Deployments schreibt der SDM Log-Dateien, die Auskunft über den Status des Deployments und dessen erfolgreiche oder nicht erfolgreiche Ausführung geben. Die Log-Dateien finden Sie in Ihrem System unter dem Pfad */usr/sap/<System-ID>/<Instanz-Name>/SDM/log*. Diese sollten Sie nach dem Deployment der Web-Dynpro-Laufzeit sowie nach dem Einspielen von Service Packs nach aufgetretenen Problemen durchsuchen. Abbildung 10.10 zeigt einen Beispieleintrag, wie er beim erfolgreichen Deployment des Archivs *webdynpro.sda* in die SDM-Log-Datei geschrieben wird.

```
Jan 15, 2006 12:33:04... Info: Loading archive 'C:\usr\sap\P46\JC00\SDM\root\origin\sap.com\tc\wd\webdynpro\SAP AG\6.4016.00.0000.20051108171224.0000\webdynpro.sda'
Jan 15, 2006 12:33:35... Info: Actions per selected component:
Jan 15, 2006 12:33:35... Info: Update: Selected development component 'tc/wd/webdynpro'/'sap.com'/'SAP AG'/'6.4016.00.0000.20051108171224.0000' updates currently deployed development component 'tc/wd/webdynpro'/'sap.com'/'SAP AG'/'6.4016.00.0000.20051108171224.0000'.
Jan 15, 2006 12:33:48... Info: Saved current Engine state.
Jan 15, 2006 12:33:49... Info: Starting: update: Selected development component 'tc/wd/webdynpro'/'sap.com'/'SAP AG'/'6.4016.00.0000.20051108171224.0000' updates currently deployed development component 'tc/wd/webdynpro'/'sap.com'/'SAP AG'/'6.4016.00.0000.20051108171224.0000'.
Jan 15, 2006 12:33:49... Info: SDA to be deployed: C:\usr\sap\P46\JC00\SDM\root\origin\sap.com\tc\wd\webdynpro\SAP AG\6.4016.00.0000.20051108171224.0000\webdynpro.sda
Jan 15, 2006 12:33:49... Info: Software type of SDA: primary-service
Jan 15, 2006 12:33:50... Info: ***** Begin of SAP J2EE Engine offline Deployment (Service component of SAP J2EE Engine) *****
Jan 15, 2006 12:33:50... Info: Shutting down all the cluster processes except SDM.
Jan 15, 2006 12:33:50... Info: Shutting down the instance JC_P129552_P46_00 running on host localhost processes ...
Jan 15, 2006 12:33:50... Info: Stopping the instance JC_P129552_P46_00 processes. The instance is running on host localhost
Jan 15, 2006 12:33:50... Info: Stopping the process dispatcher
Jan 15, 2006 12:33:50... Info: Stopping the process server0
Jan 15, 2006 12:34:21... Info: Cluster processes have been successfully shut down.
Jan 15, 2006 12:34:36... Info: ***** End of SAP J2EE Engine offline Deployment (Service component of SAP J2EE Engine) *****
Jan 15, 2006 12:34:36... Info: Finished successfully: development component 'tc/wd/webdynpro'/'sap.com'/'SAP AG'/'6.4016.00.0000.20051108171224.0000'
Jan 15, 2006 12:34:38... Info: Restoring the state of the instance (JC_P129552_P46_00) process dispatcher from Stopped to Running
Jan 15, 2006 12:34:38... Info: Restoring the state of the instance (JC_P129552_P46_00) process server0 from Stopped to Running
Jan 15, 2006 12:38:11... Info: J2EE Engine is in same state (online/offline) as it has been before this deployment process.
```

Abbildung 10.10 Log-Eintrag nach erfolgreichem Deployen von webdynpro.sda

> **Tipp**
>
> Nach dem Einspielen eines Patches für die Web-Dynpro-Laufzeit sollten Sie die SDM-Log-Datei nach aufgetretenen Problemen durchsuchen. Kann beispielsweise eine der in Abschnitt 10.2.2 beschriebenen Web-Dynpro-Laufzeitkomponenten aufgrund eines aufgetretenen Problems nicht erfolgreich deployt werden, lässt sich die Web-Dynpro-Laufzeit nur eingeschränkt oder unter Umständen überhaupt nicht nutzen.

Wurde das Deployment der Web-Dynpro-Laufzeit laut SDM Log erfolgreich durchgeführt, sollte anschließend der Web-Dynpro-Service auf der Engine gestartet sein. Dies können Sie mithilfe des Visual Administrators wie folgt überprüfen: In der Liste der Services eines Server-Knotens sollte der Web-Dynpro-Service unter dem Eintrag **Web Dynpro Runtime** im gestarteten Zustand wie in Abbildung 10.11 erscheinen. Dabei bedeutet ein rot angekreuzter Service, dass dieser gestoppt ist, wie dies in Abbildung 10.11 beispielsweise für den **TREX Service** der Fall ist.

Überprüfung des Zustands des Web-Dynpro-Service mit dem Visual Administrator

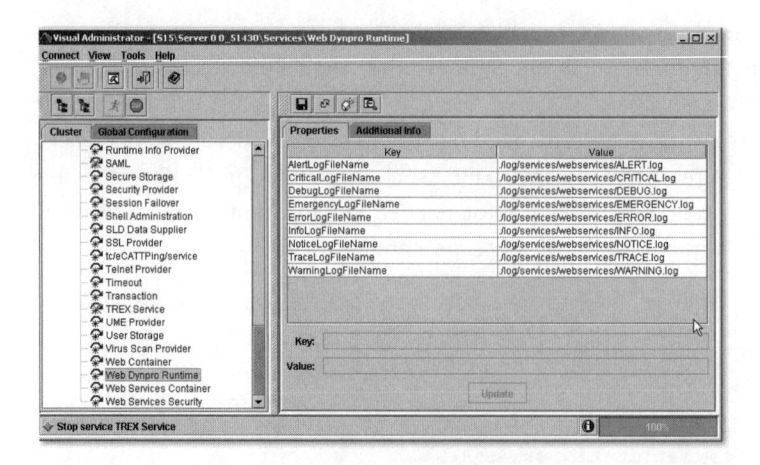

Abbildung 10.11 Abfrage des Status der Web-Dynpro-Laufzeit im Visual Administrator

Die drei in die Anwendungsschicht deployten Web-Dynpro-Laufzeitkomponenten sollten im Service **Deploy** des Visual Administrators unterhalb des **webdynpro**-Knotens erscheinen (siehe Abbildung 10.12) und die Systemanwendung sap.com/tc~wd~dispwda sollte gestartet sein. Alle anderen Web-Dynpro-Anwendungen werden, um kürzere Durchstartzeiten eines Servers zu erreichen, erst on demand gestartet, das heißt, sie sind nach dem Durchstarten eines Servers zunächst gestoppt und werden erst bei ihrem erstmaligen Aufruf automatisch gestartet. Es ist daher z. B. nicht notwendig, dass die beiden Anwendungen sap.com/tc~wd~corecomp und sap.com/tc~wd~tools bereits gestartet sind.

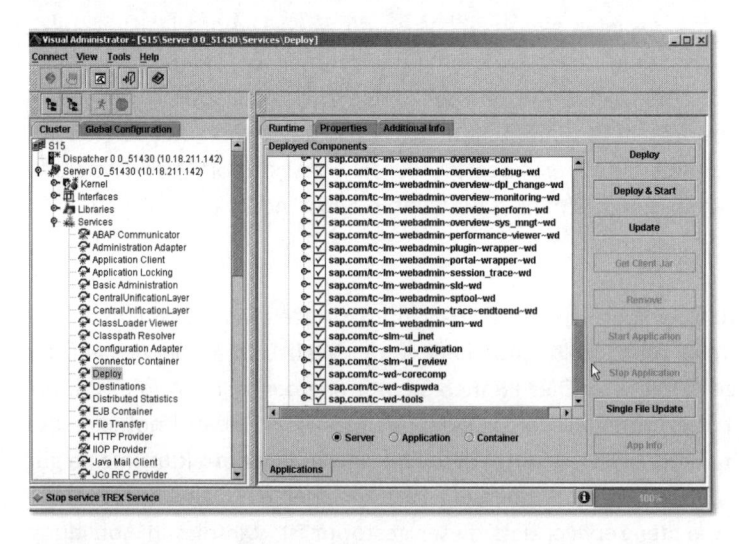

Abbildung 10.12 Web-Dynpro-Systemanwendungen im Deploy Service

Nachdem Sie die nun die SDM-Logs überprüft und sich mittels Visual Administrator davon überzeugt haben, dass alle notwendigen Komponenten der Web-Dynpro-Laufzeit deployt und einsatzbereit sind, ist es jetzt an der Zeit, einen Basistest der Funktionsfähigkeit der Web-Dynpro-Laufzeit durchzuführen und damit das erfolgreiche Einspielen eines Service Packs nachzuweisen. Dazu schlagen wir vor, einmal die beiden als Teil der Laufzeit mitgelieferten Administrationsanwendungen, den Web Dynpro Content Administrator und die Web Dynpro Console, zu starten. Gehen Sie dazu auf die Startseite des Web AS (*http://<engine host>:<engine port>*) und folgen dort dem Link **Web Dynpro**. Sie gelangen dann auf eine Seite, die wiederum zwei Links auf die beiden genannten Anwendungen beinhaltet. Für beide Anwendungen müssen Sie sich mit einem Benutzer mit Administratorenberechtigung anmelden. Lassen sich die beiden Anwendungen erfolgreich starten, ist dies der Nachweis, dass keine prinzipiellen Probleme beim Aktualisieren der Web-Dynpro-Laufzeit aufgetreten sind. Natürlich sollten diesem Basistest nun weitere Tests mit den für Sie relevanten Anwendungen folgen.

Durchführung eines Basistests

Tipp

Sollten beim Einspielen eines Service Packs unerwartete Probleme auftreten, die den Einsatz einer aktualisierten Komponente unmöglich machen, können Sie jederzeit auf die zuvor installierte Version dieser Komponente zurückgreifen. Der SDM speichert alle zuvor installierten Versionen von SDAs unter dem Verzeichnis */usr/sap/<System-ID>/<Instance-ID>/SDM/root/origin* ab, das heißt, dort finden Sie die gesamte Historie von bereits deployten Versionen einer Laufzeitkomponente wieder.

Historie installierter Komponenten

Analyse möglicher Probleme und Lösungstipps

Wir beschreiben nun einen kurzen Leitfaden, der für die Analyse möglicher auftretender Probleme im Zusammenhang mit dem Deployment und der Aktualisierung der Web-Dynpro-Laufzeit oder von Web-Dynpro-Anwendungen verwendet werden kann.

Problem 1: Web-Dynpro-Service lässt sich nicht starten

Beim Einspielen von Patches für Laufzeitkomponenten von SAP NetWeaver oder der Web-Dynpro-Laufzeit kann es bisweilen zu dem Problem kommen, dass sich der Web-Dynpro-Service nach dem Aktualisieren des Web AS nicht mehr starten lässt. In den SDM-Log-Dateien finden Sie in diesem Fall entsprechende Einträge, die das fehlgeschlagene Starten des Service dokumentieren.

Web-Dynpro-Service lässt sich nicht starten

Ursache 1: Fehlende oder nicht auflösbare Abhängigkeiten des Web-Dynpro-Service

Nicht auflösbare Abhängigkeiten des Web-Dynpro-Service

Dieses Problem kommt zumeist dadurch zu Stande, dass für Web Dynpro benötigte abhängige Komponenten der Infrastrukturschicht aufgrund von zum Beispiel einer unvollständigen oder manuell veränderten Installation fehlen. Ein zweiter Grund für dieses Problem ist, dass Komponenten, von denen der Web-Dynpro-Service über eine starke Referenz abhängt, selbst nicht gestartet sind – vergleichen Sie dazu Abschnitt 10.2.1.

Lösung 1: Überprüfung der Abhängigkeiten des Web-Dynpro-Service

Bei einem solchen Problemszenario müssen Sie die Liste der abhängigen Komponenten der Web-Dynpro-Laufzeit mithilfe des Visual Administrators überprüfen. Öffnen Sie dazu die Detailansicht des Web-Dynpro-Service und wechseln Sie dort, wie in Abbildung 10.13 dargestellt, auf die Registerkarte **Additional Info**. Im unteren Teil erscheinen dort die **Service References**, also eine Liste der abhängigen Infrastruktur-Komponenten. Stellen Sie für jede dieser Komponenten sicher, dass sie auf dem Server vorhanden und im Falle einer starken Referenz der zugehörige Service gestartet bzw. die Library oder das Interface geladen ist.

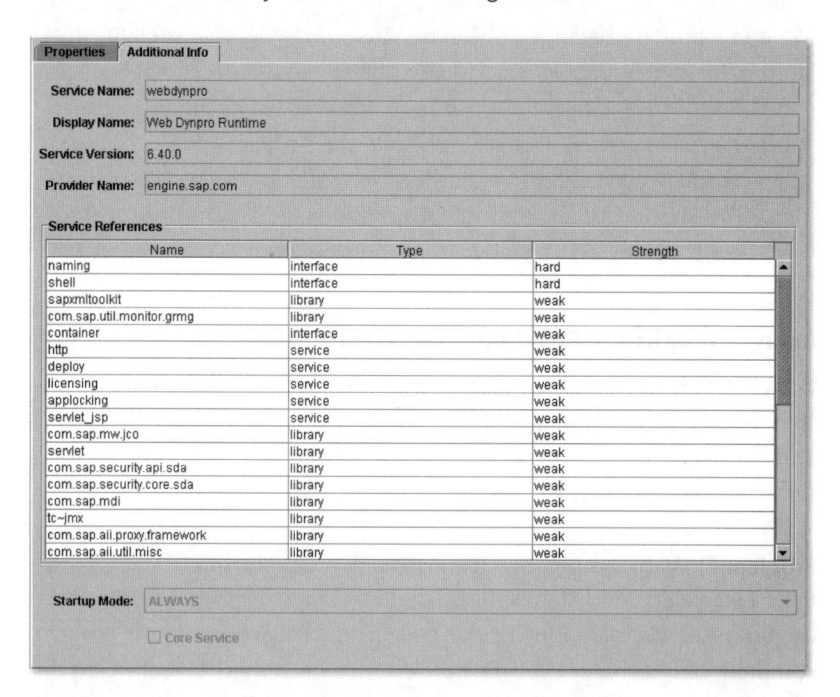

Abbildung 10.13 Liste der starken und schwachen Abhängigkeiten des Web-Dynpro-Service

Problem 2: Web-Dynpro-Anwendung lässt sich nicht starten

Ein ähnliches Problem besteht darin, dass der Web-Dynpro-Service zwar gestartet ist, der Start einer Web-Dynpro-Anwendung jedoch fehlschlägt. Dies kann mehrere Ursachen haben, die wir im Folgenden aufzählen werden.

Web-Dynpro-Anwendung lässt sich nicht starten

Ursache 2a: Eine vom Web-Dynpro-Service schwach referenzierte Komponente ist gestoppt

Eine Infrastruktur-Komponente, von der der Web-Dynpro-Service über eine schwache Referenz abhängt, ist nicht gestartet (im Fall eines abhängigen Service) oder geladen (im Fall einer abhängigen Library oder eines Interfaces). Versucht die Web-Dynpro-Laufzeit nun beim Ausführen einer Anwendung auf diese schwach referenzierte Komponente zuzugreifen, endet dieser Versuch mit einer Fehlermeldung, wie sie in Abbildung 10.14 am Beispiel eines gestoppten Service **Web Container** dargestellt ist.

Schwach referenzierte Komponente ist gestoppt

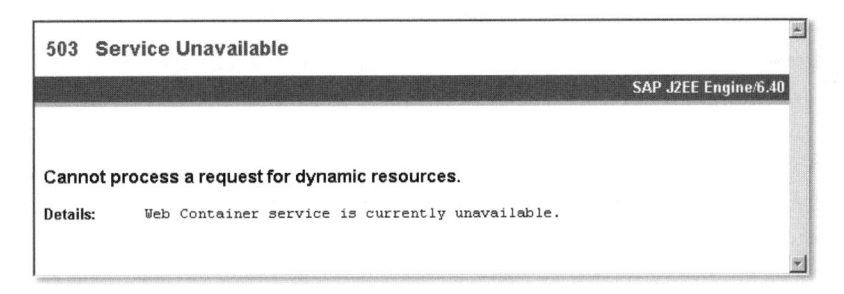

```
503  Service Unavailable
                                                    SAP J2EE Engine/6.40

Cannot process a request for dynamic resources.
Details:    Web Container service is currently unavailable.
```

Abbildung 10.14 Fehlermeldung am Beispiel des gestoppten Service Web Container

Lösung 2a: Starten der abhängigen Komponente

Versuchen Sie in einem solchen Fall, die abhängige Komponente mithilfe des Visual Administrators zu starten. Klappt dies nicht, analysieren Sie die Ursache dafür, indem Sie wiederum die Abhängigkeiten dieser Komponente überprüfen (siehe Problem 1).

Ursache 2b: Web-Dynpro-Systemanwendung ist gestoppt

Als weitere Ursache für dieses Problem kommt in Frage, dass die Web-Dynpro-Systemanwendung `sap.com/tc~wd~dispwda` nicht gestartet ist. In diesem Fall erscheint eine Fehlermeldung wie in Abbildung 10.15.

Web-Dynpro-Systemanwendung ist gestoppt

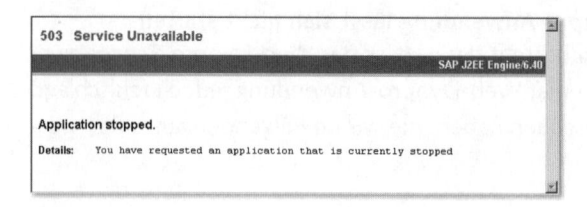

> 503 Service Unavailable
> SAP J2EE Engine/6.40
>
> Application stopped.
> Details: You have requested an application that is currently stopped

Abbildung 10.15 Fehlermeldung bei nicht gestarteter Anwendung sap.com/tc~wd~dispwda

Lösung 2b: Manuelles Starten der Systemanwendung

Versuchen Sie, die Anwendung mithilfe des Service **Deploy** des Visual Administrators zu starten: Navigieren Sie im Baum in der Detailansicht des Service **Deploy** zum Knoten **webdynpro · sap.com/tc~wd~dispwda** und klicken Sie auf den Button **Start Application**. Danach sollte die Anwendung gestartet sein. Ist dies nicht der Fall, kann eine der in dieser Anwendung definierten starken Referenzen nicht aufgelöst werden.

Ursache 2c: Inkorrekte Anwendungs-URL oder unbekannte Entwicklungskomponente

Inkorrekte Anwendungs-URL oder unbekannte Entwicklungskomponente

Erscheint beim Start einer Anwendung eine wie in Abbildung 10.16 oder Abbildung 10.17 dargestellte Fehlermeldung, liegt die Ursache darin, dass die Anwendung entweder mit einer nicht korrekten URL aufgerufen wurde oder sogar nicht auf dem Server deployt ist.

> 500 Internal Server Error
> SAP J2EE Engine/6.40
>
> Application error occurred during request processing.
> Details: com.sap.tc.webdynpro.services.sal.api.WDDispatcherException: Requested deployable object 'sap.com/tc-wd-tools' and application 'WebDynproConsol' are not deployed on the server. Please check the used URL.
> Exception id: [000D60CD55D00040000002100001718000040A673D65FB03]

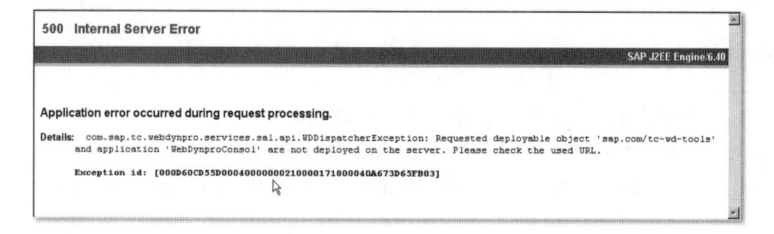

Abbildung 10.16 Fehlermeldung bei falscher Applikations-URL wegen Anfrage an unbekannte Anwendung

> 500 Internal Server Error
> SAP J2EE Engine/6.40
>
> Application error occurred during request processing.
> Details: com.sap.tc.webdynpro.services.exceptions.WDRuntimeException: Failed to create deployable object 'sap.com/tc-wd-tool' since it is not of a Web Dynpro object.
> Exception id: [000D60CD55D00041000002F0000171800040A674F4B23F3]

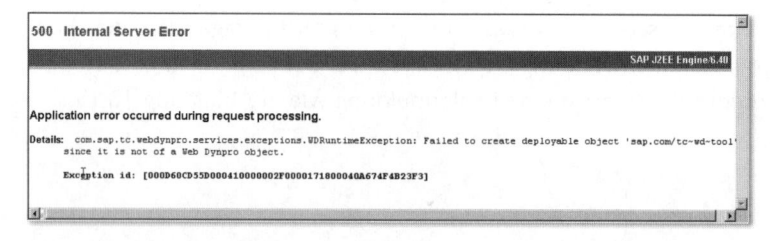

Abbildung 10.17 Fehlermeldung bei Anfrage an nicht bekannte Entwicklungskomponente

Lösung 2c: Plausibilitätsprüfung der Anwendung

Überprüfen Sie in diesem Fall zunächst den Teil der URL, der sich an »/webdynpro/dispatcher/« anschließt, auf mögliche Schreibfehler. Sollte die URL korrekt sein, vergewissern Sie sich als Nächstes, dass die entsprechende Entwicklungskomponente auf dem Server deployt ist.

Ursache 2d: Nicht auflösbare Sharing Reference

Eine weitere Ursache dafür, dass sich eine deployte Web-Dynpro-Anwendung nicht starten lässt, liegt in fehlerhaften oder nicht auflösbaren Referenzen zwischen Komponenten der Anwendungsschicht (Sharing References). Wie bereits mehrfach in diesem Buch anhand der Beispiele zur Komponentisierung einer Anwendung gezeigt wurde (siehe Kapitel 3), unterstützt Web Dynpro das Aufteilen einer Anwendung in unterschiedliche Entwicklungskomponenten. Jede Development-Component wird dabei als eigenständige Laufzeitkomponente auf dem Applikationsserver deployt. Die DCs einer Anwendung definieren durch ihre Public-Part-Beziehungen Referenzen untereinander, wodurch zur Laufzeit der Zugriff einer DC auf eine andere ermöglicht wird. Web Dynpro interpretiert in SAP NetWeaver 2004 sämtliche Abhängigkeiten einer Web-Dynpro-DC auf andere in der Anwendungsschicht deployte Komponenten als starke Referenzen. Dies bedeutet: Lässt sich eine der definierten Referenzen nicht auflösen, da die referenzierte Komponente beispielsweise selbst wiederum nicht deployt ist oder nicht gestartet werden kann, lässt sich auch die referenzierende Anwendung nicht starten.

Nicht auflösbare Sharing Reference

Abbildung 10.18 zeigt die Fehlermeldung, die bei einer nicht auflösbaren Sharing Reference einer Anwendung erscheint. Die Situation, die zu diesem Problem führt, ist in Abbildung 10.19 skizziert: Die Entwicklungskomponente DC_1 definiert eine Sharing Reference auf eine zweite Entwicklungskomponente DC_2, die ihrerseits jedoch nicht auf dem System deployt ist.

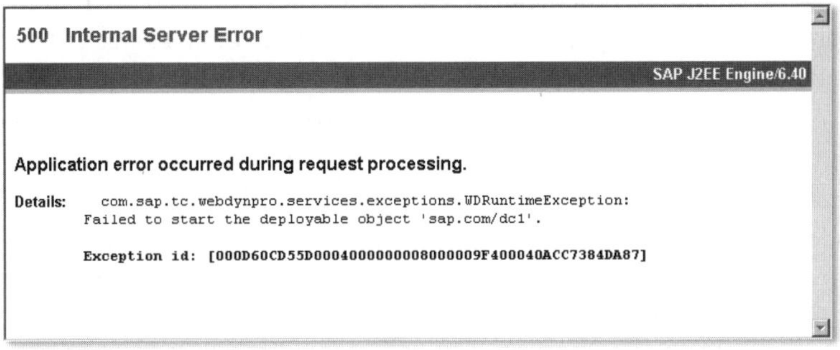

```
500   Internal Server Error
                                                    SAP J2EE Engine/6.40

Application error occurred during request processing.
Details:    com.sap.tc.webdynpro.services.exceptions.WDRuntimeException:
            Failed to start the deployable object 'sap.com/dc1'.
            Exception id: [000D60CD55D0004000000008000009F400040ACC7384DA87]
```

Abbildung 10.18 Fehlermeldung bei nicht auflösbarer Sharing Reference

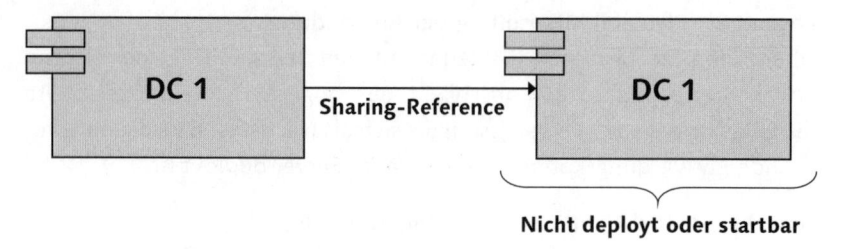

```
                                      Sharing-Reference
        ┌─ DC 1 ─┐                  ──────────────▶           ┌─ DC 1 ─┐
                                                              ╰──────┬──────╯
                                                       Nicht deployt oder startbar
```

Abbildung 10.19 Referenzen zwischen Komponenten der Anwendungsschicht

Lösung 2d: Deployment aller referenzierten DCs

Zur Behebung dieses Problems sollten Sie die Abhängigkeiten der Anwendung überprüfen und mit den auf dem Server deployten Anwendungskomponenten abgleichen. Sollten Sie dabei feststellen, dass eine referenzierte DC nicht vorhanden ist, müssen Sie diese entsprechend nachträglich deployen.

Ursache 2e: Fehler bei der Verwendung von Komponenten-Interfaces

Fehler bei Verwendung von Komponenten-Interfaces

Verwendet eine Web-Dynpro-Anwendung verschiedene Komponenten über Komponenten-Interfaces, die jeweils in unterschiedlichen Web-Dynpro-DCs deployt sind, kann es bei unvollständigem Deployment oder fehlerhafter Verwendung zu folgendem Problem kommen: Eine Web-Dynpro-Komponente `UsingComponent` kann eine andere Komponente `UsedComponent` über ein Komponenten-Interface `UsedComponentInterface` benutzen, wobei jede dieser drei Entitäten in separaten Web-Dynpro-DCs deployt sein kann. Abbildung 10.20 stellt diese Situation dar: Damit `UsingComponent` auf das `UsedComponentInterface` zugreifen kann, muss zwischen `DC_1` und `DC_2` eine Sharing Reference definiert sein. Damit `UsedComponent` das `UsedComponentInterface` implementieren kann, muss auch zwischen `DC_3` und `DC_2` eine Sharing Reference existieren.

`UsingComponent` kann nun eine Instanz einer implementierenden Komponente von `UsedComponentInterface` dynamisch zur Laufzeit unter Angabe des DC- und Komponenten-Namens von `UsedComponent` anlegen. Ein Beispiel, wie hierfür der Java-Code aussieht, finden Sie in Kapitel 3. Bitte beachten Sie, dass zwischen `DC_1` und `DC_3` keine Sharing Reference zu existieren braucht und in der Regel auch nicht existiert – die verwendende Komponente möchte durch den Gebrauch von Komponenten-Interfaces ja gerade in der Lage sein, Implementierungen des Interfaces flexibel einbetten und bei Bedarf austauschen zu können.

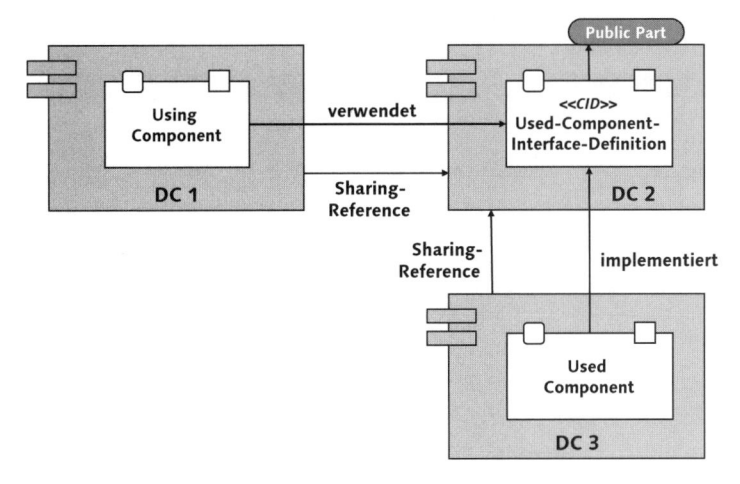

Abbildung 10.20 Referenzen zwischen Web-Dynpro-DCs bei Verwendung von Komponenten-Interfaces

Lösung 2e: Plausibilitätsprüfung der implementierenden Komponente

Ist in diesem Szenario DC_3 nicht auf dem Server deployt, fällt dies erst zur Laufzeit beim Instanziieren der verwendeten Komponente auf und schlägt sich in der in Abbildung 10.21 zu sehenden Laufzeitfehlermeldung nieder. In diesem Fall sollten Sie sicherstellen, dass die fehlende DC auf dem Application Server deployt wird.

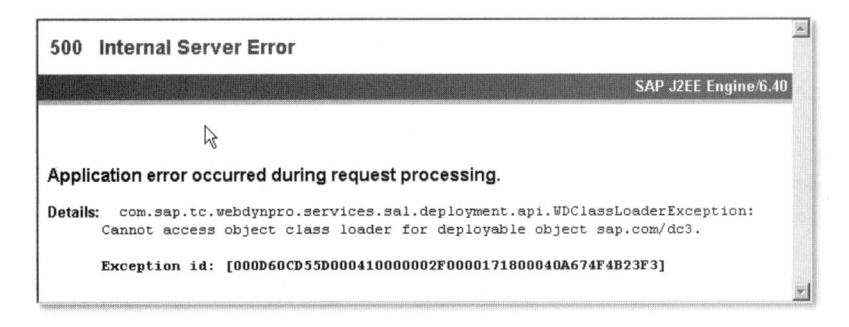

Abbildung 10.21 Fehlermeldung bei Verwendung von Komponenten-Interfaces aufgrund einer nicht vorhandenen DC

Ist dagegen DC_3 zwar deployt, beinhaltet jedoch keine Komponente, die zum im Anwendungscode verwendeten Komponentennamen passt, kommt es zur Laufzeit zu der in Abbildung 10.22 dargestellten Fehlermeldung. In diesem Fall sollten Sie mit den betroffenen Entwicklergruppen der Anwendung Rücksprache halten, da entweder die angegebene DC nicht vollständig oder der für die Komponenteninstanziierung verwendete Komponentenname nicht korrekt ist.

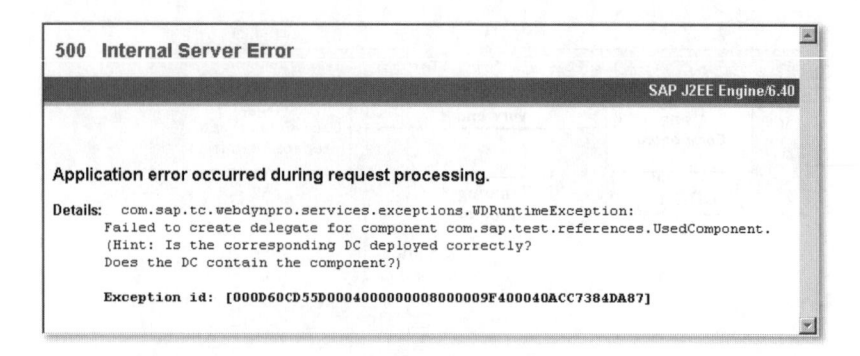

```
500  Internal Server Error
                                                    SAP J2EE Engine/6.40

Application error occurred during request processing.
Details:  com.sap.tc.webdynpro.services.exceptions.WDRuntimeException:
          Failed to create delegate for component com.sap.test.references.UsedComponent.
          (Hint: Is the corresponding DC deployed correctly?
          Does the DC contain the component?)

          Exception id: [000D60CD55D00040000000008000009F400040ACC7384DA87]
```

Abbildung 10.22 Fehlermeldung bei Verwendung von Komponenten-Interfaces aufgrund einer nicht bekannten implementierenden Komponente

Analyse der Threads und Anfragen eines Server-Knotens

Nach diesem ausführlichen Troubleshooting möglicher Probleme, die im Zusammenhang mit dem Deployment und dem Start der Web-Dynpro-Laufzeit oder deren Anwendungen auftreten können, möchten wir nun noch zwei weitere Punkte erläutern, die für die Analyse von Laufzeitproblemen interessant sein können:

Erstellen eines Thread-Dumps

Bisweilen kann es zu Analysezwecken notwendig sein, einen *Thread-Dump* aller im Moment aktiven Threads eines Server-Knotens zu erstellen. Dies kann beispielsweise dann interessant sein, wenn ein Server-Knoten wegen eines unbekannten Problems nicht mehr reagiert oder Anfragen an bestimmte Anwendungen plötzlich sehr lange dauern. Ein Thread-Dump stellt einen Schnappschuss aller Threads eines Server-Knotens dar und eignet sich damit zur Analyse derartiger Probleme.

Sie können einen Thread-Dump mithilfe des SAP MMC wie folgt erstellen: Wählen Sie im SAP MMC den Server-Knoten aus, von dem Sie einen Thread-Dump erstellen möchten. Selektieren Sie nun im Kontextmenü dieses Knotens den Eintrag **Dump Stack Trace**. Der Thread-Dump wird daraufhin unter dem Verzeichnis */usr/sap/<System-ID>/<Instanzname>/work* in die Datei *std_server<index>.out* geschrieben.

Überprüfung der auf einem Server-Knoten eingehenden Anfragen

Alle auf einem Server-Knoten vom Web-Container bearbeiteten Anfragen, d.h. alle über HTTP/HTTPS eingehenden Requests, werden in der Trace-Datei */usr/sap/<System-ID>/<Instanzname>/j2ee/cluster/server<index>/log/system/httpaccess/responses.<index>.trc* protokolliert. Damit beinhaltet diese Trace-Datei auch die an Web-Dynpro-Anwendungen gerichteten Anfragen. Aus den protokollierten Informationen geht insbesondere hervor, welche Web-Dynpro-Anwendungen auf einem Server-Knoten gestartet und durch Terminierungsanfragen wieder beendet wurden.

Laufen Web-Dynpro-Anwendungen im SAP NetWeaver Portal, sendet das Portal bei einem Benutzer-Logoff – bei einer Seiten-Navigation oder beim Schließen des Webbrowsers – Terminierungsanfragen an die Web-Dynpro-Laufzeit, um aktuell gestartete Anwendungssessions zu beenden. Damit eignen sich die Informationen dieser Trace-Datei zur Analyse der zwischen Portal und Web-Dynpro-Laufzeit gesendeten Anfragen, die den Lebenszyklus einer Web-Dynpro-Anwendung steuern.

Da Web-Dynpro-Anwendungen zustandsbehaftet sind (*Stateful applications*), ist es notwendig, dass die zu einer Anwendungssession gehörenden, aufeinander folgenden Anfragen auf denselben Server-Knoten geleitet werden. Wie in Abschnitt 10.2.1 beschrieben, kann in der Systemlandschaft eines Cluster-Verbunds sowohl ein globaler Lastverteiler, der Web Dispatcher, als auch ein zu einer Dialoginstanz lokaler Lastverteiler, der J2EE Dispatcher, vorhanden sein. Mithilfe der Trace-Datei *responses.\<index>.trc* können Sie nun überprüfen, dass aufeinander folgende Anfragen einer Web-Dynpro-Anwendungssession auf denselben Server-Knoten geleitet werden.

Wir hoffen, dass Sie nach diesem Leitfaden möglicher Probleme nicht allzu sehr erschreckt sind. Die gute Nachricht ist, dass derartige Probleme in der Regel nicht auftreten und sich in fast allen Fällen auf eine unvollständige oder manuell veränderte Installation zurückführen lassen.

10.2.4 Remote Debugging

Wir möchten das Kapitel über Installation und Wartung der Web-Dynpro-Laufzeit mit dem insbesondere für die Fehlersuche in bereits produktiven Anwendungen wichtigen Thema über *Remote Debugging* abschließen. Wie Sie sehen werden, wird durch Remote Debugging ein hoher Grad an Supportability für bereits produktive Anwendungen gewährleistet. Wir besprechen zunächst das generelle Konzept des Remote Debuggings und gehen anschließend darauf ein, wie Sie das Remote Debugging für einen Server-Knoten Ihres Web AS-Clusters aktivieren können. Schließlich zeigen wir noch, wie sich eine Debug Session aus dem SAP NetWeaver Developer Studio heraus starten lässt.

Für das Remote Debugging können Sie einzelne Server-Knoten eines Web AS-Clusters als Debugging-Knoten kennzeichnen und auf diese Weise vom restlichen Cluster isolieren. Der produktive Einsatz des Clusters wird

Isolierung von Debugging-Knoten aus dem Cluster-Verbund

dabei nicht beeinträchtigt: Die Debugging-Knoten werden bei der Lastverteilung des J2EE Dispatchers und vom Message Server nicht mehr berücksichtigt, wodurch verhindert wird, dass Anfragen für produktive Anwendungen an einen Debugging-Knoten gesendet werden. Des Weiteren werden die Events, die auf einem Debugging-Knoten entstehen, nicht auf andere produktive Server-Knoten des Clusters verteilt.

Aktivierung des Remote Debuggings	Ein weiterer wichtiger Aspekt des Remote Debuggings ist, dass ein Debugging-Knoten so lange im produktiven Cluster-Verbund integriert bleibt, bis eine Debugging-Sitzung für den Debugging-Knoten begonnen wird. Der Web AS unterscheidet also zwei für das Debugging relevante Zustände eines Server-Knotens: zum einen, ob ein Server-Knoten als Debugging-Knoten gekennzeichnet ist, und zum anderen, ob eine Debugging-Sitzung auf einem derartig gekennzeichneten Server-Knoten aktiv ist. Erst im zuletzt genannten Zustand wird das Remote Debugging aktiviert und der Knoten aus dem Cluster-Verbund isoliert.
Voraussetzung für das Remote Debugging	Um in einem Web AS Cluster einzelne Server-Knoten als Debugging-Knoten zu kennzeichnen, muss folgende Voraussetzung für den jeweiligen Server-Knoten gelten:
Server-Knoten als debuggable markieren	Um einen Server-Knoten für das Remote Debugging zu nutzen, muss dieser in der Cluster-Konfiguration als *debugfähig* (*debuggable*) markiert sein. Diese Einstellung können Sie mithilfe des Configuration Tools vornehmen: Wie in Abbildung 10.23 zu sehen ist, markieren Sie nach dem Start des Configuration Tools im linken Fenster zunächst den Server-Knoten, den Sie für das Remote Debugging nutzen möchten, und wechseln anschließend in der Detailansicht auf die Registerkarte **Debug**. Dort können Sie den Server-Knoten über die Checkbox **Debuggable** als Debugging-Knoten markieren.
Restricted load balance	Um einen Debugging-Knoten vom übrigen produktiven Cluster-Verbund beim Start einer Debugging-Sitzung zu isolieren, müssen Sie zusätzlich die ebenfalls auf der **Debug**-Registerkarte sichtbare Checkbox **Restricted load balance** aktivieren. Über die Checkbox **Enabled debug mode** können Sie ferner das Remote Debugging standardmäßig für den entsprechenden Server-Knoten aktivieren. Bitte beachten Sie, dass bei einer Kombination von **Restricted load balance** und **Enabled debug mode** der Debugging-Knoten stets vom Cluster-Verbund isoliert ist, das heißt, nicht für einen produktiven Einsatz zur Verfügung steht.

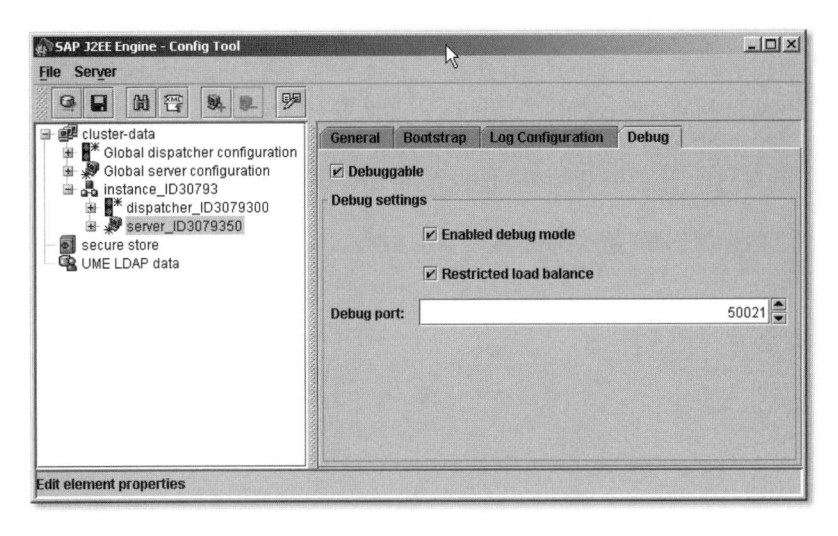

Abbildung 10.23 Einstellung für das Remote Debugging im Configuration Tool

Nachdem ein Server-Knoten für das Remote Debugging vorbereitet wurde, können Sie mit dem SAP NetWeaver Developer Studio eine Debugging-Sitzung wie folgt beginnen:

1. Öffnen Sie im SAP NetWeaver Developer Studio die Ansicht **J2EE Engine**. Dort können Sie über den Kontextmenüeintrag **Enable debugging of process** des Server-Knotens, der für das Debugging verwendet werden soll, die Debugging-Sitzung aktivieren.

    Start einer Debugging-Sitzung aus dem SAP NetWeaver Developer Studio

2. Der Server-Knoten wird daraufhin durchgestartet und dabei vom restlichen Cluster-Verbund isoliert, falls für den Knoten wie beschrieben **Restricted load balancing** konfiguriert wurde (siehe Abbildung 10.24).

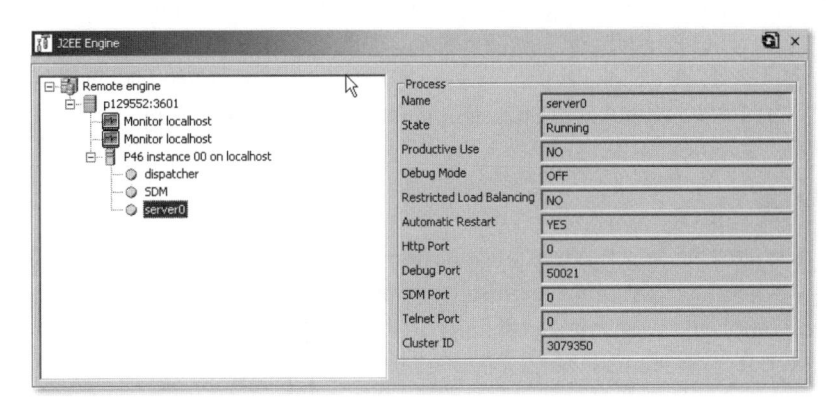

Abbildung 10.24 J2EE Engine im SAP NetWeaver Developer Studio

Installation und Wartung der Web-Dynpro-Laufzeit

3. Anschließend können Sie im SAP NetWeaver Developer Studio über den Menüeintrag **Run • Debug...** eine Debug-Konfiguration für Web Dynpro anlegen. Dazu wählen Sie, wie in Abbildung 10.25 zu sehen, den Eintrag **Remote Java Application** aus und legen über den **New**-Eintrag des Kontextmenüs eine neue Konfiguration an.

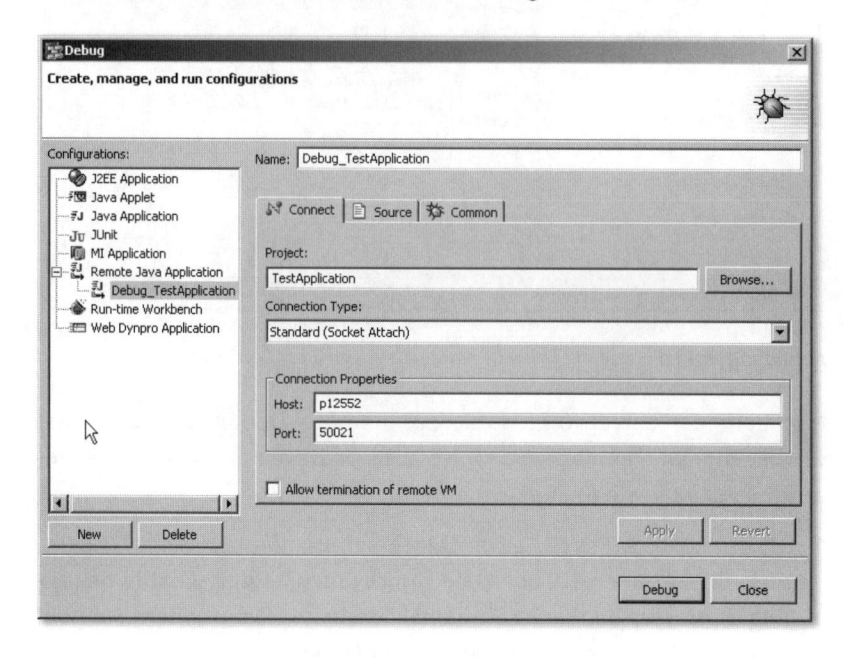

Abbildung 10.25 Erstellen einer Debug-Konfiguration für eine Web-Dynpro-Anwendung im Developer Studio

4. In den Feldern Host und Port der **Connection Properties** geben Sie den Namen des Debugging-Knotens und dessen Debugging-Port an. Unter dem Feld **Project** wählen Sie die Anwendung aus, auf deren Quellcode Sie in der Debugging-Sitzung Zugriff haben möchten. Schließlich starten Sie die Debugging-Sitzung durch einen Klick auf **Debug**.

Tipp

Mithilfe der Seite **System Information** (siehe Abschnitt 10.2.3) lassen sich die Informationen, ob und welcher Server-Knoten als debugfähig gekennzeichnet ist und welcher Port für das Remote Debugging verwendet werden soll, bequem abfragen.

10.3 Technische Konfiguration der Web-Dynpro-Laufzeit

Neben der Installation und Wartung des Web AS und der Web-Dynpro-Laufzeit ist das Einrichten eines Systems für den Test- und Produktivbetrieb eine weitere wichtige Aufgabe eines Administrators. Dazu zählt das Einstellen technischer Konfigurationsparameter des SAP Web AS für konkrete Einsatz- und Geschäftsszenarien, um so einen reibungslosen Betrieb des Applikationsservers zu gewährleisten. Beispiele solcher Parameter sind die für die Server-Knoten zur Verfügung stehende maximale Speicherkapazität oder das Abräumverhalten nicht mehr genutzter Anwendungssessions. Abhängig vom späteren Produktivszenario können unterschiedliche Einstellungen dieser Parameter notwendig und sinnvoll sein. Wird ein Server beispielsweise nur für eine kleine Benutzergruppe aufgesetzt und laufen ausschließlich leichtgewichtige Anwendungen ohne großen Ressourcen-Bedarf, so ist die benötigte Speicherkapazität sicherlich geringer einzustellen als für ein System, auf das gleichzeitig mehrere tausend Benutzer zugreifen oder in dem speicherintensive Anwendungen laufen.

System für den Test- und Produktivbetrieb

In diesem Abschnitt werden die technischen Konfigurationsparameter der Web-Dynpro-Laufzeit referenzartig vorgestellt sowie Tipps und Beispiele für ihre Einstellung geliefert. Die Administration der technischen Konfigurationsparameter ist nicht zu verwechseln mit den Möglichkeiten, eine Anwendung zu adaptieren oder zu personalisieren, um so zum Beispiel die Benutzeroberfläche für bestimmte Benutzerrollen anzupassen. Diese Art der Konfiguration geht über die reine Administration eines Systems hinaus und erfordert detailliertes Fachwissen über Geschäftsprozesse und Einsatzszenarien einer Anwendung, sodass dieser Vorgang in der Regel von Geschäftsprozessexperten (*Business Experts*) durchgeführt wird. Vielmehr wollen wir uns in diesem Abschnitt auf den Bereich der Konfiguration konzentrieren, der zum Aufgabenbereich eines Administrators zählt: Dazu gehört zum einen die Einstellung technischer Parameter, die für bestimmte Verhalten der Web-Dynpro-Laufzeit benötigt werden, wie zum Beispiel das Abräumverhalten von laufenden Anwendungssessions nach einer bestimmten Leerlaufzeit. Zum anderen geht es um die Konfiguration von Parametern, die benötigt werden, um externe Komponenten in einer Web-Dynpro-Anwendung nutzen zu können. Ein Beispiel hierfür ist die Angabe des *Internet Graphics Server* (IGS) in der Konfiguration, der dann von Web-Dynpro-Anwendungen für das Erzeugen von Diagrammen und Charts verwendet werden kann.

Diesen Bereich der Konfiguration wollen wir in den nun folgenden drei Abschnitten vorstellen. Zum einen sind dies die Web-Dynpro-eigenen

Konfigurationsparameter, die in Abschnitt 10.3.1 referenzartig vorgestellt und mit Tipps zur Einstellung besprochen werden. Anschließend stellen wir die anwendungsspezifische Konfiguration in Abschnitt 10.3.2 vor, ehe wir den Themenbereich mit weiteren Einstellungen des Web AS, die sich direkt oder indirekt auf das Laufzeitverhalten von Web Dynpro auswirken, in Abschnitt 10.3.3 abschließen.

10.3.1 Grundlegende Konfiguration der Web-Dynpro-Laufzeit

Verwaltung der Konfiguration mit dem Configuration Adapter Service

Configuration Adapter Service

Die technische Konfiguration der Web-Dynpro-Laufzeit ist im Service **Configuration Adapter** der Engine abgelegt und lässt sich mithilfe des Visual Administrators einsehen und modifizieren. Im **Configuration Adapter** sind die vorhandenen Konfigurationen baumartig strukturiert. In diesem Baum findet man die Web-Dynpro-Konfiguration unter dem Pfad **webdynpro · sap.com · tc~wd~dispwda · Propertysheet default**, wie in Abbildung 10.26 in der Detailansicht des Service zu sehen ist.

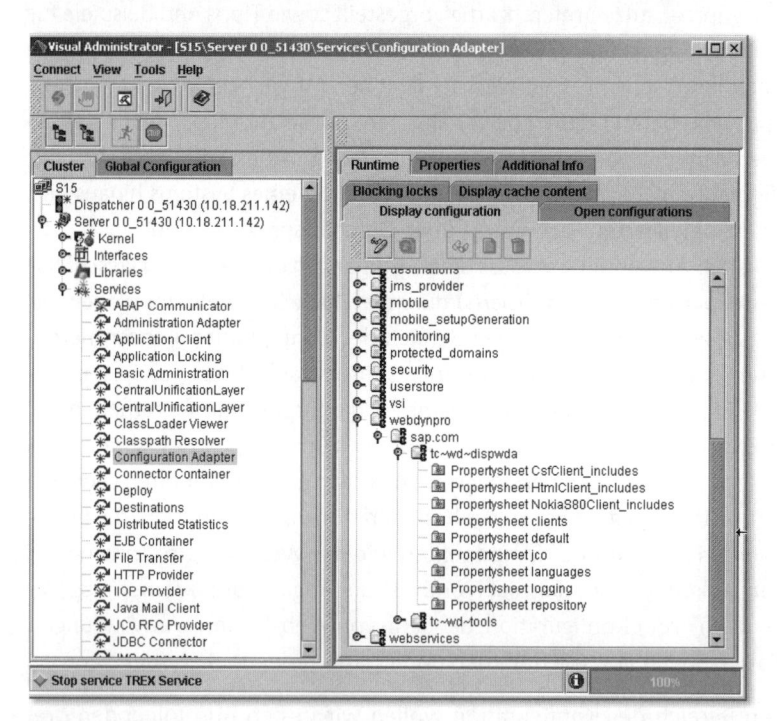

Abbildung 10.26 Konfiguration der Web-Dynpro-Laufzeit im Service Configuration Adapter

Ein Doppelklick auf den Eintrag **Propertysheet default** öffnet die Web-Dynpro-Konfiguration im Read-only-Modus. Wie in Abbildung 10.27 zu sehen ist, erscheinen die einzelnen Konfigurationsparameter tabellarisch gelistet. Um diese ändern zu können, müssen Sie zunächst in den Editiermodus wechseln, was mithilfe des Toolbar-Buttons **Edit** (Schreibstift-Icon) erfolgt. Um anschließend einen Parameter zu ändern, selektieren Sie ihn und geben in dem in Abbildung 10.28 dargestellten Fenster den gewünschten neuen Wert an.

Konfiguration der Web-Dynpro-Laufzeit: Propertysheet default

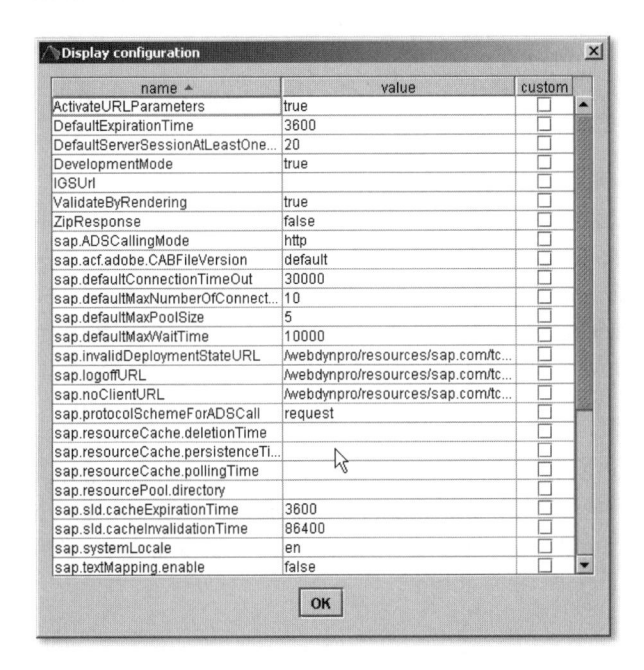

Abbildung 10.27 Konfigurationsparameter des Propertysheet default

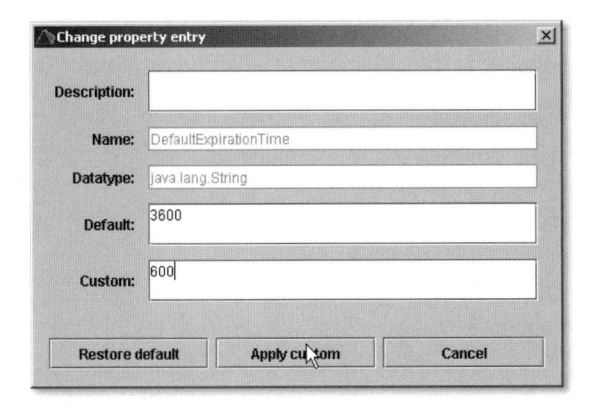

Abbildung 10.28 Anpassung eines Konfigurationsparameters

Technische Konfiguration der Web-Dynpro-Laufzeit

Damit die vorgenommenen Änderungen für die Web-Dynpro-Laufzeit wirksam werden, bestätigen Sie sie durch einen Klick auf **OK** im Fenster **Display Configuration** (siehe Abbildung 10.27) und wechseln anschließend wieder vom Edit- in den View-Modus durch einen erneuten Klick auf den **Edit**-Button.[11]

> **Hinweis**
>
> Im übrigen Verlauf dieses Kapitels werden wir von den Parametern aus dem **Propertysheet default** sprechen, wenn wir uns auf die technischen Konfigurationsparameter der Web-Dynpro-Laufzeit beziehen.

Web-Dynpro-Konfiguration und Tipps zur Einstellung

Konfigurationsparameter der Web-Dynpro-Laufzeit

Die Parameter aus dem **Propertysheet default** können im Wesentlichen in drei unterschiedliche Gruppen unterteilt werden: Zum einen gibt es eine Gruppe von Parametern, die zur Nutzung bestimmter externer Komponenten oder spezieller Funktionalitäten benötigt werden. Weiter gibt es eine zweite Gruppe von Parametern, die sich auf die Skalierbarkeit, Performance oder den Speicherverbrauch eines Systems auswirken. Schließlich gibt es eine dritte Gruppe von Parametern, die aus Supportability- oder Kompatibilitätsgründen benötigt werden. Entsprechend dieser Aufteilung werden wir im Folgenden die Bedeutung der einzelnen Parameter erläutern und, wann immer möglich, mit Tipps und Beispielen für sinnvolle Einstellungen anreichern.

▶ IGSUrl

Konfiguration eines Internet Graphics Server

Mit diesem Parameter machen Sie den Internet Graphics Server der Web-Dynpro-Laufzeit bekannt. Sie benötigen diese Einstellung, wenn Ihre Anwendungen das `BusinessGraphics`-UI-Element zur Anzeige von Grafiken und Charts benutzen. Als gültigen Parameter geben Sie eine URL auf den IGS an.

---

11 Bitte beachten Sie, dass im Release SAP NetWeaver 2004 vor dem Service Pack SP15 ein Neustart der Engine erforderlich war, ehe Änderungen in der Web-Dynpro-Konfiguration für die Laufzeit wirksam wurden. Dies ist ab Service Pack SP15 nicht mehr notwendig.

> **Tipp**
>
> Sie können die Gültigkeit des Parameters überprüfen, indem Sie die angegebene URL direkt in einem Webbrowser aufrufen. Die URL gibt eine korrekte Adresse auf einen IGS an, falls der Webbrowser die IGS-Startseite anzeigt (siehe Abbildung 10.29).

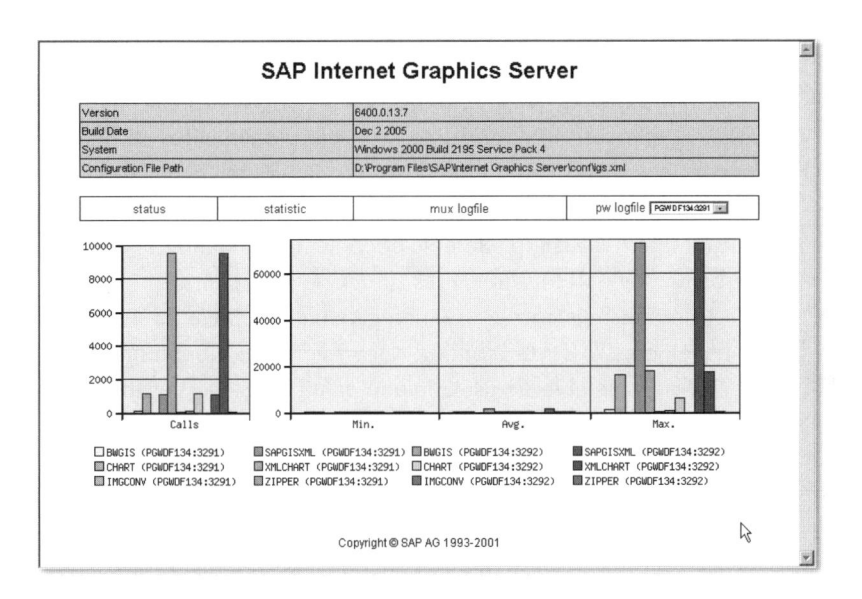

Abbildung 10.29 Startseite des Internet Graphics Server

- `sap.webdispatcher.protocol`
  `sap.webdispatcher.host`
  `sap.webdispatcher.port`

  Diese Parameter werden benötigt, um mithilfe des Web-Dynpro-URL-Generators absolute Applikations-URLs auf einen im System vorhandenen Web Dispatcher zu erzeugen. Dies ergibt beispielsweise für Anwendungen Sinn, die stabile, von externen Benutzern aufrufbare und als Bookmarks ablegbare URLs auf Anwendungen des Systems generieren möchten. Der Web-Dynpro-URL-Generator stellt dazu in der Klasse `com.sap.tc.webdynpro.services.sal.url.WDURLGenerator` die überladenen Methoden `getWorkloadBalancedApplicationURL()` zur Verfügung. Mit den drei Parametern `sap.webdispatcher.protocol`, `sap.webdispatcher.host` und `sap.webdispatcher.port` machen Sie der Web-Dynpro-Laufzeit den in einem Web AS-System verwendeten Web Dispatcher bekannt. Die erzeugten Ap-

  Generierung von URLs aus dem verwendeten Web Dispatcher

plikations-URLs verwenden dann das angegebene Protokoll, und zeigen auf den konfigurierten Host und Port des Web Dispatchers, das heißt, es werden URLs nach folgendem Schema erzeugt:

<sap.webdispatcher.protocol>://*<sap.webdispatcher.host>*:
<sap.webdispatcher.port>/webdynpro/dispatcher/
<vendor-Name>/*<DC-Name>*/*<Applikationsname>*

- `sap.url.protocols`

Sicherheitsprüfung von verwendeten URLs

Dieser Parameter wird von der Web-Dynpro-Laufzeit für eine Sicherheitsüberprüfung von URLs benötigt: Web Dynpro prüft für alle von der Laufzeit generierten oder durch sie aufgerufenen URLs mithilfe eines Security Service dahin gehend, ob die jeweilige URL den Sicherheitsstandards von SAP entspricht. Beispielsweise werden URLs, die in ihren Parametern JavaScript-Befehle oder nicht URL-standardkonforme Werte beinhalten, als invalide URLs zurückgewiesen, da sie möglicherweise sicherheitsrelevante Auswirkungen haben: So wird beispielsweise bei einem *Cross-site Scripting-Angriff* versucht, über aufgerufene URLs JavaScript-Befehle abzusetzen und damit die Sicherheitsbarrieren eines Systems zu überwinden. Dies soll durch die Verwendung des Security Service verhindert werden.

Der Security Service akzeptiert darüber hinaus nur solche URLs, die sich auf ein ihm bekanntes Protokoll beziehen. Mithilfe des Parameters `sap.url.protocols` wird eine Liste von URL-Protokollen angegeben, die der Security Service als zulässig akzeptieren soll. Standardmäßig ist der Parameter auf die kommaseparierte Liste `http,https,ftp, mailto,file` eingestellt. Sie können zu dieser Liste weitere Protokolle hinzufügen oder entfernen; die dabei gültigen Werte sind die in der URL verwendeten Protokollnamen.

- `DevelopmentMode`

Konfiguration des Entwicklungsmodus

Dieser Parameter gibt an, ob sich Ihr System im Entwicklungsmodus befindet oder nicht. Ist dieser Parameter auf **true** gesetzt, wird beispielsweise im Fehlerfall eine Fehlerseite mit ausführlichen Informationen zur Versionsinformation der verwendeten Laufzeit und der Code-Generatoren sowie der Stacktrace des verursachenden Fehlers angezeigt. Für ein Produktivsystem sollten Sie diesen Parameter auf **false** setzen. Der Standardwert nach einer Installation ist dagegen **true**, was der für die Entwicklungs- und Testphase empfohlenen Einstellung entspricht.

- `sap.logoffURL`

    In diesem Parameter können Sie eine URL angeben, die von der Web-Dynpro-Laufzeit dann aufgerufen wird, wenn eine Anwendung einen Logoff ausführt und dabei keine explizit spezifizierte *Redirect-URL* angibt. Eine Anwendung kann über die Methode `WDClientUser.forceLogoffClientUser(String redirectUrl)` programmatisch einen Logoff ausführen. Wird bei diesem Methodenaufruf keine `redirectUrl` angegeben, führt die Web-Dynpro-Laufzeit automatisch einen Redirect auf die in diesem Parameter konfigurierte URL aus. Standardmäßig ist der Parameter `sap.logoffURL` so eingestellt, dass er auf eine mit der Web-Dynpro-Laufzeit ausgelieferte Standard-Logoff-Seite zeigt. Alternativ können Sie in diesem Parameter jedoch jede beliebige andere statische URL angeben. Bitte beachten Sie, dass eine absolute URL inklusive Host-Namen und Port angegeben werden muss, falls die URL auf Websites oder statische Ressourcen außerhalb des SAP Web AS referenziert.

    Wie Sie in Abschnitt 10.3.2 sehen werden, gibt es auch die Möglichkeit, für jede Anwendung eine eigene Logoff-URL zu deinieren. Zu diesem Zweck gibt es in der anwendungsspezifischen Konfiguration ebenfalls einen Parameter `sap.logoffURL`, der den gleichnamigen Parameter aus dem **Propertysheet default** überschreibt.

Definition einer Logoff-URL

> **Tipp**
>
> Läuft eine Anwendung im SAP NetWeaver Portal, sollte die Anwendung selbst keinen **Logoff**-Button anbieten oder auf andere Weise durch Verwendung der Methode `WDClientUser.forceLogoffClientUser(String redirectUrl)` einen programmatischen Logoff ausführen. Das Portal als Integrationsplattform vieler verschiedener Anwendungen übernimmt die Aufgabe, eine Benutzersession zu beginnen und diese durch einen Logoff zu beenden. Wir raten deshalb dazu, dass Anwendungen nur in wohl durchdachten Ausnahmefällen selbst einen programmatischen Logoff ausführen.

- `sap.noClientURL`

    Wie in Kapitel 2 über die grundlegende Architektur der Web-Dynpro-Laufzeit skizziert wurde, verfügt Web Dynpro über eine Client-Abstraktionsschicht, die es ermöglicht, Web Dynpro mit unterschiedlichen Clients zu betreiben. Der Standard-Client ist der *HTML-Client*, weitere Clients basieren auf dem so genannten *Business Client Protokoll* (*BCP*) und

Fehlerseite bei unbekanntem Client

werden beispielsweise von einem *Java-* oder *Windows-Client* unterstützt[12]. Web Dynpro ermittelt nun automatisch aus den Header-Daten eines eingehenden Requests, welcher Client zur Laufzeit einer Anwendung verwendet werden soll. Mit dem Parameter `sap.noClientURL` kann die URL einer Fehlerseite angegeben werden, die angezeigt wird, falls die Web-Dynpro-Laufzeit beim Start einer Anwendung nicht in der Lage ist, einen passenden Client zu bestimmen. Standardmäßig ist der Parameter `sap.noClientURL` so eingestellt, dass er auf eine Web-Dynpro-eigene Fehlerseite zeigt.

▶ `sap.systemLocale`

Konfiguration der Standardsprache

Die Web-Dynpro-Laufzeit berechnet für jede HTTP-Session, in der eine Web-Dynpro-Anwendung gestartet wird, eine in Java als Sprachkennzeichen verwendete Instanz der Klasse `java.util.Locale`, die dann für die Ermittlung von Texten in einer bestimmten Sprache sowie zur Bestimmung der Formatierung von numerischen Werten oder des Datumsformats verwendet wird. Dabei ermittelt Web Dynpro die für eine Session zu verwendende Locale nach einer bestimmten Abarbeitungslogik. Mit dem Parameter `sap.systemLocale` können Sie die Locale angeben, die verwendet werden soll, falls die Web-Dynpro-Laufzeit keine Spracheinstellung aus den Anmelde- oder Sessiondaten ableiten kann (siehe Abschnitt 10.4.1). Die gültigen Werte für diesen Parameter sind durch den Standard ISO-639 definiert (*http://www.ics.uci.edu/pub/ietf/http/related/iso639.txt*), das heißt, sie folgen den Konventionen von `java.util.Locale`. Sinnvolle Werte sind beispielsweise **en** oder **de**, um Englisch oder Deutsch als System-Locale einzustellen.

> **Tipp**
>
> In diesem Parameter sollten Sie folglich diejenige Locale einstellen, die als Standard-Locale verwendet werden soll, falls sich aus den Anmelde- und Sessiondaten keine sessionspezifische Locale ableiten lässt.

▶ `sap.theme.default`

Einstellung eines Standard-Themes

In diesem Parameter kann das Theme angegeben werden, das Web Dynpro standardmäßig für die Anzeige der Benutzeroberfläche verwendet, sofern kein anderes Theme beim Start einer Anwendung mit-

---

12 Der Java- und Windows-Client waren zum Zeitpunkt der Manuskriptverfassung für dieses Buch erst als Prototypen verfügbar.

tels URL-Parameter `sap-cssurl` angegeben wurde. Ist der Parameter `sap.theme.default` nicht gesetzt, verwendet Web Dynpro in diesem Fall automatisch das SAP-Standard-Theme `sap_standard`.

Werden Web-Dynpro-Anwendungen im SAP NetWeaver Portal gestartet, erben sie das aktuell eingestellte Portal Theme. Der Parameter wird also vor allem von jenen Anwendungen verwendet, die nicht im Portal laufen und für die man vom SAP-Standard-Theme abweichen möchte.

Die Liste der von SAP ausgelieferten Themes finden Sie in Ihrer SAP NetWeaver-Installation unter dem Pfad */usr/sap/<System-ID>/<Instanzname>/j2ee/cluster/server<i>/temp/webdynpro/web/sap.com/tc~wd~dispwda/global/SSR/themes*. Gültige Werte für den Parameter sind beispielsweise *http://<engine host>:<engine port>/irj/portalapps/com. sap.portal.themes.lafservice/themes/portal/sap_chrome* oder *http:// <engine host>:<engine port>/irj/portalapps/com.sap.portal.themes.lafservice/themes/portal/sap_tradeshow*.

▶ `sap.protocolSchemeForADSCall`
`sap.acf.adobe.CABFileVersion`
`sap.ADSCallingMode`

Diese Parameter werden für die Anbindung des *Adobe Document Service* (ADS) an die Web-Dynpro-Laufzeit und die Verwendung des `InteractiveForm`-UI-Elements in Web-Dynpro-Anwendungen benötigt.

Anbindung des Adobe Document Service

Der Parameter `sap.protocolSchemeForADSCall` gibt das für Anfragen an den ADS zu verwendende Protokoll an. Gültige Werte sind **request**, **http** oder **https**, wobei **request** die Standardeinstellung darstellt. Bei dieser Einstellung verwendet Web Dynpro für Anfragen an den ADS dasselbe Protokoll wie für die aktuelle Client-Anfrage. Beim Wert **http** (**https**) wird dafür stets HTTP (HTTPS) verwendet.

Mithilfe des Parameters `sap.acf.adobe.CABFileVersion` kann die ActiveX-Version angegeben werden, die für das `InteractiveForm`-UI-Element benötigt wird. Dies ist dann notwendig, wenn ADS und Web Dynpro in unterschiedlichen Versionen vorliegen, was in der Regel nicht der Fall sein sollte. Standardmäßig ist der Parameter auf den Wert **default** gestellt, wobei bei dieser Einstellung davon ausgegangen wird, dass ADS und Web Dynpro in einer kompatiblen Version vorliegen. Ist dies nicht der Fall, muss zur Vermeidung von Kompatibilitätsproblemen in diesem Parameter die Version des verwendeten ADS angegeben werden. Der Parameter wird im Allgemeinen also nur für Supportability-Zwecke benötigt und sollte im Regelfall nicht verändert werden.

Der Parameter `sap.ADSCallingMode` wird nicht mehr verwendet und kann damit bei der Konfiguration vernachlässigt werden.

Verwendung von Text-Mappings

Folgende Konfigurationsparameter werden für die Verwendung von Text-Mappings benötigt:

- `sap.textMapping.enable`
  `sap.textMapping.objectName`
  `sap.textMapping.separators`
  `sap.textMapping.systemName`
  `sap.textMapping.systemNumber`

Anpassung von Terminologien

Web Dynpro unterstützt in SAP NetWeaver 2004 noch kein allgemeines Konzept zur modifikationsfreien Anpassung einer Anwendung, wie zum Beispiel dem Ändern von Terminologien, dem Ausblenden von bestimmten UI-Elementen einer Benutzeroberfläche etc. Ein solches Konzept wird mit dem nächsten Major-Release nach SAP NetWeaver 2004 folgen. Dennoch bietet Web Dynpro auch in SAP NetWeaver 2004 mit den so genannten *Text-Mappings* eine rudimentäre Methode zum modifikationsfreien Anpassen von Terminologien, mit deren Hilfe sich Wörter oder Texte einer deployten Anwendung anpassen lassen, ohne die in der Anwendung deklarierten Texte ändern und die Anwendung erneut deployen zu müssen.

Sind Text-Mappings definiert, werden sie von der Web-Dynpro-Laufzeit nur dann berücksichtigt, wenn der Parameter `sap.textMapping.enable` auf **true** gesetzt ist. Standardmäßig ist dieser Parameter auf **false** eingestellt.

Mit SAP NetWeaver 2004 müssen sämtliche definierten Text-Mappings in einer Development-Component definiert werden, auch wenn die Text-Mappings für unterschiedliche Web-Dynpro-Anwendungen verwendet werden. Den Namen der DC, die das Text-Mapping beinhaltet, geben Sie mit dem Parameter `sap.textMapping.objectName` an.

Das Text-Mapping unterscheidet zwischen zwei Arten von Texten einer Anwendung:

- Die *Texte von UI-Elementen* werden aus Performance-Gründen immer komplett betrachtet und ersetzt. Ist beispielsweise der Text eines `Button`-UI-Elements »Search customer« und soll dieser durch den Text »Search business partner« ersetzt werden, so reicht es nicht, ein Text-Mapping für »customer« zu definieren. Vielmehr muss ein Mapping für den gesamten Text »Search customer« definiert werden.

▶ Die zweite Art von Texten sind *Meldungen* (*Messages*). Für Meldungen wird die Möglichkeit der wortweisen Ersetzungen mittels Text-Mappings unterstützt. Beispielsweise kann in der Meldung »Search for a customer successfully done« der Begriff »customer« durch den Begriff »business partner« ersetzt werden. Damit das Finden einzelner Wörter funktioniert, müssen der Web-Dynpro-Laufzeit die zu berücksichtigenden Trennsymbole angegeben werden. Dies geschieht mithilfe des Parameters sap.textMapping.separators, der standardmäßig wie folgt eingestellt ist: !;,:-_+=)([]?. In den meisten Fällen ist diese Einstellung ausreichend, um einzelne Wörter in Meldungen identifizieren und durch den abgebildeten Text ersetzen zu können.

Die Parameter sap.textMapping.systemName und sap.textMapping.systemNumber geben den Systemnamen und die Nummer der Dialoginstanz eines SAP Web AS an, für die Text-Mapping verwendet werden soll, also beispielsweise »J2E« als Systemnamen und »00« als Identifikationsnummer der Dialoginstanz.

Anlegen von Text-Mappings mithilfe des SAP NetWeaver Developer Studios

Wie können Sie nun mithilfe des SAP NetWeaver Developer Studios Text-Mappings anlegen und welche Einschränkungen sind hierbei zu beachten? Wie bereits erwähnt, werden alle Text-Mappings in der durch sap.textMapping.objectName definierten DC erwartet. Als Beispiel nehmen wir an, dies sei die DC mit Namen sap.com/TextMappings. Falls noch nicht vorhanden, legen Sie nun im SAP NetWeaver Developer Studio eine neue Web-Dynpro-DC mit diesem Namen an. Danach wechseln Sie in der Web-Dynpro-Perspektive auf den View **Navigator** und navigieren im angelegten Projekt sap.com/TextMappings auf den Ordner *src/configuration*. Dies ist die Stelle, an der die Web-Dynpro-Laufzeit mögliche vorhandene Text-Mappings in Form von Property-Dateien mit dem fest vorgegebenen Namen *TextMappings_<language>.properties* erwartet.

Sie können nun unter dem Ordner *src/configuration* entweder existierende Property-Dateien importieren oder alternativ neue anlegen. Dafür wählen Sie im Kontextmenü des Ordners *src/configuration* die Einträge **New · Other… · Simple · File** aus. Dies öffnet den in Abbildung 10.30 dargestellten Dialog zum Anlegen einer Datei.

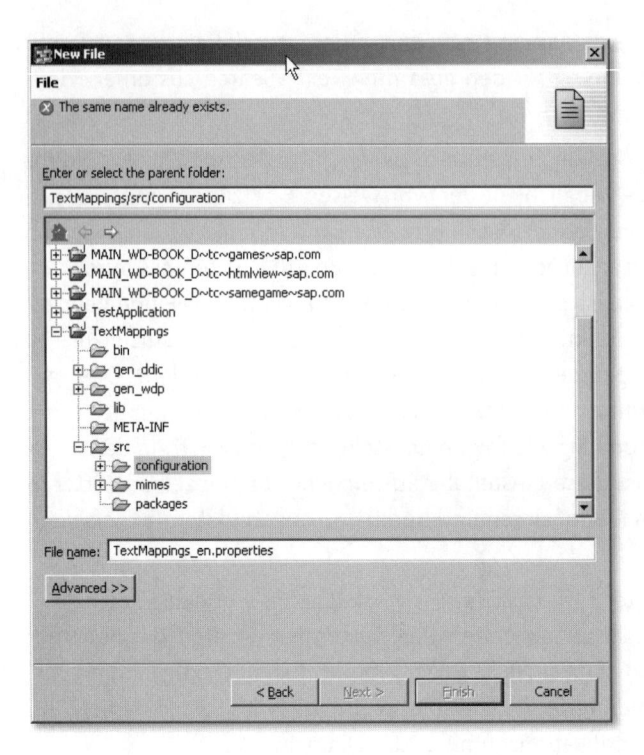

Abbildung 10.30 Anlegen einer Text-Mapping-Datei

> **Hinweis**
>
> Bitte beachten Sie, dass Sie für jede unterstützte Sprache eine eigene Datei *TextMappings_<language>.properties* mit entsprechendem Sprachkennzeichen anlegen oder importieren müssen.

Nach dem Anlegen der Datei können Sie nun Text-Mapping-Einträge definieren, wobei die Einträge in folgendem Format erwartet werden:

<Name des Gültigkeitsbereichs>.<Originaltext>=<Abgebildeter Text>

▶ **Name des Gültigkeitsbereichs**

Mithilfe des Gültigkeitsbereichs geben Sie an, für welche Web-Dynpro-Views ein Text-Mapping-Eintrag gelten soll. Ein Gültigkeitsbereich definiert dabei den Namen eines Java-Packages und wird wie folgt verwendet:

Ein Text-Mapping-Eintrag wird nur auf die Views angewendet, deren Java-Package-Namen mit dem angegebenen Gültigkeitsbereich beginnen. Beispielsweise wird ein Text-Mapping mit Gültigkeitsbereich `sap.com.ess` auf alle Views angewendet, deren Package-Namen mit `sap.com.ess` beginnen.

Wird kein Gültigkeitsbereich angegeben, wird das Text-Mapping global angewendet, also für sämtliche deployten Web-Dynpro-Anwendungen.

▶ **Originaltext**

Dieser Teil gibt den Textwert an, der durch das Mapping ersetzt werden soll. Bitte beachten Sie die zwei unterschiedlichen Typen von Texten, die hierbei unterschieden werden: zum einen Texte von UI-Elementen, die immer entweder komplett oder gar nicht ersetzt werden, zum anderen Texte von Meldungen, die wortweise ersetzt werden können.

▶ **Abgebildeter Text**

Dieser Teil definiert den Text, der den zugehörigen Originaltext ersetzen soll.

Hinweis

Die mit SAP NetWeaver 2004 angebotene Unterstützung von Text-Mappings besitzt Einschränkungen, die Sie bei einer Verwendung von Text-Mappings berücksichtigen sollten:

▶ Zum einen müssen Text-Mappings für alle zu unterstützenden Sprachen gesondert angegeben werden, da es keinen Anschluss an einen automatischen Übersetzungsprozess gibt, wie dies für andere Textressourcen einer Anwendung der Fall ist.

▶ Falls ein Mapping für einen Originaltext angegeben wird, der ein Leerzeichen beinhaltet, muss das Leerzeichen durch einen Backslash (\) ersetzt werden. Um beispielsweise den Wert »Search customer« durch »Search business partner« zu ersetzen, müssen Sie als Originalwert »Search\customer« angeben.

Trotz dieser Einschränkungen bietet die Verwendung von Text-Mappings eine flexible Möglichkeit, Anwendungen modifikationsfrei an unterschiedliche Terminologien anzupassen.

Einschränkungen in SAP NetWeaver 2004

Konfiguration mit Auswirkung auf Skalierbarkeit und Performance

Wir fahren nun mit der Beschreibung der Konfigurationsparameter fort, die sich auf Skalierbarkeit, Performance oder Speicherverbrauch eines Systems auswirken.

▶ DefaultExpirationTime

Einstellen der Standard-Leerlaufzeit einer Anwendungssession

Dieser Parameter dient der Einstellung der Standard-Leerlaufzeit einer Web-Dynpro-Anwendung, ehe sie vom Web-Dynpro-Session-Management automatisch beendet und aus der Liste der laufenden Anwendungen entfernt wird. Die angegebene Leerlaufzeit ist dabei kein absoluter Wert, sondern bezieht sich immer relativ auf die letzte Interaktion eines Benutzers mit einer Anwendungssession. Der in diesem Parameter konfigurierte Wert definiert ein Zeitintervall in Sekunden. Verstreicht dieses Zeitintervall für eine Anwendungssession, ohne dass der Benutzer die Anwendung weiter verwendet hat, wird die Anwendungssession von der Web-Dynpro-Laufzeit beendet und die von ihr benötigten Ressourcen wieder freigegeben. Dabei wird beim Beenden der Anwendung ihr *Exit-Plug* aufgerufen, in dem sich der Anwendungsentwickler um die Freigabe verwendeter Ressourcen wie Backend-Verbindungen etc. kümmern sollte.

Der Parameter ist standardmäßig auf 3.600 Sekunden, also 60 Minuten eingestellt – das heißt, eine Anwendung wird bei der Standardeinstellung erst nach einer Leerlaufzeit von 60 Minuten automatisch beendet. Versucht ein Benutzer, danach mit der bereits abgeräumten Anwendungssession weiterzuarbeiten, erscheint die in Abbildung 10.31 dargestellte SessionExpiredException-Fehlermeldung: Sie besagt, dass die zugehörige Session bereits abgelaufen ist und die Anwendung über den angebotenen Link erneut gestartet werden kann.

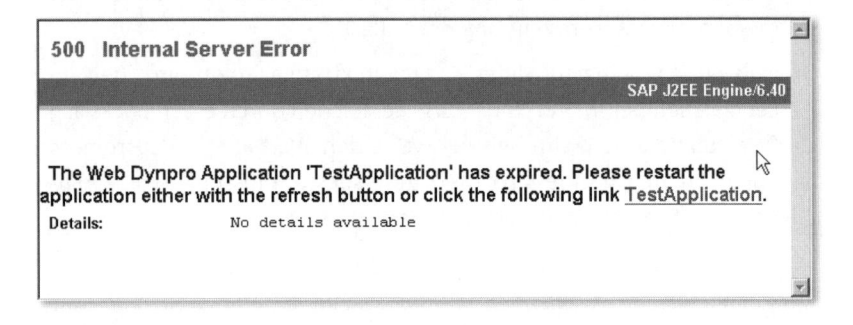

Abbildung 10.31 Fehler beim Zugriff auf eine bereits gelöschte Anwendung

Da jede aktive Anwendungssession Arbeitsspeicher auf dem Application Server in Anspruch nimmt, hat der Parameter DefaultExpirationTime Auswirkungen auf den insgesamt benötigten Speicherplatz. Bei der Wahl eines Wertes für diesen Parameter sollten Sie deshalb auch Server-Einstellungen wie die maximal verfügbare *Heap Size* der Server-VMs berücksichtigen (siehe Abschnitt 10.3.3). Da der Wert anwendungsspezifisch überschrieben werden kann, spielen hier weniger die konkreten Anwendungsszenarien eine Rolle (siehe Abschnitt 10.3.2) als vielmehr eine sinnvolle Standardeinstellung vor dem Hintergrund des zur Verfügung stehenden Arbeitsspeichers und der zu erwartenden Auslastung des Systems.

Tipp

Für Szenarien, in denen Sie den Server für kleinere Benutzergruppen oder für überwiegend kleinere ressourcenschonende Anwendungen nutzen, kann ein größerer Wert als die Standardeinstellung von 60 Minuten Sinn ergeben. Allerdings kann es bei größeren Werten leichter dazu kommen, dass die konfigurierte maximale Heap Size eines Servers nicht mehr ausreicht und damit ein `OutOfMemoryError` produziert wird. In einem solchen Fehlerfall wird der betreffende Server-Knoten durchgestartet, das heißt, die auf diesem Knoten laufenden Sessions gehen verloren und der Server-Knoten ist für die Durchstartzeit nicht für den produktiven Einsatz verfügbar.

Wir raten deshalb eher zu einem kleineren Wert für diesen Parameter, beispielsweise 30 Minuten. Dies gilt insbesondere dann, wenn Sie auf Ihrem Server eine große parallele Last von vielen Benutzern erwarten. Für ein System, das Sie für Demo- oder Schulungszwecke aufsetzen, raten wir jedoch zu unrealistisch großen Werten, um die `SessionExpiredException` nach längeren Pausen zu vermeiden.

Tipps zur Einstellung der DefaultExpirationTime

▶ `DefaultServerSessionAtLeastOneAppScopeExpirationTime`

Die Web-Dynpro-Laufzeit verwendet intern zur Laufzeitoptimierung Caches, in denen sie sessionunabhängige Daten puffert, die dann von verschiedenen Anwendungssessions verwendet werden können. Diese Caches heißen im Web-Dynpro-Sprachgebrauch auch *Scopes* (*Gültigkeitsbereiche*). Die Gültigkeit eines solchen Scopes ist dabei an die Lebenszeit einer Web-Dynpro-Session-Entität gebunden.

Laufzeitverhalten von anwendungsübergreifenden Caches

Das Web-Dynpro-Session-Management besteht aus verschiedenen Session-Entitäten: Beispielsweise wird die Anmeldesession eines Benutzers in Web Dynpro als so genannte *Server Session* abgebildet. Alle Anwendungen, die von einem Benutzer zum Beispiel im SAP NetWeaver Portal innerhalb eines Logins gestartet werden, laufen damit in derselben Server Session. Eine weitere Session-Entität von Web Dynpro ist die so genannte *Anwendungssession*, die die Lebensdauer einer Web-

Web-Dynpro-Session-Management

Server-Session-At-Least-One-Application-Scope

Dynpro-Anwendung von ihrem Start bis zu ihrer Beendigung beschreibt.

Gerade im Portal-Szenario können innerhalb einer Anmeldesession sehr viele Anwendungssessions gestartet und auch wieder beendet werden: Ein typisches Szenario ist, dass sich ein Benutzer am Portal anmeldet, und dort zwischen mehreren Portal-Seiten mit unterschiedlichen Web-Dynpro-Anwendungen oder iViews navigiert. Wie bereits erwähnt, hält die Web-Dynpro-Laufzeit zur Performance-Optimierung bestimmte Daten im Gültigkeitsbereich der Anmeldesession. Diese Daten sollen einerseits möglichst frühzeitig gelöscht werden, sobald sie nicht mehr benötigt werden, um damit belegten Speicherplatz wieder freigeben zu können; andererseits sollen die Daten aber möglichst nur einmal geladen und dann von vielen Anwendungen genutzt werden. Für diesen Zweck verwendet Web Dynpro intern, das heißt, nicht als öffentlich nutzbare Funktionalität von einer Anwendung verwendbar, den so genannten *Server-Session-At-Least-One-Application-Scope*: Die Daten dieses Scopes sind so lange gültig, solange die Anmeldesession dauert und es noch mindestens eine aktive Web-Dynpro-Anwendung gibt. Erst nachdem die Anmeldesession oder die letzte noch laufende Web-Dynpro-Anwendung innerhalb einer Anmeldesession beendet wird, werden die Daten dieses Gültigkeitsbereichs nach einem kurzen Zeitintervall gelöscht. Das Zeitintervall in Sekunden kann mit dem Parameter `DefaultServerSessionAtLeastOneAppScopeExpirationTime` eingestellt werden.[13]

Standardmäßig ist der Wert auf 20 Sekunden eingestellt. Dieses Zeitintervall sollte ausreichen, damit die Daten des beschriebenen Caches einen Navigationsschritt im Portal überleben. Navigiert ein Benutzer von einer Portal-Seite auf eine andere, in denen jeweils Web-Dynpro-Anwendungen laufen, dann werden bei der Navigation zunächst die Anwendungen der ersten Seite beendet und anschließend die Anwendungen der zweiten Seite gestartet. Für einen kurzen Moment sind demnach keine Web-Dynpro-Anwendungen mehr aktiv. Damit die Daten des beschriebenen Gültigkeitsbereichs bei einem solchen Navigationsschritt nicht sofort gelöscht werden, sondern von den Anwendungen der angesteuerten Seite wiederverwendet werden können, werden sie erst mit einer gewissen Verzögerung gelöscht.

---

13 Wir geben freimütig zu: Der Name dieses Parameters ist Furcht einflößend.

Der beschriebene Gültigkeitsbereich wird von Web Dynpro vor allem dafür verwendet, um gelesene JCo-Backend-Metadaten anwendungsübergreifend zu verwenden.

Tipp

Sie sollten diesen Wert nur im Sekundenbereich einstellen, keinesfalls im Bereich mehrerer Minuten oder gar länger. Der Parameter dient vor allem der Laufzeitoptimierung von Web-Dynpro-Anwendungen im Portal, die das *Adaptive RFC-Model* verwenden und teure Lese-Operationen im Backend ausführen. Da dabei auch die JCo-Verbindungen zur Beschaffung von Metadaten gecacht werden, würden bei einem zu großen Wert dieses Parameters die verwendeten JCo-Verbindungen nicht mehr freigegeben und der verwendete JCo-Pool könnte schnell überlaufen. Wir raten deshalb zu einem Wert zwischen 5 und 30 Sekunden.

- `ZipResponse`

    Dieser Parameter gibt an, ob die an einen Client nach einem Server-Roundtrip versendete Antwort gezippt oder nicht gezippt geschickt werden soll. Mögliche Werte sind demnach **true** oder **false**. Da die Web-Dynpro-Laufzeit in einer Installation von SAP NetWeaver 2004 immer auf dem SAP Web Application Server läuft und standardmäßig den HTML-Client verwendet, wird dieser Parameter im Moment nicht benötigt: Der Web-Container der J2EE Engine kümmert sich bereits um das Zippen der Response (siehe Abschnitt 10.3.3). Der Parameter spielt demnach nur für andere Plattformen und Clients eine Rolle, das heißt, Sie können diesen Parameter in SAP NetWeaver 2004 zunächst einmal ignorieren.

    Komprimierung der Response-Daten

- `sap.resourcePool.directory`
    `sap.resourceCache.persistenceTime`
    `sap.resourceCache.deletionTime`
    `sap.resourceCache.pollingTime`

    Die Web-Dynpro-Laufzeit verwendet einen auf einem Dateisystem basierten Cache für dynamisch von Anwendungen erzeugte MIME-Objekte. Beispiele für solche MIME-Objekte sind vom Internet Graphics Server dynamisch erzeugte Diagramme oder vom `InteractiveForm`-UI-Element erzeugte Dokumente.

    Einstellungen für MIME-Cache

    Für den programmatischen Zugriff auf diesen Cache bietet Web Dynpro die Klassen `WDWebResource` und `IWDCachedWebResource` an, wobei `WDWebResource` als Factory für `IWDCachedWebResource`-Objekte dient. Die cachebaren Entitäten sind Objekte, die das `IWDCachedWebResource`-Interface implementieren.

Mithilfe der vier Konfigurationsparameter können verschiedene Eigenschaften dieses Caches eingestellt werden: Mit `sap.resourcePool.directory` wird das Verzeichnis auf dem Dateisystem angegeben, in das der Cache seine Daten persistieren soll. Dabei ist zu beachten, dass der Pfad plattformunabhängig angegeben wird, es müssen also Schrägstriche (/) anstelle von Backslashes (\) als Trennsymbole eines Pfades verwendet werden. Wird kein Wert für diesen Parameter angegeben, wird standardmäßig das Verzeichnis *ı/usr/sap/<SystemID>/<Instanzname>/j2ee/cluster/server<i>/temp/webdynpro/pool* als Dateisystem-Cache verwendet.

Der Parameter `sap.resourceCache.persistenceTime` gibt an, nach welcher Zeitspanne in Sekunden ein Objekt nach seiner letzten Verwendung aus dem Hauptspeicher entfernt und im Dateisystem-Cache persistiert werden soll. Ist kein Wert für diesen Parameter angegeben, werden standardmäßig 80 Sekunden als Wert verwendet.

Der Parameter `sap.resourceCache.deletionTime` gibt an, nach welcher Zeitspanne in Sekunden ein Objekt nach seiner letzten Verwendung wieder aus dem Dateisystem-Cache entfernt werden soll. Ist kein Wert für diesen Parameter angegeben, werden standardmäßig 30 Minuten als Wert verwendet.

Schließlich definiert der Parameter `sap.resourceCache.pollingTime`, in welchen Zeitintervallen in Sekunden der Cache nach zu persistierenden oder zu löschenden Objekten durchsucht wird. Ist kein Wert für diesen Parameter angegeben, werden standardmäßig 60 Sekunden als Wert verwendet.

- `sap.defaultMaxNumberOfConnections`
  `sap.defaultMaxPoolSize`
  `sap.defaultMaxWaitTime`
  `sap.defaultConnectionTimeOut`

Standardeinstellungen für JCo-Verbindungen

Diese Parameter werden von der Web-Dynpro-Laufzeit zur Handhabung von Verbindungen eines JCo-Pools verwendet, falls beim programmatischen Anlegen einer JCo-Verbindung keine spezifischen Werte für die einzelnen konfigurierbaren Eigenschaften eines Pools angegeben werden.

Verwaltung von JCo-Pools

Web Dynpro beschafft sich JCo-Verbindungen aus JCo-Pools. Dabei verwaltet Web Dynpro die angelegten Pools intern mit einem Schlüssel, in den der Name der JCo-Destination, der Name des aktuellen Benutzers, die aktuelle Sessionsprache sowie der für die JCo-Verbindung verwendete Anmeldemechanismus eingehen. Ein Pool kann demnach von verschiedenen Anwendungssessions gemeinsam verwendet werden, sofern der errechnete Schlüssel für den JCo Pool übereinstimmt.

Für das Anlegen und Arbeiten mit JCo-Verbindungen stellt die Web-Dynpro-Laufzeit einen Service zur Verfügung, den Sie im Java-Package com.sap.tc.webdynpro.services.sal.sl.api finden. Dort gibt es unter anderem die Klasse WDSystemLandscapeFactory, mit deren Hilfe eine Anwendung JCo-Verbindungen vom Typ IWDJCoClientConnection erzeugen kann. Die Web-Dynpro-Laufzeit greift dabei auf die Werte der vier Konfigurationsparameter aus dem **Propertysheet default** genau dann zurück, falls diese beim Anlegen einer JCo-Verbindung nicht explizit spezifiziert werden.

API zum Anlegen von JCo-Verbindungen

Der Parameter sap.defaultMaxPoolSize gibt die Standardeinstellung für die maximal mögliche Anzahl offener Verbindungen eines JCo-Pools an. Dieser Wert beschränkt demnach die Anzahl möglicher geöffneter JCo-Verbindungen eines Pools, die zur selben Zeit verwendet werden können. Standardmäßig ist dieser Parameter auf 5 gesetzt.

> **Tipp**
>
> Zur Ermittlung der Standardeinstellung dieses Parameters sollten Sie sich überlegen, wie viele JCo-Verbindungen Ihre Anwendungen im Schnitt benötigen (z.B., dass pro Anwendung im Schnitt zwei Verbindungen benötigt werden), und wie viele Anwendungen durchschnittlich von einem Benutzer in einer Anmeldesession verwendet werden (z.B., dass ein Benutzer etwa vier Anwendungen in einer Anmeldesession verwendet). Multipliziert man diese beiden Durchschnittswerte, erhalten Sie eine Schätzgröße, die einen sinnvollen Wert für den Parameter **sap.defaultMaxPoolSize** darstellt. Für unsere Beispiele gilt:
>
> 2 Verbindungen pro Anwendung × 4 Anwendungen pro Session = 8.

Der Parameter sap.defaultMaxNumberOfConnections gibt die maximale Anzahl von aktuell verwendeten oder nicht verwendeten JCo-Verbindungen an, die ein Pool überhaupt zu verwalten in der Lage ist. Es ist klar, dass sap.defaultMaxPoolSize nie größer als sap.defaultMaxNumberOfConnections sein kann.

> **Tipp**
>
> Da eine im Pool gepufferte ungenutzte Verbindung schneller allokiert werden kann als eine Verbindung, die komplett neu angelegt werden muss, ergibt es aus Performance-Gründen Sinn, den Parameter `sap.defaultMaxNumberOfConnections` etwa eineinhalbmal bis doppelt so hoch einzustellen wie den Parameter `sap.defaultMaxPoolSize`. Bei der Wahl der Werte dieser beiden Parameter sollten Sie zudem die Konfiguration Ihres ABAP-Backends beachten.

Der Parameter `sap.defaultMaxWaitTime` gibt die Standardeinstellung für die Zeitspanne in Millisekunden an, die eine Anwendung beim Versuch, eine Verbindung aus einem JCo-Pool zu bekommen, maximal warten soll. Verstreicht die angegebene Zeitspanne, ohne dass die Anwendung eine Verbindung aus dem Pool erhält, kommt es zu einer entsprechenden Fehlermeldung. Der Wert ist standardmäßig auf 10 Sekunden gesetzt.

> **Tipp**
>
> Muss eine Anwendung auf eine freie Verbindung warten, wird in dieser Zeit auch die Anwendung blockiert, das heißt, ein Benutzer muss auf die Abarbeitung einer Anfrage warten. Wir empfehlen deshalb, den Wert nicht wesentlich höher als 10 Sekunden zu wählen.

Der Parameter `sap.defaultConnectionTimeOut` gibt die Standardeinstellung für die Zeitspanne in Millisekunden an, nach deren Ablauf eine geöffnete, aber ungenutzte Verbindung automatisch geschlossen und an den Pool zurückgegeben wird. Die Standardeinstellung dieses Parameters ist 30 Sekunden.

> **Tipp**
>
> Dieser Mechanismus soll verhindern, dass es aufgrund von Programmierfehlern – wie beispielsweise, dass ungenutzte JCo-Verbindungen nicht explizit von einer Anwendung geschlossen werden – zu einem raschen Volllaufen des Pools und damit verbunden zu Fehlermeldungen kommt. Wir empfehlen daher, diesen Parameter auf einen Wert zwischen 10 und 120 Sekunden zu setzen.

- `sap.sld.cacheExpirationTime`
  `sap.sld.cacheInvalidationTime`

  Der Parameter `sap.sld.cacheExpirationTime` gibt die Zeitspanne in Sekunden an, nach der die Web-Dynpro-Laufzeit Daten, die aus dem System Landscape Directory gelesen wurden, invalidiert und bei der nächsten Verwendung wieder aus dem SLD nachliest.

  Einstellungen für den SLD-Cache

  Das SLD beinhaltet Daten über die angeschlossene Systemlandschaft, darunter auch die Namen der verfügbaren JCo-Destinationen eines SAP NetWeaver-Systems. Da ein Lesezugriff auf das SLD relativ teuer und dessen Daten im Produktivbetrieb eher statisch sind, hat es aus Performance-Sicht Sinn, diese Daten zu cachen. Web Dynpro hält deshalb aus dem SLD gelesene Daten so lange im Speicher, wie durch den Parameter `sap.sld.cacheExpirationTime` spezifiziert ist. Nach Ablauf dieses Zeitintervalls werden die bereits gelesenen Daten verworfen und bei Bedarf erneut aus dem SLD erfragt. Standardmäßig ist der Parameter auf 3.600 Sekunden eingestellt.

> **Tipp**
>
> Für ein Produktivsystem hat ein relativ großer Wert dieses Parameters Sinn, wie etwa die Standardeinstellung von einer Stunde, da in einer solchen Umgebung nicht mit ständigen Änderungen der Systemlandschaft zu rechnen ist. Für ein Entwicklungs- oder Testsystem empfehlen wir einen kleineren Wert, beispielsweise 300 Sekunden.

- `sap.valuesetlimit.maximmediate`

  Dieser Parameter wird nicht mehr von der Web-Dynpro-Laufzeit verwendet und braucht damit nicht konfiguriert zu werden.

- `sap.valuesetlimit.maxondemand`

  Dieser Parameter wird für Werte eines `DropDownByKey`-UI-Elements sowie für die Wertehilfe (F4-Hilfe, Extended Value Selection) benötigt und gibt dabei die maximale Größe der Wertemengen an, die in einem einzelnen Request vom Server an den Client gesendet werden soll. Umfasst die Wertemenge beispielsweise mehrere hundert oder sogar tausende von Einträgen, kann die Wertemenge mithilfe dieses Parameters in kleinere Teilmengen zerlegt werden, die dann erst nach und nach bei Bedarf (on demand) an den Client gesendet werden. Dies führt zu einer schnelleren Antwortzeit und damit zu einer besseren Performance. Standardmäßig ist dieser Parameter auf 50 eingestellt.

  Einstellungen für Wertehilfe

> **Tipp**
>
> Wir empfehlen, diesen Parameter auf einen Wert zwischen 30 und 100 einzustellen, da mehr als 100 Einträge ohnehin nicht auf einer Bildschirmseite gleichzeitig angezeigt werden können.

Konfigurationsparameter zur Supportability oder aus Kompatibilitätsgründen

Schließlich stellen wir nun noch die dritte Gruppe von Konfigurationsparametern vor, die zu Supportability- oder Kompatibilitätszwecken benötigt werden.

- `ValidateByRendering`

Laufzeitverhalten während des Renderings

Dieser Parameter wurde erst nach der allgemeinen Verfügbarkeit von Web Dynpro zum Zwecke der Rendering-Optimierung hinzugefügt. Er gibt an, ob die Web-Dynpro-Laufzeit nur diejenigen Daten aus dem Controller-Context während des Renderings beschafft und dabei validiert, die für die Bildschirmanzeige benötigt werden. Der Parameter kann demnach die Werte **true** oder **false** annehmen. Standardmäßig ist dieser Parameter auf **true** gesetzt und die damit verbundene Laufzeitoptimierung während des Renderings aktiviert.

Es kann allerdings in wenigen Fällen geschehen, dass Anwendungen sich auf das frühere Verhalten in einer Weise verlassen, die mit dem neuen Verhalten zu Fehlern führt. Solche Fehler äußern sich typischerweise in inkonsistenten oder verspätet aktualisierten Anzeigedaten. Solche Effekte können zum Beispiel auftreten, wenn eine Anwendung entgegen den Anweisungen des Web-Dynpro-Programmiermodells in einer `Get`-Methode für ein **calculated**-Attribut Daten beschafft oder verändert, die sich auf andere Teile des Bildschirms auswirken. Zur Fehlersuche können Sie in solchen Fällen testweise wieder das alte Verhalten aktivieren, indem Sie diesen Parameter auf **false** stellen.

> **Tipp**
>
> Dieser Parameter sollte aus den genannten Performance-Gründen stets auf **true** eingestellt bleiben, und nur beim Auftreten der beschriebenen Darstellungsprobleme auf der Benutzeroberfläche testweise auf **false** gesetzt werden.

▶ sap.useWebDynproStyleSheet

Laufen Web-Dynpro-Anwendungen im SAP NetWeaver Portal, kann mithilfe dieses Parameters angegeben werden, ob für Web-Dynpro-Anwendungen die mit dem Portal oder die mit Web Dynpro ausgelieferten Stylesheets verwendet werden sollen. Standardmäßig ist dieser Parameter auf **false** gesetzt, das heißt, es werden in der Regel immer die Portal-Stylesheets verwendet. Da es dabei jedoch zu Versionsproblemen kommen kann, wenn Web Dynpro und Portal in unterschiedlichen Versionen oder Service Packs verwendet werden, gibt es mit diesem Schalter die Möglichkeit, auf die Web-Dynpro-eigenen Stylesheets umzuschalten.

Verwenden von Stylesheets

Tipp

Wir empfehlen, den Parameter stets auf **false** zu belassen und nur dann testweise auf **true** zu setzen, falls Sie bei Ihren Web-Dynpro-Anwendungen Probleme bei der Anzeige von UI-Elementen bemerken. Sie können den Parameter in einem solchen Fall auf **true** setzen, um zu überprüfen, ob es sich dabei um ein Versionsproblem mit den Stylesheets handelt. Sollte dies zutreffen, raten wir zu einem Upgrade einer der beiden Komponenten, um diese wieder auf einen zueinander kompatiblen Service-Pack-Level zu bringen.

10.3.2 Anwendungsspezifische Definition von Konfigurationsparametern

Einige der im vorigen Abschnitt vorgestellten Konfigurationsparameter definieren Standardeinstellungen, die von der Web-Dynpro-Laufzeit nur dann verwendet werden, sofern die Parameter nicht anwendungsspezifisch überschrieben wurden. So können beispielsweise die drei Parameter DefaultExpirationTime, sap.systemLocale und sap.logoffURL für jede Anwendung speziell gesetzt werden. Dazu öffnen Sie die anwendungsspezifische Konfiguration einer Anwendung, indem Sie in der Web-Dynpro-Perspektive des SAP NetWeaver Developer Studios eine Anwendung selektieren und in der Detailansicht auf die Registerkarte **Application properties** wechseln (siehe Abbildung 10.32).

Anwendungsspezifisches Überschreiben von Standardeinstellungen

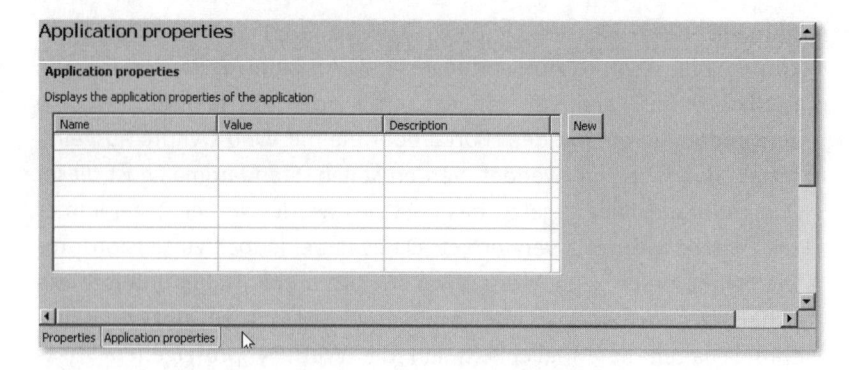

Abbildung 10.32 Detailansicht von anwendungsspezifischen Konfigurationsparametern

Über den **New**-Button kann das in Abbildung 10.33 dargestellte Fenster zum Anlegen neuer Konfigurationsparameter geöffnet werden. Über die Auswahl von **Pre defined** und einen Klick auf **Browse...** lässt sich die Liste der vordefinierten anwendungsspezifischen Konfigurationsparameter, die in Abbildung 10.34 zu sehen ist, öffnen.

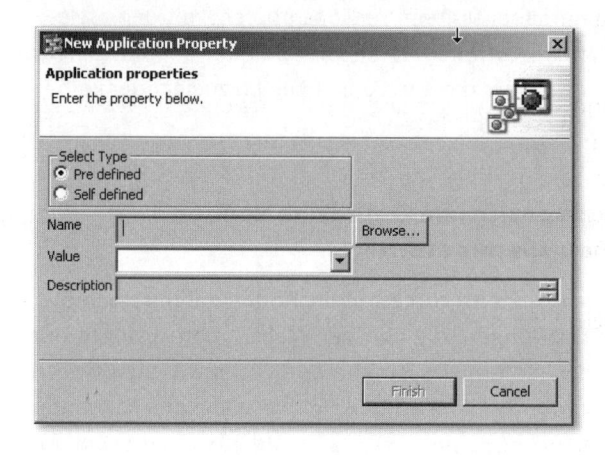

Abbildung 10.33 Definition einer anwendungsspezifischen Konfiguration

Durch den Parameter ExpirationTime lässt sich die Einstellung des im vorigen Abschnitt beschriebenen Parameters DefaultExpirationTime aus dem **Propertysheet default** überschreiben. Analog verhält es sich mit den Parametern LogoffURL und sap.logoffURL, sowie DefaultLocale und sap.systemLocale.

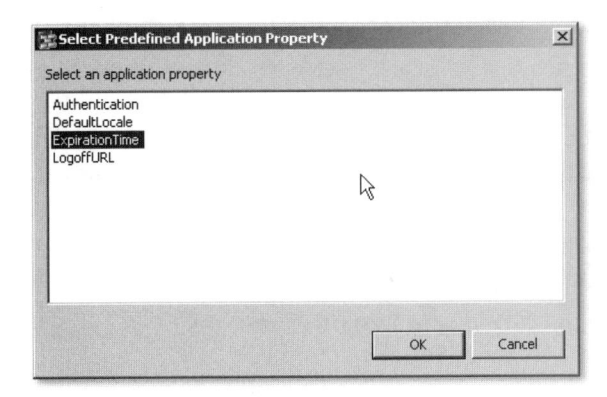

Abbildung 10.34 Vordefinierte Konfigurationsparameter einer Anwendung

Über den Parameter `Authentication` lässt sich einstellen, ob eine Anwendung bei ihrem Start eine Benutzeranmeldung benötigt oder nicht. Die gültigen Werte sind demnach **true** oder **false**. Ist der Parameter für eine Anwendung auf **true** gesetzt, erscheint beim Start der Anwendung automatisch eine Anmeldeseite, auf der sich Benutzer zunächst erfolgreich authentifizieren müssen, ehe sie auf die eigentliche Anwendung zugreifen können.

Benutzer-Authentifizierung

Eine Anwendung kann weitere selbst definierte Anwendungsparameter zu ihrer Konfiguration hinzufügen und programmatisch auf diese zugreifen. Dazu wählen Sie den in Abbildung 10.33 sichtbaren Eintrag **Self defined** aus. Anschließend können Sie in den Feldern **Name** und **Value** den Namen und Wert eines eigenen Parameters definieren.

Selbst definierte Anwendungsparameter

10.3.3 Konfiguration des SAP Web Application Server mit Auswirkungen auf Web Dynpro

Nachdem wir nun die Web-Dynpro-spezifischen Konfigurationsparameter ausführlich vorgestellt haben, wollen wir in diesem Abschnitt auf weitere wichtige Konfigurationsparameter des SAP Web AS eingehen, die sich mehr oder weniger direkt auf das Laufzeitverhalten von Web Dynpro auswirken. Zum einen sind dies weitere Konfigurationen zu Skalierbarkeit, Performance oder Speicherverbrauch eines Systems, wie zum Beispiel die Speichereinstellungen der *Java Virtual Machine* (VM) eines Server-Knotens oder die Einstellung der *Timeouts* der auf dem SAP Web AS existierenden Session-Entitäten. Zum anderen besprechen wir weitere Konfigurationsparameter, die für ein bestimmtes Laufzeitverhalten benötigt werden, wie beispielsweise die Verwendung von HTTPS.

Konfigurieren der Java VM-Parameter eines Server-Knotens

Ändern der Java VM-Parameter mit dem Configuration Tool
Mit den Einstellungen der Java VM-Parameter eines Server-Knotens lassen sich Kenngrößen wie der maximal verfügbare Speicherplatz (*Heap Size*) und das Verhalten der *Garbage Collection* einer Server-VM steuern. Diese Einstellungen haben einen großen Einfluss auf die Performance eines Server-Knotens: Ist beispielsweise der maximal verfügbare Speicherplatz zu klein eingestellt, kann dies zu einem unerwünscht häufigen Lauf der Garbage Collection führen. Da während eines Garbage Collection-Laufs andere Threads der VM blockiert werden, wirkt sich dies spürbar negativ auf die Performance eines Server-Knotens aus.

Die Parameter einer Server-VM können mithilfe des Configuration Tools der Engine eingestellt werden, das wir in Abschnitt 10.2.1 bereits kurz vorgestellt haben. Wie in Abbildung 10.35 zu sehen, lassen sich damit die Parameter einer Server-VM unter dem Feld **Java parameters** ändern.

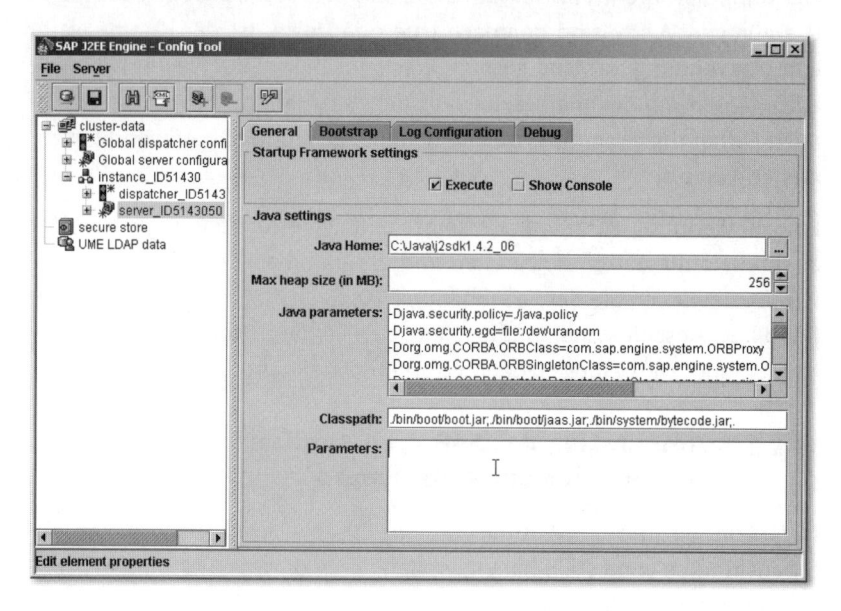

Abbildung 10.35 Ändern von VM-Parametern eines Server-Knotens mit dem Configuration Tool

Für Ihre Server-VMs sollten Sie folgende Parameter überprüfen und an die Anforderungen Ihres Systems anpassen:

▶ **Heap Size und deren Einfluss auf Garbage Collection**

Mit der Heap Size stellt man den zur Verfügung stehenden Speicherplatz einer VM ein, wobei sich hierfür sowohl eine minimale als auch eine maximale Schranke angeben lassen. Läuft nun der Speicher einer

VM im Laufe der Zeit voll, versucht die VM mittels Garbage Collection bereits allokierten, aber nicht mehr genutzten Speicher aufzuräumen und so wieder freien Speicherplatz zu beschaffen. Bei der Einstellung der Heap Size sollte man darauf achten, dass Läufe der Garbage Collection nicht zu oft vorkommen, was sich in einer deutlich schlechter werdenden Performance bemerkbar machen würde.

Um überprüfen zu können, wie oft es tatsächlich zu einem Lauf der Garbage Collection kommt, sollte der Parameter `-verbose:gc` stets gesetzt sein. Die VM protokolliert dann die Läufe der Garbage Collection in der Trace-Datei *std_server<index>.out*, die Sie unter dem Engine-Verzeichnis */usr/sap/<System-ID>/<Instanzname>/work* finden.

Tipp

Einstellung der minimalen und maximalen Heap Size

Der konkrete Wert für eine geeignete maximale Heap Size hängt stark vom Einsatzszenario eines Web AS-Systems ab und lässt sich im Allgemeinen nur empirisch durch die Ausführung von Last-Tests ermitteln. Aufgrund der gesammelten Erfahrungen empfehlen wir für SAP NetWeaver 2004 jedoch folgende Einstellungen: Die minimale und maximale Heap Size sollten beide auf denselben Wert eingestellt werden. Der Wert sollte die 1-Gigabyte-Grenze nicht unterschreiten, das heißt, eine in erster Näherung sinnvolle Einstellung wäre `-Xms1024m -Xmx1024m` oder `-Xms2048m -Xmx2048m`.

Um die für das jeweilige Einsatzszenario notwendige Skalierbarkeit zu erreichen, raten wir eher zur Verwendung zusätzlicher Server-Knoten als zur Verwendung von Server-VMs mit riesigen Heap Sizes von mehreren Gigabytes, da sich zu große Heaps ebenfalls negativ auf die Performance der Garbage Collection auswirken.

Haben Sie auf einem Rechner mehrere Server-Knoten installiert, beachten Sie bitte ebenfalls, dass die Summe der maximalen Heap Sizes dieser Server-Knoten den tatsächlich zur Verfügung stehenden physikalischen Speicherplatz des Rechners nicht überschreiten sollte. Andernfalls kann es zum *Paging* von Speicherblöcken auf Betriebssystemebene kommen, was sich wiederum sehr negativ auf die Performance der betroffenen Server-Knoten auswirken würde.

▶ **Einstellungen der SUN HotSpot-VM**

Für die HotSpot-VM von SUN haben sich folgende Einstellungen für die Server-Knoten eines SAP Web AS-Clusters als sinnvoll erwiesen:

▶ Java VM-Typ

Die SUN Hotspot-VM unterstützt die beiden Laufzeit-Typen *Server-VM* und *Client-VM*, die sich in der Handhabung des Speichers und der Garbage-Collection-Strategien unterscheiden.

Wir raten zur Verwendung des Server-VM-Typs anstelle des Client-VM-Typs, was auch der Standardeinstellung eines Server-Knotens nach dessen Installation entspricht. Möchten Sie den Parameter verändern, dürfen Sie hierfür nicht die Java-VM-Parameter `-server` oder `-client` verwenden, da diese vom Startup-Framework des SAP Web AS nicht berücksichtigt werden. Vielmehr muss der VM-Typ im Profil einer Dialoginstanz durch den Eintrag `jstartup/vm/type=server` oder `jstartup/vm/type=client` angegeben werden. Das Instanz-Profil finden Sie unter dem Verzeichnis */usr/sap/<System-ID>/<Instanzname>/SYS/profile/<System-ID>_<Instanzname>_<Host-Name>*.

Tipp

Als Konfiguration empfehlen wir `jstartup/vm/type=server`.

▶ Allokation von zusätzlichem Speicherplatz

Die Parameter `NewSize` und `MaxNewSize` legen fest, um wie viel Speicherplatz der Heap wächst, falls seine aktuelle Kapazität nicht mehr ausreicht und die konfigurierte maximale Heap Size noch nicht ausgeschöpft ist. Die Parameter sind demnach nur von Bedeutung, wenn die minimale und die maximale Heap Size nicht auf denselben Wert gestellt sind. Weiter dienen die Parameter `SurvivorRatio` und `TargetSurvivorRatio` zur Einstellung des Größenverhältnisses des so genannten *Eden Space* und *Survivor Space*.

Tipp

Wir empfehlen, die Parameter `NewSize` und `MaxNewSize` auf etwa 1/6 der zur Verfügung stehenden maximalen Heap-Größe einzustellen:

```
-XX:NewSize=160m
-XX:MaxNewSize=160m
-XX:SurvivorRatio=2
-XX:TargetSurvivorRatio=90
```

▶ Speicherplatz für die geladenen Klassen

Die SUN HotSpot-VM verwaltet geladene Klassen in einem gesonderten Speicherbereich, dem so genannten *Permanent Space*. Dieser Speicherbereich muss ausreichend groß eingestellt sein, damit die Klassen aller verwendeten Anwendungen und Komponenten von SAP NetWeaver geladen werden können. Eine zu kleine Einstellung führt zur Laufzeit eines Server-Knotens zu einem `OutOfMemoryError` und damit zum Absturz der VM.

> **Tipp**
>
> Als Konfiguration empfehlen wir `-XX:MaxPermSize=208m -XX:PermSize=208m`

▶ Einstellungen zur Analyse der Garbage Collection

Beim Auftreten von Performance-Problemen ist es ratsam, die Läufe der Garbage Collection genauer zu analysieren, um damit herausfinden zu können, ob die beobachteten Performance-Probleme auf zu häufig laufende Garbage Collections zurückzuführen sind. Zu diesem Zweck können Sie testweise weitere Parameter angeben, die zu einem detaillierteren Tracing der Garbage Collection führen. Die Traces werden dabei in die Datei */usr/sap/<System-ID>/<Instanzname>/work/std_server<index>.out* geschrieben. Im Produktivbetrieb eines Server-Knotens sollten Sie die Parameter jedoch nicht verwenden, da die Protokollierung der Garabage-Collection-Läufe in den Traces selbst auch wieder negativen Einfluss auf die Performance des Knotens hat.

Analyse von Garbage Collection-Läufen

> **Tipp**
>
> Als Konfiguration empfehlen wir zur testweisen Analyse der Garbage Collection:
>
> `-XX:+PrintGCTimeStamps`
> `-XX:+PrintGCDetails`
> `-XX:+PrintTenuringDistribution`
> `-XX:+UseTLAB`

Konfiguration weiterer Session Timeouts

Im Folgenden beschreiben wir die *Timeout*-Parameter, die für die Session-Entitäten von Webanwendungen auf dem Applikationsserver relevant sind. Das Session Management von Webanwendungen wird auf dem SAP Web AS vom Service **Web Container** kontrolliert und besteht aus den Entitäten *Security-Session* und *HTTP-Session*. Dabei repräsentiert eine *Security-Session* die Anmeldesession eines Benutzers, und die *HTTP-Session* eine aktive Webanwendung. Für beide Session-Entitäten gibt es Timeout-Einstellungen, die eine Zeitspanne festlegen, nach deren Verstreichen eine Session-Instanz automatisch beendet wird.

Web-Dynpro-Dispatcher-Servlet

Web Dynpro besitzt mit dem so genannten *Web-Dynpro-Dispatcher-Servlet* ein zentrales Servlet, das alle an Web-Dynpro-Anwendungen gesendeten HTTP-Anfragen entgegennimmt und an die Web-Dynpro-Laufzeit weiterleitet. Aus Sicht des Service **Web Container** stellt Web Dynpro damit eine Webanwendung dar, das heißt, der Lebenszyklus von laufenden Web-Dynpro-Anwendungen wird auch durch das Session Management des Web-Containers beeinflusst.

▶ HTTP-Session-Timeout

Konfiguration des HTTP-Session-Timeouts

Im Visual Administrator kann man mithilfe des Service **Web Container** für jede Webanwendung den Timeout der zugehörigen HTTP-Sessions einstellen. Der konfigurierte Timeout-Wert ist relativ zur letzten Benutzerinteraktion zu verstehen, das heißt, er beschreibt die Zeitspanne von der letzten Anfrage eines Benutzers, nach deren Ablauf ohne weitere Benutzerinteraktion eine HTTP-Session automatisch vom Session Management des Web Containers beendet wird.

Abbildung 10.36 zeigt den Service **Web Container** im Visual Administrator: Wählen Sie in der Detailansicht den Eintrag **sap.com/tc~wd~dispwda** und darunter den Knoten **webdynpro/dispatcher** aus. Dieser Knoten repräsentiert das Web-Dynpro-Dispatcher-Servlet.

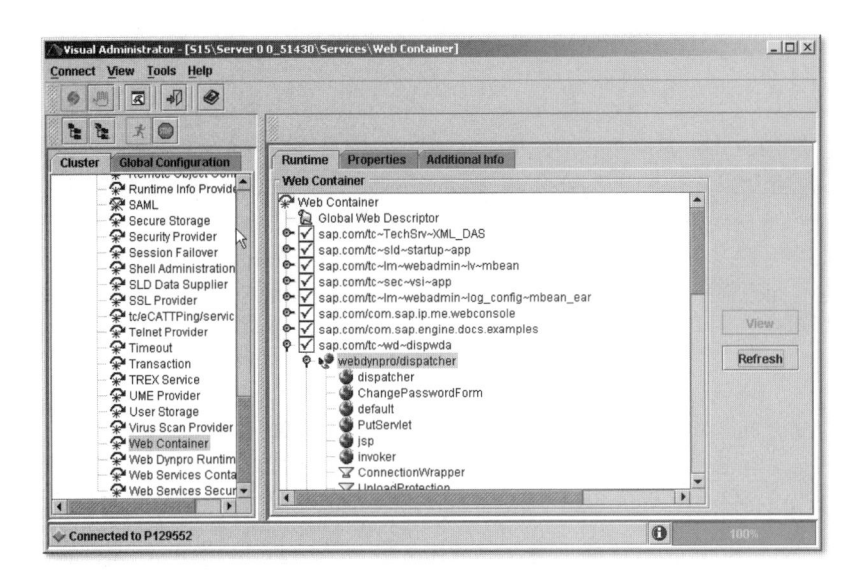

Abbildung 10.36 Web-Dynpro-Dispatcher-Servlet im Service Web Container

Klicken Sie dann auf den **View**-Button, erscheint das in Abbildung 10.37 dargestellte Fenster zum Einstellen der Eigenschaften einer Webanwendung. Auf der Registerkarte **Main** können Sie im Eingabefeld **Session Timeout** den HTTP-Session-Timeout für das Web-Dynpro-Dispatcher-Servlet setzen. Standardmäßig ist der Wert auf 30 Minuten eingestellt.

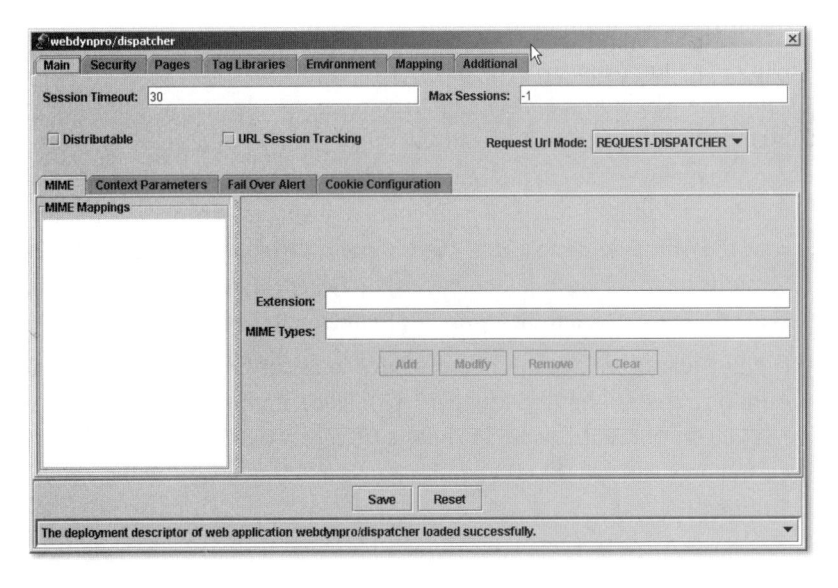

Abbildung 10.37 Konfiguration des Timeouts einer HTTP-Session

Technische Konfiguration der Web-Dynpro-Laufzeit **443**

> **Hinweis**
>
> Web Dynpro unterstützt eine eigene Timeout-Konfiguration pro Web-Dynpro-Anwendung, wie wir in den beiden vorangegangenen Abschnitten bei der Erklärung des Parameters `DefaultExpirationTime` und des anwendungsspezifischen Parameters `ExpirationTime` bereits gesehen haben. Ist dieser Timeout-Wert einer Web-Dynpro-Anwendung größer als der Timeout-Wert der HTTP-Session des Dispatcher-Servlets, in dem die Web-Dynpro-Anwendung gestartet wird, überschreibt die Web-Dynpro-Laufzeit den Timeout dieser HTTP-Session mit dem speziellen Wert der gestarteten Web-Dynpro-Anwendung. Wird die Anwendung später beendet, setzt die Web-Dynpro-Laufzeit den Timeout-Wert der HTTP-Session wieder zurück auf den im Web-Container konfigurierten Wert.
>
> Da Web Dynpro intern Daten an der HTTP-Session puffert, spielt die Einstellung des HTTP-Session-Timeouts dennoch eine wichtige Rolle, da erst beim »Abräumen« der HTTP-Session diese Daten-Caches geleert werden. Bei der Einstellung des Parameters sollten Sie überlegen, was im Hinblick auf die zu erwartende Auslastung des Systems als geeignete Leerlaufzeit einer HTTP-Session in Frage kommt, ehe diese von der Engine automatisch beendet und ihre gepufferten Daten wieder freigegeben werden.

▶ Security-Session-Timeout

Konfigurieren des Security Session Timeouts

Die Einstellung des Security-Session-Timeouts definiert das Zeitintervall, in dem eine Anmeldesession nach einer Benutzeranmeldung gültig bleibt. Der eingestellte Timeout-Wert ist dabei absolut vom Anmeldezeitpunkt zu verstehen, das heißt, er wird nicht durch Benutzerinteraktionen beeinflusst. Nach Verstreichen des eingestellten Zeitintervalls wird die Anmeldesession invalidiert, wobei alle in ihr gestarteten HTTP-Sessions beendet werden und das Login-Ticket seine Gültigkeit verliert. Danach ist eine Neuanmeldung des Benutzers erforderlich.

Die Einstellung erfolgt mithilfe des Service **Security Provider** im Visual Administrator (siehe Abbildung 10.38). Der Parameter `SessionExpirationPeriod` wird dabei in Millisekunden gemessen. Die Standardeinstellung ist 100.000.000 Millisekunden, also etwas mehr als 27 Stunden.

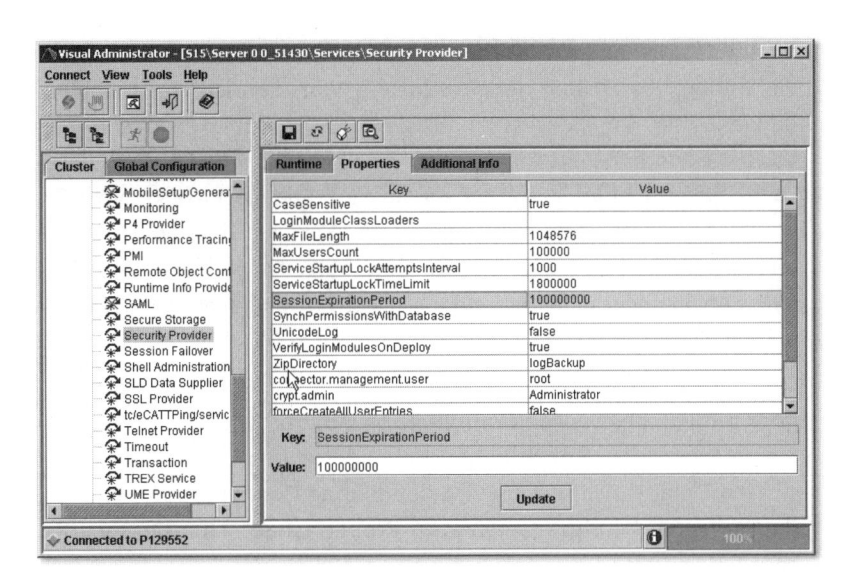

Abbildung 10.38 Einstellung des Security-Session-Timeouts

Tipp

Für die meisten Szenarien hat ein zu kleiner Wert des Security-Session-Timeouts keinen Sinn: Sieht beispielsweise das typische Szenario so aus, dass die Anwendungen Ihres Systems im SAP NetWeaver Portal und dieses wiederum im Intranet Ihrer Firma laufen und ein Benutzer während seines Arbeitstages immer wieder mit diesen Anwendungen arbeitet, sollte eine gestartete Anmeldesession in der Regel nicht nach wenigen Minuten oder Stunden enden, um ein ständiges Neuanmelden des Benutzers und den Neustart der benötigten Anwendungen zu vermeiden. In einem solchen Szenario ist ein Timeout der Security-Session nach etwa 8 bis 15 Stunden ratsam.

Dagegen kann für sicherheitskritische Anwendungen, wie beispielsweise Anwendungen von Banken, die über das Internet von beliebigen Benutzern erreichbar sind, ein Wert im Minutenbereich für den Security-Session-Timeout-Parameter Sinn ergeben. Soll beispielsweise bei einer Online-Banking-Anwendung eine Anmeldesession nach einer maximal erlaubten Zeitspanne von zum Beispiel 30 Minuten enden, kann der Timeout der Security-Session entsprechend eingestellt werden. Bitte beachten Sie dabei, dass die Einstellung des Security-Session-Timeouts ein globaler Parameter ist, der sich auf sämtliche Webanwendungen des Systems auswirkt.

▶ **Gültigkeit eines SSO-Login-Tickets**

Ein weiterer Parameter, der sich auf das Verhalten laufender Anwendungen einer Anmeldesession auswirkt, ist die Gültigkeitsdauer eines Login-Tickets bei Verwendung von *Single Sign-On* (SSO). Die eingestellte Dauer gibt an, wie lange ein ausgestelltes Login-Ticket vom Security-Service als gültig akzeptiert wird. Wird ein Ticket nach Ablauf seiner Gültigkeitsdauer weiterverwendet, erzeugt der Security-Service eine entsprechende Fehlermeldung und es ist eine Neuanmeldung an das System erforderlich.

Die Gültigkeitsdauer eines Login-Tickets lässt sich im Visual Administrator mithilfe des Service **Configuration Adapter** wie folgt konfigurieren: Wählen Sie im Konfigurationsbaum der in Abbildung 10.39 dargestellten Detailansicht des Service den Eintrag **Configuration** · **cluster_data** · **server** · **cfg** · **services** · **Propertysheet com.sap.security.core.ume.service** aus.

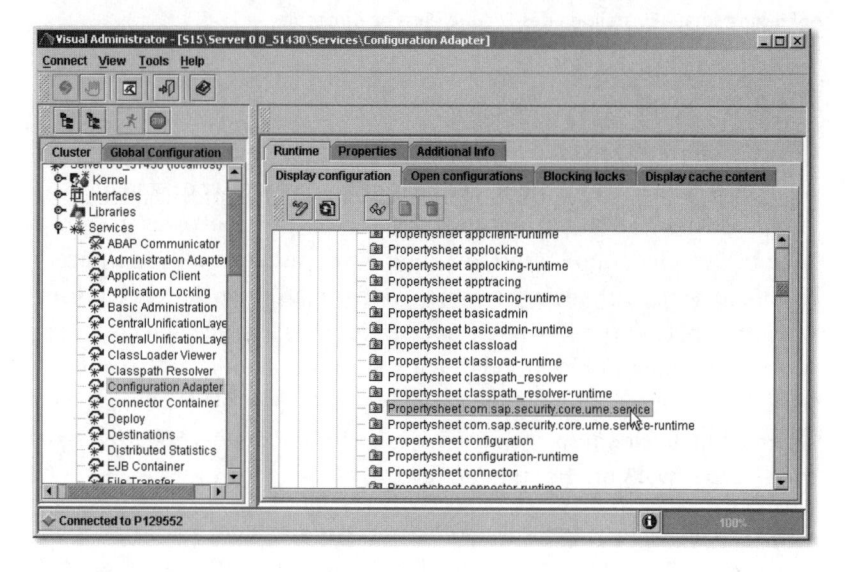

Abbildung 10.39 Einstellung der Gültigkeit eines Login-Tickets im Service Configuration Adapter

Öffnen Sie das ausgewählte Propertysheet, finden Sie darin den Parameter `login.ticket_lifetime`, der die Gültigkeitsdauer eines Login-Tickets in Stunden beschreibt (siehe Abbildung 10.40). Die Standardeinstellung dieses Parameters beträgt 8 Stunden.

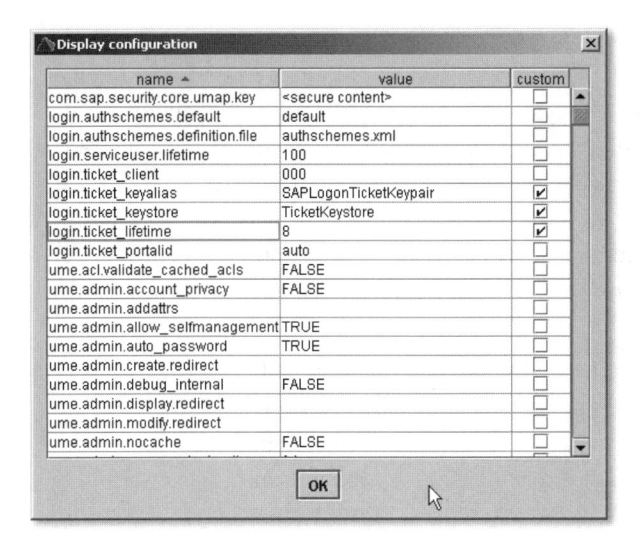

Abbildung 10.40 Änderung der Gültigkeitsdauer eines Login-Tickets

Tipp

Bei Verwendung von Single Sign-On empfehlen wir, den Parameter im Bereich 8 bis 12 Stunden einzustellen. Da SSO zumeist innerhalb von Firmen (im Intranet) mit dem Ziel verwendet wird, ständige Neuanmeldungen eines Benutzers an verschiedenen Systemen zu vermeiden, entspricht die vorgeschlagene Konfiguration in etwa der Zeitspanne eines Arbeitstages und sollte damit dieses Ziel ermöglichen.

Weitere Parameter mit Auswirkungen auf die System-Performance

Im Folgenden werden weitere Konfigurationen eines Server-Knotens besprochen, die sich auf die Performance eines Systems auswirken. Um im produktiven Einsatz eines Systems oder bei der Durchführung von Last-Tests eine optimale Performance zu erzielen, sollten Sie die Einstellung dieser Parameter überprüfen.

▶ Einstellungen für den HTTP-Provider-Service

Der Service **HTTP Provider** des SAP Web AS ist in der Lage, Daten komprimiert an den Client zu versenden und damit die Übertragungszeit von Daten über das Netzwerk zu reduzieren. Standardmäßig ist die Komprimierung bereits für HTML-Daten aktiviert. Die Einstellung lässt sich im Visual Administrator mithilfe des Service **HTTP Provider** über den Parameter `AlwaysCompressed` verändern (siehe Abbildung 10.41).

Komprimierung der mittels HTTP übertragenen Daten

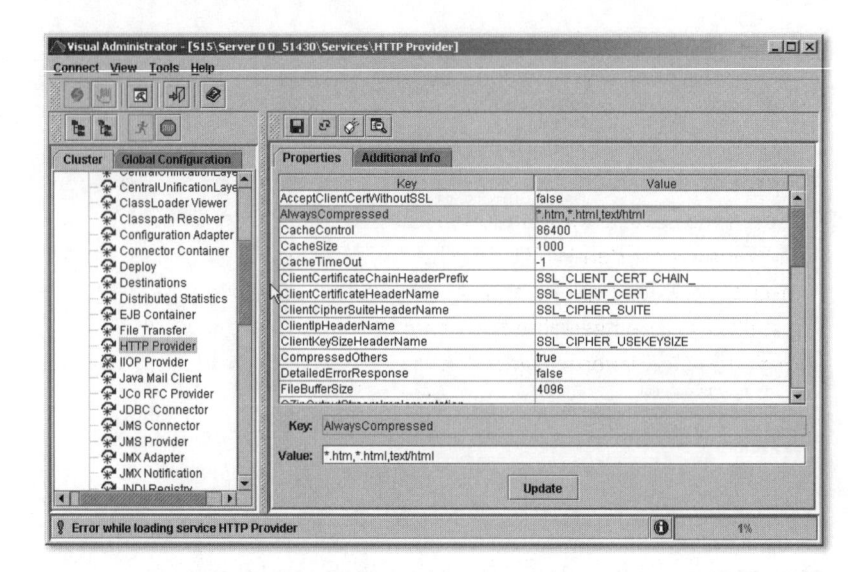

Abbildung 10.41 Konfiguration des Service HTTP Provider

▶ **Konfiguration der Logs und Traces**

Logs und Traces

Für ein Produktivsystem oder vor dem Ausführen von Last-Tests in einem Testsystem sollten Sie sich ebenfalls vergewissern, dass der *Severity-Level* für Trace- und Log-Informationen auf **Error** oder maximal **Warning** eingestellt ist. Bei einer feineren Einstellung steigt die Menge der protokollierten Trace- und Log-Daten drastisch an und wirkt sich spürbar negativ auf die Gesamtperformance eines Systems aus.

Die Einstellungen für Logs und Traces können mithilfe des Service **Log Configurator** über den Visual Administrator vorgenommen werden (siehe Abschnitt 10.4.3).

Weitere Konfigurationen mit Auswirkung auf Web Dynpro

▶ **Konfiguration des Systemtyps**

Systemtyp

Der Systemtyp eines Server-Knotens gibt an, in welchem Einsatzmodus sich der Knoten befindet. Die möglichen Systemtypen sind Produktiv-, Test-, Trainings- oder Entwicklungstyp. Die gewählte Einstellung wirkt sich beispielsweise auf die Darstellung von Fehlerseiten eines Systems aus: So erscheint für den Produktivtyp im Fehlerfall eine Standardfehlermeldung, die keine Details zum aufgetretenen Fehler beinhaltet, während die Fehlerseite für die anderen Typen ausführlichere Informationen zum Fehler und der verwendeten Laufzeitumgebung umfasst.

Falls der eingestellte Systemtyp eines Server-Knotens nicht der Produktivtyp ist, schreibt Web Dynpro aus Supportability-Gründen in eine an den Client gesendete HTML-Antwort einen Kommentarblock, der Informationen zur verwendeten Laufzeitumgebung beinhaltet (Versionsangaben der Web-Dynpro-Laufzeit und der verwendeten Code-Generatoren etc.). Diese Informationen können Sie abfragen, indem Sie sich im Webbrowser den HTML-Quelltext einer Web-Dynpro-Anwendung anschauen. Ein Beispiel dieser Information ist in Abbildung 10.42 dargestellt. Ist der eingestellte Systemtyp der Produktivtyp, wird diese Information aus Sicherheitsgründen in der HTML-Antwort weggelassen.

Supportability-Informationen einer Web-Dynpro-Anwendung

```
<!DOCTYPE HTML PUBLIC "-//W3C//DTD HTML 4.01 Transitional//EN">
<!--
This page was created by SAP NetWeaver. All rights reserved.

web Dynpro client:
HTML Client

web Dynpro client capabilities:
User agent: Mozilla/4.0 (compatible; MSIE 6.0; Windows NT 5.1; FunWebProducts-MyWay; .NET CLR 1.0.3705; .NET CLR 1.1.4322), client type: msie6, client type profile: ie6, ActiveX: enabled, Cookies: enabled, Frames: enabled, Java applets: enabled, JavaScript: enabled, Tables: enabled, VB Script: enabled

Accessibility mode: false

web Dynpro runtime:
Vendor: SAP, Build ID: 6.4016.00.0000.20051108171224.0000 (release=630_SP_REL, buildtime=2005-11-08:22:23:01[UTC], changelist=375191, host=PWDFM067)

web Dynpro code generators for DC sap.com/tc~wd~tools:

J2EE Engine:
No information available

Java VM:
Java HotSpot(TM) Server VM, version: 1.4.2_08-b03, vendor: Sun Microsystems Inc.

Operating system:
Windows XP, version: 5.1, architecture: x86

-->
<html
```

Abbildung 10.42 Informationen zur verwendeten Laufzeitumgebung im HTML-Quelltext einer Web-Dynpro-Anwendung

Zum Einstellen des Systemtyps verwenden Sie im Visual Administrator den Service **Licensing Adapter**. Abbildung 10.43 zeigt die Detailansicht dieses Service und das Feld **System Type**, unter dem der momentan eingestellte Modus eines Server-Knotens angezeigt wird.

Konfiguration des Systemtyps mittels Licensing Adapter

Mithilfe des Buttons **Change System Type** öffnen Sie das in Abbildung 10.44 dargestellte Fenster zum Ändern des Systemtyps. Standardmäßig ist der Wert **N/A** eingestellt, das heißt, der Systemtyp ist zunächst nicht spezifiziert.

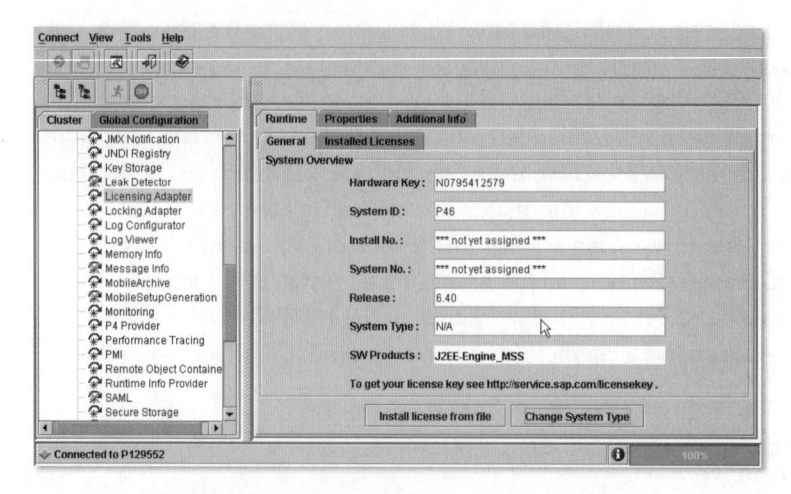

Abbildung 10.43 Detailansicht des Service Licensing Adapter

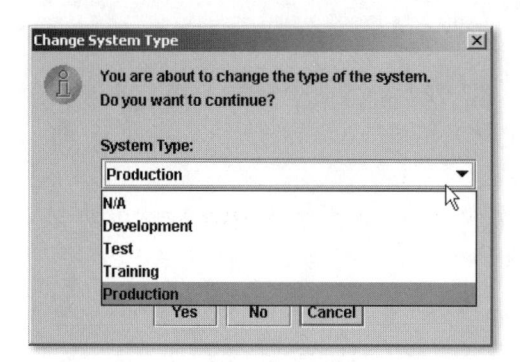

Abbildung 10.44 Ändern des Systemtyps eines Server-Knotens

▶ **Konfiguration eines SLD-Servers**

Um einen SLD Server in einem SAP Web AS-Cluster bekannt zu machen, wie es beispielsweise für Web-Dynpro-Anwendungen notwendig ist, die JCo-Destinationen verwenden, muss dieser zunächst im Visual Administrator mithilfe des Service **SLD Data Supplier** konfiguriert werden. Die Detailansicht dieses Service ist in Abbildung 10.45 zu sehen: Wechseln Sie auf die Registerkarte **CIM Client Generation Settings** und geben Sie dort den **Host**-Namen und **Port** sowie einen gültigen Benutzer (**User**) und ein **Password** für den verwendeten SLD-Server ein. Speichern Sie dann die gemachten Angaben mithilfe des **Save**-Buttons. Anschließend können Sie durch einen Klick auf **CIMClient Test** direkt überprüfen, ob auf das konfigurierte SLD zugegriffen werden kann.

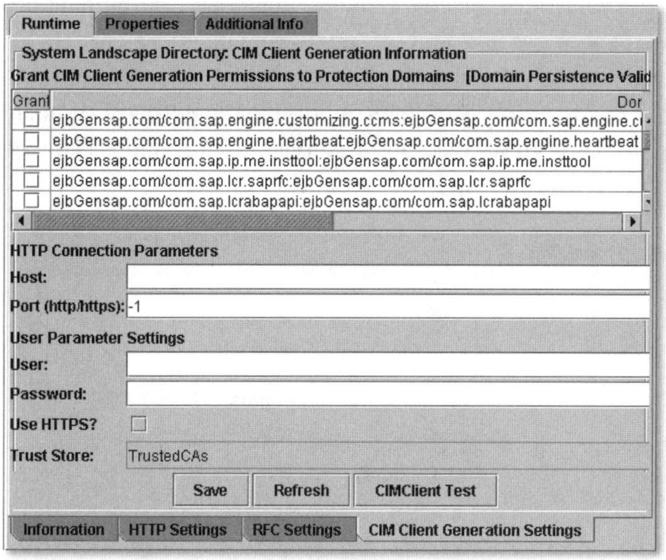

Abbildung 10.45 Konfiguration des verwendeten SLD-Servers

▶ **Einrichten einer sicheren Netzwerkverbindung**

Soll eine sichere Netzwerkverbindung verwendet werden, muss der SAP Web AS abhängig vom zu verwendenden Netzwerkprotokoll entweder für SSL (*Secure Socket Library*) oder SNC (*Secure Network Communication*) eingerichtet werden. Dabei wird SSL für die Protokolle HTTP, LDAP oder P4 verwendet, und SNC für die Protokolle RFC der DIAG.

Verwenden von SSL oder SNC

Zur Verwendung von SSL müssen Sie auf Ihrem System zunächst das *SAP Java Cryptographic Toolkit* installieren. Dieses kann über den SAP Service Marketplace (*http://service.sap.com/download*) unter **Download • SAP Cryptographic Software** in Form eines SDA heruntergeladen werden, und wird vom Service **Key Storage** benötigt, der auf dem SAP Web AS für Public-Key-basierte Verfahren wie SSL verwendet wird. Das Toolkit können Sie anschließend mithilfe des SDM auf Ihrem Web AS-System deployen.

Installation des SAP Java Cryptography Toolkit

Des Weiteren müssen Sie auf Ihrem System die *Java Cryptography Extension (JCE)* von Sun Microsystems installieren. Wählen Sie unter *http://java.sun.com/downloads* die für Ihr System verwendete SDK-Version aus. Dort sollte das JCE in Form einer ZIP-Datei zum Download vorhanden sein. Nach dem Herunterladen entpacken Sie die Datei und kopieren die darin enthaltenen JAR-Dateien in das Verzeichnis *<JAVA_HOME>/jre/lib/security* des von Ihrem System verwendeten JDK.

Installation der Java Cryptography Extension

Generierung eines Private-/Public-Key-Paares

Als Nächstes müssen Sie Ihr Private- und Public-Key-Paar mithilfe des Key Storage Service des SAP Web AS erzeugen. Öffnen Sie dazu im Visual Administrator den Service **Key Storage** und wechseln Sie in diesem auf die Registerkarte **Runtime** (siehe Abbildung 10.46). Wählen Sie dort in der Liste **Views** den Eintrag **service_ssl** aus und klicken Sie anschließend im Bereich **Entry** auf den Button **Create**.

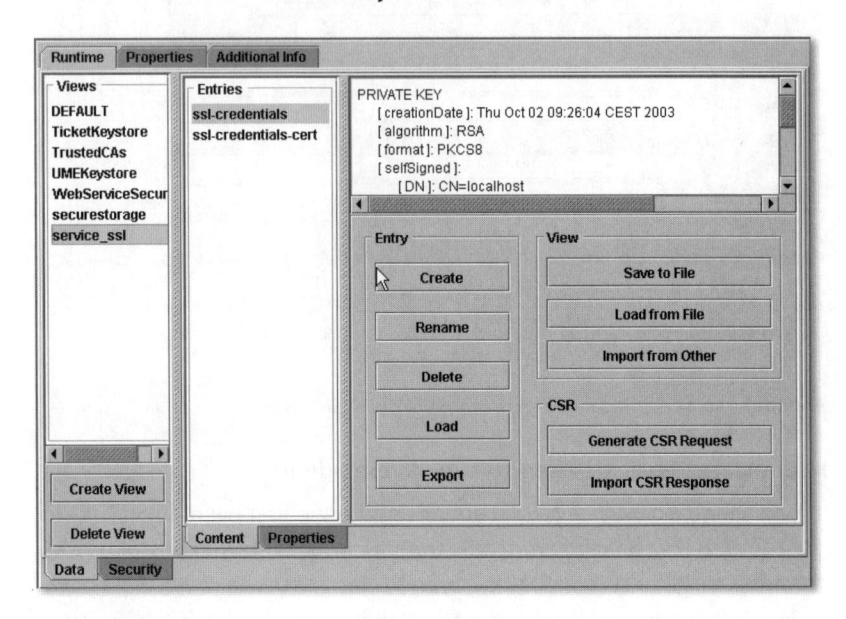

Abbildung 10.46 Key Storage Service zum Anlegen eines Private-/Public-Key-Paares

Es erscheint das in Abbildung 10.47 dargestellte Fenster, in dem Sie zunächst die Felder unter **Subject Properties** sowie das Feld **Entry Name** ausfüllen müssen. Geben Sie als **Common Name** den voll qualifizierten Host-Namen des Servers an. Aktivieren Sie außerdem die Checkbox **Store Certificate** und klicken Sie anschließend auf **Generate**.

Anschließend wechseln Sie im Visual Administrator auf den J2EE Dispatcher-Knoten und selektieren dort den Service **SSL Provider**. In dessen Detailansicht, die in Abbildung 10.48 dargestellt ist, wählen Sie auf der Registerkarte **Runtime** den Eintrag **Active Sockets** aus. Wechseln Sie nun auf die Registerkarte **Server Identity**, die im unteren Bereich der Detailansicht sichtbar ist. Klicken Sie auf den **Add**-Button und wählen Sie im nun geöffneten Fenster die für den Handshake benötigten **Credentials** aus, in diesem Beispiel ist dies das zuvor erzeugte Zertifikat.

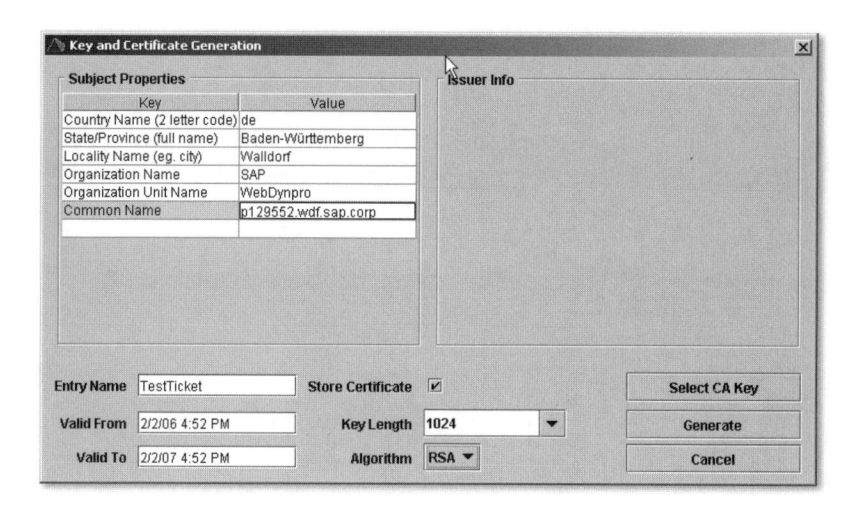

Abbildung 10.47 Erstellung eines Private-/Public-Key-Paares

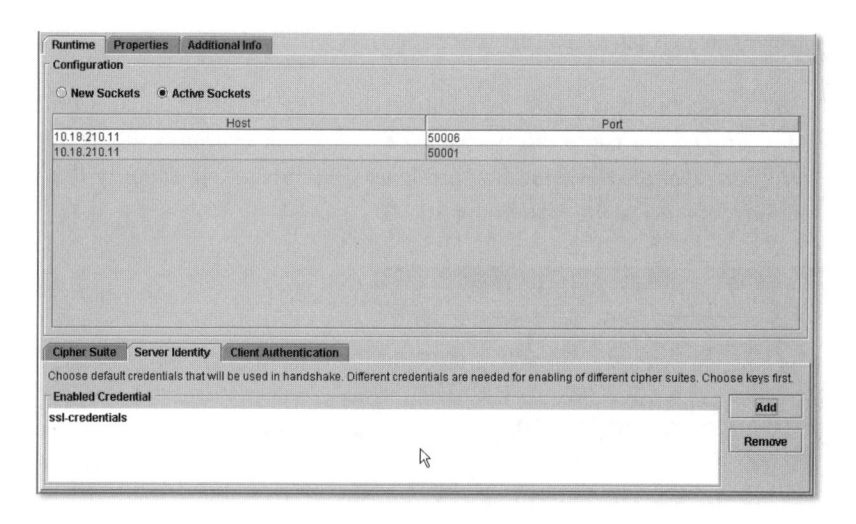

Abbildung 10.48 SSL-Provider-Service des J2EE Dispatcher-Knotens

Im Service **HTTP Provider** des J2EE Dispatcher-Knotens kann nun noch der für HTTPS zu verwendende Port über das Attribut **Ports** gesetzt werden. Wie in Abbildung 10.49 zu sehen, ist der HTTPS-Port standardmäßig auf 50001 eingestellt.

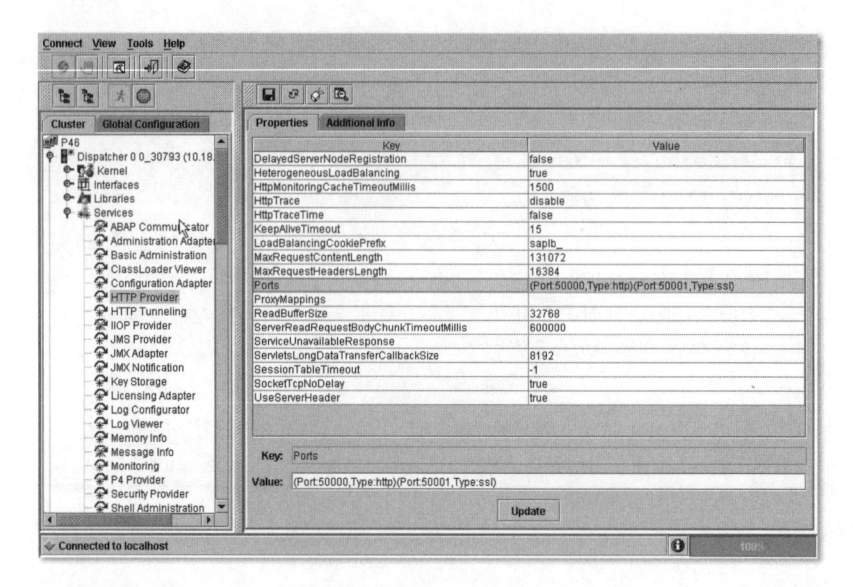

Abbildung 10.49 Konfiguration des HTTPS-Ports

Das Einrichten von SSL ist damit abgeschlossen und kann durch Aufruf der Engine-Startseite *https://<engine host>:<HTTPS-Port>* überprüft werden: War die Konfiguration erfolgreich, sollte nun ein Security-Popup erscheinen (siehe Abbildung 10.50).

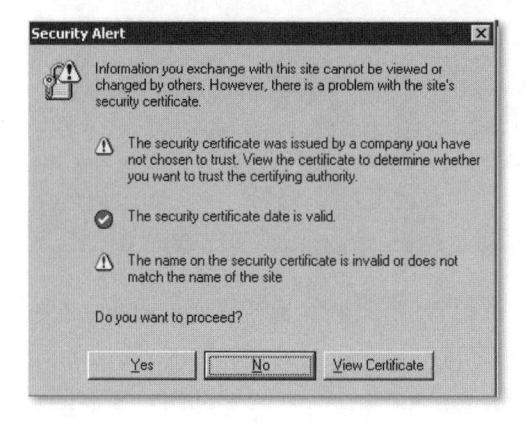

Abbildung 10.50 Security-Warnung im Internet Explorer bei Verwendung von HTTPS

Weiterführende Referenzen zur Konfiguration des SAP Web AS

Wir wollen abschließend zu diesem Themenbereich auf weiterführende Quellen verweisen, auf die wir in diesem Buch nicht näher eingehen können.

- Umfangreiche Dokumentationen verschiedenster SAP NetWeaver- und Web AS-Themen finden Sie im SAP Help Portal unter *http://help.sap.com*.
  - Das SAP Web AS Administration Manual finden Sie im SAP Help Portal unter *http://help.sap.com/saphelp_nw04/helpdata/en/49/ e98876e9865b4e977b54fc090df4ed/frameset.htm*.
  - Eine Beschreibung der Installation und Konfiguration eines System Landscape Directory finden Sie unter *http://help.sap.com/saphelp_ nw04/helpdata/en/31/f0ff69551e4f259fdad799a229363e/content.htm*.
  - Die Beschreibung der Konfiguration des Service **HTTP Provider**, wie beispielsweise Einstellungen für die maximale Größe von Request-Daten oder die Verwendung des HTTP-Response-Caches, finden Sie unter *http://help.sap.com/saphelp_nw04/helpdata/en/52/ 46f6a089 754e3a964a5d932eb9db8b/content.htm*.
- Des Weiteren stellt das SAP Developer Network (*http://sdn.sap.com*) eine weitere unerschöpfliche Quelle zu allen Themen rund um den SAP Web Application Server dar.
- Informationen zum Thema Sicherheit finden Sie unter folgenden Links:
  - SAP NetWeaver Security Guide: *http://help.sap.com/saphelp_ nw04/helpdata/en/8C/2EC59131D7F84EA514A67D628925A9/frameset.htm*.
  - Beispiele zur Verwendung der User Management Engine: *https://www.sdn.sap.com/irj/sdn?rid=/webcontent/uuid/adcfa85d-0501–0010-a398–80a47b8e3fc2*.

10.4 Werkzeuge zur Administration und zum Monitoring

In diesem Abschnitt wollen wir einige nützliche Werkzeuge vorstellen, die für die Administration und das Monitoring der Web-Dynpro-Laufzeit benötigt werden. So können mit den verschiedenen Werkzeugen beispielsweise Informationen zum Laufzeitverhalten von Web Dynpro erfragt, deployte Web-Dynpro-Inhalte administriert und konfiguriert, oder mögliche auftretende Probleme genauer analysiert werden. Folgende Werkzeuge werden vorgestellt:

- Der *Web Dynpro Content Administrator* (siehe Abschnitt 10.4.1) gibt Auskunft über den gesamten deployten Web-Dynpro-Inhalt eines Web AS-Systems und erlaubt die Aktivierung oder Deaktivierung vorhande-

Web Dynpro Content Administrator

ner Web-Dynpro-Anwendungen. Weiter lassen sich Abhängigkeiten einer Web-Dynpro-Anwendung zu anderen Komponenten von SAP NetWeaver überprüfen, sowie verwendete JCo-Destinationen konfigurieren und testen.

Web Dynpro Console
▶ Die *Web Dynpro Console* (siehe Abschnitt 10.4.2) bietet viele nützliche Informationen über den Status der Web-Dynpro-Laufzeit, wie zum Beispiel eine Übersicht über die aktuell laufenden Web-Dynpro-Sessions, Versionsinformationen über die verwendete Web-Dynpro-Laufzeit und den Applikationsserver, oder einen Performance-Monitor, der Performance-Kennzahlen für abgearbeitete Anfragen liefert.

Log Configurator und Log Viewer
▶ Mit dem *Log Configurator* und *Log Viewer* (siehe Abschnitt 10.4.3) können Logging und Tracing konfiguriert und bereits vorhandene Logs und Traces analysiert und auf verschiedene Arten gefiltert werden.

10.4.1 Web Dynpro Content Administrator

Der Web Dynpro Content Administrator lässt sich über die Homepage des SAP Web AS über die Linkkombination **Web Dynpro · Content Administrator** starten.[14] Nach dem Start der Anwendung muss man sich zunächst mit einem Benutzer mit Administratorenberechtigung anmelden. Hat der Benutzer nicht die notwendigen Berechtigungen, bricht die Anwendung mit einer entsprechenden Hinweisseite ab. Nach erfolgreicher Anmeldung erscheint die Anwendung, wie in Abbildung 10.51 dargestellt.

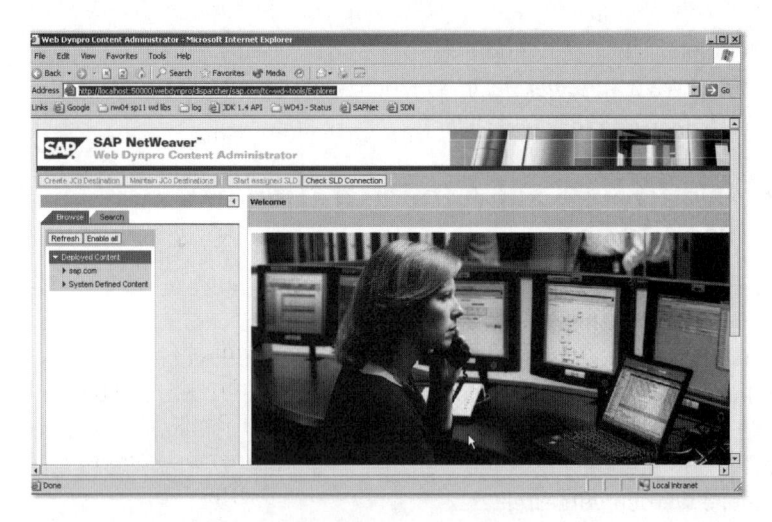

Abbildung 10.51 Web Dynpro Content Administrator

---

14 Die URL für den direkten Aufruf des Web Dynpro Content Administrators lautet *http://<host>:<port>/webdynpro/dispatcher/sap.com/tc~wd~tools/Explorer*.

Die Oberfläche des Content Administrators ist in folgende Hauptbereiche unterteilt:

Aufbau des Content Administrators

- Auf der linken Seite der Oberfläche befindet sich der Bereich für das Browsen und Suchen von deployten Web-Dynpro-Inhalten.
- Im mittleren Bereich der Oberfläche wird die Detailansicht zu einem im linken Bereich ausgewählten Objekt angezeigt. Außerdem wird in diesem Bereich die Ansicht zum Erzeugen und Editieren von JCo-Destinationen angezeigt, die wir später noch näher erläutern werden.
- Im oberen Bereich der Oberfläche befindet sich eine Toolbar, die weitere Administrationsfunktionalitäten für JCo-Verbindungen und das angeschlossene System Landscape Directory bereitstellt.

Browsen von deployten Web-Dynpro-Inhalten

Mithilfe des in Abbildung 10.51 auf der linken Seite dargestellten Baumes lässt sich der auf einem SAP Web AS-System deployte Web-Dynpro-Inhalt anschauen und administrieren. Der Baum zeigt alle in einer *Web-Dynpro-Development-Component* enthaltenen Anwendungen, Komponenten, Komponenten-Interfaces, verwendeten Modelle und JCo-Destinationen an.

Anhand der Ampelfarbe einer DC erkennt man, ob diese zur Verwendung aktiviert oder deaktiviert ist. Wählt man im Baum eine DC oder ein Objekt unterhalb einer DC aus, wird im mittleren Bereich der Oberfläche die Detailansicht einer selektierten DC angezeigt.

Die Detailansicht einer selektierten DC beinhaltet verschiedene Arten von Informationen, die in einem Register gruppiert sind. Unter der Registerkarte **General** lassen sich allgemeine Informationen über den Laufzeitstatus einer Anwendung abfragen; beispielsweise, ob eine Anwendung aktiv ist, oder ob sie momentan gestartet oder gestoppt ist. Unter der Registerkarte **References** lassen sich die Abhängigkeiten einer DC zu anderen Komponenten von SAP NetWeaver überprüfen. Unter der Registerkarte **JCo Connections** werden die existierenden JCo-Verbindungen der ausgewählten DC gelistet. JCo-Destinationen können von dort aus konfiguriert und getestet werden. Schließlich lassen sich unter der Registerkarte **Language Resources** die vorhandenen Text-Ressourcen einer DC überprüfen. Wir beschreiben nun die einzelnen Ansichten detaillierter.

Aktivierung bzw. Deaktivierung von Web-Dynpro-Anwendungen

Web Dynpro unterscheidet zwei Arten von Laufzeitzuständen einer deployten Web-Dynpro-DC: einen Zustand *aktiv/inaktiv* (*enabled/disabled*) und einen Zustand *gestartet/gestoppt*.

Zustand aktiv/inaktiv einer Web-Dynpro-DC

Ist eine Web-Dynpro-DC aktiviert (enabled), kann sie generell von einem Benutzer verwendet und ihre enthaltenen Anwendungen können aus einem Webbrowser heraus gestartet werden. Falls sie sich dagegen im deaktivierten (disabled) Zustand befindet, lassen sich die in ihr enthaltenen Anwendungen nicht starten, das heißt, die Anwendungen sind in diesem Zustand sozusagen »vom Netz genommen«. Versucht man dennoch, eine Anwendung aufzurufen, die sich im deaktivierten Zustand befindet, erscheint eine entsprechende Fehlermeldung.

Zustand gestartet/gestoppt einer Web-Dynpro-DC und Start-on-Demand

Dagegen beschreibt der Zustand gestartet/gestoppt einer DC, ob sie bereits auf dem Server gestartet, das heißt, ihr zugehöriger Classloader bereits initialisiert ist. Web-Dynpro-Anwendungen sind nach dem Durchstarten der Engine standardmäßig gestoppt und werden bei ihrem ersten Aufruf automatisch von der Web-Dynpro-Laufzeit gestartet. Dies wird als *Start-on-Demand* von Web-Dynpro-Anwendungen bezeichnet. Bitte beachten Sie, dass der erste Aufruf einer gestoppten Anwendung länger dauert als die weiteren Aufrufe, da beim Starten einer DC zunächst ihr Classloader initialisiert und die Klassen geladen werden müssen.

Registerkarte General

Im Content Administrator kann man in der Detailansicht einer DC unter der Registerkarte **General** den aktuellen Zustand aktiv/inaktiv durch das Feld **Enabled** und den Zustand gestartet/gestoppt über das Feld **Started** überprüfen, wie in Abbildung 10.52 am Beispiel der Development Component `sap.com/tc~wd~tools` dargestellt ist. Mithilfe der Buttons **Enable** und **Disable** können Sie den Zustand aktiv/inaktiv einer DC verändern und die DC so zur Benutzung freigeben oder sperren. Haben Sie im Auswahlbaum eine Anwendung unterhalb einer DC ausgewählt, sind zusätzlich die Buttons **Run** und **Run as Preview** zum Test-Start der Anwendung aktiviert.

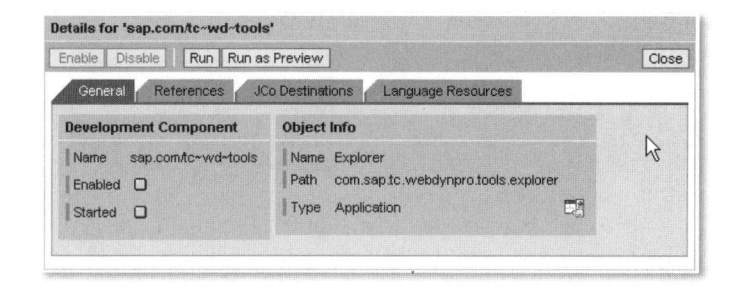

Abbildung 10.52 Allgemeine Informationen zu einer Web-Dynpro-DC

Überprüfung von Abhängigkeiten

In der Detailansicht einer DC können unter der Registerkarte **References** die Abhängigkeiten einer Web-Dynpro-DC zu anderen Komponenten der Anwendungsschicht sowie zu Services, Libraries oder Interfaces der Infrastrukturschicht überprüft werden. Abbildung 10.53 zeigt dies am Beispiel der DC `sap.com/tc~wd~tools`.

Registerkarte References

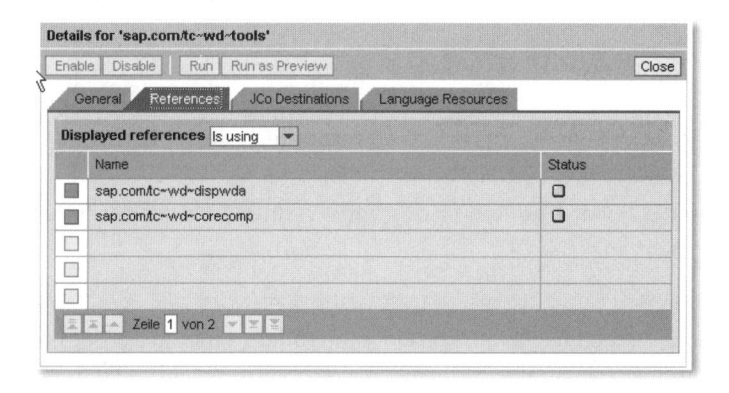

Abbildung 10.53 Abhängigkeiten einer Web-Dynpro-DC

Wie Sie in Abbildung 10.53 außerdem erkennen können, werden die Abhängigkeiten einer DC tabellarisch dargestellt, wobei der Status einer abhängigen Komponente durch eine Ampel veranschaulicht wird. Kann eine definierte Referenz nicht aufgelöst werden, wird diese Abhängigkeit mit einer roten Ampel dargestellt. Da Web Dynpro in SAP NetWeaver 2004, wie in Abschnitt 10.2.1 über die Laufzeitarchitektur des SAP Web AS beschrieben, nur starke Referenzen für DCs aus der Anwendungsschicht unterstützt, können Anwendungen aus der betroffenen DC in einem solchen Fall nicht gestartet werden.

> **Tipp**
>
> Kann eine deployte Anwendung nicht gestartet werden, ist häufig eine nicht auflösbare Referenz die Ursache dieses Problems. In diesem Fall können Sie die Abhängigkeiten der zugehörigen DC mithilfe des Content Administrators überprüfen.

Je nachdem, welchen Wert Sie für das Feld **Displayed references** einstellen, werden unterschiedliche Abhängigkeiten angezeigt. Die möglichen Werte sind:

▶ Is using

Es werden alle Abhängigkeiten zu anderen Komponenten der Anwendungsschicht angezeigt.

▶ Is used by

Es werden alle Komponenten der Anwendungsschicht angezeigt, die selbst eine Referenz auf die aktuell ausgewählte DC besitzen.

▶ Libraries

Es werden die Abhängigkeiten zu den verwendeten Libraries der Infrastrukturschicht angezeigt.

▶ Services

Es werden die Abhängigkeiten zu den verwendeten Services der Infrastrukturschicht angezeigt.

▶ Interfaces

Es werden die Abhängigkeiten zu den verwendeten Interfaces der Infrastrukturschicht angezeigt.

Browsen und Überprüfen der deployten Text-Ressourcen

Registerkarte Language Resources

Unter der Registerkarte **Language Resources** der Detailansicht einer DC lassen sich die mit einer Web-Dynpro-DC deployten Text-Ressourcen browsen und dahingehend überprüfen, ob alle Texte in den zu unterstützenden Sprachen vorhanden sind.

Überprüfung der vorhandenen Java-Resource-Bundles

Abbildung 10.54 zeigt die vorhandenen Texte am Beispiel der Entwicklungskomponente `sap.com/tc~wd~tools`: In der oberen Tabelle werden zunächst die in der DC gefundenen Text-Ressourcen, das heißt die vorhandenen *Java-Resource-Bundles*, angezeigt. Unter der Spalte **Available locales** sind die Sprachen gelistet, in denen die jeweilige Text-Ressource vorliegt. Die Checkbox in der Spalte **Default bundle** gibt an, ob zusätzlich ein Resource-Bundle ohne Sprachkennzeichen, das so genannte *Default-Resource-Bundle*, existiert.

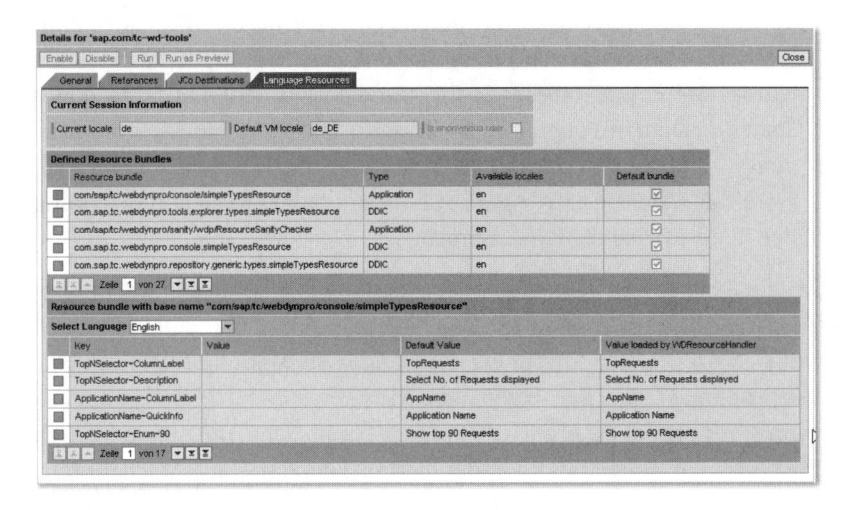

Abbildung 10.54 Text-Ressourcen einer Web-Dynpro-DC

Die Tabelle in der unteren Hälfte der Ansicht zeigt die vorhandenen Texte des in der oberen Tabelle aktuell ausgewählten Resource-Bundles im Detail an. Dabei können Sie mithilfe des Feldes **Selected Language** überprüfen, wie die Texte für eine konkret ausgewählte Sprache erscheinen würden. Dies ist insbesondere dann wichtig, wenn die Texte einer Anwendung nicht in der erwarteten Sprache oder in einem Sprachmix angezeigt werden. Bevor wir dies genauer erläutern, werden wir zunächst auf die Bedeutung der einzelnen Spalten dieser Tabelle eingehen:

▶ Key

Die **Key**-Spalte zeigt den Schlüssel des jeweiligen Textes an. Dieser Schlüssel wird von der Anwendung oder der Web-Dynpro-Laufzeit verwendet, um auf den jeweiligen Text zuzugreifen.

▶ Value

In der **Value**-Spalte wird versucht, den Text in der aktuell ausgewählten Sprache anzuzeigen. Ist der Text in der angegebenen Sprache nicht vorhanden, wie es zum Beispiel in Abbildung 10.54 der Fall ist, bleibt dieses Feld leer.

▶ Default Value

Die Spalte **Default Value** zeigt den zugehörigen Text aus dem Default-Resource-Bundle an, falls dieses vorhanden ist. Andernfalls bleibt diese Spalte ebenfalls leer.

▶ **Value loaded by WDResourceHandler**

Schließlich wird in der Spalte **Value loaded by WDResourceHandler** der Text in der Sprache angezeigt, wie ihn die Web-Dynpro-Laufzeit für eine Anwendungssession bei der aktuell ausgewählten Sprache laden würde. Die Einträge dieser Spalte stimmen mit denen aus der **Value**-Spalte genau dann überein, falls dort ein Text für die in **Selected Language** eingestellte Sprache gefunden wurde. Ist dies nicht der Fall, greift der Mechanismus `java.util.ResourceBundle` zur Ermittlung der Texte zu einer Ausweichsprache.

Session-Locale

Um die Anzeige von Texten einer Anwendung in einer bestimmten Sprache nachvollziehen zu können, ist es wichtig, zum einen den Web-Dynpro-Mechanismus zur Ermittlung der in einer Anwendungssession zu verwendenden Sprache, der so genannten *Session-Locale*, zu verstehen. Web Dynpro verwendet die ermittelte Session-Locale dann, um mit dem durch `java.util.ResourceBundle` definierten Standard-Java-Mechanismus die Texte einer Anwendung zu laden. Deshalb ist es zum anderen ebenfalls wichtig, den Java-Mechanismus zu verstehen.

Ermittlung der Session-Locale

Web Dynpro ermittelt pro Anmeldesession eine Session-Locale, die für alle innerhalb dieser Session gestarteten Web-Dynpro-Anwendungen verwendet wird. Wird also beispielsweise mit der Tastenkombination **Strg+N** ein neues Fenster des Webbrowsers geöffnet, gehören die im neuen Fenster gestarteten Anwendungen immer noch zu derselben Anmeldesession wie die Anwendungen des ersten Fensters – und verwenden damit dieselbe Session-Locale.

Ebenso verhält es sich für Web-Dynpro-Anwendungen, die im SAP NetWeaver Portal gestartet werden: Bei der ersten Web-Dynpro-Anwendung, die nach der Anmeldung im Portal gestartet wird, ermittelt die Web-Dynpro-Laufzeit eine Session-Locale, die anschließend für alle Web-Dynpro-Anwendungen dieser Session verwendet wird.

Restriktion bzgl. Spracheinstellung im Portal

Hinweis

Im SAP NetWeaver Portal ist es möglich, pro iView eine unterschiedliche Sprache in der iView-Konfiguration zu hinterlegen. Ebenso kann man die für eine Session aktuell verwendete Sprache über die Portal-Personalisierung verändern. Diese beiden Möglichkeiten werden von Web Dynpro nicht unterstützt. Der Grund dafür ist, dass Web-Dynpro-Anwendungen zustandsbehaftet sind (*stateful applications*), wobei zu diesem Zustand auch bereits aus einem Backend in einer bestimmten Sprache geladenen Texte gehören.

> Wird über die Personalisierung im Portal die Sprache geändert, ist der Start einer neuen Anmeldesession notwendig, bevor die Sprachänderung wirksam wird. Das heißt, nach der Personalisierung der Spracheinstellung im Portal wird diese Änderung erst nach einem Aus- und erneuten Einloggen für Web-Dynpro-Anwendungen wirksam.

Zur Ermittlung der zu verwendenden Session-Locale berücksichtigt Web Dynpro verschiedene Daten in der folgenden Reihenfolge:

1. URL-Parameter `sap-locale`
2. im Benutzerprofil konfigurierte *User-Locale* des angemeldeten Benutzers
3. im HTTP-Header `Accept-Language` definierte Sprache
4. in der anwendungsspezifischen Konfiguration definierte `sap.Locale` (siehe Abschnitt 10.3.2)
5. im **Propertysheet default** der Web-Dynpro-Laufzeit definierte `sap.systemLocale` (siehe Abschnitt 10.3.1)
6. die für die Java VM eingestellte Standard-Locale

Die erste Locale, die gemäß dieser Abarbeitungsreihenfolge gefunden wird, wird als Session-Locale verwendet. Mit der Session-Locale werden anschließend die Text-Ressourcen einer Anwendung über den Resource-Bundle-Mechanismus von Java geladen. Bei diesem Mechanismus wird versucht, einen über seinen Schlüssel angeforderten Text eines Resource-Bundles zunächst für die gewünschte Session-Locale zu laden. Das zu verwendende Resource-Bundle wird dabei durch die von der gegebenen Locale definierte Sprachendung festgelegt. Existiert dieses Resource-Bundle, wird in diesem nach dem gegebenen Text-Schlüssel gesucht. Existiert dafür ein Eintrag, wird der zugehörige Text verwendet.

Verwendung der Session-Locale in Java-Resource-Bundles

Falls jedoch entweder das gewünschte Resource-Bundle oder in diesem ein Eintrag für den gegebenen Text-Schlüssel nicht existiert, versucht Java den Text in einer Alternativsprache nach folgender Reihenfolge zu ermitteln:

1. Bei Verwendung von länderspezifischen Locales, wie beispielsweise en_US, lässt Java als Nächstes die länderspezifische Endung weg und versucht, für die übrig bleibende Sprachendung ein passendes Resource-Bundle zu finden. Im genannten Beispiel wäre das also en.
2. Konnte kein entsprechendes Resource-Bundle gefunden werden, wird die Suche als Nächstes für die Standard-Locale der verwendeten Java

VM fortgesetzt. Diese Locale kann programmatisch beispielsweise über den Aufruf `java.util.Locale.getDefault()` abfragt werden.

3. Wenn auch für die Standard-Locale kein passendes Resource-Bundle gefunden werden kann, versucht Java als letzten Ausweg den Text im Default-Resource-Bundle zu finden, also im Resource-Bundle ohne Sprachkennzeichen. Sollte dieses ebenfalls nicht existieren oder der Text nicht auflösbar sein, bricht der Mechanismus mit einer `java.util.MissingResourceException` ab.

Textauswahl an einem Beispiel

Dass insbesondere der zweite Schritt des Auswahlverfahrens zu Problemen und Missverständnissen führen kann, wollen wir an folgendem Beispiel veranschaulichen. Angenommen, eine Anwendung wird mit folgenden Resource-Bundles ausgeliefert:

- `test.app.TextBundle_de.properties`

  beinhaltet die Texte der Anwendung auf Deutsch

- `test.app.TextBundle_fr.properties`

  beinhaltet die Texte auf Französisch

- `test.app.TextBundle.properties`

  beinhaltet die Texte auf Englisch

Nehmen wir weiter an, die Standard-Locale des Applikationsservers eines Testsystems ist Italienisch, und die Standard-Locale des Applikationsservers eines Produktivsystems ist Französisch. Meldet sich nun ein Benutzer mit englischer Session-Locale an, könnte man meinen, dass in diesem Fall die Texte des Default-Resource-Bundles verwendet werden, da es ja kein spezifisches Resource-Bundle `test.app.TextBundle_en.properties` für Englisch gibt. In unserem Testsystem wäre auch genau dies der Fall, da Java in folgender Reihenfolge sucht:

1. `test.app.TextBundle_en.properties` existiert nicht.
2. `test.app.TextBundle_it.properties` existiert nicht.
3. `test.app.TextBundle.properties` existiert und Text wird in Englisch gefunden.

Reproduziert man nun das gleiche Szenario auf dem Produktivsystem, wird der englische Benutzer erstaunt sein, die Texte auf einmal auf Französisch zu Gesicht zu bekommen. Dies kommt daher, dass nun im zweiten Suchschritt ein Resource-Bundle für Französisch gefunden wurde, da die Standard-Locale der Java VM in unserem Produktivsystem Französisch war.

Tipp

Sie sollten bei der Bereitstellung von Resource-Bundles Folgendes beachten: Für alle Sprachen, die eine Anwendung unterstützen soll, muss ein Resource-Bundle mit entsprechender Sprachendung vorhanden sein. Die Texte aus dem Default-Resource-Bundle sollten in der Sprache vorliegen, die als Ausweichsprache für alle nicht unterstützten Sprachen verwendet werden soll. Die Standard-Locale des Applikationsservers sollten Sie entweder auf eine nicht unterstützte Sprache oder auf die Sprache der Texte des Default-Resource-Bundles einstellen. Damit stellen Sie sicher, dass Schritt Nummer 2 der oben beschriebenen Suche keine unerwarteten Ergebnisse liefert. Die Standard-Locale eines Server-Knotens können Sie durch die System-Parameter `user.language` und `user.country` konfigurieren, das heißt, Sie können beispielsweise "`-Duser.language=en -Duser.country=US`" zu den Java-VM-Parametern eines Server-Knotens hinzufügen, um die Locale `en_US` als Standard-Locale einzustellen.

Kommen wir nun wieder auf den Content Administrator zurück: Mithilfe des Feldes **Selected Language** können Sie eine beliebige Session-Locale simulieren. Die Spalte **Value loaded by WDResourceHandler** zeigt dann den Textwert an, der verwendet werden würde, falls die ausgewählte Sprache als Session-Locale ermittelt werden würde.

Prüfung von Text-Ressourcen mit simulierter Session-Locale

Anlegen und Editieren von JCo-Verbindungen

Unter der Registerkarte **JCo Destinations** der Detailansicht einer DC können Sie die benötigten JCo-Destinationen einer Anwendung anlegen, modifizieren und testen. Bei Verwendung des *adaptiven RFC-Models* werden pro Modell zwei JCo-Verbindungen benötigt, die automatisch in der in Abbildung 10.55 dargestellten Tabelle aufgelistet werden: eine Verbindung für die RFC-Metadaten sowie eine zweite Verbindung für die tatsächlichen Anwendungsdaten.

Registerkarte JCo Destinations

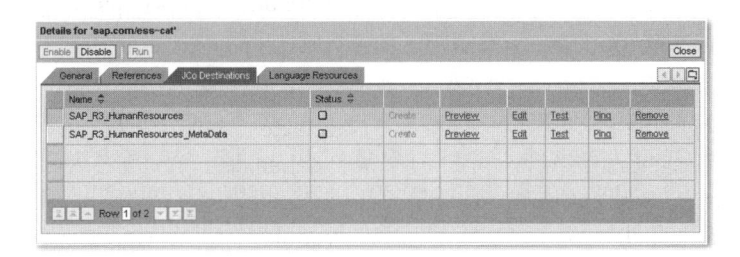

Abbildung 10.55 JCo-Destinationen einer Web-Dynpro-DC

Testen des SLD-Zugriffs

Die Konfigurationsdaten einer JCo-Destination werden im angeschlossenen System Landscape Directory verwaltet. Um JCo-Verbindungen verwenden zu können, muss in Ihrem SAP Web AS deshalb ein SLD konfiguriert und zugreifbar sein. Ob diese Voraussetzung erfüllt ist, können Sie mithilfe des Buttons **Check SLD Connection** in der Toolbar des Content Administrators überprüfen.

Testen einer JCo-Verbindung mittels Ping oder Test

Wie in Abbildung 10.55 zu sehen ist, wird zu jeder in der Tabelle gelisteten JCo-Destination der Status über eine Ampel (rot/gelb/grün) angezeigt. Eine grüne Ampel bedeutet, dass die zugehörige Verbindung bereits vollständig konfiguriert im SLD hinterlegt ist. Eine solche Verbindung können Sie nun direkt über die in der entsprechenden Tabellenzeile vorhandenen Buttons **Ping** oder **Test** überprüfen. Dabei wird bei einem **Ping** lediglich geprüft, ob die konfigurierten Verbindungsdaten, wie der Name des Message Servers, korrekt und vollständig sind. Bei einem **Test** wird dagegen versucht, eine tatsächliche Verbindung zum angegebenen Backend-System einschließlich eines Logins mit der in der JCo-Konfiguration angegebenen Authentifizierungsmethode herzustellen. Bitte beachten Sie, dass dieser Test fehlschlägt, falls der Benutzer des Content Administrators nicht die nötigen Berechtigungen für einen Login auf dem Backend-System besitzt und die JCo-Destination mit der Authentifizierungsmethode **Ticket Authentication** oder **Client Certificate** konfiguriert ist. Auf die Authentifizierungsmethoden gehen wir in Kürze genauer ein.

Status einer JCo-Destination

Wird eine JCo-Destination mit einer roten Ampel als Status dargestellt, gibt es für sie noch keine Konfigurationsdaten im angeschlossenen SLD. Mithilfe des Links **Create** lässt sich nun der Wizard für das Anlegen einer neuen JCo-Destination starten (siehe Abbildung 10.55). Dieser Wizard erscheint in etwas eingeschränkter Form auch, wenn Sie eine bereits existierende JCo-Destination mithilfe des **Edit**-Links ändern wollen. Im Editiermodus ist es jedoch nicht möglich, den beim Anlegen der Destination angegebenen Applikationsserver sowie den Destinationstyp zu verändern.

Der Status einer JCo-Destination wird mit einer gelben Ampel dargestellt, falls für die Destination ein **Defined User** als Authentifizierungsmethode angegeben wurde und dem System das Passwort des eingestellten Benutzers nicht bekannt ist. Das Passwort des Benutzers wird bei dieser Authentifizierungsmethode nicht im SLD, sondern aus Sicherheitsgründen im Secure-Storage abgelegt. Dieser Eintrag ist beispielsweise nach einer Neuinstallation eines Applikationsservers nicht mehr vorhanden und muss deshalb zunächst gesetzt werden, ehe die JCo-Destination verwendet werden kann.

Im Wizard zum Anlegen oder Editieren einer JCo-Destination werden in mehreren Schritten alle notwendigen Verbindungsdaten abgefragt. Diese sind im Einzelnen:

Konfigurationsschritte zum Anlegen einer JCo-Destination

1. **General Data**

   Abbildung 10.56 stellt den ersten Schritt des Anlege-Wizards dar. Dort geben Sie einen systemweit eindeutigen, logischen Namen sowie den zugehörigen Mandanten (**Client**) für die JCo-Destination an. Des Weiteren können Sie die Eigenschaften des verwendeten JCo-Pools, wie maximale Anzahl möglicher Verbindungen oder Timeout einer Verbindung, konfigurieren. Standardmäßig werden hierfür die vorgenommenen Einstellungen aus dem **Propertysheet default** verwendet (siehe Abschnitt 10.3.1).

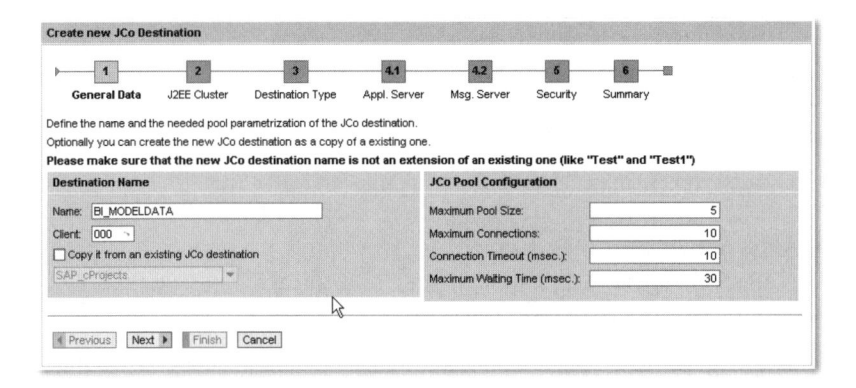

   Abbildung 10.56 Anlegen einer JCo-Destination – General Data

2. **J2EE Cluster**

   In diesem Schritt wird der Applikationsserver angegeben, dem die zu erzeugende JCo-Destination zugeordnet werden soll (siehe Abbildung 10.57).

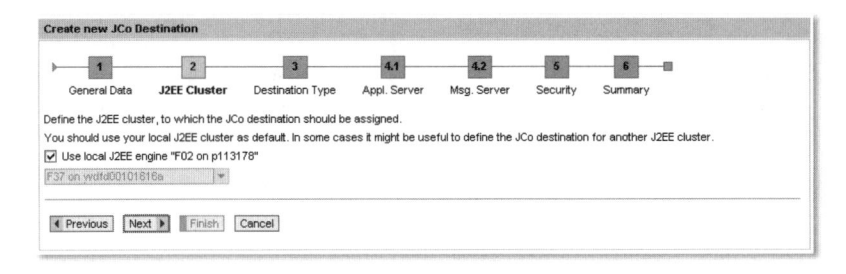

   Abbildung 10.57 Anlegen einer JCo-Destination – J2EE Cluster

3. **Destination Type**

   In diesem Schritt geben Sie an, ob es sich bei der zu erzeugenden JCo-Destination um eine Verbindung für Metadaten (**Dictionary Meta Data**) oder für Anwendungsdaten (**Application data**) handelt (siehe Abbildung 10.58). Wie bereits erwähnt, werden bei adaptiven RFC-Modellen diese beiden Verbindungstypen unterschieden. Bitte beachten Sie, dass es sich bei einer Verbindung für Metadaten um eine **Load-balanced Connection** handeln muss.

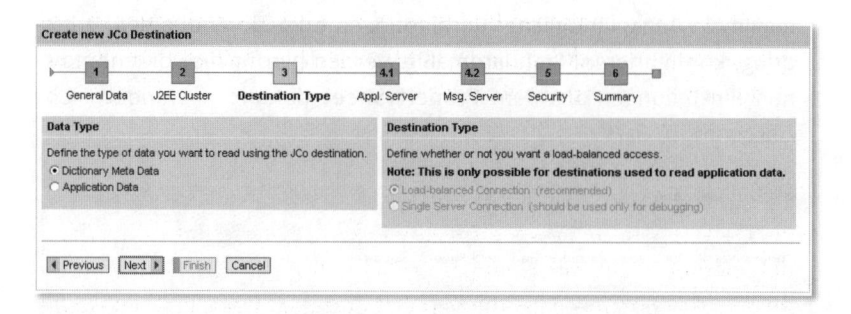

   Abbildung 10.58 Anlegen einer JCo-Destination – Destination Type

4. **Appl. Server** oder **Msg. Server**

   In diesem Schritt geben Sie entweder den Application oder den Message Server an (siehe Abbildung 10.59), abhängig vom im vorigen Schritt gewählten Destinationstyp. Für eine **Load-balanced Connection** muss ein Message Server angegeben werden, für eine **Single Server Connection** dagegen ein Application Server.

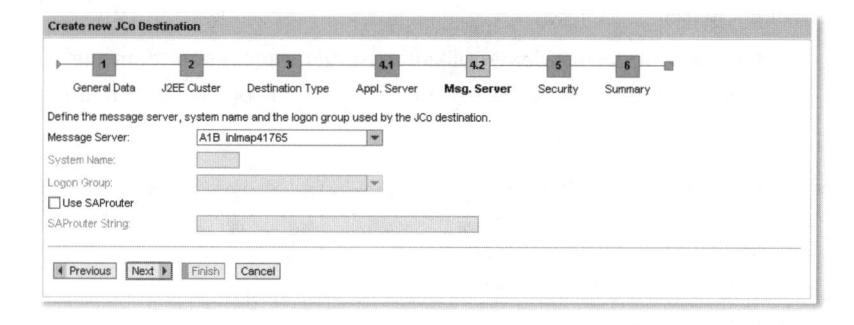

   Abbildung 10.59 Anlegen einer JCo-Destination – Message Server

5. **Security**

   Nun geben Sie die Authentifizierungsmethode an, die beim Erzeugen einer Verbindung an das angegebene Backend-System verwendet werden soll. Dabei werden vier verschiedene Authentifizierungsmethoden angeboten (siehe Abbildung 10.60):

- **User/Password**

  Bei dieser Authentifizierungsmethode wird ein fest definierter Benutzer angegeben, der für die Anmeldung am Backend verwendet werden soll, weshalb diese Authentifizierungsart auch **Defined User** oder **Service User** genannt wird. Sie wird beispielsweise für Metadaten-Verbindungen benötigt, wobei hierfür der angegebene Benutzer ein technischer Benutzer ohne Dialogberechtigungen sein und auf dem Backend die Berechtigung für den Zugriff auf die Dictionary-Funktionsmodule besitzen sollte.

> **Tipp**
>
> Eine Destination für Anwendungsdaten sollte für den Test- oder Produktivbetrieb nicht mit einem fest definierten Benutzer konfiguriert sein. Für Anwendungsdaten hat ein **Defined User** nur für ein Entwicklungssystem Sinn.

- **Ticket**

  Bei dieser Authentifizierungsmethode wird zur Laufzeit das *SAP Logon-Ticket* des aktuell angemeldeten Benutzers für die Authentifizierung am Backend verwendet. Um diese Authentifizierungsmethode verwenden zu können, muss Ihre Systemlandschaft so konfiguriert werden, dass das verwendete Backend das vom Applikationsserver ausgestellte SAP Logon-Ticket akzeptiert. Des Weiteren müssen Applikationsserver und Backend dieselben Benutzer kennen, das heißt einen *User Store* verwenden.

- **Client Certificate (X509)**

  Ähnlich wie bei der Ticket-Authentifizierung kann alternativ ein X.509-Client-Zertifikat zur Anmeldung an das Backend verwendet werden.

- **User Mapping**

  Mithilfe des User-Mappings lassen sich auf dem Applikationsserver bekannte Benutzer auf bestimmte Benutzer des Backends abbilden. Diese Authentifizierungsmethode wird auch vom SAP NetWeaver Portal unterstützt.

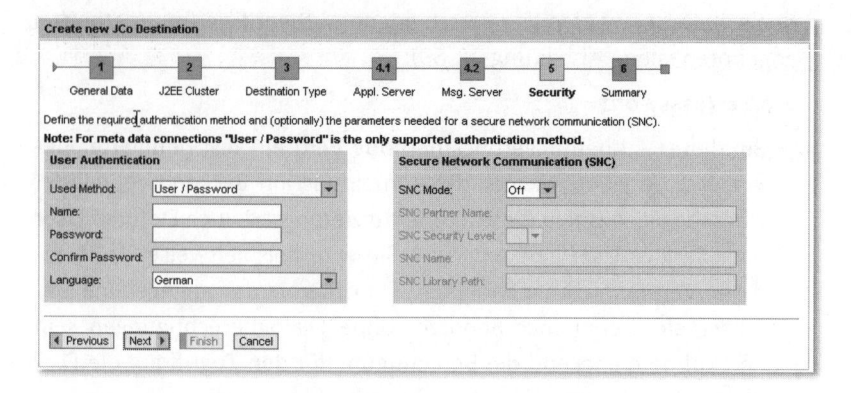

Abbildung 10.60 Anlegen einer JCo-Destination – Security

Des Weiteren können Sie im Bereich Secure Network Communication (**SNC**) den **SNC Mode** aktivieren, sofern eine sichere Verbindungsart verwendet werden soll. Um SNC verwenden zu können, sind weitere Konfigurationsschritte notwendig. Für detailliertere Informationen zu den genannten Authentifizierungsmethoden, deren Verwendung und Konfiguration verweisen wir auf den SAP NetWeaver Security Guide, den Sie im SAP Help Portal (*http://help.sap.com*) finden.

6. **Summary**

Diese letzte Seite des Anlege-Wizards stellt die vorgenommene Konfiguration noch einmal in einer Übersicht dar.

10.4.2 Web Dynpro Console

Die Web Dynpro Console lässt sich wie der Web Dynpro Content Administrator über die Homepage des Applikationsservers über die Linkreihenfolge **Web Dynpro · Web Dynpro Console** starten.[15] Beim Start der Anwendung muss man sich wie für den Web Dynpro Content Administrator zunächst mit einem Benutzer mit Administratorenberechtigung anmelden. Nach erfolgreicher Anmeldung erscheint die Anwendung (siehe Abbildung 10.61).

---

15 Die URL für den direkten Aufruf der Web Dynpro Console lautet *http://<host>:<port>/webdynpro/dispatcher/sap.com/tc~wd~tools/WebDynpro-Console*.

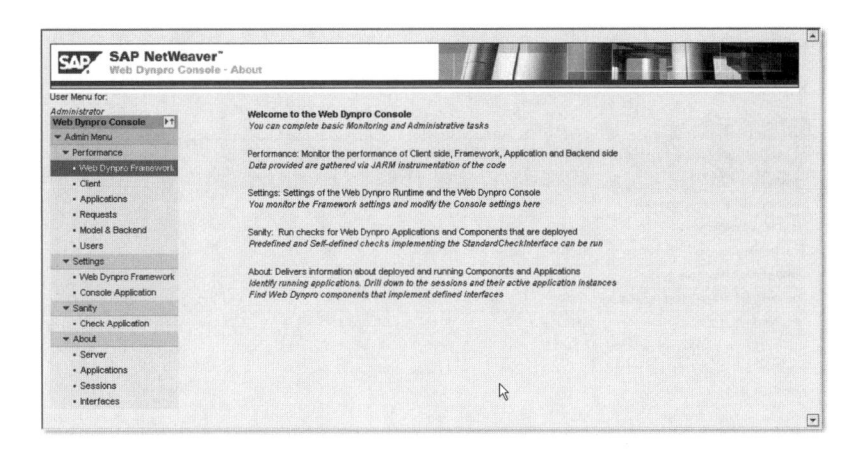

Abbildung 10.61 Web Dynpro Console

Die Anwendung ist in zwei Bereiche unterteilt: Auf der linken Seite der Oberfläche wird in einer Baumstruktur das Benutzermenü mit verschiedenen Einträgen zu Administrations- und Monitoring-Aufgaben angeboten, die rechte Seite der Oberfläche dient der Detailanzeige eines im Benutzermenü ausgewählten Administrations- oder Monitoring-Themas.

Performance-Monitoring

Unterhalb des **Performance**-Knotens im Benutzermenü gibt es verschiedene Einträge, mit deren Hilfe Sie die Performance Ihres Systems überwachen und einer ersten Analyse unterziehen können. Es kann zum Beispiel die für das Rendern einer Benutzeroberfläche auf dem Client oder die für die Bearbeitung einer Client-Anfrage auf dem Server vom Web-Dynpro-Framework benötigte Zeit überprüft werden.

Mithilfe des Eintrags **Web Dynpro Framework** im Benutzermenü lässt sich die von Web Dynpro für die Request-Abarbeitung auf dem Server benötigte Laufzeit überwachen. Abbildung 10.62 zeigt die Detailansicht dieses Performance-Monitors. In der dort vorhandenen Registerkarte **Elapsed time** kann die benötigte Gesamtzeit analysiert werden, während die tatsächliche Prozessierungszeit unter der Registerkarte **CPU time** dargestellt wird.

Messen der Server Performance

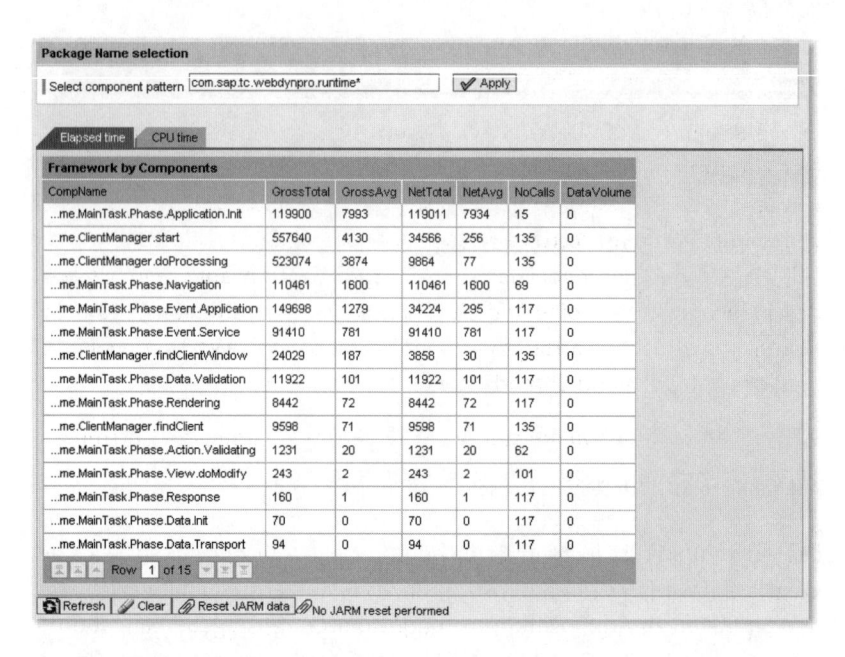

CompName	GrossTotal	GrossAvg	NetTotal	NetAvg	NoCalls	DataVolume
...me.MainTask.Phase.Application.Init	119900	7993	119011	7934	15	0
...me.ClientManager.start	557640	4130	34566	256	135	0
...me.ClientManager.doProcessing	523074	3874	9864	77	135	0
...me.MainTask.Phase.Navigation	110461	1600	110461	1600	69	0
...me.MainTask.Phase.Event.Application	149698	1279	34224	295	117	0
...me.MainTask.Phase.Event.Service	91410	781	91410	781	117	0
...me.ClientManager.findClientWindow	24029	187	3858	30	135	0
...me.MainTask.Phase.Data.Validation	11922	101	11922	101	117	0
...me.MainTask.Phase.Rendering	8442	72	8442	72	117	0
...me.ClientManager.findClient	9598	71	9598	71	135	0
...me.MainTask.Phase.Action.Validating	1231	20	1231	20	62	0
...me.MainTask.Phase.View.doModify	243	2	243	2	101	0
...me.MainTask.Phase.Response	160	1	160	1	117	0
...me.MainTask.Phase.Data.Init	70	0	70	0	117	0
...me.MainTask.Phase.Data.Transport	94	0	94	0	117	0

Abbildung 10.62 Performance-Monitor für das Web-Dynpro-Framework

JARM-Instrumentierung verschiedener Phasen des Web-Dynpro-Frameworks

In der abgebildeten Tabelle wird die zur Request-Bearbeitung auf dem Server benötigte Laufzeit angezeigt. Die Einträge in der Tabelle beziehen sich dabei auf die für Performance-Messungen mittels JARM instrumentierten verschiedenen Phasen eines Requests. JARM steht für *Java Application Responsetime Measurement* und ist eine Java-Library von SAP, mit der sich Laufzeiten von instrumentiertem Code messen lassen.

Die verschiedenen instrumentierten Phasen der Request-Abarbeitung werden durch einen eindeutigen Namen identifiziert, der in der Tabelle unter der Spalte **CompName** zu sehen ist. Die dargestellten Laufzeiten in der Tabelle sind in Millisekunden angegeben und beziehen sich auf sämtliche Requests, die seit dem letzten Zurücksetzen der Messdaten aufgezeichnet wurden. Die Messdaten lassen sich dabei durch die Taste **Reset JARM data** zurücksetzen. Durch die Taste **Refresh** lassen sich die Messdaten aktualisieren und mit der Taste **Clear** wird die Tabelle geleert.

Jede Zeile der Tabelle stellt demnach Performance-Kennzahlen für eine instrumentierte Phase der Request-Abarbeitung dar. Dabei wird sowohl die akkumulierte Zeit aller seit dem letzten Zurücksetzen der Messdaten gemessenen Requests in der Spalte **GrossTotal** angegeben als auch die pro Request durchschnittlich benötigte Zeit in der Spalte **GrossAvg**. Die

Spalte **NoCalls** gibt an, wie oft die zugehörige Phase seit dem letzten Zurücksetzen der Messdaten durchlaufen wurde.

Durch das im oberen Bereich der Detailansicht sichtbare Eingabefeld **Select component pattern** können Sie die Einträge aus der Spalte **CompName** filtern. Standardmäßig ist dieses Feld mit dem Wert **com.sap.tc.webdynpro.runtime*** gefüllt, das heißt, es werden nur die JARM-Instrumentierungen der Web-Dynpro-Laufzeit angezeigt. Es können jedoch auch beliebige andere mittels JARM instrumentierte Komponenten in der Tabelle anzeigt werden, indem Sie den Wert dieses Eingabefeldes entsprechend verändern.

Wir wollen nun die wichtigsten im Web-Dynpro-Framework instrumentierten Phasen der Request-Abarbeitung erläutern:

▶ `ClientManager.doProcessing`
Dieser Eintrag misst die Gesamtlaufzeit eines Requests auf dem Server, also die Zeit vom Eintreffen eines Requests bis zu dessen vollständiger Bearbeitung. Dieser Messwert beinhaltet damit sämtliche andere Phasen der Web-Dynpro-Request-Bearbeitung.
Gesamtlaufzeit eines Requests

▶ `MainTask.Phase.Application.Init`
Dieser Eintrag gibt die für die Initialisierung einer Anwendung benötigte Laufzeit an, einschließlich der Ausführung des Startup-Plugs und der Methode `wdDoInit()` der Root-Component einer Anwendung. Demnach schließt dieser Messpunkt auch Anwendungscode mit ein.
Initialisierungsphase einer Anwendung

▶ `MainTask.Phase.View.doModify`
Dieser Eintrag misst die Zeit, die für die Ausführung der `wdDoModifyView()`-Methoden der verschiedenen aufgerufenen Views benötigt wird. Die Methode `wdDoModifyView()` ist in jedem View-Controller vorhanden und wird immer vor dem Rendern eines Views aufgerufen. Die Methode dient vor allem dazu, das Layout eines Views dynamisch zur Laufzeit zu ändern. Standardmäßig ist die Methode leer implementiert und wird von einer Anwendung bei Bedarf mit speziellem Code gefüllt. Demnach misst dieser Eintrag die für dynamische Änderungen der Oberfläche benötigte Laufzeit.
Dynamische Änderungen der Benutzeroberfläche

▶ `MainTask.Phase.Rendering`
Dieser Eintrag gibt die für das Rendern der Oberfläche auf dem Server benötigte Laufzeit an, das heißt, die angegebene Zeit beinhaltet nicht die auf einem Client für das Erzeugen der Oberfläche benötigte Zeit.
Rendern der Benutzeroberfläche

Messung der Client-Performance

Die für das Erzeugen der Oberfläche auf einem Client benötigte Laufzeit lässt sich mithilfe des **Client**-Knotens aus dem Benutzermenü messen und analysieren. In Abbildung 10.63 ist die Detailansicht dieses Performance-Monitors zu sehen: Im dargestellten Register ist für jeden unterstützten Client-Typ eine eigene Registerkarte enthalten. Auf der Registerkarte **Browser Clients** wird die vom HTML-Client benötigte Zeit gemessen. Dieser Client-Typ stellt in SAP NetWeaver 2004 den Standard-Client dar. Als Prototypen ebenfalls bereits verfügbar sind verschiedene Smart Clients, wie ein Java-Swing-Client oder ein Windows-Client, für die es in der Detailansicht jeweils eine eigene Registerkarte gibt.

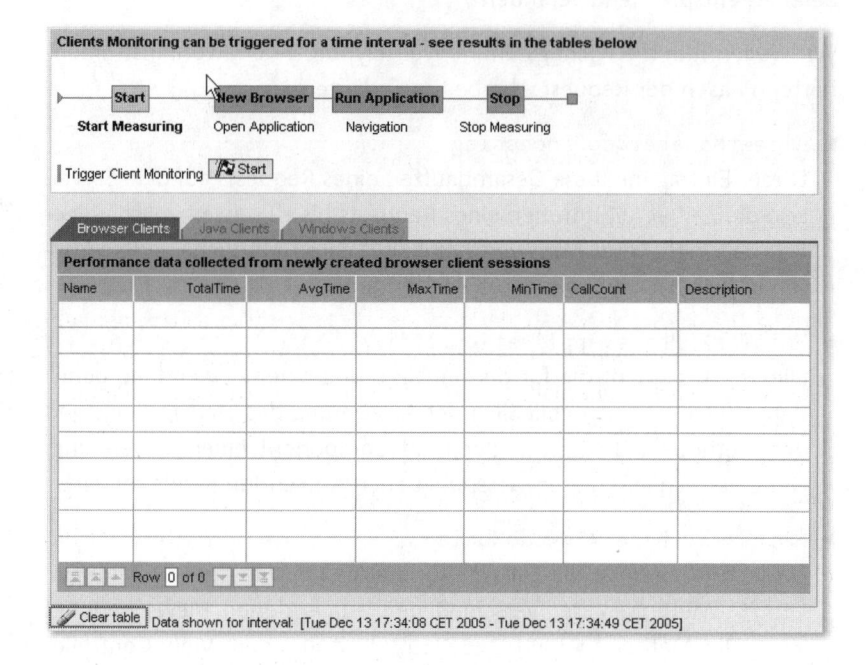

Abbildung 10.63 Performance-Monitor für die Laufzeit auf dem Client

Um eine Messung zu starten, klicken Sie auf den **Start**-Button und führen anschließend folgende Schritte aus:

1. Öffnen Sie einen neuen Client und starten Sie darin die zu vermessende Anwendung. Führen Sie in der Anwendung nun die Navigationsschritte aus, an deren Performance-Messdaten Sie interessiert sind.

2. Zum Beenden der Messung klicken Sie auf den **Stop**-Button, der in der Detailansicht des Performance-Monitors bei einer laufenden Messung sichtbar wird. Anschließend sehen Sie die Performance-Messdaten in

der Detailansicht der Registerkarte des entsprechenden Clients, wie in Abbildung 10.64 beispielhaft dargestellt ist.

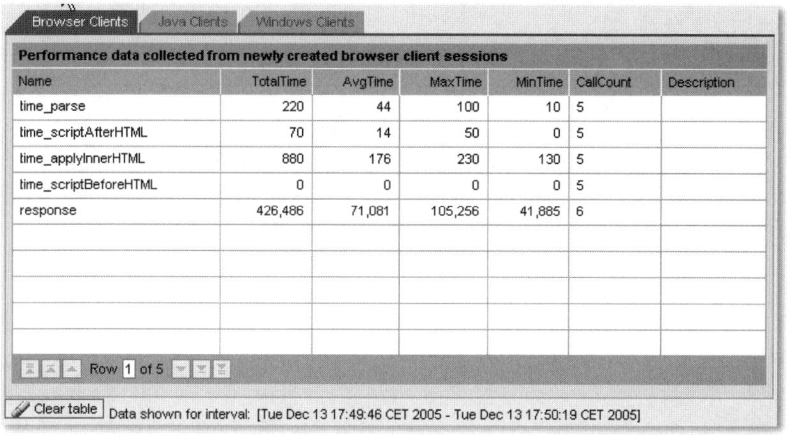
Browser Clients
Java Clients
Windows Clients

Performance data collected from newly created browser client sessions						
Name	TotalTime	AvgTime	MaxTime	MinTime	CallCount	Description
time_parse	220	44	100	10	5	
time_scriptAfterHTML	70	14	50	0	5	
time_applyInnerHTML	880	176	230	130	5	
time_scriptBeforeHTML	0	0	0	0	5	
response	426,486	71,081	105,256	41,885	6	

Row 1 of 5
Clear table
Data shown for interval: [Tue Dec 13 17:49:46 CET 2005 - Tue Dec 13 17:50:19 CET 2005]

Abbildung 10.64 Beispieldaten der Performance-Messung eines Webbrowser-Clients

Messung instrumentierter Anwendungen

Über den **Applications**-Eintrag des Benutzermenüs können Sie den in Abbildung 10.65 dargestellten Performance-Monitor zum Vermessen der Laufzeit von Web-Dynpro-Anwendungen starten. Die angezeigten Messdaten beziehen sich ebenfalls auf eine mithilfe von JARM vorgenommene Instrumentierung einer Anwendung. Alle von Web Dynpro generierten Hook-Methoden, die anwendungsspezifischen Code beinhalten können – wie beispielsweise die definierten Event-Handler oder die Lifecycle-Methoden `wdDoInit()` und `wdDoExit()` –, lassen sich automatisch mittels JARM instrumentieren.

Dazu muss im SAP NetWeaver Developer Studio folgende Einstellung vorgenommen werden: Im Menü **Window • Preferences** öffnen Sie im Auswahlbaum den Eintrag **Web Dynpro** und wählen dort den Eintrag **Generation** aus. Sie sehen dann die in Abbildung 10.66 dargestellte Ansicht. Dort stellen Sie unter **Performance instrumentation** den **Jarm level** auf den Wert 10 und bestätigen anschließend die Änderung mit dem **Apply**-Button. Die Web-Dynpro-Projekte, die mit dieser Einstellung gebaut und deployt werden, sind nun automatisch für die Laufzeitmessung instrumentiert.

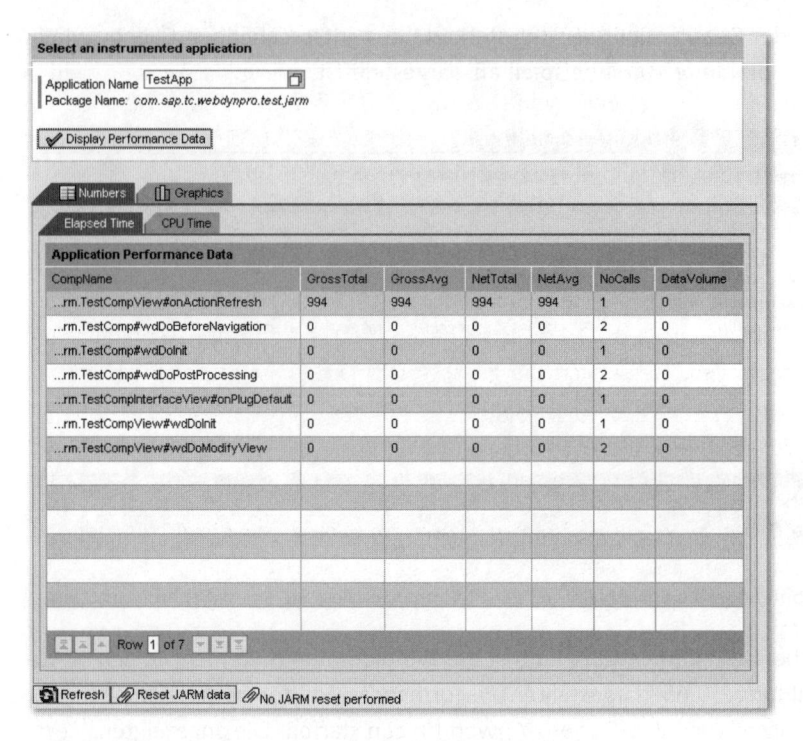

Abbildung 10.65 Performance-Monitor instrumentierter Anwendungen

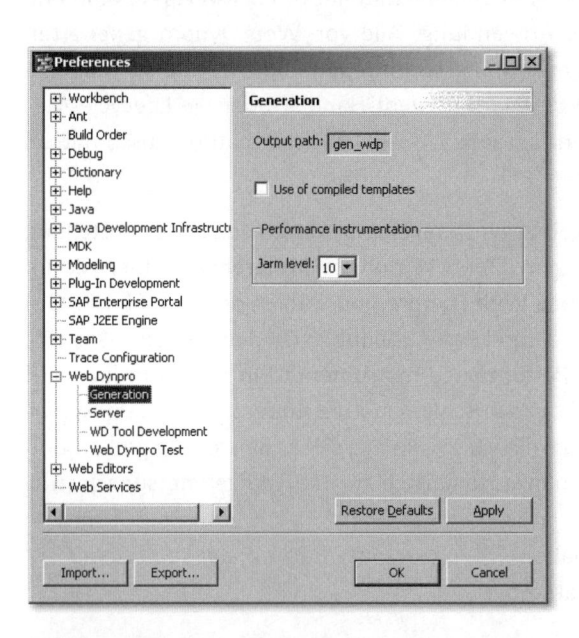

Abbildung 10.66 Einstellung im SAP NetWeaver Developer Studio für die Laufzeit-Instrumentierung von Web-Dynpro-Anwendungen

Im Eingabefeld **Application name** können Sie anschließend die Anwendung angeben, für die Sie die Performance-Messdaten anzeigen wollen. Die Auswahl der gewünschten Anwendung können Sie dabei über die angebotene Wertehilfe vornehmen. Nach der Auswahl der Anwendung und einem Klick auf den Button **Display Performance Data** werden die Messdaten für die ausgewählte Anwendung schließlich in der abgebildeten Tabelle aufgelistet.

Haben Sie für Ihr System einen Internet Graphics Server installiert und, wie in Abschnitt 10.3.1 beschrieben, in der Web-Dynpro-Konfiguration eingetragen, lassen sich die gemessenen Daten unter der Registerkarte **Graphics** auch als Balkendiagramme anzeigen. Des Weiteren lassen sich die Messdaten für die ausgewählte Anwendung mithilfe des Buttons **Reset JARM data** zurücksetzen.

Monitoring und Analyse der teuersten Requests

Der **Requests**-Eintrag im Benutzermenü ermöglicht die Analyse der 20 aus Performance-Sicht »teuersten« gemessenen Requests aller Komponenten von SAP NetWeaver, die mithilfe von JARM instrumentiert sind. In der in Abbildung 10.67 dargestellten Detailansicht werden in der oberen der beiden Tabellen diese 20 teuersten Requests aufgelistet. Dabei werden Requests für Web-Dynpro-Anwendungen in der Tabelle unter der Kategorie **NW:J2E:SRV:HTTP** geführt.

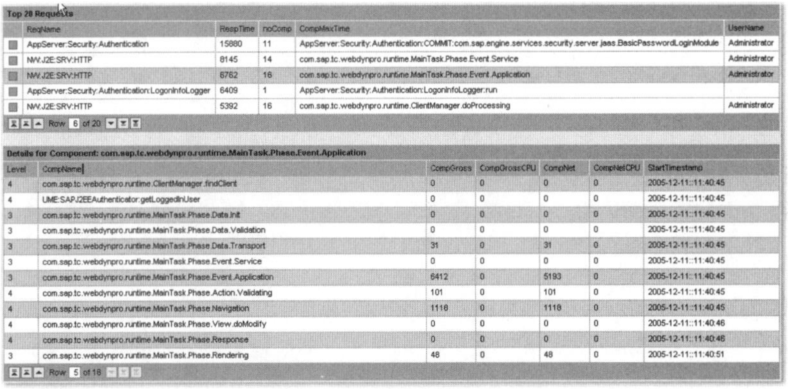

Top 20 Requests

ReqName	RespTime	noComp	CompMaxTime	UserName
AppServer:Security:Authentication	15880	11	AppServer:Security:Authentication:COMMIT:com.sap.engine.services.security.server.jaas.BasicPasswordLoginModule	Administrator
NW:J2E:SRV:HTTP	8145	14	com.sap.tc.webdynpro.runtime.MainTask.Phase.Event.Service	Administrator
NW:J2E:SRV:HTTP	6762	16	com.sap.tc.webdynpro.runtime.MainTask.Phase.Event.Application	Administrator
AppServer:Security:Authentication:LogonInfoLogger	6409	1	AppServer:Security:Authentication:LogonInfoLogger:run	
NW:J2E:SRV:HTTP	5392	16	com.sap.tc.webdynpro.runtime.ClientManager.doProcessing	Administrator

Row 6 of 20

Details for Component: com.sap.tc.webdynpro.runtime.MainTask.Phase.Event.Application

Level	CompName	CompGross	CompGrossCPU	CompNet	CompNetCPU	StartTimestamp
4	com.sap.tc.webdynpro.runtime.ClientManager.findClient	0	0	0	0	2005-12-11::11:40:45
4	UME:SAPJ2EEAuthenticator:getLoggedInUser	0	0	0	0	2005-12-11::11:40:45
3	com.sap.tc.webdynpro.runtime.MainTask.Phase.Data.Init	0	0	0	0	2005-12-11::11:40:45
3	com.sap.tc.webdynpro.runtime.MainTask.Phase.Data.Validation	0	0	0	0	2005-12-11::11:40:45
3	com.sap.tc.webdynpro.runtime.MainTask.Phase.Data.Transport	31	0	31	0	2005-12-11::11:40:45
3	com.sap.tc.webdynpro.runtime.MainTask.Phase.Event.Service	0	0	0	0	2005-12-11::11:40:45
3	com.sap.tc.webdynpro.runtime.MainTask.Phase.Event.Application	6412	0	5193	0	2005-12-11::11:40:45
4	com.sap.tc.webdynpro.runtime.MainTask.Phase.Action.Validating	101	0	101	0	2005-12-11::11:40:45
4	com.sap.tc.webdynpro.runtime.MainTask.Phase.Navigation	1118	0	1118	0	2005-12-11::11:40:45
4	com.sap.tc.webdynpro.runtime.MainTask.Phase.View.doModify	0	0	0	0	2005-12-11::11:40:46
4	com.sap.tc.webdynpro.runtime.MainTask.Phase.Response	0	0	0	0	2005-12-11::11:40:46
3	com.sap.tc.webdynpro.runtime.MainTask.Phase.Rendering	48	0	48	0	2005-12-11::11:40:51

Row 5 of 16

Abbildung 10.67 Analyse der 20 teuersten Requests

Wählen Sie in der oberen Tabelle einen Eintrag aus, werden in der unteren Tabelle weitere Informationen zur Zusammensetzung der Laufzeit des betreffenden Requests dargestellt.

> **Tipp**
>
> Mithilfe der Kennzahlen dieses Performance-Monitors lassen sich besonders inperformante Requests schnell identifizieren und auf einfache Art und Weise analysieren. So kann für einen auffälligen Request beispielsweise geprüft werden, ob eine bestimmte Phase der Request-Abarbeitung maßgeblich für einen Großteil der gemessenen Laufzeit verantwortlich ist. Dies kann bei der Analyse möglicher Performance-Probleme nützlich sein, um die verursachenden Komponenten möglichst schnell einzugrenzen.

Performance-Messung der Backend-Calls

Schließlich können Sie mithilfe des Eintrags **Model & Backend** aus dem Benutzermenü die Performance-Kennzahlen der verwendeten JCo-Verbindungen abfragen und analysieren, wie in Abbildung 10.68 zu sehen ist. Da JCo-Verbindungen insbesondere für adaptive RFC-Modelle verwendet werden, schließt dies die Performance-Kennzahlen der verwendeten RFC-Modelle mit ein.

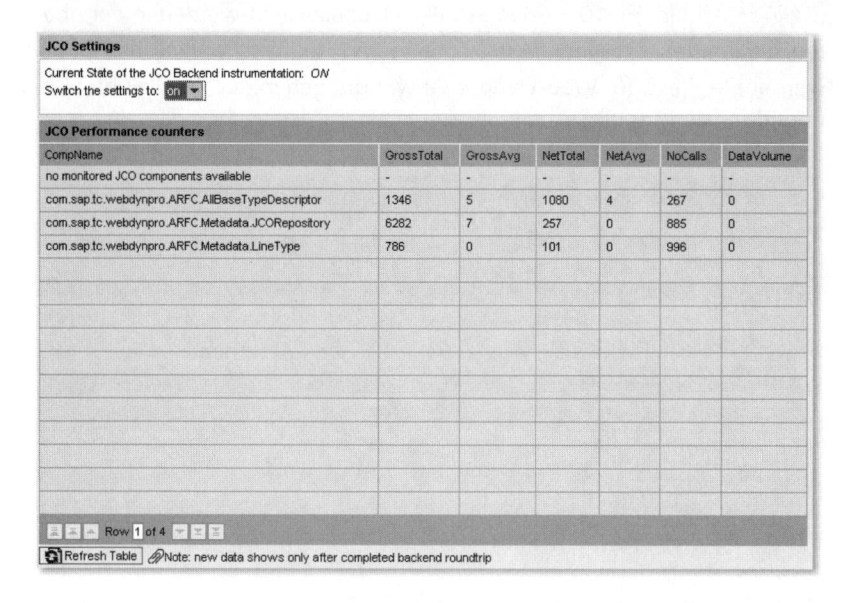

CompName	GrossTotal	GrossAvg	NetTotal	NetAvg	NoCalls	DataVolume
no monitored JCO components available	-	-	-	-	-	-
com.sap.tc.webdynpro.ARFC.AllBaseTypeDescriptor	1346	5	1080	4	267	0
com.sap.tc.webdynpro.ARFC.Metadata.JCORepository	6282	7	257	0	885	0
com.sap.tc.webdynpro.ARFC.Metadata.LineType	786	0	101	0	996	0

Abbildung 10.68 Performance-Monitor für verwendete JCo-Verbindungen

Gemessene Laufzeit pro Benutzer

Der **Users**-Eintrag im Benutzermenü ermöglicht nochmals eine andere Sicht auf die gemessene Laufzeit der Requests: Hier werden die Benutzer gelistet, die entweder die meisten oder die teuersten Requests gestartet haben.

Browsen der Web-Dynpro-Konfiguration

Über die Einträge unterhalb des **Settings**-Knotens im Benutzermenü können Sie die aktuelle Konfiguration der Web-Dynpro-Laufzeit (**Propertysheet default**) sowie die der Web Dynpro Console überprüfen. Bei der Auswahl des Eintrags **Web Dynpro Framework** werden in der Detailanzeige die aktuellen Einstellungen der in Abschnitt 10.3.1 vorgestellten Web-Dynpro-Konfigurationsparameter aus dem **Propertysheet default** aufgelistet, wie in Abbildung 10.69 zu sehen ist.

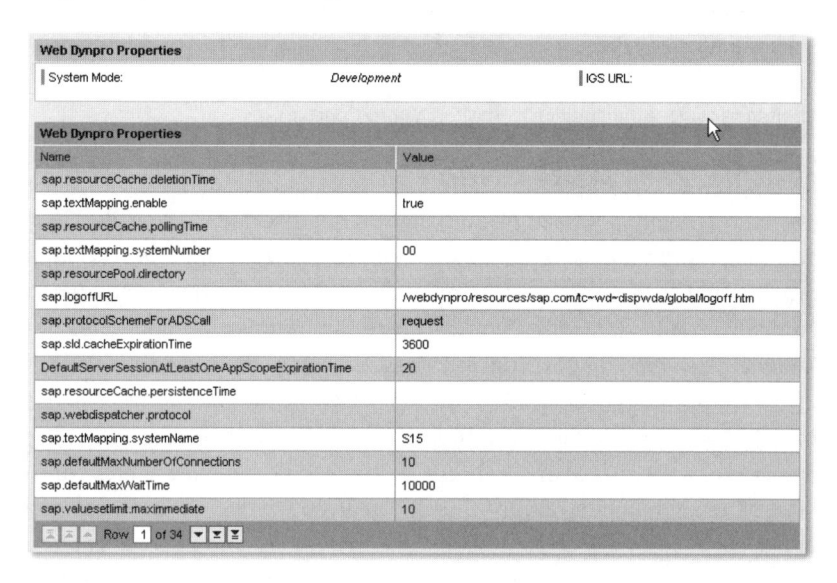

Web Dynpro Properties		
System Mode:	Development	IGS URL:

Web Dynpro Properties	
Name	Value
sap.resourceCache.deletionTime	
sap.textMapping.enable	true
sap.resourceCache.pollingTime	
sap.textMapping.systemNumber	00
sap.resourcePool.directory	
sap.logoffURL	/webdynpro/resources/sap.com/tc~wd~dispwda/global/logoff.htm
sap.protocolSchemeForADSCall	request
sap.sld.cacheExpirationTime	3600
DefaultServerSessionAtLeastOneAppScopeExpirationTime	20
sap.resourceCache.persistenceTime	
sap.webdispatcher.protocol	
sap.textMapping.systemName	S15
sap.defaultMaxNumberOfConnections	10
sap.defaultMaxWaitTime	10000
sap.valuesetlimit.maximmediate	10
Row 1 of 34	

Abbildung 10.69 Anzeige der Web-Dynpro-Konfigurationsparameter

Über den Eintrag **Console Application** des Benutzermenüs können verschiedene für die Web Dynpro Console benötigte Einstellungen abgefragt und geändert werden. In SAP NetWeaver 2004 sind dies ausschließlich Einstellungen, die für das Performance-Monitoring relevant sind (siehe Abbildung 10.70).

Abbildung 10.70 Konfiguration der Web Dynpro Console

Ausführung von Sanity-Checks

Sanity-Checks der Web-Dynpro-Laufzeit

Der Eintrag **Sanity · Check Application** im Benutzermenü dient der Supportability und Wartbarkeit der Web-Dynpro-Laufzeit. Unter ihm können programmatische Tests, so genannte *Sanity-Checks*, von verschiedenen Funktionalitäten der Web-Dynpro-Laufzeit ausgeführt werden. Dies geschieht über ein Plug-in-Konzept, das nachträglich installierte Sanity-Checks automatisch erkennt: Jede Web-Dynpro-Komponente, die das von Web Dynpro definierte Komponenten-Interface `com.sap.tc.webdynpro.checktool.StandardCheckInterface` implementiert, definiert dabei einen neuen Sanity-Check. Die Web Dynpro Console ist dann in der Lage, automatisch sämtliche auf einem Applikationsserver deployten Komponenten zu finden, die dieses Komponenten-Interface implementieren. Dadurch können nach und nach neue Sanity-Checks entwickelt und auf einfache Art und Weise installiert und benutzt werden.

Zurzeit ist lediglich ein Sanity Check zur Überprüfung verwendeter JCo-Verbindungen standardmäßig als Teil der Web Dynpro Console vorhanden (siehe Abbildung 10.71). In Zukunft werden mit Sicherheit weitere Sanity-Checks hinzukommen.

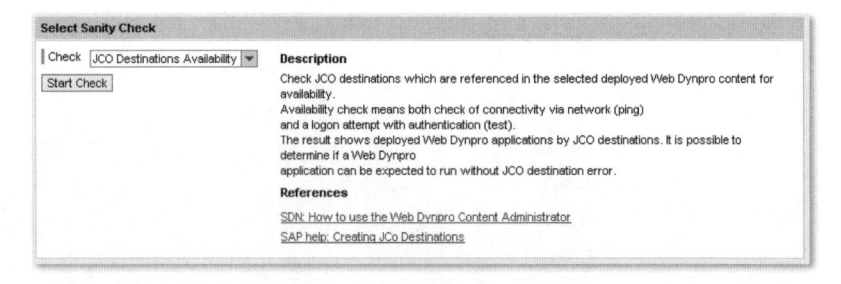

Abbildung 10.71 Sanity-Check zur Überprüfung verwendeter JCo-Verbindungen

Abfrage von Versionsinformationen

Wählen Sie im Benutzermenü der Web Dynpro Console unter dem Knoten **About** den Eintrag **Server** aus, werden in der Detailansicht Informationen zur verwendeten Laufzeitumgebung des Applikationsservers dargestellt, wie beispielsweise genaue Angaben zur verwendeten Web-Dynpro-Version sowie verschiedene Informationen zur verwendeten Java VM (siehe Abbildung 10.72).

> **Hinweis**
>
> Bitte geben Sie bei Problemmeldungen bezüglich Web Dynpro an die SAP stets die genaue Releaseinformation der verwendeten Web-Dynpro-Laufzeit an. Diese finden Sie unter dem in Abbildung 10.72 dargestellten Tabelleneintrag Web Dynpro Runtime Version.

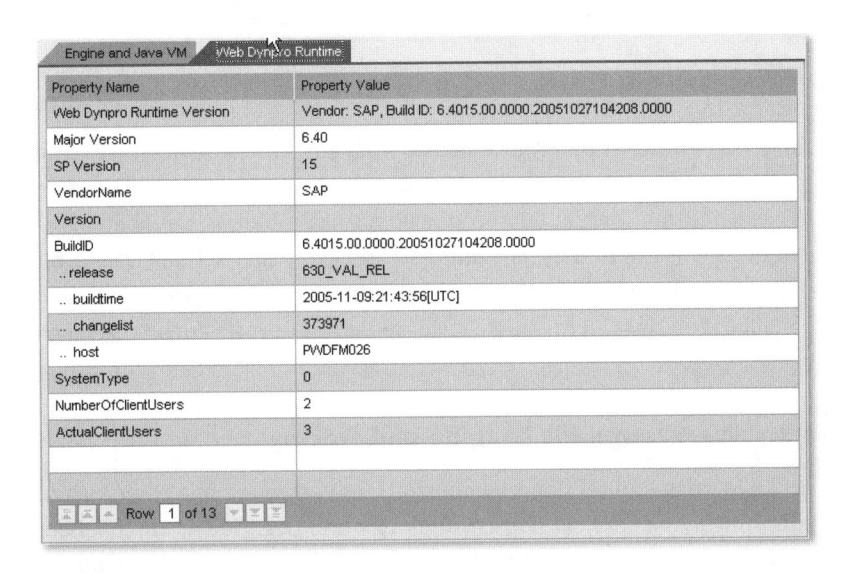

Property Name	Property Value
Web Dynpro Runtime Version	Vendor: SAP, Build ID: 6.4015.00.0000.20051027104208.0000
Major Version	6.40
SP Version	15
VendorName	SAP
Version	
BuildID	6.4015.00.0000.20051027104208.0000
.. release	630_VAL_REL
.. buildtime	2005-11-09:21:43:56[UTC]
.. changelist	373971
.. host	PWDFM026
SystemType	0
NumberOfClientUsers	2
ActualClientUsers	3

Abbildung 10.72 Anzeige der Versionsinformation

Session Monitoring

Über den **Sessions**-Eintrag aus dem Benutzermenü lässt sich ein Session-Monitor starten, mit dessen Hilfe die aktuell laufenden Web-Dynpro-Sessions angezeigt und überwacht werden können. Wie in Abbildung 10.73 dargestellt, ist der Session Monitor in zwei Bereiche unterteilt: Die obere Hälfte zeigt einen Baum, in dem die aktuell existierenden Session-Objekte als Knoten angezeigt werden. In der unteren Hälfte der Ansicht werden in der Tabelle **Session Object Attributes** verschiedene sessionrelevante Informationen zu dem im Baum aktuell ausgewählten Eintrag angezeigt.

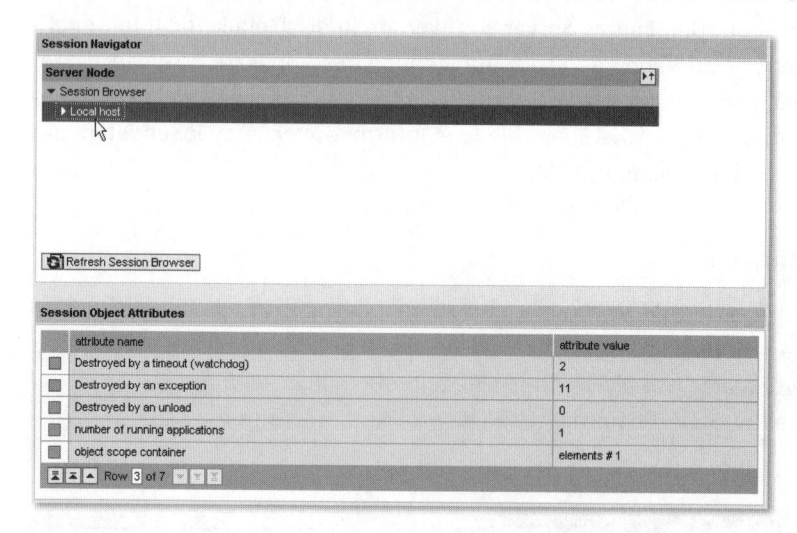

Abbildung 10.73 Session-Monitor der Web Dynpro Console

Wählt man im Baum den Knoten **Local host** aus, wird in der Tabelle eine Zusammenfassung der laufenden Sessions angezeigt, wie beispielsweise die Gesamtanzahl der laufenden oder die Anzahl bereits beendeter Anwendungen. Mithilfe dieses Monitors kann demnach schnell überprüft werden, ob alle in einem Client gestarteten Anwendungssessions nach dem Schließen des Clients oder Ausführen eines Logoffs auch tatsächlich beendet werden.

10.4.3 Werkzeuge für Logging und Tracing

Wir wollen das Kapitel über Administrationswerkzeuge mit einer kurzen Einführung in die Services **Log Configurator** und **Log Viewer** abschließen, die Sie im Visual Administrator finden können. Die Werkzeuge sind für Systemadministratoren und Entwickler insbesondere zur Fehleranalyse bei auftretenden Problemen von Nutzen. Wir wollen deshalb erläutern, wie Sie mit deren Hilfe folgende Aufgaben ausführen können:

- Konfiguration von Logs und Traces, das heißt zum Beispiel Hinzufügen neuer Locations oder Categories, Änderung des Severity-Levels einer Location oder Category etc.

- Anlegen einer Logging-Konfiguration als Teil eines Web-Dynpro-Projektes und Verwendung von Logging und Tracing innerhalb einer Anwendung

▶ Ansicht und Filtern geschriebener Logs und Traces sowie Auffinden der relevanten Information zur Fehleranalyse

Log Configurator

Mithilfe des Service **Log Configurator** können Sie die Einstellungen der Logs und Traces verändern. Abbildung 10.74 zeigt die Detailansicht des **Log Configurators** im Visual Administrator, wie er nach einem Klick auf den Button **To advanced mode** in der Toolbar erscheint.

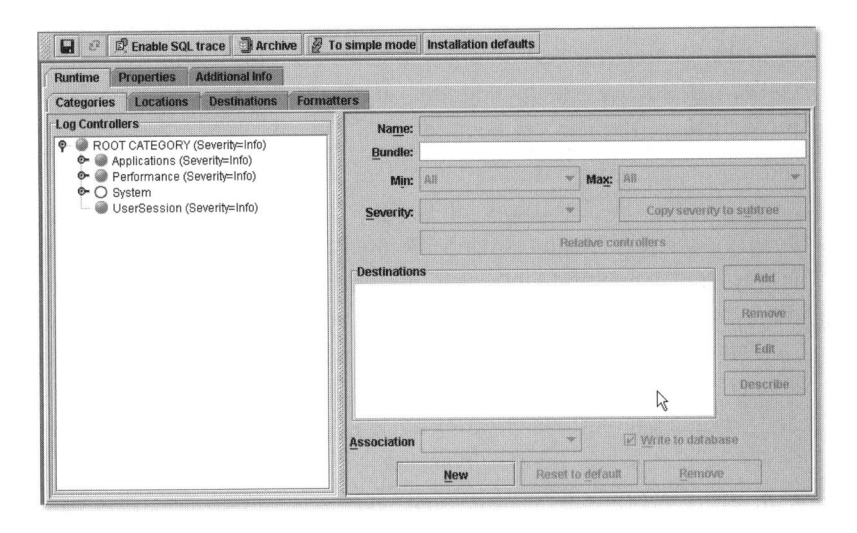

Abbildung 10.74 Detailansicht des Log Configurators

In den abgebildeten Registerkarten können nun folgende Einstellungen vorgenommen werden:

▶ **Categories**

Die **Categories** werden für das Schreiben von Logs verwendet. Dabei ist jeder Log-Eintrag einer **Category** zugeordnet, deren minimaler und maximaler Severity-Level sich einzeln konfigurieren lässt. Der Severity-Level gibt an, in welcher Granularität Log-Einträge erzeugt werden. Standardmäßig ist der Severity-Level für sämtliche Categories auf den Wert **Info** gesetzt, wobei mit dieser Einstellung Einträge geschrieben werden, deren Severity-Level **Fatal**, **Error**, **Warning** oder **Info** ist.

Verwendung von Categories

Die Web-Dynpro-Laufzeit schreibt ihre Log-Einträge unter die **Category System/UserInterface**. Die Einträge dieser **Category** werden in der Log-Datei */log/system/userinterface.log* unterhalb eines Server-Knotens abgelegt. Parallel zu dieser Datei finden Sie weitere Log-Dateien für andere **Categories**.

▶ **Locations**

Verwendung von Locations

Locations werden für das Schreiben von Traces verwendet. Während sich eine **Category** auf eine logische Komponente des Systems, wie zum Beispiel das User-Interface, bezieht, bezeichnet eine **Location** eher eine bestimmte Stelle im Quellcode eines Programms, zu der ein Trace-Eintrag zugeordnet werden soll.

Locations sind zunächst beliebige Namen, die vom Entwickler frei definiert werden können. Als Konvention werden jedoch in der Regel Java-Package-Namen als **Locations** verwendet, die dann im **Log Configurator** hierarchisch strukturiert in einer Baumstruktur dargestellt werden. Beispielsweise befinden sich alle Trace-Einträge der Web-Dynpro-Laufzeit unterhalb der **Location** `com.sap.tc.webdynpro`.

Mit dem **Log Configurator** lässt sich dann die Einstellung des Severity-Levels für einzelne **Locations** oder ganze Teilbäume von **Locations** abändern. Wie für Categories wird mithilfe des Severity-Levels definiert, in welcher Granularität Einträge in die Trace-Dateien geschrieben werden. Die möglichen Severity-Level nach ihrer Dringlichkeit geordnet sind **None**, **Fatal**, **Error**, **Warning**, **Info**, **Path**, **Debug** und **All**. Wird für eine **Location** ein feinerer Severity-Level wie zum Beispiel **Info** verwendet, werden bei dieser Einstellung auch alle Einträge mit gröberem Severity-Level wie zum Beispiel **Warning** oder **Error** geschrieben.

Standardmäßig ist der Severity-Level aller Traces auf **Error** gesetzt. Dies stellt sicher, dass auftretende Fehler (Severity-Level **Error**) und »schlimme Fehler« (Severity-Level **Fatal**) stets in den Trace-Dateien sichtbar werden.

> **Hinweis**
>
> Bitte beachten Sie, dass bei einem Severity-Level unterhalb von **Error** (also z. B. **Path** oder **Info**) die Anzahl der produzierten Tracing-Einträge stark ansteigen kann. Würden Sie beispielsweise den Severity-Level für die **Location** `com.sap.tc.webdynpro` auf **Path** setzen, würden bei jeder Anfrage an die Web-Dynpro-Laufzeit unter Umständen mehrere Megabytes an Traces geschrieben. Dies ist wegen der Flut an protokollierten Informationen wenig nützlich und wirkt sich zudem spürbar negativ auf die Gesamt-Performance des Systems aus.

> Sie sollten Tracing mit einem Severity-Level kleiner als **Error** also immer nur gezielt für bestimmte **Locations** anwenden, um ein konkretes Verhalten genauer zu analysieren. Nach Beendigung der Analyse ist es ratsam, den Severity-Level der geänderten **Location** wieder auf **Error** zurückzusetzen.

Wie kann man nun im **Log Configurator** eine neue **Location** hinzufügen? Dazu wählen Sie in der Registerkarte **Locations** einen Knoten aus, unterhalb dessen Sie die neue **Location** hinzufügen möchten, und klicken anschließend auf den **New**-Button, der im unteren Bereich der Oberfläche zu sehen ist. Es wird dann eine Dialogbox geöffnet, die bereits mit der **Location** des ausgewählten Knotens gefüllt ist. Sie können die **Location** nun um eine **Sub-Location** erweitern und anschließend speichern. Die vorgenommenen Änderungen sind danach sofort aktiv.

- **Destinations**

    Unter dieser Registerkarte lassen sich Destinationen anlegen, die angeben, in welche Dateien die Log- oder Trace-Einträge geschrieben werden sollen, und was die maximale Größe dieser Dateien sein soll. Eine existierende **Destination** kann dann einer bestimmten **Location** oder **Category** zugeordnet werden.

    Im SAP Web AS werden Log- und Trace-Dateien unterhalb des *log*-Verzeichnisses eines Server-Knotens geschrieben.[16] Dieses Verzeichnis beinhaltet weitere Unterverzeichnisse, wie beispielsweise *Applications* oder *System*, in die bestimmte Teile der Logs und Traces geschrieben werden, und kann von Anwendungen um weitere Unterverzeichnisse ergänzt werden. Wird für eine **Location** keine spezielle **Destination** angegeben, werden die Trace-Einträge dieser Location standardmäßig in die Datei *defaultTrace.trc* geschrieben.

- **Formatters**

    Unter dieser Registerkarte lassen sich Formate definieren, mit denen Trace- und Log-Einträge geschrieben werden sollen. Analog zu einer **Destination** kann ein existierender **Formatter** dann einer bestimmten **Location** oder **Category** zugeordnet werden.

Nach dieser Einführung in den **Log Configurator** sollten Sie in der Lage sein, Einstellungen für Logs und Traces zu verändern und neue **Categories** und **Locations** hinzuzufügen. Für eine ausführlichere Beschreibung des

---

[16] Der Pfad zu den Log- und Trace-Dateien auf dem File-System ist also beispielsweise */usr/sap/<System-ID>/<Instanzname>/j2ee/cluster/server0/log*.

Log Configurators verweisen wir auf das SAP Help Portal: *http://help.sap.com/saphelp_nw04/helpdata/en/b7/54e63f48e58f15e1 0000000a155106/content.htm*.

Anlegen einer Logging-Konfiguration in einem Web-Dynpro-Projekt

Anlegen einer Logging-Konfiguration im SAP NetWeaver Developer Studio

Sie können im SAP NetWeaver Developer Studio eine Logging-Konfiguration zusammen mit einem Web-Dynpro-Projekt anlegen und deployen. Dies hat den Vorteil, dass die Entwickler einer Anwendung die von ihnen verwendeten **Locations** und **Categories** direkt konfigurieren und die Konfiguration direkt mit der Anwendung mit deployen können. Eine nachträgliche Konfiguration der Logs und Traces im **Log Configurator** kann somit vermieden werden.

Wir beschreiben im Folgenden, wie Sie im SAP NetWeaver Developer Studio eine Logging-Konfiguration in einem Web-Dynpro-Projekt anlegen können. Wechseln Sie dazu in der Web-Dynpro-Perspektive auf die Ansicht **Web Dynpro Explorer** und wählen Sie im Kontextmenü eines Web-Dynpro-Projekts den Eintrag **Create Log Configuration File** aus. Abbildung 10.75 zeigt die Detailansicht zum Anlegen einer Logging-Konfiguration.

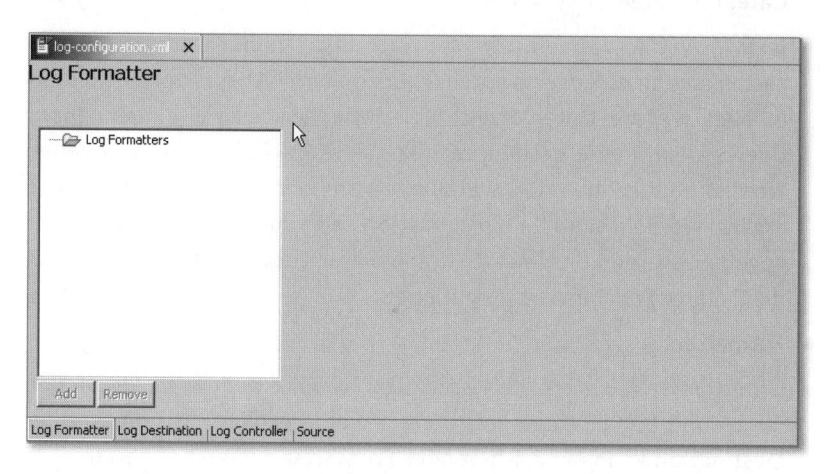

Abbildung 10.75 Detailansicht zum Anlegen einer Logging-Konfiguration

Um nun eine neue **Location** für das Tracing Ihrer Anwendung anzulegen, wechseln Sie auf die Registerkarte **Log Controller**. Dort können Sie mithilfe des **Add**-Buttons einen neuen Controller anlegen (siehe Abbildung 10.76). Der dabei angegebene **Controller name** entspricht dem Namen der neu anzulegenden **Location**, das heißt, in der dargestellten Abbildung ist der Name der neuen Location **com.test.app.logging**. Nach dem nächsten Build und Deployment der Anwendung ist diese **Location** dann im Service **Log Configurator** sichtbar.

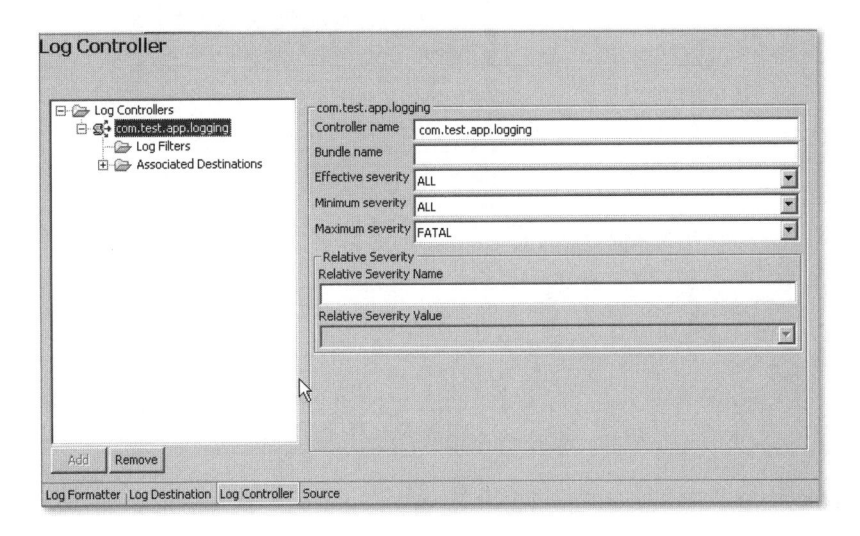

Abbildung 10.76 Anlegen eines Log Controllers

Neben einem **Log Controller** können über die Registerkarten **Log Formatter** und **Log Destination** zusätzlich spezielle Logging-Formatierungen und Destinationen definiert und zusammen mit einer Web-Dynpro-Anwendung deployt werden.

Log Viewer

Mithilfe des Service **Log Viewer** können Sie im Visual Administrator die geschriebenen Log- und Trace-Dateien anschauen, filtern und nach bestimmten Informationen suchen. Abbildung 10.77 zeigt den **Log Viewer** mit Anzeige der Datei *defaultTrace.trc*.

Der **Log Viewer** ist in drei Bereiche unterteilt: Im oberen linken Bereich finden Sie die existierenden Log- und Trace-Dateien aus dem *log*-Verzeichnis der Server-Knoten, die Sie zur Anzeige auswählen können. Im unteren linken Bereich können verschiedene Filterkriterien definiert werden, wie beispielsweise Datums- oder Uhrzeitfilter, um so die angezeigten Log- oder Trace-Einträge nach den gewählten Kriterien zu beschränken. Der rechte Bereich zeigt schließlich die aktuell ausgewählte Logging- oder Tracing-Datei an und bietet eine Eingabemaske zum Suchen bestimmter Informationen.

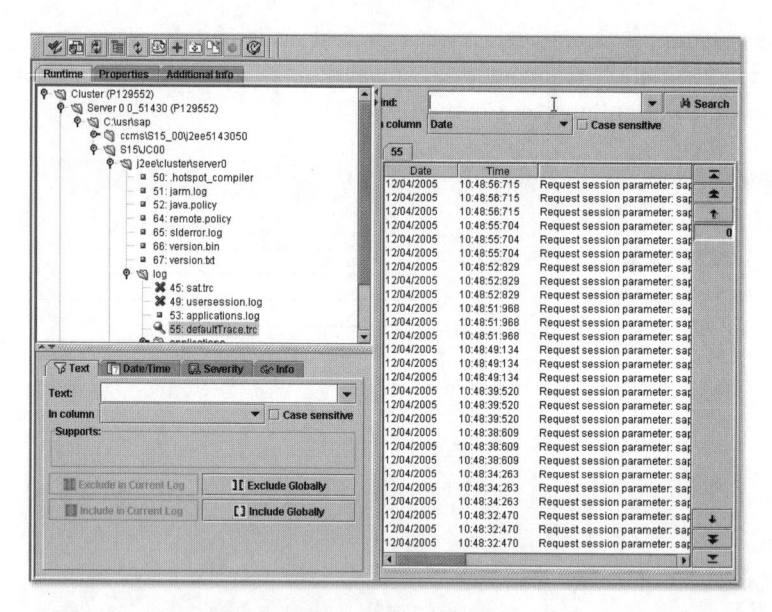

Abbildung 10.77 Detailansicht des Log Viewers

10.5 Zusammenfassung

In diesem Kapitel haben wir grundlegende Kenntnisse für die Administration und Konfiguration der Web-Dynpro-Laufzeit vorgestellt. Nach einer Übersicht über die Laufzeitarchitektur des SAP Web Application Server, also dessen Strukturierung in Kernel-, Infrastruktur- und Anwendungskomponenten sowie dessen Classloading-Verhalten, haben wir die unterschiedlichen Teile der Web-Dynpro-Laufzeit besprochen und in die Architektur des Applikationsservers eingeordnet. Ebenso wurde das Thema der Installation (Deployment) der Web-Dynpro-Laufzeit ausführlich behandelt, sowie verschiedene Problemfälle, ihre Ursachen und Lösungen diskutiert.

Die anschließend besprochene, referenzartige Beschreibung der Web-Dynpro-Konfiguration sowie anderer Komponenten des SAP Web AS sollte es Ihnen erlauben, die Web-Dynpro-Laufzeit optimal für Ihr Laufzeitszenario einzustellen. Es wurde dargelegt, dass sich Teile der Konfiguration auf Performance und Speicherverbrauch auswirken, und andere Teile für die Verwendung bestimmter Funktionalitäten oder aus Kompatibilitäts- oder Supportability-Gründen benötigt werden.

Schließlich wurden noch verschiedene Werkzeuge zur Administration, zum Monitoring und zur Fehleranalyse von Web-Dynpro-Anwendungen vorgestellt.

A Web-Dynpro-Komponentisierung

Dieser Anhang stellt eine Ergänzung zu Kapitel 3 dar. Neben der Darstellung von Web-Dynpro-Komponentendiagrammen werden die Grundlagen zu den Themen Web-Dynpro-Komponentenarchitektur, Klassifikation von Web-Dynpro-Komponenten und das NWDI-Komponentenmodell erläutert.

A.1 Web-Dynpro-Komponentendiagramme

Die in diesem Buch dargestellten Web-Dynpro-Komponentendiagramme basieren auf den in UML 2.0 (*Unified Modeling Language*) eingeführten allgemeinen Komponentendiagrammen. Dabei wurden gegenüber der Standarddarstellung leichte Anpassungen vorgenommen, die auf die spezielle Architektur von Web-Dynpro-Komponenten zugeschnitten sind und dadurch die Interpretation der Diagramme erleichtern.

Ports einer Web-Dynpro-Komponente

Eine Web-Dynpro-Komponente verfügt über spezielle Einstiegspunkte, in UML 2.0 *Ports* genannt, die ihre äußere Umgebung mit ihrem Inneren verbinden. In der äußeren Umgebung stellen andere Web-Dynpro-Komponenten sowie Web-Dynpro-Applications die möglichen Verwender einer Web-Dynpro-Komponente dar. Ein Port kann hierbei als die Spezifikation eines Interaktionspunktes oder einer Schnittstelle auf der Hülle einer (Web-Dynpro-)Komponente angesehen werden. Wie in Abbildung A.1 dargestellt ist, verfügt eine Web-Dynpro-Komponente über genau zwei Port-Typen:

<small>Ports zur Darstellung von Komponentenschnittstellen</small>

- **UI-Ports = Component-Interface-Views**
  Component-Interface-Views stellen die visuellen Schnittstellen einer Web-Dynpro-Komponente zum modularen Aufbau von Web-Dynpro-Benutzeroberflächen dar. Aus diesem Grund werden Sie auch als *UI-Ports* bezeichnet. Eine Web-Dynpro-Komponente kann mehrere Component-Interface-Views nach außen hin exponieren, wobei für jedes *Window* im Inneren der Komponente genau ein zugehöriger Component-Interface-View existiert. Auch das Fehlen eines Component-Interface-Views ist möglich, was bei nicht visuellen Komponenten (*Faceless Components*) der Fall ist. Component-Interface-Views verfügen zudem über In- und Outbound-Plugs (samt Parametern) zur Definition von Navigationsübergängen von und zu Component-Interface-Views.

▶ **Controller-Port = Component-Interface-Controller**
Auf der Controller-Ebene stellt der Component-Interface-Controller einer Web-Dynpro-Komponente den zweiten Port-Typ dar. Jede Web-Dynpro-Komponente verfügt über genau einen Component-Interface-Controller, der Context, Methoden und Events an äußere Verwender (andere Web-Dynpro-Komponenten) exponiert.

Abbildung A.1 Port-Symbole zur Darstellung von Component-Interface-Controllern und Views

Zur Unterscheidung zwischen UI-Ports und Controller-Ports werden UI-Ports (Component-Interface-Views) mit abgerundeten Ecken dargestellt. Für Controller-Ports (Component-Interface-Controller) bleibt es bei der in UML 2.0 definierten Quadrat-Darstellung.

Connectors und Verwendungsbeziehungen zwischen Komponenten

Connectors zur Darstellung von Komponentenbeziehungen

Ein *Connector* stellt die Verbindung einer Web-Dynpro-Komponente mit dem Port einer anderen Komponente dar. Dabei wird der *Connector* durch Verknüpfung eines *Socket-Symbols* an ein *Ball-Symbol* dargestellt. Das Socket-Symbol beginnt beim Verwender der Komponente, während das Ball-Symbol von der verwendeten Komponente ausgeht.

In Abbildung A.2 wird die Verwendungsbeziehung einer Vater-Komponente mit ihrer Kind-Komponente dargestellt. Die Vater-Komponente bettet zum einen den Component-Interface-View der Kind-Komponente in ihr eigenes User-Interface ein, was durch einen Connector zwischen der Vater-Komponente und dem UI-Port der Kind-Komponente dargestellt wird (siehe ❶). Zum anderen verwendet oder erfordert die Vater-Komponente den Component-Interface-Controller der Kind-Komponente, was durch einen zweiten Connector zwischen der Vater-Komponente und dem Controller-Port der Kind-Komponente dargestellt wird (siehe ❷).

Da ein Connector zwischen zwei Web-Dynpro-Komponenten die Verwendungsbeziehung impliziert, kann der zusätzliche Pfeil von der Vater- zur Kind-Komponente weggelassen werden.

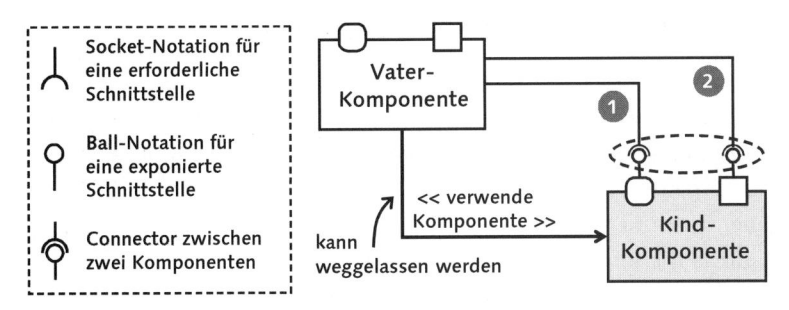

Abbildung A.2 Connector zur Darstellung von Verwendungsbeziehungen zwischen Web-Dynpro-Komponenten

Komponenten-Interfaces und ihre Implementierung

Die Darstellung von Komponenten-Interfaces zur abstrakten Typisierung von Web-Dynpro-Komponenten erfolgt durch die Einfügung des Stereotyps <<CID>> als Abkürzung für <<Component-Interface-Definition>> (siehe Abbildung A.3, ❶).

Stereotyp <<CID>>

Die ein Komponenten-Interface implementierende Web-Dynpro-Komponente ist mit diesem durch einen gestrichelten Pfeil verbunden (❷).

Da Erzeugung und Zerstörung der ein Komponenten-Interface implementierenden Komponenteninstanz auf Component-Usage-Ebene und nicht auf Component-Interface-Controller-Ebene erfolgen, ist die Lebenszyklus-Steuerung wahlweise durch einen zusätzlichen Pfeil zwischen Komponenten-Verwender und Komponenten-Interface darzustellen (❸).

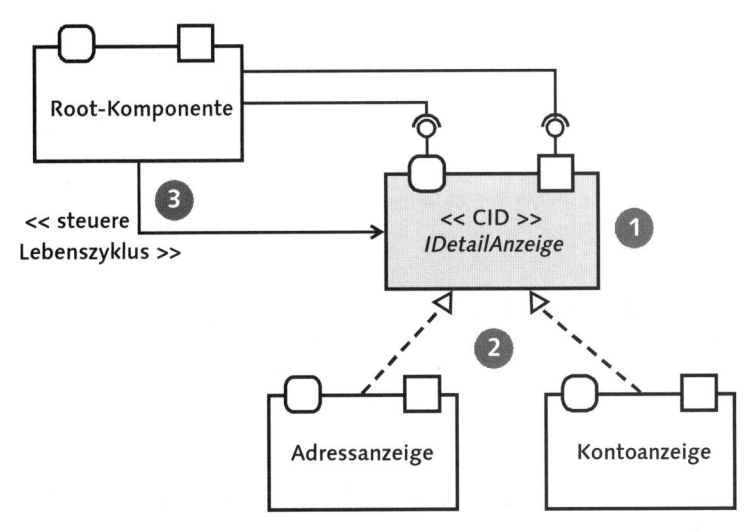

Abbildung A.3 Darstellung der Verwendung und Implementierung eines Komponenten-Interfaces

A.2 Web-Dynpro-Komponentenmodell

Web-Dynpro-Komponenten bilden die grundlegenden Bausteine zur Entwicklung von Web-Dynpro-Anwendungen. Mit einer komponentenbasierten Architektur ist es möglich, komplexe Anwendungen in einzelne, funktional getrennte Bestandteile zu zerlegen und diese dann mit klarer Aufgabentrennung verteilt zu entwickeln. Möglich wird dies durch einige wesentliche Merkmale des Web-Dynpro-Komponentenmodells, wie dessen Schnittstellenkonzept, der Möglichkeit zur abstrakten Definition von Komponenten-Interfaces, der Modularisierung großer Anwendungen sowie der Wiederverwendbarkeit von Web-Dynpro-Komponenten.

A.2.1 Komponentenarchitektur

Die Architektur einer Web-Dynpro-Komponente basiert auf dem MVC-Modell, sodass eine klare Trennung zwischen Geschäftsdatenmodell, Benutzeroberfläche und Controller-Implementierung bzw. Anwendungslogik vollzogen wird. Jede Web-Dynpro-Komponente hat verschiedene visuelle und controllerspezifische Bestandteile. Zur visuellen Fassette zählen im Inneren einer Komponente zunächst die View-Layouts zur Anordnung von UI-Elementen. Auf der nächsthöheren Ebene bieten Windows die Möglichkeit, mehrere Views zu einer gesamten Benutzeroberfläche zusammenzufügen. Durch die Verbindung von In- und Outbound-Plugs auf View-Ebene wird das Navigationsschema in einem Window definiert.

Die controllerspezifische Fassette umfasst unterschiedliche Typen von Controllern. Dazu zählen der stets existierende *Component-Controller*, der optionale *Custom-Controller* sowie der zu einem View-Layout gehörige *View-Controller*. Zur einfachen Anbindung einer Web-Dynpro-Komponente an die Backend-Schicht kann die Verwendung eines Models – wie beispielsweise ein *Adaptive RFC-Model* oder ein *Webservice-Model* – definiert werden.

A.2.2 Schnittstellen einer Web-Dynpro-Komponente

Eine Web-Dynpro-Komponente stellt einem äußeren Verwender[1] zwei verschiedene Typen von Schnittstellen bereit. Die Verwender einer Web-Dynpro-Komponente sind dabei entweder andere Web-Dynpro-Kompo-

---

1 Eine Web-Dynpro-Application legt fest, welche Web-Dynpro-Komponente oder genauer welcher Startup-Plug eines dazugehörigen Component-Interface-Views beim Starten der Anwendung angesteuert wird.

nenten oder die Entität der *Web-Dynpro-Applications*. Auf visueller Ebene kann jede Komponente mehrere optionale *Component-Interface-Views* als Schnittstellen anbieten. Ein Component-Interface-View exponiert dabei ein Window im Inneren der Komponente nach außen. Eine andere Komponente kann dieses visuelle Interface dann wie einen gewöhnlichen View in ein eigenes Window einbetten.

Der *Component-Interface-Controller* stellt die programmatische und damit die nicht visuelle Schnittstelle einer Web-Dynpro-Komponente dar. Er erlaubt es einer äußeren Komponente, mit der eingebetteten Komponente zu interagieren, was beispielsweise durch Methodenaufrufe, die Reaktion auf Events oder den Austausch von Context-Daten über *internes* bzw. über *externes* Interface-Context-Mapping geschehen kann. Interne Details einer Komponente (wie die Controller-Implementierung oder die innere Struktur der Benutzeroberfläche) sind nach außen hin nicht sichtbar (*Black-Box-Prinzip*). Außer über den Component-Interface-Controller ist damit kein Zugriff auf die inneren Teile (Component-Controller, Custom-Controller oder View-Controller) einer Web-Dynpro-Komponente möglich.

A.2.3 Definition von Komponenten-Interfaces

In der Programmiersprache Java stellt ein Interface einen Typ dar, so wie auch eine Klasse einen Typ darstellt. Ebenso wie Klassen definieren Java-Interfaces Methoden, ohne diese jedoch selbst zu implementieren. Ein Interface ist damit eine von der Implementierung losgelöste Abstraktion einer Klasse. Der große Vorteil des Interface-Ansatzes besteht darin, dass die Verwendung eines Interfaces losgelöst von dessen Implementierung geschehen kann. Dadurch ist die Implementierung unabhängig von ihrem Verwender änderbar.

Mit dem Konzept des Web-Dynpro-Komponenten-Interfaces (*Component-Interface-Definition*) wurde dieser Ansatz der losen Kopplung zwischen Interface-Verwender und Interface-Implementierung auf das Web-Dynpro-Komponentenmodell übertragen. Ein Komponenten-Interface beschreibt die Funktionalität einer Web-Dynpro-Komponente lediglich auf abstrakter Ebene. Dazu zählen zum einen die Methoden und Events sowie die Context-Struktur des Component-Interface-Controllers; zum anderen sind dies die Component-Interface-Views und ihre unterschiedlichen Typen von Plugs: *Startup-Plugs* zum Starten von Web-Dynpro-Anwendungen, *Exit-Plugs* zu deren Beendigung sowie *In-* und *Outbound-Plugs* zur Definition von Navigationslinks. Mithilfe von Komponenten-Interfaces können zur Entwurfszeit Verwendungsbeziehungen auf Komponentenebene ohne Kenntnis der implementierenden Web-Dynpro-Komponenten definiert werden. Durch die Trennung von Definition und Implementierung im Web-Dynpro-Komponentenmodell ist somit eine weitaus flexiblere Anwendungsarchitektur erreichbar.

A.2.4 Wiederverwendbarkeit

Die in einer Web-Dynpro-Komponente implementierte Funktionalität kann von anderen Komponenten leicht wiederverwendet werden. Im Web-Dynpro-Programmiermodell ist die Wiederverwendbarkeit aus Gründen der Einfachheit ausschließlich auf Komponentenebene möglich. Sie steigert die Effizienz des Entwicklungsprozesses und reduziert die Fehleranfälligkeit von Web-Dynpro-Anwendungen dadurch, dass Redundanzen sowohl auf der Definitions- als auch auf der Implementierungsebene vermieden werden.

A.2.5 Modularisierung

Das Web-Dynpro-Komponentenmodell erfüllt alle Voraussetzungen dafür, komplexe Web-Dynpro-Anwendungen anhand der Trennung in unterschiedliche Bausteine modular entwickeln zu können. Durch die Vermeidung von Redundanzen, die Trennung von Definition und Implementierung sowie die Separation unterschiedlicher Funktionen ermöglichen Web-Dynpro-Komponenten eine effiziente Entwicklung und Wartung umfassender Web-Dynpro-Anwendungen.

A.3 Klassifikation von Web-Dynpro-Komponenten

Im Web-Dynpro-Komponentenmodell wird standardmäßig nicht zwischen besonderen Typen von Komponenten unterschieden, weshalb das Konstrukt der Web-Dynpro-Komponente die einzige vordefinierte Einheit darstellt. Von der Komponentenarchitektur her bieten sich dem Entwickler jedoch zahlreiche Möglichkeiten, unterschiedliche Komponenten mit speziellen Ausprägungen zu entwickeln. So ist es möglich, die Funktion einer Komponente auf spezielle Aufgaben hin zu konzentrieren, woraus sich eine klare logische Trennung der gesamten Applikation auf Komponentenebene ergibt.

Zur Unterscheidung spezieller Komponententypen nehmen wir eine eigene Klassifikation von Web-Dynpro-Komponenten vor. Dabei handelt es sich um ein eigenes Konzept zum Design von komponentenbasierten Web-Dynpro-Anwendungen. Die Web-Dynpro-Werkzeuge stellen keine Wizards bereit, mit denen derartige Komponenten direkt erzeugt werden können.

A.3.1 User-Interface-Komponenten

User-Interface-Komponenten (UI-Komponenten) stellen Funktionen bereit, die unmittelbar mit dem Aufbau der Benutzeroberfläche in Zusammenhang stehen. Derartige Komponenten enthalten selbst mindestens einen View und stellen anderen Komponenten als ihren Verwendern meist einen oder mehrere Component-Interface-Views als visuelle Schnittstellen bereit. In der Klasse der User-Interface-Komponenten unterscheiden wir hier zwischen den folgenden Typen:

Visuelle Komponenten

Visuelle Komponenten stellen unmittelbar Möglichkeiten zur Interaktion auf der Benutzeroberfläche bereit. Dazu zählt beispielsweise das Ausfüllen eines Eingabeformulars oder das Blättern in einer Tabelle. Visuelle Komponenten enthalten folglich View-Layouts, die über die Component-Interface-Views als den visuellen Komponentenschnittstellen nach außen hin nutzbar gemacht werden. Äußere Verwender von visuellen Komponenten sind meist die Haupt-Komponenten (Wurzel-Komponenten) der Anwendung. Zum Aufbau komplexerer Benutzeroberflächen können visuelle Komponenten auch geschachtelt werden.

Wurzel-Komponenten als Layout-Komponenten

Die *Wurzel-Komponente* einer jeden Web-Dynpro-Anwendung agiert als die zentrale Haupt-Komponente innerhalb jeder komponentenbasierten Web-Dynpro-Anwendung. Sie steuert die Lebenszyklen der von ihr eingebetteten Komponenten und fügt visuelle Komponenten zur gesamten Benutzeroberfläche zusammen, indem sie deren Component-Interface-Views in eigene `ViewContainer`-UI-Elemente einbettet.

Eine Web-Dynpro-Komponente ist genau dann eine Wurzel-Komponente, wenn mindestens eine Web-Dynpro-Application auf sie zeigt. Eine Web-Dynpro-Application legt fest, welcher Startup-Plug eines bestimmten Component-Interface-Views der Wurzel-Komponente beim Starten der Anwendung angesteuert wird. Zur Laufzeit wird beim Starten der zugehörige Startup-Plug-Event-Handler im Component-Interface-View-Controller aufgerufen.

UI-Service-Komponenten

Dieser Komponententyp stellt UI-Services bereit, die von anderen Komponenten wiederverwendet werden können. In der Web-Dynpro-GameStation stellt die *HTML-Viewer-Komponente* solch eine UI-Service-Komponente dar. Diese stellt einen über externes Interface-Context-Mapping bereitgestellten HTML-Text in einem View als dynamische Aneinanderreihung einzelner `TextView`-UI-Elemente dar.

A.3.2 Nicht visuelle Komponenten

Nicht visuelle Komponenten (*Faceless Components*) stellen Funktionalität auf nicht visueller Ebene bereit und enthalten daher weder ComponentInterface-Views noch View-Layouts.

Model-Komponenten

Eine besondere Klasse von nicht visuellen Komponenten bilden die so genannten *Model-Komponenten*. Sie implementieren den Zugang zum Backend und damit zur Geschäftslogik, der über den Component-Interface-Controller an äußere Verwender exponiert wird. Backend-Daten werden im Context des Component-Interface-Controllers zugänglich gemacht, sodass in anderen Komponenten entsprechende Context-Mapping-Beziehungen definiert werden können. Zudem werden mit öffentlichen Methoden und mit Events Möglichkeiten zur Interaktion mit der Model-Komponente bereitgestellt.

Library-Komponenten

Library-Komponenten kapseln die Implementierung wiederverwendbarer, nicht visueller Services auf Web-Dynpro-Komponentenebene. In der GameStation-Anwendung stellt die Komponente `DeploymentManager-Comp` eine solche Library-Komponente dar.

UI-Komponenten und nicht visuelle Komponenten sollten nicht voneinander abhängig sein, sodass sie bei Bedarf einzeln leicht ausgetauscht werden können.

A.4 SAP NetWeaver Development Infrastructure

Die Entwicklung von Web-Dynpro-Geschäftsanwendungen für SAP NetWeaver erfolgt innerhalb der *SAP NetWeaver Development Infrastructure* (*NWDI*).

Die NWDI kombiniert die Eigenschaften und Vorteile einer lokalen Entwicklungsumgebung mit einer serverbasierten Entwicklungslandschaft. Sie stellt Entwicklerteams eine zentrale und konsistente Entwicklungsumgebung bereit und unterstützt den gesamten Entwicklungsprozess eines Software-Produkts. Die NWDI setzt sich dabei aus den folgenden Bestandteilen zusammen:

NWDI-Komponentenmodell

Das NWDI-Komponentenmodell bildet die Grundlage für die effiziente Entwicklung komponentenbasierter Web-Dynpro-Anwendungen. Das NWDI-eigene Komponentenmodell stellt spezielle Entwicklungseinheiten bereit, die als *Software-Components* (SC) und *Development-Components* (DC) bezeichnet werden. Während Development-Components die eigentlichen Entwicklungsobjekte beinhalten (wie z.B. Web-Dynpro-Komponenten, Modelle, Komponenten-Interfaces, Applications oder Dictionaries), fassen Software-Components mehrere Development-Components zu einer auslieferbaren Software-Einheit zusammen.

Durch die Verwendung mehrerer Development-Components lassen sich große Web-Dynpro-Anwendungen in klar strukturierte und gegebenenfalls wiederverwendbare Bestandteile zerlegen und können somit erst im Team entwickelt werden. Zwischen Development-Components können unterschiedliche Verwendungsbeziehungen definiert werden, die auf einem speziellen Sichtbarkeitskonzept basieren. Die so genannten *Public Parts* stellen dabei die nach außen hin sichtbaren Schnittstellen von Development-Components dar. Über zusätzliche *Access Control Lists* kann darüber hinaus definiert werden, welche DCs oder SCs einen Public Part überhaupt verwenden dürfen. Ohne die Definition einer Access Control List ist er für alle äußeren Verwender sichtbar.

Design Time Repository

In einem NWDI-basierten Entwicklungsszenario werden die Entwicklungsobjekte im *Design Time Repository* (DTR) als dem zentralen Versionsverwaltungssystem der NWDI abgelegt. In Web Dynpro sind dies die verschiedenen Metadaten-Dateien zur Beschreibung eines Web-Dynpro-Projekts bzw. einer Web-Dynpro-DC. Mittels DTR können komponentenbasierte Web-Dynpro-Anwendungen von mehreren Entwicklern verteilt entwickelt werden. *Development-Configurations* definieren hierbei unterschiedliche entwicklerspezifische Sichten auf die Entwicklungsinfrastruktur. Dazu zählen die für einen Entwickler oder ein Projekt relevanten Code-Linien, die Versionen anderer verwendeter Komponenten, die Versionen externer Komponenten von Drittanbietern sowie die Adressen verschiedener Systeme in der NWDI-Entwicklungslandschaft.

Component Build Service

Der zentrale Build-Prozess basiert nicht länger auf Kommandozeilen-Werkzeugen und Make-Dateien, sondern er verwendet den *Component Build Service* (CBS) der NWDI. Der CBS baut Komponenten, genauer Development-Components, und die davon abhängigen Komponenten automatisch bei Bedarf und erzeugt darüber hinaus Bibliotheken und deploybare Einheiten für Entwickler und Laufzeitsysteme.

Change Management Service

Der *Change Management Service* (CMS) übernimmt innerhalb einer NWDI-Entwicklungslandschaft den Transport von Software-Components einschließlich des Quellcodes und der Bibliotheken. Zudem unterstützt er das automatische Deployment ausführbarer Software-Einheiten in zentralen Test- und Produktivsystemen.

System Landscape Directory

Das *System Landscape Directory* (SLD) stellt Services zur Administration von Systemlandschaften bereit. Dazu gehören üblicherweise mehrere Hardware- und Software-Komponenten, die bezüglich Installation, Software-Updates und Schnittstellen voneinander abhängen.

SAP NetWeaver Developer Studio

Das SAP NetWeaver Developer Studio unterstützt die Entwicklung und den Build-Prozess von Development-Components und von Web-Dynpro-DCs im Speziellen. Die lokal gebauten Komponenten können damit zu Testzwecken in ein lokales Laufzeitsystem deployt werden.

A.4.1 Komponentenmodell der NWDI

Die NWDI basiert auf einem eigenen Komponentenmodell, das die Strukturierung von Anwendungen als wiederverwendbare Entwicklungskomponenten ermöglicht. Das NWDI-Komponentenmodell nimmt an den bekannten Entwicklungsobjekten wie Java-, J2EE- oder Web-Dynpro-Entitäten keine Änderungen vor, sondern ergänzt diese um spezielle Metadaten, die die Kapselung dieser Objekte und Schnittstellen definieren. In der NWDI wird dabei zwischen den folgenden Komponententypen unterschieden:

Software-Components

Software-Components (SC) sind Entwicklungseinheiten, die mehrere Development-Components zu größeren, auslieferbaren und deploybaren Komponenten zusammenfassen.

Development-Components

Development-Components (DC) sind Entwicklungs- und Build-Einheiten (siehe Component Build Service). In ihnen werden funktionell verwandte Entwicklungsobjekte (*Development Objects*) zu wiederverwendbaren und überschneidungsfreien Einheiten zusammengefasst. Zwischen einzelnen DCs können Verwendungsbeziehungen definiert werden, wobei keine Zyklen auftreten dürfen. Das für DCs angewandte Sichtbarkeitskonzept basiert dabei auf einem Black-Box-Ansatz, wonach nur die über Public Parts exponierten Bestandteile einer DC von anderen DCs verwendet werden können. Über zusätzliche Access Lists kann der Verwenderkreis (SCs oder DCs) eines Public Parts eingeschränkt werden. Jede DC hat einen eindeutigen Typ, der festlegt, auf welcher Technologie die DC basiert, welche Entwicklungswerkzeuge zu verwenden sind und auf welche Weise die Kompilierung und Archivierung der DC zu erfolgen hat.

Eine DC kann die DC einer anderen Software-Component nur dann verwenden, wenn die eigene Software-Component deren Verwendung definiert hat. Schließlich können DCs ihre Sichtbarkeit für bestimmte Software-Components über die Definition von Access Control Lists festlegen bzw. einschränken.

Web-Dynpro-Development-Components

Für die Entwicklung von Web-Dynpro-Anwendungen gibt es den besonderen DC-Typ der *Web-Dynpro-DC*, um darin spezielle Web-Dynpro-Entitäten wie Komponenten, Komponenten-Interfaces, lokale Dictionaries oder Models zusammenzufassen. Große Web-Dynpro-Anwendungen mit einer komponentenbasierten Architektur setzen sich aus mehreren Web-Dynpro-DCs zusammen.

Development-Objects

Development-Objects werden innerhalb einer einbettenden Development-Component erzeugt und werden als versionierte Dateien im Design Time Repository zentral abgelegt. Innerhalb von Web-Dynpro-DCs kann zwischen den folgenden Development Objects unterschieden werden:

Web-Dynpro-Applications, *Web-Dynpro-Komponenten*, *Models*, *Komponenten-Interfaces* sowie *lokale* und *logische Dictionaries*.

Web-Dynpro-DC ≠ Web-Dynpro-Komponente

Da der Komponentenbegriff sowohl in der NWDI als auch im Web-Dynpro-Programmiermodell verwendet wird, soll er an dieser Stelle nochmals klar differenziert werden. Wesentlich ist hierbei die Unterscheidung zwischen *Web-Dynpro-Development-Components* und *Web-Dynpro-Komponenten*. Zwar sind sich diese beiden Begriffe sehr ähnlich, allerdings bezeichnen sie zwei technisch völlig unterschiedliche Einheiten.

▶ **Web-Dynpro-Development-Component**
Bei der Web-Dynpro-Development-Component handelt es sich um einen speziellen DC-Typ im NWDI-Komponentenmodell zur Ablage von Web-Dynpro-Entitäten oder allgemein zur modularen Strukturierung von Web-Dynpro-Anwendungen. Außerhalb der NWDI entspricht die Web-Dynpro-DC einem *Web-Dynpro-Projekt* mit dem wesentlichen Unterschied, dass zwischen Web-Dynpro-Projekten, anders als bei Web-Dynpro-DCs, keinerlei Verwendungsbeziehungen definiert werden können. Genau aus diesem Grund stößt man mit Web-Dynpro-Projekten bei der verteilten Entwicklung größerer Web-Dynpro-Anwendungen außerhalb der NWDI rasch an Grenzen.

▶ **Web-Dynpro-Komponente**
Die Entität der Web-Dynpro-Komponente ist im Web-Dynpro-Programmiermodell der zentrale Baustein zum modularen Aufbau von Web-Dynpro-Anwendungen. Web-Dynpro-Komponenten und Web-Dynpro-DCs stellen zwei technisch unterschiedliche Einheiten dar. Sie stehen nur insofern miteinander in Zusammenhang, als es sich bei Web-Dynpro-DCs um diejenigen Development-Components der NWDI handelt, die zur Ablage von Web-Dynpro-Komponenten und von weiteren Web-Dynpro-Entitäten vorgesehen sind.

Abbildung A.4 stellt den relationalen Zusammenhang zwischen den drei Komponententypen Software-Component (SC), Web-Dynpro-Development-Component (Web-Dynpro-DC) und Web-Dynpro-Komponente dar. Eine Software-Component kann mehrere Web-Dynpro-DCs enthalten, in der wiederum mehrere Web-Dynpro-Komponenten abgelegt werden können. Es ist auch möglich, dass eine Web-Dynpro-DC keine Web-Dynpro-Komponente sondern lediglich andere Web-Dynpro-Entitäten oder nur Java-Klassen enthält.

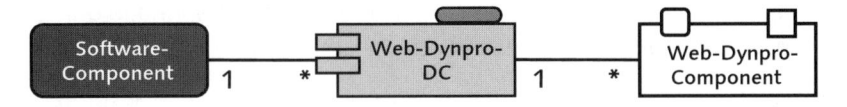

Abbildung A.4 Assoziationen zwischen verschiedenen Komponenten im NWDI-Komponentenmodell

In Abbildung A.5 wird dargestellt, wie sich hinsichtlich der Ablage von Web-Dynpro-Komponenten in der NWDI eine dreischichtige Komponentenarchitektur ergibt. Eine Web-Dynpro-Anwendung wird auf oberster Ebene als Software-Component ausgeliefert. Diese setzt sich auf der darunter liegenden Development-Component-Ebene aus mehreren Web-Dynpro-DCs zusammen. Web-Dynpro-DCs enthalten wiederum einzelne oder mehrere Web-Dynpro-Komponenten sowie alle weiteren Bestandteile wie Komponenten-Interfaces oder Modelle.

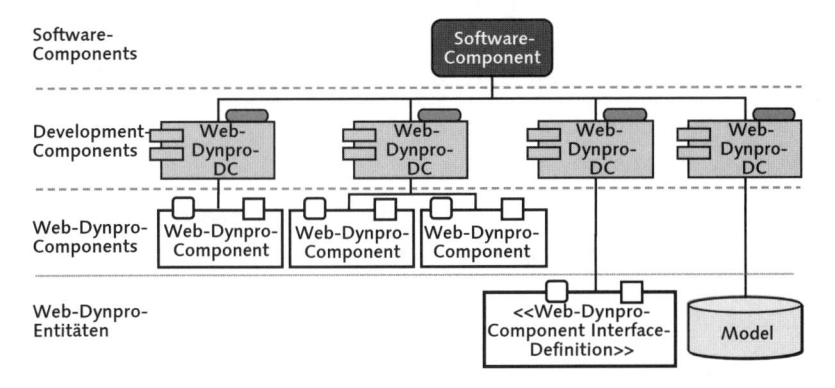

Abbildung A.5 Dreischichtige Komponentenarchitektur von NWDI-basierten Web-Dynpro-Anwendungen

A.4.2 Benennung von Web-Dynpro-DCs

Bei der Benennung von DCs – und damit auch von Web-Dynpro-DCs – sind einige Regeln zu beachten, die hier kurz vorgestellt werden:

- Jede Development-Component hat einen global eindeutigen Namen. Die DC-Namen stellen dabei einen hierarchisch strukturierten Namensraum dar.
- Der DC-Name muss zum Erzeugungszeitpunkt einer DC definiert werden, und ist danach nicht mehr änderbar.
- DC-Namen müsen aus einem *Vendor-Namen* und mindestens einem weiteren *Namenssegment* bestehen.

- Namenssegmente werden durch Schrägstriche (/) getrennt und dürfen in der Summe nicht mehr als 40 Zeichen – inklusive der Schrägstriche – lang sein.
- Ein Namenssegment muss mindestens zwei Zeichen lang sein.
- Ein Namenssegment darf aus alphanumerischen Zeichen (»a« bis »z«, »0« bis »9«) sowie den Zeichen »-«, »_«, ».«, »!« und »$« bestehen.
- DC-Namen dürfen nur Kleinbuchstaben beinhalten.
- Da sich DC-Namen während ihres Lebenszyklus nicht ändern dürfen, sollten sie keine der folgenden Angaben beinhalten: SC-Namen, Abhängigkeiten zu anderen DCs, Versions- oder Release-Angaben, Entwickler-, Team- oder Firmennamen, Workspace-Angaben wie »dev« oder »cons«.
- Bei der Benennung von Kind-DCs ist darauf zu achten, dass sich die logische Relation der Kind-DC zu ihrer anfänglichen Vater-DC nicht im DC-Namen widerspiegelt, da sich die Vater-Kind-Beziehung beider DCs nachträglich ändern kann.
- DC-Namen sollten den beabsichtigten Zweck und die Funktionalität von DCs ausdrücken.

Bei der Benennung der DC-Namenssegmente ist es ratsam, eine eigene Namenskonvention zu etablieren, die in einem Web-Dynpro-Anwendungsprojekt befolgt wird.

B   Web Dynpro im SDN

Das *SAP Developer Network* (*http://sdn.sap.com*) stellt eine Fülle von Web-Dynpro-Materialien bereit, die eine ideale Ergänzung zu den in diesem Buch beschriebenen Themengebieten darstellen. Zum Erlernen von Web Dynpro for Java können Sie sich mithilfe der speziellen *Feature2Sample-Matrix* (siehe Abschnitt B.2) Ihre individuelle Kombination von Tutorials und Beispiel-Anwendungen zusammenstellen. Lernen Sie anhand dieses Anhangs, das SDN als Wissensplattform für Web Dynpro optimal zu nutzen.

B.1   Informationsportal

Das SAP Developer Network (SDN) stellt ein umfassendes Informationsportal zu zahlreichen SAP-Technologiebereichen dar. Zur Web-Dynpro-Homepage gelangen Sie über den Knoten **Developer Areas** · **SAP NetWeaver** · **Application Server** · **Web Dynpro**.

Die Web-Dynpro-Homepage (siehe Abbildung B.1) enthält zahlreiche Materialien zu Web Dynpro for Java und Web Dynpro for ABAP[1]. Über diese Einstiegsseite gelangen Sie zu den folgenden Informationsquellen:

Web-Dynpro-Homepage

- ▶ **What's New**
  Im oberen Bereich werden wöchentlich neue Materialien wie Artikel, Tutorials oder Weblogs vom Web-Dynpro-Content-Strategist des SDN-Teams auf die Web-Dynpro-Homepage gestellt.

- ▶ **Popular Documents**
  Diese Linksammlung enthält die fünf meistgelesenen Seiten eines Monats.

- ▶ **Featured Weblog**
  Ein *Featured Weblog* wird vom Web-Dynpro-Content-Strategist unter den neueren Web-Dynpro-Weblogs ausgewählt und auf die Web-Dynpro-Homepage gestellt.

- ▶ **Linksammlung**
  Der graue Bereich auf der rechten Seite der Web-Dynpro-Homepage enthält eine untergliederte Sammlung weiterer Web-Dynpro-Informationsquellen, die nachfolgend genauer dargestellt werden.

---

1 Web Dynpro for ABAP wird erstmalig mit SAP NetWeaver 2004s ausgeliefert.

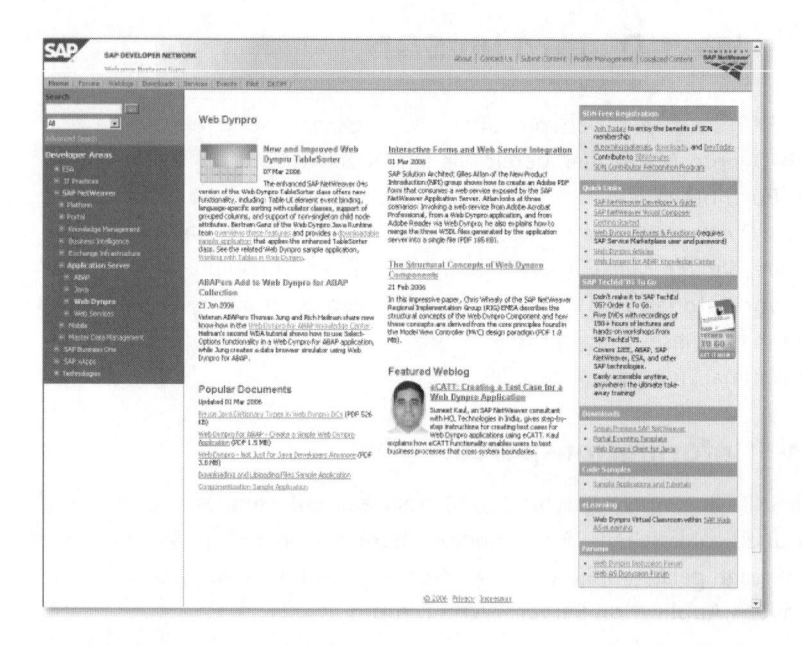

Abbildung B.1 Web-Dynpro-Homepage im SDN

Web-Dynpro-Linksammlung

Die Web-Dynpro-Linksammlung eröffnet Ihnen den Zugang zum größten Teil der im SDN verfügbaren Web-Dynpro-Informationsquellen. Selbstverständlich können Sie diese auch über die SDN-Suchfunktionen auffinden; die Linksammlung bietet Ihnen demgegenüber jedoch den Vorteil, dass ihre Inhalte von SDN-Content-Strategists gepflegt werden.

Ohne auf den vollständigen Inhalt der Web-Dynpro-Linksammlung einzugehen, sollen hier die wichtigen Informationsquellen angeführt werden:

▶ Quick Links
Die **Quick Links** enthalten Verweise auf den SAP NetWeaver Developer's Guide bzw. die SAP Online Hilfe, Feature-Listen und Web-Dynpro-Artikel.

▶ Downloads
Dieser Bereich enthält Links zur *Sneak-Preview-Version* von SAP NetWeaver sowie zum *Web Dynpro Client for Java*.

▶ Code Samples
Der Link **Sample Applications and Tutorials** verweist auf die so genannte *Feature2Sample-Matrix*, in der sämtliche Web-Dynpro-Beispiele und -Tutorials nach technischen Features aufgeschlüsselt dargestellt sind.

- **Web Dynpro Discussion Forum**
  Das **Web Dynpro Discussion Forum** ermöglicht es Ihnen, von anderen Web-Dynpro-Entwicklern in kürzester Zeit Antworten auf eigene Fragen zu erhalten. Als Mitglied des Forums sind Sie selbstverständlich immer dazu eingeladen, Ihr eigenes Wissen mit anderen Entwicklern zu teilen. Mithilfe der automatischen E-Mail-Benachrichtigung können Sie sich über neue Nachrichten in relevanten Threads des Forums informieren lassen.

Neben den auf der Web-Dynpro-Homepage enthaltenen Informationsquellen stellt Ihnen das SDN weitere Inhalte zur Verfügung, die bei der Entwicklung von Web-Dynpro-Anwendungen von Bedeutung sind:

Weitere Web-Dynpro-relevante Inhalte im SDN

- **Web Dynpro Weblogs**
  Der Link *https://www.sdn.sap.com/irj/sdn/weblogs?blog=/weblogs/topic/43* fasst sämtliche Weblogs zum Thema Web Dynpro auf einer Seite zusammen. Zudem existiert im Web Dynpro Forum an oberster Stelle ein spezieller **Sticky Thread** namens *New Web Dynpro Weblogs*, in dem die Weblog-Autoren ihre neuen Weblogs eintragen. Über die Forumsfunktion **Watch this topic** können Sie sich automatisch über neu hinzugefügte Weblog-Einträge bzw. Posts in diesem Sticky Thread informieren lassen.

- **JavaDoc**
  Auf die **JavaDoc** zur Web Dynpro Java Runtime API können Sie im SDN über den Link *http://www.sdn.sap.com/irj/sdn/javadocs* zugreifen. Neben dem Web Dynpro Java Rutime Environment sind für die Entwicklung von Web-Dynpro-Anwendungen zudem die APIs des *Common Model Interface* (*CMI*), der *Dictionary Runtime* sowie der *User Management Engine* (*UME*) relevant.

- **Sonstiges**
  Das SDN enthält weitere Themengebiete, die auch für die Entwicklung von Web-Dynpro-Anwendungen von Bedeutung sind. Zu nennen ist das Forum zur Java Development Infrastructure, die Materialien zum Composite Application Framework, zum SAP NetWeaver Portal, zu Security-Themen sowie zum SAP Web Application Server.

B.2 Web-Dynpro-Feature2Sample-Matrix

In der *Web-Dynpro-Feature2Sample-Matrix* werden thematisch gliederte technische Merkmale von Web Dynpro einer Vielzahl von passenden Beispielen und Tutorials zugeordnet. Abbildung B.2 stellt dar, wie die Feature2Sample-Matrix konzeptionell aufgebaut ist.

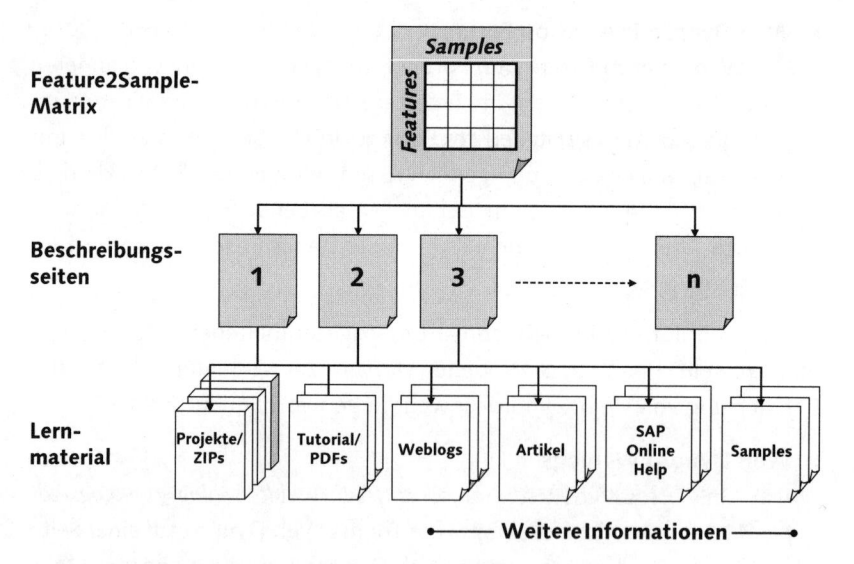

Abbildung B.2 Web-Dynpro-Feature2Sample-Matrix im SDN

Jede Beispielanwendung (**Sample**) ist durch eine Nummer gekennzeichnet, die in der Matrix als Link zu der zugehörigen Beschreibungsseite (**Sample Description Page**) dargestellt wird. Nach Auswahl eines bestimmten Features wie beispielsweise **Backend Access · Adaptive RFC Model** können Sie über die nebenstehenden Links zu den Beschreibungsseiten der Samples Nr. 4, 5 und 9 navigieren, um sich näher über die technischen Inhalte der einzelnen Samples zu informieren.

In einer Beschreibungsseite finden Sie nähere Informationen zum Inhalt der Beispielanwendung oder des Tutorials, Download-Links zu den zugehörigen Web-Dynpro-Projekten bzw. Web-Dynpro-DCs und zur Tutorial-PDF-Datei, sowie weitere Links auf thematisch verwandte Quellen wie Weblogs, Artikel oder andere Beispielanwendungen (**Weitere Informationen**). In zahlreichen Tutorials kommt ein Template-Konzept zur Anwendung, das neben der fertigen Beispielanwendung auch ein vorbereitetes Template-Projekt vorsieht, mithilfe dessen die erforderlichen Entwicklungsschritte auf die eigentlichen Lerninhalte des Tutorials beschränkt bleiben.

Zum Entwickeln oder Testen der Beispielanwendungen ist die Installation des SAP Web Application Servers 6.40 erforderlich. Alternativ dazu können Sie auch auf die Installation der Sneak-Preview-Edition des SAP Web AS im SDN zurückgreifen. Alle weiteren Anforderungen werden an entsprechender Stelle innerhalb der Artikel oder Tutorial-Dokumente dargestellt.

B.3 Web-Dynpro-Lernprozess

Die Feature2Sample-Matrix ermöglicht es Ihnen, sich Ihre individuelle *Web-Dynpro-Learning-Map* zusammenzustellen. Je nach Interessensschwerpunkt, Kenntnisstand oder Art der technischen Anforderung ergibt sich aus der Feature2Sample-Matrix eine spezielle Teilmenge dazu passender Samples, die idealerweise in einer geordneten Reihenfolge zu bearbeiten sind.

Web-Dynpro-Learning-Map

Um Ihnen die Verwendung der Feature2Sample-Matrix zu erleichtern, enthält dieser Abschnitt einen Vorschlag zur thematisch strukturierten Aufteilung der bereitgestellten Beispiel- und Tutorial-Anwendungen. Die *Web-Dynpro-Learning-Map* in Abbildung B.3 strukturiert die vorhandenen Samples und Tutorials in insgesamt sieben unterschiedliche Themengebiete, von denen eines die wesentlichen Grundlagen von Web Dynpro abdeckt. In den folgenden Abschnitten erfolgt eine genauere Zuordnung der bisher existierenden Beispielanwendungen zu diesen Themengebieten. Es bietet sich an, die in einem Themengebiet angeführten Beispiele in der dargestellten Reihenfolge zu bearbeiten.

Aufteilung der Feature2Sample-Matrix in Themengebiete

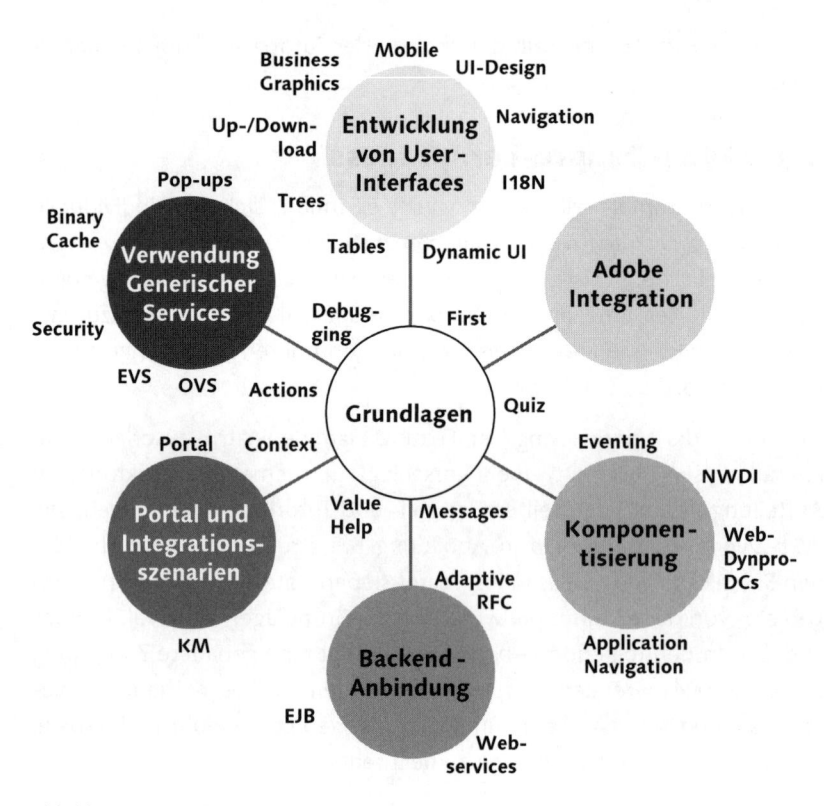

Abbildung B.3 Web-Dynpro-Learning-Map

B.3.1 Erlernen der Grundlagen

- ▶ 1 – Creating your First Web Dynpro Application
- ▶ 2 – Creating an Extended Web Dynpro Application
- ▶ 18 – Context Programming and Data Binding
- ▶ 3 – Enabling Message and Error Service Support
- ▶ 8 – Enabling Value Help
- ▶ 33 – Using Validating and Non-Validating Actions
- ▶ 24 – Debugging

B.3.2 User-Interface und UI-Elemente

Grundlagen

- ▶ 23 – Designing User Interfaces
- ▶ 13 – View Compositions
- ▶ 16 – Internationalization (I18N)

▶ 17 – Dynamic Programming

Spezielle UI-Elemente

▶ 11 – Creating Tables and Enhancing Table Performance
▶ 12 – Creating Trees
▶ 27 – Creating a Tree Structure in a Table
▶ 39 – Uploading and Downloding Files
▶ 21 – Using Business Graphics
▶ 22 – Using Geo Services

Mobile Clients

▶ 37 – Mobile Web Dynpro

B.3.3 Backend-Zugang

Webservices

▶ 6 – Accessing a E-Mail Web Service
▶ 7 – Accessing the Car Rental Web Service

Adaptive RFC-Models

- ▶ 4 – Accessing R/3 Backend
- ▶ 5 – Handling Transactions with BAPIs
- ▶ 25 – Debugging ABAP Code from within Web Dynpro

Java Beans

- ▶ 20 – Using EJBs

B.3.4 Komponentisierung

- ▶ 14 – Server-Side Eventing
- ▶ 15 – Inter-Application Navigation
- ▶ 38 – Designing Component-based Web Dynpro Applications

B.3.5 Generische Services

- ▶ 10 – Creating Dialog Boxes (Popups)
- ▶ 9 – Advanced Value Help Tutorial: OVS
- ▶ 36 – Yet Another EVS Valuehelp: Showing Texts for Keys
- ▶ 34 – Web Dynpro Binary Cache and Excel Export
- ▶ 35 – Using Roles and Permissions in Applications

B.3.6 Adobe Integration

- ▶ 28 – Dynamic Non-Interactive PDF Form
- ▶ 29 – Online Interactive PDF Form
- ▶ 30 – Offline Interactive PDF Form Using Downloads
- ▶ 31 – Offline Interactive PDF Form Using Email
- ▶ 32 – Working with the PDF Document Object

B.3.7 Portal- und Integrationsszenarien

19 – Integrating Web Dynpro in Portal

26 – Using Knowledge Management Functions

C Die Autoren

Nach seiner Tätigkeit als Software-Trainer wechselte **Bertram Ganz** 2002 zur SAP AG und arbeitet seitdem in der Entwicklung der Web-Dynpro-Java-Laufzeit. Sein Arbeitsschwerpunkt konzentriert sich auf die Themen Wissenstransfer, Roll-Out und Dokumentation. Bertram Ganz veröffentlicht regelmäßig Beiträge zum Thema Web Dynpro im Kontext SAP Web Application Server.

Nach erfolgreichem Studium der Informatik an der TU Karlsruhe und abschließender Diplomarbeit bei der SAP AG im Bereich CCMS ist **Jochen Gürtler** seit 1998 in der Technologie-Entwicklung bei SAP tätig. Nachdem er zwei Jahre bei der damaligen SAP-Tochter SAPMarkets an der Entwicklung eines komponentenbasierten UI-Frameworks beteiligt war, wechselte er im Sommer 2001 zum Web-Dynpro-Team. Hier hat er vor allem die Integration mit anderen Komponenten von SAP NetWeaver – insbesondere die Portal-Integration – maßgeblich vorangetrieben. Jochen ist derzeit als Development Architect für die weitergehende Integration von Web Dynpro und SAP NetWeaver Portal verantwortlich. Zudem veröffentlicht er regelmäßig Beiträge über den Einsatz von Web Dynpro innerhalb von SAP NetWeaver.

Timo Lakner studierte Diplom-Informatik an der Universität Freiburg und wechselte nach einer Tätigkeit bei IBM im Bereich Data Mining im Jahr 2002 zur SAP AG. Hier arbeitet er seitdem im Bereich der Software-Entwicklung für die Web-Dynpro-Laufzeit und beschäftigt sich schwerpunktmäßig mit den Themen Integration mit dem SAP Web Application Server, Session Management, Runtime Repository und Portal-Integration.

Index

A

Access List 497
Activity 359
Adobe Document Service (ADS) 421
Anwendungsarchitektur 25, 28
Anwendungsprojekt 502
Anwendungsschicht eines Server-Knotens 388
Anwendungsspezifische Konfiguration 435
   Authentifizierung 437
   Expiration time 436
   Logoff-URL 436
   Standard-Locale 436
Anwendungsspezifische Personalisierung 179
Application properties 435
Application Server 380
Applikationsname 211, 212
Applikations-URL 211
   absolute 211
Aufrufen des Exit-Plugs 222
Auslesen von Parametern 214
Austauschbarkeit 34
Authentifizierung 437
   Webservice-Aufrufe 120

B

Benutzermanagement 165
Benutzerpersonalisierung 323
Business Object Editor 287
Business-Client-Protokoll 419
Business-Objekte 234, 346

C

calculated-Contextattribut 134
Categories 163
CBS 23
Change Management Service 498
Classloader-Referenz 387, 389, 459
   Sharing Reference 405
Classloading-Konzept 389
ClassNotFound-Exception 228
Client Abstraction 172
Cluster
   Debugging-Knoten 409

Cluster-Systemlandschaft 380
CMS 23
Component-Build-Service 498
Component-Interface-Controller 34, 493
   Context-Mapping 60
Component-Interface-Definition 34
   Delegation an Component-Controller 59
Component-Interface-View 30, 31, 92, 136, 493
Component-Usage 40, 262
   Referencing Mode 43, 63
Component-Usage-Lifecycle
   createOnDemand 42, 64
   manual 42, 45
Configuration Tool 382
   offline 382
   online 382
Configuration-Adapter-Service 414
Content Administrator 456
Content Area 157
Context-Mapping 72, 129, 263
   bidirektionales 370
Contextual-Navigation-Panel 342
Controller-Usage 221
Custom Coding Area 18

D

Data Link 370
Data Modeler 79, 370
Data-Link 122
DC-Archiv 54
DC-Build 49
DC-Name 211, 212
DC-Separation 50
Debugging 409
Debugging-Knoten 409
Debug-Informationen 200
Debug-Modus 199, 383
   eines Server-Knotens 396
Default-View-Problem 100, 104
Definition von Operations 287
Deklaration
   Data-Link 79

Einbettung eines Component-Interface-Views 97
Event 83
Externes Interface-Context-Mappings 79
Interface-Context-Mapping 77
Komponenten-Interface 37
Komponenten-Interface-Implementierung 55, 57
Layout-View 95
Startup-Plug-Parameter 101
ViewContainer-UI-Element 95
View-ID 105
Web Dynpro-Komponente 55
deklarative UIs 126
Deklaratives Programmiermodell 18
Delta-Link 183, 290
Deployable Object 63
DeploymentManagerComp 260
Design Time Repository 497
Detail-Navigation 159, 233, 237, 339
Detail-Viewer 301
Development-Component 497, 499
Development-Configuration 497
Development-Object 499
Dialog-Instanz 380
DTR 23
dynamische Event-Subskription 87
dynamische Parameter-Mappings 132
dynamische Programmierung 127
dynamisches UI 126

E

encode() 225
End-User-Personalization 198, 323
Enge Kopplung 43
Enqueue Server 381
Enterprise Services Architecture 24
  Enterprise Service 24
  Enterprise Service Repository 24
  UI-Pattern 24
Entwicklungsgeschwindigkeit 29
Erweiterung des Navigation-Panels 159
Event Listener 343
Eventing 82
  dynamische Subskription 87
  Event-Handler subskribieren 85
Event-Parameter 83
Expiration Time 426
External-Library-Entwicklungskomponente 372
Externes Interface-Context-Mapping 27

F

Faceless Component 261
Feature2Sample-Matrix 504, 505
File-Upload 316
fire() 345

G

GameStation-Anwendung 25
  Anwendungsarchitektur 66
  Deployment-Manager-Komponente 45, 65, 74
  Spiel-Komponente 61
  Spiel-Komponenteninstanz 62, 69, 71
  Spiel-Komponenten-Interface 36
  Toolbar-Komponente 71
Google Web APIs Developer's Kit 115
Google-Suche 116

H

Hard Reference 391
Hauptkomponenten des Web AS 380
hierarchischen Context-Knoten 251
HTTP Provider Service 447
HTTP-Session 442
HTTP-Session-Timeout 442

I

iFrames 192, 234
IGS 416
Implementierung
  Dynamische Event-Subskription 88
  Erzeugung von Spiel-Komponenteninstanzen 69
Importieren von Business Objects 286
Inbound-Plugs 136
  Dispatching in Component-Interface-Views 108
  Dispatching in Interface-Views 108

Infrastrukturschicht eines Server-
  Knotens 386
  Anwendungscontainer 386
  Interfaces 386
  Libraries 386
  Services 387
initiale Darstellungen 136
Inner Node 251
Inner Page 157
Input Element 369
Interface-Context-Mapping 27
  Deklaration 77
  externes 75, 76, 79
  internes 74
  isInputElement-Eigenschaft 75, 78
  Mapping-Kette 82
Interface-Komponente eines Server-
  Knotens 386
Inter-Komponenten-Navigation 107,
  108
Internet Graphics Server 416
isolierte iViews 192, 343
isRunningInPortal() 205
iView 154, 169
iView Editor 154, 173
iView Tray 177
iView Wizard 167
iView-Template 335
IWDComponentUsage-API 42, 62, 87
  Referencing Mode 89
IWDInputField 206
IWDLinkToAction 348
IWDLinkToURL 224
IWDTable 140, 217
IWDTextView 148
IWDTransparantContainer 148
IWDTree 255, 266
IWDViewContainerUIElement 127
IWDVisibility 205
IWDWindowManager 223

J

J2EE Dispatcher 380
J2EE Telnet Console 383
J2EE-Entwicklungskomponente 359
Java VM-Parameter 438
Java-Classloader 228

Java-DC 49
JCo 430
JCo Pool 430
JCo-Destination 189, 465, 466, 467
  Administration und Konfiguration
    465
  Testen einer JCo-Verbindung 466
JNDI-Lookups 270
JVM-Thread-Dumps 383

K

Kategorien 163
Kernel-Schicht 385
Klassifikation von Komponenten 494
  Library-Komponenten 496
  Model-Komponenten 496
  UI-Komponenten 495
  Visuelle Komponenten 495
  Wurzel-Komponenten 495
Komponentendiagramm 31
Komponenteninstanz 40
Komponenten-Interface 25, 34, 44
  Component Usage 43
  Definition 35, 493
  Deklaration 37
  Implementierung 35, 55, 491
Komponentisierung
  Architektur 492
  Benutzeroberfläche 28
  Beschleunigter Entwicklungs-
    prozess 50
  Component-Interface-View 93
  Data Modeler 66
  DC-Separation 50
  Deploy&Play-Konzept 25
  Enge Kopplung 29
  Interface-Context-Mapping 27, 36,
    72
  Klassifikation von Komponenten
    494
  Lose Kopplung 25, 44, 46, 61
  Nachteile großer Komponenten 29
  Navigation 107, 108
Konfiguration
  anwendungsspezifische Eigen-
    schaften 435
  Entwicklungsmodus 418

ExpirationTime 426
Komprimierung übertragener Daten 447
Komprimierung von Response-Daten 429
Logs und Traces 448
Propertysheet default 415
sap.systemLocale 420
Security Session 444
Session Management 442
sessionübergreifende Daten 427
SLD-Service 450
SSL und SNC 451
SSO Login-Ticket 446
Standard-Theme 420
Stylesheets 435
Text-Mappings 422
Trace-Level 448
Validierungsverhalten beim Rendern 434

L

Laufzeitarchitektur des Web AS 384
Laufzeitkomponenten der Web-Dynpro-Laufzeit 392
Laufzeit-Metadaten von Web Dynpro 393
Laufzeitumgebung 205
Layout-View 95
Library-Komponente 386, 496
Log Configurator 483, 486
   Category 483
   Destination 485
   Formatter 485
   Location 484
   Severity Level 483
Log Viewer 456, 487
Logoff-URL 419
lose Kopplung 343

M

Mapping von Übergabeparametern 291
Message-Server 381
Meta-Attribute 197, 325
MIME-Cache 429
Model 34
Model-Binding 123
Model-Components 301
Model-Klassen 119
Model-Komponente 121, 301
Model-Typ 117
Model-View-Controller-Pattern 19
Mögliche Fehlerquellen 198
Music Store 301

N

navigateAbsolute() 235
navigateRelative() 236
navigateToObject 282
Navigation zwischen Komponenten 107
Navigation-Dispatcher-View 109
Navigation-Modeler 94, 97
Navigation-Panel 157, 159, 181, 339
Navigations-Context 240
Navigationslink 93
Navigationsstruktur 183
Navigationsverhalten 237
Netzwerkverbindung 452

O

Object-based Navigation 234, 273, 284, 345
onLoadChildren 266
Operations 346
Outbound-Plugs 136

P

Page Editor 155
Page Header 157
Parameter 213
Parameter-Mapping 267
Persistenz 393
Personalisierung 196, 323
Phasenmodell 18
Port 489
Portal Content Catalog 167
Portal Content Directory 235, 270
Portal Eventing 191
Portal Landscape 160
Portal Pages 155
   geschachtelte 158
Portal Runtime 275
Portal Themes 157
Portal-Components 275

Portal-Einstellungen 193
Portal-Eventing 343, 351
Portal-Events 343
Portal-Historie 239
Portal-Navigation 236
   absolute 235
Portal-Personalisierung 323
Portal-Services 276
Portal-Themes 157, 175
Programmier-Hooks 18
Programmiermodell
   Custom Coding Area 18
   deklarativer Ansatz 18
   Hook-Methoden 18
   modellgetriebene Entwicklung 18
   Phasenmodell 18
Property-Editor 163
Propertysheet default 415
Public Part 47, 225, 362, 497, 499
   Archiv 48
   Definition 26, 47, 49
   Deklaration 52
   Dependency Type 54
   Entities 225
   Purpose 48, 52

R
Referencing Mode 43, 63, 89
rekursiver Context-Knoten 251
Relative Applikations-URL 209
Remote Debugging 409
repeatedNode 252
Resource-Bundle-Mechanismus 463
Reverse-Context-Mapping 369
Role-Editors 156
Rolle 155
Root-Component 135

S
SAP Application Integrator 191, 199, 242
SAP Developer Network 503
SAP Logon-Ticket 165
SAP Management Console 383
SAP NetWeaver Administrator 382
SAP NetWeaver Development Infrastructure 496

SAP NetWeaver Development Infrastructure (NWDI) 23, 496
   CBS 23
   CMS 23
   DTR 23
   Komponentenmodell 26, 47, 497, 498
SAP NetWeaver Portal 153
SAP Web AS
   Application Server 21
   Cluster 21
   J2EE Dispatcher 21
   zentrale Services 22
SAP Web Dispatcher 380
SAP_LocalSystem 171
schwache Referenz 391
SDM 382, 398
Security Service 418
Serverseitiges Eventing 27, 82, 102
   Methodenaufrufe als Ersatz 89
Service Pack 398
Service-Komponenten 387
Session-Locale 462
Session-Management 427
   Scopes 427
Session-Sprache 462
Sharing Reference 228, 229, 279, 405
SLD-Daten 433
Software Deployment Manager 398
Software-Components 376, 497, 499
Sprachermittlung 462
   Beispiel 464
Sprachressourcen 460
SSL 452
starke Referenz 391
Startup-Plug 136
Startup-Plug-Parameter 216
Statische Web-Ressourcen 393
Struktur-Bindung 70
Stylesheet 435
Supply-Function 338
System Editor 163
System Landscape Directory 23, 433, 450, 498
System-Alias 166
Systeminformation 395

T

TableCellEditors 142
Table-Data-Bindings 141
Terminologien 422
Text Mapping 422
Theme 420, 435
Thread-Dump 408
Top-Level-Navigation 156, 233, 237
Tray-Eigenschaften 196
Tree-Items 258
Tree-Nodes 258
Tree-Node-Type 258
Tutorials 504

U

Übergabeparameter 172, 175
UI-Elemente
  Adobe InteractiveForm 421, 429
  IWDInputField 206
  IWDLinkToAction 348
  IWDLinkToURL 224
  IWDTable 140, 217
  IWDTextView 148
  IWDTransparantContainer 148
  IWDTree 255, 266
  IWDViewContainerUIElement 127
  IWDVisibility 205
  WDTextViewDesign 149
UI-Komponente 30, 89, 495
UI-Service-Komponente 496
unsubscribe() 344
URL-Alias 213
URL-Generierung 417
URL-Parameter 99, 137, 220
Used-DC-Beziehung 226, 261
User Coding Area 70
User-Interface-Komponente 495
UTF-8 232

V

Vendor 211, 212
Versionsinformation 397, 481
Verwendungsbeziehung
  Web-Dynpro-DC 52
  zwischen Komponenten 82
View Area 93, 109
View Assembly 97, 108
View Designer 94
View Set 93, 109
View-Composition 35, 97, 109
ViewContainer-UI-Element 31, 93, 94, 109
View-Designer 256
View-Navigation
  eventbasiert 102
Visual Administrator 382
Visuelle Komponente 495
VM Heap Size 438
VM-Parameter 438

W

WDConfiguration 125, 236
WDDeployableObjectPart 210
WDPortalNavigation 234, 236, 282
WDPortalNavigationMode 237
WDPortalUtils 205, 281
WDTextViewDesign 149
WDURLGenerator 209
WDWebContextAdapter 137, 214, 217
Weak Reference 391
Web Dynpro Console 456, 470
  Backend-Performance 478
  Client-Performance 474
  JARM-Instrumentierung 472
  Performance-Instrumentierung 475
  Request-Monitoring 477
  Sanity Checks 480
  Server-Performance 471
  Session-Monitor 481
  Versionsinformation 481
Web Dynpro Content Administrator 189, 455, 456
  Aktivieren/Deaktivieren von Anwendungen 458
  Browsen von Inhalten 457
  Classloader-Referenzen 459
  JCo-Destinationen 465
  Language Resources 460
Web Dynpro Data Modeler 309
Web Dynpro Explorer 117
Web Dynpro Foundation Runtime 19
  Architekturüberblick 19
  Client-Abstraktion 20
  Common Model Interface 20

generische UI-Services 20
Programmiermodell 20
Server-Abstraktion 20
Web Dynpro-Komponente 261
Web-Dynpro-API
   IWDComponentUsage 62
   IWDEventHandlerId 88
   IWDEventId 88
   IWDViewUsageInfo 105
   IWDWindowInfo-API 105
Web-Dynpro-Applikation 135
Web-Dynpro-Building-Blocks
   Client-Abstraction-Layer 20
   Common-Model-Interface 20
   Generische UI-Services 20
   Programmiermodell 20
   Server Abstraction Layer 20
   UI-Elemente 20
Web-Dynpro-Client-Abstraction 217
Web-Dynpro-Container 392
Web-Dynpro-Context 249
Web-Dynpro-Core-Components 394
Web-Dynpro-DC 26, 47, 499, 500
   voll qualifizierter Name 63
Web-Dynpro-Entwicklungskomponente 359
Web-Dynpro-Exit-Plug 219
Web-Dynpro-Forum 505
Web-Dynpro-iView 154, 160, 233, 334
Web-Dynpro-iView-Template 168
Web-Dynpro-Komponente 500
   Schnittstellen 492
   voll qualifizierter Name 63
   Wiederverwendbarkeit 494
Web-Dynpro-Komponentendiagramm 489
   Ball-Symbol 490
   Component Interface-View 489
   Component-Interface-Controller 490
   Connector 490
   Komponenten-Interface 491
   Socket-Symbol 490
Web-Dynpro-Learning-Map 507
Web-Dynpro-NavigationTester 203
Web-Dynpro-OBNTesters 274
Web-Dynpro-Phasenmodell 18
Web-Dynpro-Programmiermodell 20

Web-Dynpro-Projekt 500
Web-Dynpro-Service 392
Web-Dynpro-Systemkomponenten 394
Web-Dynpro-URL-Template 192
Web-Dynpro-View 136
Web-Dynpro-View-Designers 127
Web-Dynpro-Werkzeuge 94
Webservice-Model 115
Wertehilfe 433
Window 32, 93
Working Area 157, 159, 238, 339
Worksets 155
WSDL-Datei 118
Wurzel-Komponente 30, 33, 89, 495

X
X.509-Client-Zertifikat 165

Z
zentrale Cluster-Administration 382
zentrale Systemdatenbank 381
zentrales Deployment 382, 398
Zieladresse
   absolute 235

Gain in-depth knowledge on SAP's new UI technology

356 pp., 2005, US$ 59.95
ISBN 1-59229-038-8

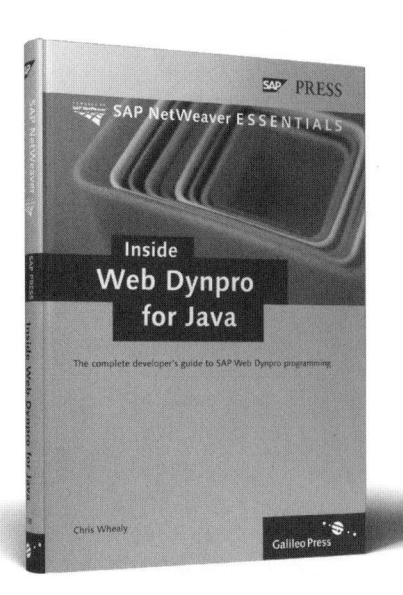

Inside Web Dynpro for Java

www.sap-press.com

Chris Whealy

Inside Web Dynpro for Java

A guide to the principles of programming in SAP's Web Dynpro

This book teaches readers how to leverage the full power of Web Dynpro—taking it well beyond the standard "drag and drop" functionality. You'll start with basics like MVC Design Pattern, the architecture, event handling and the phase model. Then, learn how to create your own Web Dynpro applications, with volumes of practical insights on the dos and don'ts of Web Dynpro Programming. The book is complemented by a class and interface reference, which further assists readers in modifying existing objects, designing custom controllers, etc.

>> www.sap-press.de/937

Einführung in Architektur und Tools
des SAP Web AS Java 6.40

Mit J2EE-Beispielanwendung zu
Web Dynpro und SAP NetWeaver
Java Development Infrastructure

Know-how aus den
Entwicklungsabteilungen der SAP

568 S., 2005, mit DVD, 59,90 Euro
ISBN 3-89842-317-4

Java-Programmierung mit dem SAP Web Application Server

www.sap-press.de

Karl Kessler, Peter Tillert, Panayot Dobrikov

Java-Programmierung mit dem SAP Web Application Server

Angefangen bei der Architektur des Web AS und der Installation des Java-IDE der SAP stellt Ihnen dieses Buch alle Bereiche vor, in denen Java zukünftig auf dem Web AS eingesetzt wird: Sie erhalten tiefe Einblicke in Datenbank- und R/3-Zugriffe, in das Oberflächendesign mit Web Dynpro, in die Entwicklung von Webservices, und Sie erfahren Grundlegendes über Java-Messaging in SAP-Systemen. Die einzelnen Kapitel enthalten zahlreiche Übungen zum Einsatz der neuen Entwicklungstools.
Dem Buch liegt ein Gutschein für eine 180-Tage-Trialversion des SAP Web Application Server Java (Release 6.40) bei.

>> www.sap-press.de/517

Entwickeln Sie individuelle Applikationen für das SAP Enterprise Portal 6.0

Lernen Sie, die Stärken von Web Dynpro und Business Server Pages effizient einzusetzen

82 S., 2006, 48,– Euro
ISBN 3-89842-965-2

Anwendungsentwicklung für das SAP Enterprise Portal 6.0

www.sap-hefte.de

Renald Wittwer

Anwendungsentwicklung für das SAP Enterprise Portal 6.0

SAP-Heft 22

Mit diesem SAP-Heft eignen Sie sich die Fähigkeiten zur Planung und Programmierung von Portalanwendungen im Umfeld des SAP Enterprise Portal 6.0 an. Im Mittelpunkt steht ein detailliertes Praxisszenario, anhand dessen Sie die möglichen Techniken zur Darstellung Ihrer Informationen – Web Dynpro, Business Server Pages und iViews – Schritt für Schritt kennen lernen. Die technischen Grundlagen hinter jedem Programmierschritt werden mit kommentierten Codebeispielen und Screenshots illustriert, die jeweils gewählte Umsetzung in ihren Vor- und Nachteilen diskutiert. Zahlreiche Tipps und Tricks machen dieses SAP-Heft zu Ihrem profunden Begleiter bei der Entwicklung professioneller Portalanwendungen.

- Lernen Sie alle Tools der Java-Monitoring-Infrastruktur kennen
- Erfahren Sie, wie Sie die gesammelten Daten sinnvoll interpretieren
- Methoden der Problem-Analyse und -Behebung

96 S., 2005, 48,00 Euro
ISBN 3-89842-955-5

Java-Monitoring-Infrastruktur in SAP NetWeaver '04

www.sap-hefte.de

Astrid Tschense

Java-Monitoring-Infrastruktur in SAP NetWeaver '04

SAP-Heft 3

Sie erhalten zunächst einen Überblick über alle Tools und deren Funktionen sowie über die Möglichkeiten, wie in unterschiedlichen Systemlandschaften die Monitoring-Infrastruktur aufgebaut sein kann. Den Hauptteil des Heftes macht die Interpretation der gewonnenen Daten aus: Hier erhalten Sie Anleitung, wie Sie aus der Vielzahl der Angaben diejenigen herausfiltern, die für Ihre Belange wichtig sind. Auch dem Thema Problembehebung wird viel Aufmerksamkeit gewidmet; im Mittelpunkt stehen dabei jedoch nicht theoretische Lösungsansätze, sondern es wird immer mit berücksichtigt, welche Auswirkungen Ihre Analysen und Reaktionen auf Performance und Stabilität des Gesamtsystems haben.
>> www.sap-hefte.de/953

Hat Ihnen dieses Buch gefallen?
Hat das Buch einen hohen Nutzwert?

Wir informieren Sie gern über alle
Neuerscheinungen von SAP PRESS.
Abonnieren Sie doch einfach unseren
monatlichen Newsletter:

www.sap-press.de

SAP PRESS